LE DROIT D'AUTEUR ET L'ÉDITION

DU MÊME AUTEUR

Ouvrages juridiques

Guide du droit d'auteur à l'usage des éditeurs, Éditions du Cercle de la Librairie, 1995.
Le Droit du livre, Éditions du Cercle de la Librairie, 2000 et 2005.
Le Droit de l'édition appliqué I, Éditions du Cercle de la Librairie/Cecofop, 2000.
Reproduction interdite, le droit à l'image expliqué aux professionnels de la culture et de la communication, à ceux qui veulent protéger leur image et à tous les autres qui veulent comprendre la nouvelle censure iconographique, Maxima/Laurent du Mesnil, 2001.
Guide juridique pratique de l'éditeur Livre-Presse-Multimédia (en codirection avec Agnès-Lahn Gozin et Arnaud Le Mérour), Stratégies, 2001.
Le Droit de l'édition appliqué II, Éditions du Cercle de la Librairie/Cecofop, 2002.
« Le droit et l'édition », dans *L'Édition française depuis 1945* (sous la direction de Pascal Fouché), Éditions du Cercle de la Librairie, 1998.
« Panorama général de la propriété littéraire et artistique », dans *Le Droit d'auteur et les Bibliothèques* (sous la direction d'Yves Alix), Éditions du Cercle de la Librairie, 2000.
« Presse » et « Livre », dans *Le Droit et l'Internet*, Les Éditions Législatives, 2001.
« Plagiaires et plagiés devant les tribunaux », dans *Le Plagiat littéraire* (sous la direction de Hélène Maurel-Indart), Publications de l'université François-Rabelais - Tours, 2002.
« Le juridique », dans *Les Métiers de l'édition* (sous la direction de Bertrand Legendre), Éditions du Cercle de la Librairie, 2002.
« La propriété littéraire et artistique » (en collaboration avec Carmen Guerreiro, Magaly Lhotel, Flore Masure et Sophie Viaris de Lesegno), dans *Le Droit de l'Internet*, éditions Weka, 2004.
« Contraintes et limites juridiques : un panorama », dans *Genèse, censure, autocensure* (sous la direction de Catherine Viollet et Claire Bustarret), CNRS Éditions, 2005.

Essais

Le Sexe et la Loi, Arléa, 1996 ; La Musardine, 2002.
La Culture quand même (en collaboration avec Patrick Bloche et Marc Gauchée), Mille et une nuits, 2002.
L'Édition en procès (en collaboration avec Sylvain Goudemare), Leo Scheer, 2003.
Le Bonheur de vivre en Enfer, Maren Sell éditeurs, 2004.
Pirateries intellectuelles, Sens & Tonka, 2005.
La Guerre des copyrights, Fayard, 2006.
« Le livre aux enfers », dans *Sexe, images, pratiques et pensées contemporaines*, Beaux-Arts éditions/Paris-Musées, 2004.
« Le palais de justice de Grenoble », (en collaboration avec Aurélie Chavagnon) dans *Claude Vasconi*, Sujet/Objet, 2004.
Dictionnaire encyclopédique du livre et de l'édition (sous la direction de Pascal Fouché, Daniel Péchoin et Philippe Schuwer), Éditions du Cercle de la Librairie, 2002 et 2005.
Dictionnaire des cultures gays et lesbiennes (sous la direction de Didier Eribon), Larousse, 2003.
Dictionnaire de la sexualité humaine (sous la direction de Philippe Brenot), L'Esprit du temps, 2004.

Fictions

Histoire d'eaux, Le Dilettante, 2002 ; Pocket, 2004.
La Course au tigre, Le Dilettante, 2003 ; Pocket, 2005.
L'Industrie du sexe et du poisson pané, Le Dilettante, 2004 ; Pocket, 2006.
Les Dix Gros Blancs, Fayard, 2005 ; Pocket, à paraître.
Le Sexe (direction d'ouvrage), La Découverte, collection « Les Français peints par eux-mêmes », 2003.
« À quoi servent les preuves ? », dans *Anti-Annales de philosophie*, Bréal, 2002.
« Des zoos par milliers », dans *Bonnes Vacances*, Gallimard, 2004.
Maître Nemo largue les amarres dans *Vu de la Lune*, Gallimard/APL, 2005.

Traductions

Pensées paresseuses d'un paresseux de Jerome K. Jerome (de l'anglais, en collaboration avec Claude Pinganaud), Arléa, 1991 ; Arléa poche, 1996.
Histoires de fantômes indiens de Rabindranath Tagore (du bengali, en collaboration avec Ketaki Dutt-Paul), Cartouche, 2006.

Emmanuel Pierrat

LE DROIT D'AUTEUR ET L'ÉDITION

3e édition revue et augmentée

ÉDITIONS DU CERCLE DE LA LIBRAIRIE

L'auteur remercie tout particulièrement ceux qui l'ont soutenu lors des différentes éditions de cet ouvrage :
Philippe Allaeys, Morgane Banquey, Frédérique de Ridder, Ketaki Dutt-Paul, Laurence Lautrette, Margarita Modrono, Jean-Michel Pierrat, Florence-Marie Piriou, Sompote Puangkrasin, Philippe Schuwer, Hubert Thilliet, An Ton That, Christine Touya et Sophie Viaris de Lesegno.
Il tient à préciser que cet ouvrage n'aurait pu voir le jour, dans une première mouture, sans les conseils amicaux de Françoise Verny.
Enfin, Pascal Fouché, ainsi que Christine Ferrand, méritent une mention particulière pour leur confiance toujours renouvelée.

35, rue Grégoire-de-Tours 75006 Paris
ISBN 2-7654-0914-5

À Claude Pinganaud.

Table

Avant-propos

Domaine public, titre protégé, originalité d'une maquette, modification d'un texte, contrat d'édition, achat de droits multimédias, cession à un producteur de droits d'adaptation audiovisuelle, plagiat, droit de prêt, droit à l'image, bases de données… La propriété littéraire et artistique régente désormais quotidiennement le métier d'éditeur. En quelques années, la sphère d'intervention du droit s'est élargie, les dispositions légales et les décisions de justice aux conséquences d'importance se sont multipliées. Certains en arrivent même à désigner désormais ce phénomène sous l'appellation approximative de « judiciarisation de l'édition ».

Depuis la première version de cet ouvrage, en janvier 1995, et sa première refonte en 1998, certains domaines ont encore grandement évolué : le droit de prêt a pris corps, le « photocopillage » s'est amplifié, les jugements rendus à propos du multimédia se sont multipliés, les procès pour droit à l'image se sont intensifiés, les accusations de contrefaçon ou de concurrence déloyale sont légion, etc.

La propriété littéraire et artistique est réellement devenue une matière de plus en plus complexe, qui entend bien suivre, si ce n'est précéder, les progrès de la technologie. La méconnaissance de ses règles peut désormais s'avérer désastreuse pour l'éditeur et justifiait d'autant une nouvelle édition, entièrement remaniée et largement augmentée, du *Droit d'auteur et l'édition.*

Les termes en eux-mêmes sont lourds de sens. La propriété littéraire et artistique est communément désignée en France sous l'appellation « droit d'auteur ». Le législateur et le magistrat s'efforcent en effet de placer l'éditeur, considéré à tort ou à raison comme économiquement fort, dans une position de faiblesse juridique. Sa prudence doit donc être extrême et ses audaces calculées.

Le propos de cet ouvrage est par conséquent de mettre en garde, de faire acquérir des réflexes, mais également de répondre aux interrogations qui surgissent dans la pratique de l'édition.

La méthode choisie ici est simple : être clair, précis et avant tout pratique. Cela signifie qu'ont été écartées les discussions théoriques de juristes spécialisés sur la nature du droit d'auteur, l'application d'une nullité relative ou absolue, etc. En revanche, les droits et obligations de chacun sont précisés, les pièges mis en lumière, les conseils, les astuces et des exemples parlants détaillés, de même que sont proposés de nombreux modèles de contrats adaptés à une profession en pleine mutation.

Cette nouvelle édition a été mise à jour et particulièrement augmentée sur de nombreux points, plusieurs de ces ajouts ayant déjà donné lieu à des chroniques juridiques publiées dans *Livres Hebdo*. On y retrouvera aussi de multiples références bibliographiques récentes, de larges extraits du Code de la propriété intellectuelle, de plus en plus remanié, ainsi que le texte intégral des codes des usages.

Les principaux modèles de contrats, dont la plupart ont été élaborés pour cette nouvelle édition, sont également joints à ce volume en version numérique. Ils peuvent être complétés et directement utilisés dans la pratique.

Les œuvres et leur statut sont exposés en premier lieu. Il s'agit aussi bien de déterminer celles qui sont protégeables que de recenser la durée de cette protection, ses bénéficiaires, les droits qui en découlent et les exceptions qu'ils souffrent, ou encore l'influence d'un mariage ou d'une succession. Viennent ensuite plusieurs contrats commentés (édition, cession de droits d'adaptation audiovisuelle, traduction...). Enfin, on trouvera examinés divers problèmes auxquels l'éditeur peut être confronté, qu'il s'agisse du droit international ou de la contrefaçon. Hormis le cas du droit à l'image, qui a été particulièrement développé à l'occasion de la présente mise à jour, les commentaires précis relatifs au droit de l'information (diffamation, atteinte à la vie privée, etc.) ainsi qu'aux dépôts obligatoires sont insérés dans la nouvelle édition, elle aussi entièrement remaniée du *Droit du livre*[1]. Celui-ci présente, concomitamment au présent ouvrage, l'ensemble des problèmes juridiques liés aux métiers du livre et de l'édition : fabrication, distribution/diffusion, librairies, aides et subventions publiques, prix du livre, bibliothèques, etc.

Malgré le soin apporté à la rédaction de ce manuel, le droit d'auteur est une matière vivante, en constante évolution, et l'éditeur doit rester vigilant. Cette évolution, aujourd'hui, dépend aussi bien de l'Union européenne que des progrès technologiques. Le droit des œuvres multimédias est encore en formation. De même, nombre de débats cruciaux et qui durent depuis longtemps n'ont toujours pas été tranchés définitivement. Par surcroît, la jurisprudence est changeante, sa force est donc toute relative. Les décisions concernant l'assiette de la rémunération des auteurs sont là pour le montrer. C'est pourquoi l'éditeur, face à tout problème quelque peu sérieux, se doit de consulter un spécialiste (juriste interne ou d'une organisation syndicale, avocat, etc.). En clair, pour éditer en toute sécurité et valoriser son catalogue, il ne doit pas s'en remettre uniquement à sa connaissance d'une matière qui reste délicate à manipuler.

Paris, juillet 2005

1. Emmanuel Pierrat, *Le Droit du livre*, Éditions du Cercle de la Librairie, 2005.

I

Les œuvres protégeables par le droit d'auteur

Le droit d'auteur ne couvre pas indifféremment toutes les œuvres littéraires et artistiques. D'une part, si l'accomplissement d'aucune formalité n'est exigé, seule une réalisation matérielle peut prétendre à une protection par le droit d'auteur. D'autre part, cette protection est liée à l'existence de ce que les juristes nomment « une création de forme originale ». La conjugaison de ces divers critères permet d'établir, à la lecture de la loi et de la jurisprudence, un essai de typologie des œuvres protégeables.

L'absence de formalités en droit d'auteur français

La protection des œuvres de l'esprit n'exige, en droit français, l'accomplissement d'aucune formalité. L'article L. 111-1 du Code de la propriété intellectuelle (CPI)[1] dispose en effet que « l'auteur d'une œuvre de l'esprit jouit sur cette œuvre, du seul fait de sa création, d'un droit de propriété incorporelle exclusif et opposable à tous ». L'auteur et, par la suite, son éditeur se verront reconnaître une protection efficace sans avoir besoin de recourir à un dépôt ni à un quelconque enregistrement. Cette absence de formalités distingue le droit d'auteur français de nombre de droits étrangers. Les États-Unis, par exemple, connaissaient jusqu'en 1989 un système de dépôt des œuvres conditionnant leur protection. Le droit d'auteur français est également en opposition sur ce point avec les autres mécanismes de protection des créations intellectuelles, tels que le droit des marques, des brevets, des dessins et modèles, etc.

Certains dépôts obligatoires, tel le dépôt légal, subsistent à la charge des éditeurs[2]. Mais l'accomplissement de ces formalités reste totalement indépendant de l'attribution d'une protection par le droit d'auteur. Il en est de même pour les

1. Ce code a été adopté en 1992 et constitue essentiellement, pour ce qui concerne le droit d'auteur, une codification des lois du 11 mars 1957 et du 3 juillet 1985. On trouvera en annexe à cet ouvrage les dispositions du code qui concernent l'édition.

2. Les obligations de dépôts sont traitées dans *Le Droit du livre*, Éditions du Cercle de la Librairie, paru en 1999 et mis à jour en 2005 concomitamment au présent ouvrage.

dépôts dans des sociétés d'auteurs, qui ne confèrent pas plus de droits que la preuve d'une antériorité[1].

C'est donc la seule création de l'œuvre qui confère à son auteur une protection. Or, selon l'article L. 111-2 du CPI, « l'œuvre est réputée créée, indépendamment de toute divulgation publique, du seul fait de la réalisation, même inachevée, de la conception par son auteur ». Pour qu'un créateur se voie attribuer un droit de propriété littéraire et artistique, il ne suffit pas qu'un projet germe dans son esprit, mais bien qu'il en entreprenne la réalisation matérielle. Seule la concrétisation de son idée constituera le point de départ de la protection accordée par le droit d'auteur.

L'apposition du symbole ©, qui était indispensable un temps aux États-Unis, ne confère plus aucun droit et sert tout juste en pratique à désigner le titulaire des droits et à indiquer que l'œuvre est protégée[2]. Il s'agit au mieux d'une présomption de titularité des droits, mais qui peut être renversée par la preuve contraire[3].

L'acquisition d'une date certaine

La seule matérialisation de l'œuvre, exempte de divulgation et donc de toute publicité, peut ultérieurement poser des problèmes de preuve pour ce qui concerne la date de création. Il est fréquent de voir s'écouler de nombreux mois entre l'émergence d'un projet de livre et son apparition sur le marché. C'est pourquoi, en pratique, auteurs et éditeurs ont recours à des techniques d'acquisition d'une date certaine de création qui permet, par la suite, de déterminer qui a réalisé le premier une œuvre. Les auteurs s'assurent ainsi d'une paternité certaine et les éditeurs procèdent à une sorte d'appropriation d'un projet dont les concurrents pourraient avoir également l'idée. Il va de soi que l'utilisation de ces techniques n'est envisageable qu'à partir du moment où l'œuvre est matérialisée.

C'est ainsi que les éditeurs recourent fréquemment à une publication dans *Livres Hebdo* pour retenir un titre d'ouvrage ou de collection. De même peut-on procéder à un dépôt chez un notaire (qui l'inscrira dans ses minutes) ou un huissier (qui dressera un procès-verbal) pour acquérir une date certaine.

Le recours à l'enveloppe Soleau constitue également une utile précaution à moindre coût. Cette enveloppe est vendue par l'Institut national de la propriété industrielle (INPI)[4]. Elle permet de « sceller » des feuillets, limités en nombre, et de prouver l'antériorité de leur création.

L'envoi à soi-même en recommandé constitue la plus simple et la moins onéreuse des techniques d'acquisition d'une date certaine, sous réserve, bien évidemment, de ne pas l'ouvrir à réception et de la conserver précieusement pour en faire examiner incontestablement le contenu par un huissier en cas de litige.

1. Cour d'appel de Paris, 5 mars 1990, *Cahiers du droit d'auteur*, 1990, n° 30, p. 17.
2. W.J. Kopacz, « Les œuvres d'origine étrangère et la mention du copyright *(copyright notice)* aux États-Unis », *Revue du droit de la propriété intellectuelle*, n° 5, 1986, p. 19.
3. Cour d'appel de Paris, 7 juin 1988, *Cahiers du droit d'auteur*, 1988, n° 8, p. 21.
4. Voir «Adresses utiles» en fin d'ouvrage (toutes les coordonnées des institutions citées figurent dans cette annexe).

Restent les sociétés de perception et de répartition des droits, dont le régime est fixé par les articles L. 321-1 à L. 321-13 du CPI[1], et qui, outre la gestion des droits, la récupération et le reversement des redevances, peuvent servir, pour la plupart d'entre elles, à effectuer un dépôt[2].

Le rôle de la gestion collective : les sociétés de perception et de répartition

Organisation et contrôle

Les dossiers du « photocopillage », du droit de prêt, ou encore de la copie privée numérique obligent peu à peu les professionnels du livre à découvrir les mécanismes très particuliers de la « gestion collective ». Les praticiens parlent de « gestion collective » là où le CPI évoque des « sociétés de perception et de répartition des droits ». L'union fait la force. Il s'agit donc de se regrouper pour mieux contrôler l'exploitation des œuvres, ainsi que pour collecter plus facilement les rémunérations.

L'article L. 321-7 du CPI rappelle que ces sociétés « doivent tenir à la disposition des utilisateurs éventuels le répertoire complet des auteurs et compositeurs français et étrangers qu'elles représentent ». Ce répertoire peut être consulté « au siège de la société ou, le cas échéant, dans ses agences régionales ». Il doit en être « délivré copie sans qu'il puisse alors [...] être réclamé d'autre somme que celle représentant le coût de la copie ».

Le régime de ces sociétés est organisé dans un chapitre spécial du CPI. Son article L. 321-1 dispose que ces entités sont « constituées sous forme de sociétés civiles ». Il précise que « les associés doivent être des auteurs, des artistes-interprètes, des producteurs de phonogrammes ou de vidéogrammes, des éditeurs, ou leurs ayants droit. Ces sociétés civiles régulièrement constituées ont qualité pour ester en justice pour la défense des droits dont elles ont statutairement la charge ». Elles peuvent également diligenter des agents assermentés, qui rapportent « la preuve de la matérialité de toute infraction aux dispositions » du CPI.

Les sociétés de gestion collective bénéficient donc de pouvoirs particuliers. Par ailleurs, elles peuvent manier des sommes d'argent très importantes. C'est pourquoi elles sont obligatoirement agréées par le ministère de la Culture, qui examine les projets de statuts et de règlements généraux. « Le dossier adressé au ministre chargé de la culture » doit également comprendre « toutes pièces justifiant la qualité professionnelle des fondateurs ainsi que l'état des moyens

1. L'ensemble des dispositions législatives et réglementaires applicables à ces sociétés est reproduit en annexe du présent ouvrage.
2. Frédérique de Ridder, *Droits d'auteur, droits voisins dans l'audiovisuel, les sociétés de perception et de répartition*, Dixit, 1994. *La Gestion collective du droit d'auteur et des droits voisins en 1995 et 1996 par les sociétés de perception et de répartition des droits*, rapport présenté par la Sous-Direction des affaires juridiques de la Direction de l'administration générale, Bureau de la propriété littéraire et artistique, ministère de la Culture et de la Communication, juin 1997.

humains, matériels ou financiers permettant à la société d'assurer effectivement la perception des droits et l'exploitation de son répertoire ».

L'article L. 321-3 du CPI prévoit que « le ministre peut saisir le tribunal de grande instance au cas où des motifs réels et sérieux s'opposeraient à la constitution d'une de ces sociétés. Le tribunal apprécie la qualification professionnelle des fondateurs de ces sociétés, les moyens humains et matériels qu'ils proposent de mettre en œuvre pour assurer le recouvrement des droits et l'exploitation de leur répertoire ».

Aux termes de l'article L. 321-12, « la société de perception et de répartition des droits communique ses comptes annuels au ministre chargé de la culture », à qui elle doit également adresser, « à la demande de celui-ci, tout document relatif à la perception et à la répartition des droits ainsi que la copie des conventions passées avec des tiers ». Il est d'ailleurs prévu que « le ministre chargé de la culture ou son représentant » puisse « recueillir, sur pièces et sur place, les renseignements ». Enfin, l'article L. 321-11 envisage même les hypothèses extrêmes, puisque « la demande de dissolution d'une société de perception et de répartition des droits peut être présentée au tribunal par le ministre chargé de la culture » et que, « en cas de violation de la loi, le tribunal peut interdire à une société d'exercer ses activités de recouvrement dans un secteur d'activité ou pour un mode d'exploitation ».

La surveillance des sociétés de gestion collective – dont l'opacité est souvent l'objet de critiques – n'est pas organisée au seul profit de leur ministère de tutelle. L'article L. 321-5 du CPI, modifié par la loi du 1er août 2000, dispose que « le droit à la communication [...] s'applique aux sociétés civiles de répartition des droits, sans pour autant qu'un associé puisse obtenir communication du montant des droits répartis individuellement à tout autre ayant droit que lui-même ».

L'article L. 321-6 accorde le droit à « tout groupement d'associés représentant au moins un dixième du nombre de ceux-ci » de « demander en justice la désignation d'un ou plusieurs experts chargés de présenter un rapport sur une ou plusieurs opérations de gestion ».

Rappelons encore qu'aux termes de l'article L. 321-4, « les sociétés de perception et de répartition des droits sont tenues de nommer au moins un commissaire aux comptes et un suppléant ».

Les intervenants dans le milieu de l'édition

La « gestion collective » se partage aujourd'hui entre de multiples intervenants. Au sein de cette nébuleuse, les sociétés qui œuvrent contre le photocopillage sont soumises à un régime très spécifique.

La plus emblématique des sociétés de gestion collective reste bien évidemment la SACEM (Société des auteurs, compositeurs et éditeurs de musique), aussi puissante que décriée. Elle concerne les éditeurs de livres, car elle gère aussi les droits sur les paroles des chansons.

Mais le milieu du livre est amené à côtoyer également la très ancienne SACD (Société des auteurs et compositeurs dramatiques), qui s'intéresse notamment au répertoire des œuvres théâtrales ou de fiction télévisuelle. La SCAM (Société civile des auteurs multimédias) visait initialement les œuvres documentaires. Il y a encore, parmi les plus connues, l'ADAGP (Société des auteurs dans les arts graphiques et plastiques) : elle est en charge des arts graphiques, plastiques, photographiques et même typographiques, sa principale concurrente, la SPADEM, ayant été liquidée en 1996.

Deux sociétés de gestion collective œuvrent particulièrement au profit des éditeurs. La SCELF (Société civile de l'édition littéraire française) traite des droits des éditeurs sur les adaptations audiovisuelles de leur catalogue.

Le CFC (Centre français d'exploitation du droit de copie) intervient pour les droits de reprographie. Le statut des sociétés chargées du « photocopillage » est d'ailleurs encore plus particulier que celui des autres sociétés de gestion collective. L'article L. 122-10 du CPI prévoit en effet que « la publication d'une œuvre emporte cession du droit de reproduction par reprographie à une société [...] agréée à cet effet par le ministre chargé de la culture. Les sociétés agréées peuvent seules conclure toute convention avec les utilisateurs aux fins de gestion du droit ainsi cédé, sous réserve, pour les stipulations autorisant les copies aux fins de vente, de location, de publicité ou de promotion, de l'accord de l'auteur ou de ses ayants droit. À défaut de désignation par l'auteur ou son ayant droit à la date de la publication de l'œuvre, une des sociétés agréées est réputée cessionnaire de ce droit ». La reprographie est donc un domaine où le recours à la gestion collective est automatique et, même, obligatoire[1].

C'est la raison pour laquelle l'article L. 122-12 précise que « l'agrément des sociétés mentionnées au premier alinéa de l'article L. 122-10 est délivré en considération : de la diversité des associés ; de la qualification professionnelle des dirigeants ; des moyens humains et matériels qu'ils proposent de mettre en œuvre », mais aussi « du caractère équitable des modalités prévues pour la répartition des sommes perçues ». Et seul un décret en Conseil d'État fixe « les modalités de la délivrance et du retrait de cet agrément », ainsi que le « choix des sociétés cessionnaires ». L'agrément, renouvelable, est accordé pour des périodes de cinq ans.

Il existe de nombreuses autres sociétés de gestion collective, qui agissent dans d'autres secteurs de la création culturelle. Les médiathèques, consommatrices de musique et d'audiovisuel, en connaissent une pléiade, qui sont missionnées, les unes, par les artistes-interprètes, les autres, par les producteurs.

La vénérable SGDL (Société des gens de lettres) n'est pas une société de gestion collective, mais elle a porté sur les fonts baptismaux la SOFIA (Société française des intérêts des auteurs de l'écrit). Celle-ci vise à gérer collectivement les intérêts des créateurs et des éditeurs de textes. La gestion du « droit de prêt », pour laquelle elle a été officiellement agréée depuis le début de l'année 2005, est son chantier prioritaire[2]. Elle a également vocation à gérer la rémunération pour copie privée, étendue au bénéfice des auteurs et des éditeurs littéraires par la loi du 17 juillet 2001 (modifiant l'article L. 311-1 du CPI), pour les copies réalisées sur supports numériques.

1. Voir « La reprographie ».
2. Voir « Le droit de prêt ».

Quant à la SORECOP et Copie France, elles gèrent respectivement la rémunération pour copie privée sonore et audiovisuelle.

Oublions en revanche SESAM, créée en 1996 à l'initiative notamment de la SACEM, de la SACD, de la SCAM et de l'ADAGP, et dont le but officiel – et resté très théorique – était de servir de guichet unique pour le multimédia.

Le dépôt de l'œuvre auprès d'une société de gestion collective n'est en rien constitutif en tant que tel de droits de propriété littéraire et artistique. Il s'agit d'un acte qui permet, soit de bénéficier du cadre de la gestion collective, soit de prouver efficacement une antériorité.

Enfin, ces sociétés ne sont pas exemptes de missions d'intérêt général au profit de la création culturelle. L'article L. 321-9 du CPI leur impose, par exemple, d'utiliser « à des actions d'aide à la création, à la diffusion du spectacle vivant et à des actions de formation d'artistes : 25 p. 100 des sommes provenant de la rémunération pour copie privée ». Quant à « l'utilisation de ces sommes », elle fait l'objet, « chaque année, d'un rapport des sociétés de perception et de répartition des droits au ministre chargé de la culture. Le commissaire aux comptes vérifie la sincérité et la concordance avec les documents comptables de la société des informations contenues dans le rapport. Il établit à cet effet un rapport spécial ».

Les critères de protection des œuvres

La protection par le droit d'auteur n'est pas accordée sans réserve à toute création. Deux conditions essentielles interviennent, qui limitent fortement le domaine de protection couvert par le droit d'auteur.

Pour qu'elle soit protégée, l'œuvre doit tout d'abord constituer une création de forme et non une simple idée. Par surcroît, l'œuvre se doit d'être originale. Enfin, la loi exclut formellement quatre éléments qui ne doivent jamais entrer en ligne de compte pour déterminer si une œuvre est ou non protégeable : ce sont le genre, l'expression, le mérite et la destination de l'œuvre.

La création de forme et l'exclusion des idées

La loi protège les seules créations de formes. Ce qui signifie *a contrario* qu'elle exclut de son champ de protection l'opposé de la création de forme : l'idée[1].

Quand bien même l'auteur aurait procédé à une réalisation concrète de son idée, ce n'est pas l'idée en tant que telle qui sera protégée mais la création de forme qui en résultera[2].

Ainsi, des juges ont justement estimé que le droit d'auteur ne peut protéger des annuaires alphabétiques ou géographiques en tant que tels, car ils ne relèvent que

1. R. Lindon, « L'idée artistique fournie à un tiers en vue de sa réalisation », *La Semaine juridique (JCP)*, 1970, I, 2295. A. Bertrand, « Le droit d'auteur et la protection des idées », *Cahiers du droit d'auteur*, 1990, n° 30, p. 1.

2. Cour d'appel de Paris, 13 mars 1986, *Dalloz*, 1987, Informations rapides, 150, observations Claude Colombet. Isabelle Bureau, « L'intrigue : le passage de l'idée à son expression », *Les Cahiers de propriété intellectuelle*, volume 7, n° 1, octobre 1994, p. 51 (article sur le droit canadien).

du domaine des idées[1]. En revanche, la forme que peuvent revêtir ces annuaires, si elle s'avère originale, peut être protégée par le droit d'auteur[2]. Une nouvelle méthode de comptabilité n'est également pas protégeable par le droit d'auteur; mais le texte qui la présente est, lui, susceptible d'une telle protection[3]. De même, le principe d'un ouvrage à l'usage de ceux qui vivent avec une personne atteinte de la maladie d'Alzheimer n'est pas en lui seul protégeable, si l'expression et la composition des deux livres concurrents n'ont rien de commun[4].

En effet, alors que l'idée en elle-même n'est jamais protégeable par la propriété littéraire et artistique, tout ce qui la met en forme, la matérialise, peut être valablement protégé.

On a coutume de dire que « les idées sont de libre parcours[5] ». Elles ne sont donc pas susceptibles d'appropriation. Cependant, si les idées ne sont pas protégeables par le droit d'auteur, d'autres branches du droit, tel le droit de la concurrence déloyale, permettent de plus en plus de leur accorder un certain degré de protection[6]. C'est ainsi qu'une idée scientifique[7] ou même un nouveau type de collection sans originalité[8], tous non protégeables par le droit d'auteur, peuvent être défendus contre les pilleurs. Selon la jurisprudence, ceux-ci se devront au minimum de citer l'œuvre qu'ils ont copiée[9].

Cette protection reste néanmoins inférieure en efficacité à celle que peut procurer le droit d'auteur[10].

L'originalité

La condition d'originalité n'est pas expressément contenue dans la loi, mais seulement évoquée en deux occasions. Sa définition est donc difficile à tracer. Il s'agit pourtant, selon la jurisprudence, de l'élément le plus indispensable à une protection par le droit d'auteur[11].

Les tribunaux, qui se sont très souvent interrogés sur cette notion, l'assimilent à « l'empreinte de la personnalité de l'auteur[12] ». L'originalité, c'est donc la

1. Cour d'appel de Paris, 18 décembre 1924, *Dalloz*, 1925, jurisprudence, p. 30.
2. Tribunal de grande instance de Paris, 24 septembre 1976, *Revue internationale du droit d'auteur*, n° 93, juillet 1977, p. 155.
3. Cour d'appel de Paris, 2 août 1870, *Annales de la propriété industrielle, artistique et littéraire*, 1870, n° 272.
4. Cour d'appel de Paris, 15 mars 1994, *Gazette du Palais*, 27-28 janvier 1995, p. 15.
5. Henri Desbois, *Le Droit d'auteur en France*, Dalloz, 3e éd., 1978, n° 17 et s.
6. Jérôme Passa, *Contrefaçon et concurrence déloyale*, IRPI-Litec, 1997. Sylviane Durrande, « Les rapports entre la contrefaçon et la concurrence déloyale », *Dalloz*, 1984, Chronique, 187. Première chambre civile de la Cour de cassation, 13 avril 1988, *Bulletin civil*, I, n° 96.
7. Cour d'appel d'Aix-en-Provence, 13 janvier 1958, *Dalloz*, 1958, 142.
8. Chambre commerciale de la Cour de cassation, 27 février 1990, *La Semaine juridique (JCP)*, 1990, II, 21545, note Frédéric Pollaud-Dulian.
9. Tribunal de grande instance de Paris, 25 janvier 1988, *Cahiers du droit d'auteur*, n° 9, 1988, p. 15. Tribunal de grande instance de Paris, 11 février 1988, *Cahiers du droit d'auteur*, n° 9, 1988, p. 17. Tribunal de grande instance de Paris, 5 janvier 1983, *Revue internationale du droit d'auteur*, avril 1983, n° CXVI, p. 210.
10. Pour plus de précision sur la concurrence déloyale, voir le chapitre XV « Atteinte et protection des droits ».
11. André Lucas et Pierre Sirinelli, « L'originalité en droit d'auteur », *La Semaine juridique (JCP)*, 1993, 3681, p. 253.
12. Cour d'appel de Paris, 20 avril 1989, *Revue internationale du droit d'auteur*, janvier 1990, n° CXXXXIII, 317.

marque de la sensibilité de l'auteur, la traduction de sa perception d'un sujet, ce sont les choix qu'il a effectués qui n'étaient pas imposés par ce sujet. On peut aussi entendre par là l'intervention de la subjectivité dans le traitement d'un thème. L'auteur d'un catalogue de matériel pour restaurateurs s'est ainsi vu dénier en justice une protection par le droit d'auteur au motif que la disposition verticale des objets et l'emplacement des photographies se retrouvaient dans les catalogues d'autres sociétés[1]. Sa création manquait donc d'originalité.

L'originalité n'est ni l'inventivité, ni la nouveauté dont il faut clairement la distinguer. Une œuvre peut être originale sans être nouvelle : elle bénéficiera donc de la protection du droit d'auteur, même si elle reprend, à sa manière, un thème cent fois exploré. De même, une œuvre peut être aussi originale tout en devant contribution à une autre œuvre. Il en est ainsi des traductions, adaptations, etc. À la différence de la nouveauté, notion objective qui s'apprécie chronologiquement – est nouvelle l'œuvre créée la première –, l'originalité est donc une notion purement subjective. Dès l'instant qu'une œuvre porte l'empreinte de la personnalité de son auteur, qu'elle fait appel à des choix personnels, elle est protégée par le droit d'auteur.

En matière littéraire, l'originalité se retrouve dans deux éléments : la composition et l'expression.

La composition est l'ordonnancement des chapitres, le déroulement de la trame, la mouture, le plan. Les héritiers de Margaret Mitchell accusaient ainsi – à tort – Régine Deforges d'avoir copié la composition originale d'*Autant en emporte le vent*[2].

L'expression, c'est le style, le choix des mots et des tournures de phrase. Thierry Ardisson a été épinglé par la presse pour avoir emprunté l'expression d'un autre auteur dans son roman *Pondichéry*[3].

L'originalité d'un livre peut cependant ne résider que dans sa seule expression ou dans sa seule composition. C'est ainsi qu'une anthologie de fabliaux n'a d'original que sa composition. L'auteur de l'anthologie ne pourra prétendre à une appropriation des textes choisis, mais pourra, en revanche, poursuivre en justice quiconque reprendra l'ordonnancement qu'il aura suivi[4]. À l'inverse, une version romancée de *La Belle au bois dormant* sera originale par son expression, mais pas par sa composition.

Enfin, il ne faut pas oublier qu'en l'absence d'originalité, et donc de protection par le droit d'auteur, l'éditeur peut toujours arguer de la concurrence déloyale[5] pour décourager les « copieurs ». C'est notamment ce qui s'est produit dans un cas d'appropriation, par un journal, des tableaux d'audience télévisée publiés par un concurrent[6].

1. Cour d'appel de Versailles, 11 février 1987, *Dalloz*, 1988, Sommaires, 201, observations Colombet.
2. Cour d'appel de Versailles, 15 décembre 1993, *Dalloz*, Jurisprudence, 1994, 132, note Pierre-Yves Gautier.
3. Marie-Christine Imbault, « Ardisson fait son anti-Pivot du câble », *Livres Hebdo*, n° 294, 22 mai 1998, p. 10.
4. Pierre Frémond, « Les anthologies réalisées par sélection de photographies », *Cahiers du droit d'auteur*, n° 20, 1989, p. 1.
5. Voir, là encore, le chapitre XV « Atteinte et protection des droits ».
6. Cour d'appel de Paris, 22 mai 1990, *Dalloz*, 1990, Informations rapides, 175.

Les critères à exclure

Tout jugement de valeur, toute prise en considération d'éléments autres que la création de forme et l'originalité doivent être exclus dans l'appréciation de la protection d'une œuvre par le droit d'auteur. L'article L. 112-1 du CPI dispose en effet que sont protégés les « droits des auteurs sur toutes les œuvres de l'esprit, quels qu'en soient le genre, la forme d'expression, le mérite ou la destination ».

L'attribution d'une protection en fonction du genre est à bannir. Un roman policier ou un roman pornographique[1] peuvent bénéficier de la même protection que *Le Dialogue des carmélites.*

Toutes les formes d'expression sont couvertes par la propriété littéraire et artistique[2]. Une improvisation théâtrale et une encyclopédie, un écrit comme une œuvre purement orale (une pièce de théâtre non publiée, par exemple) ont la même vocation à être protégés.

Le mérite ne peut pas, non plus, être pris en compte comme critère de protection : la valeur artistique, esthétique ou littéraire, le « niveau » d'un livre ne peuvent intervenir[3]. Peu importent le degré de vérité ou la qualité esthétique des propos tenus dans un ouvrage ; ils sont susceptibles de la même protection par le droit d'auteur.

Enfin, la destination de l'œuvre, c'est-à-dire le but (le public) que cherche à atteindre son auteur, n'entre également pas en considération. Le livre protégeable peut aussi bien consister en un manuel d'aquariophilie, un annuaire personnalisé d'adresses de boucheries qu'en un long poème abstrait… Pratique ou esthétique, tout écrit est protégeable.

1. Chambre criminelle de la Cour de cassation, 6 mai 1986, *Dalloz*, 1987, Sommaires, 151, observations Colombet.
2. Cour d'appel de Paris, 19 décembre 1913, *Annales de la propriété industrielle, artistique et littéraire*, 1914, 209.
3. Caroline Carreau, *Mérite et droit d'auteur*, LGDJ, 1981. Première chambre civile de la Cour de cassation, 6 mars 1979, *La Semaine juridique (JCP)*, 1979, IV, 169.

II

Typologie des œuvres protégeables

Les œuvres protégeables peuvent être de natures très diverses, dès lors qu'elles répondent aux critères de forme et d'originalité[1]. Une liste de ces œuvres, nullement exhaustive, est donnée par le législateur à l'article L. 112-2 du CPI. On y relèvera notamment pour ce qui concerne les éditeurs :
– les livres, brochures et autres écrits littéraires, artistiques et scientifiques ;
– les conférences, allocutions, sermons, plaidoiries ;
– les œuvres de dessin, de peinture, d'architecture, de sculpture, de gravure, de lithographie ;
– les photographies ;
– les illustrations, les cartes géographiques ;
– les plans, croquis et ouvrages relatifs à la géographie, à la topographie, à l'architecture et aux sciences ;
– les œuvres graphiques et typographiques.

Ce sont là des œuvres que l'on peut nommer œuvres premières.

L'article L. 112-3 du CPI évoque, quant à lui, les œuvres dites dérivées :
– traductions, adaptations, transformations ou arrangements des œuvres de l'esprit protégées ;
– anthologies ou recueils d'œuvres diverses « qui, par le choix ou la disposition des matières, constituent des créations intellectuelles ».

Enfin, les titres, comme désormais les bases de données, sont eux aussi protégés par le CPI dans des dispositions particulières.

Cette énumération a été largement complétée par la jurisprudence, qui a déclaré protégeables nombre de créations non visées par la loi mais qui intéressent au premier chef les éditeurs. Elle demeure bien entendu ouverte à l'insertion d'autres types d'œuvres de l'esprit, qui n'ont pas encore suscité de débats en justice ou qui restent à créer.

Il est donc possible d'établir un panorama – encore une fois, faut-il le préciser, non exhaustif – des œuvres protégeables par le droit d'auteur, en examinant tant

1. Voir le chapitre I « Les œuvres protégeables par le droit d'auteur ».

les dispositions légales que les apports jurisprudentiels. L'énumération indique aux éditeurs, parmi leurs productions, celles qui sont protégeables, mais les met également en garde contre toute exploitation malencontreuse d'une œuvre protégée et publiée par un autre éditeur.

Les œuvres premières

Les écrits littéraires, artistiques et scientifiques

En tête de l'énumération comprise à l'article L. 112-2 du CPI se trouvent les « écrits littéraires, artistiques et scientifiques ».

En réalité, n'importe quel écrit faisant montre d'originalité peut prétendre s'abriter sous le droit d'auteur.

C'est ainsi que les tribunaux ont pu admettre la protection par le droit d'auteur d'écrits aussi divers que le guide d'une ville[1], un programme de courses[2], un catalogue de vente[3], des notes prises par un homme politique au cours d'une réunion[4], un répertoire[5], une éphéméride[6], un calendrier[7], le texte descriptif d'un brevet[8], des comptes-rendus de transactions boursières[9], le résumé d'une décision de justice[10], une thèse[11], un guide des cocktails[12], un indicateur[13], un guide de calcul des rémunérations dans l'informatique[14], des histoires drôles[15], un catalogue d'exposition[16], des formulaires divers[17], un manuel d'astrologie[18], un livre d'heures[19], etc.

1. Cour d'appel de Paris, 6 mai 1987, *Dalloz*, 1988, Sommaires, 202, observations Claude Colombet.
2. Chambre des requêtes de la Cour de cassation, 14 janvier 1885, *Sirey*, 1885, I, 127.
3. Cour d'appel de Nancy, 18 avril 1893, *Dalloz*, 1893, 2, 418.
4. Tribunal de grande instance de Paris, 28 mai 1986, *Dalloz*, 1987, Sommaires, 151, observations Claude Colombet.
5. Cour d'appel de Paris, 19 juin 1984, *Dalloz*, 1985, Informations rapides, 309, observations Claude Colombet.
6. Chambre criminelle de la Cour de cassation, 27 novembre 1869, *Dalloz périodique*, 1870, I, 186.
7. Cour d'appel de Paris, 14 avril 1986, *Dalloz*, 1987, Informations rapides, 152, observations Claude Colombet.
8. Tribunal de commerce de Paris, 17 janvier 1968, *Gazette du Palais*, 1968, 197.
9. Tribunal civil d'Amiens, 17 juillet 1941, *Dalloz recueil critique*, 1942, 53, note Desbois.
10. Tribunal civil de la Seine, 7 mai 1896, *Annales de la propriété industrielle, artistique et littéraire*, 1898, 303.
11. Première chambre civile de la Cour de cassation, 15 juin 1994, *Dalloz*, Sommaires, 53, observations Claude Colombet. Cour d'appel de Paris, 28 avril 2004, *Communication commerce électronique*, 2004, p. 30, observations Christophe Caron.
12. Tribunal de grande instance de Paris, 25 janvier 1988, *Cahiers du droit d'auteur*, n° 9, 1988, p. 14.
13. Cour d'appel de Paris, 18 décembre 1924, *Annales de la propriété industrielle, artistique et littéraire*, 1926, 99.
14. Cour d'appel de Paris, 27 novembre 1975, *Annales de la propriété industrielle, artistique et littéraire*, 1976, 110.
15. Cour d'appel de Paris, 23 septembre 1992, *Revue internationale du droit d'auteur*, avril 1993, n° CLVI, 224.
16. Cour d'appel de Paris, 8 juin 1983, *Dalloz*, 1983, Informations rapides, 511.
17. Cour d'appel de Paris, 7 mai 1928, *Gazette des tribunaux*, 1929, 2, 309.
18. Tribunal de grande instance de Paris, 11 février 1988, *Cahiers du droit d'auteur*, n° 9, 1988, p. 17.
19. Chambre des requêtes de la Cour de cassation, 7 novembre 1894, *Dalloz périodique*, 95, I, 153.

Les thèses universitaires

Depuis plus d'un siècle, des universitaires persistent à vouloir soutenir leur thèse jusque devant les tribunaux. Les éditeurs sont parfois de la partie.

Dès 1905, le tribunal civil de la Seine s'est prononcé en faveur de la protection d'une thèse de médecine[1]. Depuis lors, tous les genres de la littérature universitaire ont été examinés par la jurisprudence.

Un mémoire de doctorat en gestion a accédé au statut d'œuvre de l'esprit couverte par le droit d'auteur à la faveur d'une décision rendue par la cour d'appel de Paris, en 1975[2]. Son rédacteur poursuivait un ouvrage contrefaisant ses travaux, dont la publication découlait de la remise d'un prix par une entreprise du secteur concerné. Cette affaire a donné l'occasion aux magistrats de sanctionner solidairement cette société, car elle avait commis une grave négligence en ne procédant pas à un travail de vérification. L'éditeur de la contrefaçon a en revanche réussi à plaider sa bonne foi…

De même, en 1989[3], le tribunal de grande instance de Paris a rappelé qu'un article résumant une thèse de doctorat ne peut juridiquement exister que sous réserve des droits de l'auteur de l'œuvre première, c'est-à-dire du thésard.

Tous les observateurs autorisés soulignent cependant les contradictions entretenues entre la nécessaire rigueur de la recherche scientifique et le Code de la propriété intellectuelle. Ce dernier exige en effet qu'une œuvre soit originale dans sa mise en forme pour bénéficier de la propriété littéraire et artistique. C'est ainsi que les simples idées, les principes, les méthodes et autres découvertes ne sont pas en tant que tels sujets à protection. Seule leur présentation (du style employé à l'agencement du discours) est protégeable.

En clair, et pour reprendre l'exemple de Georges Koumantos, si les énoncés d'un problème mathématique peuvent être protégés par le droit d'auteur[4], il n'en est pas de même pour leur solution.

Il existe donc, selon le terme utilisé par Xavier Strubel[5], « une inadéquation entre leur originalité réelle qui se situe au fond et l'exigence juridique qui postule uniquement une caractérisation de leur originalité formelle ».

Reste l'action en concurrence déloyale pour le cas où les données scientifiques qui sont pillées ne remplissent pas la condition d'originalité[6]. Le tribunal de grande instance de Paris a jugé sévèrement, en 1999, un directeur de thèse au profit d'un de ses étudiants[7]. Cet enseignant « a utilisé pour la rédaction de son livre de très nombreux passages et tableaux des publications précédentes, sans en modifier ni la présentation, ni le contenu, ni la rédaction : […] son ouvrage appa-

1. Tribunal civil de la Seine, 25 novembre 1905, *Annales de la propriété industrielle, littéraire et artistique*, 1906, 100.

2. Cour d'appel de Paris, 17 mai 1975, *Revue internationale du droit d'auteur*, octobre 1975, p. 133.

3. Tribunal de grande instance de Paris, 18 septembre 1989, *Cahiers du droit d'auteur*, novembre 1989, n° 21, p. 18.

4. Georges Koumantos, « Le droit d'auteur sur les solutions des problèmes et exercices mathématiques », *Droit d'auteur*, 1969, p. 137.

5. *La Protection des œuvres scientifiques en droit d'auteur français*, CNRS éditions.

6. Voir « L'action en concurrence déloyale ».

7. Tribunal de grande instance de Paris, 31 mars 1999, *Revue internationale du droit d'auteur*, janvier 2000, n° 183, p. 333, note André Kerever.

raît comme un collage: [...] il reproduit servilement les documents utilisés non comme une source mais comme la matière même de la publication ». Les juges en concluent que « cette pratique constitue une faute de parasitisme ».

En droit commun de la propriété littéraire et artistique, seule une clause expresse permet à un employeur de s'attribuer les droits d'exploitation des œuvres de ses salariés. Tel n'est pas le cas pour les agents publics, qui, à l'exception du corps professoral, subissent une cession d'office de leurs droits « strictement nécessaires à l'accomplissement du service public ». C'est aussi le cas de nombre de chercheurs, qui ne peuvent donc agir aisément en justice quand leurs travaux sont copiés sans vergogne.

En 1999, le tribunal de grande instance de Paris a estimé, à propos de la contrefaçon d'une thèse[1], que « l'agent public, auteur de travaux scientifiques, se voit toutefois reconnaître un intérêt légitime lui permettant de revendiquer le respect des règles en usage dans le milieu scientifique pour l'utilisation des travaux de recherches et de leurs publications ; [...] cet intérêt légitime est protégé par l'application [...] du Code civil dans l'hypothèse d'une absence de références à l'auteur et à l'ouvrage qui ont assuré la première publication, d'une faute de dénaturation, de parasitisme ».

Enfin, le droit moral[2], qui se traduit notamment par un droit de divulgation, permet à l'auteur et à ses ayants droit d'empêcher la publication de textes inédits. Un étudiant en doctorat avait obtenu l'autorisation d'utiliser la correspondance de Romain Rolland à Stefan Zweig pour sa thèse. La cour d'appel de Paris a approuvé, en 1973, la veuve qui a fait saisir l'ouvrage de librairie que le thésard en avait par la suite tiré[3].

Les dictionnaires

Les dictionnaires et autres encyclopédies représentent une part substantielle du marché du livre. Ils suscitent donc une jurisprudence abondante et riche d'enseignements, qui concerne aussi bien leur nécessaire protection[4] que le statut de leurs contributeurs.

Quand ils sont pris la main dans le sac des définitions, les éditeurs indélicats tentent fréquemment de se réfugier derrière la même ligne de défense: les plus anciens éditeurs du secteur ne peuvent s'approprier, sous une présentation la plus banale qui soit, ce qui appartient au fonds commun du savoir de l'humanité. Les juridictions se penchent donc depuis longtemps sur la protection à accorder aux ingrédients composant les dictionnaires.

Jugée en 1997 par le tribunal de commerce de Paris, la célèbre affaire du *Maxidico*[5] a permis de rappeler que les dictionnaires sont, en droit, des œuvres littéraires pleines et entières. En l'espèce, les juges ont retenu des actes de contre-

1. Tribunal de grande instance de Paris, 31 mars 1999, précité.
2. Voir « Les droit moraux ».
3. Cour d'appel de Paris, 10 mai 1973, *La Semaine juridique (JCP)*, 1973, II, 17475.
4. Cour d'appel de Paris, 27 février 1985, *Dalloz*, 1986, Informations rapides, 181, observations Claude Colombet.
5. Tribunal de commerce de Paris, 5 janvier 1997, inédit. Christine Ferrand, « Le dictionnaire *Maxidico* est une contrefaçon », *Livres Hebdo*, n° 275, 9 janvier 1998, p. 47.

façon dans les nomenclatures elles-mêmes, en particulier dans le nombre et la sélection des entrées : « À la lettre A par exemple, *Maxidico* a supprimé 807 des 4899 mots que comporte la nomenclature du *Petit Larousse illustré* et n'en a ajouté que 42. »

En revanche, les juges ont estimé, toujours à l'occasion de l'affaire *Maxidico,* que certains éléments « dont quelques-uns ont été retenus par d'autres éditeurs, ne sont pas caractéristiques d'une contrefaçon, ni de nature à susciter par eux-mêmes une confusion dans l'esprit d'un acheteur moyennement attentif ». Il en est ainsi du format, des pages de séparation, de la mise en page sur trois colonnes, de l'adoption de majuscules pour les entrées dans la nomenclature des noms communs, de la présentation de drapeaux sur les pages de garde, de la liste des lauréats des prix Nobel et de la médaille Fields, ou encore d'un atlas et d'un tableau des conjugaisons avec une rubrique sur l'accord du participe...

Rappelons encore que Jean Vautrin a, spontanément et avant toute action en justice, décidé de mentionner dans *Un grand pas vers le bon Dieu* les travaux du linguiste Patrick Griolet, auteur notamment d'un lexique cajun intitulé *Mots de Louisiane*[1].

Une difficulté de même ordre affecte également la protection des planches d'illustrations. Leur but est en effet de se conformer autant que faire se peut à la réalité. Dès 1904, la cour d'appel d'Angers en a conclu que de telles planches présentent inéluctablement entre elles de nombreuses ressemblances.

Les tribunaux sont encore souvent sollicités à propos des titres des dictionnaires. En 1997, la cour d'appel de Paris a ainsi considéré que *Les Usuels de poche* est une contrefaçon de la marque « Les Usuels[2] ». Mais, en 1993, le tribunal de grande instance de Paris a estimé que la marque « L'essentiel » était trop descriptive pour mériter une protection. Elle a donc été annulée au grand dam de son déposant, qui en arguait contre un concurrent publiant un *Dictionnaire de l'essentiel*[3].

La piraterie pure et simple est sanctionnée sans difficulté. C'est ainsi qu'Encyclopaedia Universalis a obtenu, dès 1998, la condamnation de contrefacteurs reproduisant ses cédéroms de façon quasi industrielle.

Conscient des considérables investissements qu'entraînent la conception et la fabrication d'un dictionnaire, le législateur leur a longtemps reconnu un statut singulier.

Il était ainsi prévu que la durée de protection des droits patrimoniaux portant sur les œuvres collectives en plusieurs tomes se calculait, pour l'ensemble de l'œuvre, à compter de la publication du dernier élément. Il fallait néanmoins que la publication de l'ensemble soit « entièrement réalisée dans un délai de vingt ans à compter de la publication d'un premier élément ».

1. Cour d'appel de Paris, 14 janvier 1992, *Revue internationale du droit d'auteur*, avril 1992, p. 198.

2. Cour d'appel de Paris, 31 janvier 1997, *Dalloz affaires*, 1997, p. 385. Christine Ferrand, « La plaidoirie comme genre littéraire », *Livres Hebdo,* n° 274, 2 janvier 1998, p. 55. Annie Favier, « Le Robert gagne en appel contre LGF », *Livres Hebdo*, n° 235, 7 février 1997, p. 29.

3. Tribunal de grande instance de Paris, 16 décembre 1993, *Propriété industrielle – Bulletin documentaire*, 1994, III, 218, n° 564.

Mais, depuis la loi du 27 mars 1997, l'article L. 123-3 du Code de la propriété intellectuelle dispose, à propos de la durée de protection des droits patrimoniaux : « Au cas où une œuvre [...] collective est publiée de manière échelonnée, le délai court à compter du 1er janvier de l'année civile qui suit la date à laquelle chaque élément a été publié. » La durée de protection, il est vrai, a été à cette occasion portée de cinquante à soixante-dix ans[1].

Qu'ils soient de véritables maîtres d'œuvre ou de modestes contributeurs, les auteurs de dictionnaires sont parfois traités par quelques éditeurs comme de simples moines copistes. La vigueur des contentieux témoigne d'ailleurs de cet étrange statut.

Il est habituel de désigner les dictionnaires comme les parfaits exemples de l'œuvre collective : la Cour de cassation en a encore jugé ainsi, en 2004[2]. Et les vertus juridiques de la qualification d'œuvre collective enlèveraient miraculeusement tout droit aux obscurs encyclopédistes. Mais la jurisprudence, anormalement foisonnante en la matière, n'est pas toujours aussi clémente.

C'est ainsi que, le 12 janvier 2000, dans une décision retentissante, la cour d'appel de Paris avait donné raison à l'ancienne directrice du département «langue française» d'un important éditeur de dictionnaires. Le contrat qu'elle avait signé, en 1984, pour un dictionnaire intitulé *Mini débutants,* avait en effet été annulé pour « violence ». Les magistrats avaient relevé que « du fait de son statut de salarié qui la plaçait en situation de dépendance économique par rapport à la société [...], elle a été contrainte d'accepter les termes du contrat qu'elle a signé le 21 juin 1984, sans pouvoir réfuter ceux qu'elle estimait contraires, tant à ses intérêts personnels qu'aux dispositions protectrices du droit d'auteur. [...] Les refuser aurait nécessairement eu comme conséquence de fragiliser sa situation de salariée, le risque d'un licenciement, dans le contexte social existant au cours des années 1983-1984 dans l'entreprise, tel qu'il est démontré par les nombreux extraits de presse, étant réel et sérieux... ».

Cependant, la Cour de cassation a censuré l'arrêt d'appel en estimant que « seule l'exploitation abusive d'une situation de dépendance économique, faite pour tirer profit de la crainte d'un mal menaçant directement les intérêts légitimes de la personne, peut vicier de violence son consentement ; qu'en se déterminant comme elle l'a fait, sans constater, que lors de la cession, Mme K. était elle-même menacée par le plan de licenciement et que l'employeur avait exploité auprès d'elle cette circonstance pour la convaincre, la cour d'appel n'a pas donné de base légale à sa décision[3] ».

Le droit moral[4] – dont on rappellera simplement qu'il est incessible et perpétuel – est fréquemment revendiqué par les contributeurs malmenés.

Le tribunal de grande instance de Paris a ainsi, le 27 octobre 1999[5], condamné un autre important éditeur de dictionnaires. Le nom de l'auteur avait été supprimé

1. Voir le chapitre VI « La durée des droits ».

2. Première chambre civile de la Cour de cassation, 16 novembre 2004, *Revue Lamy droit de l'immatériel*, 2005/3, n° 78, note Agnès Maffre-Baugé.

3. Première chambre civile de la Cour de cassation, 3 avril 2002, *Dalloz*, 2002, p. 1860, note Jean-Pierre Gridel.

4. Voir « Les droit moraux ».

5. Tribunal de grande instance de Paris, 27 octobre 1999, inédit.

de plusieurs réexploitations de sa contribution, tout comme la préface qu'il avait écrite et, dans certaines versions, sa biographie. En sus des dommages-intérêts sur le fondement du droit moral, la maison d'édition a dû verser à nouveau une rémunération pour ces nouvelles exploitations.

De même, en 1983, le tribunal de grande instance de Paris a condamné un éditeur pour avoir omis de mentionner le nom d'un spécialiste qui avait révisé une réédition d'un dictionnaire français-espagnol. En 1988, la cour d'appel de Versailles a rappelé qu'un photographe doit voir son nom respecté et donc imprimé clairement, même au sein d'une encyclopédie[1].

Les textes permettent toutefois d'adapter les rémunérations des auteurs de dictionnaires à l'économie particulière de ces produits.

C'est ainsi que l'article L. 132-6 du Code de la propriété intellectuelle dispose: « En ce qui concerne l'édition de librairie, la rémunération de l'auteur peut faire l'objet d'une rémunération forfaitaire pour la première édition, avec l'accord formellement exprimé de l'auteur, dans les cas suivants: [...] anthologies et encyclopédies. »

De même, les groupements d'auteurs admettent la lenteur et la lourdeur de tels investissements éditoriaux. Le Code des usages en matière d'illustration photographique – conclu, en date du 5 mai 1993, par le Syndicat national de l'édition (SNE) avec des organisations de photographes – aménage le « droit de base utilisé pour le calcul des frais de gestion et des droits de garde » pour les « ouvrages à caractère encyclopédique[2] ».

La convention en matière de reproduction d'œuvres d'art – signée en 1983 entre l'Association pour la diffusion des arts graphiques et plastiques[3] et le SNE – évoque, au titre des « barèmes de droits forfaitaires », les catégories spécifiques des encyclopédies et dictionnaires.

Précisons toutefois que l'AGESSA[4] reconnaît expressément que les rédacteurs d'articles de fond publiés dans les œuvres collectives (dont les encyclopédies) sont concernés par son régime.

Un guide du divorce, s'il est démontré qu'il ne s'agit pas d'une « simple reprise » des textes en vigueur mais bien d'un texte reposant sur un « plan déterminé », a été jugé original et donc susceptible de protection par le droit d'auteur[5]. En revanche, un carnet de supporter de football s'est vu dénier toute protection par le droit d'auteur pour manque d'originalité[6], tout comme un simple répertoire d'adresses dont ni le graphisme ni le texte n'étaient porteurs d'aucun apport en sus des informations[7]. Un travail de regroupement d'informations et de classement chronologique n'est pas une œuvre, et son auteur, engagé comme « documentaliste-assistante culturelle et artistique » pour l'édition d'un catalogue

1. Cour d'appel de Versailles, 20 mai 1988, *Dalloz*, 1989, Sommaires, p. 44, observations Claude Colombet.
2. Voir le chapitre « Codes des usages ».
3. Aujourd'hui dénommée « Société des auteurs dans les arts graphiques et plastiques », voir « Adresses utiles ».
4. *Ibid.*
5. Cour d'appel de Paris, 4 juin 1997, *Gazette du Palais*, 7-8 janvier 1998, p. 25.
6. Chambre criminelle de la Cour de cassation, 2 juin 1982, *Bulletin criminel*, n° 138, 1982.
7. Cour d'appel de Paris, 16 janvier 1995, *Dalloz*, 1995, Informations rapides, 65.

raisonné, ne peut pas plus prétendre à des droits de propriété littéraire et artistique[1].

Les articles de presse sont bien entendu protégeables dès lors qu'ils dépassent le stade de la simple information brute et du style télégraphique[2]. Les dépêches d'agence ont ainsi pu être considérées comme non originales et donc non susceptibles d'être protégées par le droit d'auteur *stricto sensu*, mais elles peuvent constituer une « propriété particulière acquise à grands frais[3] ».

Les interviews[4], comme les lettres missives[5], sont fréquemment admises au bénéfice du droit d'auteur.

Les interviews

Il arrive aux éditeurs de vouloir reproduire une interview accordée précédemment par une personnalité à une revue, de faire retranscrire un débat déjà diffusé à la radio ou à la télévision, ou encore de commander un véritable livre d'entretiens.

Ces différentes formes de dialogues, pour présenter entre elles quelques variantes d'apparence, n'en connaissent pas moins un régime juridique commun très précis.

Les entretiens dont la première divulgation est écrite – c'est le cas, par exemple, d'un livre d'entretiens élaboré au fil d'une correspondance croisée sous forme de questions/réponses – sont couverts par le droit de la propriété littéraire et artistique.

L'éditeur aura affaire en principe aux deux coauteurs que sont l'interviewé et l'interviewer. Néanmoins, si l'une des participations manque d'originalité, élément nécessaire à une protection par le droit d'auteur, son auteur ne pourra pas être considéré comme coauteur.

Ainsi, l'interviewer est seul auteur, si les réponses à ses questions sont remarquablement banales ou s'il les a totalement mises en forme. C'est ce qu'a pu juger le tribunal de grande instance de Paris, en 1972, dans une affaire ayant opposé André Passeron à Philippe de Gaulle[6]. Il en a déjà été considéré de même à propos des simples renseignements recueillis par un journaliste à l'occasion d'un fait divers.

1. Cour d'appel de Paris, 8 octobre 1997, *Les Petites Affiches*, 4 février 1998, n° 15, p. 24, note Caroline Mécary.
2. Tribunal de grande instance de Nice, 25 novembre 1967, *La Semaine juridique (JCP)*, II, 10532.
3. Chambre des requêtes de la Cour de cassation, 23 mai 1900, *Dalloz*, 1902, I, 405.
4. À propos des interviews, voir les problèmes posés par la titularité des droits. Yves Reboul, « Le régime juridique de l'interview », *Revue internationale du droit d'auteur*, janvier 1987, n° CXXXI, p. 55. Cour d'appel de Bordeaux, 24 mai 1984, *Dalloz*, 1986, Informations rapides, 181, observations Claude Colombet. Cour d'appel de Paris, 24 octobre 1988, *Dalloz*, 1988, Informations rapides, 285. Cour d'appel de Paris, 26 septembre 1988, *Dalloz*, 1988, Informations rapides, 255. Tribunal de grande instance de Paris, 24 mars 1982, *Gazette du Palais*, 1982, I, Sommaires, 99. Michel Laval, « L'interview, à la confluence des droits », *Légipresse*, n° 76, novembre 1990.
5. À propos de la correspondance, voir les problèmes de titularité des droits dans le chapitre IV « Titularité des droits ». André Françon, Claude Goyard, *Les Correspondances inédites*, Economica, 1984.
6. Tribunal de grande instance de Paris, 6 juillet 1972, *Dalloz*, 1972, p. 628, note Pactet.

Certains ont pu semblablement estimer que l'opinion exprimée par les interviewés relevait souvent du domaine des simples idées, dont on dit fréquemment qu'« elles sont de libre parcours », c'est-à-dire qu'elles ne sont pas susceptibles d'appropriation.

Parfois, ce sera à l'interviewé seul que sera accordée la qualité d'auteur, si les questions sont banales ou si les propos recueillis n'ont aucunement été retravaillés par le journaliste.

Par surcroît, l'éditeur devra veiller à ce que l'interviewé ait réellement pu vérifier les propos qui lui sont attribués. En effet, il a déjà été jugé par la Cour de Paris, en 1988[1], que « suivant le principe de bonne foi nécessaire à l'exécution des engagements, doit être interdite toute dénaturation des propos de l'interviewé qui tendrait, volontairement ou non, à masquer la portée ou le contenu de celle-ci, à l'altérer et à donner de son auteur ou de sa personnalité une image déformante, notamment par le choix de l'ordre dans lequel sont présentés les témoignages de personnalités dont les sensibilités divergent à propos d'un même événement ».

Le droit au respect de l'œuvre, qui est un des attributs moraux de l'auteur[2], est alors en cause, de même que les droits dits de la personnalité; et ces derniers s'exercent même au profit de ceux qui n'auraient pas la qualité d'auteur.

Dans la plupart des cas, l'éditeur publiera donc une œuvre dite de collaboration, régie par les articles L. 113-2 et suivants du CPI[3].

Les coauteurs se partagent alors la propriété de l'entretien. Cette propriété commune ne signifie pas pour autant que leur rémunération devra être égale. Mais, aux termes de l'article L. 113-3 du CPI, « les coauteurs doivent exercer leurs droits d'un commun accord. En cas de désaccord, il appartient à la juridiction civile de statuer ».

Reste que l'organe de presse par qui l'entretien aura pu être originellement publié ou diffusé sera l'interlocuteur obligé de l'éditeur si les auteurs lui ont préalablement cédé, en bonne et due forme, la totalité de leurs droits. C'est rarement le cas en pratique, même si journaux et télévisions commencent à faire signer, à leurs journalistes, les clauses idoines et, à leurs invités, des autorisations écrites de plus en plus détaillées[4].

Enfin, si l'entretien a eu lieu oralement entre deux personnalités et que l'intervention d'un *rewriter* apparaît nécessaire, ce dernier partenaire peut également, en fonction de la nature de sa prestation, revendiquer valablement la qualité d'auteur[5].

Les lettres[6]

L'édition d'une correspondance peut parfois représenter un véritable casse-tête juridique, qui fait aussi bien appel au droit d'auteur *stricto sensu* qu'au droit de l'information.

1. Cour d'appel de Paris, 26 septembre 1988, *Dalloz*, 1988, Informations rapides, 255.
2. Voir « Les droits moraux ».
3. Voir « Les œuvres de collaboration ».
4. Voir « Les journalistes ».
5. Voir « Les "nègres" ».
6. Pour plus de détails, voir « Les correspondances », dans le chapitre IV « La titularité des droits ».

Il existe, même chez les professionnels du livre les plus avertis, une croyance erronée mais persistante selon laquelle le destinataire de lettres peut autoriser leur publication.

Or, l'article L. 111-3 du Code de la propriété intellectuelle énonce sans ambiguïté que « la propriété incorporelle [...] est indépendante de la propriété de l'objet matériel. L'acquéreur de cet objet n'est investi, du fait de cette acquisition, d'aucun des droits prévus par le présent code[1] [...] ».

Seul l'auteur des missives – ou ses ayants droit – est donc titulaire des droits de propriété littéraire et artistique et donc à même de décider de leur exploitation publique. *A fortiori*, lui seul peut en recueillir le fruit, c'est-à-dire percevoir des droits d'auteur.

L'édition d'une correspondance croisée ou multiple doit bien évidemment donner lieu à autant d'autorisations qu'il y a d'auteurs de lettres.

De même, l'autorisation de consulter une correspondance, dans le cadre de la rédaction d'une thèse par exemple, ne vaut pas autorisation de publication, comme il a déjà été souligné[2].

Il faut donc absolument s'assurer non seulement que l'autorisation de publication émane bien de l'auteur des lettres ou de ses héritiers, mais aussi s'enquérir de l'étendue exacte de cette autorisation.

Le propriétaire matériel des lettres pourra tout au plus exercer une sorte de droit d'accès, c'est-à-dire monnayer le droit de prendre sereinement connaissance du contenu des missives et d'en faire copie.

Les recettes de cuisine

Nombreux sont les ouvrages qui mettent la cuisine en scène : recueils de recettes, guides gastronomiques, beaux livres autour de la table d'un écrivain, conseils de grand chef et ce, sans compter les romans aux héros amateurs de bonne chère – de Dodin-Bouffant à Pepe Carvalho – dont les aventures sont agrémentées de la description de leurs agapes.

Les éditeurs doivent cependant prendre conscience que le droit est aujourd'hui inévitablement sollicité par ceux qui vivent directement de la gastronomie.

Le premier titre de propriété intellectuelle de l'histoire décrirait une recette de cuisine sicilienne, élaborée six siècles avant notre ère.

Mais le tribunal de grande instance de Paris, en 1974, a jugé que des recettes de cuisine n'étaient pas en tant que telles susceptibles de protection par le droit de la propriété littéraire et artistique : en effet, celui-ci ne bénéficie pas aux méthodes, qui sont assimilées à de simples idées « libres de parcours[3] ». Cette décision avait par ailleurs souligné que, bien souvent, les recettes empruntent au fonds de l'art culinaire, qui ne peut faire l'objet d'aucune appropriation.

En 1997, la même juridiction a estimé que « les recettes de cuisine ne constituent pas en elles-mêmes une œuvre de l'esprit ; qu'elles s'analysent en effet en

1. Voir « L'indépendance des propriétés matérielle et intellectuelle ».
2. Voir « Les thèses universitaires ».
3. Tribunal de grande instance de Paris, 10 juillet 1974, *Dalloz*, 1975, Sommaires, p. 40.

une succession d'instructions; qu'il s'agit d'un savoir-faire, lequel n'est pas protégeable[1] ».

En revanche, la divulgation d'un secret de fabrication, d'un plat ou d'une sauce par exemple, peut être sanctionnée.

Quant au texte même de la recette, il est protégeable s'il est original dans sa composition ou dans son expression, ce qui nécessite en matière de cuisine beaucoup de créativité...

La contrefaçon de fiches de cuisine a ainsi déjà été admise. Toutefois, en 1969, la Cour de cassation n'a pas reconnu d'originalité suffisante à des feuillets mobiles présentant des plats de viandes.

Les photographies ou dessins de préparations culinaires sont souvent couverts par le droit d'auteur. En 1992, la cour d'appel de Paris a ainsi admis à protection « des illustrations destinées à mettre en valeur les plats cuisinés [...] qui, par leur agencement et leur composition, présentent un caractère original[2] ».

De même, la cour de Colmar s'est prononcée, en 1998, en faveur de participants à un livre sur les décors de table, qui avaient réalisé des pliages de serviettes et des présentations de mets. Les magistrats ont ainsi confirmé l'opinion des juges de première instance en relevant qu'« est auteur au sens (du) Code de la propriété intellectuelle, celui qui contribue personnellement à la création d'une œuvre de l'esprit. Tel est bien le cas de (celui) qui a, par ses réalisations originales et personnelles de décors culinaires, contribué à la création de l'ouvrage [...] et notamment à sa partie visuelle qui en représente la composante essentielle. Il s'agit bien en l'espèce d'une œuvre de l'esprit soumise à la protection [...], car le livre litigieux n'est pas en effet une simple compilation de recettes culinaires ou de décors de table empruntés au fonds de l'art culinaire, mais propose des créations décoratives originales faisant appel à l'imagination personnelle de leurs auteurs ».

Étiquettes, cartes des vins et autres formes de bouteilles sont également protégeables par le droit d'auteur, le droit des dessins et modèles ou encore le droit des marques. La reprise du terme « les Menus plaisirs » a ainsi été réprimée. Mais l'expression « fondant de canard » a été jugée trop générique pour être déposée valablement à titre de marque[3].

La gastronomie souffre pourtant souvent, comme la coiffure ou l'art floral, d'une absence de reconnaissance pleine et entière par le droit d'auteur. La jurisprudence compense ce défaut par le recours au régime de la concurrence déloyale[4]; en particulier pour réprimer les abus dans l'utilisation, par des éditeurs ou des producteurs, des talents ou de la notoriété des grandes toques.

C'est ainsi qu'un établissement « qui figure dans de nombreux guides gastronomiques », « particulièrement connu pour la qualité de sa cuisine » et dont « le

1. Tribunal de grande instance de Paris, 30 septembre 1997, *Revue internationale du droit d'auteur*, juillet 1998, p. 273, note Vincent Piredda.

2. Cour d'appel de Paris, 27 mai 1992, *Revue internationale du droit d'auteur*, n° 154, p. 157.

3. Voir « Le droit des marques » et « Les dessins et modèles ».

4. Voir « L'action en concurrence déloyale ».

nom et la personnalité du chef cuisinier jouent un rôle considérable » a pu invoquer avec succès en justice la notion d'agissements parasitaires.

De même, a déjà été jugée diffamatoire l'imputation selon laquelle un chef ne serait pas à l'origine du plat qui a fait sa renommée[1].

Les personnages

Les juges ont également étendu la protection par le droit d'auteur aux noms de personnages – Chéri-Bibi[2], Poil de carotte[3], Tarzan[4] ou encore la comtesse Alexandra (compagne de SAS[5]) ont notamment donné lieu à procès – ainsi, parfois, qu'à leurs traits de caractère[6]. À première vue d'aspect anodin, cette protection des personnages prend un relief particulier au vu des droits dérivés engendrés par les créations les plus célèbres qui, souvent, sont des créations graphiques : Tintin, Astérix, les Schtroumpfs, etc[7]. Il est à noter que l'éditeur, et particulièrement l'éditeur de bandes dessinées, pourra utilement recourir au droit des marques, voire au parasitisme et à la concurrence déloyale[8] pour protéger les créations les plus susceptibles de retombées financières[9]. En effet, le droit des marques possède sur le droit d'auteur l'indéniable avantage de ne pas connaître de domaine public tant que sont assurés les renouvellements des dépôts. Le choix d'un nom de personnage relève aujourd'hui également du domaine juridique.

Le risque judiciaire, et donc financier, peut être en effet majeur lorsque le nom choisi est celui d'une personne réellement existante.

Mais le nom à succès, en particulier dans le secteur de la bande dessinée, se révèle souvent une véritable aubaine, qu'il faut savoir protéger, quand le « marchandisage » entreprend de le décliner sous forme de produits dérivés, parfois autrement plus lucratifs que la simple vente d'ouvrages de librairie.

Le nom, tout comme ses dérivés que sont la particule ou le pseudonyme, est un des attributs de la personnalité. À ce titre, il permet à tout un chacun, célèbre ou inconnu, de s'opposer à son exploitation.

Les spécialistes les plus autorisés constatent, à l'instar de François Rigaux, que « l'abondante jurisprudence française qui existe en cette matière et qui n'est pas toujours cohérente fait apparaître que, dans la plupart des cas où l'utilisation du nom d'une personne vivante par l'auteur d'une œuvre de fiction a été jugée

1. Voir Emmanuel Pierrat, *Le Droit du livre*, Éditions du Cercle de la Librairie, 2005.

2. Tribunal de grande instance de la Seine, 2 mars 1959, *Annales de la propriété industrielle, artistique et littéraire*, 1965, 66.

3. Cour d'appel de Paris, 23 novembre 1977, *Annales de la propriété industrielle, artistique et littéraire*, 1979, 68.

4. Tribunal de grande instance de Paris, 21 janvier 1977, *Revue internationale du droit d'auteur*, janvier 1978, n° LXLV, p. 179.

5. Cour d'appel de Paris, 18 décembre 1990, *Dalloz*, 1993, 442.

6. Richard Combes, « Héros du 9e art : des créations artistiques qui marquent », *Les Petites Affiches*, 19 décembre 1997, n° 152.

7. Jean-Claude Jouret, *Tintin et le merchandising*, Academia-Éditions du Cercle de la Librairie, 1991.

8. Cour d'appel de Paris, 1er juillet 2005, inédit, n° RG 05/07980.

9. Tribunal de grande instance de Paris, 17 janvier 1989, *Propriété industrielle – Bulletin documentaire*, 1989, III-333. Tribunal de grande instance de Nanterre, 6 avril 1994, *Gazette du Palais*, 4 et 5 octobre 1995, p. 30. Voir également « Le droit des marques ».

fautive, l'auteur a sciemment emprunté le nom d'une personne qu'il connaissait pour désigner un personnage déplaisant ».

Les juges sont donc d'autant plus enclins à sanctionner les risques de confusion dès lors que ceux-ci peuvent se révéler gravement dommageables.

La cour d'appel de Paris a cependant considéré, le 30 octobre 1998[1], que « le nom patronymique Bidochon est exempt de banalité: qu'il résulte des éléments produits aux débats qu'enfant, M. Christian Binet a connu Raymond Bidochon: que ce choix n'est donc pas purement fortuit;

Mais considérant que M. Binet, dessinateur et scénariste, fait usage de ce nom depuis octobre 1980 pour désigner un couple de Français moyens, grotesques et frustes, qu'il caricature affrontés à tous les événements de la vie courante;

Que les nombreuses coupures de presse produites aux débats démontrent que dès l'année 1989 ces deux personnages et leur chien Kador ont acquis une renommée certaine et conquis un lectorat important;

Que le nom de Bidochon apparaît dans l'édition 1994 du dictionnaire des noms propres *Petit Robert*, associé au nom de l'auteur, Christian Binet;

Considérant que les consorts Bidochon n'ont pu, jusqu'à la date de l'acte introductif d'instance en décembre 1996, ignorer l'existence de cette bande dessinée, connue d'un large public et dont la presse s'est fait largement l'écho; qu'en n'émettant aucune protestation pendant de longues années, ils ont permis à l'œuvre d'acquérir une notoriété sous le nom litigieux et ne sauraient en faire grief à l'auteur, que l'inertie dont ils font preuve révèle le caractère tolérable de l'atteinte dont ils se plaignent;

Considérant, en effet, qu'aucun rapprochement n'est possible entre ces personnages de fiction, marginaux, et les appelants que les témoins présentent, dans leurs attestations, comme une famille honorable, intégrée dans la vie sociale et professionnelle, sympathique; qu'il n'existe aucune référence à la résidence du couple, à l'environnement familial ou à la profession qui serait de nature à créer une confusion dommageable; que les attestations versées aux débats ne mettent en évidence aucune ressemblance hormis l'homonymie; que le ridicule indéniable des personnages auxquels Christian Binet a prêté leur nom ne saurait donc atteindre leur personnalité et leur vie privée;

Considérant que si M. Christian Binet a commis une imprudence en choisissant pour identifier ses personnages un nom qu'il savait appartenir à des tiers, les consorts Bidochon ne démontrent pas que l'utilisation de leur nom dans les circonstances qui viennent d'être décrites leur soit préjudiciable ».

Certaines affaires ont même permis de démontrer que les traits de caractère de certains personnages étaient également susceptibles d'appropriation.

En pratique, un travail commun, comme cela est souvent le cas dans le secteur de la bande dessinée, donnera naissance à une œuvre de collaboration, qui sera donc propriété commune des coauteurs. Il a en conséquence déjà été jugé qu'un dessinateur de bandes dessinées ne pouvait exploiter séparément son apport[2]. Mais la Cour de cassation, le 6 mai 1997, a attribué à un seul des auteurs la

1. Cour d'appel de Paris, 30 octobre 1998, *Dalloz affaires*, 1999, Informations rapides, p. 259.
2. Cour d'appel de Paris, 6 septembre 1986, *Dalloz*, 1991, Sommaires, n° 93.

propriété des personnages et de leurs noms, semant de plus belle la zizanie juridique au pays du neuvième art[1].

La protection des noms de personnages est donc aujourd'hui largement reconnue par la jurisprudence. Mais un peu de Meccano contractuel avec l'auteur peut assurer un peu mieux la prise de l'éditeur.

Deux juridictions ont relu, avec une bonne excuse, la célèbre série d'Anne et Serge Golon. Mais les juges n'en ont visiblement pas tous retiré le même plaisir. Le 11 janvier 2001, la cour d'appel de Versailles a ainsi considéré que le titre *Angélique* « correspond à celui d'une héroïne précise, parfaitement reconnaissable et sur l'identité de laquelle le public ne peut se tromper, qui la distingue, à la date de la création de l'œuvre en 1953, d'autres jeunes femmes antérieurement représentées par le personnage d'Angélique du *George Dandin* de Molière ou encore par celui du livret d'opéra de Jacques Ibert, alors même que les œuvres de Giono et de Robbe-Grillet ont, pour leur part, fait l'objet d'une divulgation dans le grand public postérieurement à la diffusion des romans de Madame Golon[2] ».

En revanche, le 30 juin 2000[3], la cour d'appel de Paris a estimé que « le prénom d'Angélique est un prénom connu sur le territoire français, [...] il a été porté par divers personnages de l'histoire et déjà utilisé dans des œuvres littéraires; [...] en adoptant pour désigner l'héroïne des romans ce prénom, les auteurs n'ont manifesté aucun effort de création, ne procédant qu'à un choix parmi des prénoms connus ». Comme le souligne le professeur Christophe Caron, « le voyage d'Angélique, Marquise des Anges, au pays du droit d'auteur, aura été, comme il se doit, tourmenté »...

Faut-il en tirer des conclusions sur les goûts littéraires de la magistrature et leurs variations d'un palais de justice à un autre ? Car la décision parisienne diverge de la jurisprudence désormais bien affirmée en la matière et ce, que le personnage ait donné ou non son titre au livre.

L'éditeur prendra particulièrement soin, dans le contrat avec l'auteur, de mentionner la cession des droits sur les personnages; en particulier si celui-ci est appelé à multiplier ses aventures hors des librairies, sous forme de produits dérivés (vêtements, bibelots, matériel de papeterie), voire d'adaptation audiovisuelle. C'est ainsi que le contrat d'édition visera « le droit d'exploiter séparément par voie d'adaptation, de reproduction et de représentation tout élément de l'œuvre et notamment ses personnages dans leurs caractéristiques physiques, traits de caractères et leurs noms[4] ».

Cela est d'autant plus nécessaire que les contrats que souhaitent signer les producteurs avec les maisons d'édition abordent souvent « le droit de *remake*, c'est-à-dire le droit de réaliser et d'exploiter un film cinématographique postérieurement au film faisant l'objet des présentes, et reprenant les mêmes thèmes, situations, personnages, etc. » ou encore « le droit de suite et de *prequel*, c'est-à-dire le droit de reproduire, représenter et adapter l'œuvre en tout ou en partie en

1. Première chambre civile de la Cour de cassation, 6 mai 1997, *Dalloz*, 1998, p. 80.
2. Cour d'appel de Versailles, 11 janvier 2001, *Communication commerce électronique*, 2001, commentaire n° 97, observations Christophe Caron.
3. Cour d'appel de Paris, 30 juin 2000, inédit.
4. Voir le chapitre VIII « Le contrat d'édition ».

vue de réaliser ou faire réaliser une ou des œuvres audiovisuelles qui constitueraient une suite ou des précédents et qui en reprendraient par conséquent certains éléments (notamment titre, thème, scénario, décors ou personnages[1]) ». Bref, là encore, la vente des personnages est plus sûre si l'éditeur a pris préalablement le soin de les acquérir...

De même, le dépôt du personnage en tant que marque, par l'éditeur, est possible. Mais ce seulement si l'auteur y a consenti par contrat. Il sera ainsi judicieux d'insérer la clause suivante : « Tous les droits cédés par l'auteur à l'éditeur permettront à celui-ci de procéder à toute protection desdits droits et de leurs adaptations par le biais de droits de propriété industrielle et notamment par le droit des marques, le droit des dessins et modèles. À cet égard, l'auteur garantit à l'éditeur n'avoir procédé à aucune formalité de protection de son apport par le biais des droits de propriété intellectuelle. »

Le droit français recense, au titre des œuvres protégeables par le droit d'auteur, les « livres, brochures et autres écrits littéraires, artistiques et scientifiques » sans que, comme on vient de le constater, cette liste soit exhaustive. D'autres législations sont bien plus restrictives et n'accordent le bénéfice de la propriété littéraire et artistique qu'à certains types d'écrits[2].

En matière d'écrit, plusieurs pays opèrent des distinctions subtiles selon le genre de l'œuvre. C'est ainsi que les îles méditerranéennes (Malte, Chypre) ou l'Afrique australe traitent séparément des biographies... Ou encore que les « légendes » préoccupent les législateurs camerounais, ivoiriens et rwandais. Certains commentateurs y voient le travail des groupes de pression qui ont su utiliser leur poids politique à bon escient.

Un rapide tour du monde des écrits protégés peut toutefois laisser songeur. Si les « Belles-Lettres » ont inspiré la Hongrie et le Liechtenstein, l'Uruguay a tenu à viser expressément les « consultations professionnelles écrites »... L'Amérique latine est d'ailleurs très obsédée par la « paperasse », puisque le Honduras s'inquiète des « formulaires » et des « contrats ». La Roumanie – mauvaise habitude ceaucescuienne ? – apprécie les « comptes-rendus ». L'île Maurice tient à ses « jugements », auxquels la France, pourtant magnanime, ne confère pas de protection. Ouf, la Malaisie a choisi de privilégier la « poésie »...

Pêle-mêle, on trouvera aussi bon nombre de législations qui ont pris soin de citer les « mémorandums », les « œuvres se rapportant à la religion », les « rapports » ou les « traités ».

Rassurons les éditeurs français : la convention de Berne, à laquelle beaucoup des États précités sont adhérents, englobe les « livres, brochures ou tous autres écrits ». De plus, si un État a choisi de faire plaisir à un lobby particulier en mentionnant en toutes lettres sa production dans les catégories expressément protégées, les règles de droit international permettent souvent aux éditeurs étrangers d'en profiter.

1. Voir le chapitre X « Les contrats et l'audiovisuel ».
2. Sur les droits des pays francophones, voir le chapitre XIV « Le droit international ».

Les œuvres orales

Le CPI évoque ensuite nombre d'œuvres dont la première forme de diffusion dans le public n'est pas l'écrit. L'éditeur se doit alors, s'il désire en commercialiser la transcription sur papier, d'en acquérir les droits. Ce sont les sermons de Lacordaire qui, en 1845, ont inauguré la jurisprudence en la matière[1].

Le code cite en premier lieu « les conférences, allocutions, sermons, plaidoiries[2] et autres œuvres de même nature ». Cette « même nature » désigne les autres œuvres orales dont il n'est donné, là encore, qu'un simple aperçu non exhaustif. Il est ainsi permis, au vu des décisions de justice, d'ajouter à cette liste succincte les cours de professeurs[3] – les procès relatifs à la publication des cours de Roland Barthes[4] ou des séminaires de Jacques Lacan[5] sont là pour nous le rappeler.

Les cours

Il est bien connu que les universitaires sont à la fois avides de publier et plus que tatillons lorsqu'ils sont confrontés au processus éditorial. L'un d'entre eux a tenté une première jurisprudentielle, en cherchant noise à sa propre université.

Le tribunal administratif de Versailles a dû trancher, le 17 octobre 2003[6], un étrange litige qui opposait un « docteur en optométrie de l'université de Houston, et exerçant cette profession en Grande-Bretagne » que l'université Paris-Sud avait eu la malheureuse idée d'employer comme vacataire de 1984 à 2000.

Après avoir démissionné, le justiciable d'outre-Atlantique se plaignait, parmi de nombreuses autres demandes, de ne pas avoir bénéficié d'un contrat d'édition pour la distribution de son polycopié de cours aux étudiants.

Les juges ont estimé que « les nécessités du service exigent que l'administration soit investie des droits de l'auteur sur les œuvres de l'esprit pour celles de ces œuvres dont la création fait l'objet même du service ». Ils relèvent surtout que « si l'intéressé fait valoir que l'administration a édité le polycopié de son cours pour le fournir à d'autres étudiants qui suivaient le même enseignement, il n'est ni établi ni même allégué que cette publication aurait eu lieu à destination d'usagers autres que les étudiants en optométrie ».

Mais surtout, le professeur en question avait autorisé la publication de son polycopié et obtenu le versement d'une somme qui était passée en quelques années de 35 à 75 livres sterling par polycopié, versée sous forme de salaire…

1. Cour d'appel de Lyon, 17 juillet 1845, *Dalloz*, 1845, II, 128.

2. Cour d'appel de Paris, 25 septembre 1956, *Dalloz*, 1956, jurisprudence, p. 633. Philippe Allaeys, « La création de l'avocat », *Légipresse*, 2004, n° 217, II, p. 149.

3. A. Lyon-Caen, « La publication des cours de professeurs d'université », *Revue internationale du droit d'auteur*, avril 1967, n° LII, p. 137. Cour d'appel de Paris, 21 février 1984, *Gazette du Palais*, 1984, 2, Sommaires, 294.

4. Cour d'appel de Paris, 24 novembre 1992, *Revue internationale du droit d'auteur*, janvier 1993, n° CLV, p. 191.

5. Tribunal de grande instance de Paris, 11 décembre 1985, *Dalloz*, 1987, Informations rapides, 155, observations Claude Colombet.

6. Tribunal administratif de Versailles, 17 octobre 2003, *Communication commerce électronique*, 2004, n° 1, observations Christophe Caron.

Le tribunal en a donc conclu au débouté des demandes, y compris pour ce qui concernait l'absence de contrat d'édition en bonne et due forme.

Les commentateurs les plus autorisés, et notamment le professeur (et universitaire) Christophe Caron, ne pensent pas la solution déraisonnable eu égard aux faits de l'espèce. Mais ils rappellent que celle-ci est surprenante au regard des règles strictes du Code de la propriété intellectuelle, qui s'imposent en toutes circonstances.

Cela ne fait plus de doute depuis déjà fort longtemps: les professeurs font œuvre d'auteur, au sens juridique du terme; et ce, même lorsqu'ils égrènent un programme imposé par la matière qu'ils enseignent, voire par les directives ministérielles.

L'article L. 112-2 du Code de la propriété intellectuelle prévoit en effet expressément que les œuvres orales, telles que les conférences et allocutions, sont protégées. La jurisprudence y a largement inclus les enseignements. Les exemples judiciaires sont souvent retentissants, qui concernent aussi bien les cours de Roland Barthes que les séminaires de Jacques Lacan. Celui de l'instituteur d'*Être et avoir* – qui a perdu assez légitimement sur le terrain du droit du travail – a tenté de conforter cette tendance du droit d'auteur[1].

Aux termes des décisions rendues par les juridictions administratives, les fonctionnaires subissent une cession d'office de leurs droits au profit de leur employeur[2]. En 1991, le tribunal de grande instance de Paris, à l'occasion de l'affaire Barthes, a cependant considéré que cette dévolution automatique des droits ne s'applique pas en matière d'enseignement[3]. En clair, et sauf clause contraire, les professeurs conservent la plénitude des droits de propriété intellectuelle sur leurs cours une fois professés. C'est ainsi – et ce toujours sous réserve de stipulations contractuelles qui en disposeraient autrement – qu'ils sont libres de conclure des contrats d'édition avec d'autres officines de publication que les universités[4].

Quant à l'affaire Barthes, elle rappelle que les cours appartiennent à ceux qui les dispensent et non à leur établissement d'affectation. En l'espèce, le différend a opposé Michel Salzedo, frère de Barthes et unique héritier, à la société La Règle du jeu et à son directeur-gérant, Bernard-Henri Lévy. Le litige portait sur un extrait du cours sur « le désir de neutre », donné au Collège de France, en 1978. Le 20 novembre 1991, les magistrats ont condamné la revue pour contrefaçon. En appel, les éditeurs persistent: « L'administration aurait été seule investie des droits d'auteur sur le cours litigieux, s'agissant d'une œuvre orale dont la création était l'objet même du service public mis à la charge de Roland Barthes, en sa qualité de fonctionnaire public, comme professeur au Collège de France. » Mais la cour a observé que cet argument « est en contradiction avec les agissements » de ceux « qui n'ont jamais tenté de recueillir l'autorisation qu'il leur aurait appartenu de

1. Tribunal de grande instance de Paris, 27 septembre 2004, *Dalloz*, 2005, p. 92.

2. Voir « Les fonctionnaires ».

3. Tribunal de grande instance de Paris, 20 novembre 1991, *Revue internationale du droit d'auteur*, janvier 1992, p. 340, note André Kerever.

4. Sous réserve du sort du projet de loi en discussion en décembre 2005. Christophe Caron, « Menace sur le droit d'auteur des universitaires », *Communication, commerce électronique*, septembre 2005, étude n° 28.

solliciter du Collège de France s'ils avaient véritablement estimé que celui-ci était investi des droits d'auteur ». Les magistrats ont ainsi écarté toute implication du Collège de France : « Il convient de retenir en effet que le différend oppose exclusivement des personnes privées, que les attributions de Roland Barthes au Collège de France ne l'obligeaient qu'à dispenser un enseignement à l'intention de l'auditoire présent dans l'établissement ». Le 24 novembre 1992, la Cour de Paris a donc estimé que « la divulgation illicite d'un extrait du cours oral inédit de Roland Barthes, sous une forme différente de celle de sa conception », porte « atteinte au respect de cette œuvre » et constitue « également une contrefaçon ».

La pluralité d'intervenants dans certains enseignements, sans compter la nature parfois collective de la recherche, ne simplifie pas la détermination exacte des auteurs. Les histoires de travaux volés par les professeurs à leurs étudiants sont légion, même si elles occupent en réalité assez peu les tribunaux. Les uns y verront donc l'effet d'une omerta, les autres des fantasmes récurrents.

Soulignons que les contrats, une fois conclus avec les maisons d'édition ou avec les universités, interdisent, en pur droit, aux auteurs-professeurs de vendre des « polys » ou de photocopier leur livre. Il s'agit là aux yeux des tribunaux de véritables contrefaçons.

Parmi les cas les plus connus figure encore l'affaire des séminaires de Jacques Lacan. Après sa mort, des « séminaires » composés de cours et de conférences dispensés devant divers publics, pendant vingt-cinq années, dans le cadre de l'école freudienne qu'il avait fondée, ont été publiés, sous le titre de *Stécriture*[1]. Poursuivie pour contrefaçon, l'association éditrice a soutenu que, selon ses propres déclarations, la pensée de Lacan n'appartient à personne. Elle a donc plaidé la volonté expresse de ne pas laisser une œuvre mais une méthode de pensée. Le 11 décembre 1985, le tribunal de grande instance de Paris a cependant conclu que « le cours d'un professeur constitue [...] une œuvre de l'esprit protégée ». Or, « ce docteur lui-même ne considérait pas que ses cours constituaient une divulgation de son œuvre et a longtemps refusé la publication de la transcription sténographique littérale de son séminaire, car celle-ci ne lui donnait pas satisfaction et la remise en forme de ces conférences lui paraissait un travail long et difficile ».

Les élèves bénéficient, eux aussi, d'un droit d'auteur[2]. La cour d'appel de Paris a sanctionné, le 28 avril 2004, la contrefaçon d'une thèse de doctorat dans un ouvrage de librairie[3]. Cette cour a statué de même, le 6 décembre 1993, à propos d'une thèse et d'un mémoire[4].

Le tribunal de grande instance de Paris a tranché, le 15 mars 2002[5], un contentieux mettant aux prises un groupe de thésards et leur professeur qui avait publié,

1. Tribunal de grande instance de Paris, 11 décembre 1985, *Dalloz*, 1987, Sommaires, p. 55, observations Claude Colombet.

2. Les *Cahiers de l'IRPI* (Institut de recherche en propriété intellectuelle) ont édité *Le Droit d'auteur de l'élève* (IRPI, 2003) d'Aude Estrangin, qui commente ces décisions de justice. Il s'agit là d'une intéressante mise en abîme, puisque cet ouvrage est en réalité la publication d'un mémoire de DEA en droit de la propriété littéraire, artistique et industrielle soutenu à l'université Paris-II...

3. Cour d'appel de Paris, 28 avril 2004, *Communication commerce électronique*, 2004, n° 109.

4. Cour d'appel de Paris, 6 décembre 1993, *Revue internationale du droit d'auteur*, juillet 1995, p. 136. Voir aussi « Les thèses universitaires ».

5. Tribunal de grande instance de Paris, 15 mars 2002, *Communication commerce électronique*, 2002, n° 68, observations Christophe Caron.

sans leur autorisation, un lexique des relations internationales dans lequel se retrouvaient leurs travaux. Les juges ont estimé « que s'il apparaît difficilement concevable qu'une telle œuvre, de type para-universitaire, ait pu être préparée et réalisée d'une manière parfaitement égalitaire entre un spécialiste de la matière, expérimenté et exerçant des responsabilités d'enseignement, et une équipe de jeunes enseignants chercheurs [...], les demandeurs ne peuvent être assimilés à de simples sous-traitants qui auraient réalisé à la commande une prestation à caractère intellectuel pour le compte d'un professeur ou d'un éditeur ».

De même, les discours ont depuis longtemps et souvent connu les honneurs des tribunaux[1]. Ceux-ci ont tenu à préciser, notamment à propos des textes de De Gaulle et de Malraux, que la portée historique d'un discours ne lui ôtait aucunement le droit à une protection pleine et entière[2].

Les débats judiciaires, pris dans leur ensemble, peuvent quant à eux constituer une œuvre collective[3].

Le folklore

Nombre d'éditeurs puisent dans ce qu'ils croient appartenir à un fonds commun de la culture populaire, qui serait insusceptible d'appropriation. Mais, outre que la mise en forme de nombre de contes et légendes peut bénéficier d'une protection, certains États commencent à reconnaître un droit de propriété intellectuelle, au profit des peuples, sur leur propre folklore.

En droit français, seule la mise en forme d'éléments du folklore peut ouvrir droit à protection. Une version grivoise du *Petit Chaperon rouge* sera protégeable dans son expression, de même qu'une sélection inédite de contes de Grimm. Le Code de la propriété intellectuelle admet en effet au rang des créations couvertes par le droit d'auteur aussi bien les écrits en tout genre que « les œuvres orales » ou encore les « œuvres dérivées », telles que les « adaptations, [...], transformations ou arrangements des œuvres de l'esprit », ainsi que les « anthologies, ou recueils d'œuvres diverses qui, par le choix et la disposition des matières, constituent des créations intellectuelles ».

La Cour de cassation a cependant relevé, en 1962, l'absence d'originalité de la chanson *Boire un petit coup, c'est agréable*, les magistrats suprêmes ayant estimé que cette œuvre s'inspirait par trop de *Boire un bon pinard*, qui appartenait déjà aux folklores canadien, français et louisianais[4].

On se souvient également des aventures judiciaires de Jean Vautrin à propos de *Un grand pas vers le bon Dieu*, au terme desquelles la cour d'appel de Paris a jugé, en 1992, qu'un chercheur ne pouvait revendiquer à l'encontre d'un roman-

1. Cour d'appel de Paris, 12 ventôse an IX, *Sirey*, an X, II, 629.

2. Tribunal de grande instance de Paris, 6 juillet 1972, *Dalloz*, 1972, 628, note Pactet. Tribunal de grande instance de Paris, 3 avril 1973, *Revue internationale du droit d'auteur*, juillet 1973, n° LXXVII, p. 106. Cependant, voir le chapitre VII, « Les exceptions aux droits patrimoniaux », pour une hypothèse différente.

3. Cour d'appel de Paris, 25 septembre 1956, *Revue internationale du droit d'auteur*, octobre 1957, n° XIV, p. 212. Voir aussi « Les œuvres collectives ».

4. Première chambre civile de la Cour de cassation, 23 octobre 1962, *Bulletin civil*, I, n° 440.

cier de droits sur des « matériaux linguistiques et culturels », en l'occurrence des histoires, chants et termes cajuns[1].

Un courant très fort, issu des pays en voie de développement comme des pays anglo-saxons, commence toutefois à s'exprimer en faveur d'une véritable protection du folklore par la propriété intellectuelle.

Les spécialistes africains du droit d'auteur déplorent en effet, à l'instar du professeur Folarin Shyllon que, récemment, « presque toutes les anciennes colonies [...] devenues indépendantes sans que leur culture traditionnelle et populaire ait jamais été protégée par la loi », « ont vu avec un sentiment d'amertume croissant les compositeurs étrangers arriver sur leur sol, étudier minutieusement et, parfois, enregistrer leur musique traditionnelle et populaire, puis rentrer vite chez eux en utiliser les rythmes et les harmonies dans des chansons à succès ou des symphonies dûment protégées au titre du droit d'auteur ».

De même, des membres de la section «propriété intellectuelle» de la très influente *American Bar Association* – qui regroupe les avocats américains – prennent la défense des « bardes de village », « troubadours itinérants » et autres « ménestrels », qui ont créé « à partir des thèmes issus de la tradition et profondément enracinés dans leur culture », mais « n'obtiennent ni célébrité, ni rémunération, ni protection ».

De telles revendications visent aujourd'hui aussi bien ceux qui entreprennent un commerce avoué sur fonds de dessins animés ou de recueils de contes et légendes, que les publications scientifiques d'ethnologues et anthropologues qui exploitent *in extenso* le fruit de leurs collectes.

De plus en plus de textes internationaux font désormais référence à ce nouvel aspect du droit d'auteur[2]: accord de Bangui de 1977, « dispositions Unesco-Organisation mondiale de la propriété intellectuelle » de 1985 sur la protection des expressions du folklore, déclaration de Mataatua sur les droits de propriété intellectuelle des peuples autochtones de 1993, etc. Et ces intentions affichées commencent à prendre forme dans plusieurs droits internes.

Aux États-Unis, ceux qui désirent se rendre dans une réserve indienne pour y étudier le mode de vie doivent en passer par une demande officielle indiquant l'objet et l'usage du produit de la collecte.

De même, au Nigeria, la loi protège désormais « le folklore », notamment sous la forme « de contes populaires, poésie populaire et enigmas ». En conséquence, seule l'utilisation privée, « accidentelle » ou à des fins éducatives, y est aujourd'hui autorisée.

En quelques années, plusieurs affaires qui concernaient notamment des reproductions, au sein de livres, de peintures d'artistes aborigènes ont été portées avec succès devant la Cour fédérale australienne.

Cette nouvelle rhétorique ne manque pas de susciter des difficultés majeures, notamment pour ce qui concerne la notion de domaine public ou encore la titularité des droits sur des œuvres qui ne sont pas toujours dues à un seul créateur mais sont inspirées « par la tradition et le milieu social où s'inscrit l'auteur ».

1. Cour d'appel de Paris, 14 janvier 1992, précité.
2. Voir le chapitre XIV « Le droit international ».

Certains n'hésitent cependant plus à proclamer qu'« il existe, en matière de droit de propriété intellectuelle, une zone intermédiaire entre les droits individuels et le domaine public, national ou international ».

Les œuvres dramatiques, musicales et audiovisuelles

« Les œuvres dramatiques ou dramatico-musicales » ne sont pas en reste. Les tribunaux y ont adjoint notamment les sketches télévisés (tels que ceux de Stéphane Collaro[1]). Leur publication est donc elle aussi soumise à autorisation.

L'énumération légale continue par « les œuvres chorégraphiques, les numéros et tours de cirque, les pantomimes, dont la mise en œuvre est fixée par écrit ou autrement ». Le terme « autrement » concerne notamment tout procédé audiovisuel de fixation (enregistrement vidéo, etc.). Il suffit qu'elles soient fixées, qu'on en ait conservé trace, pour que ces œuvres soient protégeables. Leur reproduction par un éditeur reste donc elle aussi soumise à autorisation.

Viennent ensuite « les compositions musicales avec ou sans paroles », ce qui implique que l'éditeur ne peut impunément reproduire une partition ni le texte d'une chanson sans cession de droits idoine.

Il en est de même pour ce qui concerne « les œuvres cinématographiques et autres œuvres consistant dans des séquences animées d'images, sonorisées ou non, dénommées ensemble œuvres audiovisuelles ». La publication de textes ou photographies extraits de films, d'émissions de télévision ou encore de jeux vidéo nécessite par conséquent l'autorisation du titulaire des droits.

Les œuvres des arts graphiques et plastiques

L'article L. 112-2 du CPI poursuit son énumération par « les œuvres de dessin, de peinture, d'architecture, de sculpture, de gravure, de lithographie »; puis viennent « les œuvres graphiques et typographiques ».

En matière d'œuvres graphiques, l'établissement d'une liste exhaustive, là encore, est impossible. La jurisprudence, en effet, a reconnu une protection par le droit d'auteur à des œuvres aussi variées qu'une carte géographique[2] ou une carte postale[3].

La typographie

Quant aux œuvres typographiques, elles comprennent aussi bien les polices de caractères que les ornements typographiques (culs-de-lampe, bandeaux, etc.), sans oublier les compositions typographiques (calligrammes, ex-libris typographiques, etc[4].).

1. Tribunal de grande instance de Paris, 20 mars 1987, *Cahiers du droit d'auteur*, 1988, n° 1.
2. Cour d'appel de Paris, 4 mai 1973, *Revue internationale du droit d'auteur*, octobre 1973, n° LXXVIII, p. 218.
3. Cour d'appel de Paris, 20 octobre 1961, *Annales de la propriété industrielle, artistique et littéraire*, 1963, 59.
4. André Bertrand, « La protection des caractères typographiques en droit français », *Cahiers du droit d'auteur*, n° 26, 1990, p. 1. T. Limperg, « La protection juridique des lettres et autres caractères typographiques », *Revue internationale du droit d'auteur*, octobre 1972, n° LXXIV, p. 87.

L'éditeur doit aussi se méfier des nouveaux caractères typographiques et obtenir l'autorisation du titulaire des droits avant toute utilisation destinée au public. Il ne faut pas oublier, cependant, que la protection par le droit d'auteur n'est attribuée qu'aux éléments originaux des caractères. La simple barre verticale du I ou horizontale du T n'en bénéficie bien évidemment pas. L'auteur de la police de caractères doit sortir des « exigences purement techniques », ainsi que l'impose l'arrangement de Vienne – convention internationale spécifique aux caractères typographiques à laquelle la France se trouvera liée dès son entrée en vigueur[1]. Le *reprint* d'un ouvrage ne relève du droit d'auteur que si la composition est véritablement originale – au sens juridique du terme[2]. Et quand bien même la composition manquerait de l'originalité suffisante à sa protection, il est nécessaire de ne pas enfreindre les dispositions de la concurrence déloyale[3]. Il a en effet été jugé qu'éditer le *reprint* d'un ouvrage toujours commercialisé par celui qui en a élaboré la mise en page d'origine constituait un acte de concurrence déloyale[4].

Les œuvres typographiques bénéficient de plusieurs mécanismes de protection, du droit de la propriété littéraire et artistique à celui de la concurrence déloyale. Cela n'est pas sans incidences juridiques étonnantes, en particulier pour ce qui concerne les *reprints* du domaine public.

L'article L. 112-2 du Code de la propriété intellectuelle désigne expressément au rang des créations protégeables par le droit d'auteur « les œuvres [...] typographiques ».

Un traité international spécifique a même été ratifié par la France, par une loi du 10 décembre 1975. Il s'agit de l'arrangement de Vienne sur la protection des caractères typographiques, élaboré en 1973 par onze États sous la houlette de l'Organisation mondiale de la propriété intellectuelle (OMPI). Ce traité n'est cependant jamais entré en vigueur en raison d'un nombre insuffisant de ratifications[5].

La fameuse et incontournable convention de Berne sur le droit d'auteur – également gérée par l'OMPI – couvre assez largement la création pour que les œuvres typographiques en bénéficient. Et les législations nationales de la plupart des pays occidentaux consacrent par ailleurs la protection des œuvres typographiques.

Ce sont en premier lieu les polices de caractères qui sont protégées par le droit d'auteur. Il faut relever, à titre indicatif, que sont mentionnés, dans l'arrangement de Vienne, les « dessins [...] de lettres et alphabets proprement dits avec leurs annexes, telles que les accents et signes de ponctuation, [...] de chiffres et d'autres signes figuratifs, tels que signes conventionnels, symboles et signes scientifiques ».

1. Elle n'a en effet pas encore été ratifiée par tous les signataires, voir le chapitre XIV « Le droit international ». André Françon, « L'arrangement de Vienne concernant la protection des caractères typographiques et leur dépôt international », *Le Droit d'auteur*, 1976, 134.

2. Première chambre civile de la Cour de cassation, 15 juillet 1993, *Revue internationale du droit d'auteur*, janvier 1994, n° CLIX, p. 316.

3. Voir « L'action en concurrence déloyale ».

4. Chambre commerciale de la Cour de cassation, 18 janvier 1982, *Annales de la propriété industrielle, artistique et littéraire*, 1982, 362.

5. Voir le chapitre XIV « Le droit international ».

Les juges nationaux ont aussi admis au sein des œuvres protégeables les compositions typographiques, dont les traces les plus marquantes sont bien évidemment les calligrammes ou encore certains ex-libris. Mais les compositions moins spectaculaires sont tout autant protégées. Elles doivent pour cela répondre à la condition d'originalité, ainsi que la Cour de cassation l'a rappelé en 1993[1].

Toute composition originale bénéficie donc du droit de la propriété littéraire et artistique et permet à l'auteur ou à ses ayants droit de s'opposer, par exemple, aux *reprints* faits sans autorisation. Nombre de reprises de textes tombés dans le domaine public ne peuvent donc s'effectuer que sous réserve d'une recomposition.

De plus, il ne faut pas oublier que si la condition d'originalité manque à une composition typographique, ses créateurs peuvent toujours agir sur le terrain de la concurrence déloyale, comme l'a souligné la Cour de cassation en 1982[2].

Par surcroît, les œuvres typographiques peuvent être déposées auprès de l'Institut national de la propriété industrielle[3] dans la catégorie des dessins et modèles. Le recours au droit des marques est également possible, notamment à l'occasion de la création d'un logo issu d'une nouvelle police[4].

De telles protections peuvent alors se cumuler avec celles accordées par le droit d'auteur. Elles présentent l'avantage – ou l'inconvénient – de ne pas connaître de domaine public tant que les dépôts sont renouvelés…

Se pose donc essentiellement la question de la titularité exacte des droits sur les œuvres typographiques. C'est souvent la maison d'édition qui en bénéficie, sous certaines conditions contractuelles, si la création a eu lieu en son sein. Cela est d'autant plus vrai quand la création a été effectuée de façon collective[5].

L'ADAGP (Société des auteurs dans les arts graphiques et plastiques), société de perception et de répartition de droits, bien connue des éditeurs pour ses tarifs en matière de reproduction de tableaux, a vocation à accueillir également en son sein les arts typographiques[6].

Sont aussi protégeables « les œuvres des arts appliqués ». Il faut entendre par là les dessins utilitaires (plans, croquis, modèles de vêtements, etc.)[7], autant que toute création ressortissant au domaine du *design*[8]. Bien souvent, ces œuvres bénéficient d'une protection par d'autres techniques que le droit d'auteur (le droit des dessins et modèles, par exemple, compris lui aussi dans le CPI[9]).

1. Première chambre civile de la Cour de cassation, 15 juillet 1993, *Revue internationale du droit d'auteur*, janvier 1994, p. 316.
2. Chambre commerciale de la Cour de cassation, 18 janvier 1982, *Revue internationale du droit d'auteur*, juillet 1982, p. 150.
3. Voir « Adresses utiles ».
4. Voir « Le droit des marques » et « Les dessins et modèles ».
5. Voir « Les œuvres collectives ».
6. Voir « La gestion collective ».
7. Cour d'appel de Paris, 3 février 1973, *Annales de la propriété industrielle, artistique et littéraire*, 1973, 117.
8. Chambre commerciale de la Cour de cassation, 4 novembre 1987, *Cahiers du droit d'auteur*, n° 9, 1988, p. 25.
9. Pierre et François Greffe, *Traité des dessins et modèles*, 7e édition, Litec, 2003.

Les dessins et modèles

L'édition n'est pas concernée par le seul droit de la propriété littéraire et artistique. Certes, les éditeurs sont tous plus ou moins familiers du droit des marques. Mais ils ne doivent pas non plus négliger le droit des dessins et modèles, autre branche du droit de la propriété intellectuelle, dont le régime a été considérablement modifié depuis sa mise en place.

La Commission européenne s'est efforcée d'harmoniser le droit des dessins et modèles au sein de la Communauté. C'est ainsi qu'a été adoptée la directive du 13 octobre 1998, transposée en droit français par une ordonnance en date du 25 juillet 2001. Ce texte a entraîné une large refonte de la partie du Code de la propriété intellectuelle relative au droit des dessins et modèles.

D'après l'article L. 511-1 du CPI, la protection bénéficie à « l'apparence d'un produit, ou d'une partie de produit, caractérisée en particulier par ses lignes, ses contours, ses couleurs, sa forme, sa texture ou ses matériaux ». En clair, ce régime s'applique aux dessins et aux modèles – c'est-à-dire à des créations en deux ou trois dimensions – mais également à des « effets extérieurs » d'ornementation. Il peut donc s'agir aussi bien d'une nouvelle forme de livre que d'une couverture ou encore d'une police de caractères[1].

La création doit être « nouvelle », alors qu'en droit de la propriété littéraire et artistique elle doit être « originale ». Le texte prévoit que la divulgation, dont il donne la définition, est destructrice de nouveauté. Cependant, il est à noter que, même si elle a été « divulguée », la création reste néanmoins protégeable par le droit d'auteur. De plus, il est accordé un délai d'immunité de douze mois à compter de la divulgation et au terme desquels le dessin ou modèle doit avoir été déposé.

Parallèlement, la création doit présenter, selon l'article L. 511-4 du CPI, un « caractère propre », ce qui signifie que « l'impression visuelle d'ensemble (qu'il) suscite chez l'observateur averti diffère de celle produite par tout dessin ou modèle divulgué ».

À la différence du droit d'auteur, la protection par le droit des dessins et modèles ne peut être accordée à une création contraire à l'ordre public ou aux bonnes mœurs… Bien évidemment, la protection ne peut s'exercer sur une « apparence dont les caractéristiques sont exclusivement imposées par la fonction technique du produit », aux termes de l'article L. 511-6 du CPI.

La création n'est pas la seule étape nécessaire au processus de protection, là encore contrairement au droit d'auteur. Il est nécessaire, pour revendiquer un droit sur un dessin ou un modèle, de déposer celui-ci auprès de l'Institut national de la propriété industrielle[2]. Il existe bien entendu une procédure d'annulation si le dépôt a été effectué en fraude des droits de tiers, etc.

La protection confère un monopole d'exploitation d'une durée de cinq années, qui peut être prorogée par périodes de cinq années jusqu'à un total de vingt-cinq. Précisons que, depuis l'ordonnance en date du 25 juillet 2001, les dessins et modèles déposés avant le 1er octobre 2001 restent protégés, sans prorogation possible, pour une période de vingt-cinq ans à compter de leur date de dépôt.

1. Voir *supra* « Les typographies ».
2. Voir « Adresses utiles ».

Ceux dont la protection a été prorogée, avant le 1er octobre 2001, pour une nouvelle période de vingt-cinq ans (ce qu'autorisait l'ancien article L. 513-1 du CPI), restent protégés jusqu'à l'expiration de cette période. Toutefois, une exception est expressément prévue au profit de l'enseignement.

Quant au régime du « contentieux », il n'a pas été affecté par la réforme de 2001. Il s'agit donc toujours d'une action en contrefaçon.

Par ailleurs, le règlement communautaire du 12 décembre 2001 sur les dessins et modèles communautaires est entré en vigueur le 6 mars 2002. Le texte distingue entre les créations enregistrées et celles qui ne le sont pas pour leur accorder un régime de protection différent. Cette dernière catégorie constitue une réelle innovation au sein de la propriété intellectuelle.

Un tel droit est surtout intéressant pour agir dans les États de la Communauté autres que la France, là où le cumul avec le droit d'auteur ne peut être argué. Les conditions de protection par le droit de la propriété littéraire et artistique classique peuvent en effet être plus difficiles à réunir qu'en France : il est donc parfois utile de disposer d'un autre instrument juridique, même en l'absence d'un dépôt en bonne et due forme. La protection est alors de trois années à compter de la divulgation, ce qui permet de tenir à distance la concurrence indélicate.

Au même titre sont protégeables « les créations des industries saisonnières de l'habillement et de la parure », parmi lesquelles l'article L. 112-2 du CPI inclut notamment « la couture, la fourrure, la lingerie, la broderie, la mode, la chaussure, la ganterie, la maroquinerie, la fabrique de tissus de haute nouveauté ou spéciaux à la haute couture, les productions des paruriers et des bottiers et les fabriques de tissus d'ameublement ». Les costumes de spectacles sont bien entendu protégés au même rang que ces créations[1].

La jurisprudence a par ailleurs étendu aux coiffures la protection par le droit d'auteur[2]. Leur reproduction par un éditeur reste donc elle aussi soumise à la condition d'une autorisation.

Les billets de banque

La Banque de France manque d'argent. C'est pourquoi, à l'occasion de la mise en circulation des euros, elle a cherché à ramasser des billets de banque, jusque dans l'édition et dans les tribunaux.

Le 5 février 2002, la Cour de cassation a mis un terme au procès qu'elle poursuivait depuis presque quatre ans à l'encontre de l'éditeur d'une revue pour numismates[3].

La Banque avait été renvoyée dans les cordes dès la première décision, rendue le 2 décembre 1998. Les magistrats d'appel lui avaient implicitement conseillé de ne pas persévérer en lui donnant à nouveau tort, par un arrêt de la Cour de Paris

1. Cour d'appel de Paris, 18 octobre 1988, *Dalloz*, 1988, Informations rapides, 265.
2. Cour d'appel d'Aix-en-Provence, 11 juin 1987, *Cahiers du droit d'auteur*, n° 1, 1988, p. 23.
3. Première chambre civile de la Cour de cassation, 5 février 2002, *Dalloz*, 2002, p. 1128, note Jean-Pierre Gridel.

en date du 10 novembre 1999[1]. La Cour de cassation a approuvé cette jurisprudence et a rejeté le pourvoi formé par l'institution.

La publication litigieuse contenait la reproduction de « divers billets de banque, anciens ou actuels ». La Banque s'en était émue et attaquait sur le fondement du Code de la propriété intellectuelle. Elle estimait que la publication du numéro litigieux était constitutive d'une violation de ses droits d'auteur. Elle rappelait être seule habilitée à reproduire de tels billets, en vertu de la loi modifiée du 4 août 1993, et demandait 20000 francs de dommages-intérêts.

Les juges ont estimé que la Banque s'était trompée de texte : elle ne pouvait se placer que sur le terrain du droit pénal *stricto sensu* et en aucun cas se battre avec les armes de la propriété intellectuelle.

Les trois juridictions successives ont en effet relevé qu'« en droit, selon l'article 36 du Code des instruments monétaires et des médailles, [...] la contrefaçon et la falsification des billets de banque, ainsi que le transport, la mise en circulation et la détention en vue de la mise en circulation de billets contrefaits ou falsifiés sont réprimés par les articles 442-1 à 442-7 du Code pénal ». Or, « il résulte de ce texte que la sanction de la contrefaçon de billets de banque ne peut être recherchée que sur le fondement des dispositions pénales que celui-ci vise ».

C'est ainsi que « la Banque de France n'est pas fondée à se prévaloir des dispositions [...] du Code de la propriété intellectuelle pour imputer à la société [...] une prétendue contrefaçon de billets qu'elle émet ». « Au demeurant, [...] les reproductions des billets de banque figurant dans l'ouvrage litigieux ne contreviennent pas auxdites dispositions pénales ». Car « aucune de ces reproductions ne peut donner lieu à confusion avec le billet de banque qui en est l'objet dès lors que chacune d'elles se présente sous la forme d'une photographie d'une seule des faces de ce billet et que les dimensions de cette photographie, indissociable du support que constitue la page sur laquelle elle est imprimée, sont très nettement inférieures à celles dudit billet ».

La leçon est claire : oui à l'édition avec billets, à condition que ceux-ci ne soient ni à l'échelle 1, ni détachables du livre...

Les billets de banque sont sans doute des œuvres originales au sens du droit d'auteur. Les juges de première instance avaient à ce propos souligné que « les billets de banque sont la résultante du travail d'un graphiste, à partir, le plus souvent, de la reproduction de la figure d'un homme célèbre ».

Mais leur « affectation à l'intérêt général et le caractère de service public des opérations concernées » les sortent du champ du droit d'auteur.

Il est en effet difficile d'appliquer les règles de la propriété littéraire et artistique aux billets de banque : leur « chute » dans le domaine public serait, par exemple, fatale à la stabilité de l'économie...

1. Cour d'appel de Paris, 10 novembre 1999, *Communication commerce électronique*, 2000, commentaire n° 5, observations Christophe Caron.

Les ordres, insignes, médailles et drapeaux

L'utilisation de certaines œuvres, en raison de leur nature officielle, ne nécessite ni autorisation, ni versement d'une rémunération. Mais l'exploitation de ces sigles, décorations, discours et autres drapeaux n'est pas pour autant libre de toutes contraintes juridiques.

L'article L. 122-5 du Code de la propriété intellectuelle dispose que « sous réserve que soient indiqués clairement le nom de l'auteur et la source », ne nécessite pas d'autorisation « la diffusion, même intégrale, par la voie de presse ou de télédiffusion, à titre d'information d'actualité, des discours destinés au public prononcés dans les assemblées politiques, administratives, judiciaires ou académiques, ainsi que dans les réunions publiques d'ordre politique et les cérémonies officielles ». La notion d'actualité coupe court à des ambitions éditoriales à long terme. En clair, de tels discours peuvent être librement reproduits dans la foulée même du moment où ils ont été prononcés.

Les textes légaux – ce qui englobe aussi bien la Constitution, les traités internationaux que les lois, décrets, règlements, arrêtés, etc. – sont aussi libres de tous droits. C'est également le cas des décisions de justice. Il faut toutefois relever que le commentaire des textes légaux ou des décisions est en général même protégé par un droit d'auteur. Dès 1896, le tribunal civil de la Seine considérait qu'un résumé de décision de justice était protégé par la propriété littéraire et artistique[1].

Par ailleurs, les fonctionnaires, à l'exception des enseignants et en vertu d'une jurisprudence constante, subissent une cession automatique de leurs droits au profit de leur employeur[2]. Il est aussi communément admis que les droits sur les hymnes nationaux sont abandonnés par leur auteur[3].

À l'inverse, certains traités internationaux protègent expressément certains sigles quasi officiels: c'est le cas notamment des anneaux olympiques ou de La Croix-Rouge.

De même, l'article L. 711-3 du CPI interdit l'enregistrement, à titre de marques, de certains signes. Cette disposition fait notamment référence à la Convention d'union de Paris de 1883, qui exclut l'utilisation (même partielle) ou l'imitation des armoiries, des drapeaux et autres emblèmes des États membres. L'interdiction vise aussi les signes et poinçons officiels de contrôle et de garantie de ces États.

C'est ainsi qu'en 1987, un agencement de bandes colorées a été considéré comme trop proche du drapeau du Burkina Faso et s'est vu refuser le dépôt comme marque par le directeur de l'Institut national de la propriété industrielle. Mais la cour d'appel de Paris a estimé, en 1980, que le Coq gaulois – qui n'est pas un signe officiel – pouvait être légitimement utilisé à titre de marque[4].

Les textes prohibent également l'utilisation des emblèmes, signes, sigles et autres dénominations des organisations internationales auxquelles appartiennent

1. Tribunal civil de la Seine, 7 mai 1896, *Annales de la propriété industrielle*, 1897, p. 76.
2. Voir le chapitre IV « La titularité des droits ».
3. Voir le chapitre VII « Les exceptions aux droits patrimoniaux ».
4. Cour d'appel de Paris, 4 janvier 1980, *Annales de la propriété industrielle, littéraire et artistique*, 1980, p. 369.

ces mêmes États. La cour d'appel de Paris a ainsi eu l'occasion de sanctionner, en 1997, la dénomination « Inter Poles informatique[1] ».

Le Code de la Légion d'honneur régit strictement le port et l'usage des décorations. Le port des décorations étrangères est strictement réglementé par un décret du 13 juin 1853, etc. Pour l'anecdote, relevons qu'il existe toujours une infraction d'« usurpation des signes réservés à l'autorité publique » (ce qui désigne les costumes, uniformes et décorations, mais aussi les voitures imitant celles de l'armée ou de la police nationale), ainsi qu'une jurisprudence alambiquée sur les cas douteux que représentent le costume ecclésiastique ou encore l'uniforme de l'employé des chemins de fer. La jurisprudence en la matière est souvent très exotique.

Le livre *Ordres et contre-ordres de chevalerie* a ainsi été attaqué par l'Association des administrateurs de l'ordre souverain de Saint-Jean-de-Jérusalem, qui avait été choquée par un paragraphe relatif aux « ordres de Malte d'imitation… issus d'un tronc sans racines ». L'Association a été déboutée de sa demande par le tribunal de grande instance de Paris, en 1984. Et la cour d'appel de Versailles a, en 1999, mis fin à cette querelle morganatique en considérant que l'« ordre souverain de Saint-Jean-de-Jérusalem » est une usurpation de l'ordre souverain militaire et hospitalier de Saint-Jean-de-Jérusalem, de Rhodes et de Malte… L'utilisation iconographique de la croix de Malte est donc à nouveau sous contrôle.

Les cartes géographiques

Le CPI cite également dans son article L. 112-2 « les illustrations, les cartes géographiques[2] », ainsi que « les plans, croquis et ouvrages plastiques relatifs à la géographie, à la topographie, à l'architecture et aux sciences ». Une carte élaborée selon la projection Peters, le plan d'une ville ou d'une route des vins, un itinéraire pédestre sont considérés par les juges comme des œuvres protégées par le droit d'auteur[3]. Cette protection n'est bien entendu pas accordée aux données brutes, purement informatives, telles que la situation des routes, mais bien aux éléments qui confèrent à la carte son originalité (symbolique utilisée, illustrations permettant de visualiser certains monuments, etc.). Cela n'empêche pas d'importantes similitudes qui sont souvent dues au sujet imposé ; surtout si l'éditeur démontre qu'il a abouti inéluctablement au même résultat après avoir véritablement mis en œuvre une méthode différente, sans copier son concurrent[4]. Les éditeurs commandent rarement de véritables créations inédites aux entreprises de cartographie. Pour illustrer des ouvrages historiques, scolaires ou encore touris-

1. Cour d'appel de Paris, 17 décembre 1997, *Propriété industrielle – Bulletin documentaire*, 1998, III, p. 170.

2. Leclere, « La protection et l'exploitation des données cartographiques », *Gazette du Palais*, 1993, II, doctrine, 898.

3. Cour d'appel de Paris, 4 mai 1973, *Revue internationale du droit d'auteur*, octobre 1973, n° LXXVIII, p. 218. Cour d'appel de Paris, 13 juillet 1989, arrêt cité par André Bertrand (voir Bibliographie générale. Tribunal de grande instance de Paris, 12 février 1979, *Gazette du Palais*, 1977, 79, n° 38. Tribunal de commerce d'Annecy, 2 novembre 1993, *Dalloz*, 1995, Sommaires commentés, p. 54. Cour d'appel de Douai, 7 octobre 1996, *Dalloz*, 1997, p. 92, observations Claude Colombet.

4. Première chambre civile de la Cour de cassation, 16 juillet 1969, *Bulletin civil*, I, n° 220.

tiques, ils exploitent beaucoup plus fréquemment des plans et autres itinéraires déjà élaborés. Cette réutilisation de travaux antérieurs, qui ont parfois nécessité de lourds investissements, ne peut toutefois se faire sans autorisation et *a fortiori* sans rémunération.

Il existe aussi un Code de pratiques loyales en matière d'édition cartographique, qui a été proposé par le SNE et conclu, le 23 novembre 1993, avec le Centre français de la cartographie.

Les « vendeurs » de cartes, tels que l'Institut géographique national (IGN), sont donc apparemment bien fondés à demander des droits aux éditeurs qui viennent puiser dans leur fonds. Celui-ci peut cependant appartenir au domaine public, en vertu des règles classiques qui gouvernent la durée de protection de toute œuvre de l'esprit.

Lorsqu'une carte n'est pas encore tombée dans le domaine public, tous ses éléments n'en sont pas pour autant protégeables.

Le simple tracé en lui-même – les contours d'un lac, par exemple – ne peut faire l'objet d'une appropriation par le droit de la propriété intellectuelle. La Cour de cassation a d'ailleurs déjà admis, en 1969, qu'un éditeur pouvait librement publier une carte semblable à celle d'un concurrent[1]: l'éditeur soupçonné de contrefaçon a réussi à démontrer que le « relevé » avait été effectué à l'aide d'une méthode totalement différente de celle employée par son confrère, mais qu'il aboutissait inéluctablement et scientifiquement au même résultat.

En revanche, les couleurs utilisées, les symboles dessinés ou même la mise en valeur particulière de certains éléments de l'espace géographique représenté peuvent rendre la carte originale. Les choix opérés confèrent alors à la mise en forme du tracé le statut d'une œuvre protégée par le CPI.

Le tribunal de grande instance de Paris s'est ainsi penché, en 1989, sur une carte élaborée selon la projection Peters[2]: l'emploi, inédit jusqu'ici, d'une formule mathématique permettant, à coups de données statistiques, de modifier l'aspect final du territoire visé, a été jugé suffisamment original pour qu'une telle carte soit couverte par le droit d'auteur. Le résultat obtenu pouvait en effet être radicalement différent et même inattendu selon les variables et les paramètres retenus.

La même année, la cour d'appel de Paris a également souligné l'originalité d'un plan de commune en raison de critères tels que « l'orientation, le quadrillage, le recours à la couleur bleue, des numéros cerclés qui renvoient à un répertoire[3] ». Une carte d'une « route des vins » a elle aussi été considérée par des magistrats comme une œuvre protégée par le droit d'auteur[4].

La Cour de cassation[5] a reconnu au profit de la Fédération française de randonnée pédestre et au détriment des éditions Franck Mercier, que les itinéraires publiés à partir des circuits balisés pouvaient constituer des œuvres protégées par

1. Première chambre civile de la Cour de cassation, 16 juillet 1969, *Bulletin civil*, I, n° 220.
2. Tribunal de grande instance de Paris, 27 avril 1989, *Cahiers du droit d'auteur*, mai 1989, p. 13.
3. Cour d'appel de Paris, 13 juillet 1989, inédit.
4. Cour d'appel de Paris, 26 mars 1991, *Dalloz*, 1992, p. 462.
5. Première chambre civile de la Cour de cassation, 30 juin 1998, *Revue trimestrielle de droit commercial*, 1999, p. 391, observations André Françon.

le droit de la propriété littéraire et artistique. La « mise en œuvre de critères géographiques, culturels ou humains » a en effet été retenue, par la juridiction suprême, comme susceptible de faire bénéficier de tels tracés de circuits de randonnée d'une protection par le droit d'auteur.

Dès 1954, la cour d'appel de Lyon avait de même reconnu une protection aux clichés pris d'avion. Malgré une décision de justice récente[1], les spécialistes du droit d'auteur s'interrogent toutefois encore sur le type de protection qui pourrait être accordé à des photographies prises par un satellite, dans la mesure où le concours de l'homme est alors très indirect dans la réalisation de l'œuvre.

Si l'éditeur choisit de faire véritablement appel à un cartographe et lui demande de dessiner sa propre carte, il devra donc en premier lieu se méfier de ce qui pourra, même inconsciemment, avoir été emprunté à une carte protégée.

De plus, ledit cartographe pouvant faire œuvre d'auteur, il devra être considéré comme tel, au même rang que n'importe quel autre créateur du secteur de l'édition, et signer au profit de l'éditeur une cession de droits en bonne et due forme[2].

Les œuvres architecturales

L'architecture est protégée à deux niveaux[3]. D'une part, les plans de l'architecte sont protégés en eux-mêmes par le droit d'auteur[4]. D'autre part, les bâtiments réalisés ne peuvent être reproduits, même en photographie, sans l'accord de leur auteur, dès lors qu'ils sont le sujet central de l'image[5]. Il faut à cet égard signaler une décision de justice condamnant un éditeur qui avait publié des photographies des jeux de lumière créés spécialement pour le centenaire de la tour Eiffel[6]. Il s'est avéré que les jeux de lumière étaient en eux-mêmes suffisamment originaux pour être protégés par le droit d'auteur, leur reproduction nécessitant donc une autorisation.

Le débat fait actuellement rage sur la place publique entre éditeurs et propriétaires de biens immobiliers. Ces derniers revendiquent en effet un droit à l'image sur leur patrimoine et menacent désormais tout album ou guide touristique édité sans leur autorisation. Mais le risque juridique subsiste également du côté des architectes, dont on oublie bien souvent que leurs œuvres sont pour la plupart protégées par le droit d'auteur. À ce titre, et même quand il s'agit de bâtiments publics, elles sont rarement « libres de droits ».

L'application d'un droit à l'image sur les biens immobiliers au profit de leurs propriétaires matériels est une création jurisprudentielle relativement récente, qui

1. Voir « Les images de la Terre ».

2. Voir le chapitre VIII « Le contrat d'édition ».

3. Michel Huet, *Le Droit de l'architecture*, 3e édition, Economica, 2001. Michel Huet, « Architecture et droit d'auteur », *Revue internationale du droit d'auteur*, avril 1976, LXXXVIII, p. 3.

4. Cour d'appel de Limoges, 3 janvier 1966, *Annales de la propriété industrielle, artistique et littéraire*, 1966, 292.

5. Tribunal de grande instance de Draguignan, 16 mai 1972, *Revue internationale du droit d'auteur*, avril 1973, n° LXXVI, p. 177.

6. Tribunal de grande instance de Paris, 20 novembre 1989, *Revue internationale du droit d'auteur*, avril 1990, n° CXIVL, p. 146.

perdure malgré des décisions judiciaires en demi-teinte[1]. En revanche, la soumission des œuvres architecturales aux règles du droit d'auteur est clairement prévue dans le Code de la propriété intellectuelle. Son article L. 112-2 dispose en effet que sont considérées « comme œuvres de l'esprit au sens du présent Code [...] les œuvres de dessin, de peinture, d'architecture ».

Le bénéfice du droit de la propriété littéraire et artistique est accordé à tout immeuble, dont l'auteur n'est pas encore « tombé dans le domaine public », c'est-à-dire, dans la plupart des cas, qui n'est pas décédé depuis au moins soixante-dix ans. Cette protection est accordée sous la simple réserve de répondre à la condition classique d'originalité exigée par le CPI. Nombre de créations contemporaines y répondent aisément. Et elle concerne aussi bien une reconstitution en tant que telle de l'immeuble que toute photographie ou tout dessin de celui-ci.

La reproduction des Géode, Pyramide du Louvre et autres Grande Arche, ou même de créations beaucoup moins célèbres, est donc inéluctablement régie par un système d'autorisation et, *a fortiori*, de rémunération.

Pour ce qui est des bâtiments publics, rares sont les cas où l'administration commanditaire s'est fait céder, parallèlement à la propriété matérielle de l'immeuble, les droits de propriété intellectuelle s'y rapportant. Dans la plupart des cas, les éditeurs se retrouvent donc à la merci des cabinets d'architectes, qui marchandent toute exploitation de leurs travaux sous forme de livres, posters ou cartes postales. Les clichés de stades, mis en lumière à l'occasion des événements sportifs de masse, ont ainsi fait l'objet de poursuites de plus en plus nombreuses de la part des architectes. Fréquentes sont aussi les situations où les architectes confient leurs intérêts à l'ADAGP, qui se charge alors de recouvrer, parfois jusqu'en justice, le montant des redevances[2].

Il ne faut pas oublier qu'aux termes mêmes du CPI, « les plans, croquis et ouvrages relatifs [...] à l'architecture » sont également sujets à protection par le droit d'auteur. Leur publication est donc, tout autant qu'une image de l'œuvre construite, sujette à autorisation.

La seule exception à ce régime pour le moins draconien a été forgée au fil des ans par la jurisprudence[3]. Il s'agit des cas où l'œuvre architecturale litigieuse n'est pas le sujet central de l'image. Pour être reproduit librement, l'immeuble doit alors n'être qu'un élément servant, par exemple, de décor à une manifestation publique. La Cour de cassation a également estimé, le 4 juillet 1995, que la reproduction sans autorisation d'une œuvre véritablement noyée dans une vue d'ensemble n'était pas répréhensible[4].

Les architectes jouissent de tous les droits attachés à la propriété littéraire et artistique. Ils bénéficient donc d'attributs moraux, au premier rang desquels figure le droit au respect du nom[5]. C'est ainsi que toute reproduction d'immeuble doit en théorie permettre l'identification de son auteur au sein des « crédits ». Et

1. Voir « Le droit à l'image ».
2. Voir « La gestion collective ».
3. Voir le chapitre VII « Les exceptions aux droits patrimoniaux ».
4. Première chambre civile de la Cour de cassation, 4 juillet 1995, *Dalloz*, 1996, jurisprudence, p. 4. Première chambre civile de la Cour de cassation, 15 mars 2005, *Dalloz*, 2005, p. 1645, note Philippe Allaeys.
5. Voir « Les droits moraux ».

le tribunal de grande instance de Paris a été jusqu'à considérer, en 1970, que le nom de l'architecte devait être mentionné, quand bien même son œuvre ne répondrait-elle pas aux conditions de protection par le droit d'auteur[1].

Enfin, l'image du bâtiment ne doit pas être modifiée au point d'être dénaturée. L'éditeur doit donc prendre garde à toute manipulation des images, qui pourrait lui sembler bénigne mais offenser l'architecte[2].

Les jardins

Le 10 mai 1997, le tribunal de grande instance de Paris a complété la liste des œuvres protégeables en se prononçant sur la protection des jardins de châteaux[3].

Les jardins de Vaux-le-Vicomte ont été dessinés et réalisés par André Le Nôtre. Mais, au début du XXe siècle, « le grand parterre central de broderies, situé de part et d'autre de l'allée médiane partant des marches du château », n'était plus constitué que « de simples surfaces engazonnées ». C'est dans ce contexte que la restauration des jardins, commencée en 1875 et achevée après la Première Guerre mondiale, a été entreprise.

Or, selon les juges, cette restauration « ne peut s'analyser ni comme une remise en état d'un ensemble préexistant, ni comme une réplique à l'identique des parterres initiaux, aucun plan, aucun dessin n'ayant pu être retrouvé ». Ils ont relevé que « le dessin préparatoire signé par le graveur Israël Silvestre pour le compte du surintendant Fouquet, ainsi que les gravures de l'époque signées A. Pérelle ou N. de Noilly, ne donnent que des indications générales et une vue d'ensemble illustrant certes les réalisations de l'époque mais insusceptibles, par elles-mêmes, de fournir des instructions techniques précises qui se seraient imposées » au restaurateur, « sans que celui-ci ait à prendre des initiatives personnelles pour les adapter au site sur lequel il devait intervenir ».

Les magistrats ont estimé que « le travail effectué sur les broderies du parterre des jardins de Vaux-le-Vicomte, même qualifiés de "restauration" et en dépit de l'ambiguïté de ce terme, n'est pas exclusif de création mais constitue au contraire le cadre dans lequel s'est exercé et épanoui tout son art, son savoir-faire et son imagination créatrice, lui donnant ainsi l'occasion d'apporter à cette œuvre une touche personnelle digne d'être protégée ».

Le tribunal a considéré que « le grand parterre de broderies du parc du château [...] constitue donc une création originale, certes réalisée conformément à ce qui lui avait été demandé et aux contraintes historiques de styles dont il convenait de tenir compte pour approcher de plus près la broderie d'origine telle que Le Nôtre, initiateur des jardins à la française, aurait pu la concevoir au XVIIe siècle, mais exprimant de manière non contestable la personnalité de son auteur et conférant

1. Cour d'appel de Paris, 13 novembre 1970, *Gazette du Palais*, 1971, 1, p. 352, note R.S.
2. Voir « Les droits moraux ».
3. Tribunal de grande instance de Paris, 10 mai 1997, *Communication commerce électronique*, 2002, n° 112, observations Christophe Caron. Solution confirmée en appel : Cour d'appel de Paris, 11 février 2004, *Dalloz*, 2004, p. 1301, note Stéphanie Choisy.

ainsi à l'œuvre réalisée une originalité certaine justifiant une protection par le droit d'auteur ».

C'est ainsi qu'une publicité pour un joaillier, qui reproduisait cette partie du jardin sans autorisation des héritiers du restaurateur, a été jugée contrefaisante.

Le professeur Christophe Caron a commenté cette décision en soulignant qu'« aucune disposition n'exclut que des jardins puissent être considérés comme protégés par le droit d'auteur ». Il précise que « rien n'empêche un restaurateur d'être considéré comme un auteur ». Et ce même si la cour d'appel de Paris en avait décidé différemment, le 5 octobre 1994, pour la restauration des films de Louis Feuillade[1].

Enfin, le professeur Caron rappelle que plusieurs décisions récentes ont admis les restaurateurs au rang d'auteurs. Il en a été jugé ainsi, le 20 novembre 1996, par la cour d'appel de Paris qui se penchait sur le cas d'un immeuble[2]. Le Conseil d'État en avait fait de même, le 14 juin 1999, au sujet des orgues de la cathédrale de Strasbourg[3].

Quant au tribunal de grande instance de Paris, il a, en parallèle de l'affaire de Vaux-le-Vicomte, rendu un jugement dans le même sens, le 28 mai 1997, à propos de la restauration de statues du château de Versailles[4].

L'archéologie

Les livres sur les objets archéologiques et autres grottes préhistoriques constituent un marché éditorial ténu. Celui-ci est actuellement mis à mal tant par la jurisprudence sur l'exploitation de la grotte Chauvet que par la frilosité des récentes modifications législatives.

Le 26 mars 2001, la cour d'appel de Toulouse a reconnu un droit à l'image aux propriétaires du site sur lequel la grotte Chauvet a été découverte[5].

Rappelons que la grotte ornée de peintures rupestres a été découverte, en 1994, par des spéléologues. Les propriétaires du terrain ont été expropriés par l'administration et ont perçu une indemnité initiale de 31 730 francs (soit 4 837 euros)... Celle-ci concerne la valeur du seul terrain et fait donc abstraction de l'existence de la grotte, ainsi que de son considérable intérêt scientifique. Des années de recours et de procédures ont conduit les juges de Toulouse à réévaluer fortement l'indemnisation, portée à près de treize millions d'euros.

Les magistrats retiennent notamment que « les expropriés auraient pu personnellement faire ce que fait actuellement l'État, c'est-à-dire commercialiser les images prises dans leur propriété. Ils auraient pu, toujours à leur seul profit (sous

1. Cour d'appel de Paris, 5 octobre 1994, *Revue internationale du droit d'auteur*, juillet 1998, p. 299, observations André Kerever.

2. Cour d'appel de Paris, 20 novembre 1996, *La Semaine juridique (JCP)*, 1997, II, 22937, note Frédéric Pollaud-Dulian.

3. Conseil d'État, 14 juin 1999, *La Semaine juridique (JCP)*, 1999, II, 10209, conclusions Combrexelle.

4. Tribunal de grande instance de Paris, 28 mai 1997, *Revue internationale du droit d'auteur*, janvier 1998, p. 329.

5. Voir cependant, refusant la protection du droit de la propriété intellectuelle aux découvreurs (« inventeurs ») de la grotte Chauvet : Cour d'appel de Nîmes, 30 octobre 2001, *Communication commerce électronique*, 2002, commentaire n° 138, observations Christophe Caron.

réserve des droits des inventeurs), faire réaliser des films de reportage, les vendre, créer dans un endroit constructible de la commune un musée où ces reportages auraient été diffusés auprès d'un public payant. En outre ces visiteurs auraient pu acquérir dans un espace boutique (d'ailleurs inclus dans le projet du département) les produits culturels dérivés, tels que les cartes postales, livres, souvenirs, vidéos, objets reproduisant les œuvres d'art, ou même vêtements portant des reproductions, le tout moyennant des redevances substantielles pour les propriétaires ».

La jurisprudence Chauvet souligne que les importantes questions de propriété intellectuelle et de droit à l'image compliquent le régime juridique des découvertes archéologiques.

En réalité, les difficultés ne viennent pas vraiment du droit d'auteur. Les artistes sont *a priori* anonymes, mais surtout bel et bien dans le domaine public. Certes, le droit moral est perpétuel, et il faudrait en théorie recueillir le consentement des héritiers pour toute divulgation de paroi inédite. Mais en pratique, aucun conservateur de site n'a à ce jour rencontré d'ayants droit patentés de Lascaux.

En revanche, les œuvres qui peuvent figurer sur les murs des grottes sont soumises au droit du propriétaire des lieux. Il s'agit là encore d'une application du droit à l'image des biens, c'est-à-dire d'un droit de propriétaire. Et ce, même si les procès en droit à l'image sont considérés, par certains commentateurs hâtifs, comme en perte de vitesse dans les prétoires[1].

En l'occurrence, ce droit du propriétaire est inscrit depuis longtemps dans le Code civil, qui dispose notamment en son article 552 : « La propriété du sol emporte la propriété du dessus et du dessous. Le propriétaire peut faire au-dessous toutes les constructions et fouilles qu'il jugera à propos, et tirer de ces fouilles tous les produits qu'elles peuvent fournir. »

Par ailleurs, aux termes de l'article 716 du même code, « le trésor est toute chose cachée ou enfouie sur laquelle personne ne peut justifier sa propriété, et qui est découverte par le pur effet du hasard ». Et la loi de préciser que « la propriété d'un trésor appartient à celui qui le trouve dans son propre fonds ; si le trésor est trouvé dans le fonds d'autrui, il appartient pour moitié à celui qui l'a découvert, et pour l'autre moitié au propriétaire du fonds ».

Ce régime juridique est nuancé par la loi du 27 septembre 1941 sur les fouilles archéologiques qui prévoit, par exemple, des modalités particulières de partage des indemnisations entre le propriétaire des lieux et « l'inventeur » du trésor. La loi de 1941 a été modifiée par celle du 17 janvier 2001 sur l'archéologie dite préventive. Mais ni le ministère de la Culture, ni le législateur n'ont envisagé de mettre fin à ces droits privatifs.

C'est pourquoi, à l'instar d'une grande partie de la communauté scientifique, la chercheuse Marie Cornu voudrait rendre « inappropriables » les œuvres archéologiques. *De facto*, les pouvoirs publics en seraient les seuls maîtres[2]. Il n'est pas sûr que les interlocuteurs étatiques soient beaucoup plus favorables aux exploitations d'images par des éditeurs.

1. Voir « le droit à l'image ».
2. Article 713 du Code civil : « Les biens qui n'ont pas de maître appartiennent à l'État. »

« Les œuvres photographiques et celles réalisées à l'aide de techniques analogues à la photographie » sont aussi sujettes à protection[1].

Il faut cependant noter que la loi du 11 mars 1957, ancêtre du CPI, exigeait des photographies un caractère artistique ou documentaire pour les faire bénéficier de la protection par le droit d'auteur. La loi de 1957 a été modifiée par celle du 3 juillet 1985 qui a supprimé ces conditions. Mais toutes les photographies prises entre le 11 mars 1958 et le 31 décembre 1985 suivent encore ce régime particulier et doivent donc présenter un caractère artistique ou documentaire pour être protégeables. Le caractère artistique se révèle dans un traitement particulier de l'image: angle, lumière, cadrage, etc[2]. Il n'est pas cependant sans entraîner des discussions doctrinales pour déterminer si la valeur esthétique doit primer sur une notion d'effort personnel[3]. Quant au caractère documentaire, il est indéniable qu'il varie, par exemple, selon l'époque à laquelle la photographie est prise en compte[4]. Le cliché de la première communion de Benoît XVI révélerait aujourd'hui un caractère documentaire bien plus probant qu'il y a trente ans. Ces deux caractères – artistique et documentaire – ont d'ailleurs donné lieu à de nombreux débats devant les tribunaux[5]. Ces débats ont de moins en moins cours aujourd'hui.

Il ne faut pas se leurrer sur la supposée banalité des photographies et tenter d'en tirer argument pour ne pas verser de droits à leur auteur[6]. Même les reproductions d'œuvres à deux dimensions (des clichés de tableaux, par exemple) peuvent être aujourd'hui considérées comme originales et donc protégées par le droit de la propriété littéraire et artistique[7].

Les photographies de tableaux

Les photographies de tableaux peuvent être des œuvres en tant que telles, protégées par le droit d'auteur. C'est ce que la cour d'appel de Paris a rappelé avec force à l'occasion de la contrefaçon du catalogue raisonné de Picasso[8].

La cour d'appel de Dijon en avait déjà jugé ainsi, le 7 mai 1996[9]. Et celle de Paris a appuyé cette jurisprudence par une retentissante décision rendue le 26 septembre 2001.

L'affaire avait d'ailleurs quelque peu agité les professionnels du livre. Elle avait en effet commencé par une saisie contrefaçon diligentée en plein Salon du livre de Paris, lors de l'édition 1996.

L'action la plus spectaculaire a été initialement menée par le repreneur du fonds de commerce des éditions Cahiers d'art, qui a édité le catalogue raisonné

1. Ysolde Gendreau, *La Protection des photographies en droit d'auteur, français, américain, britannique et canadien*, LGDJ, 1994. Yves Marcellin, *Photographie et loi*, CEDAT, 1997.
2. Cour d'appel d'Aix-en-Provence, 11 juin 1987, *Cahier du droit d'auteur*, janvier 1988, p. 23.
3. *Cf.* André et Henri-Jacques Lucas dans la Bibliographie générale.
4. Première chambre civile de la Cour de cassation, 8 janvier 1975, *Annales de la propriété industrielle, littéraire et artistique*, 1977, p. 237.
5. Ysolde Gendreau, *op. cit.*
6. Cour d'appel de Paris, 10 décembre 1992, *Gazette du Palais*, 31 décembre 1993-1er janvier 1994, p. 12.
7. Cour d'appel de Dijon, 7 mai 1996, *Dalloz*, 1998, 189, observations Claude Colombet.
8. Cour d'appel de Paris, 26 septembre 2001, *Dalloz*, 2001, p. 3279.
9. Cour d'appel de Dijon, 7 mai 1996, *Gazette du Palais*, 1998, Sommaires, p. 154.

de Picasso, soit trente-trois volumes contenant un total de 16000 reproductions d'œuvres… Les poursuites ont visé Alan Wofsy, éditeur d'art américain, qui commercialisait deux volumes consacrés à des périodes très précises de l'œuvre du peintre.

Les héritiers Picasso et la Réunion des musées nationaux (RMN) se sont joints spontanément à l'action en contrefaçon. Mais, le 8 décembre 1998, le tribunal de grande instance de Paris avait renvoyé chacun dans ses cordes.

Trois ans plus tard[1], la cour d'appel commence par suivre le raisonnement des juges de première instance : « Si la composition d'un catalogue raisonné de l'œuvre d'un peintre peut faire, en soi, l'objet d'une protection par le droit d'auteur à raison des choix personnels et s'il ne peut être contesté que le catalogue raisonné […], œuvre unanimement reconnue, comme ceux du musée Picasso réalisés par la RMN, répondent à ces critères, il n'est pas démontré, en l'espèce, que les deux ouvrages litigieux reprendraient, au-delà d'une certaine chronologie de certaines œuvres du peintre et de certains thèmes, inhérents à de tels catalogues, les séquences et la représentation spécifique qui […] en font des œuvres originales. »

Mais l'éditeur poursuivi n'a pas contesté « que la reproduction d'un nombre important de photographies qui figurent dans (les) deux ouvrages a été réalisée par scannérisation des photographies des catalogues […] ». Les magistrats relèvent même que « les "rayures" ou "pétouilles" de l'édition originale […] se retrouvent à l'identique ».

Or, selon eux, « loin de s'effacer derrière le peintre, le photographe de son œuvre en a recherché la quintessence et au travers du choix délibéré des éclairages, de l'objectif, des filtres et du cadrage ou de l'angle de vue, a exprimé dans la représentation qu'il en a faite, sa propre personnalité, mettant en relief, là un trait qu'il fait ressortir, là un contraste ou un effet procédant du support ». Les juges ajoutent que le photographe « a de surcroît, à plusieurs reprises, procédé à des agrandissements mettant en exergue un fragment de l'œuvre lui apparaissant particulièrement révélateur ; […] cette démarche globale n'est nullement celle d'un simple technicien au rang duquel les intimés cherchent à tort à placer le photographe, mais révèle un véritable créateur ».

La cour en a conclu que « les photographies en cause étant de ce fait originales et bénéficiant de la protection par le droit d'auteur, la reproduction qui en a été faite sans autorisation constitue bien une contrefaçon ».

Cette affirmation est soulignée par d'impressionnantes sanctions : outre une mesure d'interdiction, ce sont près de 1100000 francs de dommages-intérêts auxquels les éditions Alan Wofsy ont été condamnées.

Il en est de même des photographies qui auraient été prises à la suite de nombreuses directives. Aussi détaillées soient-elles, ces instructions ne peuvent enlever au photographe une part de choix qui lui permet de faire œuvre au sens

1. Cour d'appel de Paris, 26 septembre 2001, *Dalloz*, 2001, p. 3279.

du CPI[1]. L'intervention de tiers, aménageant par exemple le décor ou préparant les mannequins, ne change rien[2]. Il a déjà été admis par ailleurs que l'auteur d'une photographie n'est pas nécessairement celui qui se contente d'appuyer sur le déclencheur, mais bel et bien celui qui a effectué l'ensemble des réglages[3] de l'appareil. Cette décision a été rendue à propos d'un explorateur ayant voulu prouver l'existence d'une tribu en Afrique noire en se photographiant au milieu de ses membres : les contrefacteurs ont vainement tenté de lui dénier la paternité de cette photographie… *A fortiori*, un éditeur ne peut arguer de l'absence d'originalité de photographies de Paris après avoir lui-même écrit dans le texte de présentation que le photographe a « déchiffré la ville » et que « les monuments les plus célèbres sont cadrés d'une façon inhabituelle, productive d'une autre vision[4] ».

Même les Photomaton sont aujourd'hui couramment admis à protection. Seule une interrogation semble subsister au sujet des photographies prises par satellite, dont l'originalité est sujette à débat, alors que celle des clichés pris d'avion a été depuis longtemps établie[5].

Les images de la Terre

La commercialisation de plus en plus accrue des images prises par satellite concerne les éditeurs d'atlas, d'ouvrages sur l'urbanisme ou encore sur l'effet de serre. Mais les gigantesques enjeux financiers n'ont pas manqué de faire réfléchir… les juristes. Les interrogations concernent aussi bien les limites à l'appropriation de telles données iconographiques que les mécanismes de leur protection.

C'est un traité de 1967 qui régit les activités des États en matière « d'exploration et d'utilisation de l'espace extra-atmosphérique ». Ce premier texte a servi de point d'appui à l'adoption, en 1986, de la « Résolution 41/65 » des Nations Unies sur laquelle repose aujourd'hui le principe dit de « libre collecte des données » relatives à « l'observation de la surface terrestre à partir de l'Espace ». Mais les rédacteurs de ces textes étaient essentiellement animés par un objectif de renseignement et une collecte qui ne devait pas donner lieu à une diffusion marchande vers des tiers. Or, le plus grand flou juridique règne en la matière, comme cela a été constaté lorsqu'Israël a indiqué s'opposer à la vente d'images de son territoire à de potentiels ennemis militaires. Pour l'heure, les quelques opérateurs privés qui se partagent le marché semblent conclure des accords avec les États dits sensibles.

Dans le cas des photographies prises par satellite, l'intervention accrue de la machine dans le processus de prise des clichés a longtemps laissé perplexes certains spécialistes du droit de la propriété littéraire et artistique, en raison de la

1. Première chambre civile de la Cour de cassation, 12 novembre 1985, *Dalloz*, 1986, Informations rapides, p. 183.
2. Cour d'appel de Paris, 17 juin 1988, *Dalloz*, 1989, Sommaires commentés, p. 44, observations Claude Colombet.
3. Tribunal de grande instance de Paris, 6 juillet 1976, *Revue trimestrielle de droit commercial*, 1977, p. 117, observations Henri Desbois.
4. Tribunal de grande instance de Paris, 29 avril 1998, inédit.
5. Cour d'appel de Lyon, 5 février 1954, *La Semaine juridique (JCP)*, 1954, I, 8564, note Plaisant.

nécessaire originalité[1]. Une récente décision semble toutefois admettre leur protection par le droit d'auteur[2].

C'est ainsi que, comme l'observe Annie Morenon dans sa thèse intitulée *La commercialisation des images spatiales*, « les données d'observation de la Terre sont un récent candidat à la protection par le droit d'auteur ».

La titularité des images de la Terre prises depuis des satellites pourrait toutefois un jour connaître certains ajustements. Le « retraitement » des clichés est en effet susceptible de donner naissance à une œuvre composite (ou dérivée)[3]. Et ce sans compter que les directives de certains commanditaires d'images sont telles qu'ils pourront arguer de leur qualité d'auteurs des clichés, le satellite étant assimilable à un simple auxiliaire technique de l'appareil photographique[4]...

La précision des images de la Terre prises par satellite soulève également la question des droits du sujet de la photographie. Les architectes n'hésitent plus à revendiquer des droits d'auteur sur les photographies représentant leurs œuvres. Il n'est donc pas insensé de penser qu'ils en viendront à revendiquer un droit sur les clichés pris à la verticale de leurs bâtiments[5]...

Les juridictions françaises se sont déjà prononcées sur les photographies aériennes des résidences de personnalités, en retenant l'atteinte au respect de la vie privée.

Le débat deviendra encore plus complexe si la jurisprudence en arrive à reconnaître une sorte de « droit à l'image sur le paysage ». Rappelons en effet que tel était l'objet du contentieux sur le désormais très célèbre Pariou, ce volcan d'Auvergne dont les propriétaires poursuivaient ceux qui en exploitaient l'image.

Les photographies de films

Les photographies dites de plateaux (c'est-à-dire celles prises par un photographe appelé sur la production d'un film) sont aujourd'hui considérées comme des œuvres susceptibles d'être protégées[6] en dépit de quelques décisions judiciaires controversées[7].

Les photographies de films ont pris une place grandissante dans le culte et la mémoire du cinéma. Aucun dictionnaire du cinéma, aucune biographie d'acteur, sans parler des revues spécialisées ou de tout programme de télévision, ne peut être publié sans être abondamment illustré d'images de films. Le régime juridique de ces clichés n'en est pas moins extrêmement complexe, et les utilisateurs

1. Voir « Les critères de protection des œuvres ».
2. Cour d'appel de Riom, 14 mai 2003, *Dalloz*, 2003, Sommaires commentés, p. 2754, observations Pierre Sirinelli.
3. Voir « Les œuvres composites ».
4. Voir le chapitre IV « La titularité des droits ».
5. Voir « Les œuvres architecturales ».
6. Première chambre civile de la Cour de cassation, 3 juin 1997, *Dalloz*, 1998, jurisprudence, p. 166, note Xavier Daverat. Cour d'appel de Paris, 15 mai 1998, inédit. Cour d'appel de Paris, 15 octobre 2003, *Propriétés intellectuelles*, n° 10, 2004, p. 539, observations André Lucas.
7. Laurence Santantonios, « Photos de films : l'imbroglio des droits », *Livres Hebdo*, n° 155, 7 avril 1995, p. 57. Pascal Mérigeau, « Les éditeurs font un premier pas pour résoudre le problème des droits sur les photos de cinéma », *Le Monde*, 13 avril 1995, p. 29. J-P. B., « Photos de cinéma : délire et imbroglio », *Le Film français*, n° 2555, 21 avril 1995.

imprudents de ces clichés longtemps présentés comme « libres de droits » se sont vu opposer de multiples revendications.

Les photographies de cinéma sont par essence prises à l'occasion d'un tournage, une grande partie des éléments symboliques du film seront susceptibles de figurer sur ces images: acteurs, décors, grands traits de la mise en scène seront présents sur ces clichés. Les ressemblances entre photographies de plateau et images issues du film sont évidentes, mais l'œil attentif remarquera que, souvent, l'angle de vue, l'objectif, la position des acteurs, mettent en relief de notables différences. Il arrive même fréquemment que des scènes qui n'ont pas été retenues lors du montage du film figurent sur ces photographies. Par surcroît, certaines d'entre elles, qualifiées de « photographies de tournage », témoignent de l'ambiance qui régnait lors du tournage en représentant l'équipe du film entre deux prises.

Or, une photographie de cinéma est un cliché réalisé par un photographe professionnel à l'occasion du tournage, rémunéré par la production pour cette occasion. Il a longtemps eu pour seule tâche de réaliser des images destinées à la promotion directe du film. Sur les centaines de clichés ainsi pris, seule une minorité est en effet sélectionnée pour constituer « le jeu de promotion » du film, mis librement à la disposition des tiers pour la période de première exclusivité du film. Pour la plupart des autres utilisations, les droits sont restés aux mains du photographe. Les circonstances de la prise de vue (pendant le tournage lui-même ou entre deux prises), les liens contractuels entre le photographe et le producteur peuvent également influer parfois sur la titularité des droits.

Les juridictions ont par ailleurs estimé que les photographes ne peuvent être assimilés à de simples techniciens salariés de la production, pour qui il serait impossible de faire œuvre de création personnelle. Certains ont ainsi vainement plaidé que le photographe de plateau aurait uniquement le rôle d'exécutant chargé de reproduire les scènes du film de manière statique pour que ses photographies servent de repères lors du montage. D'autres ont estimé qu'il se contenterait de réaliser un travail sous les directives d'un metteur en scène, réalisateur ou autre directeur de la photographie, etc. La réalité des tournages comme la jurisprudence existante en matière de photographies de commande ont aisément contré la faiblesse de tels raisonnements.

En dépit de quelques décisions judiciaires controversées, les nombreuses décisions jurisprudentielles permettent aujourd'hui de considérer sans coup férir ces clichés comme des œuvres susceptibles d'être protégées en tant que telles par le droit d'auteur.

Toutefois, certains clichés reproduisent souvent de manière extrêmement proche des scènes de films. Les titulaires de droits sur l'œuvre audiovisuelle, avec à leur tête le producteur, sont donc susceptibles de revendiquer des droits sur ces images. Les interprètes, au titre de leur droit à l'image, peuvent également s'opposer à leur publication. Les collectionneurs étant parfois les seuls titulaires du support matériel de ces clichés exigent parfois le versement d'un droit d'accès. Enfin, les auteurs de certains éléments protégés indépendamment du film et justifiant d'une originalité propre, tels que le décor, ou une œuvre d'art, peuvent légitimement s'opposer à l'exploitation sans autorisation, et *a fortiori* sans rémunération, des photographies de films.

C'est pourquoi le Centre national de la cinématographie a ainsi été invité à examiner cet imbroglio juridique. Le 20 décembre 1996, le rapport Ollier intitulé *La circulation et la reproduction des photographies de cinéma* dressait déjà un état des lieux et prônait l'établissement d'une solution négociée entre éditeurs, producteurs et photographes[1]. Cette analyse, en conformité avec la jurisprudence dominante, incite donc soit à la concertation contractuelle entre toutes les parties, soit à la plus grande prudence concernant tant la légitimité que les garanties proposées vis-à-vis de ceux qui marchandent des droits sur de tels clichés.

Le droit à l'image

En parallèle du droit d'auteur *stricto sensu*, il existe également un droit à l'image[2], c'est-à-dire la possibilité pour un particulier d'empêcher *a priori* toute utilisation de son image. Le droit à l'image, qui n'est pas prévu par une disposition législative particulière ne repose, selon certains commentateurs, que sur une interprétation jurisprudentielle de l'article 9 du Code civil, article relatif à la protection de la vie privée, et/ou de l'article 1382 relatif à la responsabilité civile la plus classique.

La première décision en la matière remonterait à 1858[3], mais c'est seulement depuis une trentaine d'années que ce droit connaît un essor particulier. Le droit à l'image est aujourd'hui reconnu comme un droit dit absolu. Le principe dégagé par les juridictions est en effet unanime : chacun est titulaire des droits sur son image et est seul habilité à en autoriser l'utilisation[4]. En pratique, il n'est donc pas toujours nécessaire qu'un préjudice autre que la diffusion non autorisée de son image soit subi. La simple utilisation sans autorisation de l'image est par principe répréhensible, même si la jurisprudence la plus récente est parfois moins péremptoire[5]. Toute personne, inconnue ou célèbre, peut ainsi s'opposer à une reproduction de son image sous quelque forme que ce soit[6]. Il ne faut cependant pas ignorer qu'en pratique les juridictions reconnaissent parfois un droit à l'image affaibli[7] à ceux dont l'existence professionnelle tient en grande partie à leur médiatisation et donc à l'utilisation de leur image (homme politique, star de cinéma, sportif, etc.). Paradoxalement, une autre tendance jurisprudentielle s'est dessinée en parallèle, qui tend à considérer que ceux-là mêmes qui vivent de leur image ont vocation à être plus vigilants et par conséquent à être mieux indemnisés[8]. De même, toutes les formes d'utilisation d'images sont concernées. Le principe d'un droit à l'image vaut aussi bien pour un dessin que pour une photogra-

1. Jean-Yves Ollier, Rapport pour le CNC, 1997, inédit.
2. Il ne s'agit pas là d'un droit d'auteur, mais son domaine d'application recouvre par beaucoup celui des droits sur les photographies. Cette notion est développée dans : Emmanuel Pierrat, *Le Droit du livre*, Éditions du Cercle de la librairie, 2005.
3. Tribunal civil de la Seine, 16 juin 1858, *Dalloz périodique*, 1858, 3, 52.
4. Cour d'appel de Paris, 5 décembre 1988, *Dalloz*, 1989, Informations rapides, 16.
5. Théo Hassler, « Les progrès de la liberté de l'image des personnes en 2004 », *Dalloz*, 2005, p. 739.
6. Première chambre civile de la Cour de cassation, 13 avril 1989, *La Semaine juridique (JCP)*, 1989, 21219.
7. Cour d'appel de Paris, 20 mai 1987, *Dalloz*, 1987, sommaires commentés, 384.
8. Cour d'appel de Paris, 19 septembre 1985, *Dalloz*, 1986, Sommaires commentés, 189, observations Lindon.

phie ou encore pour une œuvre audiovisuelle, qu'il s'agisse d'un film ou même d'un cédérom.

Le principe du droit à l'image est encore l'objet d'exceptions. Il ne faut cependant pas oublier que, comme toutes les exceptions à un principe juridique, elles doivent être interprétées restrictivement[1].

La seule circonstance qui empêche sans coup férir l'utilisation d'une image, c'est qu'elle ait été prise dans un lieu privé. Les tribunaux y voient là un terrain inviolable dont la méconnaissance entraîne une sanction certaine[2]. Le Nouveau Code pénal contient d'ailleurs deux sévères dispositions (articles 226-1 et 226-2) propres à la prise d'images dans un lieu privé et à leur diffusion. Celles-ci sanctionnent, outre la reproduction de l'image d'une personne se trouvant dans un lieu privé sans le consentement de celle-ci, la reproduction de paroles prononcées dans un lieu privé par une personne sans son consentement, et le montage de paroles ou images d'une personne toujours sans son consentement, s'il n'apparaît pas à l'évidence qu'il s'agit d'un montage ou s'il n'en est pas expressément fait mention.

Les juridictions se montrent clémentes avec les preneurs et les utilisateurs d'images dès lors que les personnes y figurant ne sont pas reconnaissables. C'est ainsi que la photographie d'une foule, au sein de laquelle toute identification est quasi impossible, peut être librement reproduite. Cette exception paraît cependant difficile à soutenir pour ce qui concerne un petit groupe de personnes ou pour une partie seulement d'un grand ensemble de personnes. Elle a pourtant été retenue à l'encontre de ceux qui déclaraient avoir été modèles de Robert Doisneau pour sa célèbre photographie, *Le Baiser de l'Hôtel de Ville*[3]. En revanche, plus délicate est l'image d'un groupe de personnes dont l'identification est aisée mais dont aucune n'est mise particulièrement en avant[4]. La jurisprudence est plus hésitante et les décisions dépendent beaucoup des circonstances propres à chaque image. Les juges sanctionnent plus aisément la reproduction et la diffusion lorsque l'image a causé un préjudice autre que la seule atteinte au droit à l'image. C'est le cas, par exemple, lorsque l'image est accompagnée d'une légende inappropriée ou qu'elle fait l'objet d'un montage ou de tout autre détournement. De même, le droit à l'image s'exerce pleinement dès lors que la personne représentée est le sujet principal de l'image ou qu'elle est mise en avant par une marque la désignant particulièrement (flèche, effet de loupe, etc.).

Une photographie de personnes reconnaissables peut être librement publiée si elle a trait à l'actualité. Les commentateurs juridiques estiment cependant que le délai pendant lequel cette tolérance peut s'exercer est très court, puisqu'il est lié à la notion d'actualité, plus adaptée à l'édition de presse qu'à celle de livres[5].

1. Première chambre civile de la Cour de cassation, 3 mars 1992, *Revue internationale du droit d'auteur*, janvier 1994, p. 313.
2. Cour d'appel de Paris, 19 novembre 1986, *Dalloz*, 1987, Sommaires commentés, 141, observations Lindon.
3. Tribunal de grande instance de Paris, 2 juin 1993, *Gazette du Palais*, 13-15 février 1994, p. 18, note Pierre Frémond.
4. Cour d'appel de Paris, 11 février 1987, *Dalloz*, 1987, 385, observations Lindon.
5. Tribunal de grande instance de Paris, 10 septembre 1996, *Légipresse*, janvier-février 1997, n° 138, III, p. 7.

L'« affaire Virenque[1] », du nom de ce champion cycliste ayant obtenu la condamnation de l'éditeur qui avait publié sur lui un album d'hommage quelques mois après sa plus importante victoire, pourrait avoir porté un coup d'arrêt à l'exception d'actualité en matière d'ouvrages de librairie. Il existe même une sorte de droit véritable à l'oubli au profit de ceux qui ont connu, parfois dans des circonstances tragiques, les feux de l'actualité. Un tribunal a par exemple estimé qu'un condamné pénal ne devait pas supporter des années plus tard, par le biais d'une nouvelle publication de son image, le poids d'une faute déjà payée[2].

Le droit à l'image est traditionnellement rattaché à la famille des droits de la personnalité, c'est-à-dire que son titulaire ne peut en théorie en disposer. Cependant, on assiste à une patrimonialisation du droit à l'image, qui tend à s'étendre à l'image des biens; et ce, alors qu'il existe déjà un droit d'accès au profit des musées sur leurs collections ou un « droit d'arène », aujourd'hui légiféré[3], pour les organisateurs d'événements sportifs. Une loi du 15 décembre 2004 « portant diverses mesures relatives au sport professionnel » comporte un article premier qui encadre encore plus l'utilisation de l'image des sportifs. Cette fois, le texte évoque « l'image collective de l'équipe à laquelle le sportif appartient » et permet aux clubs de l'exploiter plus librement. En clair c'est, en dehors même des accords sous seing privé qui sont déjà monnaie courante dans ce milieu pour transmettre son droit à l'image à son sponsor ou à son club, à ce dernier qu'il faudra obligatoirement s'adresser[4].

Les photographes d'animaux, d'objets ou d'immeubles[5] nécessitent donc de plus en plus d'être vigilants[6], en dépit de décisions judiciaires récentes laissant croire à un recul de telles revendications[7]. Les tribunaux sanctionnent de plus en plus de telles reproductions, et ce d'autant plus fortement que l'atteinte au droit à l'image se double souvent d'un préjudice distinct (par exemple, dans le cas où la publication de l'image d'une demeure entraîne des visites intempestives de touristes...).

En revanche, la jurisprudence la plus récente n'accepte plus la transmission du droit d'une personne sur sa propre image à ses héritiers[8], mais se montre particulièrement sensible pour ce qui concerne les clichés de cadavres. Le 20 décembre 1999, la Cour de cassation s'est prononcée, dans le cadre de « l'affaire Erignac »,

1. Tribunal de grande instance de Paris, 25 février 1988, *Légipresse*, juin 1998, n° 152, I, 66. Christine Ferrand, « Virenque, le procès qui fait peur », *Livres Hebdo*, n° 288, 10 avril 1998, p. 4.

2. Tribunal de grande instance de Paris, 22 novembre 1995, *Légipresse*, juin 1996, n° 132, I, p. 74.

3. Loi du 16 juillet 1974, modifiée par la loi Bredin n° 92-653 du 13 juillet 1992, *Journal officiel*, 16 juillet 1992.

4. Pour un exemple limitant ce droit à l'image des sportifs : tribunal de grande instance de Paris (référé), 8 juillet 2005, inédit, n° RG 05/54408.

5. François de Grandmaison, « Le droit à l'image attaché à une demeure privée », *Les Petites Affiches*, n° 37, 27 mars 1998, p. 13.

6. Pierre Kayser, « L'image des biens », *Dalloz*, 1995, Chronique, p. 291. Tribunal de grande instance de Paris, 1er avril 1992, *Gazette du palais*, 5-7 mars 1995, p. 23.

7. Assemblée plénière de la Cour de cassation, 7 mai 2004, *Propriétés intellectuelles*, n° 12, juillet 2004, p. 817.

8. Première chambre civile de la Cour de cassation, 14 mai 1999, *Dalloz*, 2000, Sommaires commentés, p. 266, observations Christophe Caron.

sur la publication de la photographie d'un préfet assassiné[1]. Elle a considéré que « la photographie publiée représentait distinctement le corps et le visage du préfet assassiné, gisant sur la chaussée d'une rue », cette image étant dès lors « attentatoire à la dignité humaine ». Les demandes formulées par les ayants droit ont ainsi été accueillies favorablement.

Le consentement d'une personne à l'utilisation de son image, à sa reproduction et à sa diffusion sous une forme quelconque ne se présume pas[2]. Les tribunaux l'ont souvent souligné : ce n'est pas parce qu'on autorise un photographe à prendre un cliché qu'on l'autorise à l'utiliser[3]; et ce, quand bien même certaines décisions ont pu déduire des circonstances de prise des photographies que la personne photographiée avait implicitement autorisé l'utilisation de son image. La charge de la preuve du consentement incombe aux utilisateurs. C'est à eux de démontrer qu'ils ont obtenu l'autorisation de reproduire l'image de la personne représentée[4]. Les photographes et utilisateurs d'images ne peuvent arguer d'utilisations antérieures que la personne représentée aurait admises ou tolérées[5]. Il est en revanche aujourd'hui pleinement admis que chacun peut valablement donner une autorisation d'exploiter une image[6]. L'éditeur consciencieux et prudent ne peut donc plus aujourd'hui se dispenser d'une autorisation de la part des personnes photographiées ou des propriétaires des biens et animaux photographiés. Il ne doit pas oublier que les autorisations concernant les mineurs sont délivrées par leurs deux parents[7].

L'éditeur disposera bien entendu d'un recours en garantie contre l'agence ou le photographe qui lui a cédé les droits sur les clichés[8]. Une affaire ayant opposé les éditions du Rocher à l'agence Gamma a mis au jour l'ampleur de la garantie que sont tenus d'apporter les professionnels de l'image. À la suite d'une action intentée par le fabricant d'une poche de sang, dont le nom était identifiable sur le produit qui servait à illustrer un livre sur l'affaire du sang contaminé, la Cour de cassation a considéré que « l'agence connaissait l'usage auquel la photographie était destinée et que l'agence qui commercialise des clichés en vue de leur publication est tenue de fournir à ses clients des photographies propres à l'usage auquel elles sont destinées et telles, en particulier, que cet usage ne présente pas un caractère illicite[9] ». Mais cette garantie peut se révéler faible en cas de faillite de ladite agence ou d'insolvabilité du photographe. L'éditeur devra indemniser les « victimes » et ne pourra présenter la facture à son partenaire défaillant.

C'est pourquoi il est indispensable ou de s'enquérir soi-même des autorisations quand cela est possible, ou de vérifier la validité des autorisations que le photo-

1. Première chambre civile de la Cour de cassation, 15 juin 2000, *Dalloz*, 2001, Jurisprudence, p. 885, note Jean-Pierre Gridel.

2. Tribunal de grande instance de Paris, 23 octobre 1985, *Gazette du Palais*, 13-14 mars 1989, p. 18.

3. Tribunal de grande instance de Paris, 17 octobre 1990, *Juris-Data*, n° 024674. Tribunal de grande instance de Paris, 17 octobre 1990, *Juris-Data*, n° 049188.

4. Cour d'appel de Paris, 27 octobre 1983, *Juris-Data*, n° 029086.

5. Cour d'appel de Paris, 10 novembre 1988, *Juris-Data*, n° 026386.

6. Voir modèles ci-après.

7. Cour d'appel de Paris, 31 octobre 1991, *Juris-Data*, n° 024152.

8. Cour d'appel de Paris, 10 décembre 1985, *Juris-Data*, n° 027616.

9. Cour d'appel de Paris, 25 juin 1997, *Gazette du Palais*, 17-19 mai 1998, n° 137, p. 22.

graphe est supposé avoir fait signer. Une autorisation doit *a priori* s'entendre de façon restrictive. Cela signifie que l'éditeur doit se limiter aux seuls modes d'exploitation expressément désignés[1] par l'intéressé et ne peut exciper d'un consentement tacite à une utilisation non expressément prévue.

Les modèles d'autorisation

Plusieurs solutions, plus ou moins satisfaisantes ou coûteuses, peuvent être adoptées par les professionnels de l'image. Certains utilisateurs choisissent de modifier les images problématiques, par exemple en masquant le visage des personnes reconnaissables, en « floutant » des détails, etc. Certains fournisseurs d'images assurent vendre des images dites « libres de droit ». Néanmoins, la voie la plus sûre consiste pour l'heure à faire signer des autorisations.

Dans un souci d'apporter des solutions, il est proposé ci-après quelques modèles d'autorisation. Chaque autorisation correspond à une situation particulière (utilisation de l'image d'une personne physique, majeure ou mineure, filmée ou photographiée, d'un salarié, d'un mannequin, d'un animal, d'un bien et d'une œuvre). Ces modèles ont été rédigés en considération de l'état actuel du droit à l'image mais aussi du droit de la propriété intellectuelle. Les formes que doivent revêtir ces autorisations ne sont cependant pas certaines.

Toutefois, il est apparemment nécessaire de détailler les supports de reproduction (presse, livre, carte postale, publicité, papier à en-tête, marionnette, jeu vidéo, serviette de bain, etc.), ainsi que les moyens de communication (télévision, Internet, Intranet, etc.) souhaités. À cet effet, il est proposé un modèle de clause, ci-après, à insérer et à modifier en fonction des projets.

Modèle de clause détaillant les supports

« [...] – le droit de reproduire, d'adapter et de représenter les photographies, en utilisant tous rapports de cadrage, en noir et blanc et/ou en couleurs, accompagnées ou non d'un son post-synchronisé, notamment d'un commentaire, d'un dialogue ou d'une œuvre musicale;

– le droit de reproduire, d'adapter et de représenter les photographies sous toutes formes d'édition de livre, et notamment ordinaire, de luxe (à tirage limité ou non), de demi-luxe, reliée, illustrée (et notamment sous forme de bande dessinée), populaire, de poche (dite aussi de grande diffusion), en clubs, scolaire, critique ou dans une anthologie;

– le droit de reproduire, d'adapter et de représenter les photographies, en tout ou partie, pour tout mode d'exploitation existant ou à venir des œuvres audiovisuelles et notamment sous forme de vidéogrammes (vidéocassettes, vidéodisques, DVD ou tout autre support), dans tous formats (VHS, Super VHS...) et standards (Pal, Secam, NTSC...) présents ou à venir;

– le droit de reproduire, d'adapter et de représenter les photographies, en tout ou partie, par tous procédés de représentation existant ou à venir et notamment par télédiffusion, et ce par tous moyens inhérents à ces modes de communication (notamment hertzien, satellite, câble, clair, cryptée, gratuit, payant ou par abonnement);

– le droit de représenter, dans son intégralité ou par extraits, les photographies dans tout lieu privé, public ou réunissant du public, notamment dans les salles de cinéma ainsi que dans tout marché, festival ou manifestation de promotion;

1. Cour d'appel de Metz, 7 mai 1991, *Juris-Data*, n° 046954.

– le droit de reproduire, d'adapter et de représenter les photographies en tout ou partie dans les journaux et périodiques, en cartes postales, affiches, posters, catalogues, agendas, présentoirs, jeux ou sous toute forme analogue existant ou à venir ;
– le droit de reproduire, d'adapter et de représenter les photographies en tout ou partie sous forme de vêtements, bibelots, matériel de papeterie et sous toute autre forme dérivée venant ou à venir ;
– le droit de reproduire, d'adapter et de représenter les photographies par photocopie, microcarte, microfiche ou microfilm ou tout autre procédé analogue existant ou à venir qu'il soit électronique, analogique, magnétique ou numérique ;
– le droit de reproduire, d'adapter et de représenter les photographies sous forme d'édition électronique, en particulier en CD-Rom, CD-photo, CD-I et DVD, par tous réseaux numériques (notamment Internet, Intranet ou Extranet), par tout moyen de télécommunications (téléphonie, téléphonie mobile, GPRS...), par téléchargement et autres techniques informatiques ou par tout autre procédé analogue existant ou à venir, en vue d'une exploitation publique ou d'une utilisation privée ;
– le droit de reproduire, d'adapter et de représenter les photographies, en tous pays, par voie d'exposition, ou par tous procédés de diffusion des images et de reproduire et représenter, sous toutes formes et par tous moyens, les communications et adaptations qui en seront ainsi faites ;
– le droit de communiquer au public l'ensemble des reproductions, représentations et adaptations visées ci-dessus par tous moyens, vente, location, prêt ou autres procédés de communication au public existants ou à venir. [...] »

Quant à la durée, elle doit être déterminée avec précision. Il convient de souligner, concernant la reproduction d'une œuvre, que la durée ne doit pas être supérieure à celle des droits patrimoniaux, à savoir, de façon générale en France, soixante-dix ans à compter du décès de l'auteur.

Les territoires, dans lesquels va être utilisée l'image en question, doivent être également mentionnés, étant précisé qu'une utilisation sur Internet suppose une autorisation pour le monde entier.

Enfin, certaines de ces autorisations permettent une utilisation de l'image sans contrepartie financière. Il conviendra alors de préciser la contrepartie morale que constitue ladite utilisation (promotion, œuvres caritatives, etc.).

AUTORISATION DE REPRODUCTION ET DE REPRÉSENTATION DE PHOTOGRAPHIES (personne photographiée)

Je soussigné ***nom*** demeurant ***adresse*** autorise la société ***dénomination*** à me photographier, le ***date*** à ***lieu***, et à utiliser mon image.

En conséquence de quoi et conformément aux dispositions relatives au droit à l'image et au droit au nom, j'autorise l'Éditeur à fixer, reproduire et communiquer au public les photographies prises dans le cadre de la présente.

Les photographies pourront être exploitées et utilisées directement par l'Éditeur ou être cédées à des tiers, sous toute forme et tous supports connus et inconnus à ce jour, dans le monde entier, sans aucune limitation, pour une durée de ***durée***, intégralement ou par extraits, et notamment :

(détailler tous les supports souhaités)

Le bénéficiaire de l'autorisation s'interdit expressément de procéder à une exploitation des photographies susceptible de porter atteinte à la vie privée ou à la réputation, ou d'utiliser les photographies, objets de la présente, dans tout support à caractère pornographique, raciste, xénophobe ou toute autre exploitation préjudiciable.

Il s'efforcera, dans la mesure du possible, de tenir à ma disposition un justificatif à chaque parution des photographies sur simple demande. Il encouragera ses partenaires à faire de même et mettra en œuvre tous les moyens nécessaires à la réalisation de cet objectif.

Je vous confirme en tant que de besoin que la contrepartie des utilisations et prestations précitées est mon intérêt pour ***thème ou but du livre***, ce que je reconnais expressément.

En conséquence de quoi, je me reconnais être entièrement rempli de mes droits et je ne pourrai prétendre à aucune rémunération pour l'exploitation des droits visés aux présentes.

Je garantis que je ne suis pas lié par un contrat exclusif relatif à l'utilisation de mon image ou de mon nom.

Élection de domicile est faite par chacune des parties à l'adresse précisée aux présentes.

Pour tout litige né de l'interprétation ou de l'exécution des présentes, il est fait attribution expresse de juridiction aux tribunaux compétents de ***ville*** statuant en droit français.

Fait à ***lieu***, le ***date*** en deux exemplaires et de bonne foi.

Signature

AUTORISATION DE REPRODUCTION ET DE REPRÉSENTATION DE PHOTOGRAPHIES (personne photographiée mineure)

Nous, soussignés ***nom*** et ***nom*** demeurant ***adresse***, autorisons la société ***dénomination*** à photographier, le ***date*** à ***lieu***, notre enfant mineur dont le nom est ***nom***, né le ***date*** à ***lieu*** et demeurant à ***adresse*** et à utiliser son image.

En conséquence de quoi et conformément aux dispositions relatives au droit à l'image et au droit au nom, nous autorisons l'Éditeur à fixer, reproduire et communiquer au public les photographies prises dans le cadre de la présente.

Les photographies pourront être exploitées et utilisées directement par l'Éditeur ou être cédées à des tiers, sous toute forme et tous supports connus et inconnus à ce jour, dans le monde entier, sans aucune limitation, pour une durée de ***durée***, intégralement ou par extraits, et notamment:

(détailler tous les supports souhaités)

Le bénéficiaire de l'autorisation s'interdit expressément de procéder à une exploitation des photographies susceptible de porter atteinte à la vie privée ou à la réputation, et/ou d'utiliser les photographies, objets de la présente, dans tout support à caractère pornographique, raciste, xénophobe ou toute autre exploitation préjudiciable.

Il s'efforcera, dans la mesure du possible, de tenir à notre disposition un justificatif à chaque parution des photographies sur simple demande. Il encouragera ses partenaires à faire de même et mettra en œuvre tous les moyens nécessaires à la réalisation de cet objectif.

Nous vous confirmons en tant que de besoin que la contrepartie des utilisations et prestations précitées est notre intérêt pour ***thème ou but du livre***, ce que nous reconnaissons expressément.

En conséquence de quoi, nous nous reconnaissons être entièrement remplis de nos droits et nous ne pourrons prétendre à aucune rémunération pour l'exploitation des droits visés aux présentes.

Nous garantissons que nous ne sommes pas liés par un contrat exclusif relatif à l'utilisation de l'image ou du nom de notre enfant.

Élection de domicile est faite par chacune des parties à l'adresse précisée aux présentes.

Pour tout litige né de l'interprétation ou de l'exécution des présentes, il est fait attribution expresse de juridiction aux tribunaux compétents de ***ville*** statuant en droit français.

Fait à ***lieu***, le ***date*** en deux exemplaires et de bonne foi.

Signature des représentants légaux de l'enfant

AUTORISATION
(salarié)

Dénomination
Adresse

La société ***dénomination*** a le projet de faire concevoir et exploiter une publication dans laquelle figurent des photographies de ses salariés.

Ainsi, la société ***dénomination*** autorise ***dénomination éditeur ou nom du photographe*** à photographier ses salariés, le ***date*** à ***lieu***, et à utiliser leur image.

En conséquence de quoi et conformément aux dispositions relatives au droit à l'image et au droit au nom, la société ***dénomination*** autorise ***dénomination éditeur ou nom du photographe*** à fixer, reproduire et communiquer au public les photographies prises dans le cadre de la présente.

Les photographies pourront être exploitées et utilisées directement par ***dénomination éditeur ou nom du photographe*** ou être cédées à des tiers, sous toute forme et tous supports connus et inconnus à ce jour, dans le monde entier, sans aucune limitation, pour une durée de ***durée***, intégralement ou par extraits, et notamment:

(détailler tous les supports souhaités)

Le bénéficiaire de l'autorisation s'interdit expressément de procéder à une exploitation des photographies susceptible de porter atteinte à la vie privée ou à la réputation, et/ou d'utiliser les photographies, objets de la présente, dans tout support à caractère pornographique, raciste, xénophobe ou toute autre exploitation préjudiciable.

Dénomination éditeur ou nom du photographe s'efforcera, dans la mesure du possible, de tenir à la disposition de la société ***dénomination*** un justificatif à chaque parution des photographies sur simple demande. Il encouragera ses partenaires à faire de même et mettra en œuvre tous les moyens nécessaires à la réalisation de cet objectif.

La société ***dénomination*** confirme à ***dénomination éditeur ou nom du photographe*** en tant que de besoin que la contrepartie des utilisations et prestations précitées est son intérêt pour ***thème ou but du livre***, ce que la société ***dénomination*** reconnaît expressément.

En conséquence de quoi, la société ***dénomination*** reconnaît être entièrement remplie de ses droits et ne pourra prétendre à aucune rémunération pour l'exploitation des droits visés aux présentes.

La société ***dénomination*** garantit à ***dénomination éditeur ou nom du photographe*** qu'elle s'est munie ou se munira, le cas échéant, de toutes autorisations nécessaires de la part des salariés évoqués, cités ou représentés empêchant ceux-ci de troubler l'utilisation des photographies prises par ***dénomination éditeur ou nom du photographe***.

La société ***dénomination*** est personnellement responsable tant vis-à-vis des tiers que de ***dénomination éditeur ou nom du photographe*** en cas de non-observation de la présente clause et devrait réparation à celui-ci de l'entier préjudice qui résulterait par elle du non-respect de l'un quelconque des engagements pris.

En conséquence, la société ***dénomination*** garantit ***dénomination éditeur ou nom du photographe*** contre tout recours ou action que pourrait former à un titre quelconque tout salarié qui estimerait avoir à faire valoir des droits quelconques à l'encontre de la cession consentie aux présentes ou de l'une quelconque de ses dispositions.

À la garantie du principal de toute condamnation éventuelle donnée ici par la société ***dénomination***, s'ajoute la garantie de tous intérêts et frais accessoires exposés par ***dénomination éditeur ou nom du photographe***, en ce compris tous frais judiciaires, parajudiciaires et honoraires d'avocat.

Élection de domicile est faite par chacune des parties à l'adresse précisée aux présentes.

Pour tout litige né de l'interprétation ou de l'exécution des présentes, il est fait attribution expresse de juridiction aux tribunaux compétents de ***ville*** statuant en droit français.

Fait à ***lieu***, le ***date*** en deux exemplaires et de bonne foi.

Signature

LETTRE-ACCORD ARCHITECTE/SCULPTEUR, etc.

Nom
Adresse

Cher ***nom***,

Pour faire suite à nos différents entretiens, je me permets de vous préciser les conditions de la cession intervenant au profit de ***dénomination*** des droits de propriété intellectuelle afférents à l'œuvre que vous avez réalisée, ci-après désignée l'Œuvre.

En conséquence de quoi vous vous engagez à céder à titre non exclusif à ***dénomination*** l'ensemble des droits de propriété intellectuelle afférents à l'Œuvre, et ce pour tous les territoires et pour toutes les langues et pour le temps que durera la propriété littéraire et artistique d'après les législations tant françaises qu'étrangères et les conventions internationales actuelles ou futures, y compris les prolongations éventuelles qui pourraient y être apportées.

Les droits cédés sont constitués de la totalité des droits de reproduction et de représentation de l'Œuvre et plus précisément :

(détailler tous les supports souhaités)

En contrepartie de ladite cession, vous percevrez à la signature des présentes une rémunération brute, forfaitaire et définitive d'un montant de ***chiffre*** euros.

Par le versement de cette somme, vous reconnaissez être entièrement rempli de vos droits et vous ne pourrez prétendre à aucune autre rémunération pour les utilisations susmentionnées de l'Œuvre.

Enfin, vous garantissez que l'Œuvre, objet de la présente cession, ne contient rien qui puisse tomber sous le coup des lois en vigueur et plus particulièrement les lois relatives à la contrefaçon et au droit à l'image.

D'une façon générale, vous garantissez ***dénomination*** contre tous troubles, revendications ou évictions quelconques qui porteraient atteinte à la jouissance paisible des droits que vous cédez par les présentes à cette dernière.

Les présentes sont soumises au droit français et à la compétence des tribunaux de ***ville.***

Vous voudrez bien nous confirmer votre accord sur les présentes, en portant votre signature précédée de la mention « lu et approuvé » sur la dernière page, les pages précédentes étant également paraphées par vos soins.

Nous vous prions d'agréer, Cher ***nom***, l'expression de nos meilleures salutations.

Fait à ***lieu***, en deux exemplaires, le ***date***.

Signature

AUTORISATION DE REPRODUCTION ET DE REPRÉSENTATION DE PHOTOGRAPHIES (bien photographié)

Je soussigné ***nom*** demeurant ***adresse*** autorise la société ***dénomination*** à photographier, le ***date*** à ***lieu***, mon bien ***(description des biens et éventuelle adresse pour les biens immobiliers)*** et à utiliser son image.

En conséquence de quoi et conformément aux dispositions relatives au droit à l'image, j'autorise l'Éditeur à fixer, reproduire et communiquer au public les photographies prises dans le cadre de la présente.

Les photographies pourront être exploitées et utilisées directement par l'Éditeur ou être cédées à des tiers, sous toute forme et tous supports connus et inconnus à ce jour, dans le monde entier, sans aucune limitation, pour une durée de ***durée***, intégralement ou par extraits, et notamment :

(détailler tous les supports souhaités)

Le bénéficiaire de l'autorisation s'interdit expressément de procéder à une exploitation des photographies susceptible de porter atteinte à la vie privée ou à la réputation, et/ou d'utiliser les photographies, objets de la présente, dans tout support à caractère pornographique, raciste, xénophobe ou toute autre exploitation préjudiciable.

Il s'efforcera, dans la mesure du possible, de tenir à ma disposition un justificatif à chaque parution des photographies sur simple demande. Il encouragera ses partenaires à faire de même et mettra en œuvre tous les moyens nécessaires à la réalisation de cet objectif.

Je vous confirme en tant que de besoin que la contrepartie des utilisations et prestations précitées est mon intérêt pour ***thème ou but du livre***, ce que je reconnais expressément.

En conséquence de quoi, je me reconnais être entièrement rempli de mes droits et je ne pourrai prétendre à aucune rémunération pour l'exploitation des droits visés aux présentes.

Je garantis que je ne suis pas lié par un contrat exclusif relatif à l'utilisation de l'image de mon bien.

Élection de domicile est faite par chacune des parties à l'adresse précisée aux présentes.

Pour tout litige né de l'interprétation ou de l'exécution des présentes, il est fait attribution expresse de juridiction aux tribunaux compétents de ***ville*** statuant en droit français.

Fait à ***lieu***, le ***date*** en deux exemplaires et de bonne foi.

Signature du propriétaire du bien

AUTORISATION DE REPRODUCTION ET DE REPRÉSENTATION DE PHOTOGRAPHIES (animal photographié)

Je soussigné ***nom*** demeurant ***adresse*** autorise la société ***dénomination*** à photographier, le ***date*** à ***lieu***, mon animal ***(description et éventuelle identification – numéro de tatouage, etc.)*** et à utiliser son image.

En conséquence de quoi et conformément aux dispositions relatives au droit à l'image, j'autorise l'Éditeur à fixer, reproduire et communiquer au public les photographies prises dans le cadre de la présente.

Les photographies pourront être exploitées et utilisées directement par l'Éditeur ou être cédées à des tiers, sous toute forme et tous supports connus et inconnus à ce jour, dans le monde entier, sans aucune limitation, pour une durée de ***durée***, intégralement ou par extraits, et notamment :

(détailler tous les supports souhaités)

Le bénéficiaire de l'autorisation s'interdit expressément de procéder à une exploitation des photographies susceptible de porter atteinte à la vie privée ou à la réputation, et/ou d'utiliser les photographies, objets de la présente, dans tout support à caractère pornographique, raciste, xénophobe ou toute autre exploitation préjudiciable.

Il s'efforcera, dans la mesure du possible, de tenir à ma disposition un justificatif à chaque parution des photographies sur simple demande. Il encouragera ses partenaires à faire de même et mettra en œuvre tous les moyens nécessaires à la réalisation de cet objectif.

Je vous confirme en tant que de besoin que la contrepartie des utilisations et prestations précitées est mon intérêt pour ***thème ou but du livre***, ce que je reconnais expressément.

En conséquence de quoi, je me reconnais être entièrement rempli de mes droits et je ne pourrai prétendre à aucune rémunération pour l'exploitation des droits visés aux présentes.

Je garantis que je ne suis pas lié par un contrat exclusif relatif à l'utilisation de l'image de mon animal.

Élection de domicile est faite par chacune des parties à l'adresse précisée aux présentes.

Pour tout litige né de l'interprétation ou de l'exécution des présentes, il est fait attribution expresse de juridiction aux tribunaux compétents de ***ville*** statuant en droit français.

Fait à ***lieu,*** le ***date*** en deux exemplaires et de bonne foi.

Signature du propriétaire de l'animal

La sanction ordinaire des violations du droit à l'image consiste en une condamnation à des dommages-intérêts, parfois assortie de la publication du jugement et, par exemple, d'une obligation de ne pas reproduire à nouveau l'image sous peine d'astreinte.

Ces sanctions seront bien évidemment alourdies si l'atteinte au droit à l'image se double d'une autre faute : atteinte à la vie privée, déformation de la réalité (par exemple, image tronquée d'un bien[1]), utilisation préjudiciable (par exemple, illustration des maladies de la glande mammaire[2] ou du dépistage des maladies graves[3], légende faisant passer les mannequins pour des call-girls[4], etc.).

Les mannequins

Les mannequins exercent aujourd'hui dans un cadre législatif extrêmement précis et de plus en plus draconien[5]. L'éditeur qui choisirait de faire poser une ou plusieurs personnes en vue de la publication, par exemple, d'un livre sur la gymnastique doit s'assurer du statut de ces personnes[6]. Le mannequin est en effet défini, selon la loi du 26 décembre 1969, complétée par la loi du 12 juillet 1990, comme « toute personne qui est chargée soit de présenter au public, directement ou indirectement par reproduction de son image, sur tout support visuel ou audiovisuel, un produit, un service ou un message publicitaire, soit de poser comme modèle, avec ou sans utilisation extérieure de son image, même si cette activité n'est exercée qu'à titre exceptionnel ». La frontière est parfois ténue entre le simple quidam photographié dans la rue, l'artiste de spectacle[7] et le mannequin.

Ce dernier bénéficie d'une présomption de contrat de travail[8]. En revanche, aux termes de l'article L. 763-2 du Code du travail, « n'est pas considérée comme salaire la rémunération due au mannequin à l'occasion de la vente ou de l'exploitation de l'enregistrement de sa présentation par l'employeur ou tout autre utilisateur dès que la présence physique du mannequin n'est plus requise pour exploiter ledit enregistrement et que cette rémunération n'est en rien fonction du salaire reçu pour la production de sa présentation, mais au contraire fonction du produit de la vente ou de l'exploitation dudit enregistrement ». Il faut donc prévoir une rémunération en deux parties, l'une destinée à compenser la prestation, l'autre visant la cession des droits.

1. Tribunal de grande instance de Paris, 15 avril 1992, *Gazette du Palais*, 5-7 mars 1995, p. 23.
2. Tribunal de grande instance de Paris, 23 octobre 1985, *Juris-Data*, n° 043993.
3. Tribunal de grande instance de Paris, 15 mai 1991, *Juris-Data*, n° 045877.
4. Tribunal de grande instance de Paris, 12 décembre 1986, *Juris-Data*, n° 047171.
5. Gilles de Poix, « Statut du mannequin », *Légicom*, n° 9, juillet-août-septembre 1995, p. 11.
6. François Corone, « La définition juridique du mannequin », *Légicom*, n° 9, juillet-août-septembre 1995, p. 3.
7. Défini à l'article L. 762-1 du Code du travail comme une personne qui « moyennant rémunération » prête son concours « en vue de sa production ».
8. Article L. 763-1 du Code du travail et circulaires du ministère du Travail du 4 juin 1993, DRT n° 93-17, et du 2 janvier 1995, DRT n° 95-2.

Dès lors que la prestation demandée par l'éditeur devient substantielle, c'est-à-dire qu'elle dépasse la simple prise d'un cliché au hasard des rencontres du photographe, il convient de conclure un véritable contrat de travail avec la personne photographiée, comprenant par surcroît une cession de droits en bonne et due forme.

Le modèle proposé ci-après comporte les clauses minimales à ce type d'engagement.

LETTRE-ACCORD D'ENGAGEMENT DE MANNEQUIN

Madame, Monsieur

Pour faire suite à notre entretien, nous avons le plaisir de vous préciser les conditions de votre engagement en qualité de mannequin par les éditions ***nom de l'éditeur*** pour la réalisation de photographies destinées à illustrer l'ouvrage provisoirement intitulé ***titre***.

Article 1 — Objet du contrat

Vous réaliserez pour le compte des éditions ***nom de l'éditeur***, compte tenu des directives générales ou particulières qui vous seront données par ***nom d'un salarié de l'éditeur*** et par moi-même, une prestation de mannequin consistant en ***nombre*** séances de pose selon les modalités précisées ci-après.

Vos attributions sont principalement les suivantes :

(décrire les prestations demandées)

Vous déclarez être physiquement apte à réaliser les poses visées aux présentes et dont vous reconnaissez avoir expressément connaissance.

Article 2 — Rémunération

En contrepartie de l'exécution de cette prestation, vous percevrez une rémunération forfaitaire brute de ***montant*** euros qui vous sera versée en date du ***date***.

En contrepartie de la cession, telle que prévue à l'article 5 des présentes, de vos droits de la personnalité (droit à l'image, notamment) et des éventuels droits de propriété intellectuelle afférents à cette prestation, vous percevrez une rémunération forfaitaire brute de ***montant*** qui vous sera versée en date du ***date.***

Article 3 — Lieu et durée de l'exécution de la prestation

La présente prestation, qui se déroulera au ***adresse du studio***, devra être réalisée selon le calendrier suivant :

(indiquer dates et heures des séances de pose ou bien prévoir que le calendrier, qui sera compris entre telle et telle date, sera déterminé d'un commun accord et annexé)

Toute séance de pose non prévue aux présentes pourra vous être demandée selon des modalités de calendrier qui seront déterminées de bonne foi et d'un commun accord. Chaque séance de pose supplémentaire vous sera rémunérée selon les tarifs suivants : ***montant.***

Article 4 — Obligations diverses

Vous vous engagez pendant l'exécution de la prestation :

(dans l'hypothèse où les séances de pose seraient consécutives)

– à consacrer professionnellement toute votre activité et tous vos soins aux éditions ***nom de l'éditeur***, l'exercice de toute autre activité professionnelle, rémunérée ou non, soit pour votre compte, soit pour le compte de tiers, vous étant en conséquence interdite sans l'autorisation des éditions ***nom de l'éditeur***;

– à observer le règlement intérieur du lieu dans lequel vous aurez à effectuer votre prestation, toutes les instructions et consignes particulières de travail qui vous seront données, ainsi que, même après expiration du présent contrat, la plus entière discrétion sur tout ce qui concerne les activités tant des éditions ***nom de l'éditeur*** que du lieu d'exécution de la prestation;

– à vous présenter sur le lieu de chaque séance de pose les cheveux propres, en bonne forme physique et muni(e) de tous les accessoires d'usage reconnus par la profession (et notamment ***décrire le vêtement à porter pendant les séances***).

Vous déclarez exacts et sincères les éléments suivants relatifs à votre poids, votre taille, vos mensurations, la teinte de vos cheveux et de vos yeux, ***compléter éventuellement,*** ces éléments étant expressément considérés comme déterminants pour la conclusion des présentes:
(donner les caractéristiques physiques du mannequin)

Article 5 — Cession des droits
Vous cédez expressément et à titre exclusif aux éditions ***nom de l'éditeur*** l'ensemble des droits de la personnalité (droit à l'image, notamment) et des éventuels droits de propriété intellectuelle afférents aux photographies prises dans le cadre du présent contrat, et ce pour tous les territoires du monde entier et pour ***durée.***

Ces droits, qui pourront être exploités directement ou cédés par les éditions ***nom de l'éditeur*** et qui sont constitués de la totalité des droits de reproduction et de représentation, comprennent notamment:

– le droit de reproduction sous toutes formes d'édition de livre, et notamment ordinaire, de luxe (à tirage limité ou non), de demi-luxe, reliée, populaire, de poche (dite aussi de grande diffusion), en clubs, scolaire, critique ou dans une anthologie;

– le droit de reproduction en tout ou en partie dans les journaux et périodiques, en cartes postales, affiches, posters, catalogues, agendas, présentoirs, jeux ou sous toute forme analogue existant ou à venir;

– le droit de reproduction de tout ou partie sous forme de vêtements, bibelots, matériel de papeterie et sous toute autre forme dérivée venant ou à venir;

– le droit de reproduction et de représentation par photocopie, microcarte, microfiche ou microfilm ou tout autre procédé analogue existant ou à venir qu'il soit électronique, analogique, magnétique ou numérique;

– le droit de reproduction, de représentation et d'adaptation sous forme d'édition électronique, en particulier en cédérom, CD-I, CD-photo et DVD, par réseau numérique (notamment Internet, téléphonie, téléphonie mobile), ou par tout autre procédé analogue existant ou à venir;

– le droit de communication au public, en tous pays, par voie d'exposition, de représentation théâtrale, chorégraphique ou musicale, d'exécution lyrique ou par tous procédés de diffusion des paroles, des sons et des images, et de reproduire et représenter, sous toutes formes et par tous moyens, les communications et adaptations qui seront ainsi faites;

– le droit d'adaptation, de représentation et de reproduction en tout ou partie pour le cinéma, la télévision et, en général, tout mode d'exploitation existant ou à venir des œuvres audiovisuelles et notamment sous forme de diapositives, vidéocassettes, vidéodisques ou vidéogrammes;

– le droit de représentation et de reproduction en tout ou en partie par tous procédés de représentation existant ou à venir et notamment projection publique et télédiffusion, par tous moyens existants ou à venir et notamment par câble, voie hertzienne, satellite et transmissions dans un lieu public ou privé de l'œuvre télédiffusée;

– le droit de communication au public de l'ensemble des reproductions, représentations et adaptations visées ci-dessus par tous moyens, vente, location, prêt ou autres procédés de communication au public existants ou à venir.

Pour chaque utilisation qui sera faite des photographies réalisées, les éditions ***nom de l'éditeur*** s'engagent à ne pas procéder à une dénaturation de votre image susceptible de vous porter préjudice. Elles ne pourront cependant être tenues pour responsable des manquements dus aux tiers auxquels elle aurait cédé ou concédé un droit d'utilisation.

Article 6 — Garanties

Vous garantissez ne pas être liée notamment par un contrat cadre d'engagement de mannequin ou tout autre mandat exclusif relatif à votre activité de mannequin.

Vous garantissez expressément que vous avez pleins pouvoir et qualité pour accorder les droits cédés aux présentes et que ces droits n'ont été en aucune manière cédés, hypothéqués, grevés, ni d'une façon quelconque dévolus en faveur de tiers.

Article 7 — Résiliation

En cas d'inexécution de l'une des dispositions ci-dessus énoncées, le présent contrat pourra être résilié de plein droit aux torts de la partie défaillante après mise en demeure par lettre recommandée avec accusé de réception restée sans effet dans la quinzaine de sa réception. Si le contrat est résilié, les prestations déjà exécutées à la date de la résiliation resteront acquises aux éditions ***nom de l'éditeur*** sous réserve de leur règlement tel que prévu à l'article 2 des présentes.

Article 8 — Attribution de compétence

En tant que de besoin, pour tout litige né de l'interprétation ou de l'exécution du présent contrat et de ses annexes, il est fait attribution expresse de juridiction aux tribunaux compétents de Paris.

Vous voudrez bien nous confirmer votre accord sur les présentes, en portant votre signature précédée de la mention « lu et approuvé » sur la dernière page, les pages précédentes étant également paraphées par vos soins.

Nous vous prions de croire, ***Madame, Monsieur,*** en l'expression de nos meilleures salutations.

Fait à ***lieu***, en deux exemplaires, le ***date***.

Les œuvres dérivées

L'article L. 112-3 du CPI est entièrement consacré à ce qu'il convient d'appeler les œuvres dérivées : « Les auteurs de traductions, d'adaptations, transformations ou arrangements des œuvres de l'esprit jouissent de la protection instituée par le présent code sans préjudice des droits de l'auteur de l'œuvre originale. Il en est de même des auteurs d'anthologies, ou recueils d'œuvres ou données diverses, tels que les bases de données, qui, par le choix et la disposition des matières, constituent des créations intellectuelles. »

Sont donc dites « dérivées » les œuvres qui empruntent à une œuvre existante. Cet emprunt peut porter sur l'expression (c'est le cas, entre autres, des anthologies), sur la composition (les adaptations...), ou sur les deux à la fois (traductions...).

Dès lors que l'emprunt fait appel de façon substantielle à une œuvre préexistante, l'auteur et l'éditeur de l'œuvre dérivée se doivent d'en tenir compte juridiquement. Quelle que soit son importance, ils doivent bien souvent obtenir l'autorisation du titulaire des droits sur la première œuvre.

Ainsi, un résumé ou un abrégé sont redevables de l'œuvre de départ[1]. Un simple article résumant une thèse de doctorat ne peut pas non plus échapper à cette règle[2].

La source principale d'embarras, pour les professionnels, réside dans les adaptations – qui peuvent être réalisées sous la même forme (livre à livre) ou sous des formes différentes (passage du livre au cinéma ou, désormais, par la « novellisation » du cinéma au livre). Il s'agit de savoir où se situe la frontière entre la énième version d'un thème éternel et l'adaptation réelle d'une œuvre existante[3]. À l'occasion du film *Les Visiteurs*, il a été par exemple jugé que des éléments tels que la transposition dans le temps de personnages et leur inadaptation à l'époque dans laquelle ils doivent évoluer ne sont pas protégeables par le droit d'auteur[4]. De même, la cour d'appel de Paris a estimé que Françoise Sagan, qui s'était inspirée pour son roman *Le Chien couchant* d'une nouvelle de Jean Hougron intitulée *La Vieille Femme*, n'en avait pas tiré une adaptation, puisque seul le point de départ en était issu[5].

Toutes les œuvres dérivées ne sont d'ailleurs pas redevables à une autre œuvre sur le plan patrimonial. Deux situations se rencontrent fréquemment. Ou bien l'œuvre première est tombée dans le domaine public – ce serait le cas, par exemple, d'une anthologie de fabliaux. Ou bien les exceptions au droit d'auteur prévues légalement dispensent de toute autorisation à obtenir[6]: une anthologie

1. Tribunal civil de la Seine, 29 novembre 1865, *Annales de la propriété industrielle, artistique et littéraire*, 1866, 77.
2. Tribunal de grande instance de Paris, 18 septembre 1988, *Cahiers du droit d'auteur*, n° 1, 1989, p. 18.
3. Voir « La contrefaçon et l'action en contrefaçon ».
4. Tribunal de grande instance de Nanterre, 1er mars 1995, *Revue internationale du droit d'auteur*, janvier 1996, n° CLXVII, p. 181.
5. Affaire citée par R. Dumas, p. 138 (voir Bibliographie générale).
6. Voir chapitre VII « Les exceptions aux droits patrimoniaux ».

limitée à des extraits d'œuvres très courts a pu ainsi bénéficier du droit de citation[1]. De même, les revues de presse[2], si elles répondent à certaines conditions, peuvent être dispensées d'autorisation.

Cela ne signifie pas pour autant que toute précaution soit superflue. Quel que soit le cas de figure rencontré, l'auteur d'une œuvre dérivée devra veiller à respecter le droit moral de l'auteur de l'œuvre première[3]. Une mauvaise traduction peut ainsi être considérée comme attentatoire au respect dû à l'œuvre d'origine[4]. Pour ce qui concerne, d'ailleurs, les œuvres redevables à une autre œuvre, et pour lesquelles une autorisation doit être négociée, il est parfois prévu contractuellement de soumettre l'œuvre dérivée à la censure de l'auteur de l'œuvre originale[5].

Toutes les œuvres dérivées sont en revanche protégeables en tant que telles: anthologies[6], adaptations[7], traductions[8], etc[9]. Devant la diversité des œuvres dérivées, il est parfois difficile de déterminer celles qui sont véritablement protégeables par le droit d'auteur. Là encore – et la règle est valable pour tout ce qui concerne le droit d'auteur – c'est la condition d'originalité qui est déterminante[10]. La jurisprudence a ainsi pu ajouter à l'énumération de l'article L. 112-3 du CPI, non exhaustive elle non plus, des œuvres aussi diverses qu'une sélection de documents publicitaires, une mise à jour (notes ou feuillets ajoutés), une révision, etc. C'est ainsi qu'un recueil de documents iconographiques sur l'automobile a pu être considéré comme une œuvre littéraire et artistique[11]. Une adaptation d'une œuvre du domaine public peut donc être à son tour protégée. Des juges ont cependant estimé que la suppression des passages descriptifs d'un roman – considéré en tant qu'œuvre de départ – ne pouvait donner naissance à une œuvre dérivée originale[12].

1. Cour d'appel de Paris, 16 décembre 1983, *Gazette du Palais*, 1984, I, Sommaires, 48.
2. Voir «Les revues de presse».
3. Voir «Les droits moraux». Tribunal de grande instance de Paris, 8 mars 1968, *Dalloz*, 1968, 742.
4. Tribunal de grande instance de Paris, 6 décembre 1976, *Revue internationale du droit d'auteur*, janvier 1978, n° XVC, p. 160.
5. Cour d'appel de Paris, 15 juin 1949, *Annales de la propriété industrielle, artistique et littéraire*, 1949, p. 311.
6. P. Frémond, « Les anthologies réalisées par sélection de photographies », *Cahiers du droit d'auteur*, n° 20, 1989, p. 1. Tribunal civil de la Seine, 5 novembre 1953, *Revue internationale du droit d'auteur*, 1954, n° II, p. 3.
7. Première chambre civile de la Cour de cassation, 9 février 1994, *Revue internationale du droit d'auteur*, juillet 1994, n° CLXI, p. 335, note Pierre-Yves Gautier.
8. Cour d'appel de Paris, 10 mai 1995, *Gazette du Palais*, 15-16 mars 1998, p. 17.
9. Tribunal de grande instance de Lyon, 16 février 1961, *Gazette du Palais*, 1961, I, 264. Cour d'appel de Paris, 3 novembre 1933, *Annales de la propriété industrielle, artistique et littéraire*, 1939, 287. Tribunal de grande instance de la Seine, 31 mars 1966, *Dalloz*, 1966, Sommaires, 97. Première chambre civile de la Cour de cassation, 11 février 1970, *Dalloz*, 1970, 227.
10. Voir «Les critères de protection des œuvres».
11. Cour d'appel de Paris, 10 mai 1982, *Annales de la propriété industrielle, artistique et littéraire*, 1983, 242.
12. Cour d'appel de Paris, 7 juin 1982, *Dalloz*, 1983, Informations rapides, n° 97, note Claude Colombet.

Les traductions

Il ne fait aucun doute qu'une traduction est protégeable dès lors qu'elle ne consiste pas en une transcription brute – mot à mot – ni en un pur travail technique – tel qu'une machine pourrait le réaliser[1]. L'agencement en deux livres d'une traduction de saint Thomas n'a ainsi pu être reconnu comme original par les juges car il était imposé par la structure de l'œuvre de départ[2].

Il est parfois bon – en tout cas utile – de rappeler que les traducteurs bénéficient, aux termes du CPI et d'une jurisprudence désormais constante, d'un statut juridique très précis. L'éditeur qui, par méconnaissance ou négligence, choisit d'ignorer cet état de droit s'expose à de sérieux et coûteux déboires.

L'article L. 112-3 du CPI dispose expressément que « les auteurs de traductions [...], des œuvres de l'esprit jouissent de la protection instituée par le présent code sans préjudice des droits de l'auteur de l'œuvre originale ».

Cette protection par le droit de la propriété littéraire et artistique peut même s'étendre jusqu'au titre choisi par le traducteur, si celui-ci a fait preuve d'originalité. Dans une affaire retentissante jugée en 1952, le tribunal de commerce de Paris a ainsi condamné Gibert Jeune pour avoir repris sans autorisation l'expression «Les Hauts de Hurlevent» sur une bande de promotion, en vue d'aider à l'écoulement d'un stock du célèbre roman. Les magistrats ont souligné que la traduction en vente boulevard Saint-Michel n'avait pas été éditée originellement sous cet intitulé: ce titre n'est en effet pas la simple transcription en français de *Wuthering Heights* mais constitue bel et bien une véritable création due à un autre traducteur[3].

Face à cette reconnaissance du rôle des traducteurs par la jurisprudence, le Syndicat national de l'édition a d'ailleurs conclu, le 17 mars 1993, un nouveau code des usages relatif à la traduction de littérature générale, avec la Société des gens de lettres de France, l'Association des traducteurs littéraires de France et la Société française des traducteurs[4].

La rigoureuse Association générale pour la sécurité sociale des auteurs (la fameuse AGESSA)[5] reconnaît elle-même que les traducteurs d'œuvres littéraires et scientifiques sont couverts par le régime particulier des auteurs.

La rémunération du traducteur peut en revanche, dans certaines limites, être dérogatoire du principe juridique dit de « proportionnalité aux recettes d'exploitation de l'œuvre » et qui se concrétise par l'obligation de verser aux auteurs un pourcentage sur les ventes. L'article L. 132-6 du CPI prévoit en effet, par exception, qu'« en ce qui concerne l'édition de librairie », il peut y avoir « rémunération forfaitaire pour la première édition, avec l'accord formellement exprimé [...] à la demande du traducteur pour les traductions ».

1. Tribunal de grande instance de Paris, 23 septembre 1975, *Revue internationale du droit d'auteur*, janvier 1975, n° LXXXIII, p. 132.
2. Cour d'appel de Grenoble, 1er décembre 1981, *Gazette du Palais*, 1982, Sommaires, 100.
3. Tribunal de commerce de la Seine, 26 juin 1952, *Annales de la propriété industrielle, artistique et littéraire*, 1952, 60.
4. Voir le chapitre «Codes des usages».
5. Voir «Adresses utiles».

Quant au droit au respect de l'œuvre, il s'applique souvent en faveur du traducteur, mais aussi parfois à son détriment[1].

La cour d'appel de Paris a rappelé, par exemple, en 1988, qu'aucune modification du texte remis n'est possible sans l'accord du traducteur[2]. La seule possibilité pour l'éditeur reste d'avoir prévu expressément au contrat de traduction une clause précisant les critères en vertu desquels il peut refuser la traduction. De même, il est souvent prudent de part et d'autre d'envisager en détails la procédure à suivre si la traduction nécessite d'être revue.

Mais le traducteur étant au service d'une œuvre dite « première », il n'en reste pas moins soumis à un certain contrôle de la part de l'écrivain et de ses représentants que sont les éditeurs ou les agents. C'est ainsi qu'il a déjà été jugé que la publication d'une mauvaise traduction viole le droit moral et peut à ce titre être sanctionnée[3].

Il a également été valablement admis que soit prévue par contrat l'obligation de soumettre la traduction à l'auteur d'origine: toute défaillance pourra être analysée comme une atteinte à ce même droit moral[4].

Le traducteur bénéficie également du droit au respect de son nom. Dès 1969, la cour d'appel de Paris a d'ailleurs estimé que la citation d'une traduction doit être accompagnée du nom du traducteur en sus de celui de l'auteur d'origine[5].

Cette même juridiction a surtout rendu, le 20 janvier 1997, un arrêt particulièrement rigoureux dans une affaire opposant une maison d'édition à une traductrice, qui agissait pourtant près de treize ans après les faits litigieux. L'éditeur a été sanctionné pour avoir mentionné le nom de la traductrice sur la seule page de titre et « en petits caractères ». Les magistrats ont relevé « qu'il ne saurait être contesté que l'obligation pour l'éditeur tenant au respect du nom d'un traducteur revêt pour celui-ci un intérêt primordial dans la mesure où elle lui permet d'une part, de recueillir auprès des lecteurs l'attention légitimement due à celui sans lequel la divulgation d'une œuvre étrangère serait impossible et d'autre part, de se faire connaître et reconnaître du monde de l'édition afin d'y exercer dans les meilleures conditions possibles sa fonction ».

Informations, multimédia et bases de données

Les informations brutes ne sont pas protégées en tant que telles[6]. Mais d'autres techniques juridiques permettent de plus en plus une certaine forme d'appropriation.

1. Voir « Les droits moraux ».
2. Cour d'appel de Paris, 8 décembre 1988, *Dalloz*, 1990, Sommaires commentés, p. 1953, observations Claude Colombet.
3. Tribunal de grande instance de Paris, 6 décembre 1976, *Revue internationale du droit d'auteur*, janvier 1978, p. 160.
4. Cour d'appel de Paris, 13 février 1995, *Dalloz*, 1995, Sommaires commentés, p. 288, observations Claude Colombet. Voir le chapitre XI « Le contrat de traduction ».
5. Voir « Les droits moraux ».
6. Cour d'appel de Paris, 27 novembre 1975, *Annales de la propriété industrielle, artistique et littéraire*, 1976, 110.

Les informations brutes

Dès 1924, la cour d'appel de Paris, dans la fameuse affaire Didot-Bottin, avait ainsi estimé que « les noms, les adresses et les divers renseignements dont se compose un annuaire tel que celui de la société Didot-Bottin sont de notoriété courante et appartiennent [...] au domaine public[1] ».

C'est encore en ce sens que, le 21 février 2001, la cour d'appel de Paris a débouté deux individus « fondés à revendiquer la qualité d'auteur en raison du travail qu'ils ont réalisé pour l'agencement de leur étude et de sa présentation, thème par thème, chacun étant précédé d'une introduction ayant pour objet de présenter les personnes auxquelles ils donnent la parole[2] ».

Les magistrats ont toutefois précisé que « s'il est possible de leur reconnaître un droit d'auteur sur les propos recueillis qu'ils auraient "réécrits" ou mis en forme selon une démarche personnelle, ils ne peuvent se prévaloir d'un quelconque droit d'auteur sur l'information brute que ces propos recèlent; [...] dans la préface de leur ouvrage, Jean-Michel Decugis et Aziz Zemouri, faisant part de leur intention, soulignent eux-mêmes, de façon exempte d'ambiguïté, qu'ils ont voulu donner la parole à ceux qui ne l'ont jamais prise ou ne la prennent que très rarement et la rapporter aussi brute qu'elle leur a été livrée. Or, [...] ainsi qu'il résulte de la comparaison des passages incriminés [...], l'emprunt reproché ne porte en réalité que sur l'information brute telle qu'elle a été livrée, sur laquelle Jean-Michel Decugis et Aziz Zemouri ne disposent pas de droit privatif. [...] ceux-ci ne peuvent, en effet, valablement prétendre à un quelconque droit d'auteur sur les propos tenus par les personnes interviewées, rapportés entre guillemets, ou sur ceux qu'ils ont présentés, dans leurs propres commentaires, sous forme de propos rapportés, sans démontrer qu'ils auraient procédé, de façon créative et personnelle, à leur réécriture, laquelle, en tout état de cause, aurait été contraire au but poursuivi et affirmé dans leur propre préface. [...] Jean-Michel Decugis et Aziz Zemouri ne pouvant revendiquer un droit exclusif sur les matériaux et les éléments culturels utilisés par Chimo pour la rédaction de son roman, le grief de contrefaçon qu'ils ont formulé sur ce point doit être rejeté ».

Il est en revanche possible de poursuivre par le biais de la concurrence déloyale (ou encore par d'autres techniques juridiques telles que l'enrichissement sans cause) pour pallier partiellement l'absence de protection par le droit d'auteur[3].

Mais c'est surtout la loi du 1er juillet 1998 qui a permis d'instaurer en droit français un véritable droit sur ce que les juristes appellent les « bases de données[4] ».

Enfin, l'existence non contestable d'un contrat peut se révéler une autre technique efficace contre le pillage d'informations. Le 17 octobre 2000, la Cour de

1. Cour d'appel de Paris, 18 décembre 1924, *Dalloz*, 1925, Jurisprudence, p. 30.
2. Cour d'appel de Paris, 21 février 2001, *Communication commerce électronique*, 2001, commentaire n° 75, observations Christophe Caron.
3. Voir « L'action en concurrence déloyale ».
4. Voir « Les bases de données ».

cassation a rejeté un pourvoi formé par l'éditeur de *Voici*[1]. Le journal avait publié un article contenant des données relatives à la princesse de Galles. Or, selon les juges, « l'article litigieux n'était pas le résultat d'investigations personnelles, mais la reprise d'informations contenues dans l'ouvrage, à paraître, de M. Morton » et intitulé *Diana – Her new life*. Ils ont donc condamné l'hebdomadaire, en retenant « la faute de la société Prisma presse à l'égard des titulaires du droit d'édition de l'ouvrage, pour avoir divulgué des informations puisées dans un ouvrage que les éditeurs s'apprêtaient à diffuser, privant ainsi cette publication d'une partie de son originalité et de son intérêt ». En clair, les deux éditeurs – l'un anglais, l'autre français – ont ainsi pu opposer au tiers que représente le magazine le contrat qui les liait...

De même, une compilation pure et simple de données, qui n'implique aucun choix de la part de son maître d'œuvre, ne peut prétendre à protection par le droit de la propriété littéraire et artistique[2]. La jurisprudence a ainsi dénié toute protection par le droit d'auteur à un ensemble de tables de multiplication. Chaque travail qui apparaît comme un assemblage mécanique, comme l'accumulation simple d'informations, qui ne nécessite aucune sélection ni présentation personnelles ne saurait donc prétendre à protection par la propriété intellectuelle classique. Il en a notamment été jugé ainsi dans l'affaire « Microfor/*Le Monde* », sanctionnant la reprise, sans apport original, d'articles de journaux[3]. L'éditeur ne doit pourtant pas oublier que, là encore, la protection par le biais de la concurrence déloyale (ou encore par d'autres techniques juridiques telles que l'enrichissement sans cause) peut pallier partiellement l'absence de protection par le droit d'auteur. À ce titre, la jurisprudence tend de plus en plus vers une certaine forme d'appropriation de l'information[4].

Quant aux données publiques, elles suscitent des enjeux de plus en plus grands et leur exploitation donne désormais lieu à des contentieux contre l'administration sur le fondement de l'abus de position dominante[5].

Les données publiques

Charles-Henry Dubail a publié, au sein d'une livraison de *Légicom* consacrée aux nouvelles frontières du droit d'auteur, une très pertinente étude sur la propriété des données publiques[6]. Il y auscultait le projet de loi sur la société de l'information, où étaient esquissés des bouleversements majeurs à venir, sous

1. Première chambre de la Cour de cassation, 17 octobre 2000, *Dalloz*, 2001, p. 952.
2. Cour de cassation, 8 décembre 1987, *Revue internationale du droit d'auteur*, avril 1988, n° CXXXVI, p. 140.
3. Cour de cassation, 9 novembre 1983, *La Semaine juridique (JCP)*, 1984, II, 20189, note André Françon.
4. Pierre Catala, « La "propriété" de l'information », *Le Droit à l'épreuve du numérique*, PUF, 1998.
5. « Édition d'annuaire et abus de position dominante, France Telecom condamné à 20 millions de francs d'amende », *Expertises*, décembre 1997, p. 374. Maurice Ronai, *Données publiques : accès, diffusion, commercialisation*, La Documentation française, « Dossiers d'actualité mondiale », 1er novembre 1996, n° 773-774. Chambre commerciale de la Cour de cassation, 12 décembre 1995, *Droit de l'informatique et des télécoms*, 1995, n° 4, 18, note Jean-Michel Bruguière.
6. Charles-Henri Dubail, « Des données publiques à la propriété incertaine », *Légicom*, n° 25, 2001/2, p. 17.

couvert d'une modification de la loi du 17 juillet 1978 sur l'accès aux données publiques.

Le texte repose sur le principe selon lequel « les données numérisées, collectées ou produites, dans l'exercice de leur mission de service public, par les personnes publiques ainsi que par les personnes privées chargées d'une telle mission, sont mises à la disposition de toute personne qui en fait la demande ».

Il précise cependant que « l'utilisation de ces données est libre, à condition qu'elles ne subissent pas d'altération et que leur source soit mentionnée et sous réserve, le cas échéant, du respect des droits de la propriété intellectuelle ». Cette terminologie fait référence aux droits d'auteur que pourraient revendiquer les agents publics. Une commission spécifique du Conseil supérieur de la propriété littéraire et artistique s'est d'ailleurs saisie un temps de ce dossier.

Le texte dispose en outre que la « mise à disposition peut donner lieu à la perception d'une redevance qui inclut une participation forfaitaire aux dépenses de création, de maintenance et de mise à jour nécessaire à leur collecte et à leur traitement ». De plus, « lorsque la mise à disposition des données [...] est demandée à des fins commerciales, elle est subordonnée à la conclusion d'une convention entre l'autorité qui détient les données et le demandeur. Cette convention peut prévoir, outre la redevance [...], une rémunération qui tient compte des ressources tirées de l'exploitation commerciale ». Les contestations sur « l'élaboration ou l'application de la convention » sont portées devant la Commission d'accès aux documents administratifs (CADA)[1], créée en 1978.

La loi distingue les « données essentielles », c'est-à-dire celles qui « peuvent être gratuitement utilisées et rediffusées, y compris à des fins commerciales, à condition qu'elles ne subissent pas d'altération et que leur source soit mentionnée ». Il s'agit notamment de « l'ensemble des actes et décisions, pris par l'État ou un de ses établissements publics administratifs, qui sont soumis à une obligation de publication [...], ainsi que les documents qui leur sont annexés », des « informations sur l'organisation et le fonctionnement des services publics », ou encore des « rapports et études sur les missions, l'organisation et le fonctionnement des services publics ».

Une seule limite est réellement posée à l'exploitation de telles données : celles « qui présentent un caractère personnel ne peuvent faire l'objet d'un traitement informatisé que dans le respect des règles posées par la loi [...] du 6 janvier 1978 relative à l'informatique, aux fichiers et aux libertés », qui a également fait l'objet de modifications législatives dans le cadre de l'harmonisation européenne[2]...

Charles-Henry Dubail rappelle qu'« un sujet longuement débattu est celui du risque de concurrence déloyale que pourrait entraîner la commercialisation de ces données par l'administration en charge de les produire ». Il regrettait que le projet de loi n'aborde pas cette question, en la plaçant, par exemple, dans le champ des compétences de la Commission d'accès aux documents administratifs. Une telle mesure aurait complété utilement l'esquisse d'un cadre juridique qu'avait consti-

1. Voir « Adresses utiles ».
2. Voir Emmanuel Pierrat, *Le Droit du livre*, Éditions du Cercle de la Librairie, 2005.

tué la circulaire du 20 mars 1998, relative à l'activité éditoriale des administrations et des établissements publics de l'État[1].

Les œuvres issues de techniques multimédias sont protégeables au même titre que les autres œuvres par le droit de la propriété littéraire et artistique[2]. Plusieurs affaires judiciaires retentissantes ont permis de s'en assurer[3]. Les pages de présentation elles-mêmes des sites sont susceptibles d'être protégées[4].

Et il a d'ores et déjà été jugé que « la nature du support multimédia » ne dispense aucunement du respect des prescriptions légales[5].

Les bases de données[6]

La loi du 1er juillet 1998, désormais insérée au Code de la propriété intellectuelle dans un chapitre *ad hoc*, a instauré un mécanisme de protection renforcé en faveur des producteurs de bases de données.

Depuis plusieurs années, la jurisprudence a accordé une reconnaissance toujours accrue à celles-ci, même si la Cour de justice des communautés européennes semble, depuis la fin 2004, ne plus consacrer que la reconnaissance de vrais investissements[7]. C'est ainsi que les tribunaux les ont régulièrement admises au rang des œuvres susceptibles d'être protégées par le droit d'auteur. Chaque éditeur de bases de données devait cependant démontrer l'originalité de son produit pour accéder à un authentique droit de propriété littéraire et artistique.

La loi du 18 décembre 1996[8] avait déjà modifié le Code de la propriété intellectuelle afin d'englober les recueils de données et d'assouplir les critères de protection. Mais les simples compilations, qui nécessitent parfois de lourds investissements, devaient encore recourir à d'autres mécanismes juridiques moins efficaces, tels que l'action en concurrence déloyale, pour pourchasser les copieurs et autres confrères indélicats.

À l'heure où l'information constitue une richesse à elle seule, les autorités communautaires ont décidé de combler cette faille juridique. Une directive du 11 mars 1996 a donc créé un véritable droit des bases de données. C'est cette directive qui devait théoriquement entrer en application en droit français le

1. Voir *Le Droit du livre, op. cit.*
2. Alain Bensoussan, *Le Multimédia et le Droit, Mémento-Guide*, 2e éd., Hermès, 1998. Jérôme Huet, « Quelle culture dans le "cyber-espace" et quels droits intellectuels pour cette "cyber-culture" ? », Dalloz, 1998, Chronique, p. 185. Jacques-Louis Colombani, « Propriété intellectuelle et Internet : vers un code des autoroutes de l'information », *Les Petites Affiches*, 12 mars 1997, n° 31, p. 5. Arnaud Boudier, « Le multimédia et le droit », *Utile*, avril 1996, p. 68. Hubert Bitan, « Les rapports de force entre la technologie du multimédia et le droit », *Gazette du Palais*, 26-27 janvier 1996, p. 10. Nancy E. Muenchinger, « Le droit français du multimédia et des télécommunications », *Gazette du Palais*, 3-4 avril 1996, p. 14. Michel Vivant, « Cybermonde : droit et droits des réseaux », *La Semaine juridique (JCP)*, 23 octobre 1996, doctrine, 3969, p. 401.
3. Voir « La contrefaçon et le multimédia ».
4. Tribunal de commerce de Paris, 9 février 1998, *Revue Lamy Droit des affaires*, mai 1998, n° 5, p. 27.
5. Tribunal de grande instance de Paris, 29 avril 1998, inédit.
6. Pour de plus longs développements, voir *Le Droit du livre, op. cit.*
7. Pierre Catala, « La "propriété" de l'information », dans *Le Droit à l'épreuve du numérique*, PUF, 1998. Nathalie Mallet-Poujol, « Appropriation de l'information : l'éternelle chimère », *Dalloz*, 30 octobre 1997, Chronique, p. 330.
8. Loi n° 96-1106 du 18 décembre 1996.

1er janvier 1998[1]. La loi du 1er juillet 1998[2] a été adoptée définitivement par l'Assemblée nationale le 16 juin 1998[3] et est désormais fondue dans le Code de la propriété intellectuelle, qui donne naissance à un nouveau titre intitulé « droits des producteurs de bases de données » et s'enrichit ainsi des articles L. 341-1 à L. 343-4.

La loi française définit désormais la base de données comme un « recueil d'œuvres, de données ou d'autres éléments indépendants, disposés de manière systématique ou méthodique, et individuellement accessibles par des moyens électroniques ou par tout autre moyen ».

La grande innovation consiste en l'instauration d'un droit nouveau, juridiquement distinct de la concurrence déloyale et des agissements parasitaires, destiné à protéger le producteur de la base contre l'appropriation par un tiers des résultats obtenus de l'investissement déployé pour collecter et rassembler le contenu de la base et éviter un usage abusif par un concurrent ou un utilisateur.

Les nouvelles dispositions de l'article L. 342-1 du CPI instaurent donc un droit permettant d'interdire l'extraction « par transfert permanent ou temporaire de la totalité ou d'une partie qualitativement ou quantitativement substantielle du contenu d'une base de données sur un autre support, par tout moyen et sous toute forme que ce soit ». L'article L. 342-1 prévoit également la faculté d'interdire « la réutilisation, par la mise à disposition du public de la totalité ou d'une partie qualitativement ou quantitativement substantielle du contenu de la base, quelle qu'en soit la forme ».

Selon l'exposé des motifs de la loi[4], ce nouveau droit est érigé « contre l'appropriation par un tiers des résultats obtenus de l'investissement déployé pour collecter et rassembler le contenu de la base » et vise « à éviter un usage abusif par un concurrent ou un utilisateur ». Il est également précisé dans le texte de loi lui-même que « ces droits peuvent être transmis ou cédés ou faire l'objet d'une licence » (article L. 342-1 du CPI).

Les députés ont ajouté une possibilité d'interdire les extractions ou réutilisations répétées et systématiques de parties qualitativement ou quantitativement non substantielles « lorsque ces opérations excèdent manifestement les conditions d'utilisation normale » (article L. 342-2 du CPI)[5].

C'est bien évidemment la notion de « partie qualitativement ou quantitativement substantielle » du contenu de la base de données qui donne lieu à d'intéressantes tentatives jurisprudentielles de délimitation.

Il faut souligner que seul le contenu de la base est protégé : les informations brutes en tant que telles ne souffrent toujours pas d'appropriation. Les commentateurs de la directive elle-même ont par ailleurs relevé que « les logiciels utilisés

1. Emmanuel Derieux, « Bases de données et droit à l'information », *Les Petites Affiches*, 18 février 1998, n° 21, p. 11. David Martin, « La directive 95/46/CE (protection des données) et sa transposition en droit français », *Gazette du Palais*, 15-16 mai 1998, p. 73. Emmanuel Pierrat, « Le nouveau droit des bases de données entre retard et rétroactivité », *Livres Hebdo*, n° 282, 27 février 1998, p. 46.

2. Loi n° 98-536 du 1er juillet 1998, *Journal officiel*, 2 juillet 1998, p. 10075.

3. Assemblée nationale, texte adopté n° 161, codifié notamment aux articles L. 341-1 à L. 343-4 du CPI.

4. Projet de loi n° 383 présenté à l'Assemblée nationale, 28 octobre 1997.

5. « Protection des bases de données : pas de dévolution des droits à l'employeur », *Expertises*, avril 1998, p. 88.

pour concevoir ou faire fonctionner la base ne sont pas couverts par les droits qui portent sur la base, mais restent soumis à leur propre droit[1] ».

De même, « cette protection est indépendante et s'exerce sans préjudice de celles résultant du droit d'auteur ou d'un autre droit sur la base de données ou un de ses éléments constitutifs » (article L. 341-1 du CPI).

Le titulaire des droits est le « producteur » de la base, c'est-à-dire celui qui prend l'initiative et assume le risque d'effectuer l'investissement financier, matériel ou humain substantiel nécessaire à la constitution, à la vérification ou à la présentation du contenu d'une base de données (article L. 341-1 du CPI). C'est donc « l'investissement substantiel » qui constitue le critère de protection, par opposition aux critères classiques du droit de la propriété littéraire et artistique qui excluent toute référence à l'importance du travail ou de l'effort et s'attache au contraire à la créativité[2].

Il faut relever par ailleurs l'absence de dévolution automatique des droits de l'employé au profit de l'employeur, comme cela a pu être prévu initialement dans le projet de nouvelle législation à la suite notamment des demandes pressantes émanant d'organisations professionnelles[3]. Les contrats de travail conclus par les producteurs de bases de données devront donc immanquablement comporter une clause de cession des droits visant aussi bien la propriété littéraire et artistique proprement dite que le droit *sui generis*[4].

Enfin, les « actes nécessaires à l'accès au contenu d'une base de données électronique pour les besoins et dans les limites de l'utilisation prévue au contrat » ont rejoint les exceptions légales aux droits de propriété intellectuelle visées à l'article L. 122-5 du CPI.

De même, l'article L. 342-3 du code prévoit une véritable exception au droit *sui generis* en autorisant « l'extraction ou la réutilisation d'une partie non substantielle, appréciée de façon qualitative ou quantitative, du contenu de la base, par la personne qui y a licitement accès ». Le législateur a pris soin de préciser que : « Toute clause contraire est nulle. »

Il existe une autre exception – qui ne semble pas d'ordre public puisque les clauses contraires ne sont pas prohibées – pour « l'extraction à des fins privées d'une partie qualitativement ou quantitativement substantielle du contenu d'une base de données non électronique sous réserve du respect des droits d'auteur ou des droits voisins sur les œuvres ou éléments incorporés dans la base ».

Là encore, les exégèses jurisprudentielles vont bon train pour tenter de cerner la notion de « partie qualitativement ou quantitativement substantielle ».

Enfin, la directive avait envisagé la possibilité de mettre en place des exceptions telles que l'usage privé ou l'enseignement et la recherche scientifique (articles 9 et 61), ce que les rédacteurs des dispositions de droit interne n'ont pas voulu retenir.

1. Frédéric Pollaud-Dulian, « Brèves remarques sur la directive du 11 mars 1996 concernant la protection juridique des bases de données », *Dalloz affaires*, 1996, n° 18, p. 539.

2. Voir « Les critères de protection des œuvres ».

3. « Protection des bases de données : pas de dévolution des droits à l'employeur », *Expertises*, avril 1998, p. 88.

4. Voir « Le contrat de travail ».

Le législateur français est resté muet pour ce qui concerne les attributs moraux de l'auteur de la base de données. Il faut donc croire que si celle-ci se révèle protégeable par le droit d'auteur, le droit moral s'appliquera en ses aspects les plus classiques (respect de l'œuvre, respect du nom, divulgation, retrait ou repentir)[1]. Le droit *sui generis*, qui a vocation à s'appliquer cumulativement avec le droit d'auteur mais également à défaut de celui-ci, ne comporte aucune disposition de ce chef.

Ce nouveau droit dure quinze ans à compter du 1er janvier de l'année qui suit la date d'achèvement de la base de données. La référence dans l'alinéa premier du nouvel article L. 342-5 du Code de la propriété intellectuelle, à « l'achèvement » de la base comme point de départ des droits, ne manquera pas également d'entraîner quelques approximations et discussions sur les moyens de prouver une telle date.

Cependant, le législateur a prévu que « lorsqu'une base de données a fait l'objet d'une mise à la disposition du public avant l'expiration de la période prévue à l'alinéa précédent, les droits expirent quinze ans après le 1er janvier de l'année civile suivant celle de cette première mise à disposition ».

Par surcroît, en présence d'un « nouvel investissement substantiel », la protection expirera quinze ans après le 1er janvier de l'année civile suivant celle de ce nouvel investissement.

La notion d'investissement substantiel – et le flou qui la caractérise – ne manque pas là encore de susciter d'âpres discussions jurisprudentielles, dont l'enjeu est le prolongement d'une première durée de protection relativement brève.

Aux termes des dispositions transitoires, une application rétroactive est accordée aux bases de données confectionnées depuis le 1er janvier 1983. La protection est alors de quinze ans à compter du 1er janvier 1999.

L'article L. 332-4 du CPI a été révisé pour que les producteurs de bases de données puissent bénéficier de la procédure désormais classique de saisie-contrefaçon, et notamment de saisie réelle.

Un nouvel article L. 343-4 du même code autorise également « les constatations d'agents assermentés désignés par les organismes professionnels de producteurs ». Ces agents sont tout aussi classiquement « agréés par le ministre chargé de la culture dans les mêmes conditions que celles prévues pour les agents visés à l'article L. 331-2 ».

Le recours aux commissaires de police pour effectuer une saisie-description de la base de données contrefaisante, « saisie-description qui peut se concrétiser par une copie », est également envisagé (article L. 332-4 du CPI).

Reste que le plus difficile est de prouver que le concurrent a illicitement créé sa base de données. Il faut donc toujours recourir aux mêmes astuces pour démontrer la réalité d'emprunts, en particulier en procédant au repérage et à la comparaison des erreurs entre les deux bases.

Les sanctions pénales peuvent atteindre trois ans d'emprisonnement et 300 000 euros d'amende (article L. 343-1 du CPI) et les personnes morales

1. Voir « Les droits moraux ».

peuvent être déclarées responsables pénalement (article L. 343-2 du CPI). Les peines encourues par les personnes morales s'étendent de l'amende à l'interdiction de l'activité « dans l'exercice ou à l'occasion de l'exercice de laquelle l'infraction a été commise ».

En cas de récidive, les peines encourues sont portées au double (article L. 343-3 du CPI) et « les coupables peuvent, en outre, être privés pour un temps qui n'excède pas cinq ans du droit d'élection et d'éligibilité pour les tribunaux de commerce, les chambres de commerce et d'industrie et les chambres de métiers, ainsi que pour les conseils de prud'hommes ».

Certains se sont émus que ces nouvelles dispositions aillent à l'encontre des principes qui régissent le droit français de la propriété intellectuelle et en particulier celui de « la libre exploitation des éléments du domaine public, en particulier des "idées[1]" ».

Peu de temps après le vote de la loi, les juridictions amenées à statuer sur des contentieux intentés sous le bénéfice des anciens textes avaient commencé de montrer leur détermination.

C'est ainsi que la cour d'appel de Douai donnait gain de cause, le 22 octobre 1998, aux éditions Encyclopédie Douanière, qui exploitent le *Tarif douanier français utilitaire.* Les copieurs avaient été notamment incapables d'expliquer valablement aux magistrats par quel hasard extraordinaire ils avaient repris dans leur édition les mêmes erreurs typographiques.

Le 28 décembre 1998, c'était au tour du tribunal de grande instance de Lyon de condamner une société éditrice de serveurs télématiques à verser dix millions de francs de dommages-intérêts aux Éditions Législatives[2]. Celles-ci avaient en effet « regroupé et résumé en leur *Dictionnaire permanent* environ 400 conventions collectives selon une présentation thématique originale ». L'élaboration de « cet ouvrage [...] publié à partir des conventions collectives publiées au *Journal officiel* mais également en fonction de différents avenants ou accords signés entre les partenaires sociaux dans le cadre des conventions initiales, ainsi que des conventions collectives non publiées au *JO* », avait nécessité l'intervention, « pendant cinq années » d'une « équipe de juristes spécialisés ». À l'appui de ses droits, l'éditeur pillé pouvait donc faire valoir un investissement « d'une somme de 21 millions de francs », « la création de services Internet et Minitel [...] en cours représentant d'ores et déjà un investissement de 3,7 millions de francs ».

La décision la plus retentissante reste celle rendue par le tribunal de commerce de Paris, le 18 juin 1999, dans une affaire concernant France Telecom[3]. Celle-ci « doit bien être considérée comme le producteur de l'annuaire téléphonique qu'elle exploite et [...], compte tenu du montant très élevé des investissements effectués par elle pour la constituer, celui-ci constitue une base de données protégée par la loi du 1er juillet 1998 ». Les juges ont ainsi sanctionné les sociétés

1. Frédéric Pollaud-Dulian, « Brèves remarques sur la directive du 11 mars 1996 concernant la protection juridique des bases de données », *Dalloz affaires*, 1996, p. 539. Voir «Les critères de protection».

2. Jugement confirmé en ce point par l'arrêt de la cour d'appel de Lyon, condamnant cependant la société éditrice de serveurs télématiques à verser six millions de francs : Cour d'appel de Lyon, 22 juin 2000, *Légipresse*, 2000, Jurisprudence p. 171.

3. Tribunal de commerce de Paris, 18 juin 1999, *Dalloz*, 2000, p. 105.

éditrices du service « 3617 ANNU » car « il résulte manifestement des éléments fournis que les défenderesses [...] ont estimé plus simple, et surtout moins onéreux, de mettre en œuvre un comportement s'apparentant à un pur et simple "piratage" et de profiter, à peu de frais, des investissements ainsi effectués par France Telecom, sans même avoir sérieusement cherché à obtenir de cette dernière une offre commercialement viable pour exercer leur activité dans des conditions normales ». Les contrefacteurs ont donc argué en vain de la position dominante de France Telecom et ont été condamnés à lui verser cent millions de francs de dommages-intérêts.

En revanche, la cour d'appel de Paris a considéré, dans une décision également intervenue le 18 juin 1999[1], à propos d'un litige entre le groupe Moniteur et l'Observatoire des marchés publics : « S'il n'est pas douteux que la publication d'annonces adressées à une revue procède de l'audience qu'a acquise depuis des décennies cette revue dans le secteur professionnel du bâtiment et des travaux publics, [...] le groupe de presse ne justifie pas d'investissements substantiels dans leur obtention, leur vérification et leur présentation, [...] il ne démontre pas engager de frais de promotion auprès des annonceurs, ne vérifie pas les annonces, ne peut pas se prévaloir d'un travail onéreux de formalisation. » La juridiction en a conclu que « tout conduit en réalité à estimer que la publication des annonces, même si elle implique des charges, n'est pas au premier chef un objet d'investissement – à plus forte raison d'investissements substantiels – mais au contraire, grâce à la perception des frais d'insertion, une activité lucrative et profitable en elle-même ». En conséquence, le groupe de presse n'a pas pu valablement revendiquer le bénéfice des nouveaux textes.

Les titres

Le CPI consacre son article L. 112-4 aux titres d'œuvres.

Il dispose que « le titre d'une œuvre de l'esprit, dès lors qu'il présente un caractère original, est protégé comme l'œuvre elle-même ». Les titres peuvent donc bénéficier de la protection classique accordée par le droit d'auteur, sous réserve d'être originaux[2]. Il faut comprendre ici que le titre original est protégé, que l'œuvre à laquelle il est attaché soit elle-même protégée ou non. La protection des titres peut donc être totalement autonome de celle des œuvres qu'ils désignent.

Pour apprécier l'originalité d'un titre, le juge devra se placer à la date de création. Il est nécessaire de se situer dans le contexte de création du titre, et de se demander si à cette date il était original[3].

Cependant, l'appréciation de l'originalité d'un titre demeure une entreprise fort incertaine. L'examen de la jurisprudence laisse perplexe.

1. Cour d'appel de Paris, 18 juin 1999, *Revue internationale du droit d'auteur*, janvier 2000, p. 316.
2. F. Valancogne, *Le Titre de roman, de journal, de film : sa protection*, Sirey, 1963.
3. Tribunal de grande instance de Paris, 7 mai 1987, *Cahiers du droit d'auteur*, 1988, n° 1, p. 14.

Ont par exemple été jugés originaux : *L'Affreux Jojo*[1], *La Cage aux folles*[2], *Le Chardon*[3], *Clochemerle*[4], *Paris pas cher*[5], *Le Père Noël est une ordure*[6], *Des poissons et des hommes*[7], *Du Rififi chez les hommes*[8], *Tarzan*[9], *Paris sur crime*[10].

Et l'originalité a été refusée, entre autres, à : *La Bande à Bonnot*[11], *La Gagne*[12], *La Bible de Jérusalem*[13], *Bourreau d'enfants*[14], *Doucement les basses*[15], *Le Feu*[16], *Gueule d'amour*[17], *Hôtels de charme*[18], *Les Jeunes Loups, Plan de Lyon*[19], *Répertoire des grands magasins et centrales d'achats*[20], *Le Sixième Continent*[21], *Tueurs de flics*[22], *Les Brigades du Tigre*[23], *Ces chers disparus*[24].

Quand bien même un titre ne serait pas protégé par le droit d'auteur – que cette protection lui soit déniée pour manque d'originalité ou qu'il soit tombé dans le domaine public –, il ne reste pas sans défense. Il peut bénéficier des règles de la concurrence déloyale. L'article L. 112-4 du CPI, pris en son second alinéa, lui accorde expressément cette protection : « Nul ne peut, même si l'œuvre n'est plus protégée dans les termes des articles L. 123-1 à L. 123-3[25], utiliser ce titre pour individualiser une œuvre du même genre, dans des conditions susceptibles de provoquer une confusion. » Il s'agit là d'éviter les utilisations trompeuses de titres non protégés par le droit d'auteur.

1. Tribunal de grande instance de Paris, 20 mai 1972, *Revue internationale du droit d'auteur*, janvier 1973, n° LXXV, p. 144.

2. Cour d'appel de Paris, 1er mars 1984, *Dalloz*, 1986, Informations rapides, 184, observations Claude Colombet.

3. Cour d'appel de Paris, 25 septembre 1989, *Dalloz*, 1989, Informations rapides, 264.

4. Cour d'appel de Lyon, 5 juillet 1979, *Annales de la propriété industrielle, artistique et littéraire*, 1981, 136.

5. Tribunal de grande instance de Paris, 7 mai 1987, *Cahiers du droit d'auteur*, n° 1, 1988, p. 14.

6. Tribunal de grande instance de Paris, 25 septembre 1986, *Revue du droit de la propriété intellectuelle*, n° 8, 1986, p. 101.

7. Tribunal de grande instance de la Seine, 15 février 1960, *Revue internationale du droit d'auteur*, 1960, n° XXX, p. 131.

8. Cour d'appel de Paris, 3 février 1988, *Dalloz*, 1989, Sommaires, 43, observations Claude Colombet.

9. Tribunal de grande instance de Paris, 21 janvier 1977, *Revue internationale du droit d'auteur*, janvier 1978, n° VC, p. 179.

10. Cour d'appel de Paris, 27 septembre 1996, *Gazette du Palais*, 7-8 janvier 1998, p. 29.

11. Cour d'appel de Paris, 24 avril 1976, *Revue trimestrielle de droit commercial*, 1977, 122, observations Henri Desbois.

12. Tribunal de grande instance de Paris, 6 mai 1987, *Revue internationale du droit d'auteur*, octobre 1987, n° CXXX, p. 213.

13. Cour d'appel de Paris, 8 juillet 1986, *Dalloz*, 1987, Sommaires, 152, observations Claude Colombet.

14. Cour d'appel de Paris, 6 avril 1962, *La Semaine juridique (JCP)*, 1962, IV, 118.

15. Tribunal de grande instance de Paris, 15 juin 1972, *Revue internationale du droit d'auteur*, octobre 1972, n° LXXV, p. 144.

16. Tribunal civil de la Seine, 10 janvier 1928, *Gazette du Palais*, 1928, I, 324.

17. Cour de cassation, 2 février 1937, *Dalloz*, 1938, I, 97, observations Henri Desbois.

18. Cour d'appel de Paris, 12 janvier 1990, *Dalloz*, 1990, Informations rapides, 47.

19. Cour d'appel de Paris, 20 novembre 1970, *Annales de la propriété indutrielle, artistique et littéraire*, 1970, 243.

20. Cour d'appel de Paris, 13 novembre 1970, *Annales de la propriété indutrielle, artistique et littéraire*, 1970, 243.

21. Première chambre civile de la Cour de cassation, 13 décembre 1978, *Revue internationale du droit d'auteur*, juillet 1979, n° CI, 126.

22. Tribunal de grande instance de Paris, 27 mai 1982, *Dalloz*, 1983, Informations rapides, 510, observations Claude Colombet.

23. Tribunal de grande instance de Paris, 11 décembre 1996, *Légipresse*, novembre 1997, n° 146, I, 131.

24. Cour d'appel de Paris, 2 octobre 1996, *Légipresse*, décembre 1997, I, 148.

25. C'est-à-dire si l'œuvre est tombée dans le domaine public.

Mal rédigé, l'article L. 112-4 du CPI laisse entendre que seuls les titres ayant préalablement été protégés par le droit d'auteur seraient susceptibles, une fois tombés dans le domaine public, d'être protégés au titre de la concurrence déloyale. En réalité, la jurisprudence s'est montrée magnanime et accorde une protection semblable à tous les titres. *Le Petit Missel de Jérusalem*[1] ou *La Grande Aventure du Concorde*[2] ont ainsi pu bénéficier d'une protection par le biais de la concurrence déloyale.

De même, pour que soit retenu le risque de confusion, la loi semble avoir formulé l'exigence que les deux œuvres appartiennent au même genre. Mais le terme « genre » est à entendre dans une acception large puisqu'un film et un livre peuvent appartenir au même genre au regard de la jurisprudence. Le procès de référence demeure celui des *Liaisons dangereuses*, film de Roger Vadim tiré du célèbre ouvrage de Choderlos de Laclos. Les juges ont soutenu la SGDL qui s'inquiétait des risques de confusion aux yeux du public entre deux œuvres sans grand rapport entre elles[3].

Pourtant, alors que la majeure partie de la jurisprudence admet une définition extensive du terme « genre », certains juges ont estimé que film et bande dessinée n'appartenaient pas au même genre[4], de même qu'une revue vendue en librairie et de véritables ouvrages de librairie[5].

Enfin et surtout, le législateur n'a entendu protéger les titres par le biais de la concurrence déloyale que dans la mesure où un risque de confusion existait. Ce risque est la possibilité raisonnable, pour le consommateur moyen, de se croire en présence d'œuvres du même auteur ou, tout au moins, d'œuvres qui ont entre elles un lien de parenté. C'est là une exigence classique du droit de la concurrence déloyale. Le titre *Jeu de massacre* a pu ainsi être utilisé pour deux œuvres distinctes en l'absence de toute confusion possible[6]. De même, un polar et un film comique, de par l'absence de confusion entre les deux modes de traitement du sujet – l'un sérieux, l'autre humoristique –, ont pu tous deux s'intituler *Doucement les basses*[7]. Une cour d'appel a même estimé qu'intituler deux ouvrages traitant d'un sujet semblable *Maigrir par les basses calories* n'entraînait pas de risque de confusion dans le public. Cette désignation étant considérée comme générique à ce genre d'ouvrage, les acheteurs, *a priori*, ne pouvaient faire d'amalgame entre les deux titres[8].

Il faut bien admettre que l'ensemble du régime de protection des titres, par le droit d'auteur comme par la concurrence déloyale, reste fortement critiquable

1. Cour d'appel de Paris, 8 juillet 1986, *Dalloz*, 1987, Sommaires, 152, observations Claude Colombet.
2. Cour d'appel de Paris, 11 juin 1980, *Annales de la propriété industrielle, artistique et littéraire*, 1981, 168.
3. Chambre civile de la Cour de cassation, 6 décembre 1966, *Revue trimestrielle de droit commercial*, 1967, 505, observations Henri Desbois.
4. Tribunal de grande instance de Paris, 24 octobre 1973, *Revue internationale du droit d'auteur*, avril 1974, n° LXXX, p. 102.
5. Tribunal de grande instance de Paris, 6 mai 1998, inédit.
6. Tribunal de grande instance de Paris, 14 décembre 1970, *Revue trimestrielle de droit commercial*, 1972, 379, observations Henri Desbois.
7. Tribunal de grande instance de Paris, 15 juin 1972, *Revue internationale du droit d'auteur*, janvier 1973, n° LXXV, p. 151.
8. Cour d'appel de Paris, 18 novembre 1966, *Gazette du Palais*, 1967, p. 226.

dans son application. Les décisions judiciaires, qu'elles prennent en compte l'originalité ou les notions de genre et de confusion, sont souvent sujettes à caution et il faut les manier avec précaution. En témoignent leurs contradictions et leur disparité. Il reste bien entendu loisible à l'éditeur de procéder au dépôt comme marque du titre d'un livre ou d'une collection[1], sous la réserve notamment que la marque ne soit pas descriptive. Une marque est en effet considérée comme non valable lorsqu'elle est constituée d'un terme purement descriptif, qui empêcherait tout concurrent de désigner son propre produit sous peine de contrefaçon. « L'Essentiel » a ainsi été considéré comme une marque descriptive et son titulaire a vu sa marque rendue nulle le jour où il a voulu en arguer contre un éditeur concurrent[2] qui publiait un *Dictionnaire de l'essentiel.* En revanche, *Les Usuels de poche* a été considéré comme une contrefaçon de la marque « Les Usuels[3] ».

Chaque semaine, des éditeurs publient dans les dernières pages de *Livres Hebdo* des retenues de titres pour de « nouvelles collections » ou de « futurs ouvrages ». Sans présenter de garanties infaillibles en pur droit, de telles annonces ont bel et bien une importante valeur juridique.

Rappelons que, selon l'article L. 111-1 du CPI, « l'auteur d'une œuvre de l'esprit jouit sur cette œuvre, du seul fait de sa création, d'un droit de propriété incorporelle exclusif et opposable à tous ».

Cela signifie qu'il n'est pas besoin, en droit national, de procéder à une quelconque formalité (dépôt, enregistrement, publication, etc.) pour bénéficier de la protection accordée par le droit d'auteur. Tel n'est cependant pas le cas de certaines législations étrangères et même du droit français en matière de marques ou de brevets. La création d'un titre se suffit donc en théorie à elle seule pour que celui-ci soit couvert par le droit de la propriété littéraire et artistique; et l'œuvre est réputée créée, aux termes de l'article L. 111-2 du même code, « indépendamment de toute divulgation publique, du seul fait de la réalisation, même inachevée, de la conception ».

Il faut enfin rappeler que l'apposition du symbole © reste en France une pure information, déterminée le plus souvent au bon vouloir de l'éditeur, qui ne confère aucun droit particulier. De même, certaines formalités, comme le dépôt légal, constituent des obligations à la charge des maisons d'édition, mais n'entraînent en rien l'attribution de quelconques droits à leur profit.

En pratique, une fois le titre déterminé, l'éditeur se heurte à un problème de preuve : il existe un décalage entre le moment où le titre est trouvé et celui de sa divulgation, qui coïncide peu ou prou avec la sortie en librairie. Les éditeurs ont donc tout intérêt à acquérir ce que les spécialistes appellent une date certaine.

1. Voir « Les créations des éditeurs ». Asim Singh, « Le droit d'auteur sur le titre d'une œuvre de l'esprit étrangère en tant que droit antérieur au sens de l'article L. 711-4 du Code de la propriété intellectuelle », *Revue du droit de la propriété intellectuelle*, n° 84, février 1998, p. 15.

2. Tribunal de grande instance de Paris, 16 décembre 1993, *Propriété industrielle – Bulletin documentaire*, 1994, III, 218, n° 564.

3. Christine Ferrand, « La plaidoirie comme genre littéraire », *Livres Hebdo,* n° 274, 2 janvier 1998, p. 55. Annie Favier, « Le Robert gagne en appel contre LGF », *Livres Hebdo*, n° 235, 7 février 1997, p. 29.

La publication d'une retenue de titre est un moyen efficace d'établissement d'une antériorité et ce, d'autant plus qu'elle s'accompagne d'une publicité que n'accordent pas d'autres techniques tout aussi valables en théorie. Il est en effet également possible d'utiliser l'enveloppe Soleau, proposée par l'Institut national de la propriété industrielle ou encore de s'adresser à soi-même un recommandé. Cette dernière astuce, de loin la moins onéreuse, nécessite cependant une ouverture devant huissier en cas de litige. Les sociétés de perception et de répartition des droits – les fameuses « sociétés de gestion collective » – ou même la Société des gens de lettres (SGDL)[1] enregistrent aussi des dépôts d'œuvres et par conséquent de titres. Enfin, le recours direct au procès-verbal d'huissier ou aux minutes d'un notaire présente un coût élevé pour une efficacité égale à celle des techniques les plus simples.

L'éditeur n'est cependant jamais à l'abri d'une mauvaise surprise, qui prendra la forme d'une action en justice à son encontre.

Il n'existe pas, en effet, de fichier central répertoriant tous les termes indisponibles. Le serveur télématique d'Electre, à l'instar des quelques bases de données existantes, sont de bons indicateurs mais ne peuvent garantir que le titre pressenti n'a pas été celui d'un ouvrage épuisé depuis parfois fort longtemps. Ou même qu'il n'est pas non plus celui d'un film, d'une chanson…

Il convient en particulier de garder à l'esprit les termes de l'article L. 112-4 du CPI, qui dispose notamment que « le titre d'une œuvre de l'esprit, dès lors qu'il présente un caractère original, est protégé comme l'œuvre elle-même » mais que, par surcroît, « nul ne peut, même si l'œuvre n'est plus protégée […] utiliser ce titre pour individualiser une œuvre du même genre, dans des conditions susceptibles de provoquer une confusion ». La notion de « genre » est extrêmement large dans l'esprit des tribunaux, qui peuvent ranger sous la même bannière des produits culturels en apparence totalement différents.

Les risques sont donc grands de voir surgir une revendication inattendue. Même une marque, une enseigne, ou encore une dénomination sociale préexistantes peuvent venir jeter le trouble.

La publication d'une retenue de titre plusieurs mois avant son lancement permet donc au moins de présumer de la bonne foi de celui qui y procède. Par ailleurs, elle a l'immense mérite de déclencher les réactions d'éventuels titulaires de droits antérieurs, qui n'hésitent pas alors à se faire connaître. Certains s'opposeront à toute utilisation des termes litigieux, d'autres exigeront une contrepartie financière. D'autres encore demanderont simplement que l'utilisation soit circonscrite à certains types d'ouvrages ou légèrement modifiée pour éviter que les libraires qui passent commande ne s'y trompent.

1. Voir « La gestion collective ».

Les créations des éditeurs

Les éditeurs possèdent bien entendu des droits sur leurs propres créations, en plus de ceux qu'ils acquièrent auprès des écrivains, illustrateurs, etc.

Il peut tout d'abord s'agir de véritables droits de propriété littéraire et artistique, qui portent naturellement sur tous les éléments originaux de leur travail. C'est ainsi que le titre d'une collection[1], une composition typographique[2], la maquette[3] d'une couverture, etc., dans la mesure où ils sont originaux et créés au sein de la maison d'édition, peuvent être considérés comme des œuvres protégées par le droit d'auteur dont le titulaire d'origine est la société éditrice[4].

Les couvertures

Des librairies virtuelles reproduisent aujourd'hui sur Internet l'aspect de chaque ouvrage qu'elles proposent à la vente. Ces « cyberlibrairies » ravivent ainsi des interrogations, en particulier chez les éditeurs, sur le droit applicable aux couvertures, que certains apparentent à de véritables créations artistiques et d'autres à de simples facettes du marketing d'un livre.

Les tribunaux sont de plus en plus enclins à accorder aux couvertures une protection autonome par le droit de la propriété littéraire et artistique. Dès 1983, à la demande d'Opta, la cour d'appel de Paris a ainsi condamné la Librairie des Champs-Élysées[5]. Celle-ci, qui plaidait la banalité des couvertures copiées, n'a pas réussi à prouver, selon les juges, « que les mêmes éléments aient jamais été précédemment agencés tous ensemble et de la même manière ». En 1992, la même juridiction a sanctionné Rivages qui avait contrefait une « couverture où se détachent, sur fond blanc, des lettres majuscules et minuscules pour lesquelles alternent dans l'ombre le vert, le gris, le noir et le rouge, ce qui conférait au livre une présentation originale susceptible d'être protégée », sans que « cette présentation soit nécessaire eu égard au contenu de l'ouvrage[6] ». La condamnation des faux *Carnets* d'Elena Ceaucescu, poursuivis, en 1990, pour imitation de la Pléiade, témoigne encore de la force d'une telle protection à l'encontre même d'une parodie[7].

Encore faut-il que la maquette fasse montre d'originalité pour être couverte par le droit d'auteur *stricto sensu*[8]. Mais le droit de la concurrence déloyale permet également de pourchasser avec succès les imitateurs, que ceux-ci soient de

1. Tribunal de grande instance de Paris, 30 mars 1979, *Revue internationale du droit d'auteur*, octobre 1979, n° CII, p. 169.
2. Voir « La typographie ».
3. Première chambre civile de la Cour de cassation, 4 mars 1986, *Bulletin civil*, I, n° 54.
4. Cour d'appel de Paris, 14 janvier 1983, *Dalloz*, 1983, Informations rapides, 510, observations Claude Colombet.
5. Cour d'appel de Paris, 14 janvier 1983, *Dalloz*, 1983, Informations rapides, 510, observations Claude Colombet.
6. Cour d'appel de Paris, 21 octobre 1992, *Revue internationale du droit d'auteur*, janvier 1994, p. 350, observations André Kerever.
7. Voir « La parodie, le pastiche et la caricature ».
8. Voir « Les critères de protection des œuvres ».

vulgaires copieurs ou de simples pasticheurs. Le risque de confusion s'appréciant toujours par rapport à un consommateur moyen, les différences entre les couvertures, même grossières aux yeux de professionnels du livre, sont alors ignorées par les juges[1].

Enfin, le droit des marques n'est pas en reste pour renforcer la défense de certains visuels. Cette technique juridique, qui autorise les dépôts de créations purement graphiques, offre l'avantage de ne pas connaître de domaine public tant que les renouvellements sont régulièrement effectués auprès de l'Institut national de la propriété industrielle. Certains éditeurs ne s'y sont pas trompés et y enregistrent les maquettes comme les titres de leurs nouvelles collections[2].

Les couvertures sont donc assez fréquemment sujettes à protection. À ce titre, elles ne peuvent en théorie être reproduites dans un catalogue de « VPC », sur un site Internet ou même dans une émission de télévision, sans autorisation de l'éditeur. Les arguments liés à la promotion des ouvrages, au bénéfice même qu'en retirerait indirectement l'éditeur, sont inopérants en droit. Quant à l'exception de citation, elle a régulièrement été rejetée par les juridictions dans des cas fort similaires. Par analogie, soulignons que les reproductions d'œuvres d'art dans les catalogues de ventes publiques étaient sanctionnées jusqu'à l'adoption d'une disposition législative spécifique en 1997.

Bien souvent, la couverture étant réalisée en interne, elle sera assimilée à une œuvre dite collective, dont le régime juridique sera très favorable à l'éditeur.

Il ne faut toutefois pas oublier que tous ces raisonnements ne valent que si l'éditeur a bel et bien acquis les droits sur les œuvres qu'il compte utiliser pour réaliser ses couvertures. Le maquettiste, comme le photographe ou l'illustrateur, sont en effet des auteurs à part entière, dont les droits ne sont cédés au profit de la maison d'édition que dans les limites des mentions expresses de leur contrat. De même, lorsqu'il a la chance de vendre les droits d'un de ses ouvrages pour une adaptation audiovisuelle, l'éditeur ne doit pas oublier de négocier avec le producteur la faculté de reproduire en couverture une photographie ou l'affiche du film.

Le droit moral[3] l'oblige aussi à faire figurer le nom de tous les créateurs en « quatrième » de couverture ou à tout le moins en pages intérieures du livre. De même, les œuvres préexistantes utilisées en première de couverture ne peuvent être impunément « colorisées », détourées ou encore recadrées sans autorisation idoine de leur auteur.

Les maquettes

La jurisprudence reconnaît de plus en plus l'existence d'une propriété littéraire et artistique sur les maquettes et autres mises en page, qu'il s'agisse de livres comme de revues.

La cour d'appel de Paris a dû ainsi trancher, le 6 septembre 2000, entre deux importants éditeurs de livres ayant publié du même auteur des ouvrages intitulés,

1. Voir le chapitre VII « Les exceptions aux droits patrimoniaux ».
2. Voir « Le droit des marques ».
3. Voir « Les droits moraux ».

pour l'un, *La Brillante Histoire du petit vers luisant* et, pour l'autre, *Le Brillant Retour du petit vers trop luisant*…

Les magistrats en concluent que le premier éditeur « ne pouvait empêcher (l'auteur) de puiser aux sources de son inspiration pour réaliser un deuxième épisode de la vie du personnage du petit vers luisant qu'il a créé ; […] le scénario du second ouvrage ne comporte d'autres ressemblances que celle tenant à la nature du personnage ». Mais il y a un « Cependant », relatif à la mise en pages des deux livres : « l'auteur ne pouvait reprendre à l'identique, quel que soit son désir de constituer une "série", la maquette du livre édité […] ; si le format […] pouvait être conservé, l'agencement des différents éléments de la couverture (titre, bandeaux, couleurs), dans la répartition qui en a été faite, constitue la reprise illicite du premier livre et justifie, à lui seul, le grief de contrefaçon ».

Les magistrats vont donc jusqu'à reconnaître aux maisons d'édition une véritable propriété littéraire au détriment des petits profiteurs qui butinent de maison en maison.

La même cour l'avait déjà souligné, dans un arrêt en date du 9 octobre 1995[1] : « En l'occurrence, une société – qui s'était vu confier par un médecin la conception, la réalisation et la diffusion d'une publication périodique de langue anglaise consacrée aux problèmes de pharmacologie cellulaire, ce médecin, à la suite de la parution d'un numéro de présentation dit "n° 0" s'étant adressé à un autre éditeur – a fait œuvre originale et est bien fondée d'en revendiquer la protection dès lors que, par le choix de la typographie du titre, ses couleurs et sa disposition, par la présentation en page de couverture d'une photographie centrale largement reproduite, par l'agencement des articles et l'utilisation d'une marge d'un tiers de page, "grisonnée", portant les références, par l'élaboration d'un logo spécifique […] répété en tête d'article, elle a donné à la revue une physionomie spécifique. »

Les juridictions accordent une attention de plus en plus proche de celle des professionnels de l'édition au mimétisme des maquettes.

La cour d'appel d'Aix-en-Provence a, par exemple, estimé le 28 juin 2001 que « ces deux magazines appartiennent à un secteur de l'édition de presse abondamment pourvu de titres, ce qui peut donner à un observateur n'appartenant pas aux classes d'âge visées l'impression d'une grande uniformité ; […] toutefois, un examen superficiel des deux publications révèle des similitudes manifestes dans la maquette et la pagination des rubriques adoptées » (« sommaire très proche dans sa présentation avec, dans les deux magazines, identité visuelle parfaite *mutatis mutandis* de l'"ours" », « rubriques au contenu rédactionnel similaire dénommées dans les deux cas "Star news" », etc.).

La cour en déduit que les ressemblances relèvent donc de l'atteinte au droit d'auteur et non du fonds commun du genre.

Le 6 décembre suivant, le tribunal de grande instance de Paris sanctionnait même une société visant à promouvoir du vin en contrefaisant… *Télérama* : « La reprise, par le défendeur, de l'ensemble des éléments caractéristiques de la présentation formelle du magazine demandeur (présentation caractéristique des rubriques, signes distinctifs représentant l'avis de la rédaction sous forme de cari-

1. Cour d'appel de Paris, 9 octobre 1995, *Dalloz affaires*, 1995, 227.

catures, typographie, tableau mensuel des critiques de films...) dans une plaquette publicitaire est, à l'évidence, animée par la recherche d'une confusion. » Les juges ont notamment écarté l'argument de parodie que tentait de développer le contrefacteur.

Il s'agit le plus souvent d'œuvres collectives, ce qui permet la titularité originelle des droits par une personne morale. À cet égard, l'éditeur est par ailleurs généralement investi directement des droits portant sur toute œuvre collective publiée chez lui, telle qu'une encyclopédie[1].

L'auteur d'un roman ne peut donc prétendre s'approprier le travail de son éditeur, quand bien même celui-ci serait éditeur à compte d'auteur. Il ne pourra fournir sans autorisation à un autre éditeur la composition, le bromure ou encore les clichés[2].

De même, les livres-objets de Robert Morel ou du Soleil noir sont-ils à considérer comme protégés par le droit d'auteur en tant que tels.

Il reste que de nombreux modes de présentation d'ouvrages ne sont pas couverts par le droit d'auteur en raison d'un manque d'originalité. Les tribunaux ne sont en effet pas unanimes à faire bénéficier les collections, par exemple, d'une telle protection. La collection en elle-même est donc rarement qualifiée d'œuvre littéraire et artistique au sens du Code de la propriété intellectuelle[3]. En particulier, les juges répugnent à accorder aux éditeurs des droits sur le format[4] de leurs publications, quand bien même celui-ci apparaîtrait comme véritablement révolutionnaire. C'est par le droit de la concurrence déloyale que ces créations sont protégées, et l'éditeur inventif peut bénéficier d'une protection juridique relativement efficace[5], bien que moindre que celle résultant d'un droit d'auteur.

Ce fut le cas des présentations dites Triliber, qui ont opposé deux célèbres éditeurs de livres scolaires dans les années 1980[6]. La concurrence déloyale est d'ailleurs applicable dans la plupart des cas où le droit d'auteur ne peut être invoqué : compositions typographiques non protégeables...

Le droit des marques

Enfin, le droit des marques n'est pas en reste pour renforcer la protection des maisons d'édition. La marque d'un éditeur, qu'elle soit visuelle ou non, peut toujours être protégée par un dépôt à l'INPI. Ce droit présente l'avantage sur le droit d'auteur de ne pas connaître le domaine public tant que les dépôts sont renouvelés aux échéances. De même, il peut aussi protéger les titres d'une collection ou d'un ouvrage[7].

1. Voir « Les œuvres collectives ».
2. Cour d'appel de Paris, 9 novembre 1988, *Cahiers du droit d'auteur*, n° 15, 1989, p. 13.
3. Chambre commerciale de la Cour de cassation, 27 février 1990, *La Semaine juridique (JCP)*, II, 21545, note Frédéric Pollaud-Dulian.
4. Cour d'appel de Lyon, 11 janvier 1979, *Bulletin de la propriété industrielle*, 1989, III-153.
5. Tribunal de grande instance de Paris, 31 octobre 1972, *Gazette du Palais*, 18-20 mars 1973, observations Mouzon. Voir « L'action en concurrence déloyale ».
6. Cour d'appel de Paris, 25 juin 1986, *Bulletin de la propriété industrielle*, n° 400, III-380.
7. Sur tous ces points, voir Emmanuel Pierrat, *Le Droit du livre, op. cit.*

Quant au nom commercial, il a posé ces dernières années des problèmes particuliers, notamment quand il était le propre patronyme du fondateur d'une maison et que ce fondateur se retirait de la société. Deux affaires retentissantes concernant Mazenod[1] et Bordas[2] ont permis de mettre en évidence que, en l'absence de clause particulière dans les statuts de la société, celle-ci peut garder le nom de son fondateur après son départ. En créant sa maison sans prendre de dispositions spécifiques au sujet de son nom, il procéderait à une sorte de cession implicite en faveur de la société. Et il est parfois très difficile au fondateur, par la suite, de se lancer dans une activité concurrente sous le même nom[3]...

1. Cour d'appel de Paris, 17 octobre 1988 et cour d'appel de Paris, 8 novembre 1984, cités notamment dans Éric Cempura, « Nom patronymique et dénomination sociale », *L'Actualité réglementaire et économique de l'entreprise*, n° 22, décembre 1995.

2. Chambre commerciale de la Cour de cassation, 12 mars 1985, *La Semaine juridique (JCP)*, 1985, II, 20400, conclusions M. Montanier, note critique Georges Bonet.

3. Claude Colombet, « Le nom et les propriétés incorporelles », *Dalloz*, 1989, chronique, p. 31. Yves Reboul, « Nom patronymique, nom commercial et marque », *Cahiers du droit d'auteur*, 1990, p. 28. Grégoire Loiseau, « Les contrats utilisant l'usage d'un nom », *La Semaine juridique (JCP), Cahiers de droit de l'entreprise*, 30 avril 1998, n° 2, p. 19. Cour d'appel de Paris, 15 décembre 2004, *Dalloz*, 2005, p. 772, observations Philippe Allaeys.

III

Les droits accordés par la propriété littéraire et artistique

La propriété littéraire et artistique accorde à ses bénéficiaires deux types bien distincts de prérogatives.

On peut identifier, d'une part, les droits patrimoniaux, appelés aussi droits pécuniaires et, d'autre part, les droits moraux, communément désignés de façon générique par l'expression « droit moral ». Chacune de ces familles de droits relève d'une nature particulière et possède ses propres caractères.

Les droits patrimoniaux

Les droits patrimoniaux sont un monopole d'exploitation accordé au titulaire du droit d'auteur. Le titulaire d'origine est en principe l'auteur, mais ses droits peuvent être par la suite transmis à un éditeur, des héritiers, etc[1].

Pour ce qui concerne l'édition littéraire[2], les droits patrimoniaux de l'auteur sont constitués par deux grands attributs : le droit de représentation et le droit de reproduction, l'article L. 122-1 du CPI disposant en effet que « le droit d'exploitation appartenant à l'auteur comprend le droit de représentation et le droit de reproduction ».

Définitions du droit de représentation et du droit de reproduction

Le CPI donne des définitions du droit de représentation et du droit de reproduction.

Selon l'article L. 122-2, « la représentation consiste dans la communication de l'œuvre au public par un procédé quelconque [...] ». Le même article donne ensuite quelques exemples de ces procédés de communication : récitation publique, représentation dramatique, projection, télédiffusion, etc. La diffusion

1. Voir le chapitre IV « La titularité des droits ».
2. Il existe en effet, outre les droits de représentation et de reproduction, un droit de suite propre aux ventes publiques d'œuvres d'art et qui reste dénié aux manuscrits en droit français.

d'une adaptation cinématographique, un spectacle de danse, de marionnettes ou de mime tiré de l'œuvre littéraire, une lecture publique du roman, une projection de son adaptation audiovisuelle relèvent ainsi du droit de représentation.

À la différence de la « reproduction », qui peut s'analyser en tout produit matériel tiré de l'œuvre, c'est presque dans le sens de représentation théâtrale – de « service » en terme commercial – qu'il faut entendre la « représentation » juridique.

En effet, selon les termes de l'article L. 122-3 du CPI, « la reproduction consiste dans la fixation matérielle de l'œuvre par tous procédés qui permettent de la communiquer au public d'une manière indirecte ». La liste indicative comprend l'imprimerie, la gravure, la photographie, l'enregistrement, etc. Toute commercialisation de l'œuvre que l'acheteur peut emporter, tel un livre, une cassette vidéo ou audio de l'adaptation audiovisuelle du roman, un tableau illustrant une scène du récit, est à inclure dans les reproductions de l'œuvre. La commercialisation de l'œuvre en braille est une reproduction[1].

Les concepts de reproduction et de représentation s'appliquent quelles que soient les conditions de l'exploitation de ces droits : caractère gratuit ou commercial[2], copie d'un seul exemplaire ou fabrication en nombre[3], etc.

Les notions de droit de représentation et de droit de reproduction, ainsi que leur définition sont bien entendu aujourd'hui contestées car elles ne répondent plus aux avancées technologiques : la frontière s'efface entre les deux droits, et les juridictions sont pour l'heure encore bien en peine de déterminer si la mise en réseau d'une œuvre est un exercice du droit de représentation ou du droit de reproduction. Ces notions demeurent toutefois des instruments juridiques toujours incontournables puisqu'ils sont inscrits expressément dans l'ensemble des textes afférents au droit de la propriété littéraire et artistique. La référence aux droits de reproduction et de représentation s'avère donc indispensable dans un contrat tel que celui d'édition.

Le droit d'exposition

Les bibliothèques accueillent fréquemment des expositions. Quant aux librairies, elles accrochent souvent en vitrine ou sur leurs murs quelques portraits d'écrivains. Or, deux décisions de justice retentissantes risquent de mettre un frein sévère à ce type de manifestation.

Paris-Bibliothèques a été lourdement condamné dans deux arrêts de la Cour de cassation, rendus concomitamment le 6 novembre 2002[4]. L'organisme était poursuivi pour avoir utilisé, dans le cadre d'une exposition, les clichés de deux photographes, sans qu'aucune autorisation particulière ne leur ait préalablement été demandée.

1. Tribunal correctionnel de la Seine, 16 mai 1925, *Dalloz hebdomadaire*, 1925, 422.
2. Cour d'appel de Paris, 24 février 1931, *Annales de la propriété industrielle, artistique et littéraire*, 1931, 171.
3. Cour d'appel de Paris, 21 janvier 1963, *La Semaine juridique (JCP)*, 1963, 13235, note Delpech.
4. En appel, voir : Cour d'appel de Paris, 20 septembre 2000, *Propriétés intellectuelles*, n° 1, 2001, p. 64, observations Pierre Sirinelli.

A donc été reconnu expressément pour la première fois, au profit des créateurs, un véritable droit d'exposition. Jusqu'à ces dernières années, les commentateurs les plus autorisés contestaient en effet l'existence d'un tel droit. Et tous les professionnels de la culture s'accordaient à considérer que seul le catalogue d'exposition nécessitait, comme tout produit d'édition, l'obtention de l'accord de l'auteur et le versement d'une rémunération.

Au soutien de cette nouvelle position, la cour d'appel de Paris s'est appuyée sur les articles L. 122-1 et L. 122-2 du CPI, qui prévoient que tout auteur peut autoriser ou s'opposer à la présentation publique de son œuvre; ce qui inclut tacitement, selon les juges, le droit d'exposer au public.

Précisons que le but poursuivi par celui qui expose, qu'il soit culturel, pédagogique ou directement mercantile est, en pur droit, indifférent: les magistrats ont relevé, dans une des deux affaires, qu'« indépendamment de l'insuccès de l'exposition qui n'a donné lieu qu'à 3094 entrées payantes et de la vente limitée du catalogue de l'exposition (648 exemplaires sur un tirage de 2000), le préjudice patrimonial subi [...] doit être évalué à la somme de 60000 francs (soit 9147 euros) »...

Par ailleurs, la cour a estimé qu'en sus de la violation des droits patrimoniaux, Paris-Bibliothèques avait doublement bafoué le droit moral du photographe. Son nom n'était pas mentionné et ses œuvres étaient exposées dans un format qu'il n'avait pas agréé...

Or la propriété matérielle est en théorie indépendante de la propriété intellectuelle[1]. Et fortes de la nouvelle jurisprudence, les juridictions en viendront peut-être prochainement à exiger des institutions culturelles qu'elles acquièrent clairement le droit d'exposer leurs propres collections. Une fois les œuvres intégrées aux collections publiques, il faudra rémunérer les auteurs et les ayants droit, notamment les éditeurs, pour pouvoir les montrer aux visiteurs.

Certains États, par exemple le Portugal, ont prévu que l'acquisition de la propriété matérielle d'une œuvre en vue de l'exposer entraînait implicitement le droit d'exposer celle-ci, sauf clause contraire. À l'inverse, quelques autres législations reconnaissent expressément le droit d'exposition. De l'Association internationale des arts plastiques (AIAP) à la Confédération internationale des sociétés d'auteurs et compositeurs (CISAC), de nombreux groupements internationaux plaident également en ce sens. Les discussions internes à l'Organisation mondiale de la propriété intellectuelle (OMPI) et à l'Unesco – qui gèrent les deux grandes conventions internationales sur le droit d'auteur – révèlent de grandes divergences entre les pays membres, qui ont pour l'heure empêché d'aboutir à une position claire.

En France, les débats parlementaires ayant précédé l'adoption de la loi du 3 juillet 1985 (qui a modifié la loi du 11 mars 1957 sur la propriété littéraire et artistique, intégrée au CPI) avaient évoqué la reconnaissance du droit d'exposition. Le ministère de la Culture s'y était opposé, au motif qu'une telle consécration aurait alourdi les charges des collectivités publiques. La discussion avait donc été prudemment et promptement enterrée; et le texte final est donc resté

1. Voir « L'indépendance des propriétés matérielle et intellectuelle ».

suffisamment évasif pour laisser le dernier mot à une interprétation jurisprudentielle.

La Cour de cassation a validé la jurisprudence, inaugurée par la cour d'appel de Paris, sur le droit d'exposition en bibliothèque[1]. Dans les deux arrêts rendus, la Cour de cassation n'a en effet pas atténué cette position et a rejeté les pourvois formés. Elle a relevé que le photographe « n'avait remis des clichés des œuvres concernées à deux collectionneurs que pour un usage particulier et différent de celui » qui était reproché à Paris-Bibliothèques. Elle en conclut que « l'exposition au public d'une œuvre photographique en constitue une communication [...] et requiert, en conséquence, l'accord préalable de son auteur ».

Les caractères des droits patrimoniaux

La vocation des droits patrimoniaux est de permettre à l'auteur de tirer profit de son œuvre. Ces droits sont en effet cessibles : ils peuvent faire l'objet de transactions commerciales avec un éditeur, un producteur cinématographique ou phonographique ou avec tout autre intervenant. Le cessionnaire acquiert une véritable propriété sur ces droits et pourra, sous certaines conditions, procéder à son tour à de nouvelles cessions.

La propriété sur les droits patrimoniaux est cependant sujette à une contrainte importante : sa durée est limitée dans le temps. À l'issue d'une période déterminée, l'œuvre tombe dans ce que l'on nomme communément le « domaine public[2] ».

Enfin, il faut signaler, au titre des dispositions du CPI incluses dans le chapitre concernant les droits patrimoniaux, l'article L. 122-9 qui évoque le cas de l'abus notoire par les héritiers de leurs droits patrimoniaux[3].

Les droits moraux

Ils sont l'objet d'un important chapitre du CPI qui s'étend de l'article L. 121-1 à l'article L. 121-9. L'ensemble de ce chapitre péchant par une rédaction lacunaire et maladroite, il faut, au vu de la jurisprudence et de la doctrine, en généraliser les conclusions[4]. C'est pourquoi des caractères que la loi n'attribue qu'à certains droits moraux s'appliquent, dans la pratique, à l'ensemble des droits moraux : droit de divulgation, droit au respect du nom et de la qualité, droit au respect de l'œuvre et droit de retrait ou de repentir.

1. Première chambre civile de la Cour de cassation, 6 novembre 2002, *Communication commerce électronique*, 2003, n° 2, observations Christophe Caron.
2. Voir le chapitre VI « La durée des droits ».
3. Voir « Droit d'auteur et successions ».
4. Frédéric Pollaud-Dullian, « Le droit moral en France à travers la jurisprudence récente », *Revue internationale du droit d'auteur*, juillet 1990, n° CVL, p. 127.

Le droit de divulgation

Le droit de divulgation est inscrit dans le CPI à l'article L. 121-2.

Celui-ci précise que l'auteur « détermine le procédé de divulgation et fixe les conditions de celle-ci ». Le droit de divulgation est le droit par lequel l'auteur est seul à décider si son œuvre peut être ou non rendue publique. Quand bien même il serait lié par un contrat et tenu de livrer un manuscrit, les tribunaux ne peuvent l'y forcer s'il s'y refuse[1]. Les magistrats lui demanderont de verser à l'éditeur une compensation pécuniaire, mais en aucun cas ils ne lui feront obligation de livrer son œuvre.

De même, quiconque entre en possession du support matériel d'une œuvre ne peut la divulguer qu'avec le consentement de l'auteur. C'est ainsi que le propriétaire d'un tableau ou d'un manuscrit peut se voir interdire de le rendre public[2].

Quant aux « conditions » du « procédé » de divulgation, dont l'auteur reste maître selon la loi, il s'agit tout simplement du droit attribué à l'auteur de librement décider que sa pièce ne sera pas publiée mais seulement jouée, ou bien récitée mais non jouée, etc.

La divulgation nécessite le consentement de tous les coauteurs[3] d'une œuvre[4]. L'article L. 121-9 apporte enfin certaines précisions sur les rapports entre droit de divulgation et mariage[5].

Cet attribut du droit moral ne doit pas être pris à la légère. Il a ainsi été jugé par la Cour de cassation, le 25 février 1997[6], que la production d'un manuscrit inédit en justice constituait une divulgation de l'œuvre et donc une violation du droit moral… Et le tribunal de grande instance de Paris a rappelé, le 21 septembre 1994[7], qu'une autorisation de consultation d'archives inédites ne permet pas au chercheur de divulguer en librairie l'œuvre ainsi découverte.

Le droit de divulgation s'étend jusqu'aux conditions de la divulgation. C'est ainsi qu'un auteur peut invoquer ce droit moral pour refuser une exploitation sur certains supports. Le 13 février 1981, la cour d'appel de Paris a jugé, à propos de portraits représentant Jean Anouilh, que si le photographe « avait autorisé *Paris-Match* à divulguer les cinq photos en cause dans son magazine, il n'a jamais autorisé TF1 à les divulguer par la voie de la télévision ».

De même, la cour d'appel de Paris a eu à connaître d'une curieuse pratique éditoriale, le 18 novembre 1998 : « M. O…, journaliste, a remis, courant mars 1995, à la rédaction du "Petit Futé" un texte relatif au delta du Mékong destiné à être publié dans le Country Guide consacré au Viêtnam. […] Cet article [a] été, sans être rémunéré, inséré sous une rubrique "courrier du lecteur" […]. Il

1. Chambre civile de la Cour de cassation, 14 mars 1900, *Sirey*, 1900, I, 489.

2. Première chambre civile de la Cour de cassation, 15 janvier 1969, *Dalloz*, 1969, 476.

3. Voir « Les œuvres de collaboration ».

4. Cour d'appel de Paris, 26 septembre 1988, *La Semaine juridique (JCP)*, 1990, I, 3433, note Bernard Edelman.

5. Voir « Droit d'auteur et régimes matrimoniaux ».

6. Première chambre civile de la Cour de cassation, 25 février 1997, *Revue internationale du droit d'auteur*, n° CLXXIII, juillet 1997, p. 287.

7. Tribunal de grande instance de Paris, 21 septembre 1994, *Revue internationale du droit d'auteur*, janvier 1995, n° CLXIII, p. 253.

est sans incidence que la lettre du 25 mars 1995 par laquelle il s'est opposé à la publication de son texte sous la forme d'une lettre du lecteur soit parvenue après la parution du guide. [...] En publiant l'article dans ces conditions, assimilant l'œuvre d'un journaliste professionnel à la contribution gracieuse d'un voyageur amateur à la confection du guide », il a été porté atteinte au droit de divulgation de l'auteur.

Perpétuel comme tous les droits moraux[1], et franchissant donc la frontière du domaine public, le droit de divulgation est transmissible par voie successorale. Aux termes de l'article L. 121-2 du CPI, « après sa mort, le droit de divulgation de ses œuvres posthumes est exercé leur vie durant par le ou les exécuteurs testamentaires désignés par l'auteur. À leur défaut, ou après leur décès, et sauf volonté contraire de l'auteur, ce droit est exercé dans l'ordre suivant : par les descendants, par le conjoint contre lequel n'existe pas un jugement passé en force de chose jugée de séparation de corps ou qui n'a pas contracté un nouveau mariage, par les héritiers autres que les descendants qui recueillent tout ou partie de la succession, et par les légataires universels ou donataires de l'universalité des biens à venir »... Bref, il y a toujours quelqu'un pour veiller au grain[2].

Les inédits

L'exercice *post mortem* du droit de divulgation a d'ailleurs donné lieu à quelques-unes des plus retentissantes affaires juridico-littéraires.

L'article L. 121-3 du CPI envisage en effet les « cas d'abus notoire dans l'usage ou le non-usage du droit de divulgation de la part des représentants de l'auteur décédé ».

La cour d'appel de Paris a ainsi sanctionné, le 24 novembre 1992[3], la publication des cours de Roland Barthes. Les séminaires de Jacques Lacan ont été examinés par le tribunal de grande instance de Paris, le 11 décembre 1985[4].

Plus récemment, le 24 octobre 2000[5], la Cour de cassation a mis un terme à l'affaire Antonin Artaud. Les hauts magistrats ont rejeté les demandes du neveu du créateur visant à interdire aux éditions Gallimard la publication du vingt-sixième tome de ses œuvres complètes. Ils ont estimé que « le droit de divulgation *post mortem* n'est pas absolu et doit s'exercer au service de l'œuvre, en accord avec la personnalité et la volonté de l'auteur telle que révélée et exprimée de son vivant ; [...] en l'espèce, l'édition des œuvres complètes d'Antonin Artaud, voulue par l'auteur et entreprise avec l'assentiment de ses héritiers, s'est poursuivie depuis la mort du poète, conformément à sa volonté de communiquer avec le public et dans le respect de son droit moral, pour la propagation d'une pensée qu'il estimait avoir mission de délivrer ».

1. Voir « Caractères des droits moraux ».
2. Voir « Droit d'auteur et successions ».
3. Cour d'appel de Paris, 24 novembre 1992, *Revue internationale du droit d'auteur*, janvier 1993, n° CLV, p. 191.
4. Tribunal de grande instance de Paris, 11 décembre 1985, *Dalloz*, 1987, Sommaires commentés, 155, observations Claude Colombet.
5. Première chambre civile de la Cour de cassation, 24 octobre 2000, *Dalloz*, 2001, p. 918, note Christophe Caron.

À son tour, le 24 janvier 2001, la cour d'appel de Toulouse a débouté les ayants droit d'un écrivain espagnol, qui tentaient de s'opposer à la sortie en France d'un roman dont l'auteur avait de son vivant autorisé la traduction[1].

Récemment, la Cour de cassation a estimé qu'à défaut d'avoir clairement exprimé sa volonté, l'explorateur François Balsan n'avait pas souhaité voir divulguer ses écrits après sa mort[2].

Les inédits sont souvent des fonds de tiroir et parfois de réels chefs-d'œuvre que l'on croyait disparus à tout jamais. Tous suscitent de grandes passions, littéraires, financières ou scientifiques, qui peuvent même prendre un tour judiciaire. Le droit sur les œuvres posthumes est en effet complexe mais d'une rigueur implacable tant prévue par le CPI, que rappelée sans cesse par la jurisprudence.

Aux termes de l'article L. 123-4 du CPI, « le droit d'exploitation des œuvres posthumes appartient aux ayants droit de l'auteur si l'œuvre est divulguée au cours de la période [*de protection, c'est-à-dire généralement pendant au moins soixante-dix ans à compter de la mort de l'auteur*]. Si la divulgation est effectuée à l'expiration de cette période, il appartient aux propriétaires, par succession ou à d'autres titres, de l'œuvre qui effectuent ou font effectuer la publication[3] ».

Pour l'écrivain qui n'est pas encore tombé dans le domaine public, seuls ses ayants droit percevront des redevances ; en revanche, pour ce qui est du manuscrit caché et publié après la période légale de protection, les droits patrimoniaux reviendront au propriétaire matériel de l'inédit. Il s'agit là d'une exception au principe d'indépendance des propriétés incorporelle et matérielle.

Dans ce second cas, « la durée du droit exclusif est de vingt-cinq années à compter du 1er janvier de l'année civile suivant celle de la publication ». Mais l'abus de droit sanctionne ceux qui attendront l'expiration de la période légale de protection pour divulguer leurs trésors et bénéficier de quelque vingt-cinq ans de redevances. De plus, en 1990, la cour d'appel de Paris a estimé que celui qui procède à la publication d'un inédit ne peut exiger la mention de son nom sur chaque reproduction de cet inédit[4].

Les interrogations se font par ailleurs nombreuses face à la multiplication des différents états (ébauches, brouillons, etc.) d'un même texte, voire de ses copies manuscrites successives ; sans compter que, dans l'avenir, le cas des écrivains qui ne passent pas par une étape manuscrite (créant directement sur leur Underwood ou leur e-Mac) entraînera de nouveaux conflits. Un arrêt de la Cour de cassation de 1993, rendu à propos d'un inédit de Jules Verne, a tranché en faveur du propriétaire du manuscrit original et non de celui de la copie[5].

1. Cour d'appel de Toulouse, 20 janvier 2001, *Communication commerce électronique*, 2001, n° 71, observations Christophe Caron.

2. Première chambre civile de la Cour de cassation, 4 novembre 2004, *Dalloz*, p. 3223, observations Philippe Allaeys.

3. Voir « Droit d'auteur et successions ».

4. Cour d'appel de Paris, 22 novembre 1990, *Revue internationale du droit d'auteur*, avril 1991, p. 129.

5. Première chambre civile de la Cour de cassation, 9 novembre 1993, *Dalloz*, 1994, jurisprudence, p. 155, note André Françon.

Par ailleurs, le tribunal de grande instance de Paris a de nouveau jugé, en 1989, que les bibliothèques sont bel et bien elles aussi titulaires des droits sur les manuscrits inédits dont elles sont propriétaires. Un décret du 20 février 1809 – toujours officiellement en vigueur – le précisait bien avant l'adoption de la législation actuelle, qui profite désormais à tous les « conservateurs », qu'il s'agisse d'établissements de consultation et de recherche comme de bibliophiles.

L'article L. 123-4 du CPI précise : « Les œuvres posthumes doivent faire l'objet d'une publication séparée, sauf dans le cas où elles ne constituent qu'un fragment d'une œuvre précédemment publiée. Elles ne peuvent être jointes à des œuvres du même auteur précédemment publiées que si les ayants droit de l'auteur jouissent encore sur celles-ci du droit d'exploitation. » Une telle prohibition trouve son origine dans la peur de voir certains collectionneurs de manuscrits procéder à un amalgame trompeur entre les deux parties et s'arroger des droits sur des œuvres déjà tombées dans le domaine public.

La pratique invite les éditeurs prudents qui souhaitent réunir les inédits à obtenir l'accord aussi bien du propriétaire du manuscrit que des ayants droit de l'auteur. Car, en tout état de cause, ceux-ci conservent un droit moral sur l'ensemble de l'œuvre, droit qui ne connaît pas le domaine public puisqu'il est transmissible perpétuellement.

Enfin, c'est ce même droit de divulgation qui empêche également la simple citation, sans autorisation expresse, de textes inédits.

Le droit au respect du nom et de la qualité

L'article L. 121-1 attribue à l'auteur le « droit au respect de son nom et de sa qualité ». Il s'agit, pour l'auteur, du droit de voir son nom apposé sur son œuvre, d'en être reconnu publiquement comme l'auteur. Il dispose là d'un véritable droit de paternité qui s'étend à toutes les manifestations de l'exploitation de son œuvre. Un éditeur a, par exemple, été condamné pour avoir omis de mentionner le nom d'un spécialiste qui avait révisé le texte d'une réédition d'un dictionnaire français-espagnol[1].

Quant à la « qualité », elle consiste en certains titres dont l'auteur peut légitimement exiger que mention soit faite : « de l'Académie française », « membre de la Société asiatique de Calcutta » (pour l'ouvrage d'un indianiste), « prix Nobel de littérature », etc[2]. Cette exigence est soumise à des limites raisonnables sous peine d'être considérée en justice comme un abus de droit. L'auteur ne peut s'entêter à faire mentionner tout et n'importe quoi. Il faut en ce domaine se référer aux usages en vigueur.

Le nom et éventuellement la qualité de l'auteur devront être apposés, non seulement sur le livre mais encore sur tout document promotionnel ou

1. Tribunal de grande instance de Paris, 28 juin 1983, *Revue internationale du droit d'auteur*, octobre 1983, n° CXVIII.

2. Tribunal civil de la Seine, 2 avril 1951, *Annales de la propriété industrielle, artistique et littéraire*, 1951, 317. Tribunal de grande instance de Paris, 6 décembre 1976, *Revue internationale du droit d'auteur*, janvier 1978, n° XVC, p. 160.

publicitaire[1]. Un catalogue doit comporter le nom du scénariste d'une bande dessinée aux côtés de celui du dessinateur[2]. Des affiches vantant les mérites d'un guide de Paris, et destinées au réseau publicitaire du métro, ont dû être modifiées afin que le nom des auteurs puisse y figurer. De même, un éditeur a été condamné en 1951 pour avoir publié un encart publicitaire avec la seule mention : « par l'auteur de *L'Histoire de Paris*[3] ». Il a déjà été jugé que « la nature du support multimédia » ne dispense pas du respect des prescriptions légales, n'en déplaise à ceux qui l'avaient hâtivement enterré avec l'avènement des nouvelles technologies[4].

Il est à noter que chaque fois que l'auteur aura à subir une reproduction illicite du type que l'on appelle communément « plagiat[5] », il pourra attaquer le contrefacteur sur la base de la contrefaçon.

Bien entendu, l'éditeur ne doit pas oublier que ce droit moral s'applique non seulement à l'auteur du texte mais aussi à ceux des photographies et illustrations, quels que soient, au sein du livre, leur emplacement, leur taille et leur nombre. Les conflits sont nombreux en matière de photographie. Chaque reproduction doit en effet être véritablement accompagnée du nom du photographe[6] et non de celui de la seule agence. La mention « D. R. » est à proscrire totalement : elle est non seulement attentatoire au droit au respect du nom mais sert trop souvent de cache-misère à de véritables contrefaçons[7]. Les tribunaux ne s'y trompent pas et sanctionnent lourdement les habitués du « D. R. ». Le « crédit » peut être collectif seulement s'il permet d'attribuer précisément à chaque photographe son œuvre[8]. Cette règle de la nécessaire attribution de chaque cliché s'applique même dans le cas d'une œuvre collective[9] telle qu'une encyclopédie ou une revue. Par ailleurs, les auteurs d'œuvres photographiées peuvent également imposer la mention de leur nom aux côtés de celui du photographe. Un architecte a ainsi vocation à voir son nom respecté, même lorsque son œuvre n'est pas nécessairement protégée par le droit d'auteur en tant que tel[10].

En revanche, celui qui a procédé à la publication d'un inédit posthume d'un auteur ne peut exiger la mention de son nom sur chaque reproduction[11].

1. Tribunal civil de la Seine, 20 février 1922, *Annales de la propriété industrielle, artistique et littéraire*, 1922, 229.

2. Cour d'appel de Paris, 7 avril 1998, *Dalloz*, 1998, 134, observations Claude Colombet.

3. Tribunal de commerce de la Seine, 2 avril 1951, *Dalloz*, 1951, 343.

4. Tribunal de grande instance de Paris, 29 avril 1998, inédit. Sophie Dangu, « Faut-il repenser le droit moral ? », *Cahiers-Lamy droit de l'informatique*, n° 74, octobre 1995, p. 7.

5. Voir « La contrefaçon et l'action en contrefaçon ».

6. Cour d'appel de Versailles, 20 mai 1988, *Dalloz*, 1989, Sommaires commentés, 44, observations Claude Colombet.

7. Voir le chapitre XV « Atteinte et protection des droits ».

8. Cour d'appel de Paris, 18 février 1988, *Cahiers du droit d'auteur*, mai 1988, p. 23. Tribunal de grande instance de Paris, 29 avril 1998, inédit.

9. Voir « Les œuvres collectives ».

10. Tribunal de grande instance de Paris, 13 novembre 1970, *Gazette du Palais*, 1971, I, 352.

11. Cour d'appel de Paris, 22 novembre 1990, *La Semaine juridique (JCP)*, 1991, II, 21736, note Gautreau.

Les « nègres »

Quant au « nègre », s'il est le véritable auteur du texte, ou un des coauteurs, il garde toujours la possibilité de révéler son rôle et d'exiger la mention de son nom en tant qu'auteur[1]. La force du droit moral – en l'occurrence le droit au respect du nom – est telle que toute autre considération vient en second lieu. Il serait illusoire pour un éditeur de croire que la signature d'un contrat de « nègre » – c'est-à-dire de louage de services –, même assortie d'une clause lui faisant obligation de ne pas se dévoiler, puisse empêcher le nègre de révéler son identité et d'obtenir l'attribution des droits qui lui sont reconnus au titre de la propriété littéraire et artistique[2]. La preuve sera d'autant plus facile à apporter par le nègre que l'éditeur lui aura versé de véritables droits d'auteur. Et le « faux » auteur, c'est-à-dire celui qui devait signer seul le livre, ne peut valablement reprocher à l'éditeur de faire figurer le nom du nègre en qualité de coauteur[3].

En 1859, Maquet perdit en appel un retentissant procès destiné à faire reconnaître sa paternité de nombreux romans d'Alexandre Dumas[4]. La jurisprudence a depuis lors fortement évolué en faveur des « nègres » et n'admet donc plus de nos jours la validité des clauses par lesquelles ils renoncent à voir leur nom figurer sur le livre.

L'article L. 113-1 du CPI dispose cependant que « la qualité d'auteur appartient, sauf preuve contraire, à celui ou à ceux sous le nom de qui l'œuvre est divulguée ». Le nègre devra donc prouver son rôle dans le processus de création. Les proches d'un auteur, qui peuvent l'avoir peu ou prou guidé dans son travail, sont ainsi parfois enclins à vouloir sortir de l'ombre. Les héritiers de Julia Daudet, épouse d'Alphonse[5], tout comme la veuve de Jean Bruce[6], le créateur d'*OSS 117*, avaient vainement tenté de faire valoir une revendication de cet ordre. Des *rewriters*, tout comme des correcteurs ou même des imprimeurs se sont également vu dénier le titre de coauteurs. Mais l'existence de manuscrits à quatre mains, de correspondances, le versement d'une rémunération et *a fortiori* la conclusion d'un contrat avec l'éditeur ne pourront que faciliter la tâche du nègre qui cherche à sortir de l'ombre par la voie judiciaire.

Par surcroît, les récents déboires de certaines signatures connues ont démontré que le recours à un « documentaliste » n'est pas sans risques pour ce qui concerne les éventuels plagiats que celui-ci aura, par malveillance ou par « je-m'en-foutisme », glissés dans sa copie. Bien que disposant en théorie d'une garantie contractuelle, l'éditeur peinera à se retourner officiellement contre un tel soutier de l'édition. Car le nègre pourra souvent lui reprocher, en retour, aussi bien la

1. Cour d'appel de Paris, 31 janvier 1989, *Cahiers du droit d'auteur*, n° 16, p. 13. Christophe Caron, « Les "nègres" et le droit d'auteur », *La Vie judiciaire*, 24 janvier 1994, p. 7.
2. Cour d'appel de Paris, 10 juin 1986, *Dalloz*, 1987, Sommaires commentés, 154, observations Claude Colombet.
3. Cour d'appel de Paris, 11 février 1987, *Juris-Data*, n° 21812.
4. Cour d'appel de Paris, 14 novembre 1859, *Annales de la propriété industrielle, artistique et littéraire*, 1859, 390.
5. Cour d'appel de Paris, 9 juin 1964, *La Semaine juridique (JCP)*, 1965, II, 14172, note André Françon.
6. Tribunal de grande instance de Paris, 8 mars 1985, *Revue du droit de la propriété intellectuelle*, n° 1, 1985, p. 155.

violation du droit au respect de son nom que l'absence de rémunération proportionnelle aux recettes générées par l'ouvrage.

La seule solution consiste bien évidemment à porter le nom du nègre sur le livre (au pire sous la formule « avec la collaboration de ») et à le faire bénéficier d'un pourcentage substantiel sur les ventes.

Il est également possible de prévoir dans le contrat qu'un nègre déterminé travaillera de concert avec l'auteur officiel : il a en effet déjà été jugé que celui-ci ne peut alors substituer son propre nègre à celui désigné contractuellement.

Enfin, il faut noter que l'accusation d'avoir eu recours aux services d'un nègre a été considérée comme diffamatoire à l'occasion de la parution du livre de Simone Signoret, *La nostalgie n'est plus ce qu'elle était*[1].

Les pseudonymes

Le droit au respect du nom n'impose nullement à l'auteur une totale transparence. Il peut choisir de conserver l'anonymat ou de publier sous pseudonyme. Mais l'auteur qui n'a pas manifesté de volonté contraire durant l'élaboration de l'ouvrage ne peut demander en référé la suppression de son nom d'un ouvrage collectif pour le cas où l'orientation de celui-ci ne lui conviendrait plus[2].

En revanche, l'éditeur ne peut révéler le nom véritable de l'auteur qui a choisi de se cacher sous pseudonyme. En cas de révélation par son éditeur, l'auteur pourra obtenir facilement en justice la résiliation du contrat d'édition aux torts de l'éditeur[3]. Auteur et éditeur doivent néanmoins être conscients des importantes conséquences juridiques qu'entraîne le recours à l'anonymat ou au pseudonyme[4].

Qu'il s'agisse d'un pseudonyme ou du patronyme de naissance, le choix d'un nom de plume peut également devenir un problème juridique. En témoigne une jurisprudence plutôt étonnante.

La loi du 6 Fructidor an II interdit à tout citoyen de porter d'autres nom et prénom que ceux de son acte de naissance. Mais l'utilisation d'un pseudonyme dans le cadre d'une activité littéraire ou artistique est autorisée, sous réserve de ne pas attenter aux droits d'autrui. Une fois établi, le pseudonyme confère à celui qui le porte un droit presque comparable à celui que tout un chacun possède sur son patronyme de naissance. Mais là encore, la réactivité face à la concurrence est essentielle.

À l'occasion de la sortie d'un roman sous le pseudonyme de Lec, la cour d'appel de Paris, le 8 juillet 1949, a estimé qu'« il est admis que lorsqu'un pseudonyme est répandu dans le public et attaché par un long usage à la personne qui en fait le choix, le tiers dont il constitue le nom patronymique ne peut enjoindre de le délaisser, alors surtout que ce nom patronymique a fait la renommée de celui qui l'a créé et qu'il n'a été, pendant de longues années, l'objet d'aucune

1. Cour d'appel de Paris, 5 avril 1979, *Revue internationale du droit d'auteur*, octobre 1979, n° CII, 140.
2. Tribunal de grande instance de Paris, 26 novembre 1996, *Légipresse*, avril 1997, p. 34.
3. Cour d'appel de Paris, 5 juillet 1979, *Dalloz*, 1981, Sommaires commentés, 84, observations Claude Colombet.
4. Voir le chapitre VI « La durée des droits ».

revendication, ni d'aucune protestation ». En l'occurrence, Le Lec qui poursuivait un Lec avait lui-même abandonné son propre nom. Les juges ont ainsi relevé que « si Le Lec, après avoir publié sous son nom trois plaquettes de vers de 1924 à 1928, a fait paraître un roman en 1927 et un autre en 1929, [...] par la suite, Le Lec a choisi le pseudonyme de Yann Le Cœur et s'est spécialisé dans la production de romans populaires ».

L'affaire la plus éloquente a été tranchée le 7 décembre 1955 par le tribunal de grande instance de Paris entre deux Bernard Frank: « Poulailler, homme de lettres, connu sous le pseudonyme de Bernard Frank a [...] fait assigner Bernard Frank, également homme de lettres, afin qu'il lui soit interdit sous astreinte d'utiliser son nom pour publier aucun ouvrage, aucun article ou pour prononcer aucune conférence publique ».

Les magistrats ont donc commencé par examiner le premier Bernard Frank: « Poulailler, qui avait servi comme officier dans la marine marchande puis, pendant les hostilités, dans la marine de guerre, s'est, à partir de 1920, consacré à la littérature sous le pseudonyme de Bernard Frank, composé avec son prénom usuel et avec le prénom d'un parent qui, comme lui, avait été marin; [...] il a publié chez divers éditeurs et notamment chez Flammarion des ouvrages consistant pour la plupart en récits de voyages et d'aventures maritimes; [...] il s'est livré également à une activité de conférencier. » « Au mois de mars 1953, les éditions de la Table ronde ont publié sous le nom de Bernard Frank un livre intitulé *Géographie universelle*. »

Ils ont ensuite procédé à une comparaison littéraire audacieuse: « Si les juges peuvent parfois être amenés à contraindre un individu à adjoindre à son nom, dans l'exercice de son activité littéraire ou artistique, une particularité propre à éviter tout préjudice à celui qui, antérieurement, a acquis sous ce nom, pris comme pseudonyme, une réelle notoriété, une telle mesure ne saurait se justifier en l'espèce. [...] Il convient en effet de relever qu'une différence d'âge de plus de 40 ans existe entre les deux écrivains; [...] depuis le début de sa carrière, Poulailler s'est surtout consacré à un genre littéraire auquel sa vie antérieure et ses voyages l'avaient spécialement préparé. [...] dans ses livres comme dans ses conférences, il s'est principalement attaché à exalter les hauts faits de la marine et en particulier de la marine française. [...] Bernard Frank, au contraire, est entré dans la vie littéraire sous le patronage de Jean-Paul Sartre; [...] ses livres sont des études de la vie contemporaine traitées dans un esprit tout autre que celui qui anime l'œuvre de son adversaire. [...] ils reflètent même des conceptions philosophiques, politiques et littéraires diamétralement opposées à celles qui sont à la base des ouvrages du demandeur. [...] ainsi, malgré l'identité du nom qui figure sur la couverture des livres des deux auteurs, les risques de confusion par le public sont certainement faibles. »

Enfin, les aléas de la vie de couple s'accommodent parfois assez mal du choix d'un nom de plume. Le 10 février 1981, le tribunal de grande instance de Paris a ainsi interdit à une journaliste de continuer de publier des livres sur les « femmes d'ennemis publics », en utilisant le nom de son ex-mari. Les juges ont souligné que « de toute manière, Isabelle Dumas aurait-elle acquis, comme écrivain, le droit d'user du patronyme des consorts de Wangen, elle ne saurait pour autant outrepasser les limites qu'impose, à l'exercice, des droits de la personnalité d'autrui. [...] il est indéniable que le nom des demandeurs s'est trouvé, par l'abus qu'en a fait la défenderesse, à diverses reprises mêlé à une évocation complaisante et tapageuse de la vie des criminels de droit commun ».

La mention des sources

La mention des sources est également une « contrainte » qui, si elle est ignorée, peut heurter directement le droit au respect du nom. Il est à la fois utile et difficile de faire œuvre à partir d'un sujet que des érudits devenus incontournables ont entièrement défriché. Le recours au droit de citation est notamment possible. Mais la règle essentielle reste celle de la mention des sources.

L'article L. 122-5 du CPI[1] autorise la citation. Le droit de citation permet donc d'emprunter quelques mots, voire quelques lignes. Mais c'est à condition qu'elle fasse expressément référence à l'auteur recopié. La citation n'est donc valable que « sous réserve que soient indiqués clairement le nom de l'auteur et la source ». Comme le précise Roland de Chaudenay, dans *Les Plagiaires, le nouveau dictionnaire*, « seul l'emprunt clandestin est un plagiat[2] ».

Lorsque la citation n'est pas correctement « sourcée », les poursuites ont souvent lieu sur le terrain de la contrefaçon.

Mais il arrive que l'œuvre ou les travaux ainsi repris ne remplissent pas les conditions de protection par le droit d'auteur. Il est alors possible d'agir en concurrence déloyale, en invoquant le « parasitisme[3] ». Sur ce terrain, faute avouée est parfois entièrement pardonnée.

La cour d'appel de Paris a jugé, dans une affaire retentissante, le 14 janvier 1992[4], qu'« il ne peut lui être fait grief de ne pas avoir cité ses sources dès la première édition de son roman, l'auteur d'une œuvre de fiction n'étant pas tenu de faire connaître les éléments dont s'est nourrie son imagination ». Mais Jean Vautrin avait annoncé à l'occasion de la remise du prix : « Je tiens à rendre un hommage reconnaissant à Patrick Griolet dont le travail minutieux et patient m'a aidé à donner aux héros de ce livre la vérité sensuelle et jaillissante de la langue et des chansons cadjines. Ses ouvrages *Mots de Louisiane* et *Cadjins et Créoles en Louisiane* constituent un tableau essentiel et vivant de ce rameau de la langue française, sans lequel ce roman n'aurait pas vu le jour. » Cette déclaration était reprise dans les éditions ultérieures du roman.

C'est pourquoi les juges ont estimé que « loin de porter préjudice à Patrick Griolet, la publication du roman de Jean Vautrin et l'hommage public qui lui a été rendu lors de l'attribution du prix Goncourt ainsi que sur les exemplaires publiés ultérieurement ont accru la notoriété de ses propres ouvrages ».

Il n'en a pas été de même dans l'affaire ayant opposé un dénommé Le Clech, qui avait signé notamment un article publié dans l'*Annuaire des dix mille bretons*, à Berruer, auteur de l'ouvrage *Les Bretons migrateurs*. Dans son arrêt en date du

1. Voir le chapitre VII « Les exceptions aux droits patrimoniaux ».
2. Voir Bibliographie générale.
3. Voir « L'action en concurrence déloyale ».
4. Cour d'appel de Paris, 14 janvier 1992, *Revue internationale du droit d'auteur*, avril 1992, p. 198.

19 février 1987[1], la cour d'appel de Paris commence par relever que « Le Clech a, durant plusieurs décennies, conduit des recherches sur l'émigration bretonne et qu'un minutieux travail d'historien accompli lui a permis d'acquérir une forte connaissance du sujet; [...] en revanche, rien dans les antécédents de Berruer, hormis une mère bretonne, ne le qualifiait pour écrire une histoire des Bretons migrateurs ». Les juges en concluent que « dans la mesure où divers passages [...] n'avaient pu être écrits que grâce à de larges emprunts aux articles publiés ici et là par Le Clech, il est clair que Berruer avait l'obligation de citer le nom de ce dernier pour mettre en évidence la contribution notable apportée par lui à la connaissance des événements rapportés dans *Les Bretons migrateurs* ».

Il faut donc encore citer proprement Roland de Chaudenay – qui renvoie lui-même à Nicolas Mullenders – à propos d'une lettre de Henry de Montherlant adressée à un jeune lecteur. Celui-ci avait relevé dans *Port-Royal* une phrase « clandestine » de Bossuet. Montherlant avoue avoir fait un test et conclut à l'attention de cet unique érudit: « Vous voyez que pour les auteurs français, toutes les difficultés de la création littéraire sont résolues, puisqu'il leur suffira désormais, le jour où ils n'auront plus rien à dire, d'emprunter largement à leurs prédécesseurs, dans une quasi totale impunité. »

L'usurpation de nom, c'est-à-dire le fait, par un auteur, de s'attribuer publiquement un ouvrage qui n'est pas le sien, ne relève pas du droit d'auteur mais d'autres branches du droit dont le droit pénal. Ce cas ne s'applique qu'à la véritable usurpation et non à l'utilisation d'un nègre.

Enfin, la déformation du nom de l'auteur est susceptible d'être fautive[2].

Le droit au respect de l'œuvre

L'article L. 121-1 du CPI prévoit également le droit au respect de l'œuvre. C'est, en pratique, celui des droits moraux qui subit le plus d'atteintes, car il entre très régulièrement en conflit avec les nécessités du métier d'éditeur. Ce droit interdit en effet à ce dernier tout acte qui pourrait porter atteinte à l'œuvre qu'il publie. Et ce respect que l'éditeur doit à l'œuvre se manifeste, au regard de la jurisprudence, sous des formes particulièrement nombreuses[3].

C'est ainsi, en premier lieu, qu'il ne saurait être question pour l'éditeur de procéder, sans accord de l'auteur, à toute suppression, modification, altération ou adjonction dans le texte: il ne peut, par exemple, supprimer des paragraphes[4], récrire les titres des chapitres ni insérer des répliques[5]. De même, il a été jugé que l'éditeur ne peut modifier de lui-même l'ordre des chapitres, procéder à l'ajout

1. Cour d'appel de Paris, 19 février 1987, *Revue internationale du droit d'auteur*, octobre 1987, p. 201.
2. Tribunal de grande instance de Paris, 9 mars 1994, inédit.
3. Première chambre civile de la Cour de cassation, 6 juillet 1965, *Revue internationale du droit d'auteur*, octobre 1965, n° IIIL, p. 221. Cour d'appel de Versailles, 8 juillet 1981, *Revue internationale du droit d'auteur*, octobre 1981, n° CX, p. 201.
4. Cour d'appel de Paris, 6 juin 1979, *Dalloz*, 1981, Informations rapides, 85, observations Claude Colombet.
5. M. Fabiani, « Le droit de l'auteur à l'intégrité de son œuvre », *Revue internationale du droit d'auteur*, janvier 1964, n° XL, p. 79.

d'illustrations[1], d'une préface[2], modifier la bibliographie[3] ou encore faire effectuer une mise à jour sans le consentement de l'auteur[4].

Là encore, comme pour les autres droits moraux, l'éditeur ne doit pas se contenter seulement d'être vigilant à l'égard de l'auteur du livre : il doit veiller également à ne pas mutiler l'œuvre reproduite en couverture[5] ou en pages intérieures en n'en reproduisant que des extraits, en la « colorisant » ou en supprimant des éléments d'une photographie. Il ne doit jamais oublier que l'illustrateur ou le photographe sont aussi des auteurs, dont il faut rechercher le consentement avant toute opération pouvant porter atteinte à l'intégrité de leur œuvre. Le recadrage[6], la reproduction inversée, la « colorisation[7] », le détourage sont autant d'atteintes au respect d'une œuvre, quelles que soient la nature et la taille de celle-ci.

L'éditeur ne peut pareillement supprimer de lui-même les passages à caractère raciste si l'auteur s'y refuse[8]. Il pourra alors seulement demander en justice la résiliation du contrat.

Par extension, la jurisprudence a admis que l'éditeur ne doit pas dénigrer l'œuvre et l'auteur qui sont inscrits à son catalogue. Il doit s'abstenir de fustiger les opinions de l'auteur, quelles qu'elles soient[9].

De plus, le respect dont l'éditeur doit entourer l'œuvre n'est pas purement matériel et limité à l'interdiction des modifications et autres adjonctions. Il doit également se manifester à l'égard de l'esprit de l'œuvre. L'éditeur ne pourra ainsi délibérément publier un drame dans une collection de pièces comiques, éditer sous une forme non consentie contractuellement ou encore procéder à la publication d'extraits qui dénaturent l'œuvre, même si le principe d'un découpage avait été autorisé par l'auteur[10].

Les adaptations audiovisuelles

Les atteintes au respect de l'œuvre surgissent souvent à l'occasion d'adaptations d'une œuvre, par exemple d'un roman pour le cinéma[11]. Là encore, l'esprit de l'œuvre d'origine doit être respecté par l'adaptateur. Il faut trouver un juste milieu entre la nécessaire déformation de l'œuvre due à son adaptation et son respect prévu par la loi. En l'absence de dispositions contractuelles précises

1. Cour d'appel de Lyon, 25 juin 1847, *Dalloz*, 1847, 2, 152.
2. Tribunal de grande instance de Paris, 25 novembre 1987, *Dalloz*, 1989, Sommaires commentés, 46, observations Claude Colombet.
3. Tribunal de grande instance de Paris, 6 décembre 1976, *Revue internationale du droit d'auteur*, janvier 1978, n° VC, p. 160.
4. Tribunal de grande instance de Paris, 10 novembre 1971, *Dalloz*, 1972, Sommaires commentés, 147.
5. Voir « Les citations et analyses ».
6. Cour d'appel de Paris, 11 juin 1990, *Dalloz*, 1990, Informations rapides, 191. Tribunal de grande instance de Paris, 30 avril 1997, *Gazette du Palais*, 17-19 mai 1998, n° 137, p. 22.
7. Cour d'appel de Versailles, 19 décembre 1994, *Dalloz*, 1995, Informations rapides, 65.
8. Cour d'appel de Paris, 7 juin 1982, *Dalloz*, 1983, Informations rapides, 97, observations Claude Colombet.
9. *Ibid.*
10. Cour d'appel de Paris, 10 octobre 1957, *Gazette du Palais*, 1958, I, 27.
11. Tribunal de grande instance de Paris, 25 mai 1994, *Dalloz*, 1995, Sommaires commentés, 285.

(sujettes elles-mêmes à de nombreuses limitations[1]), c'est au juge que reviendra, en cas de conflit, le pouvoir d'estimer si le respect de l'œuvre a été ou non atteint.

Pour pallier toute atteinte au respect de leur œuvre, certains écrivains n'hésitent pas à exiger une clause de respect parfois très détaillée dans le contrat d'adaptation[2]. Il faut relever à ce propos une sorte d'exception légale qui autoriserait un tiers à terminer l'œuvre d'un écrivain supposé rédiger lui-même le scénario adapté de son roman. En effet, selon l'article L. 121-6 du CPI, qui concerne les auteurs de l'œuvre audiovisuelle (au titre desquels la loi assimile l'auteur du roman adapté), « si l'un des auteurs refuse d'achever sa contribution à l'œuvre audiovisuelle ou se trouve dans l'impossibilité d'achever cette contribution par suite de force majeure, il ne pourra s'opposer à l'utilisation, en vue de l'achèvement de l'œuvre, de la partie de cette contribution déjà réalisée. Il aura, pour cette contribution, la qualité d'auteur et jouira des droits qui en découlent ».

Le choix d'Alain Delon pour interpréter à la télévision le héros d'extrême gauche imaginé originellement par Jean-Claude Izzo a suscité un débat très vif entre les initiés[3]. Cette polémique n'est qu'une nouvelle illustration du conflit plus que classique qui a toujours opposé le droit moral des écrivains à l'essence même de l'adaptation...

Le conflit peut germer sur les coupes faites dans l'intrigue, sur la transposition dans un autre décor que celui conçu par le romancier, etc. Le *Dialogue des carmélites* fait figure de cas d'école en la matière. Les magistrats de la Cour de cassation ont conclu, en 1966[4], à la liberté de l'adaptateur tout en rappelant la nécessité de ne pas dénaturer le livre... Le droit moral est perpétuel et ne connaît pas de domaine public. En 1966 également, la même juridiction s'est donc penchée, à la demande de la Société des gens de lettres, sur l'adaptation au cinéma par Roger Vadim des *Liaisons dangereuses*[5].

Les enjeux financiers de l'audiovisuel, et les conséquences financières énormes de tout litige, appellent à la prudence. L'aménagement contractuel préalable des difficultés éventuelles reste la meilleure solution.

Certes, le droit moral « est attaché » à la personne de l'auteur et n'est donc en théorie pas cessible par contrat. Il reste cependant aménageable, ainsi que la cour d'appel de Paris l'a souligné, en 1970, à l'occasion de l'adaptation de *Fantômas* avec Louis de Funès[6].

Il est donc fréquent de stipuler que « le producteur aura le droit d'apporter au roman toutes les modifications qu'il jugera utiles pour les besoins de l'adaptation cinématographique ». Mais, il est alors précisé que « dans le cas où ces modifications, additions ou suppressions ne recevraient pas l'accord de l'auteur, ce dernier

1. Tribunal de grande instance de la Seine, 27 mai 1959, *Revue internationale du droit d'auteur*, juillet 1959, n° XX, p. 149.

2. Voir « Modèle de contrat de cession des droits d'adaptation audiovisuelle ».

3. Cour d'appel de Paris, 28 mai 1974, *Dalloz*, 1974, p. 685.

4. Première chambre civile de la Cour de cassation, 22 novembre 1966, *Dalloz*, 1967, p. 485, note Henri Desbois.

5. Première chambre civile de la Cour de cassation, 6 décembre 1966, *Revue trimestrielle de droit civil*, 1967, p. 505, observations Henri Desbois.

6. Cour d'appel de Paris, 23 novembre 1970, *Revue internationale du droit d'auteur*, juillet 1971, p. 74.

aurait la faculté d'interdire au producteur ou ses ayants droit de mentionner le nom de l'auteur et de l'éditeur dans la publicité et sur le générique, mais il ne pourra en aucun cas entraver la sortie et l'exploitation du film ».

Il est parfois prévu la faculté pour l'auteur ou ses ayants droit de se voir soumettre le scénario, voire le nom du réalisateur ou même l'entier casting. Une telle prérogative ne s'arrache qu'à l'occasion d'un rapport de force, au cours duquel, pour une fois, l'éditeur, en raison du succès de son auteur, pèsera lourd dans la négociation.

De même, certains ergoteront sur la mention au générique et ne souhaiteront pas profiter de la – bonne ou mauvaise – publicité qui entoure certains films. C'est ainsi que le spectateur candide, et parfois lecteur, s'interrogera sur le sens des nuances, dont la palette s'étend de « tiré de » à « sur une idée de », en passant par « librement adapté ».

Le CPI assimile en son article L. 113-7 l'auteur d'une œuvre « originaire » encore protégée, préexistante à l'œuvre audiovisuelle, aux auteurs de l'œuvre nouvelle[1]. En clair, celui qui a signé le livre dont est tiré le film acquiert automatiquement en droit le statut de coauteur dudit film.

De plus, le CPI considère comme autres coauteurs, aux côtés notamment du réalisateur, et sauf preuve contraire, « l'auteur du scénario », « l'auteur de l'adaptation » et « l'auteur du texte parlé ».

Or, les producteurs demandent fréquemment aux écrivains de participer à l'écriture du film adapté de leur propre roman. Il s'agit là soit d'un appel au talent, soit d'un appel au calme...

Le cinéma est une formidable machine, qui a réussi, en raison tant des investissements substantiels que de la multiplicité des intervenants, à annihiler le traditionnel droit moral de ceux qui ont succombé à ses charmes ou à ses chèques.

La clause parfois insérée dans les contrats d'édition autorisant l'éditeur à toute modification ou altération de son choix est bien entendu nulle et non avenue. Il suffit de se reporter aux dispositions légales sur le contrat d'édition pour constater que « l'éditeur ne peut, sans l'autorisation écrite de l'auteur, apporter aucune modification ». Cette autorisation doit intervenir après la signature du contrat, quand l'auteur est à même de juger la portée de la modification proposée. Et le principe même d'incessibilité des droits moraux[2] confirme cette prohibition. En ce domaine, l'éditeur reste véritablement en position de faiblesse juridique.

Bien souvent, néanmoins, dans le cas d'ouvrages scientifiques, pratiques, d'usuels de référence, etc., les modifications dues aux mises à jour sont prévues contractuellement et tolérées par les usages. La jurisprudence admet aussi plus facilement les modifications apportées par l'éditeur à une œuvre collective dont il convient d'assurer l'homogénéité[3].

1. Voir « Les œuvres de collaboration ».
2. Voir « Caractères des droits moraux ».
3. Cour d'appel de Paris, 4 juin 1987, *Juris-Data*, n° 024042. Première chambre civile de la Cour de cassation, 8 octobre 1980, *Dalloz*, 1981, Informations rapides, 86, observations Claude Colombet. Première chambre civile de la Cour de cassation, 16 décembre 1986, *Revue internationale du droit d'auteur*, juillet 1987, n° CXXIX, p. 183.

Les techniques numériques sont par essence propres à remettre violemment en cause un tel droit moral : il est aujourd'hui plus que tentant de mettre à profit la technologie numérique pour retoucher une image, la modifier à sa guise. Les tribunaux n'entendent cependant pas affaiblir le droit au respect des œuvres. L'éditeur ne pourra donc exciper d'une particularité du multimédia pour s'autoriser toutes sortes d'altérations[1]. Il lui faudra être d'autant plus vigilant qu'existent également, depuis la loi du 3 juillet 1985, des droits moraux au profit des artistes-interprètes (respect de l'interprétation, respect du nom et de la qualité).

Le droit de retrait ou de repentir

Enfin, l'article L. 121-4 du CPI accorde à l'auteur une prérogative morale véritablement extraordinaire du droit commun. Il s'agit du « droit de retrait ou de repentir[2] ». Grâce à ce droit, l'auteur peut revenir sur la publication de son œuvre. En dépit de tout engagement contractuel, il peut choisir de reprendre son manuscrit et, si l'œuvre est déjà publiée, d'en arrêter la commercialisation[3]. Ce droit exorbitant est bien entendu fortement encadré : d'une part, l'auteur est tenu d'indemniser l'éditeur du préjudice subi ; d'autre part, pour le cas où il reviendrait sur sa décision, il est tenu de proposer à nouveau son œuvre au même éditeur avant tout autre et aux mêmes conditions que précédemment conclues[4]. L'auteur ne peut exercer cette prérogative, particulièrement exorbitante du droit commun, que pour des raisons purement morales. En aucun cas des motifs pécuniaires ne doivent intervenir[5]. S'il peut ainsi s'appuyer sur des préoccupations morales pour exercer son droit de retrait ou de repentir, il ne peut invoquer une rémunération trop faible.

L'affaire Cioran a opposé au palais de justice de Paris l'exécuteur testamentaire de l'écrivain roumain aux éditions de L'Herne. Ce conflit autour d'un texte de jeunesse renié par son auteur a notamment remis en lumière le droit de retrait ou de repentir.

Caractères des droits moraux

Les droits moraux possèdent certains caractères qui en font des droits beaucoup plus forts que les droits patrimoniaux. Le deuxième alinéa de l'article L. 121-1 énonce tout d'abord que le droit moral est attaché à la personne de l'auteur. Ce qui revient à dire qu'il est intransmissible du vivant de l'auteur. Le

1. Tribunal de grande instance de Paris, 29 avril 1998, inédit. Sophie Dangu, « Multimédia : faut-il repenser le droit moral », *Cahiers-Lamy droit de l'informatique*, n° 74, octobre 1995. André Lucas, « Le droit d'auteur à l'heure numérique », *Positif*, mai 1997, n° 435, p. 80.

2. A. Ionasco, « Le droit de repentir de l'auteur », *Revue internationale du droit d'auteur*, janvier 1975, n° LXXXIII, p. 21.

3. Chambre sociale de la Cour de cassation, 8 mai 1980, *Revue internationale du droit d'auteur*, janvier 1981, n° CVII, p. 148.

4. Tribunal de grande instance de Paris, 27 octobre 1969, *Revue internationale du droit d'auteur*, janvier 1970, n° LXIII, p. 235.

5. Première chambre civile de la Cour de cassation, 14 mai 1991, *La Semaine juridique (JCP)*, II, 21760, note Frédéric Pollaud-Dulian.

même article précise d'ailleurs que les droits moraux sont inaliénables. L'auteur ne peut en être dessaisi d'aucune façon.

Il ne peut non plus les céder: toute clause contraire insérée dans un contrat s'avérerait nulle[1]. En revanche, le droit des États-Unis autorise, et même encourage, la cession du droit moral de l'auteur à son cocontractant. Il ne faut pourtant pas que les éditeurs français se leurrent. Quand bien même l'auteur américain aurait consenti, plus ou moins librement, à certaines modifications de son œuvre aux États-Unis, il reste en droit de demander le rétablissement de ses volontés pour ce qui concerne l'édition française. Il s'agit là d'une simple transposition au milieu littéraire du principe élaboré par la Cour de cassation lors de la « colorisation » du film de John Huston *The Asphalt Jungle.* Les producteurs américains avaient librement « colorisé » le film. Mais Angelica Huston, l'héritière du réalisateur, a pu faire interdire en France la projection de cette nouvelle version[2].

En revanche, le CPI ajoute que les droits moraux sont transmissibles aux héritiers à cause de mort. Il indique par ailleurs les règles de dévolution à suivre en cas de succession. De plus, l'article L. 121-1 de ce code dispose que « l'exercice peut être confié à un tiers en vertu de dispositions testamentaires ». Il s'agit là du cas de l'exécuteur testamentaire[3].

En outre, l'auteur ne peut abandonner ses droits moraux. Aucune clause ne peut lui faire renoncer à l'exercice de ses droits moraux. De son vivant, seul l'auteur est jugé apte à apprécier les conditions morales qui doivent accompagner la diffusion de sa création. Cela signifie que les droits moraux sont à exclure des biens visés par le régime matrimonial comme de toute répartition consécutive à un divorce[4].

Bien entendu, les droits moraux de l'auteur ne peuvent lui être saisis.

L'article L. 121-1 du CPI précise ensuite que les droits moraux sont aussi perpétuels. En effet, ils peuvent être exercés après le décès de l'auteur et après l'extinction de la durée des droits patrimoniaux attachés à son œuvre. Ils sont véritablement éternels[5]. C'est ainsi que les héritiers de Victor Hugo ont pu, en 1964 (alors que l'œuvre était tombée dans le domaine public depuis plusieurs années), intervenir contre une édition des *Misérables* qui se présentait sous une forme passablement abrégée[6]. De même, ils ont pu faire sanctionner « la suite » de la même œuvre en 2004[7].

Les droits moraux sont imprescriptibles. Ils ne peuvent donc subir le sort d'autres droits qui, par négligence, deviennent la propriété d'autrui après un certain nombre d'années. Ils ne peuvent faire l'objet d'une prescription acquisitive. Quand bien même une atteinte serait tolérée pendant plusieurs années, le

1. Cour d'appel de Paris, 14 juin 1950, *Gazette du Palais*, 1950, 2, 78. Cour d'appel de Paris, 15 décembre 2004, « Barbelivien », *Communication commerce électronique*, 2005, p. 45, observations Christophe Caron.
2. Cour d'appel de Versailles, 19 décembre 1994, *Dalloz*, 1995, Informations rapides, 65.
3. Voir « Les exécuteurs testamentaires ».
4. Voir « Droit d'auteur et régimes matrimoniaux ».
5. B. d'Ormesson-Kersaint, « La protection des œuvres du domaine public », *Revue internationale du droit d'auteur*, avril 1983, n° CXVI, p. 73.
6. Tribunal de grande instance de la Seine, 15 avril 1964, *Dalloz*, 1964, 746, observations Henri Desbois.
7. Cour d'appel de Paris, 31 mars 2004, *Dalloz*, 2004, jurisprudence, p. 2023.

titulaire des droits moraux reste toujours en mesure d'intervenir pour la faire cesser.

Enfin, les droits moraux sont considérés comme quasi discrétionnaires : l'auteur peut les exercer presque librement. Cependant, de même que le droit de retrait ou de repentir ne peut avoir pour base l'argent, les abus et les actes gouvernés par une volonté vexatoire ne sont pas à l'abri de poursuites en justice[1].

1. Première chambre civile de la Cour de cassation, 5 juin 1984, *Dalloz*, 1985, Informations rapides, 312, observations Claude Colombet. Voir « Droits moraux et abus notoire des représentants de l'auteur décédé ». Xavier Agostinelli, « Les limites au droit moral de l'auteur », *Revue de la recherche juridique*, 1993, Chronique, p. 97. Frédéric Pollaud-Dulian, « Abus de droit et droit moral », *Dalloz*, 1993, Chronique, p. 97.

IV

La titularité des droits

Il s'agit ici de savoir qui, originellement, a la propriété des droits sur une œuvre. Ce titulaire initial pourra par la suite procéder à une cession de ses seuls droits patrimoniaux, les droits moraux n'étant pas cessibles mais seulement transmissibles à cause de mort[1].

Quelques principes de base gouvernent la titularité des droits de propriété littéraire et artistique. Ils s'appliquent également à certaines situations particulières prévues par le législateur et examinées régulièrement par la jurisprudence.

Les principes de base

En premier lieu, l'auteur est, en droit français, le titulaire initial des droits de propriété littéraire et artistique portant sur son œuvre. Le droit français parle d'ailleurs de « droits... d'auteur », alors que le droit anglo-saxon, peu favorable aux créateurs, repose sur un système de copyright. C'est donc l'auteur qui, en règle générale, est investi dès l'origine de tous les droits sur son œuvre. L'article L. 111-1 du CPI (c'est-à-dire le premier du code) consacre ce principe : « L'auteur d'une œuvre de l'esprit jouit sur cette œuvre, du seul fait de sa création, d'un droit de propriété incorporelle exclusif et opposable à tous. »

Le second principe essentiel, en matière de titularité des droits, est que seule peut être auteur une personne physique. Une personne morale – société, association, etc. – ne peut apparemment avoir qualité d'auteur[2], même si elle peut, sous certaines réserves[3], se faire céder la totalité des droits patrimoniaux. Il existe cependant une exception concernant les œuvres dites collectives, dont la titularité des droits peut originellement être dévolue à une personne morale[4].

1. Voir « Les droits moraux » et le chapitre V « Droit d'auteur, régimes matrimoniaux et successions ».

2. Pierre Frémond, « Les droits d'auteur d'une personne morale », *Cahiers du droit d'auteur*, 1989, n° 13, p. 6. Première chambre civile de la Cour de cassation, 17 mars 1982, *La Semaine juridique (JCP)*, 1983, II, 20054, note Plaisant.

3. Voir « Interprétation restrictive des cessions ».

4. Voir « Les œuvres collectives ». Première chambre civile de la Cour de cassation, 17 mars 1982, *La Semaine juridique (JCP)*, 1983, II, 20054, note Plaisant.

La présomption de la qualité d'auteur

Les éditeurs doivent être particulièrement attentifs aux noms qu'ils apposent candidement sur la couverture d'un livre (de la première à la quatrième en passant par les rabats) comme au cœur de celui-ci (pages de titres, de copyright, listes de personnes consultées et de « remerciements »...).

De telles mentions de personnes ayant – ou non – réellement participé à l'élaboration d'un livre ne sont pas en effet sans incidence juridique : celle-ci est parfois fâcheuse sur la titularité des droits.

L'article L. 113-1 du CPI dispose que « la qualité d'auteur appartient, sauf preuve contraire, à celui ou à ceux sous le nom de qui l'œuvre est divulguée ». L'individu dont le patronyme est apposé sur un ouvrage devient donc *a priori* titulaire de droits de propriété littéraire et artistique.

Le régime applicable à l'édition n'est donc en rien semblable au cas de l'œuvre audiovisuelle dont le législateur a dressé une liste précise des auteurs présumés[1] : « réalisateur », « auteur de l'adaptation », « auteur du texte parlé », « auteur des compositions musicales avec ou sans paroles spécialement réalisées pour l'œuvre », etc. En clair, le nom d'une personnalité, placé de façon ambiguë en couverture d'un livre qui lui est consacré mais dont elle n'a pas écrit une ligne, lui permettra de venir, en toute mauvaise foi, revendiquer une part des redevances d'auteur.

De même, il a déjà été jugé que la mention en page de titre du nom de cuisiniers, à qui avait été demandée la réalisation de plats destinés à illustrer un livre de recettes, leur a valu le rang de coauteurs aux côtés du rédacteur des textes et du photographe[2]. Un artiste graveur s'est même vu reconnaître par une juridiction la qualité de coauteur d'un livre consacré à l'art fantastique de la gravure, pour lequel sa spécialité lui avait valu de jouer le rôle de conseiller.

Les problèmes peuvent également surgir quand, en guise de remerciements, l'écrivain et son éditeur ont eu la faiblesse d'indiquer « avec (l'aimable) collaboration de ». Car menace au bout d'une telle imprudence la qualification d'œuvre de collaboration[3]. Or, l'article L. 113-3 du CPI précise notamment que « l'œuvre de collaboration est la propriété commune des coauteurs ».

Et chacun sait que les amitiés ne sont pas toujours pérennes ; elles peuvent même dégénérer rapidement en une volonté judiciaire effrénée de percevoir une part des succès de librairie de ceux que l'on a tant aimés et soutenus.

De même, il arrive que les « nègres[4] » ou les interviewers – qui sont des auteurs à part entière selon la jurisprudence – se rebiffent : ils peuvent alors aisément se servir de la mention de leur « participation » pour manifester juridiquement leur amertume[5].

1. Voir « Les œuvres audiovisuelles ».
2. Cour d'appel de Paris, 21 novembre 1994, *Revue internationale du droit d'auteur*, avril 1995, p. 381.
3. Voir « Les œuvres de collaboration ».
4. Voir « Les "nègres" ».
5. Christophe Caron, « Les "nègres" et le droit d'auteur », *La Vie judiciaire*, 24 janvier 1994, p. 7.

Nombreux sont donc les éditeurs qui cherchent à qualifier les ouvrages écrits à plusieurs d'œuvres collectives plutôt que d'œuvres de collaboration[1]. Rappelons en effet que l'article L. 113-5 du CPI prévoit : « L'œuvre collective est, sauf preuve contraire, la propriété de la personne physique ou morale sous le nom de laquelle elle est divulguée. Cette personne est investie des droits de l'auteur. »

Mais, aux termes de l'article L. 113-2 du même code, « est dite collective l'œuvre créée sur l'initiative d'une personne physique ou morale qui l'édite, la publie et la divulgue sous sa direction et son nom [...] ». Il faudra donc être particulièrement vigilant sur le « générique » du livre et en particulier à la mention « sous la direction de ».

L'apposition du symbole © – qui était encore indispensable jusqu'il y a quelques années aux États-Unis – ne confère plus aucun droit en tant que tel. Ce sigle permet tout juste en pratique de désigner le titulaire des droits et de rappeler que l'œuvre est protégée[2]. Il s'agit donc au mieux d'une présomption, qui peut être renversée par la preuve contraire, comme l'a rappelé la cour d'appel de Paris, en 1993[3].

C'est donc à la lumière de ces principes qu'il convient d'examiner successivement les situations particulières – fréquemment rencontrées dans la pratique –, liées au contrat de travail, aux journalistes, au contrat de commande, à la propriété matérielle d'une œuvre, à sa découverte posthume, à sa divulgation anonyme ou sous pseudonyme, aux œuvres issues de plusieurs créateurs ou créées par ordinateur.

Le contrat de travail

Selon le dernier alinéa de l'article L. 111-1 du CPI, « l'existence ou la conclusion d'un contrat de louage d'ouvrage ou de service par l'auteur d'une œuvre de l'esprit n'emporte aucune dérogation à la jouissance du droit reconnu à l'alinéa 1er[4] ».

La loi est donc *a priori* très claire : quand bien même l'auteur serait lié par un contrat de travail ou un contrat d'entreprise – « contrat de louage d'ouvrage ou de service » –, il conserve la plénitude de ses droits d'auteur[5]. Une entreprise d'agroalimentaire ne pourra, par exemple, revendiquer des droits sur le roman écrit par un des chercheurs qu'elle emploie.

La jurisprudence admet cependant une attribution des droits d'auteur à l'employeur si certaines conditions sont réunies.

1. Voir « Les œuvres collectives ».
2. Voir « Les critères de protection des œuvres ».
3. Première chambre civile de la Cour de cassation, 24 novembre 1993, *Revue internationale du droit d'auteur*, avril 1984, p. 134.
4. C'est-à-dire à la jouissance par l'auteur de ses droits de propriété littéraire et artistique.
5. Première chambre civile de la Cour de cassation, 16 décembre 1992, *Revue internationale du droit d'auteur*, avril 1993, n° CLXVI, p. 193, note Pierre Sirinelli.

La première de ces conditions consiste en l'existence, dans le contrat de travail, d'une clause mentionnant la cession automatique des droits d'auteur en faveur de l'employeur[1].

Il n'existe pas en ce domaine de présomption de cession[2] ou de cession tacite en dehors d'une première exploitation clairement sous-entendue entre les parties : en l'absence de clause de cession, un éditeur de revue aura juste vocation à publier une première fois le travail d'un rédacteur mais en aucun cas le droit de le réutiliser. Il se trouve des décisions judiciaires anciennes ou isolées, et de plus en plus contestées, qui admettent des cessions tacites. Il ne faut pas se leurrer sur la portée de ces jurisprudences erratiques : la cession des droits est en règle générale subordonnée à leur mention expresse et détaillée au sein du contrat de travail[3].

L'éditeur pourra s'inspirer de la clause suivante :

Article *numéro* — Propriété matérielle et intellectuelle des réalisations du salarié

Le salarié cède à l'employeur, dans le cadre du présent contrat de travail, la propriété matérielle et intellectuelle des œuvres qu'il sera éventuellement amené à réaliser pour le compte de celui-ci.

À ce titre, il cède d'une part à l'employeur la propriété matérielle des originaux (notamment manuscrits, croquis, Ektachromes, fichiers numériques) de ses réalisations.

D'autre part, le salarié cède expressément et à titre exclusif, au fur et à mesure de leur réalisation, à l'employeur l'ensemble de ses droits de propriété intellectuelle afférents à ses réalisations, et ce pour tous les territoires du monde entier et pour tout le temps que durera la propriété littéraire et artistique d'après les législations tant françaises qu'étrangères et les conventions internationales, actuelles ou futures, y compris les prolongations éventuelles qui pourraient être apportées à cette durée. Il est expressément entendu que cette cession perdurera au-delà de la fin du présent contrat, et ce quelle qu'en soit la cause.

Ces droits, qui pourront être exploités directement ou cédés par l'employeur sans avoir à en référer au salarié et qui sont constitués par la totalité des droits de reproduction et de représentation, comprennent notamment :

– le droit de reproduction sous toutes formes d'édition de livre, et notamment ordinaire, de luxe (à tirage limité ou non), de demi-luxe, reliée, illustrée, populaire, de poche (dite aussi de grande diffusion), en clubs, scolaire, critique ou dans une anthologie ;

– le droit de reproduction en tout ou en partie dans les journaux et périodiques, en cartes postales, affiches, posters, catalogues, agendas, présentoirs, jeux ou sous toute forme analogue existante ou à venir ;

– le droit de reproduction en tout ou partie sous forme de vêtements, bibelots, matériel de papeterie et sous toute autre forme dérivée existante ou à venir ;

1. Chambre criminelle de la Cour de cassation, 11 avril 1975, *Dalloz*, 1975, 759, note Henri Desbois.
2. Cour d'appel de Paris, 30 juin 1982, *Revue internationale du droit d'auteur*, octobre 1982, n° CXIV, p. 193.
3. Voir « Interprétation restrictive des cessions ».

– le droit de reproduction et de représentation par photocopie, microcarte, microfiche ou microfilm, reprographie, copie privée numérique, ou tout autre procédé analogue existant ou à venir qu'il soit électronique, analogique, magnétique ou numérique ;

– le droit de reproduction, de représentation et d'adaptation sous forme d'édition électronique, en particulier en cédérom, CD-I, CD-photo, DVD et par réseau numérique notamment Internet ou téléphonie fixe ou mobile, ou par tout autre procédé analogue existant ou à venir ;

– le droit de communiquer au public, en tous pays, par voie d'exposition, de représentation théâtrale, chorégraphique ou musicale, d'exécution lyrique ou par tous procédés de diffusion des paroles, des sons et des images, et de reproduire et représenter, sous toutes formes et par tous moyens, les communications et adaptations qui seront ainsi faites ;

– le droit d'adaptation, de représentation et de reproduction en tout ou partie pour le cinéma, la télévision et, en général, tout mode d'exploitation existant ou à venir des œuvres audiovisuelles et notamment sous forme de diapositives, vidéodisques, vidéocassettes ou vidéogrammes ;

– le droit de représentation et de reproduction, y compris pour les adaptations, en tout ou partie par tous procédés de représentation existants ou à venir et notamment projection publique et télédiffusion, par tous moyens existants ou à venir et notamment par câble, voie hertzienne, satellite et transmissions dans un lieu public ou privé de l'œuvre télédiffusée ;

– le droit de communiquer au public l'ensemble des reproductions, représentations et adaptations visées ci-dessus par tous moyens, vente, location, prêt ou autres procédés de communication au public existants ou à venir.

Pour chaque utilisation qui sera faite des travaux du salarié, l'employeur s'engage à indiquer la mention du nom du salarié. Il ne pourra cependant être tenu pour responsable des manquements dus aux tiers auxquels il aurait cédé ou concédé un droit d'utilisation.

La difficulté est liée à la prohibition des cessions globales d'œuvres. Une des principales difficultés réside dans le libellé exact de ces clauses futures. L'article L. 131-1 du CPI dispose en effet que « la cession globale des œuvres futures est nulle », ce qui oblige jusqu'ici à rédiger, par artifice, des clauses aux termes desquelles « la cession a lieu au fur et à mesure de la création des œuvres »... La jurisprudence la plus autorisée n'a pas eu pour l'heure à se pencher sur la validité d'une telle formule. C'est pourquoi il est de plus en plus débattu de la possibilité d'aménager ce point du CPI pour le cas particulier des auteurs salariés.

Le conseiller d'État, Raphaël Hadas-Lebel, a remis un rapport sur ce thème, en date du 5 décembre 2002, qui a été par ailleurs présenté au Conseil supérieur de la propriété littéraire et artistique[1]. Le rapporteur a toutefois pris acte des nombreuses réticences à bouleverser le dispositif actuel, car cela conduirait à malmener des principes importants dans la conception française du droit d'auteur. Il n'a suggéré que quelques pistes concernant la situation des journalistes.

Hormis cette éventuelle difficulté, les tribunaux admettent pleinement ce type de clause. La Cour de cassation a même estimé, le 3 avril 2002[2], à propos du

1. Site Internet : <http://www.culture.gouv.fr/culture/cspla/cr051202.pdf>.
2. Première chambre civile de la Cour de cassation, 3 avril 2002, *Dalloz*, 2002, p. 1860, note Gridel et Chazal.

contrat de la directrice du département « langue française » d'un éditeur de dictionnaires, qu'il ne pouvait être annulé pour cause de « violence ». Les juges ont précisé que « seule l'exploitation abusive d'une situation de dépendance économique, faite pour tirer profit de la crainte d'un mal menaçant directement les intérêts légitimes de la personne, peut vicier de violence son consentement ».

De plus, il est nécessaire que l'œuvre du salarié corresponde au type d'activité de l'employeur, défini généralement, pour les sociétés, par ce qu'on appelle l'objet social – décrit dans les statuts de la société[1]. L'auteur sera bien celui qui a créé l'œuvre, mais il ne conservera sur celle-ci que des droits moraux[2] (droit au respect du nom, droit au respect de l'œuvre, etc.), les droits patrimoniaux étant automatiquement dévolus à son employeur. Si son contrat de travail contient la clause adéquate, notre chercheur en agroalimentaire peut perdre les droits de reproduction et de représentation sur un article, décisif pour la recherche, sur la mutation des pousses de riz. Le salaire est alors également considéré comme une valable contrepartie de la cession.

L'éditeur ne doit pas oublier que nombre de salariés qui ne figurent pas à des postes demandant de véritables efforts de création n'en sont pas moins auteurs des images ou des textes qu'ils peuvent produire dans le cadre de leur activité habituelle. Ils sont donc, tout autant que les graphistes ou autres rédacteurs patentés, concernés par la cession de leurs droits de propriété littéraire et artistique.

Il ne faut pas ignorer cependant que, s'ils exigent désormais des clauses de cession des droits d'auteur dans les contrats de travail, les tribunaux rendent des décisions souvent contradictoires sur la portée exacte de ces clauses. Ils entretiennent le plus grand flou pour ce qui concerne la durée d'une cession de droits d'auteur s'opérant dans le cadre d'un contrat de travail, en particulier sur la pérennité de la cession des droits après la fin du contrat de travail[3].

Quant aux fonctionnaires, selon la jurisprudence administrative, ils sont soumis à une cession d'office de leurs droits au profit de leur employeur[4]. Des projets de loi visent à modifier ce régime particulier. Ce n'est en revanche pas le cas en matière d'enseignement[5]. En pratique, l'œuvre créée dans le cadre du contrat de travail prend bien souvent la forme d'une œuvre collective. Le statut d'œuvre collective est alors particulièrement peu gratifiant pour les auteurs, puisque peut même leur être dénié le droit moral[6].

1. Cour d'appel de Paris, 21 février 1984, *Gazette du Palais*, 1984, 2, 294.

2. Cour d'appel de Paris, 20 avril 1989, *Revue internationale du droit d'auteur*, janvier 1990, n° CXXXXIII, p. 317. Voir « Droits moraux ».

3. Première chambre civile de la Cour de cassation, 27 mai 1986, *Revue internationale du droit d'auteur*, avril 1987, n° CXXVIII, p. 62.

4. Tribunal de grande instance de Paris, 22 juin 1988, *Dalloz*, 1990, Sommaires commentés, 50, observations Claude Colombet. Avis du Conseil d'État « Ofratème », n° 309-721, 21 novembre 1972, *Gazette du Palais*, 1978, doctrine, p. 50, observations Pierre Frémond.

5. Tribunal de grande instance de Paris, 20 novembre 1991, *Revue internationale du droit d'auteur*, janvier 1992, n° CLI, p. 340.

6. Voir « Les œuvres collectives » et « Les droits moraux ».

Les journalistes

Le droit d'auteur des journalistes est soumis lui aussi à un régime particulier, proche de celui des autres salariés. Le problème le plus fréquemment rencontré reste celui de la seconde publication d'un article dans un autre périodique, dans un livre ou sur Internet. Se pose alors la question de savoir qui, du journaliste ou de l'organe de presse qui l'emploie, a la titularité des droits sur cet article.

L'article L. 121-8 du CPI dispose que, pour ce qui concerne les « articles et discours », seul l'auteur a le « droit de les réunir en recueil et de les publier ou d'en autoriser la publication sous cette forme ». Et cet article précise en son second alinéa que « pour toutes les œuvres publiées ainsi dans un journal ou recueil périodique, l'auteur conserve, sauf stipulation contraire, le droit de les faire reproduire et de les exploiter, sous quelque forme que ce soit, pourvu que cette reproduction ou cette exploitation ne soit pas de nature à faire concurrence à ce journal ou à ce recueil périodique ». Par ailleurs, le Code du travail estime en son article L. 761-9 que « le droit de faire paraître dans plus d'un journal ou périodique les articles ou autres œuvres littéraires ou artistiques, dont les personnes mentionnées à l'article L. 761-2[1] sont auteurs, est obligatoirement subordonné à une convention expresse précisant les conditions dans lesquelles la reproduction est autorisée ». La seconde publication d'un article de presse, quelle que soit la forme prise par cette publication, est donc soumise à une première condition essentielle : l'examen des dispositions contractuelles régissant les rapports entre l'organe de presse et le journaliste, que celui-ci soit salarié ou pigiste. Le contrat indique généralement le sort réservé à la titularité des droits sur les articles parus. Cette clause doit figurer dans le contrat lui-même et ne peut consister, par exemple, en un simple article du règlement intérieur de l'entreprise. En l'absence de clause particulière, le journaliste reste libre de céder une seconde fois son article à un autre éditeur de presse ou de livres. Et le premier éditeur ne peut republier l'article qu'avec l'autorisation de son auteur[2].

Cette seconde publication ne devra cependant pas entrer en concurrence avec la publication initiale. Le lieu, le moment et la forme de cette seconde publication sont à prendre en compte. C'est ainsi que, si une concurrence existe bel et bien entre deux journaux scientifiques de même langue, parus à quelques mois d'intervalle, elle reste peu probable entre un quotidien du Perche et un mensuel de São Paulo… Elle est encore moins patente entre un périodique vendu en kiosque et un livre.

Ce régime vaut également pour les photographes et les illustrateurs[3]. Globalement, il est donc possible de conclure que le journaliste reste libre de faire republier ses articles, sauf clause contraire et à la condition de ne pas nuire à son premier éditeur.

1. C'est-à-dire les journalistes professionnels.
2. Première chambre civile de la Cour de cassation, 12 avril 2005, *Dalloz*, 2005, p. 1286, observations Jeanne Daleau.
3. Tribunal de grande instance de Paris, 25 janvier 1973, *Gazette du Palais*, 1973, I, 412.

Les Dernières Nouvelles d'Alsace, comme plusieurs organes de presse tant français qu'étrangers[1], en ont notamment fait l'expérience. À la suite d'un bras de fer judiciaire, le journal a dû en effet négocier avec les syndicats de journalistes le droit de mettre sur Internet les articles qui n'étaient à l'origine destinés qu'à une exploitation plus classique.

L'indépendance des propriétés matérielle et intellectuelle

L'article L. 111-3 du CPI énonce :

« La propriété incorporelle définie par l'article L. 111-1 est indépendante de la propriété de l'objet matériel. L'acquéreur de cet objet n'est investi, du fait de cette acquisition, d'aucun des droits prévus par le présent code, sauf dans les cas prévus par les dispositions des deuxième et troisième alinéas de l'article L. 123-4[2]. Ces droits subsistent en la personne de l'auteur ou de ses ayants droit qui, pourtant, ne pourront exiger du propriétaire de l'objet matériel la mise à leur disposition de cet objet pour l'exercice desdits droits. Néanmoins, en cas d'abus notoire du propriétaire empêchant l'exercice du droit de divulgation, le tribunal de grande instance peut prendre toute mesure appropriée, conformément aux dispositions de l'article L. 121-3[3]. »

Le principe est donc clair : la propriété matérielle du support d'une œuvre (manuscrit, fichier, Ektachrome, toile, etc.) n'emporte en rien la propriété des droits d'auteur. La propriété matérielle des Ektachrome permet tout au plus d'étayer une argumentation sur l'auteur des clichés, présomption qui souffre bien évidemment la preuve contraire.

Quant aux musées, qui exigent de toucher des redevances en cas de reproduction des œuvres qu'ils détiennent, leur position de force ne tient que par un stratagème juridique. Les musées ne possèdent en effet que la propriété matérielle des œuvres et ne font donc pas payer un véritable droit de reproduction[4]. En réalité, les redevances ne leur sont versées qu'en contrepartie d'un droit d'accès à l'œuvre.

La seule exception au principe d'indépendance entre propriété matérielle et propriété intellectuelle concerne, comme l'indique l'article L. 111-3 du CPI, le statut des œuvres posthumes[5].

À l'inverse, la cession de droits d'exploitation, qui nécessite la mise à disposition du support matériel, n'entraîne pas, sauf disposition contractuelle expresse, la cession de ce support matériel, qu'il s'agisse de manuscrits[6] ou d'Ektachrome[7].

1. Cour d'appel de Bruxelles, 28 octobre 1997, *Expertises*, mai 1998, p. 154, commentaires Lilti.
2. C'est-à-dire les dispositions relatives aux œuvres posthumes publiées plus de soixante-dix ans après le décès de l'auteur.
3. Voir le chapitre V « Droit d'auteur, régimes matrimoniaux et successions ».
4. Première chambre civile de la Cour de cassation, 25 janvier 2005, *Dalloz*, 2005, p. 956, observations Philippe Allaeys.
5. Voir « Les œuvres posthumes » et « Les inédits ».
6. Voir le chapitre VIII « Le contrat d'édition ».
7. Cour d'appel de Paris, 26 mars 1992, *Revue internationale du droit d'auteur*, avril 1993, n° CLXVI, p. 218.

En pratique, l'éditeur veillera donc, à défaut de clause contraire, par exemple, à restituer les clichés originaux au photographe.

Ce principe a d'importantes conséquences sur le régime des œuvres dites de commande[1], comme sur celui des correspondances. Les archives et les œuvres posthumes représentent également un cas particulier.

Les œuvres de commande

Au sens juridique du terme, l'œuvre de commande est l'œuvre qu'un esthète demande à un auteur de réaliser dans le but d'en conserver la propriété matérielle. Il ne s'agit donc pas de la commande passée par un éditeur à un auteur, qui se traduit juridiquement par un contrat d'édition[2].

Ce principe essentiel du droit d'auteur qu'est l'indépendance de la propriété intellectuelle par rapport à la propriété matérielle s'applique aux œuvres de commande. Ainsi, la cession d'un tableau commandé à un artiste n'entraîne-t-elle en aucun cas la transmission des droits d'auteur au commanditaire de l'œuvre. Cependant, le schéma se complique lorsque la commande fait l'objet de directives précises de la part du commanditaire. Celui-ci peut alors être considéré comme auteur de l'œuvre[3]. En pratique, cette hypothèse se rencontre assez rarement, même si des conflits surgissent, notamment dans le domaine de la photographie. En effet, des sociétés, des stylistes ou des maisons d'édition font appel à des photographes dans le but d'utiliser commercialement les clichés pour une couverture, un catalogue, une publicité, etc. Ces « commanditaires » ont souvent tendance à fournir des indications assez draconiennes sur le travail à effectuer et en viennent parfois à s'autoproclamer auteur ou coauteur de l'œuvre du photographe. Mais les tribunaux reconnaissent presque toujours le photographe comme seul auteur[4], quand bien même le sujet lui aurait été imposé avec force détails. Il reste en effet maître de l'éclairage, du choix de la pellicule ou de l'objectif, faisant en cela œuvre de création suffisante pour se voir attribuer les droits d'auteur.

De même que l'éditeur pourra très difficilement apparaître comme le coauteur de la photographie de couverture qu'il aura commandée, il ne peut s'estimer coauteur du manuscrit pour lequel il aura sollicité très précisément un écrivain.

Les correspondances

Le principe d'indépendance des propriétés matérielle et intellectuelle met également à mal la croyance, assez curieusement répandue, selon laquelle le destinataire d'une correspondance en possède les droits intellectuels. En réalité, seul l'auteur de la correspondance est titulaire des droits. La propriété matérielle

1. Voir « Les œuvres de commande ».
2. Voir le chapitre VIII « Le contrat d'édition ».
3. Chambre civile de la Cour de cassation, 13 novembre 1973, *Dalloz*, 1974, observations Claude Colombet.
4. Première chambre civile de la Cour de cassation, 12 novembre 1985, *Dalloz*, 1986, Informations rapides, 183.

de lettres ne permet pas de les rendre publiques – elles gardent un caractère confidentiel – et encore moins de s'en attribuer les droits d'exploitation[1].

Il est nécessaire d'obtenir l'autorisation du titulaire des droits intellectuels sur cette œuvre, titulaire qui, généralement, est l'auteur ou ses héritiers.

Il convient de garder à l'esprit l'exemple de cet étudiant en doctorat qui, ayant obtenu l'autorisation d'utiliser la correspondance de Romain Rolland à Stefan Zweig pour sa thèse, se crut autorisé à en tirer un livre. L'ouvrage fut vite saisi à la demande de la veuve de Romain Rolland[2]. La cour a ainsi pu considérer: « S'il eût été préférable que la veuve réaffirmât à l'auteur de la thèse, en 1969, son opposition à toute publication, ce qu'elle n'eût sans doute pas manqué de faire si elle avait sinon lu, du moins parcouru la thèse en litige, il n'en demeure pas moins que le professeur, même s'il a pu, en 1954, se méprendre sur la portée de l'autorisation accordée pour la rédaction de sa thèse, dactylographiée, avait l'obligation d'obtenir de la veuve, avant de faire éditer son œuvre et de lui assurer ainsi une large diffusion, un consentement écrit et non équivoque. »

Il existe un tempérament évident à la publication d'un « matériau » aussi intime qu'une correspondance. La divulgation ne doit pas être préjudiciable pour l'auteur des lettres comme pour son destinataire ou encore des tiers aux correspondants, que ce soit en termes de diffamation, d'injure ou, plus fréquemment, d'atteinte à la vie privée.

Il a ainsi déjà été jugé, à propos de lettres de George Sand, que l'« auteur a créé une valeur qu'il peut mettre à profit, à son heure, pourvu qu'il ne compromette pas, par sa publication, le nom ou les intérêts du destinataire[3] ».

Les écrits inédits de Romain Rolland sont également à l'origine d'un conflit ayant mis à mal l'éditeur Simon Kra. Celui-ci s'était procuré cinq lettres[4], qu'il avait mises en vente en en reproduisant des extraits dans le catalogue. Les « attendus » du tribunal sont éloquents tant pour ce qui concerne le droit d'auteur que le droit de l'information: « Attendu que si le destinataire d'une lettre missive peut transmettre la propriété de l'élément matériel qu'elle comporte, il ne s'ensuit pas qu'il ait le droit de disposer à son gré de l'élément intellectuel, c'est-à-dire de la pensée de l'auteur et de son expression; que celui-ci peut seul en autoriser la publication, que la correspondance soit confidentielle ou non; qu'en effet, dans le premier cas, il existe entre l'expéditeur et le destinataire une sorte de pacte tacite que l'un d'eux ne peut rompre sans le consentement de l'autre; qu'au surplus, pour des raisons de moralité, il ne convient pas de livrer à la malignité publique les secrets des familles ou les appréciations émises par des individus quand elles ont un caractère strictement personnel et que leur divulgation est de nature à causer préjudice; que la solution ne saurait être différente en ce qui concerne les lettres non confidentielles versées au débat; que l'auteur y développe ses théories littéraires et sociales, qu'ayant créé dans ses écrits une valeur intellectuelle, il demeure propriétaire du droit de les reproduire quand bon lui semble ».

1. André Françon, Claude Goyard, *Les Correspondances inédites*, Economica, 1984. Cour d'appel de Paris, 16 février 1945, *Dalloz*, 1945, 259.
2. Cour d'appel de Paris, 10 mai 1973, *La Semaine juridique (JCP)*, 1973, II, 17475.
3. Tribunal civil de la Seine, 11 mars 1897, *Dalloz périodique*, 1898, II, p. 358.
4. Tribunal civil de la Seine, 27 novembre 1928, *Dalloz hebdomadaire*, 1928, p. 616.

Le propriétaire matériel des lettres pourra donc tout au plus exercer une sorte de droit d'accès, c'est-à-dire monnayer le droit d'en prendre sereinement connaissance et d'en faire copie. La loi prévoit en effet qu'il ne pourra être exigé « du propriétaire de l'objet matériel la mise à leur [*l'auteur et ses ayants droit*] disposition de cet objet pour l'exercice » des droits. « Néanmoins, en cas d'abus notoire du propriétaire empêchant l'exercice du droit de divulgation, le tribunal de grande instance peut prendre toute mesure appropriée », c'est-à-dire ordonner notamment qu'il soit passé outre cette rétention[1].

Les archives

Les archives représentent un cas spécifique.

La principale particularité réside dans le régime propre aux archives publiques, dont la titularité revient à l'administration. La loi du 3 janvier 1979, abrogée par une ordonnance du 20 février 2004[2], en définit le régime.

Leur consultation est soumise à des délais qui varient grandement selon la nature du document. La durée de principe est ainsi de trente ans après la date de l'acte.

Beaucoup de textes particuliers instaurent des durées ou des modes de consultation complexes dans les matières les plus diverses: informations sur les associations, la démocratie, les élections, l'état civil, la défense nationale, la fiscalité, etc.

De même, un arrêté de 1998[3], précédé d'une circulaire spécifique, prévoit, par exemple, les conditions d'ouverture de fonds d'archives publiques concernant la période 1940-1945. Les dossiers de nombreuses organisations (de l'Organisation internationale des réfugiés au cabinet de Pétain) sont ainsi librement consultables nonobstant le délai spécial de soixante ans, mais à l'exception des dossiers d'épuration.

Les documents qui étaient libres de communication avant leur versement aux archives demeurent toutefois consultables librement.

Des dérogations sont possibles, aux termes d'un décret du 3 décembre 1979. C'est alors la Direction des Archives nationales qui statue.

Parallèlement, la loi du 17 juillet 1978 pose le principe de l'accès aux documents administratifs, qui sont définis comme les documents émanant de l'administration ou se rattachant à l'activité de celle-ci. Une commission spéciale, la Commission d'accès aux documents administratifs (CADA)[4], a même été instituée pour trancher préalablement à toute phase véritablement contentieuse les conflits relatifs à l'accès à ces documents.

1. Article L. 111-3 du CPI.
2. Ordonnance n° 2004-178 du 20 février 2004.
3. *Journal officiel*, 25 et 26 mai 1998. Circulaire du 2 octobre 1997 relative à l'accès aux archives publiques de la période 1940-1945, *Légipresse*, décembre 1997, n° 147, IV-125. Olivier Biffaud, « Une circulaire du Premier ministre vise à faciliter l'accès aux archives de Vichy », *Le Monde*, 4 octobre 1997, p. 7. Rafaële Rivais, « Le gouvernement se propose d'élargir l'accès aux archives publiques », *Le Monde*, 19-20 janvier 1997, p. 7. Béatrice Vallaeys, « Douste veut accélérer l'accès aux archives », *Libération*, 5 décembre 1996, p. 32. Nicolas Weill, « Histoire d'archives », *Le Monde*, 23 décembre 1994, supplément « Le Monde des livres », p. V. Arrêté du 13 mai 1998 relatif à l'ouverture de fonds d'archives publiques concernant la période 1940-1945.
4. Voir « Adresses utiles ».

Les archives publiques, selon qu'elles se rattachent directement ou non à la mission de service public, font généralement partie du domaine public[1]. Elles sont donc publiables, dans la mesure où leur accès et, donc, leur divulgation au public sont autorisés. L'article 10 de la loi du 17 juillet 1978 sur l'accès aux documents administratifs prohibe cependant leur exploitation commerciale.

Pour ce qui concerne les documents autres qu'administratifs mais détenus par des administrations, un décret du 20 février 1809, qui indique que les manuscrits des bibliothèques et autres établissements publics ne peuvent être imprimés ni publiés sans autorisation ou du ministère de l'Intérieur ou des Affaires étrangères, est toujours officiellement en vigueur. Sa portée est cependant en complète contradiction avec les règles actuelles en matière de droit de la propriété littéraire et artistique, qui attribuent à l'auteur ou à ses ayants droit la titularité des droits[2], hormis le cas particulier des œuvres posthumes. Les Archives de France ont ainsi été condamnées pour avoir autorisé la publication des textes qui leur avaient été simplement remis en dépôt[3]. De même, nombre d'institutions détenant des archives littéraires ou historiques peuvent les laisser libres d'accès aux spécialistes sans pour autant autoriser l'exploitation du fruit de ces recherches, même dans des publications scientifiques.

Les œuvres posthumes[4]

L'article L. 123-4 du CPI dispose :

« Le droit d'exploitation des œuvres posthumes appartient aux ayants droit de l'auteur si l'œuvre est divulguée au cours de la période prévue à l'article L. 123-1[5]. Si la divulgation est effectuée à l'expiration de cette période, il appartient aux propriétaires, par succession ou à d'autres titres, de l'œuvre, qui effectuent ou font effectuer la publication. Les œuvres posthumes doivent faire l'objet d'une publication séparée, sauf dans le cas où elles ne constituent qu'un fragment d'une œuvre précédemment publiée. Elles ne peuvent être jointes à des œuvres du même auteur précédemment publiées que si les ayants droit de l'auteur jouissent encore sur celles-ci du droit d'exploitation. »

Deux situations se présentent donc : ou bien l'auteur n'est pas encore tombé dans le domaine public et, dans ce cas, les droits d'auteur sur l'œuvre inédite reviennent à ses héritiers ; ou bien la période légale de protection est arrivée à son terme et le propriétaire matériel de l'inédit – c'est-à-dire du manuscrit – devient titulaire des droits d'auteur[6].

Les bibliothèques sont ainsi titulaires des droits d'exploitation de nombre de manuscrits inédits dont elles sont propriétaires[7]. Il ne s'agit là que de l'applica-

1. Voir « Les fonctionnaires ».
2. Voir *supra* « Les principes de base ».
3. Cour de cassation, 15 janvier 1969, *La Semaine juridique (JCP)*, 1969, II, 16119.
4. Voir « Les inédits ».
5. C'est-à-dire pendant la durée de protection correspondant aux soixante-dix années *post mortem* ; voir le chapitre VI « La durée des droits ».
6. Voir le chapitre VI « La durée des droits » et « Les inédits ».
7. Tribunal de grande instance de Paris, 26 janvier 1989, *Revue internationale du droit d'auteur*, octobre 1989, n° CXXXXII, p. 348, note Pierre-Yves Gautier.

tion de l'article L. 123-4 du CPI, et non du décret du 20 février 1809 officiellement toujours en vigueur[1].

Il va sans dire que certains auront tendance à garder secrets des inédits pendant quelque temps afin de bénéficier des droits d'auteur afférents. Il faut toutefois qu'ils prennent en compte la menace de l'abus de droit si la publication suit de trop près le moment où l'auteur tombe dans le domaine public.

Les droits du propriétaire du manuscrit original priment ceux du propriétaire d'une copie. Un arrêt de la Cour de cassation, portant sur un inédit de Jules Verne, l'a rappelé en censurant la décision d'une cour d'appel qui allait en sens inverse et qui, à juste titre, avait été très critiquée[2].

En revanche, quand le manuscrit original a disparu et qu'il en existe plusieurs copies, il semble que le propriétaire de copies qui le premier divulguera l'œuvre deviendra titulaire des droits d'auteur. Le cas ne paraît pas s'être présenté en justice mais la prolifération des copies de manuscrits, due au perfectionnement des techniques de photocopie et à l'apparition des imprimantes reliées à un ordinateur, devrait amener sans doute un jour les tribunaux à se prononcer.

Dans tous les cas, l'éditeur ne doit pas oublier que le droit de divulgation, attribut moral de l'auteur et donc de ses ayants droit, prime toujours[3]. Il faudra donc s'assurer du consentement de ceux qui en disposent, quand bien même ils n'auraient pas vocation à percevoir de contrepartie financière[4].

Quant à l'interdiction de joindre l'œuvre inédite à des œuvres déjà publiées, elle s'explique par la crainte du législateur de voir des propriétaires de manuscrits s'approprier indûment, ou prolonger artificiellement, des droits sur certaines œuvres déjà publiées en procédant à un amalgame trompeur. Par exemple, en publiant la version complète d'une œuvre précédemment tronquée, ils pourraient laisser croire que l'ensemble du texte est encore protégé. En pratique, ou bien des ayants droit existent, et l'éditeur passera un accord avec eux afin de procéder à cette réunion d'œuvres ; ou bien plus personne n'est en mesure de faire jouer de droit moral ni d'intervenir, et l'éditeur ne devrait pas rencontrer de difficultés particulières, à la condition de bien distinguer les parties inédites du reste du texte.

Les œuvres anonymes ou pseudonymes

La publication d'une œuvre sous pseudonyme (il faut entendre par là la volonté d'un auteur de rester masqué, et non le choix d'un simple nom d'emprunt qui ne trompe guère) ou anonymement entraîne un certain nombre de conséquences juridiques non négligeables[5].

1. Voir « Les archives ».
2. Sur renvoi, cour d'appel d'Amiens, 1er avril 1996, *Revue internationale du droit d'auteur*, n° 173, juillet 1997, p. 298.
3. Première chambre civile de la Cour de cassation, 15 janvier 1969, *Dalloz*, 1969, 476. Tribunal de grande instance de Paris, 21 septembre 1994, *Revue internationale du droit d'auteur*, janvier 1995, n° CLXIII, p. 253.
4. Voir « Le droit de divulgation » et « Droit d'auteur et successions ».
5. Voir « Le droit au respect du nom et de la qualité » et le chapitre VI « La durée des droits ».

Si un auteur choisit de rester anonyme ou de prendre un pseudonyme, l'éditeur est alors considéré comme le mandataire de l'auteur. L'éditeur – ou l'agent littéraire – sera donc le seul interlocuteur juridique (et littéraire, bien sûr) pour ce qui concerne l'œuvre publiée anonymement ou sous pseudonyme. Il a ainsi capacité pour contracter au nom de l'auteur et ce, même pour des contrats qui lui seraient totalement étrangers.

Si le pseudonyme choisi est trop transparent, l'œuvre sera alors considérée comme une œuvre normale, ce qui implique notamment l'absence de mandataire et une durée ordinaire des droits patrimoniaux. Il a ainsi été jugé que *Les Onze Mille Verges* étaient notoirement dues à Guillaume Apollinaire[1].

L'auteur possède sur son pseudonyme un véritable droit au respect du nom[2] qui lui permet d'intervenir, par l'intermédiaire de son éditeur, contre ceux qui y porteraient atteinte[3]. De même, il peut faire interdire toute usurpation de son pseudonyme, à l'instar de Nadar qui poursuivit son frère en justice pour l'empêcher de signer à son tour Nadar jeune.

Enfin, lorsque deux auteurs se cachent sous un seul pseudonyme, celui-ci ne pourra être utilisé par l'un qu'avec l'accord de l'autre. Il s'agit là en effet bien souvent d'une œuvre de collaboration[4].

Les œuvres créées à plusieurs

Dans nombre de situations, l'œuvre n'est pas le fruit d'un seul créateur. Le régime de la titularité des droits s'en ressent donc. Le droit distingue trois sortes d'œuvres dont l'élaboration a nécessité l'intervention d'au moins deux personnes: les œuvres de collaboration, les œuvres collectives et les œuvres composites. Quant aux œuvres créées par ordinateur ou grâce à une machine, elles ont soulevé certaines interrogations chez les spécialistes du droit d'auteur.

Les œuvres de collaboration

L'article L. 113-2 du CPI énonce en son premier alinéa:

> « Est dite de collaboration l'œuvre à la création de laquelle ont concouru plusieurs personnes physiques. »

Il s'agit donc d'une œuvre créée par deux auteurs ou plus. Leurs apports respectifs peuvent être de même nature (chacun écrit une partie de l'ouvrage) ou totalement différents (un scénariste et un dessinateur, dans le cas d'une bande dessinée[5]). Pour que ce statut s'applique, il n'est pas nécessaire que les auteurs

1. Tribunal de grande instance de Paris, 9 juillet 1980, *Revue internationale du droit d'auteur*, octobre 1980, n° CVI, p. 147.
2. Voir « Droit au respect du nom ».
3. Cour d'appel de Paris, 26 mars 1990, *Dalloz*, 1990, informations rapides, 109.
4. Voir « Œuvre de collaboration ». Cour d'appel de Paris, 22 octobre 1921, *Le Droit d'auteur*, 1923, 19.
5. Première chambre civile de la Cour de cassation, 19 décembre 1983, *Annales de la propriété industrielle, artistique et littéraire*, 1984, 64.

aient véritablement travaillé de concert[1]. L'œuvre de collaboration est donc une situation très commune dans le monde de l'édition.

L'éditeur doit, par exemple, prendre garde à l'incidence des illustrations : le livre, s'il est abondamment illustré, peut devenir une œuvre de collaboration entre l'auteur du texte et celui des dessins ou photographies[2]. C'est ainsi qu'un artiste graveur s'est vu reconnaître devant les tribunaux la qualité de coauteur d'un livre consacré à l'art fantastique de la gravure, pour lequel sa spécialité lui avait valu de jouer le rôle de conseiller. En revanche, la veuve de Jean Bruce, qui affirmait avoir incité son mari à écrire les aventures d'*OSS 117* et avoir relu les manuscrits avant de les porter chez l'éditeur, n'a pu se voir accorder les privilèges du coauteur[3]. Les héritiers de Julia Daudet, épouse d'Alphonse, avaient tenté vainement de faire valoir une revendication du même ordre[4]. Les nombreux – et souvent célèbres – couples littéraires sont constitués juridiquement de coauteurs, quelle que soit leur méthode de travail : Souvestre et Allain (écrivant chacun, à tour de rôle, les chapitres des aventures de Fantômas), Boileau-Narcejac, etc. Une œuvre peut être considérée comme de collaboration quand bien même un auteur aurait à lui seul écrit presque tous les chapitres, et d'autant plus si l'éditeur a apposé deux noms sur la couverture du livre[5].

Les nègres ont la possibilité de se faire reconnaître le statut de coauteurs[6] et d'exiger aussi bien la mention de leur nom[7] que le versement d'une rémunération proportionnelle[8].

Les interviews représentent un cas singulier[9] : *a priori* les coauteurs sont l'interviewé et l'intervieweur. Néanmoins, si l'une des participations manque d'originalité, élément nécessaire à une protection par la propriété littéraire et artistique[10], son auteur ne pourra être considéré comme coauteur. Il ne s'agira donc pas d'une œuvre de collaboration. L'intervieweur est seul auteur si les réponses à ses questions sont remarquablement banales ou s'il les a totalement mises en forme. Parfois, ce sera à l'interviewé seul que sera accordée la qualité d'auteur si les questions sont banales ou si les propos recueillis n'ont aucunement été retravaillés par le journaliste ; c'est aussi souvent le cas si l'interviewé doit

1. Tribunal de grande instance de Nanterre, 6 mars 1991, *Cahiers du droit d'auteur*, avril 1991, p. 19.

2. Cour d'appel de Paris, 10 mai 1993, *Gazette du Palais*, 31 décembre 1993 et 1er janvier 1994, p. 14.

3. Tribunal de grande instance de Paris, 8 mars 1985, *Revue du droit de la propriété intellectuelle*, n° 1, 1985, p. 155.

4. Tribunal de grande instance de la Seine, 25 mars 1963, *Revue internationale du droit d'auteur*, octobre 1963, n° XXXVII, p. 156.

5. Première chambre civile de la Cour de cassation, 2 avril 1996, *La Vie judiciaire*, 25 août 1996, p. 8.

6. Cour d'appel de Paris, 10 juin 1986, *Dalloz*, 1987, Sommaires commentés, 153, observations Claude Colombet. Cour d'appel de Bordeaux, 24 mai 1984, *Dalloz*, 1986, Informations rapides, 181, observations Claude Colombet. Christophe Caron, « Les "nègres" et le droit d'auteur », *La Vie judiciaire*, 24 janvier 1994, p. 7. Voir « Les "nègres" ».

7. Voir « Le droit au respect du nom » et le chapitre VI « La durée des droits ».

8. Voir « La rémunération de l'auteur ».

9. Yves Reboul, « Le régime juridique de l'interview », *Revue internationale du droit d'auteur*, janvier 1987, n° CXXXI, p. 55. Tribunal de grande instance de Paris, 24 mars 1982, *Gazette du Palais*, 24 mars 1982, p. 15. Cour d'appel de Paris, 24 octobre 1988, *Dalloz*, 1988, Informations rapides, 285. Cour d'appel de Paris, 26 septembre 1988, *Dalloz*, 1988, Informations rapides, 255. Michel Laval, « L'interview, à la confluence des droits », *Légipresse*, n° 76, novembre 1990. Voir « Les interviews ».

10. Voir « L'originalité ».

approuver le manuscrit définitif. Enfin, les interviews ne doivent pas être confondues avec les récits tirés de séries d'entretiens[1].

Par ailleurs, il serait illusoire pour l'éditeur de croire que leur inscription dans une collection comportant un véritable directeur annihile la possibilité de qualifier les ouvrages d'œuvres de collaboration[2].

Les coauteurs se partagent la propriété de l'œuvre: l'article L. 113-3 du CPI dispose que « l'œuvre de collaboration est la propriété commune des coauteurs ». Mais ils se partagent aussi à part égale l'exercice des droits sur leur œuvre commune[3]. Cette propriété commune ne signifie pas pour autant que leur rémunération devra être égale. Il est fréquent que le scénariste de bande dessinée reçoive un pourcentage inférieur à celui du dessinateur. Il en est souvent de même dans le cas d'un livre d'entretiens entre un journaliste et une personnalité. Par ailleurs, « les coauteurs doivent exercer leurs droits d'un commun accord. En cas de désaccord, il appartient à la juridiction civile de statuer » (article L. 113-3 du CPI). Cette juridiction civile est aujourd'hui le tribunal de grande instance[4].

En cas d'action en justice exercée contre des tiers, il est nécessaire que tous les coauteurs y participent si leurs contributions sont inséparables[5]. Ils devront donc être ou demandeurs au procès ou bien être « attraits » par celui qui a décidé d'assigner[6]. Seule la défense du droit moral, droit éminemment discrétionnaire, semble, selon certaines juridictions, échapper à l'obligation d'agir à plusieurs[7].

Cependant, quand bien même la propriété de l'ensemble de l'œuvre échoit à tous les auteurs, chacun reste maître de son propre apport si celui-ci est individualisable. Selon l'article L. 113-3 du CPI, « lorsque la participation de chacun des coauteurs relève de genres différents, chacun peut, sauf convention contraire, exploiter séparément sa contribution personnelle, sans toutefois porter préjudice à l'exploitation de l'œuvre commune ». Si donc aucune clause du contrat n'interdit à chacun des coauteurs une exploitation séparée ultérieure, ils pourront librement y procéder, sous la seule réserve que concurrence ne soit pas portée à l'œuvre principale. En pratique, un travail d'écriture conjoint ne permettra que rarement une exploitation séparée. Il a déjà été jugé qu'un dessinateur de bandes dessinées ne pouvait exploiter séparément son apport. Mais il existe une jurisprudence contraire, issue de la Cour de cassation en 1997[8], attribuant à un seul des auteurs la propriété des personnages et de leurs noms. Le même arrêt a permis de juger

1. Tribunal de grande instance de Paris, 6 juillet 1972, *Dalloz*, 1972, 628, note Pactet.

2. Cour d'appel de Paris, 21 novembre 1994, *Revue internationale du droit d'auteur*, avril 1995, n° CLXIV, p. 381.

3. Première chambre civile de la Cour de cassation, 2 avril 1996, *Gazette du Palais*, 15-17 juin 1997.

4. Première chambre civile de la Cour de cassation, 30 janvier 1985, *Revue internationale du droit d'auteur*, octobre 1985, n° CXXVI, p. 143.

5. Première chambre civile de la Cour de cassation, 10 mai 1995, *Dalloz*, 1996, jurisprudence, p. 114. Première chambre civile de la Cour de cassation, 4 octobre 1988, *Dalloz*, 1989, Sommaires commentés, 50, observations Claude Colombet.

6. Agnès Robin, « L'action en justice des coauteurs d'une œuvre de collaboration », *Propriétés intellectuelles*, n° 16, juillet 2005.

7. Tribunal de grande instance de Paris, 25 mai 1989, *Revue internationale du droit d'auteur*, janvier 1990, n° CXXXXIII, p. 353.

8. Première chambre civile de la Cour de cassation, 6 mai 1997, *Dalloz*, 1998, p. 80.

que le dessinateur était seul propriétaire matériel des planches originales, car il en était l'exécutant.

Les œuvres audiovisuelles

Certaines dispositions particulières existent concernant les œuvres radiophoniques ou audiovisuelles. Selon les articles L. 113-7 et L. 113-8 du CPI, les auteurs du scénario, de l'adaptation du texte parlé et de l'œuvre originelle (c'est-à-dire, par exemple, du roman dont le film est tiré – que son auteur ait participé ou non à l'entreprise d'adaptation) sont réputés coauteurs de l'œuvre. Il suffit cependant de prouver que, malgré leur qualité officielle, ils n'ont fait apport d'aucun élément original à l'œuvre, pour que le titre de coauteur leur soit refusé.

Angélique n'en finit plus d'encombrer les tribunaux. Après les conflits entre les auteurs et l'éditeur d'origine ou encore les litiges liés à la protection du titre, c'est cette fois le compositeur de la musique des films adaptés de la série de best-sellers qui s'est retrouvé au cœur d'une bataille judiciaire, soulevant le problème des rapports entre roman et musique de film.

Angélique porte mal son nom. Barbey d'Aurevilly et ses *Diaboliques* ont suscité bien moins de procès que la série signée par Anne et Serge Golon. La Cour de cassation s'est penchée, le 14 janvier 2003[1], sur le cas d'un compositeur aux prises avec les revendications du couple d'écrivains à succès : « Des disques et des cassettes reproduisant des compositions musicales, faites par M. Magne pour illustrer des films cinématographiques adaptés des romans *Angélique*, ont été ultérieurement édités et distribués. » Or, « Mme Goloubinoff, coauteur avec son défunt mari de la série romanesque originale, et la société Archange international, cessionnaire des droits patrimoniaux sur celle-ci, ont soutenu que les jaquettes accompagnant les phonogrammes commercialisés comportaient des titres empruntés à l'œuvre littéraire, tant par l'emploi des noms d'Angélique ou d'autres personnages, que par le recours à des expressions, situations ou sentiments ».

Les demandeurs arguaient qu'une telle exploitation de leur création n'avait pas été autorisée, au motif qu'elle ne figurait pas dans les contrats de cession relatifs au film. Les premiers juges leur ont donné tort de leurs griefs en contrefaçon.

Les magistrats de la Cour de cassation ont ainsi estimé que « l'auteur d'une musique écrite pour un film pouvait, sauf atteinte à l'œuvre commune, se livrer à l'exploitation autonome de son œuvre propre ». De plus, ils relèvent qu'« en l'absence de stipulation en ce sens dans l'acte d'adaptation, les auteurs de l'œuvre originaire ne pouvaient lui reprocher des titres nécessairement en relation avec elle, ni, à l'occasion de cette exploitation séparée, exiger de lui une rémunération ».

Les œuvres composites

L'œuvre composite est souvent appelée « œuvre dérivée » – notion à ne pas confondre avec celle de droit dérivé. L'œuvre composite, visée à l'article L. 113-2 du CPI, est définie comme « l'œuvre nouvelle à laquelle est incorporée une

1. Première chambre de la Cour de cassation, 14 janvier 2003, *Dalloz*, 2003, p. 1088, note Samuel Becquet.

œuvre préexistante sans la collaboration de l'auteur de cette dernière ». Cette incorporation est à entendre dans le sens le plus large et peut adopter les formes les plus variées. Il peut s'agir, par exemple, de l'insertion d'un poème dans une pièce de théâtre, ou d'une sculpture prise en photographie. La pièce et la photographie sont des œuvres dérivées, alors que la sculpture et le poème doivent être désignés comme des œuvres préexistantes. Les anthologies ou encore les traductions sont des exemples d'œuvres composites, puisqu'elles sont protégées en tant que telles tout en faisant appel à des œuvres préexistantes[1].

Aux termes de l'article L. 113-4 du CPI, « l'œuvre composite est la propriété de l'auteur qui l'a réalisée, sous réserve des droits de l'auteur de l'œuvre préexistante ». Seul le second créateur, celui de l'œuvre composite et non de l'œuvre préexistante, est donc titulaire des droits sur l'œuvre composite. Mais il devra auparavant s'être assuré de la possibilité d'utiliser l'œuvre préexistante. Celle-ci peut être tombée dans le domaine public, auquel cas la seule précaution consiste à éviter de bafouer le droit moral du premier auteur[2]; ou bien les droits patrimoniaux sont toujours en vigueur, et il faudra obtenir l'autorisation du titulaire des droits sur l'œuvre préexistante.

C'est ainsi que le photographe désirant fixer l'image d'un bâtiment ou d'une sculpture, et l'exploiter commercialement, devra en demander l'autorisation à l'architecte ou au sculpteur, à l'exception de cas extrêmement ténus[3]. Cette autorisation s'accompagne très souvent du versement d'une rémunération, qu'elle soit proportionnelle aux recettes ou forfaitaire[4].

Enfin, « l'affaire *Paris pas cher* », qui a défrayé la chronique judiciaire pendant de nombreuses années, a permis à la Cour de cassation d'éclairer un point important: l'existence d'une œuvre composite n'empêche pas l'auteur de l'œuvre préexistante de continuer, et même de reprendre, l'exploitation de son œuvre[5].

Les œuvres collectives

L'œuvre collective est définie par l'article L. 113-2 du CPI comme « l'œuvre créée sur l'initiative d'une personne physique ou morale qui l'édite, la publie et la divulgue sous sa direction et son nom et dans laquelle la contribution personnelle des divers auteurs participant à son élaboration se fond dans l'ensemble en vue duquel elle est conçue, sans qu'il soit possible d'attribuer à chacun d'eux un droit distinct sur l'ensemble réalisé[6] ».

1. Chambre civile de la Cour de cassation, 14 novembre 1973, *Revue internationale du droit d'auteur*, avril 1974, n° LXXX, p. 66.

2. Voir « Le droit au respect de l'œuvre ». Cour d'appel de Paris, 10 mars 1970, *Dalloz*, 1971, 114.

3. Voir « La reproduction des œuvres exposées dans un lieu public ».

4. Voir « La rémunération de l'auteur ».

5. Première chambre civile de la Cour de cassation, 10 mars 1993, *Gazette du Palais*, 8-10 août 1993, 189, p. 21. Cour d'appel de Paris, 25 janvier 1995, *Dalloz*, 1995, Informations rapides, 55, observations Claude Colombet.

6. Chambre civile de la Cour de cassation, 17 mai 1978, *Revue internationale du droit d'auteur*, 1979, p. 159. B. d'Ormesson-Kersaint, « La protection des œuvres du domaine public », *Revue internationale du droit d'auteur*, avril 1983, n° CXVI, p. 73.

On peut hâtivement recenser au titre des œuvres collectives, et sous réserve de circonstances particulières, les encyclopédies[1], les dictionnaires[2], les journaux[3] et la plupart des ouvrages couronnés de la formule consacrée « sous la direction de ». Une bande dessinée, commandée et créée à plusieurs auteurs, s'est également vu attribuer la qualification d'œuvre collective par un tribunal[4]. De même, le *Cours de voile des Glénans*, dans la rédaction duquel une personne avait exercé un rôle déterminant, a été qualifié d'œuvre collective, l'initiateur en étant le centre de voile lui-même[5].

La jurisprudence est cependant de plus en plus confuse pour ce qui concerne les critères permettant de déterminer si une œuvre est collective ou non[6] et a de plus en plus tendance à dénier une telle qualification, véritablement plus avantageuse pour les éditeurs[7]. Mieux vaudra donc éviter les formules du type « avec la collaboration de », si l'on souhaite conserver la qualification d'œuvre collective. De même, les stipulations contractuelles constituent des indices importants, même si la preuve contraire reste toujours possible[8].

Selon le professeur Sirinelli, deux conditions essentielles sont à réunir pour que l'on puisse parler d'œuvre collective : l'existence d'un coordinateur et l'impossibilité, contrairement à l'œuvre de collaboration, de partager la qualité d'auteur de l'ensemble de l'œuvre entre tous ses participants.

L'article L. 113-5 du CPI souligne que « l'œuvre collective est, sauf preuve contraire, la propriété de la personne physique ou morale sous le nom de laquelle elle est divulguée. Cette personne est investie des droits de l'auteur ». C'est ce qui explique qu'une personne morale (une société) puisse être – et dans ce cas seulement – titulaire *ab initio* (dès la création de l'œuvre) des droits d'auteur[9]. Seul le coordinateur public est titulaire des droits d'auteur. Le coordinateur salarié, qui a dirigé l'œuvre collective pour le compte de la société éditrice, ne pourra par ailleurs prétendre à une rémunération proportionnelle sur l'ouvrage[10]. L'éditeur pourra donc exercer les droits, et notamment décider des conditions d'exploitation de l'œuvre. Chacun des participants, cependant, demeure titulaire des droits sur son apport, dans la mesure où celui-ci est identifiable et individuali-

1. Tribunal de grande instance de Paris, 4 janvier 1971, *Revue internationale du droit d'auteur*, octobre 1971, n° LXX, p. 146.

2. Tribunal de grande instance de Paris, 17 mai 1984, *Revue internationale du droit d'auteur*, octobre 1984, n° CXXII, p. 214. Première chambre civile de la Cour de cassation, 16 novembre 2004, « Petit Robert », *Revue Lamy du droit de l'immatériel*, 2005/3, p. 8, note Angès Maffre-Baugé.

3. Cour d'appel de Paris, 2 juin 1981, *Gazette du Palais*, 1982, I, 22, note Plaisant.

4. Cour d'appel de Paris, 6 mars 1981, *Dalloz*, 1982, Informations rapides, 46, observations Claude Colombet.

5. Première chambre civile de la Cour de cassation, 1er juillet 1970, *Annales de la propriété industrielle, artistique et littéraire*, 1970, 223.

6. Voir l'analyse de MM. les professeurs André et Henri-Jacques Lucas (voir Bibliographie générale). Christophe Caron, « Le festival confronté à la qualification d'œuvre collective », *Revue internationale du droit d'auteur*, avril 2001, p. 3.

7. Jean Cedras, « La qualification des œuvres collectives dans la jurisprudence actuelle », Association juridique française pour la protection internationale du droit d'auteur, séance du 31 mars 1995.

8. Cour d'appel de Paris, 12 décembre 1989, *Cahiers du droit d'auteur*, n° 25, 1990, p. 16.

9. Première chambre civile de la Cour de cassation, 17 mars 1982, *La Semaine juridique (JCP)*, 1983, II, 20054, note Plaisant.

10. Première chambre civile de la Cour de cassation, 18 octobre 1994, *Légipresse*, n° 116, III, p. 168.

sable[1]. Chacun conserve également son droit moral sur son apport. C'est ainsi que le photographe doit voir son nom respecté et donc mentionné clairement, même au sein d'une encyclopédie[2].

La personne morale peut toutefois exceptionnellement être également titulaire du droit moral[3]. En pratique, l'intérêt de cette qualification juridique est donc très limitée.

Il ne faut pas ignorer que les différents types d'œuvres créées à plusieurs personnes peuvent être combinés entre eux. Il existe notamment des œuvres composites de collaboration: celles où deux auteurs ont intégré à leur création commune une œuvre préexistante[4].

Les œuvres créées par machine ou ordinateur

Certains ont pu hâtivement penser que l'émergence des machines et des ordinateurs dans le domaine de la création littéraire ou artistique, de par l'absence de personne physique, ferait s'évanouir toute protection de ces ouvrages par le droit d'auteur[5]. Les photographies prises par satellite continuent, par exemple, d'alimenter la discussion chez les spécialistes de la propriété littéraire et artistique[6].

Malgré les progrès de l'informatique et des nouvelles technologies, il semble difficile d'admettre qu'une machine crée entièrement seule, c'est-à-dire sans ordre extérieur. Il est nécessaire que quelqu'un prenne une initiative, élabore un minimum de directives. C'est cette personne qui est alors considérée comme l'auteur et qui devient titulaire originel des droits. Parfois, le créateur du programme lui-même peut être reconnu comme auteur s'il permet d'intégrer à l'œuvre finale des éléments originaux; on assiste alors à la naissance d'une œuvre composite[7].

À l'inverse, le recours à la machine n'enlève en rien la qualité d'auteur à celui qui l'utilise en faisant preuve d'originalité dans la création d'une œuvre littéraire et artistique[8].

1. Première chambre civile de la Cour de cassation, 20 décembre 1982, *Revue trimestrielle de droit commercial*, 1983, 430, observations André Françon.
2. Cour d'appel de Versailles, 20 mai 1988, *Dalloz*, 1989, Sommaires commentés, 44, observations Claude Colombet.
3. Première chambre civile de la Cour de cassation, 8 décembre 1993, *Revue internationale du droit d'auteur*, juillet 1994, n° CLXI, p. 303.
4. Cour d'appel de Paris, 6 décembre 1993, *Revue internationale du droit d'auteur*, juillet 1994, n° CLXI, p. 382.
5. Piatti et Gaubiac, « La création artistique assistée par ordinateur », *Revue internationale du droit d'auteur*, octobre 1983, n° CXVIII, p. 108. Risset, « Problèmes de droit d'auteur découlant de l'utilisation d'ordinateurs pour la création d'œuvres », *Le Droit d'auteur*, 1979, p. 244. André Bertrand, « Les créations "assistées" ou "générées" par ordinateur », *Cahiers du droit d'auteur*, n° 24, 1990, p. 1.
6. Voir « Les images de la Terre ».
7. Voir *supra* « Les œuvres composites ».
8. Cour d'appel de Douai, 4 décembre 1964, *Annales de la propriété industrielle, artistique et littéraire*, 1965, 218.

Le leurre des œuvres dites « libres de droit »

Face aux arcanes de la propriété littéraire et artistique française, certains prestataires proposent des DVD d'images qui sont annoncées comme « libres de droits ». Ce qui est un non-sens juridique de ce côté-ci de l'Atlantique.

Les DVD dits « libres de droits » contiennent en général « de la musique au mètre » ou, pour l'édition et la presse écrite, une sélection thématique d'illustrations (couchers de soleil, animaux...), c'est-à-dire sans autorisation particulière et sans versement de rémunération. Or, si une telle pratique peut être licite en droit américain, la conception continentale du droit d'auteur s'y oppose : l'utilisation de telles images en Europe peut donc se révéler à terme juridiquement problématique.

C'est ainsi que le principe de la rémunération proportionnelle – c'est-à-dire concrètement le pourcentage – demeure dominant dans toute relation entre un auteur et son cocontractant[1]. Les articles L. 131-4 et L. 132-5 du CPI en disposent en effet expressément ainsi. Le code prévoit cependant quelques rares exceptions. Mais comme pour toutes les entorses à un principe juridique, ces exceptions à la rémunération proportionnelle des auteurs sont interprétées restrictivement par la jurisprudence.

Les exploitations gratuites – ou plus exactement sans recettes directement générées par une vente au public –, telles qu'elles peuvent avoir lieu sur Internet, permettent bien entendu une rémunération au forfait. La jurisprudence n'a encore en effet jamais assimilé les espaces publicitaires à des recettes donnant lieu à des pourcentages.

Par ailleurs, l'article L. 131-4 du CPI, qui gouverne l'ensemble des contrats d'auteur dont le contrat d'édition, indique de façon assez floue que « la rémunération de l'auteur peut être évaluée forfaitairement » dans des cas délimités au sein desquels figure celui de la participation accessoire à une œuvre. Il faudrait donc être certain que les images sont issues d'auteurs différents pour être à l'abri d'une requalification de leur rémunération, toujours possible, nonobstant le contrat signé au départ.

En outre, l'article L. 132-6 du CPI précise d'ailleurs les exceptions particulières à « l'édition de librairie ». C'est ainsi que la rémunération de l'auteur peut faire l'objet d'une « rémunération forfaitaire [...] dans les cas suivants : [...] Illustrations d'un ouvrage [...] ».

Cet article précise encore que « peuvent également faire l'objet d'une rémunération forfaitaire les cessions de droits à ou par une personne ou une entreprise établie à l'étranger ».

Mais ces possibilités de rémunérer au forfait ne valent que « pour la première édition, avec l'accord formellement exprimé de l'auteur ». De plus, les classiques notions de lésion et d'imprévision (contenues dans le Code civil) trouvent application en matière de contrat d'édition et permettent d'en remettre parfois en cause l'économie. Cela reste possible, aux termes mêmes de l'article L. 131-5 du Code de la propriété intellectuelle, toutes les fois « que l'auteur aura subi un

1. Voir « La rémunération de l'auteur ».

préjudice de plus de sept douzièmes » par rapport à ce qu'il aurait pu percevoir, selon les usages, si sa rémunération avait été proportionnelle aux recettes.

À l'inverse, l'article L. 131-4 du Code de la propriété intellectuelle envisage *in fine* le cas de la conversion de la rémunération proportionnelle en rémunération forfaitaire et ce, pour tous les contrats. Elle ne peut avoir lieu qu'« à la demande de l'auteur » pour une durée « déterminée » » (c'est-à-dire limitée), et pour les « contrats en vigueur », autrement dit déjà signés... Bref, en pratique, les exemples de conversions « réussies » ne sont pas légion. Enfin, si l'éditeur opte, par sécurité, pour le pourcentage, celui-ci ne devra pas être dérisoire, les juridictions y ayant déjà décelé de véritables fraudes à la loi.

V

Droit d'auteur, régimes matrimoniaux et successions

La propriété littéraire et artistique, comme l'ensemble du droit, n'est pas insensible aux événements majeurs qui peuvent affecter l'auteur. Le mariage et le décès de l'auteur ont des conséquences importantes sur le régime des droits portant sur ses œuvres. De son côté, l'éditeur doit parfois prendre garde à ces conséquences.

Droit d'auteur et régimes matrimoniaux

Depuis l'entrée en vigueur, le 12 mars 1958, de la loi sur la propriété littéraire et artistique de 1957 (ancêtre du CPI), seuls certains revenus d'exploitation sont affectés par le droit des régimes matrimoniaux[1].

L'article L. 121-9 du CPI est parfaitement clair sur ce point:

« Sous tous les régimes matrimoniaux et à peine de nullité de toutes clauses contraires portées au contrat de mariage, le droit de divulguer l'œuvre, de fixer les conditions de son exploitation et d'en défendre l'intégrité reste propre à l'époux auteur ou à celui des époux à qui de tels droits ont été transmis. Ce droit ne peut être apporté en dot, ni acquis par la communauté ou par une société d'acquêts.

« Les produits pécuniaires provenant de l'exploitation d'une œuvre de l'esprit ou de la cession totale ou partielle du droit d'exploitation sont soumis au droit commun des régimes matrimoniaux, uniquement lorsqu'ils ont été acquis pendant le mariage; il en est de même des économies réalisées de ces chefs.

« Les dispositions prévues à l'alinéa précédent ne s'appliquent pas lorsque le mariage a été célébré antérieurement au 12 mars 1958.

« Les dispositions législatives relatives à la contribution des époux aux charges du ménage sont applicables aux produits pécuniaires visés au deuxième alinéa du présent article. »

1. Pour la jurisprudence sur le régime antérieur, se reporter à: Cour de cassation, 25 juin 1902, *Dalloz*, 1903, I, 5, conclusions Baudoin, note Colin. Cour de cassation, 14 mai 1945, *Dalloz*, 1945, 285, note Henri Desbois.

En tout état de cause, l'auteur reste maître des droits moraux et maître de négocier, comme de décider de l'exploitation de son œuvre – c'est-à-dire de disposer des droits de reproduction et de représentation. Seuls seront affectés par l'union matrimoniale les revenus tirés de l'exploitation. Et encore, les dispositions relatives aux droits patrimoniaux contenues dans l'article L. 121-9 ne s'appliquent-elles qu'aux régimes de communauté. Un mariage conclu sous le régime de la séparation des biens ne devrait en rien affecter le sort des droits de l'auteur, qu'ils soient moraux ou patrimoniaux.

Les revenus affectés sont les revenus, perçus pendant le mariage, d'œuvres créées aussi bien avant que pendant le mariage.

Lors de la liquidation du mariage, l'auteur reste libre de procéder à la cession de ses droits d'exploitation à venir. Il peut donc en attribuer les redevances à son ex-conjoint[1].

Pour ce qui concerne les mariages célébrés avant 1958, toutes les œuvres créées après 1958 suivent le régime décrit ci-dessus. En revanche, quand elles ont été créées avant 1958, le monopole d'exploitation est commun aux deux époux s'ils se sont mariés sous le régime de la communauté des meubles et acquêts; alors que, sous le régime de la communauté réduite aux acquêts, le monopole d'exploitation n'est commun que pour les œuvres créées pendant le mariage.

Ces œuvres ne rentrent cependant dans la communauté que si elles sont divulguées. Dans le cas contraire, c'est-à-dire tant que l'auteur ne les juge pas dignes d'être montrées au public, les œuvres demeurent des biens qui lui sont propres[2]. Le droit moral peut, là encore, suivre un destin différent de celui des droits patrimoniaux et reste donc attaché au seul auteur[3].

Quant au support matériel de l'œuvre en tant que tel – le manuscrit –, son sort, depuis la loi de 1957, reste indéterminé.

Enfin, s'est déjà posée la question de savoir si une femme divorcée pouvait conserver comme nom de plume le patronyme de son ex-mari. La réponse semble affirmative[4].

Droit d'auteur et successions

Là encore, il importe de distinguer droits moraux et droits patrimoniaux[5]. Les droits moraux suivent un régime qui peut être particulièrement dérogatoire du droit commun des successions, alors que la dévolution successorale des droits de reproduction et de représentation s'inscrit dans un schéma juridique très classique.

1. Première chambre civile de la Cour de cassation, 18 octobre 1989, *Dalloz*, 1989, Informations rapides, 277.
2. Cour d'Orléans (sur renvoi de la Cour de cassation), 18 février 1959, *La Semaine juridique (JCP)*, 1959, II, 11141, note Weil.
3. Chambre civile de la Cour de cassation, 14 mai 1945, *Dalloz*, 1945, 285, note Henri Desbois.
4. Tribunal de grande instance de Paris, 10 février 1981, *Dalloz*, 1981, jurisprudence, 444, note Lindon.
5. Voir « Les droits patrimoniaux » et « Les droits moraux ».

Cependant, dans une certaine mesure, la loi s'accorde à reconnaître aux deux catégories de droits un contrôle judiciaire des abus dont ils peuvent faire l'objet par les ayants droit[1].

La succession des droits moraux

La transmission des droits moraux est l'attention de plusieurs articles du CPI, articles dont l'absence de logique et de clarté continue d'embarrasser juridictions et spécialistes du droit d'auteur. La loi opère notamment une distinction entre les différents droits moraux.

C'est ainsi que les droits au respect, qu'il s'agisse de celui de l'œuvre ou du nom et de la qualité de l'auteur, se rapprochent du droit des successions le plus classique. L'article L. 121-1 du CPI souligne *in fine* que « [le droit au respect du nom de l'auteur, de sa qualité et de son œuvre] est transmissible à cause de mort aux héritiers de l'auteur » et « [son] exercice peut être conféré à un tiers en vertu de dispositions testamentaires[2] ».

Le droit de retrait ou de repentir semble exclu de toute transmission. Il répond en effet à une situation et à un état d'esprit trop particuliers pour qu'il puisse être exercé par un autre que l'auteur lui-même. Mais une décision de justice a admis son exercice par un héritier si la volonté d'en user ainsi a été « explicitement manifestée par l'auteur avant sa mort ». Il ne s'agit donc pas d'une succession mais plutôt de la mise en pratique d'une action que l'auteur n'a pu engager à cause de son décès.

Le cas le moins orthodoxe, par rapport au droit commun des successions, reste celui du droit de divulgation. En effet, l'article L. 121-2 du CPI énonce en son alinéa 2:

> « Après sa mort, le droit de divulgation de ses œuvres posthumes est exercé leur vie durant par le ou les exécuteurs testamentaires désignés par l'auteur. À leur défaut, ou après leur décès, et sauf volonté contraire de l'auteur, ce droit est exercé dans l'ordre suivant: par les descendants, par le conjoint contre lequel n'existe pas un jugement passé en force de chose jugée de séparation de corps ou qui n'a pas contracté un nouveau mariage, par les héritiers autres que les descendants qui recueillent tout ou partie de la succession et par les légataires universels ou donataires de l'universalité des biens à venir. »

Le texte de la loi ne vise dans cet article que le droit de divulgation et ne mentionne pas les autres droits moraux de l'auteur. Certains commentateurs ont pourtant voulu en faire une lecture élargie, et inclure dans son champ d'application ces autres attributs moraux de l'auteur que sont le droit au respect et le droit de retrait ou de repentir[3]. La jurisprudence leur a d'ailleurs donné tort, et a

1. Voir Christophe Caron, *Abus de droit et droit d'auteur*, IRPI-Litec, 1998.
2. Première chambre civile de la Cour de cassation, 17 décembre 1996, *Les Petites Affiches*, n° 67, 4 juin 1997, p. 29, note Xavier Daverat.
3. Notamment Desbois (voir Bibliographie générale).

confirmé que les règles de dévolution particulière à l'article L. 121-2 ne concernaient que le seul droit de divulgation[1].

La succession du droit de divulgation doit donc s'opérer en premier lieu au bénéfice de l'exécuteur testamentaire[2]. En l'absence de désignation d'un exécuteur testamentaire ou à sa mort, et sauf dans le cas où l'auteur en aurait disposé différemment, les descendants de l'auteur exerceront le droit de divulgation. En leur absence, ce sera le conjoint (sauf s'il y a eu séparation judiciaire d'avec l'auteur). À défaut de conjoint, les autres héritiers recueilleront le droit de divulgation. Enfin, s'il n'existe pas d'autres héritiers, les légataires assureront l'exercice du droit de divulgation.

Il est désormais établi que conjoint et descendants bénéficient de cette disposition, qu'ils aient ou non renoncé à la succession, ce qui n'est pas le cas des autres personnes désignées par la loi. Celles-ci doivent avoir accepté la succession pour exercer le droit de divulgation. Rappelons que l'auteur peut en avoir disposé différemment dans son testament.

Une affaire judiciaire relative à la transmission du droit de divulgation de Robert-Gilbert Lecomte a permis d'établir qu'une fois ces droits transmis, et hormis le cas particulier de l'exécuteur testamentaire, celui qui en hérite peut les transmettre… à qui bon lui semble[3]. La jurisprudence reste pourtant assez peu homogène sur cette question, et des divergences surgissent sporadiquement[4].

Malgré ces différents régimes, les praticiens s'accordent à remarquer qu'en pratique les risques de distorsion dans la transmission des droits moraux d'un auteur restent minimes.

Les exécuteurs testamentaires

Il reste bien entendu loisible à l'auteur de transmettre à un exécuteur testamentaire ses droits au respect en plus du cas du droit de divulgation, expressément visé par le CPI[5].

Le cadre législatif général concernant les exécuteurs testamentaires est dessiné par les articles 1025 à 1034 du Code civil, situés en la partie du Code relative aux successions. Si ces articles visent plus particulièrement l'exécuteur testamentaire entendu en son sens traditionnel de « personne désignée par le testateur pour assurer l'exécution de ses dernières volontés et à laquelle il peut donner la saisine de son mobilier pendant un jour et un an », leur vocation est également de s'appliquer à toutes les autres situations dans lesquelles intervient un exécuteur testamentaire.

La doctrine unanime estime que nombre de ces articles sont d'une rédaction suffisamment large pour régler aussi bien les dispositions patrimoniales qu'extra-patrimoniales (c'est-à-dire notamment le droit moral de l'auteur).

1. Première chambre civile de la Cour de cassation, 11 janvier 1989, *Dalloz*, 1989, jurisprudence, 308.
2. Voir *infra*.
3. Tribunal de grande instance de Reims, 9 janvier 1969, *Revue internationale du droit d'auteur*, octobre 1969, n° LXII, p. 153.
4. Cour d'appel de Paris, 14 juin 1972, *Revue trimestrielle de droit commercial*, 1973, 262, observations Desbois. Cour d'appel de Paris, 17 décembre 1986, *Revue internationale du droit d'auteur*, avril 1987, n° CXXXII, p. 66.
5. Cour de cassation, 26 février 1920, *Sirey*, 1920, I, 203.

C'est ainsi qu'il est permis d'en tirer certains enseignements propres à éclairer la situation d'un exécuteur testamentaire d'une œuvre littéraire.

L'exégèse des articles 1025 et suivants du Code civil révèle en particulier que l'exécuteur testamentaire est le mandataire du défunt et non de ses héritiers ou légataires. Cela signifie que son mandat est irrévocable. Ni le mandant (le défunt), ni ses ayants droit ne peuvent révoquer un tel mandat.

Mais l'exécuteur testamentaire ne peut pour autant agir indépendamment des ayants droit du défunt. Ceux-ci peuvent demander la destitution de l'exécuteur testamentaire en justice, lorsqu'il commet des malversations ou, par ses négligences graves, compromet leurs intérêts. Il en est bien évidemment de même si l'exécuteur testamentaire ne respecte pas les instructions du testateur. Il conviendra souvent de se référer aux règles d'usage de l'édition. La doctrine, en ses auteurs les plus autorisés, estime qu'une gestion de « bon père de famille » (notion classique de droit civil) ne pourra être reprochée à l'exécuteur testamentaire. L'exécuteur testamentaire irréprochable est donc celui qui reste prudent et avisé. Une exploitation insuffisante de l'œuvre (qui limite l'accès du public), ou au contraire trop large et non contrôlée, pourra lui être reprochée devant les tribunaux. D'autres cas de figure litigieux peuvent être imaginés : le choix d'un éditeur manifestement en cessation de paiement, la cession gratuite du droit d'exploiter l'œuvre, etc.

L'auteur désigne l'exécuteur testamentaire dans son testament et peut assortir la mission de celui-ci de toutes sortes de modalités et combinaisons. L'exécuteur testamentaire peut être seulement en charge d'un nombre déterminé de droits moraux comme de tous ceux qui sont transmissibles. Sa mission peut également être limitée à certaines œuvres. Il est donc possible qu'un même auteur ait plusieurs exécuteurs testamentaires, chacun étant chargé d'une partie spécifique de ses œuvres. De même, plusieurs exécuteurs testamentaires peuvent être investis de la même mission, à charge pour eux de s'accorder pour prendre leurs décisions. L'exécuteur peut être une personne physique comme une personne morale (fondation instituée par l'auteur, association, société d'auteurs, etc.). Si rien de particulier n'a été prévu par l'auteur, au décès de l'exécuteur testamentaire, les attributs moraux qu'il gérait réintègrent la famille de l'auteur. En aucune manière ils ne sont transmissibles dans la succession de l'exécuteur lui-même. L'auteur peut en revanche avoir prévu qu'au décès de l'exécuteur testamentaire un autre exécuteur prendrait le relais.

En tout état de cause, il ne faut pas oublier que l'exécuteur testamentaire ne peut agir sur les droits de la personnalité (honneur, vie privée, etc.), qui ne relèvent pas du droit d'auteur.

Il est possible de s'inspirer du modèle ci-après de testament nommant exécuteur testamentaire.

Ce testament doit être rédigé entièrement à la main. Les doubles destinés aux légataires doivent également être manuscrits et comporter l'intégralité du texte afin d'éviter d'éventuels problèmes. Les pages doivent être paraphées dans la marge et numérotées de façon non équivoque : 1/3, 2/3, 3/3, etc. Il ne faut surtout pas oublier la date et la signature la plus usuelle. Enfin, le support matériel est libre, mais il est préférable d'utiliser du papier vierge de toute autre inscription.

MODÈLE DE TESTAMENT NOMMANT EXÉCUTEUR TESTAMENTAIRE

(Lieu), (Date)

Ceci est mon testament **(éventuellement*: « qui complète ou qui annule les dispositions testamentaires déposées chez Maître* nom) ».**

Je, soussigné ***(nom)***, sain de corps et d'esprit, nomme pour exécuteur testamentaire ***(nom)*** sis ***(adresse)***, ou à défaut ***(nom)***, sise ***(adresse)***, que j'investis donc de l'exercice des attributs de mon droit moral et qui pourra, à son tour, désigner lui-même son successeur.

Je confère par conséquent à ***(nom)***, ou à défaut à ***(nom)***, la mission de prendre toutes décisions relatives à mon œuvre et donc de divulguer, faire représenter ou reproduire mon œuvre au moment et selon les modalités que ***(nom)***, ou à défaut ***(nom)***, jugera opportunes.

Rédigé en ***(nombre)*** exemplaires, qui constituent autant d'originaux, dont l'un est remis à ***(nom)***, un autre à ***(nom)***, etc., en ce ***(date)*** à ***(lieu)***.

(Signature)

Droits moraux et abus notoire des représentants de l'auteur décédé

Mais la loi ne se contente pas de régler la dévolution des droits moraux, elle intervient aussi pour contrôler l'usage qui en est fait par ceux qui en ont hérité.

Ainsi l'article L. 121-3 du CPI dispose :

« En cas d'abus notoire dans l'usage ou le non-usage du droit de divulgation de la part des représentants de l'auteur décédé visés à l'article L. 121-2, le tribunal de grande instance peut ordonner toute mesure appropriée. Il en est de même s'il y a conflit entre lesdits représentants, s'il n'y a pas d'ayant droit connu ou en cas de vacance ou de déshérence.

« Le tribunal peut être saisi notamment par le ministre chargé de la Culture. »

L'« abus notoire » visé par l'article désigne une contradiction entre ce que l'on pense être la volonté de l'auteur décédé et le comportement de celui chargé d'exercer ses droits moraux. L'adjectif « notoire » indique que le doute ne subsiste en principe pas sur la volonté de l'auteur : celle-ci doit avoir été clairement exprimée, quel que soit le moyen d'expression (correspondance, déclarations, testament, etc.). Il s'agit en réalité de points souvent très litigieux, l'auteur ayant rarement exprimé sa volonté de façon claire[1].

Les abus concernent souvent le droit de divulgation[2]. On présume d'ordinaire que l'auteur souhaitait voir son œuvre acquérir le plus grand rayonnement

1. Première chambre civile de la Cour de cassation, 28 février 1989, *Revue internationale du droit d'auteur*, juillet 1989, n° CXXXXI, p. 257.

2. Première chambre civile de la Cour de cassation, 25 mai 2005, *Dalloz*, p. 1698, observations Jeanne Daleau.

possible et qu'il désirait notamment que soit divulguée son œuvre posthume[1]. Si les héritiers refusent la divulgation, ils vont alors contre la présomption et ils devront démontrer la volonté de l'auteur de ne pas être divulgué. C'est ainsi que Gallimard a pu un temps reprendre la publication des œuvres complètes d'Artaud nonobstant l'opposition de l'héritier en question, avant que la Cour de cassation ne revienne sur cette position[2]... À l'inverse, l'abus de divulgation devra être prouvé par le demandeur en justice. Il lui faudra démontrer que l'auteur n'entendait pas voir publier telle œuvre restée inédite au jour de son décès. L'exemple classique reste celui de l'interdiction formulée par un auteur d'une divulgation de son œuvre érotique, interdiction qui s'impose à ceux qui sont chargés d'exercer son droit moral. Les raisons de pure morale (au sens commun du terme) sont en revanche à écarter[3].

Le second type d'abus possible réside dans l'irrespect manifesté à l'égard d'une œuvre (l'irrespect manifesté à l'égard du nom de l'auteur reste relativement hypothétique).

C'est le cas d'une édition bâclée (par exemple : mauvais papier, ventes forcées par correspondance, éditeur douteux quant au reste de ses publications, illustrations pornographiques). C'est aussi la situation d'un éditeur totalement passif face à des atteintes perpétrées par un tiers.

On peut remarquer là encore que les divers attributs moraux ne subissent pas le même sort, puisque la loi évoque le seul droit de divulgation. Les spécialistes du droit d'auteur s'interrogent sur une possible extension de cette disposition aux autres droits moraux – c'est-à-dire essentiellement aux droits au respect de l'œuvre, du nom de l'auteur et de sa qualité. Mais il ne faut pas oublier que la Cour de cassation avait refusé à la Société des gens de lettres d'agir pour non-respect de l'œuvre contre l'adaptation des *Liaisons dangereuses* par Roger Vadim dans les années 1960[4]... Cette extension de la notion d'abus relève encore de simples théories.

Les héritiers de l'auteur sont bien entendu aptes à se prévaloir d'une telle action en justice ; mais le ministre de la Culture également. Surtout, l'emploi du terme « notamment » ouvre la porte de la saisine des juridictions à tous ceux qui, selon la formule juridique consacrée, ont un « intérêt légitime pour agir ». Il peut s'agir aussi bien du ministère public (possibilité très théorique), d'une société d'auteurs (si cela est prévu dans ses statuts), de membres de la famille, d'une association des amis de l'auteur (même si ce cas a été dénié en justice à propos de Robert-Gilbert Lecomte[5]) ou même d'amis de l'auteur. C'est ainsi que Claude Gallimard a obtenu le droit d'agir contre la divulgation d'inédits de Montherlant[6].

1. *Contra* : Première chambre civile de la Cour de cassation, 3 novembre 2004, *Dalloz*, p. 3223, observations Philippe Allaeys ; *Propriétés intellectuelles*, n° 15, avril 2005, p. 172, observations Pierre Sirinelli.
2. Première chambre civile de la Cour de cassation, 24 octobre 2000, *Dalloz*, jurisprudence, p. 918, note Christophe Caron.
3. Tribunal de grande instance de Paris, 9 janvier 1969, *Gazette du Palais*, 1969, I, 257, note Sarraute.
4. Chambre civile de la Cour de cassation, 6 décembre 1966, *Revue trimestrielle de droit commercial*, 1967, 505, observations Desbois.
5. Tribunal de grande instance de Reims, 9 janvier 1969, *Revue internationale du droit d'auteur*, 1969, n° LXII, p. 153.
6. Tribunal de grande instance de Paris, 1er décembre 1982, *Revue internationale du droit d'auteur*, janvier 1983, n° CXV, p. 165, note Pierre-Yves Gautier.

Le Centre national du livre pourrait en théorie agir sur ce terrain une fois les héritiers disparus[1].

Le juge, à cette occasion, prononcera des interdictions, des suppressions ou même une obligation de publier le texte dans tel ou tel état. De plus, en l'absence d'ayant droit connu (c'est-à-dire quand il n'existe plus aucun de ceux désignés à l'article L. 121-2), en cas de déshérence (absence de successible) ou de vacance (aucun successible ne réclame la succession), le magistrat peut véritablement exercer les fonctions d'un titulaire du droit moral ; le dernier alinéa de l'article L. 121-3 le lui permet.

Enfin, l'article L. 111-3 du CPI prévoit l'application des mêmes dispositions dans le cas où le propriétaire d'un inédit en empêcherait illégitimement toute divulgation[2].

La succession des droits patrimoniaux

Les droits patrimoniaux (droit de reproduction et droit de représentation) suivent pour leur part une dévolution toute classique qui n'appelle ici aucun commentaire particulier. L'héritier doit accepter la succession pour bénéficier de ces droits. Des conventions d'indivision sont possibles, et l'État peut même récupérer la succession d'un auteur en cas de déshérence. Il convient seulement de souligner que le décès de l'auteur ne change en rien les contrats qu'il aurait pu conclure de son vivant : seul le bénéficiaire des redevances versées par l'éditeur changera.

Il n'y a que le droit de suite, qui n'intéresse pas les éditeurs puisqu'il ne concerne que les ventes publiques d'œuvres d'art, pour suivre un régime dérogatoire du droit commun des successions.

Droits patrimoniaux et abus notoire des représentants de l'auteur décédé

Le législateur a également introduit, en 1957, un contrôle judiciaire des abus relatifs aux droits d'exploitation, qui n'est pas sans rappeler celui existant pour le droit de divulgation. L'article L. 122-9 du CPI prévoit qu'« en cas d'abus notoire dans l'usage ou le non-usage des droits d'exploitation de la part des représentants de l'auteur décédé visés à l'article L. 121-2, le tribunal de grande instance peut ordonner toute mesure appropriée. Il en est de même s'il y a conflit entre lesdits représentants, s'il n'y a pas d'ayant droit connu ou en cas de vacance ou de déshérence. Le tribunal peut être saisi notamment par le ministre chargé de la Culture ».

Ce contrôle judiciaire des abus doit entraîner les mêmes remarques que celles déjà formulées à propos du droit de divulgation[3]. Cette disposition, relativement récente, s'avère apparemment favorable aux éditeurs, notamment en cas de

1. Tribunal de grande instance de Paris, 15 avril 1964, *Gazette du Palais*, 1964, 2, 23.
2. Voir « L'indépendance des propriétés matérielle et intellectuelle ».
3. Voir *supra*.

conflit, de vacance, etc. L'éditeur possède ainsi en théorie une arme contre l'héritier qui fait obstruction à toute réédition.

Enfin, l'article L. 123-6 du CPI aménage un usufruit pour le conjoint survivant:

> « Pendant la période prévue à l'article L. 123-1[1], le conjoint survivant contre lequel n'existe pas un jugement passé en force de chose jugée de séparation de corps, bénéficie, quel que soit le régime matrimonial et indépendamment des droits d'usufruit qu'il tient des article 756 à 757-3 et 764 à 766 du Code civil[2] sur les autres biens de la succession, de l'usufruit du droit d'exploitation dont l'auteur n'aura pas disposé. Toutefois, si l'auteur laisse des héritiers à réserve, cet usufruit est réduit au profit des héritiers, suivant les proportions et distinctions établies par les articles 913 et 914 du Code civil[3]. Ce droit s'éteint au cas où le conjoint contracte un nouveau mariage. »

Il ne faut pas oublier que le droit d'exploitation comprend, outre la perception des redevances, la gestion en elle-même des droits patrimoniaux (c'est-à-dire le pouvoir de prendre les décisions concernant l'exploitation de l'œuvre).

Mais cet article ne s'applique que si l'auteur n'a pas transmis dans son testament ces droits d'exploitation. De plus, comme l'article lui-même le précise, il ne peut être empiété sur la part des héritiers réservataires.

1. C'est-à-dire la durée d'existence des droits patrimoniaux, soit en règle générale jusque soixante-dix ans après la mort de l'auteur. Voir le chapitre VI « La durée des droits ».

2. C'est-à-dire de l'usufruit aménagé par le droit commun des successions.

3. L'article 913 du Code civil dispose que « les libéralités, soit par actes entre vifs, soit par testament, ne pourront excéder la moitié des biens du disposant, s'il ne laisse à son décès qu'un enfant; le tiers, s'il laisse deux enfants; le quart, s'il en laisse trois ou un plus grand nombre; sans qu'il y ait lieu de distinguer entre les enfants légitimes et les enfants naturels ».

VI

La durée des droits

Alors qu'en droit français un droit de propriété, sur un terrain par exemple, peut être perpétuellement transmis d'héritier en héritier, la propriété littéraire et artistique connaît ce qu'il est convenu d'appeler le « domaine public[1] ». Il s'agit là d'une exception notable au droit de propriété qu'est le droit d'auteur. Le droit d'auteur se distingue donc de toute autre forme de propriété, notamment en ce que cette propriété est limitée dans le temps.

Mais cette limitation concerne les seuls droits patrimoniaux et en aucun cas les droits moraux, dont on a vu qu'ils étaient perpétuels et ne tombaient jamais dans le « domaine public[2] ».

La durée de principe

La durée de principe, c'est-à-dire celle qui a vocation à s'appliquer sauf exception, est délimitée à l'article L. 123-1 du CPI :

> « L'auteur jouit, sa vie durant, du droit exclusif d'exploiter son œuvre sous quelque forme que ce soit et d'en tirer un profit pécuniaire. Au décès de l'auteur, ce droit persiste au bénéfice de ses ayants droit pendant l'année civile en cours et les soixante-dix années qui suivent. »

A priori, la protection est donc accordée jusqu'au 31 décembre de l'année du soixante-dixième anniversaire de la mort de l'auteur.

Aucune tolérance n'est due au fait qu'un auteur n'a pas agi pendant un certain temps pour faire valoir ses droits[3]. En revanche, il a déjà été jugé, à propos des *Fleurs du mal*, que ce n'est pas parce qu'un auteur a été privé d'une période d'exploitation de son œuvre, celle-ci ayant été interdite, qu'il peut revendiquer une prorogation le jour où l'autorisation de mise sur le marché lui est redonnée[4].

1. Voir Stéphanie Choisy, *Le Domaine public en droit d'auteur*, IRPI-Litec, 2002.
2. Voir « Caractères des droits moraux ». Blanche d'Ormesson-Kersaint, « La protection des œuvres du domaine public », *Revue internationale du droit d'auteur*, avril 1983, n° CXVI, p. 73. Frédéric Pollaud-Dulian, « La durée du droit d'auteur », *Revue internationale du droit d'auteur*, avril 1998, n° 176, p. 83.
3. Première chambre civile de la Cour de cassation, 13 novembre 1973, *Bulletin civil*, I, n° 302.
4. Première chambre civile de la Cour de cassation, 5 juillet 1967, *Gazette du Palais*, 2, 209.

Il est par ailleurs à noter que la législation sur les bases de données[1], insérée au CPI, prévoit que le droit spécifique (qui peut se cumuler avec le droit d'auteur classique) expire quinze années après l'achèvement de la base (article L. 342-5 du CPI).

L'allongement de la durée de protection par la loi du 27 mars 1997

La durée de principe était auparavant de cinquante années *post mortem auctoris* et a été modifiée en vertu d'une directive communautaire en date du 29 octobre 1993[2], dont l'entrée en vigueur était prévue au plus tard le 1er juillet 1995. Elle a cependant été transposée par la France en droit interne avec deux années de retard, par une loi du 27 mars 1997, aujourd'hui intégrée au CPI[3].

En vertu de ces nouvelles dispositions, la « résurrection » des droits portant sur certains auteurs tombés, en France, dans le domaine public bénéficie aux seules œuvres qui étaient encore protégées dans au moins un État de l'Union européenne au 1er juillet 1995 – et non au 1er janvier 1995 comme publié par erreur dans un premier temps par le *Journal officiel*[4].

Cela revient, en pratique, à protéger à nouveau sur le territoire français des auteurs qui avaient rejoint ces dernières années le domaine public.

Les éditeurs ont bénéficié d'une année de tolérance expressément prévue par le législateur pour régulariser leur situation par contrat avec les ayants droit concernés. Mais la responsabilité pénale de ceux qui proposent sur leur catalogue des œuvres qui « quittent » le domaine public ne peut être recherchée que pour des agissements commis après la publication de la loi, le droit pénal ne pouvant en aucun cas être rétroactif.

Par surcroît, une disposition transitoire propre au contrat d'édition a été votée, puisque la prorogation ne paraît bénéficier qu'à ceux qui l'avaient anticipée en prévoyant des clauses visant non seulement « toute la durée des droits de propriété littéraire et artistique » mais aussi « les prorogations éventuelles » qui pouvaient y être apportées. Les ayants droit d'auteurs qui se sont vu soudainement accorder vingt années supplémentaires de protection doivent en effet proposer en priorité à l'éditeur précédant le bénéfice de cette prorogation, aux mêmes conditions contractuelles, avant de pouvoir démarcher d'autres éditeurs. La sanction du non-respect de cette sorte de droit de préférence est la nullité de la cession illicite.

Il ne faut pas oublier que les compositions musicales, avec ou sans paroles, étaient déjà protégées depuis 1985 pendant une période de soixante-dix ans après

1. Voir « Informations, multimédia et bases de données ».

2. Directive CE n° 93/98 du 29 octobre 1993, *Journal officiel des Communautés européennes*, 24 novembre 1993, p. 290.

3. Loi n° 97-283 du 27 mars 1997. André Françon, « Commentaire de la loi du 27 mars 1997 », *Légipresse*, n° 141, mai 1997, IV, 45. Laurence Tellier-Loniewski et Marion Depadt, « La transposition des directives "durée" et "satellite et câble": ce qui va changer en pratique », *Gazette du Palais*, 18-20 janvier 1998, p. 29. Florence-Marie Piriou, « Nouvelle durée légale de la protection », *Le Feuilleton de la Société des gens de lettres*, n° 1, 1998, p. 9. Emmanuel Pierrat, « Les difficultés d'application des nouvelles règles sur la durée des droits d'auteur », *Livres Hebdo*, n° 291, 1er mai 1998, p. 5.

4. Rectificatif publié au *Journal officiel*, le 3 juillet 1997.

la mort de leur auteur. Même si la jurisprudence ne s'est pas prononcée sur cette question, il semble qu'en présence d'une œuvre de collaboration entre un musicien et un parolier le travail de ce dernier bénéficiait d'une durée de protection *post mortem* jusque-là tout à fait ordinaire, soit cinquante années[1].

Reste la possible remise en cause de la directive de 1993 elle-même à l'origine de la loi du 27 mars 1997. Ce texte, dont les conséquences pratiques profitent en France surtout aux auteurs espagnols, autrichiens et allemands, serait contraire au traité de Rome, et en particulier au principe de non-discrimination entre les nationaux de la Communauté. Ce type de disparité avait déjà été remis en cause en matière de propriété littéraire et artistique dans un arrêt Phil Collins, rendu en 1993 par la Cour de justice des Communautés européennes[2]. C'est sur cet arrêt que s'appuient aujourd'hui ceux qui demandent une renaissance des droits sur toutes les œuvres des auteurs décédés depuis moins de soixante-dix ans.

Des successions d'auteurs inquiètes de ne pas profiter de la manne, relayées par les sociétés d'auteurs et d'ayants droit, ont commencé à jouer de cette possible interprétation et menacent les éditeurs des pires foudres judiciaires. Personne, là encore, ne peut cependant affirmer détenir la vérité suprême; et choisir de négocier et donc de payer serait une pure mesure de conciliation mais n'assurerait en rien l'éditeur d'une véritable exclusivité. Il faudra sans doute attendre les conclusions qu'en tirera Bruxelles – qui, alertée sur ses propres errements rédactionnels, aurait rouvert le dossier –, ou qu'un éditeur condamné accepte de continuer un contentieux de longue haleine. Pour faire jurisprudence, cette procédure devrait le mener jusque devant la Cour de justice de Luxembourg.

Pour l'heure, les décisions rendues à ce propos sont assez déroutantes.

Calculer la durée des droits patrimoniaux était déjà un casse-tête pour les éditeurs, bien avant les bouleversements intervenus par la loi du 27 mars 1997 portant la protection de principe à soixante-dix ans *post mortem auctoris*. Les plus récentes jurisprudences rendues sous son empire n'aident pas à clarifier la situation.

Le tribunal de grande instance de Paris s'est penché pour la première fois en 2001 sur cet imbroglio, à l'occasion notamment d'un conflit entre la Société des auteurs dans les arts graphiques et plastiques (ADAGP) et les éditions Hazan à propos de la reproduction d'œuvres de Claude Monet[3]. Décédé en 1926, Monet était considéré comme appartenant au domaine public de longue date, même pour les œuvres bénéficiant des célèbres prorogations de guerre.

Mais l'ADAGP invoquait le bénéfice de l'allongement de la durée de protection et a donc assigné l'éditeur en contrefaçon. Elle a choisi de revendiquer le

1. Cette opinion est notamment celle de MM. les professeurs André et Henri-Jacques Lucas (voir Bibliographie générale).

2. Affaires Phil Collins c/Imtrat, C-92/92 et Patricia Im-und Export, Kraul c/EMI Electrola, C-326-92, Cour de justice des Communautés européennes, *Recueil,* 1993-I, p. 5145. Voir également l'affaire La Bohême: Cour de justice des Communautés européennes, affaire C-360/00, 6 juin 2002, *Revue trimestrielle de droit commercial*, 2002, p. 676, observations André Françon); Frédéric Pollaud-Dulian, « Du bon usage du principe communautaire de non-discrimination en droit de la propriété intellectuelle – à propos de l'affaire *La Bohême* », *Propriétés intellectuelles*, n° 6, janvier 2003, p. 24.

3. Tribunal de grande instance de Paris, 27 juin 2001, *Légipresse* 2002, III, p. 8, note Emmanuel Pierrat.

bénéfice de la durée de protection accordée par la loi allemande, soit jusque soixante-dix ans après la mort de l'auteur.

L'éditeur plaidait le maintien dans le domaine public en invoquant la convention de Berne[1], qui domine le droit d'auteur d'une centaine de pays. Celle-ci prévoit en effet que la durée des droits est réglée par la loi du pays où la protection est réclamée. Mais cette durée de protection ne peut dépasser la durée de protection du pays d'origine, sauf si la loi du pays où la protection est réclamée en décide autrement. C'est le principe dit de la comparaison des délais.

En clair, Monet ne pouvait plus être protégé sur le sol allemand, car il avait déjà rejoint le domaine public dans son territoire d'origine. Il n'était donc plus protégé nulle part lors de l'entrée en vigueur de la directive et ne peut donc renaître à protection.

Or, le tribunal de grande instance de Paris a écarté cette rhétorique classique en droit de la propriété littéraire et artistique : « Il s'agit d'une règle facultative ; [...] en effet, la Convention qui établit un régime de protection minimale réserve l'hypothèse où la législation de l'État où la protection est réclamée "en décide autrement"... »

La loi allemande du 9 septembre 1965 a en effet été elle aussi modifiée le 23 juin 1995 pour tenir compte de l'entrée en vigueur de la directive. Et son article 120 dispose que « sont assimilés aux ressortissants allemands [...] les ressortissants d'un autre pays membre de l'Union européenne ou d'un autre État partie à l'accord sur l'Espace économique européen ».

Cette décision surprenante avait été précédée d'un premier signe inquiétant puisque la même formation de magistrats du tribunal de grande instance de Paris avait le 2 mai 2001 déjà tranché en ce sens à propos des œuvres d'Albert Londres, décédé en 1932[2].

Ces décisions, très critiquées, ont été portées en appel par les éditeurs concernés. La Cour a confirmé, en 2002, la condamnation relative à Albert Londres[3].

En revanche, la solution rendue le 16 janvier 2004[4] à propos de Monet est sensiblement différente, même si elle reste assez obscure non seulement pour le profane mais également pour les spécialistes. En clair, les magistrats d'appel se sont prononcés contre le cumul des prorogations de guerre avec l'allongement de la durée de protection. Car, non seulement les héritiers Monet en avaient déjà bénéficié à partir de 1977, mais cet empilement de dérogations aurait été contraire au principe d'harmonisation communautaire. Reste à voir quelle sera la tendance jurisprudentielle pour un auteur qui n'aurait jamais bénéficié des fameuses prorogations de guerre.

La prolongation des droits d'auteur jusqu'à soixante-dix ans *post mortem auctoris* a été également adoptée par les États-Unis. Elle y a fait l'objet de contes-

1. Voir le chapitre XIV « Le droit international ».

2. Tribunal de grande instance de Paris, 2 mai 2001, *Propriétés intellectuelles*, n° 4, juillet 2002, p. 62, observations André Lucas.

3. Cour d'appel de Paris, 25 septembre 2002, *Propriétés intellectuelles*, n° 6, janvier 2003, p. 48, observations André Lucas.

4. Cour d'appel de Paris, 16 janvier 2004, *Légipresse*, 2004, n° 210, III, p. 55, note Stéphanie Choisy ; *Revue trimestrielle de droit commercial*, 2004, p. 479, observations Frédéric Pollaud-Dulian.

tations devant les plus hautes instances judiciaires. La polémique a été particulièrement vive, les adversaires de l'allongement de la durée dénonçant ce qui, selon eux, était le fruit d'un habile lobbying des titulaires des droits sur l'œuvre de Walt Disney. À défaut d'une telle prolongation, Mickey était menacé de rejoindre très prochainement le domaine public...

C'est désormais le tour des titulaires de droits dits « voisins » – qui concernent non les œuvres mais leur interprétation, notamment musicale – de former des revendications dans le but d'obtenir l'allongement de leurs droits. Là encore, le lobbying a commencé, cette fois sur le thème de la discrimination entre artistes-interprètes et auteurs... Les droits voisins tombent en effet dans le domaine public cinquante ans à partir de « l'interprétation pour les artistes-interprètes », de « la première fixation d'une séquence [...] pour les producteurs » et de « la première communication au public [...] pour les entreprises de communication audiovisuelle ». Les éditeurs de produits multimédias, qui consomment de la musique fraîchement « libre de droits », sont dans le collimateur, en Europe comme aux États-Unis...

La survivance des règles propres aux œuvres posthumes, anonymes, pseudonymes, collectives et de collaboration

De nombreuses règles particulières dérogent encore en France à la durée de soixante-dix ans après la mort de l'auteur.

Les œuvres de collaboration sont protégées pendant une durée de soixante-dix ans après la mort du dernier survivant des collaborateurs (article L. 123-2 du CPI). La directive communautaire adopte le même régime (en remplaçant cinquante ans par soixante-dix). Cette protection bénéficie aux ayants droit des deux auteurs. Pour les ayants droit d'un collaborateur déjà tombé dans le domaine public, elle ne porte bien entendu que sur l'œuvre de collaboration.

Un second alinéa a été ajouté à l'article L. 123-2 du CPI par la loi du 27 mars 1997 et qui dispose: « Pour les œuvres audiovisuelles, l'année civile prise en considération est celle de la mort du dernier vivant des collaborateurs suivants: l'auteur du scénario, l'auteur du texte parlé, l'auteur des compositions musicales, avec ou sans paroles spécialement réalisées pour l'œuvre, le réalisateur principal. » La mort de l'auteur de l'œuvre originelle, qui figure dans la liste des coauteurs présumés de l'œuvre audiovisuelle, telle que délimitée à l'article L. 113-7 du CPI, semble avoir été écartée par le législateur de 1997.

Pour les œuvres collectives, comme pour les œuvres anonymes ou pseudonymes, en revanche, il s'agira d'une période de soixante-dix ans à partir du 1er janvier de l'année de la publication. Et l'article L. 123-3 de préciser: « Au cas où une œuvre pseudonyme, anonyme ou collective est publiée de manière échelonnée, le délai court à compter du 1er janvier de l'année civile qui suit la date à laquelle chaque élément a été publié. » La loi du 27 mars 1997 a cependant abrogé l'alinéa qui précisait à cet égard que: « Toutefois, si la publication est entièrement réalisée dans un délai de vingt ans à compter de la publication d'un premier élément, la durée du droit exclusif pour l'ensemble de l'œuvre prend fin seulement à l'expiration de la cinquantième année suivant celle de la publication du dernier élément. » Cette disposition concernait au premier chef les encyclopédies ou les ouvrages du type *Histoire de…* publiés en plusieurs tomes. L'éditeur avait donc jusqu'ici tout intérêt à réfléchir aux conséquences qui limitent fortement, pour les ouvrages de fond, la possibilité d'un retour sur un investissement à long terme… Sur ce point, les instances communautaires ont donc simplifié la règle en n'admettant la protection sur soixante-dix ans qu'élément par élément et au fur et à mesure de leur publication.

L'article L. 123-3 du CPI précise que « la date de publication est déterminée par tout mode de preuve du droit commun, et notamment par le dépôt légal ».

Pour ce qui concerne l'œuvre anonyme ou sous pseudonyme, il faut également rappeler que si le pseudonyme est transparent au point que l'identité réelle de l'auteur ne fait aucun doute (San Antonio pour Frédéric Dard, par exemple), l'œuvre connaît une durée de protection conforme à celle du régime général[1].

Les œuvres posthumes suivent le régime normal d'une durée de soixante-dix ans à compter du décès de leur auteur et bénéficient aux ayants droit de l'auteur, sauf lorsque la publication intervient après l'extinction de la protection des droits de l'auteur. En ce cas, « la durée du droit exclusif est de vingt-cinq années à compter du 1er janvier de l'année civile suivant celle de la publication » et le droit d'exploitation « appartient aux propriétaires, par succession ou à d'autres titres, de l'œuvre, qui effectuent ou font effectuer la publication[2] ».

Les prorogations de guerre

Les guerres n'ont pas été sans influence sur la durée de protection par le droit d'auteur français (le droit belge connaît des dispositions similaires). Pour pallier l'impossibilité d'exploiter correctement un ouvrage en période de guerre, l'article L. 123-9 du CPI proroge d'un temps égal à celui qui s'est écoulé entre le « 3 septembre 1939 et le 1er janvier 1948, pour toutes les œuvres publiées avant cette date et non tombées dans le domaine public à la date du 13 août 1941 ». Au total, il convient donc de rajouter huit ans et cent vingt jours à la durée de protection de l'œuvre concernée.

Quant à la Première Guerre mondiale, il faut se référer à une loi du 3 février 1919, dont les dispositions ont été codifiées sous l'article L. 123-8 du CPI. Elle prolonge de six ans et cent cinquante-deux jours la durée de protection des œuvres publiées entre le 2 août 1914 et la fin de l'année qui suivra le jour de la signature du traité de paix (c'est-à-dire le 31 décembre 1919[3]) et qui ne sont pas « tombées dans le domaine public le 3 février 1919 ».

Le cumul des deux prorogations reste bien entendu possible pour les œuvres publiées avant la Première Guerre mondiale[4]. Mais il va de soi que ce cumul

1. Voir « Les œuvres anonymes ou pseudonymes ».
2. Voir « Les œuvres posthumes ».
3. La jurisprudence a parfois désigné d'autres dates de référence, comme le 28 juin 1919, date du traité, ou le 24 octobre 1919, jour de cessation totale des hostilités. Sur ce débat, *cf.* Colombet, p. 285 (voir Bibliographie générale. Cour d'appel de Paris, 10 mars 1970, *Dalloz*, 1971, 114. Cour d'appel de Paris, 5 décembre 1956, *Dalloz*, 1958, 500, note Henri Desbois. Cour d'appel de Versailles, 5 mars 1984, *Dalloz*, 1986, Informations rapides, 187, observations Claude Colombet.
4. Première chambre civile de la Cour de cassation, 21 juin 1961, *Bulletin civil*, I, n° 332.

s'appliquera de plus en plus rarement. De plus, la jurisprudence Monet en remet partiellement en cause le principe même[1].

L'article L. 123-10 dispose également qu'une prorogation particulière de trente ans s'ajoute à la durée de protection lorsque l'acte de décès prouve que l'auteur est « mort pour la France ». Un arrêté du ministre chargé de la Culture peut avoir les mêmes effets si l'acte de décès n'a été ni dressé ni transcrit en France.

Il est à noter que la jurisprudence avait fini par faire bénéficier les éditeurs de ces prorogations, lorsque les contrats établis avant leur adoption faisaient seulement référence à la durée des droits de propriété littéraire et artistique[2].

En théorie, ces prorogations ne devraient pas profiter aux inédits posthumes. La jurisprudence semble cependant un peu erratique sur ce point[3].

Par ailleurs, l'absence totale de référence à ces prorogations particulières reste une des difficultés essentielles engendrées par la loi du 27 mars 1997 sur la prolongation de la durée des droits. Les exégèses vont là encore bon train, et personne n'est aujourd'hui en mesure d'affirmer avec certitude si les prorogations liées aux guerres et à leurs conséquences doivent survivre aux nouvelles règles[4].

1. Voir « L'allongement de la durée de protection par la loi du 27 mars 1997 ».

2. Première chambre civile de la Cour de cassation, 15 avril 1986, *Revue internationale du droit d'auteur*, octobre 1986, p. 146.

3. Cour d'appel de Paris, 10 mars 1970, *Revue internationale du droit d'auteur*, juillet 1970, n° LXV, p. 139.

4. Le SNE a estimé notamment que les prorogations sont incluses dans la nouvelle durée de soixante-dix années *post mortem auctoris*.

VII

Les exceptions aux droits patrimoniaux

En principe, toute œuvre qui répond aux critères exigés pour une protection par le droit d'auteur ne peut être reproduite ou représentée, en tout ou en partie, qu'avec l'autorisation du titulaire des droits sur l'œuvre. Ce principe souffre pourtant de nombreuses exceptions légales. La loi, renforcée par la jurisprudence, révèle de véritables brèches dans le droit d'auteur, qui permettent à des tiers, sous certaines conditions, de procéder sous une forme ou une autre à l'exploitation de l'œuvre protégée.

L'article L. 122-5 du CPI énumère les exceptions aux droits patrimoniaux, c'est-à-dire les situations dans lesquelles les tiers peuvent se passer de toute autorisation du titulaire des droits : représentations privées, copies privées, citations, analyses, revues de presse, discours officiels et politiques, textes légaux, décisions judiciaires et hymnes nationaux, parodies, pastiches et caricatures. Depuis 1998, les « actes nécessaires à l'accès au contenu d'une base de données électronique pour les besoins et dans les limites de l'utilisation prévue au contrat » se sont ajoutés à cette liste[1].

La directive européenne sur le droit d'auteur en date du 22 mai 2001 (officiellement baptisée directive européenne « sur le droit d'auteur et les droits voisins dans la société de l'information ») doit être transposée en droit interne français en janvier 2006.

Il s'agissait à l'origine de réaffirmer l'application des règles classiques de la propriété littéraire et artistique au numérique et, le cas échéant, de les adapter. Le chantier a peu à peu été étendu, au gré des demandes des différents groupes de pression, à nombre de points de friction actuels du droit d'auteur, que ces points portent ou non sur le numérique.

Au sein de cette vaste et confuse directive, plusieurs mesures sont laissées au bon vouloir des États membres : elles portent essentiellement sur les exceptions possibles au strict régime de la propriété littéraire et artistique.

La directive aborde une à une les exceptions classiques au droit d'auteur, contenues en particulier dans le CPI. Elle laisse à chaque État la faculté de les amender, mais également d'en développer de nouvelles, pour certaines, « indolores », et pour d'autres, aux conséquences très importantes.

1. Voir les développements spécifiques aux « Bases de données ».

Cette partie du texte avait déjà provoqué de vives inquiétudes chez nombre de professionnels de la culture et, par conséquent, une déferlante de lobbyistes à Bruxelles.

L'avant-projet de loi français du 12 novembre 2003 ne prend expressément en compte que le cas des « personnes physiques atteintes d'une déficience du psychisme, de l'audition ou de la vision ».

Mais, selon les termes prophétiques du professeur Sirinelli, « les demandes se feront jour puisque certains utilisateurs liront les vingt exceptions proposées par le texte de la directive comme des enfants dévorent des yeux un catalogue de jouets à l'approche de Noël ».

Le milieu de la recherche et de l'enseignement a ainsi déjà saisi le Premier ministre de ses positions. La Société des gens de lettres a vivement réagi, en rappelant que les exceptions demandées exproprieraient en premier lieu les auteurs, y compris les chercheurs, « de leur juste rémunération ».

Quant aux bibliothécaires, avant même que le droit de prêt ne soit entré en vigueur[1], ils ont également interpellé des parlementaires qui ont soumis des questions écrites au ministre de la Culture. En quelques semaines, le débat est reparti de plus belle. Les enjeux sont fondamentaux pour chacun des nombreux camps, aux intérêts parfois paradoxaux.

Pour l'heure, et à s'en tenir aux textes bel et bien votés, en droit, toutes les exceptions à un principe sont à entendre dans un sens restrictif. Leur interprétation par les tribunaux sera donc assez ferme envers celui qui prétend en bénéficier. L'éditeur se doit de garder ces restrictions présentes à l'esprit, qu'il soit l'utilisateur ou la « victime » de ces exceptions.

Les représentations privées

Les représentations, pour avoir lieu sans autorisation, doivent être, selon la loi, « gratuites et effectuées exclusivement dans le cercle de famille ».

La gratuité constitue donc la première condition: ce qui signifie qu'il est non seulement impossible de faire payer les spectateurs, mais encore de tirer un quelconque profit de la représentation – par la vente de programmes, de boissons, etc. De plus, quiconque entreprend la représentation d'une pièce de théâtre, la lecture à haute voix d'un poème, etc., doit s'assurer, s'il n'a pas l'autorisation des titulaires du droit d'auteur, que cette représentation est non seulement gratuite mais aussi totalement privée[2]. La loi exige que le public présent soit réduit aux seuls membres du « cercle de famille »: membres de la même famille, amis, proches, etc. Il a été notamment jugé que les membres d'une association ou les invités d'une fête de dames patronnesses n'entrent pas dans le cadre du « cercle de famille[3] ». Si la représentation réunit ces deux conditions, l'éditeur titulaire des droits patrimoniaux sur une œuvre ne peut s'y opposer.

1. Voir « Le droit de prêt ».
2. Tribunal correctionnel de Paris, 24 janvier 1984, *Gazette du Palais*, 1984, I, 240, note Marchi.
3. Cour d'appel de Grenoble, 28 février 1968, *Dalloz*, 1969, Sommaires, 10. Tribunal d'instance de Reims, 26 octobre 1960, *Revue trimestrielle de droit commercial*, 1961, 89, observations Henri Desbois.

Les copies privées

Sont également autorisées par la loi, au titre d'exceptions, les « reproductions strictement réservées à l'usage privé du copiste et non destinées à une utilisation collective ».

La définition du « copiste » a suscité une jurisprudence célèbre, à l'occasion notamment des affaires « Rannougraphie[1] » et « CNRS[2] ». Le copiste serait, selon les tribunaux, le propriétaire de l'appareil de reprographie. Ces décisions visent bien entendu à entraver les activités des magasins de photocopies et les bibliothèques qui, sur leurs appareils, autorisent *de facto* la reproduction d'ouvrages en grand nombre. En Belgique, les juridictions ont appliqué la même logique à une très large échelle, en condamnant, sur le fondement de la concurrence déloyale, un loueur de livres qui, par la durée trop courte de la location, contraignait ses clients à la copie.

Par ailleurs, l'article L. 122-5 du CPI prohibe toute « utilisation collective » des copies. Cette fois, ce sont les entreprises et les établissements d'enseignement qui sont en première ligne. De même, le professeur Colombet souligne à juste titre que la reproduction de nombreuses copies, destinées aux membres d'une même association, qui pourraient *a priori* être considérées comme des copies privées, constitue en réalité une « utilisation collective[3] ».

Quant au débat sur le *peer to peer* et autres techniques permettant de s'échanger en ligne des fichiers contenant des œuvres protégées, il ne s'agit, selon la jurisprudence la plus sérieuse, en aucun cas de copies privées.

La véritable copie privée, exception au droit de reproduction, n'est donc qu'un cas très rare en pratique puisque seul le propriétaire de la machine peut utiliser la copie effectuée. Or il est matériellement impossible de procéder à un contrôle véritable de toutes les photocopieuses. Pour remédier à cette situation, il a été inclus dans la loi de finances pour 1976[4] une taxe sur la reprographie, fixée à trois pour cent, perçue sur les appareils de reprographie fabriqués ou importés en France. Les recettes de cette taxe sont versées au Centre national du livre et servent à financer les commandes des bibliothèques.

Le manque à gagner reste cependant important pour les éditeurs, notamment scientifiques et techniques.

Après l'abandon d'un projet de taxe parafiscale touchant directement les établissements scolaires et universitaires, un système de redevances versées par l'institution propriétaire de la photocopieuse se met en place progressivement, favorisé par l'instauration d'un mécanisme de gestion collective.

« La copie privée numérique » est ainsi aujourd'hui instaurée par ce biais en faveur des gens du livre.

1. Cour de cassation, 7 mars 1984, *Revue internationale du droit d'auteur*, juillet 1984, n° CXXI, p. 151.
2. Tribunal de grande instance de Paris, 28 janvier 1974, *Dalloz*, 1974, 337.
3. Voir Bibliographie générale.
4. Loi de finances pour 1976, *Journal officiel*, 31 décembre 1975, p. 13567.

La copie privée numérique

La « copie privée numérique » est un terme ésotérique. Il désigne pourtant un point de droit actuellement en débat, dont les enjeux financiers sont déterminants pour l'édition de demain.

Les éditeurs de livres ont regardé avec un certain détachement l'industrie musicale trembler devant les attaques dues aux sites MP3, Napster et autres Gnutella. Mais c'est aujourd'hui aux textes de servir de cible à ces gigantesques bourses d'échange sur Internet. Déjà, le lecteur-internaute entend aussi bien proposer gratuitement à ses pairs une version numérisée des livres qu'il préfère, que consommer sans payer des copies de textes téléchargeables à la pelle (ou plutôt à la souris). En août 2000[1], *Publisher's Weekly* alertait éditeurs et libraires sous le titre : « Napster : It's not just for music. »

Car les parades techniques – qu'il s'agisse de procédures d'identification des œuvres, de leur tatouage, voire de leur cryptage – ne suffiront pas à empêcher la copie numérique pirate. Leur efficacité sera renforcée s'il est instauré un véritable droit sur les copies privées numériques. Les règles actuelles de la propriété littéraire et artistique doivent en ce sens fortement évoluer.

Certes, rappelons-le[2], l'article L. 122-5 du Code de la propriété intellectuelle prévoit l'impossibilité d'interdire « les copies ou reproductions strictement réservées à l'usage privé du copiste et non destinées à une utilisation collective ». Mais les nouveaux supports dépassent de loin ce pillage « traditionnel » aujourd'hui en voie de mise au pas.

Les titulaires de droits sur les œuvres musicales et audiovisuelles ont depuis longtemps compris le danger. La loi du 3 juillet 1985 a prévu la mise en place d'un système de compensation à la copie privée en leur faveur. Les sociétés de gestion collective de ces secteurs culturels perçoivent donc déjà un droit compensant les copies privées réalisées à l'aide de supports analogiques tels que les cassettes vidéo ou audio. En pratique, il s'agit d'un forfait dont s'acquittent les fabricants et importateurs de supports vierges.

La commission *ad hoc* chargée par le législateur de déterminer les supports qui doivent donner lieu à une compensation financière du fait des copies privées ne s'était pas réunie depuis 1986. Or, aujourd'hui, les copies sont numériques, puisqu'elles sont réalisées sur des DVD, voire directement sur les ordinateurs. Cette commission s'est donc à nouveau mise à l'œuvre et a planché sur l'extension des règles de compensation aux fabricants de supports réinscriptibles. Par la suite, en juin 2005, la commission a proposé l'application des règles relatives à la copie privée numérique aux supports intégrés (disques durs et même clés USB).

Elle ne s'est cependant pas attaquée aux opérateurs de communication (des « classiques » fournisseurs d'accès aux promoteurs d'ADSL ou de « noosseries »), qui améliorent de jour en jour les réseaux, et rendent plus confortables les téléchargements ou la diffusion de copies privées numériques d'œuvres protégées.

1. Andrew R. Albanese, « Napster : It's not just for music », *Publisher's Weekly*, 21 août 2000.
2. Voir « Les copies privées ».

Il était non seulement urgent que le dossier soit étendu à l'ensemble du numérique mais que, par surcroît, il n'exclue pas les auteurs et les éditeurs de l'écrit de cette nouvelle donne économique. Les premières estimations portent en effet la part de l'écrit à un minimum de 10 % des échanges numériques. Et les sociétés de l'audiovisuel et de la musique, qui pèsent seules sur la commission, ne sont pas les plus favorables à un « partage du gâteau » avec les gens de lettres.

Les éditeurs doivent donc désormais viser dans leurs contrats le droit sur la copie privée numérique. C'est seulement à ce prix que pourra être mise sur pied la société de gestion collective commune aux auteurs et aux éditeurs de l'écrit, qui sera l'un des instruments financiers de leur pérennité commune.

C'est donc au cœur de l'été, et d'une « loi portant diverses dispositions d'ordre social, éducatif et culturel » en date du 17 juillet 2001[1] – une de ces fameuses lois « DDOSEC » fourre-tout de fin de saison parlementaire – qu'a abouti un long travail de lobbying mené en particulier par la SOFIA (Société française des intérêts des auteurs de l'écrit)[2].

L'article 15 de la loi du 17 juillet 2001 a été conçu pour les initiés. Il dispose notamment que « l'article L. 311-1 du Code de la propriété intellectuelle est complété par un alinéa ainsi rédigé : “Cette rémunération est également due aux auteurs et aux éditeurs des œuvres fixées sur tout autre support, au titre de leur reproduction réalisée, dans les conditions prévues au 2° de l'article L. 122-5, sur un support d'enregistrement numérique”… »

En clair, cela signifie que les éditeurs et les auteurs de livres doivent recevoir une partie des redevances perçues auprès des fabricants et importateurs de supports d'enregistrement vierges au titre de la copie privée.

La gestion collective de la reprographie

La loi du 3 janvier 1995 relative à la gestion collective du droit de reproduction par reprographie a mis théoriquement fin à des années d'errance juridique[3]. Ce texte, transposé dans le CPI, ne concerne que les utilisations dites collectives, dont la définition jurisprudentielle est cependant large. L'article L. 122-10 du CPI donne désormais en son deuxième alinéa une définition de la reprographie, qu'il désigne comme « la reproduction sous forme de copie sur papier ou support assimilé par une technique photographique ou d'effet équivalent permettant une lecture directe ».

Ce même article dispose par ailleurs que la publication d'une œuvre emporte cession du droit de reproduction par reprographie à une société de gestion collective, seule habilitée à conclure des conventions avec les utilisateurs sous réserve de l'accord des ayants droit. Les titulaires de droits sur un livre n'ont donc désor-

1. Christophe Caron, « Les nouveaux horizons de la rémunération pour copie privée », *Communication commerce électronique*, 2001, n° 109, p. 17.

2. Voir « La gestion collective » et « Adresses utiles ».

3. Loi n° 95-4 du 3 janvier 1995, *Journal officiel*, 4 janvier 1995, p. 120. Dossier sur « La reprographie, une gestion collective du droit de reproduction », *Légicom*, n° 7, 1er trimestre 1995. *Le Droit de copie des usages à la règle, actes du colloque organisé le 21 novembre 1995*, Groupement français de l'industrie de l'information, 1995. André Lucas, « Aperçu rapide sur la loi n° 95-4 du 3 janvier 1995 relative à la gestion collective du droit de reproduction par reprographie », *La Semaine juridique (JCP)*, 8 février 1995, n° 6.

mais plus le choix : cette cession automatique au profit d'une société de gestion collective est d'ordre public, c'est-à-dire qu'elle ne souffre pas de dispositions contractuelles contraires. Cette cession s'applique à toutes les œuvres publiées : elle n'est pas rétroactive, mais elle concerne tout ce qui était publié à l'entrée en vigueur de la loi et tout ce qui a été publié depuis. Aux termes d'un décret du 14 avril 1995[1], l'auteur ou l'ayant droit d'une œuvre déjà publiée (avant la date d'entrée en vigueur du décret, soit avant le 19 avril 1995) avait jusqu'au 16 avril 1996 pour choisir une société de gestion collective. À défaut, la cession s'effectue au profit de la société la plus représentative… ce qui en pratique revient à désigner le seul Centre français d'exploitation du droit de copie (CFC, ancien Centre français du copyright). Un arrêté du 7 avril 1997, renouvelé en 2004, est venu confirmer le CFC et la SEAM (qui concerne les éditeurs de musique) en qualité de cessionnaires du droit de reprographie[2].

Ces organismes négocient au cas par cas les droits à payer et reversent les sommes aux éditeurs. Il existe, par exemple, un système de redevance à la page avec les utilisateurs de « panoramas de presse ». Pour les « copies services », les redevances varient en fonction de la rapidité des copieurs et de l'éloignement d'un site universitaire. Le CFC a également adressé à quelque douze mille établissements d'enseignement un contrat type en juin 1997, pour un tarif par élève selon le nombre de photocopies d'œuvres protégées[3]. Un autre contrat type de même inspiration a été prévu à l'usage des universités. Il faut cependant rappeler à cet égard que le protocole de 1993 conclu avec l'Éducation nationale avec un budget de soixante-sept millions de francs n'était jamais entré en vigueur[4]. Parallèlement, est régulièrement avancée une proposition de loi visant à permettre « les représentations gratuites d'extraits de presse ou d'œuvres à des fins pédagogiques dans l'enceinte des établissements d'enseignement[5] ».

Les conventions conclues entre le CFC et les « photocopilleurs » n'autorisent pas ces derniers à reproduire plus de 10 % des œuvres. Par surcroît, en théorie, « les reproductions que le cocontractant effectue doivent faire apparaître la référence bibliographique de l'œuvre, et ne jamais oblitérer de mention éditoriale figurant sur les pages reproduites[6] ».

Des données statistiques et des sondages permettent d'effectuer la répartition entre les éditeurs. L'apport de droits au CFC par un éditeur n'empêche cependant pas celui-ci de poursuivre directement les copistes. De plus, les travaux préparatoires de la loi de 1995, comme les commentaires qui en ont été publiés[7], permet-

1. Décret n° 95-406 du 14 avril 1995, *Journal officiel*, 19 avril 1995, p. 6098, codifié sous les articles R. 322-1 à R. 322-4 du CPI.

2. *Journal officiel*, 15 avril 1997, p. 5712, agrément renouvelé par les arrêtés des 17 et 26 juillet 2001, *Journal officiel*, 25 juillet 2001, p. 11992 et 31 juillet 2001, p. 12331. L'ensemble des dispositions législatives et réglementaires applicables à ces sociétés est reproduit en annexe du présent ouvrage au sein des articles du CPI.

3. Christine Ferrand, « Le CFC propose une convention pour l'Éducation nationale », *Livres Hebdo*, n° 252, 6 juin 1997, p. 34.

4. Christine Ferrand, « Le ministère de l'Éducation ignore le CFC », *Livres Hebdo*, n° 6, février 1998, p. 4.

5. Proposition de loi n° 3025, enregistrée à la Présidence de l'Assemblée nationale le 10 octobre 1996.

6. Article V-2 du contrat type du CFC pour la fourniture de copies d'œuvres protégées.

7. Christophe Caron et Xavier Linant de Bellefonds, « Commentaires de la loi du 3 janvier 1995, à jour du décret du 14 avril 1995 », dans le dossier sur « La reprographie, une gestion collective du droit de reproduction », *Légicom*, n° 7, 1er trimestre 1995, p. 2 à 21.

tent d'affirmer que le numérique n'est pas concerné par ces nouvelles dispositions. Le terme « lecture directe » semble exclure en effet l'intervention d'une machine.

Les décisions de justice se font de plus en plus sévères à l'encontre de ceux qui sont désignés comme les « photocopilleurs[1] ». La cour d'appel de Paris a ainsi sanctionné une officine de photocopie en libre service, le 25 juin 1997, à payer vingt mille francs au CFC[2] en qualité de mandataire des Éditions Techniques et de Dalloz, après avoir écarté l'exception de copie privée. Les magistrats ont considéré en l'occurrence que le copiste n'était pas l'étudiant en droit mais bel et bien la société de reprographie. La cour a notamment relevé que l'affichette avertissant les clients que les photocopies étaient réalisées sous leur seule responsabilité était inopérante juridiquement.

Le prêt public payant[3]

Avec près de sept millions d'inscrits dans les bibliothèques, le prêt de livres est également devenu un enjeu financier et donc juridique.

C'est ainsi qu'une directive communautaire du 19 novembre 1992 vise en pratique à instaurer un véritable droit d'interdire à un tiers de louer ou de prêter et, *a contrario*, un droit de l'autoriser contre paiement[4]. Le texte distingue la location, qui doit s'entendre comme une opération à but lucratif, alors que le prêt ne peut être le fait que d'une institution accessible au public sans but lucratif; le texte vise même les différents types de bibliothèques: d'entreprise, de recherche, d'école... La location de l'œuvre, tout comme son prêt, ne peuvent en aucun cas servir à une représentation publique. Enfin, la protection du droit moral se trouve également rappelée par la directive. Aucune modification, amputation ou rajout ne seront permis pour « ceux qui louent, prêtent, empruntent, ou prennent une œuvre ». L'instauration d'un prêt payant avait entretenu des débats passionnés entre bibliothécaires, libraires et éditeurs. Un médiateur, Jean-Marie Borzeix, avait été nommé par le ministre de la Culture, Catherine Trautmann, le 6 décembre 1997, dont la mission avait consisté à rendre un rapport le 30 juin 1998[5].

1. Tribunal de grande instance de Paris, 30 juin 2004, *Propriétés intellectuelles*, janvier 2005, p. 53, observations André Lucas. Cour d'appel de Paris, 24 mars 2004, *Légipresse*, 2004, III, 129, note Gilles Vercken. Cour d'appel de Toulouse, 25 mai 1997, *Revue internationale du droit d'auteur*, janvier 1998, n° CLXXV, p. 323. Tribunal de commerce de Paris, 27 juin 1995, *CFC informations*, n° 12, novembre 1995, p. 3. Tribunal de grande instance d'Aix-en-Provence, 20 mai 1996, *Légipresse*, juillet-août 1996, n° 133, I, 84.

2. Arrêt commenté dans *Expertises*, novembre 1997, p. 335.

3. Christophe Alleaume, « Le droit de prêt public (en France et au-delà) », *Propriétés intellectuelles*, n° 12, juillet 2004, p. 718.

4. Directive n° 92/100/CEE du 19 novembre 1992, *Journal officiel des Communautés européennes*, 27 novembre 1992, n° 346, p. 61. Antoine de Gaudemar, « Cent prêtés pour un vendu », *Libération*, 16 mars 1995, cahier Livres, p. V. Laurence Santantonios, « Droit de prêt: le "oui, mais..." de l'ABF », *Livres Hebdo*, n° 109, 25 mars 1994, p. 82. Laurence Santantonios, « Le droit de prêt mobilise la profession », *Livres Hebdo*, n° 73, 21 mai 1998, p. 29. Catherine Bédarida, « Les bibliothécaires défendent la gratuité des prêts », *Le Monde*, 21 avril 1995, p. 30.

5. *Livres Hebdo,* n° 274, 2 janvier 1998, p. 41.

En guise de transposition de la directive, la loi n° 2003-517 du 18 juin 2003 introduit un nouveau chapitre dans le Livre Ier du CPI, intitulé « Rémunération au titre du prêt en bibliothèque ». Selon l'article L. 133-1, « lorsqu'une œuvre a fait l'objet d'un contrat d'édition en vue de sa publication et de sa diffusion sous forme de livre, l'auteur ne peut s'opposer au prêt d'exemplaires de cette édition par une bibliothèque accueillant du public », en contrepartie de quoi « ce prêt ouvre droit à rémunération au profit de l'auteur ».

Ainsi, à l'instar du droit de reprographie, le droit de prêt est soumis à un système de licence légale pris en charge par une ou plusieurs sociétés de gestion collective. À cet effet, la SOFIA a été agréée par arrêté du ministère de la Culture en date du 7 mars 2005[1] pour percevoir et répartir les rémunérations au titre du prêt en bibliothèque.

Concernant la perception de ces redevances, l'article L. 133-3 du CPI indique qu'elles comprennent deux parts. « La première part, à la charge de l'État, est assise sur une contribution forfaitaire par usager inscrit dans les bibliothèques accueillant du public pour le prêt, à l'exception des bibliothèques scolaires. Un décret fixe le montant de cette contribution. »

C'est le décret n° 2004-921 du 31 août 2004[2] qui fixe la contribution à la charge de l'État à un euro par usager inscrit dans les bibliothèques des établissements publics à caractère scientifique, culturel et professionnel, et à 1,50 euro par usager inscrit dans les autres bibliothèques (cette contribution étant réduite de moitié la première année).

La seconde part de la rémunération pour prêt public « est assise sur le prix public de vente hors taxes des livres achetés, pour [les] bibliothèques accueillant du public pour le prêt ».

L'article L. 133-4 précise les modalités de répartition de ces sommes :

> « 1° Une première part est répartie à parts égales entre les auteurs et leurs éditeurs à raison du nombre d'exemplaires des livres achetés chaque année, pour leurs bibliothèques accueillant du public pour le prêt, par les personnes morales mentionnées au troisième alinéa (2°) de l'article 3 de la loi n° 81-766 du 10 août 1981 (relative au prix du livre[3]), déterminé sur la base des informations que ces personnes et leurs fournisseurs communiquent à la ou les (sociétés de gestion collective agréées). »
> « 2° Une seconde part, qui ne peut excéder la moitié du total, est affectée à la prise en charge d'une fraction des cotisations dues au titre de la retraite complémentaire par les personnes visées au second alinéa de l'article L. 382-12 du Code de la Sécurité sociale. »

Quant au second décret n° 2004-920[4] du 31 août 2004, il précise les conditions d'agrément des sociétés de gestion collective ayant vocation à gérer le droit de

1. *Journal officiel*, 12 mars 2005, p. 4261.
2. *Journal officiel*, 2 septembre 2004, p. 15610.
3. À savoir : par une association facilitant l'acquisition de livres scolaires par ses membres ou, pour leurs besoins, excluant la revente, par l'État, une collectivité territoriale ou un établissement d'enseignement.
4. *Journal officiel*, 2 septembre 2004, p. 15609.

prêt et définit les bibliothèques concernées par cette licence légale. L'article R. 133-1 énumère ainsi :

> « 1° Les bibliothèques des collectivités territoriales [...] ; »
> « 2° Les bibliothèques des établissements publics à caractère scientifique, culturel et professionnel et des autres établissements publics d'enseignement supérieur relevant du ministre chargé de l'Enseignement supérieur ; »
> « 3° Les bibliothèques des comités d'entreprise ; »
> « 4° Toute autre bibliothèque ou organisme mettant un fonds documentaire à la disposition d'un public, dont plus de la moitié des exemplaires de livres acquis dans l'année est destinée à une activité organisée de prêt au bénéfice d'usagers inscrits individuels ou collectifs. »

Enfin, notons que c'est par arrêté ministériel que le nombre d'usagers inscrits dans les bibliothèques accueillant du public pour le prêt et le montant de la part de la rémunération à charge de l'État ont été fixés pour l'année 2003[1] et 2004[2].

Les citations et analyses

« Les analyses et courtes citations justifiées par le caractère critique, polémique, pédagogique, scientifique ou d'information de l'œuvre à laquelle elles sont incorporées » sont elles aussi des exceptions légales aux droits de reproduction et de représentation.

La première condition exprimée par le CPI, pour qu'une citation échappe au droit de reproduction, est le but particulier qu'elle cherche à atteindre : critique, polémique, pédagogique, scientifique ou d'information. En ce sens, la reproduction de citations reste donc fortement ouverte.

Mais la citation doit surtout être « courte ».

Cette brièveté s'apprécie non seulement par rapport à l'œuvre de départ (il ne faut pas reproduire une part trop importante de l'œuvre citée[3]) mais aussi par rapport à l'œuvre d'arrivée (il n'est pas possible de ne constituer son ouvrage que de citations). C'est ainsi qu'une trentaine de citations rassemblées dans une plaquette seront considérées comme une contrefaçon, alors que les mêmes citations intégrées à une étude de mille pages bénéficieront de l'exception légale. André Passeron l'a appris en justice à ses dépens pour avoir reproduit trois cent quarante-trois citations dans son livre sur de Gaulle et avoir composé presque uniquement le début de son ouvrage de ces citations[4]. Le critère dominant reste celui de la concurrence entre l'œuvre qui cite et l'œuvre citée. La première ne doit en aucun cas pouvoir se substituer à la seconde[5].

Il n'est donc pas possible, par exemple, de citer deux vers complets d'un haïku ou, *a fortiori*, de faire un haïku de trois lignes extraites d'un roman. La célèbre

1. Arrêté du 31 août 2004, *Journal officiel*, 2 septembre 2004, p. 37.
2. Arrêté du 21 décembre 2004, *Journal officiel*, 8 janvier 2005, p. 25.
3. Tribunal de grande instance de la Seine, 17 juin 1964, *La Semaine juridique (JCP)*, 1964, 3787.
4. Tribunal de grande instance de Paris, 6 juillet 1972, *Dalloz*, 1972, 628, note Pactet.
5. Tribunal de grande instance de Paris, 1er décembre 1982, *Gazette du Palais*, 22 février 1983, p. 12. Cour d'appel de Paris, 17 mars 1970, *Revue internationale du droit d'auteur*, octobre 1970, n° LXVII, p. 179.

affaire « Microfor/*Le Monde* » a permis de juger qu'il n'y avait pas d'exception de citation lorsqu'aucun apport original n'était fait à une compilation d'œuvres[1].

Il n'existe pas en tout cas de barème précis permettant de déterminer à coup sûr ce qui relève du droit de citation et ce qui appartient à la contrefaçon. Lionel Bochurberg souligne que le droit américain connaît à cet égard la notion d'usage loyal *(fair use)*[2].

Une affaire opposant la veuve de Maurice Sand et Calmann-Lévy à l'éditeur Havard et à son auteur Paul Mariéton, pour un volume intitulé *Une histoire d'amour, George Sand et A. de Musset, documents inédits, lettres de Musset,* avait ainsi permis de juger « qu'il convient d'apporter, dans l'appréciation de ces questions qui touchent aux droits les plus respectables de la critique historique ou littéraire, la plus large tolérance, et qu'elle s'impose aux tribunaux aussi qu'aux écrivains eux-mêmes ; Attendu qu'une *Histoire d'amour* constitue une œuvre personnelle et critique ; que Mariéton, s'étant donné pour tâche d'étudier et d'analyser les relations qui ont existé entre George Sand et Alfred de Musset, de juin 1833 à mars 1835, a, sans doute, emprunté diverses citations aux lettres de George Sand ; mais que ces extraits, destinés à préciser les sentiments intimes des deux amants, lui étaient en quelque sorte imposés par la nature même de son œuvre, dont l'intérêt principal consiste, d'ailleurs, bien plutôt dans le rapprochement de ces passages avec de très nombreuses lettres inédites d'Alfred de Musset [...] que dans la reproduction de ces fragments eux-mêmes, déjà publiés pour la plupart, avec l'assentiment des demandeurs[3] ».

Cette solution reste toujours d'actualité, en particulier en matière de biographie. Il a, par exemple, été jugé à propos de celle de Saint-Exupéry : « Attendu cependant qu'il est légitime et normal que le biographe puise dans les œuvres de son personnage, écrivain, les informations documentaires nécessaires pour illustrer des séquences de la vie de ce dernier dont il entend saisir "les multiples facettes" et "les contradictions", mais aussi pour alimenter sa réflexion et appuyer sa démonstration, et reproduise ainsi, même à plusieurs reprises, des fragments de certaines œuvres ; que ces citations, qui enrichissent inévitablement la biographie litigieuse et lui confèrent intérêt et consistance, n'en sont cependant pas l'unique fondement ; qu'elles ne sauraient en conséquence constituer des citations abusives au regard tant de la longueur de l'ouvrage querellé et de celles des œuvres de référence, que de la diversité de ces dernières[4]. »

L'exception de citation nécessite de remplir une autre condition, d'ailleurs sous-jacente dans la loi puisqu'il s'agit du respect du droit moral de l'auteur[5]. Lorsqu'on utilise une citation, il est en effet nécessaire de respecter l'esprit de l'œuvre dont elle est tirée (ne pas dénaturer), mais également sa forme, etc. Il est bien évident que seules les véritables dénaturations sont répréhensibles, c'est-à-

1. Voir *supra*. Cour de cassation, 9 novembre 1983, *La Semaine juridique (JCP)*, 1984, II, 20189, note André Françon.
2. Lionel Bochurberg, *Le Droit de citation*, Masson, 1994.
3. Tribunal civil de la Seine, 11 mars 1897, *Dalloz périodique*, 1898, II, p. 358.
4. Tribunal de grande instance de Paris, 21 septembre 1994, inédit.
5. Voir « Le droit au respect de l'œuvre ».

dire celles qui ont tendance à donner une vision fausse de l'œuvre citée[1]. De même, le citateur ne doit pas oublier de mentionner sa source – il s'agit là expressément d'une obligation légale, qui découle par surcroît du droit au respect au nom de l'auteur de l'œuvre citée[2]. Cette règle s'applique également au nom du traducteur[3].

Il est théoriquement interdit de citer un document inédit sans autorisation, puisque le droit de divulgation appartient à l'auteur ou, en cas de décès, au titulaire des droits moraux[4]. C'est là une règle fort peu respectée en pratique, et les auteurs profitent souvent du caractère inédit du document pour en citer une longueur relativement démesurée, qu'ils font passer pour de très courts fragments... aux yeux des titulaires des droits moraux. De même, il ne faut pas croire que l'auteur qui fait circuler quelques exemplaires de son texte entend véritablement le divulguer[5].

Les citations d'œuvres autres qu'écrites

Quant aux citations dites « artistiques », leur cas est régulièrement venu devant les tribunaux et semble aujourd'hui en leur défaveur[6], malgré des décisions éparses penchant en sens contraire[7]. La reproduction du détail d'une toile ou d'une photographie est soumise à autorisation car elle porte véritablement atteinte au droit moral de l'auteur. La reproduction de l'œuvre en sa totalité dans un format très réduit n'est pas considérée par la jurisprudence comme une citation, mais comme une reproduction pure et simple. Les tribunaux l'interdisent quand elle est effectuée sans autorisation[8]. Il est donc impossible, selon la jurisprudence la plus récente, d'admettre l'existence d'un droit de citation artistique, quand bien même les œuvres d'architecture bénéficieraient d'un régime plus souple[9].

Seuls les catalogues de ventes d'œuvres d'art bénéficient depuis 1997 d'une exception légale visée à l'article R. 122-12 du CPI[10].

Le catalogue de la vente Breton, fort de ses sept volumes sous coffret, a rappelé que la frontière est parfois ténue entre catalogue de vente et beau livre sur

1. Tribunal de grande instance de Paris, 6 juin 1986, *Revue internationale du droit d'auteur*, octobre 1986, n° CXXVII, p. 161.

2. Tribunal de grande instance de Paris, 11 février 1988, *Cahiers du droit d'auteur*, n° 9, 1988, p. 17. Tribunal de grande instance de Paris, 5 janvier 1983, *Revue internationale du droit d'auteur*, avril 1983, n° CXVI, p. 210.

3. Cour d'appel de Paris, 26 avril 1969, *Revue trimestrielle de droit commercial*, 978, observations Desbois.

4. Deuxième chambre civile de la Cour de cassation, 8 juillet 1981, *Revue internationale du droit d'auteur*, juillet 1982, n° CXIII, p. 145. Voir « Les inédits ».

5. Cour de cassation, 26 février 1919, *Sirey*, 1920, 1, 203.

6. Première chambre civile de la Cour de cassation, 25 janvier 2005, *Dalloz*, p. 956, observations Philippe Allaeys.

7. Cour d'appel de Paris, 2 février 2005, *Communication commerce électronique*, n° 79, observations Christophe Caron.

8. Tribunal de grande instance de Paris, 30 septembre 1983, *Dalloz*, 1984, Informations rapides, 290, observations Claude Colombet. Assemblée plénière de la Cour de cassation, 5 novembre 1993, *La Semaine juridique (JCP)*, 1994, II, 22201, note André Françon. Première chambre civile de la Cour de cassation, *Dalloz affaires*, 1998, p. 430.

9. Voir « Reproduction des œuvres exposées dans un lieu public ». Didier Jean-Pierre, « La courte citation d'œuvres d'art en droit d'auteur », *Dalloz*, 1995, Chronique, p. 40.

10. Décret n° 97-1316 du 23 décembre 1997 portant application du *d* du 3° de l'article L. 122-5 du Code de la propriété intellectuelle, *Journal officiel*, 31 décembre 1997, p. 19463.

l'art. Or, le régime juridique applicable aux reproductions d'œuvres graphiques ou plastiques varie notablement selon la situation.

La liste législative des exceptions aux droits patrimoniaux a été complétée à l'occasion de la loi du 27 mars 1997. Le législateur considère désormais que peuvent être librement exploitées « les reproductions, intégrales ou partielles, d'œuvres d'art graphiques ou plastiques destinées à figurer dans le catalogue d'une vente judiciaire effectuée en France pour les exemplaires mis à la disposition du public avant la vente dans le seul but de décrire les œuvres d'art mises en vente ». Et ce, « sous réserve que soient indiqués clairement le nom de l'auteur et la source ».

Ces dispositions ont été adoptées à la suite des batailles judiciaires qui ont opposé, tant devant la Cour de cassation que devant la Cour de justice des Communautés européennes, les ayants droit d'artistes aux commissaires-priseurs et à leurs coéditeurs.

L'article R. 122-12 du CPI, instauré le 23 décembre 1997, précise que « le catalogue d'une vente d'œuvres d'art graphiques ou plastiques s'entend d'une liste illustrée ou non, diffusée avant une vente aux enchères publiques, décrivant, en vue d'informer les acheteurs potentiels, les œuvres qui seront dispersées au cours de la vente, ainsi que les conditions de celle-ci, et mis gratuitement ou à prix coûtant à la disposition de toute personne qui en fait la demande à l'officier public ou ministériel procédant à la vente ».

Par ailleurs, aux termes de la fameuse directive européenne du 22 mai 2001, sur les exceptions, les États peuvent décider que les œuvres sont libres de droits « lorsqu'il s'agit d'une utilisation visant à annoncer des expositions publiques ou des ventes d'œuvres artistiques, dans la mesure nécessaire pour promouvoir l'événement en question, à l'exclusion de toute autre utilisation commerciale ».

Mais, en France, la portée du texte législatif de 1997 a été grandement restreinte par la loi du 10 juillet 2000 portant réglementation des ventes volontaires de meubles aux enchères publiques.

Il est aujourd'hui impossible à une maison d'édition classique de s'engouffrer dans une telle exception, d'autant plus que la jurisprudence la plus récente en limite encore plus les contours. Le 21 mars 2003[1], le tribunal de grande instance de Paris a estimé, à propos de plusieurs importantes vacations de l'œuvre de Hergé, que « seules les ventes judiciaires, et non plus l'ensemble des ventes publiques » sont exonérées. Et encore, l'exception ne peut s'appliquer que si la vente est dirigée par un officier public ou ministériel et en aucun cas par une société commerciale.

Par ailleurs, rappelons que le photographe qui a réalisé le cliché de l'œuvre d'art ne peut être spolié de ses propres droits. Si l'œuvre destinée à être vendue judiciairement peut être reproduite sans autorisation à demander et sans rémunération à verser, il n'en est pas de même des photographies qui ont été tirées de cette œuvre.

1. Tribunal de grande instance de Paris, 21 mars 2003, *Communication commerce électronique*, 2003, n° 45, observations Christophe Caron.

Car même les reproductions d'œuvres en deux dimensions (des clichés de tableaux ou de manuscrits, par exemple) peuvent être considérées comme protégées[1]. C'est ce que la cour d'appel de Paris a rappelé avec force, le 26 septembre 2001, à l'occasion de la contrefaçon du catalogue raisonné de Picasso : « Loin de s'effacer derrière le peintre, le photographe de son œuvre en a recherché la quintessence et au travers du choix délibéré des éclairages, de l'objectif, des filtres et du cadrage ou de l'angle de vue, a exprimé dans la représentation qu'il en a faite, sa propre personnalité, mettant en relief, là un trait qu'il fait ressortir, là un contraste ou un effet procédant du support[2]. » Les juges ajoutent que le photographe « a de surcroît, à plusieurs reprises, procédé à des agrandissements mettant en exergue un fragment de l'œuvre lui apparaissant particulièrement révélateur ; [...] cette démarche globale n'est nullement celle d'un simple technicien au rang duquel les intimés cherchent à tort à placer le photographe, mais révèle un véritable créateur ».

La cour en a conclu que « les photographies en cause étant de ce fait originales et bénéficiant de la protection par le droit d'auteur, la reproduction qui en a été faite sans autorisation constitue bien une contrefaçon ».

Si la bataille des citations artistiques (arts plastiques et graphiques) semble continuer, il faut également compter sur celle des citations d'œuvres audiovisuelles et musicales[3]. En effet, l'émergence de l'édition électronique a relancé un débat que les juridictions viendront sans doute trancher dans un sens défavorable au droit de citation. Il ne faut pas oublier que la Cour de cassation tend à considérer que le droit de citation ne peut s'exercer qu'en matière littéraire. Les éditeurs de cédéroms, CD-I et autres DVD ont donc tout intérêt à ne pas se leurrer et à s'acquitter des droits afférents aux extraits d'œuvres (films, musiques, etc.) qu'ils utilisent[4].

Les « analyses », également permises par la loi, ne peuvent en aucun cas être des versions courtes de l'œuvre... Encore une fois, il s'agit d'éviter que l'analyse ne se substitue à l'œuvre d'origine et permette de se dispenser de sa lecture[5].

Des éditeurs sont désormais victimes d'une nouvelle forme de pillage sur Internet. Des sites invoquent à tort le droit de citation pour reproduire de larges extraits d'œuvres protégées et prétendent ainsi échapper à une nécessaire demande d'autorisation et de versement de droits.

Des sites Internet reproduisent de nombreux extraits d'œuvres protégées en arguant du droit de citation. Les auteurs proposés qui ont le plus de succès sont ceux dont les écrits sont déjà fragmentaires et qui donc restent attrayants sous forme d'extraits : pensées, aphorismes, formules, etc. Au *top ten*, on retrouve donc Coluche, Desproges, Saint-Exupéry ou encore Amélie Nothomb.

1. Voir « Les photographies de tableaux ».
2. Cour d'appel de Paris, 26 septembre 2001, *Dalloz*, 2001, Actualités jurisprudentielles, p. 3279.
3. Lionel Bochurberg, « Le droit de citation en matière audiovisuelle », *Gazette du Palais*, 27-28 octobre 1995, p. 2.
4. Certaines tentatives se dessinent dans le sens d'une ouverture du droit de citation dans ce cas précis : voir « Le GII propose une charte pour le droit de citation promotionnelle », *Expertises*, janvier 1998, p. 411.
5. Tribunal de grande instance de Paris, 25 avril 1968, *Dalloz*, 1968, 740.

L'exploitation sur Internet concurrence alors véritablement l'édition de librairie. L'un de ces petits cybermalins a même revendiqué une « très large audience » et annonçait 260000 visites par mois. Ce rythme aurait été atteint en à peine un peu plus d'une année d'existence.

En réalité, le tout n'est pas le fruit désintéressé des lectures d'un passionné, mais un « portail de produits culturels », dont la « stratégie multi-accès » vise aussi bien les ordinateurs classiques que les *palms*.

Ces sites sont en réalité plus proches de ce que le CPI désigne également parmi les exceptions légales sous le terme de « revues de presse ». L'application de cette catégorie juridique est bien évidemment circonscrite à des extraits d'œuvres publiées dans la presse et non dans des ouvrages de librairie. Signalons que le Centre français d'exploitation du droit de copie a conclu une large série d'accords relatifs aux revues et panoramas de presse produits par les entreprises à l'usage de leurs salariés.

Les sites litigieux ne peuvent, là encore, arguer de l'exception légale accordée aux revues de presse.

De plus, qu'il s'agisse ou non de citations ou de revues de presse légalement admises ou pas, toutes les reproductions d'œuvres doivent se conformer au droit moral dont bénéficient toujours les auteurs. Parmi les attributs du droit moral, figurent le droit au respect du nom et le droit au respect de l'œuvre.

Cela signifie en premier lieu que la citation doit « sourcer » l'auteur cité. Le 26 avril 1969, la cour d'appel de Paris a souligné que cette règle s'applique également au nom du traducteur[1].

Par ailleurs, la citation ne doit dénaturer ni la forme, ni l'esprit de l'œuvre citée ; ce qui reste très antinomique avec le principe même de la citation.

Les revues de presse

Les revues de presse et bases de données se distinguent des citations et analyses. Il ne s'agit plus d'insérer un extrait de texte dans un autre texte plus général mais de faire se côtoyer des extraits d'œuvres diverses. Aucun texte général, en principe, ne vient englober les extraits ainsi disposés. L'exception légale ne concerne que les revues de presse, mais le cas des bases de données leur a été assimilé par les juridictions[2].

La loi ne pose aucune condition particulière aux reproductions dans le cadre des revues de presse. En revanche, la jurisprudence a tendance à considérer qu'elles ne peuvent être que le fait d'organes de presse et de journalistes. Cours et tribunaux estiment en effet que celles-ci, si elles veulent bénéficier de l'exception légale, doivent être intégrées dans un ensemble proposé au public et ne peuvent en aucun cas constituer des produits en tant que tels. Ces restrictions concernent tous les types de revues de presse : informations financières – une société qui vendait à des entreprises une compilation des pages financières de différents jour-

1. Cour d'appel de Paris, 26 avril 1969, *Revue trimestrielle de droit commercial*, 1969, p. 978, observations Henri Desbois.
2. Pour la protection des bases de données en tant que telles, voir « Les bases de données ».

naux a été condamnée pour contrefaçon –, pronostics de tiercé, éditoriaux politiques, etc.

En réalité, ou la revue de presse s'intègre dans un ensemble d'autres informations – et elle n'est généralement qu'un recueil de citations – ou bien elle se présente sous la forme d'un véritable outil de travail autonome, à l'instar de la plupart des banques de données – et celui qui la propose est redevable juridiquement auprès des auteurs à qui il l'a empruntée[1].

Les remarques sur le droit moral relatives aux citations sont directement transposables aux revues de presse et banques de données (il ne faut pas, par exemple, oublier de nommer l'auteur...).

Les discours officiels et politiques

Sont également autorisées les reproductions « à titre d'information, d'actualité, des discours destinés au public, prononcés dans les assemblées politiques, administratives, judiciaires ou académiques ainsi que dans des réunions d'ordre politique et les cérémonies officielles ».

Tous ces textes peuvent donc être reproduits intégralement; mais seulement pour une période limitée dans le temps correspondant à l'« actualité ». Les juridictions restent entièrement libres d'apprécier si une reproduction s'inscrit ou non dans l'actualité. Le discours d'un récipiendaire du quai Conti peut librement être reproduit dans *Le Monde* quelques jours après qu'il a été prononcé; en revanche, un éditeur qui désire l'insérer dans un livre devra en obtenir l'autorisation[2].

Les textes légaux, les décisions judiciaires et les hymnes nationaux

Certains types de textes, de par leur nature particulière, sont considérés comme libres de toute reproduction ou représentation, et ce pour une période illimitée (contrairement aux discours officiels et politiques).

Il s'agit en premier lieu des textes légaux, quels qu'ils soient: constitution, lois, règlements, décrets, arrêtés, etc. Les décisions judiciaires connaissent le même régime[3]. De même, les hymnes nationaux sont totalement exempts de revendication patrimoniale par leur auteur.

La parodie, le pastiche et la caricature

Parodie, pastiche et caricature constituent trois exceptions notables aux droits de reproduction et de représentation.

Traditionnellement, on considère que la parodie ressortit au genre musical, le pastiche au genre littéraire et la caricature aux arts graphiques. Tous trois relèvent de l'imitation d'une œuvre.

1. Cour d'appel de Paris, 27 mars 1982, *Dalloz*, 1983, Informations rapides, 97, observations Claude Colombet.
2. Tribunal de grande instance de Paris, 6 juillet 1972, *Dalloz*, 1972, 628, note Pactet.
3. Tribunal de grande instance de la Seine, 30 juin 1966, *Dalloz*, 1967, 223.

La parodie, la caricature et le pastiche sont autorisés « compte tenu des lois du genre ». Les lois du genre ont été, au fil de nombreuses affaires, définies par la jurisprudence[1].

D'une part, le but visé par le pasticheur est primordial : il s'agit d'amuser sans chercher à nuire. L'intention délibérée de nuire rend donc, selon les tribunaux, la reproduction répréhensible. Seul le caractère bon enfant du pastiche ou de la caricature est admis[2]. Et les tribunaux ont tendance à examiner l'état d'esprit de celui qui cherche à se moquer : déclarations préalables et postérieures qu'il aurait faites sur la victime de son pastiche ou de sa caricature, etc[3].

D'autre part, le lecteur doit être à même de comprendre qu'il a affaire à une caricature ou à un pastiche. L'auteur et l'éditeur devront donc veiller à empêcher toute possibilité de confusion dans l'esprit du public. Le risque de confusion s'appréciant toujours par rapport à un consommateur moyen, il ne faut donc pas considérer que des différences, grossières aux yeux de professionnels du livre, puissent exclure une condamnation. Un jugement, sanctionnant les similitudes entre *Le Monde de Sophie* et *Le Monde d'Anne-Sophie*, a ainsi relevé : « Attendu que l'acheteur a immédiatement l'impression d'être en présence de l'œuvre première ; qu'il n'est pas suffisamment détrompé par la mention d'un autre éditeur que Le Seuil ni par la mention Les Jalons dont la célébrité n'est pas telle qu'il l'associe immédiatement aux pastiches qu'elle a réalisés dans le passé ; qu'il lui faudrait pour ce faire que, suffisamment intrigué par le texte de la quatrième de couverture, ce qui n'est pas évident, il ouvre l'ouvrage, lise le texte de l'un ou l'autre des deux rabats intérieurs qui lui étaient jusque-là cachés, puis s'intéresse au texte même de l'ouvrage y compris les remerciements ; que force est de constater qu'il ne s'agit pas là de la démarche habituelle de l'acheteur d'un roman à grand succès, attiré par la publicité autour de cet ouvrage et moyennement attentif sur son contenu[4]. »

La cour d'appel de Paris a, en bout de course, statué dans le même sens, le 17 janvier 2003[5], en considérant que « l'absence de distanciation comique dans le titre et la couverture par rapport à l'œuvre première n'évite pas le risque de confusion entre les deux œuvres pour le consommateur. [...] les inscriptions fantaisistes inscrites sur la première page ne sont pas suffisamment lisibles pour êtres vues dans leur fonction comique, et la mention de la société Les Jalons ne peut être associée immédiatement par l'ensemble du public aux pastiches précédemment réalisés par cette société ».

Les deux lois du genre à respecter sont donc l'intention d'amuser sans nuire et l'absence de confusion.

1. Emmanuel Pierrat, « Parodie, pastiche et caricature : la fin d'un genre ? », *Livres Hebdo*, n° 277, 23 janvier 1998, p. 53. Frédérique Fiechter-Boulvard, « La caricature : dualité ou unité », *Revue trimestrielle de droit civil*, janvier-mars 1997, p. 67.

2. Cour d'appel de Paris, 17 octobre 1980, *Dalloz*, 1982, Sommaires, 42, observations Claude Colombet.

3. Cour d'appel de Bruxelles, 8 juin 1978, *Journal des tribunaux*, 1978, p. 619.

4. Tribunal de grande instance de Paris, 25 septembre 1997, inédit.

5. Cour d'appel de Paris, 17 janvier 2003, *Propriétés intellectuelles*, n° 7, avril 2003, p. 169, observations André Lucas.

En quelques années, une poignée de procès retentissants a cependant mis au pas les trublions du monde de l'édition. Ils ont appris à leurs dépens que les parodies de best-sellers ou de collections célèbres figurent désormais en bonne place au rang des quelques livres interdits en France chaque année. Il faut rappeler que la couverture d'un livre ou d'une collection est fréquemment considérée par les juridictions comme une œuvre protégeable au sens du CPI[1]. La maquette bénéficie aujourd'hui d'une protection à l'instar du titre ou du contenu lui-même. En outre, dans l'hypothèse où une collection ne satisferait pas à la condition d'originalité exigée pour toute protection par le droit d'auteur *stricto sensu*, l'éditeur peut toujours invoquer le droit de la concurrence déloyale pour décourager les imitateurs qui cherchent à tourner sa production en dérision[2].

Or, comme toutes les exceptions à un principe juridique – en l'occurrence le monopole d'exploitation accordé en faveur d'une œuvre originale par le CPI à son auteur et à son éditeur –, la parodie, le pastiche ou la caricature sont interprétés restrictivement par les juridictions. Les éditions Gallimard ont obtenu en 1990 la condamnation des *Mémoires d'Elena Ceaucescu*, qui se moquait ouvertement de la « Bibliothèque de la Pléiade » en en contrefaisant la maquette.

Il ne faut pas oublier qu'en théorie aucune exception de parodie n'existe en matière de marque. C'est ainsi que le faux *Que sais-je ?* de Karl Zéro, publié en 1991, avait été interdit à la demande des PUF. Les commentateurs spécialisés estiment toutefois que certaines brèches jurisprudentielles commencent prudemment à s'ouvrir sur ce point[3].

Cependant, en 2003, la cour d'appel de Paris[4] a rendu une série d'arrêts où elle admet la possibilité de parodier des marques déposées. Le 30 avril, elle a ainsi donné raison aux initiateurs du site *Jeboycottedanone.com*, qui dénonçait la politique sociale du géant de l'agro-alimentaire. Les magistrats ont notamment relevé que « la référence à la marque visée était nécessaire pour expliquer le caractère politique ou polémique de la campagne, d'autant que les produits n'étaient nullement visés ni dénigrés ».

Bref, la parodie autorisée par le CPI est aujourd'hui difficilement publiable. En revanche, celle d'une marque, en pur droit sanctionnée, l'est de moins en moins par la jurisprudence. Est-ce là un exemple de « parodie de justice » ou un « renversement de tendances » ?

Enfin, éditeur et auteur de caricatures dites « de presse » sont souvent traînés en justice sur le fondement non plus du droit d'auteur mais sur celui du droit de la presse[5].

1. Voir « Les créations des éditeurs ».
2. Voir « L'action en concurrence déloyale ».
3. Emmanuel Baud et Stéphane Colombet, « La parodie de marque : vers une érosion du caractère absolu des signes distinctifs », *Dalloz*, 1998, Chronique, p. 227.
4. Cour d'appel de Paris, 30 avril 2003, *Dalloz*, 2003, p. 1760 et p. 2685, observations Sylviane Durrande.
5. Voir sur cette question particulière, Emmanuel Pierrat, *Le Droit du livre, op. cit.*

La reproduction des œuvres exposées dans un lieu public

Il s'agit là d'une création jurisprudentielle, la loi ne comportant nullement une telle exception[1]. Les œuvres exposées dans un lieu public peuvent être aussi bien d'architecture que d'arts plastiques et graphiques (sculptures, fresques[2], etc.).

Les juridictions exigent une seule condition pour que leur reproduction sans autorisation – par photographie notamment – ne soit pas répréhensible : l'œuvre reproduite ne peut être le sujet principal de la reproduction. En pratique, cela implique que l'œuvre reproduite ne puisse être qu'une annexe d'un autre sujet : cérémonie[3], vue d'ensemble[4], etc., dont ferait simplement partie l'œuvre protégée.

Ainsi la reproduction de la Géode comme sujet central d'une carte postale relève-t-elle de la contrefaçon[5], alors que sa reproduction dans une vue d'ensemble du XIXe arrondissement de Paris est admise librement.

L'apparition à titre accessoire

À plusieurs reprises, la Cour de cassation s'est prononcée, ces dernières années, sur une mystérieuse « apparition à titre accessoire ». Ce jargon ne désigne ni un phénomène sectaire ni une affaire de stupéfiants. Il s'agit d'une notion de propriété littéraire et artistique qui concerne directement le régime juridique des couvertures de livres.

Toute reproduction d'une œuvre protégée nécessite une autorisation. Mais la jurisprudence a peu à peu développé une théorie dite de « l'apparition à titre accessoire » à propos des œuvres installées dans les lieux publics : sculptures, fresques, fontaines, art giratoire, etc. Aucun contrat n'est nécessaire si l'œuvre reproduite n'est pas le sujet principal de l'image, mais seulement un des nombreux éléments qui figurent sur celle-ci. C'est aussi, par exemple, le cas de la photographie aérienne d'une ville, où apparaîtront inéluctablement ci et là quelques œuvres architecturales encore protégées par le droit d'auteur.

Jusqu'ici, cette entorse au strict régime de la propriété littéraire et artistique restait en pratique très limitée.

Ce sont d'ailleurs ces limites que, le 12 décembre 2000[6], la Cour de cassation a fermement rappelées. La Haute Juridiction examinait à la loupe le cas des publicités de Barilla, dont les pâtes ont longtemps été préparées à l'écran par Gérard Depardieu.

Des chaises signées Mallet-Stevens figuraient dans les spots. Le problème soumis aux juges était de savoir si une telle apparition nécessitait autorisation et *a fortiori* rémunération. L'industrie agro-alimentaire plaidait que les œuvres

1. Voir C. Colombet, p. 239 (voir Bibliographie générale).
2. Première chambre civile de la Cour de cassation, 4 juillet 1995, *Légicom*, n° 8, p. 159, note Christophe Caron.
3. Tribunal civil de Mirecourt, 10 juillet 1924, *Dalloz hebdomadaire*, 1924, 680.
4. Première chambre civile de la Cour de cassation, 4 juillet 1995, *Gazette du Palais*, 15-16 mars 1996, p. 18.
5. Cour d'appel de Paris, 23 octobre 1990, *La Semaine juridique (JCP)*, 1991, II, 21682, note André Lucas.
6. Première chambre civile de la Cour de cassation, 12 décembre 2000, *Dalloz*, 2001, p. 1530, note Emmanuel Dreyer.

« n'apparaissaient que partiellement et dans l'obscurité ». Mais la Cour a observé que « si les apparitions des chaises étaient rapides, leur présence dans le film était délibérée et répétée, excluant qu'elles puissent être considérées comme simplement accessoires, de sorte qu'il s'agissait d'une représentation des œuvres constitutive d'une contrefaçon[1] ».

Bref, le match Barilla/Mallet-Stevens rappelle que la frontière est parfois difficile à tracer entre l'apparition onéreuse et l'apparition à titre accessoire. En pratique, chacun en aura donc conclu qu'il vaut mieux disposer d'un contrat de trop, plutôt que de vouloir faire avancer la jurisprudence en la matière.

Mais, le 12 juin 2001[2], la même chambre de la Cour de cassation a soudainement infléchi sa position, dans un sens cette fois favorable aux éditeurs. Les magistrats ont en effet définitivement rejeté les prétentions de la société Campagne Campagne à l'encontre des éditions Atlas. L'agence photographique reprochait « l'utilisation, dans un film publicitaire, de la couverture d'un ouvrage sur lequel figurait une photographie de paysage [...], alors qu'une telle présentation de l'œuvre constituait une reproduction et une représentation non autorisées, seul le droit de reproduction sur la couverture du fascicule ayant été cédé ». Les magistrats ont estimé que « l'apparition de la photographie dans le film était accessoire par rapport au sujet, qui était la présentation publicitaire de l'ouvrage ».

Il s'agit pour l'heure d'une belle échappée certes, mais très isolée, et donc à saluer avec prudence. Là encore, la situation idéale pour l'éditeur reste celle où il bénéficie d'un contrat en bonne et due forme avec l'illustrateur, le maquettiste, le photographe ou l'agence; lequel contrat doit comprendre une cession des droits d'exploitation suffisamment étendue, c'est-à-dire qui permette de réaliser toutes sortes d'opérations promotionnelles avec la couverture: pages de publicité dans la presse, matériel de « PLV », site Internet...

Rappelons par ailleurs que les éditeurs eux-mêmes invoquent souvent avec profit un droit d'auteur sur les couvertures en tant que telles. Quant aux couvertures qui ne remplissent pas les conditions requises par la propriété littéraire et artistique, leur reprise par un concurrent indélicat peut toujours être sanctionnée sur le fondement de la concurrence déloyale.

La reproduction d'une couverture de livre ne peut se faire sans l'accord de l'éditeur. Cette réalité juridique désormais très claire a été à nouveau soulignée avec l'arrivée des librairies en ligne, friandes de vignettes où l'on distingue souvent des premières de couverture.

1. Pour un exemple d'exception retenue, voir: première chambre civile de la Cour de cassation, 15 mars 2005, « Place des Terreaux », *Dalloz*, 2005, p. 1645, note Philippe Allaeys.

2. Première chambre civile de la Cour de cassation, 12 juin 2001, *Dalloz*, 2001, p. 2517, observations Jeanne Daleau.

VIII

Le contrat d'édition

Le contrat d'édition possède un statut très particulier au sein des contrats relatifs au droit d'auteur que l'éditeur est amené à négocier fréquemment. Le législateur, dans un souci de protection des auteurs, s'est en effet attaché à limiter la liberté contractuelle des éditeurs et à entourer la conclusion d'un contrat d'édition de nombreuses conditions[1]. Le CPI consacre une section entière aux règles propres au contrat d'édition. L'ensemble de cette législation a par surcroît été grandement interprété et aménagé par la jurisprudence. Il en résulte aujourd'hui que le contrat d'édition suit un régime très dérogatoire du droit commun des contrats, régime que l'éditeur doit veiller scrupuleusement à respecter au risque de perdre le bénéfice de la signature d'un auteur[2].

Définition du contrat d'édition

Selon l'article L. 132-1 du CPI:

> « Le contrat d'édition est le contrat par lequel l'auteur d'une œuvre de l'esprit ou ses ayants droit cèdent à des conditions déterminées à une personne appelée éditeur le droit de fabriquer ou de faire fabriquer en nombre des exemplaires de l'œuvre, à charge pour elle d'en assurer la publication et la diffusion. »

Cette définition est importante car elle permet de savoir précisément à quels contrats le régime du contrat d'édition s'applique[3]. Ce dernier étant un contrat particulièrement contraignant, certains éditeurs ont la tentation de s'en octroyer

1. André Françon, « La liberté contractuelle dans le domaine du droit d'auteur », *Dalloz*, 1976, Chronique, p. 55. Pierre-Yves Gautier, « Le cédant malgré lui: étude du contrat forcé dans les propriétés intellectuelles », *Dalloz affaires*, 1995, n° 6, p. 123. J.-P. Bouard, « L'évolution des droits reconnus à l'auteur et à son éditeur: vers un déplacement du centre de gravité de l'édition », *Communication commerce électronique*, 2004, chronique, n° 9. Philippe Allaeys, Olivier Bustin, Jean-Hyacinthe de Mitry, « La liberté contractuelle existe-t-elle en droit d'auteur? », *Légipresse*, 2003, II, p. 117.

2. Guy Debord, *Des contrats*, Le Temps qu'il fait, 1995.

3. N. Stojanovic, « Du contrat d'édition », *Revue internationale du droit d'auteur*, janvier 1967, n° LII, p. 79. Florence-Marie Piriou, « Les contrats d'édition dans les eaux de la modernité », *Le Feuilleton de la Société des gens de lettres*, n° 1, 1998, p. 15.

les bénéfices sans les inconvénients. Pour ce faire, ils signent avec leurs auteurs des contrats d'édition qui n'en portent pas le nom. Ces contrats, qui peuvent être requalifiés par le juge en contrats d'édition, seront annulés aux torts de l'éditeur s'ils ne répondent pas aux exigences légales d'un contrat d'édition.

La définition légale permet également de distinguer ce type de contrat des contrats voisins qui jouissent d'une plus grande liberté de rédaction.

Le contrat d'édition se distingue notamment du simple contrat de cession du droit de reproduction, par lequel le cessionnaire ne s'engage pas à publier et à diffuser[1].

Un contrat dit « de commande » peut recouvrir des réalités juridiques très différentes selon les interlocuteurs. Tel qu'entendu par les juristes, il ne constitue pas un contrat d'édition[2]. Le contrat de commande exclut toute cession du droit de reproduction, puisqu'il ne porte que sur l'objet matériel. Par ailleurs, le contrat de commande, tel qu'il est entendu par certains professionnels de l'édition, peut désigner deux types bien distincts de contrats :

– une simple option sur la cession du droit de reproduction, consentie par l'auteur à un éditeur ;

– un véritable contrat d'édition, signé avant la rédaction du manuscrit et comportant certaines exigences de la part de l'éditeur quant au texte attendu.

Il est toujours possible à un éditeur de salarier un auteur – ce qui ne correspond pas à la mensualisation d'un à-valoir –, mais c'est alors un contrat de travail qui ne saurait être confondu avec un contrat d'édition.

De même, lorsqu'un texte est propagé au sein d'une entreprise ou dans son seul réseau commercial, cela ne peut être dans le cadre d'un contrat d'édition. L'absence de diffusion réelle dans le public en fait un contrat de louage d'ouvrage.

Il va de soi que les contrats de cession des droits d'adaptation audiovisuelle, d'achat ou de vente de droits, ne répondent pas à la définition légale du contrat d'édition et possèdent leurs propres paramètres sinon légaux, du moins jurisprudentiels.

Enfin, le CPI évoque le contrat à compte d'auteur et le contrat de compte à demi, que deux articles distinguent expressément du contrat d'édition[3].

Consentement de l'auteur au contrat d'édition

La loi décrit précisément les circonstances qui doivent entourer la conclusion de tout contrat d'édition. Et les juridictions attachent une importance toute particulière à ces conditions. L'article L. 132-7 du CPI dispose :

> « Le consentement personnel et donné par écrit de l'auteur est obligatoire.

1. Chambre sociale de la Cour de cassation, 14 juin 1978, *Bulletin civil*, V, n° 470. Première chambre civile de la Cour de cassation, 12 novembre 1980, *Bulletin civil*, I, n° 288.
2. Voir « Le contrat de commande ».
3. Voir le chapitre IX « Le contrat à compte d'auteur et le contrat de compte à demi ».

« Sans préjudice des dispositions qui régissent les contrats passés par les mineurs et les majeurs en curatelle, le consentement est même exigé lorsqu'il s'agit d'un auteur légalement incapable, sauf si celui-ci est dans l'impossibilité physique de donner son consentement.
« Les dispositions de l'alinéa précédent ne sont pas applicables lorsque le contrat d'édition est souscrit par les ayants droit de l'auteur. »

Deux conditions primordiales se détachent de cet article : un consentement personnel de l'auteur et un consentement écrit.

L'exigence d'un consentement personnel est si forte qu'elle s'applique même à ceux à qui le Code civil dénie traditionnellement la capacité de conclure par eux-mêmes un contrat : mineurs, majeurs en tutelle, en curatelle ou sous sauvegarde de justice. Mais il ne faut pas oublier qu'un tel auteur étant juridiquement incapable, son représentant légal doit également donner son consentement. L'absence d'un des deux consentements suffit à exposer l'éditeur à une possible annulation du contrat.

Dans toutes les hypothèses, une œuvre publiée en l'absence de consentement personnel de son auteur sera assimilée par la justice à une contrefaçon. Seules deux situations permettent à l'éditeur de se dispenser du consentement personnel de l'auteur. Il s'agit, d'une part, de l'impossibilité physique par l'auteur de donner son consentement : l'absence – au sens juridique du terme, c'est-à-dire la constatation en justice de la disparition d'une personne – en est une parfaite illustration. D'autre part, une fois l'auteur décédé, ses ayants droit ont bien entendu le droit de conclure personnellement, mais peuvent également se faire représenter par un mandataire.

Le consentement au contrat d'édition doit aussi être écrit[1].

Il s'agit là d'une formalité de preuve, importante certes, mais qui n'affecte en rien la validité même du contrat[2]. Ainsi, l'article L. 131-2 du CPI précise-t-il que « les contrats de représentation, d'édition et de production audiovisuelle définis au présent titre doivent être constatés par écrit. Il en est de même des autorisations gratuites d'exécution. Dans tous les autres cas, les dispositions des articles 1341 à 1348 du Code civil[3] sont applicables ».

L'article L. 131-3 du CPI, en son deuxième alinéa, assouplit quelque peu l'exigence de l'établissement du contrat d'édition par écrit : « Lorsque des circonstances spéciales l'exigent, le contrat peut être valablement conclu par échange de télégrammes, à condition que le domaine d'exploitation des droits cédés soit délimité conformément aux termes du premier alinéa du présent article[4]. » Outre les télégrammes, les télécopies et lettres de l'auteur (mais pas celles de l'éditeur) sont également admises de nos jours par les tribunaux[5].

1. Tribunal de grande instance de Paris, 29 avril 1987, *Cahiers du droit d'auteur*, janvier 1988, p. 13.
2. Première chambre civile de la Cour de cassation, 20 novembre 1979, *Dalloz*, 1981, Informations rapides, 86, observations Claude Colombet.
3. Articles relatifs aux possibilités de preuve autres qu'un écrit.
4. Alinéa relatif aux droits cédés et à leur champ d'exploitation, voir *infra*.
5. Cour d'appel de Paris, 16 décembre 1988, *Cahiers du droit d'auteur*, juillet-août 1989, p. 22.

En l'absence d'écrit, l'éditeur s'expose à être dans l'incapacité de prouver qu'il a contracté avec l'auteur[1]. Aucun autre mode de preuve n'est en théorie admis au bénéfice de l'éditeur: témoignage, présomption (telle que la remise du manuscrit), etc; et aucune circonstance particulière ne pourra jouer en faveur de l'éditeur (signature du contrat par un mandant de l'auteur, impossibilité physique pour l'auteur de signer...[2]). Ainsi, un éditeur, dans l'impossibilité de démontrer l'existence d'un contrat pour un livre d'entretiens avec un prix Nobel, n'a-t-il pu agir contre un confrère que pour concurrence déloyale et non pour contrefaçon[3]. Toutefois, des juges ont déjà reconnu qu'un écrit n'était pas exigible lorsque l'auteur avait été lui-même le dirigeant de la maison d'édition familiale[4].

En réalité, le consentement écrit n'est exigé par la loi que pour protéger l'auteur lui-même. Si l'éditeur ne peut prouver le contrat d'édition que par la production d'un écrit, l'auteur peut de son côté librement prouver l'existence d'un contrat à l'aide de témoignages et autres moyens de preuve. L'auteur reste soumis au seul régime de l'article L. 110-3 du Code de commerce qui affirme le principe de liberté de la preuve contre tout commerçant (en l'occurrence l'éditeur)[5].

Enfin, le contrat d'édition écrit se doit de ne pas différer des propositions qui ont été initialement faites à l'auteur et sur la base desquelles il avait accepté de contracter[6]. De même, le contrat d'édition pourra être interprété à la lumière des correspondances qui l'auront suivi[7]. La correspondance peut aisément compléter les termes d'un contrat ou même les modifier.

L'éditeur ne doit jamais oublier qu'en matière de contrat d'édition la majeure partie de la législation et de la jurisprudence a été élaborée dans l'intérêt des auteurs. En l'absence de contrat écrit, la publication pourra être qualifiée de contrefaçon[8].

Le contenu du contrat d'édition

Le contrat d'édition doit aujourd'hui, du fait des dispositions légales et d'une jurisprudence toujours plus fournie et exigeante, répondre à bon nombre de

1. Première chambre civile de la Cour de cassation, 6 novembre 1979, *La Semaine juridique (JCP)*, 1980, IV, 25. Première chambre civile de la Cour de cassation, 20 novembre 1979, *Bulletin civil*, I, n° 289.

2. Cour d'appel de Paris, 10 mai 1973, inédit) (cité par Colombet p. 317 et Desbois, n° 519, p. 57, voir Bibliographie générale).

3. Tribunal de commerce de Paris, 7 juin 1994, *La Semaine juridique (JCP)*, 14 décembre 1994, n° 50, 22348, p. 425, note Daniel Bécourt.

4. Chambre commerciale de la Cour de cassation, 20 janvier 1980, *La Semaine juridique (JCP)*, 1981, II, 19619.

5. Tribunal de grande instance de Paris, 28 février 1973, *Revue trimestrielle de droit commercial*, 1975, 99. Première chambre civile de la Cour de cassation, 1er juillet 1970, *Dalloz*, 1970, 734. Première chambre civile de la Cour de cassation, 12 avril 1976, *Bulletin civil*, I, n° 123.

6. Première chambre civile de la Cour de cassation, 18 février 1986, *Dalloz*, 1987, Informations rapides, 157, observations Claude Colombet.

7. Première chambre civile de la Cour de cassation, 18 février 1986, *Dalloz*, 1987, Sommaires, 157, observations Claude Colombet.

8. Tribunal de grande instance de Toulouse, 11 janvier 1996, *Livres Hebdo*, n° 190, 2 février 1996, p. 79.

conditions dans son contenu même et dans son application. Il a été choisi ici de regrouper ces conditions et l'analyse des problèmes qu'elles posent en quatre sections :

– les droits cédés et leur champ d'exploitation ;
– le droit de préférence ;
– les obligations de l'auteur ;
– les obligations de l'éditeur (à l'exception de la rémunération de l'auteur et de la reddition des comptes qui font l'objet d'un développement particulier[1]).

Les droits cédés et leur champ d'exploitation

Plusieurs articles du CPI font référence à ce que les praticiens du droit d'auteur nomment « le champ d'exploitation des droits cédés ». Celui-ci doit être expressément déterminé et il est en effet indispensable pour tout contrat d'édition de préciser au mieux les paramètres de la cession de droits qui fait l'objet du contrat. Un principe essentiel domine en effet la cession des droits d'auteur : ne sont cédés que les droits mentionnés expressément dans le contrat.

L'article L. 122-7 indique tout d'abord en ses alinéas deux, trois et quatre :

> « La cession du droit de représentation n'emporte pas celle du droit de reproduction.
> « La cession du droit de reproduction n'emporte pas celle du droit de représentation.
> « Lorsqu'un contrat comporte cession totale de l'un des deux droits visés au présent article, la portée en est limitée aux modes d'exploitation prévus au contrat. »

Et le premier alinéa de l'article L. 131-4 du CPI de préciser :

> « La cession par l'auteur de ses droits sur son œuvre peut être totale ou partielle. [...] »

Il faut donc commencer par indiquer lesquels des droits patrimoniaux sont cédés (droit de reproduction, droit de représentation), sachant que, si le contrat ne se réfère qu'au seul droit de reproduction, l'éditeur ne touchera aucune redevance en cas d'utilisation scénique (adaptation théâtrale, récitation, etc.) de l'œuvre qu'il a publiée. Il est donc fréquent dans les contrats d'édition de procéder à une cession des deux droits : droit de représentation et droit de reproduction[2].

L'article L. 131-3 alinéa 1 du même code permet de mieux cerner ce qui doit être mentionné dans tout contrat d'édition :

> « La transmission des droits de l'auteur est subordonnée à la condition que chacun des droits cédés fasse l'objet d'une mention distincte dans l'acte de

1. Voir « La rémunération de l'auteur et la reddition des comptes ».
2. Fernay, « La cession et le contrat d'édition », *Revue internationale du droit d'auteur*, octobre 1958, n° XIX, p. 257.

> cession et que le domaine d'exploitation des droits cédés soit délimité quant à son étendue et à sa destination, quant au lieu et quant à la durée. »

L'article L. 131-7 ajoute :

> « En cas de cession partielle, l'ayant cause est substitué à l'auteur dans l'exercice des droits cédés, dans les conditions, les limites et pour la durée prévues au contrat, et à charge de rendre compte. »

L'éditeur doit entendre par là que, quel que soit le cas de figure (cession d'un seul droit patrimonial ou des deux...), il lui est nécessaire de préciser le champ d'exploitation des droits cédés. L'« étendue » désigne les procédés d'exploitation envisagés[1]. Il s'agit donc d'envisager toutes les utilisations possibles et imaginables de l'œuvre : poche, club, édition illustrée, en fascicules, en gros caractères, adaptation musicale, traduction, merchandising, etc. La jurisprudence est extrêmement stricte sur ce point et considère que tout ce qui n'a pas été cédé expressément reste la propriété de l'auteur. C'est ainsi qu'un éditeur qui a signé pour une édition en plusieurs livraisons ne peut lancer l'œuvre sous forme de fascicules facilement reliables[2] ; cela reviendrait en effet à une publication en un seul volume – ce que l'auteur n'a pas entendu autoriser. Quant à l'éditeur qui a traité pour un volume, il n'acquiert en aucun cas le droit de publier en plusieurs parutions[3]. De même, l'éditeur ne peut céder les droits à un club si aucun écrit ne permet d'attester de l'accord de l'auteur[4]. Il a cependant déjà été jugé, en vertu de circonstances particulières, que l'éditeur avait pu valablement céder des droits étrangers sans l'autorisation formelle de l'auteur[5]. Un contrat d'édition portant sur des chansons n'autorise en rien la publication des partitions qui les accompagnent[6]. Un éditeur ne peut procéder, sauf clause contraire, à la cession d'une marque tirée du titre d'un des romans qu'il publie.

Si le contrat est conclu seulement pour un format déterminé, l'éditeur n'est pas autorisé à publier en un format différent[7]. En revanche, l'auteur qui a cédé pour un format déterminé peut valablement céder des droits sur la même œuvre à un autre éditeur pour une exploitation différente ; il a ainsi été jugé qu'un auteur avait valablement cédé à un éditeur ses droits sur un volume contenant des dessins et textes et à un autre les dessins seuls dans un format et sur un papier différents[8].

Ce principe de délimitation de la cession, qui ne porte donc que sur ce qui est expressément cédé, s'applique également à l'ensemble des contrats conclus avec des auteurs (contrat de traduction, etc.) et, en particulier, aux contrats de production audiovisuelle[9]. Les conséquences peuvent parfois être lourdes pour un

1. Voir article 4 du contrat type.
2. Cour d'appel de Paris, 10 décembre 1908, *Sirey*, 1909, 2, 11.
3. Tribunal civil de la Seine, 25 mai 1882, *Gazette des tribunaux*, 26 mai 1882.
4. Première chambre civile de la Cour de cassation, 26 janvier 1994, *Bulletin civil*, I, n° 34.
5. Tribunal de grande instance de Paris, 5 février 1977, *Revue internationale du droit d'auteur*, janvier 1978, p. 190.
6. Cour d'appel de Paris, 12 mai 1952, *Annales de la propriété industrielle, artistique et littéraire*, 1952, 311.
7. Cour d'appel de Paris, 13 juillet 1864, *Annales de la propriété industrielle, artistique et littéraire*, 1864, 326.
8. Première chambre civile de la Cour de cassation, 3 mars 1982, *Bulletin civil*, I, n° 98.
9. Voir chapitre X « Les contrats et l'audiovisuel ».

éditeur. Ainsi un éditeur avait acquis du producteur de la série *Nous l'avons tant aimée, la Révolution* les droits d'adaptation littéraire et a pu ainsi en tirer un livre. Or, Daniel Cohn-Bendit, auteur du texte parlé, n'ayant nullement cédé les droits d'adaptation littéraire au producteur, la cession intervenue ultérieurement entre producteur et éditeur a été annulée en justice[1].

Seuls les droits d'adaptation audiovisuelle doivent faire l'objet d'un contrat distinct[2]. La question reste alors de savoir où inclure les procédés d'édition électronique, c'est-à-dire de multimédia, qui peuvent appartenir à l'un ou l'autre contrat selon le type de produit. En l'absence de jurisprudence[3], il semble pour l'heure encore judicieux de les porter au contrat d'édition aussi bien qu'au contrat d'adaptation audiovisuelle.

Mais il est parfois difficile de prévoir les procédés d'exploitation dans un contrat appelé à s'appliquer durant plusieurs dizaines d'années. L'avenir de l'édition se dessine au jour le jour, au gré des avancées technologiques. C'est ce à quoi le législateur a tenté de remédier dans l'article L. 131-6 du CPI :

> « La clause d'une cession qui tend à conférer le droit d'exploiter l'œuvre sous une forme non prévisible ou non prévue à la date du contrat doit être expresse et stipuler une participation corrélative aux profits d'exploitation. »

L'éditeur est donc autorisé à envisager dans le contrat d'édition que l'œuvre pourra être exploitée selon des procédés qu'il a omis de mentionner ou qui restent à inventer. Le revers de cette liberté est qu'il doit prévoir, en l'absence de toute étude de rentabilité, la rémunération de son auteur. De ce fait, de plus en plus, dans les contrats conclus pour toute la durée du droit d'auteur patrimonial, en prévision de l'émergence de nouveaux procédés d'exploitation, on trouve une clause de révision du type : « À tout moment, après l'expiration d'un délai de ***nombre*** ans à compter de la date de la signature du présent contrat, chacune des deux parties accordera une attention raisonnable à la possibilité de faire droit à toute demande de l'autre partie tendant à ce que soient renégociées les conditions qui ne correspondent plus à la pratique en matière d'édition[4]. »

La « destination » représente le public visé (usage public ou privé...) aussi bien que le mode d'utilisation (prêt, vente, etc.). Lorsque le contrat limite la destination de l'œuvre, c'est-à-dire lorsque l'auteur n'entend pas céder certaines possibilités d'utilisation de son œuvre, il est préférable d'user du système de la clause-étiquette pour prévenir les acheteurs et utilisateurs du livre. Celle-ci est généralement située au verso de la page de titre. Elle permet par exemple d'interdire le prêt public ou la location de l'œuvre, l'usage étant encore en France la liberté du prêt, jusqu'à l'introduction de la loi du 18 juin 2003[5]. Cette même technique peut également énoncer certaines interdictions, telles que celle de la revente d'un ouvrage distribué gratuitement. Dans le même ordre d'idées, les

1. Cour d'appel de Paris, 19 décembre 1991, *Revue internationale du droit d'auteur*, avril 1993, p. 206.
2. Voir *infra* « Modèle de contrat de cession des droits d'adaptation audiovisuelle ».
3. Voir cependant *infra* « Les contrats relatifs au multimédia ».
4. Exemple de clause cité par Charles Clark dans *Bulletin du droit d'auteur*, 1993, n° 3, p. 17.
5. Voir « Le prêt public payant ».

tribunaux ont lourdement condamné ceux qui achetaient des exemplaires de livres destinés au pilon au prix du papier pour les remettre en circulation.

La mention de la « durée » de la cession est également importante car la jurisprudence considère qu'aucun contrat n'a été signé si la durée n'y est pas précisée[1]. Les tribunaux n'assimilent nullement l'absence de mention de la durée à une cession pour un temps équivalent à la durée de la propriété littéraire et artistique.

Il ne faut pas omettre, dans l'hypothèse où le contrat serait valable « pour toute la durée de la propriété littéraire et artistique », de prévoir les changements de législation. En effet, selon Robert Plaisant, toute prolongation du droit d'auteur par le législateur ne bénéficiera, sauf clause contraire, qu'à l'auteur et non à l'éditeur[2].

De nombreuses décisions de justice concernent la photographie, pour laquelle les contrats sont généralement succincts puisqu'ils sont souvent constitués de simples factures émises par le photographe. La publication de photographies dans un catalogue ou dans une édition millésimée ne vaut pas pour l'édition de l'année suivante. Il a même déjà été jugé que la cession des droits sur des photographies n'entraînait pas celle des commentaires les accompagnant[3].

Quant au « lieu », qu'il est nécessaire également de préciser, il n'appelle aucun commentaire, si ce n'est pour l'Union européenne. Il existe en effet un décalage entre une pratique contractuelle, qui divise les territoires d'exploitation, et le droit communautaire, qui pose le principe de la libre circulation des biens et des marchandises[4]. La Commission de Bruxelles et la Cour de justice des Communautés européennes ont déjà rendu nombre de décisions concernant les droits de propriété intellectuelle[5]. Le principe est désormais qu'auteur et éditeur ne peuvent interdire la circulation au sein de la communauté d'exemplaires qui ont été mis sur le marché avec leur consentement. Et seule la loi Lang sur le prix unique, qui ne concerne en rien le droit d'auteur mais exige un traitement équivalent entre les livres, permet certaines restrictions à l'entrée d'ouvrages en France[6].

En revanche, des exemplaires fabriqués dans un pays où l'œuvre est déjà tombée dans le domaine public ne peuvent entrer en France si l'œuvre y est encore protégée[7]. De même, la libre circulation ne concerne pas les exemplaires provenant de pays non membres.

Pour reprendre une excellente formule inaugurée par Desbois[8], le contrat d'édition se doit donc de répondre aux questions suivantes : Quoi ? Comment ?

1. Voir article 3 du contrat type. Tribunal de grande instance de Paris, 20 mars 1974, *Revue internationale du droit d'auteur*, juillet 1974, n° LXXXI, p. 138. Cour d'appel de Paris, 28 novembre 1984, *Dalloz*, 1985, Informations rapides, 316, observations Claude Colombet.

2. Voir Bibliographie générale.

3. Cour d'appel de Grenoble, 18 octobre 1994, *Juris-Data*, n° 047876.

4. F. Gotzen, « La libre circulation des produits couverts par un droit de propriété intellectuelle dans la jurisprudence de la Cour de justice des Communautés européennes », *Revue trimestrielle de droit commercial*, 1985, 467.

5. Sur ce point précis, voir en particulier Frédéric Pollaud-Dulian, *Le Droit de destination. Le sort des exemplaires en droit d'auteur*, LGDJ, 1989.

6. Sur ce problème, voir Emmanuel Pierrat, *Le Droit du livre, op. cit.*

7. Voir le chapitre VI « La durée des droits ».

8. Voir Bibliographie générale.

Pour qui ? Pour quoi ? Quand ? Où ? Il ne faut pas oublier que cette détermination des droits cédés et de leur champ d'exploitation est indispensable dans tout contrat d'édition, que celui-ci prévoie une rémunération forfaitaire ou proportionnelle.

L'éditeur doit toujours avoir présent à l'esprit que tout ce qui n'est pas expressément cédé dans le contrat est conservé par l'auteur, et que violer cette règle, c'est encourir une action en contrefaçon. Les clauses du type « tous droits cédés » sont, à ce titre, en général invalidées par les juridictions[1].

Le droit de préférence

Selon les termes mêmes de l'article L. 131-1 du CPI :

> « La cession globale des œuvres futures est nulle. »

Il n'est donc pas permis de se faire céder à l'avance toute la production à venir d'un auteur. C'est ainsi qu'a été annulé un contrat par lequel un nègre s'engageait à réécrire toutes les autobiographies que lui soumettait l'éditeur[2].

Il est cependant fréquent chez les éditeurs d'inclure au contrat d'édition un droit de préférence sur les ouvrages futurs de l'auteur[3]. L'article L. 132-4 du même code autorise en effet le droit de préférence, tout en limitant fortement la liberté de rédaction des clauses :

> « Est licite la stipulation par laquelle l'auteur s'engage à accorder un droit de préférence à un éditeur pour l'édition de ses œuvres futures de genres nettement déterminés.
> « Ce droit est limité pour chaque genre à cinq ouvrages nouveaux à compter du jour de la signature du contrat d'édition conclu pour la première œuvre ou à la production de l'auteur réalisée dans un délai de cinq ans à compter du même jour.
> « L'éditeur doit exercer le droit qui lui est reconnu en faisant connaître par écrit sa décision à l'auteur, dans le délai de trois mois à dater de la remise par celui-ci de chaque manuscrit définitif.
> « Lorsque l'éditeur bénéficiant du droit de préférence aura refusé successivement deux ouvrages nouveaux présentés par l'auteur dans le genre déterminé au contrat, l'auteur pourra reprendre immédiatement et de plein droit sa liberté quant aux œuvres futures qu'il produira dans ce genre. Il devra toutefois, au cas où il aurait reçu pour ses œuvres futures des avances du premier éditeur, effectuer préalablement le remboursement de celles-ci. »

La première exigence du législateur est donc que le genre des œuvres visées par le droit de préférence soit déterminé. Les tribunaux admettent, par exemple, la référence aux genres « bandes dessinées », « romans », « pièces de théâtre »,

1. Première chambre civile de la Cour de cassation, 9 octobre 1991, *Bulletin civil*, I, n° 326.
2. Cour d'appel de Paris, 10 juin 1986, *Revue internationale du droit d'auteur*, juillet 1987, n° CXXXIII, p. 157.
3. Voir exemple de clause en annexe du contrat type. R. Lindon, « Le droit de préférence des éditeurs », *Dalloz*, 1968, Chronique, 7, p. 55.

« livrets d'opéra », « paroles de chansons » ou même encore « essais », dans la mesure où l'auteur est connu pour un type spécifique d'essais – ouvrage historique, par exemple[1]. Le 27 mars 1998, la cour d'appel de Paris a jugé conforme aux prescriptions légales la clause par laquelle Christian Signol s'engageait en faveur de Robert Laffont pour des « romans ou récits constitutifs d'ouvrages de fiction ». En revanche, ils refusent catégoriquement des désignations aussi générales et vagues qu'« œuvres de l'auteur[2] », « œuvres en prose[3] », « œuvres du même genre », en particulier si cette dernière référence n'est pas explicitée par le titre de l'ouvrage[4]. De même, la jurisprudence a banni « sciences humaines » car ce genre recouvrirait selon elle la médecine, l'histoire, la géographie, la littérature, la philosophie ou les sciences sociales proprement dites[5]. Il est important de noter que la clause de droit de préférence peut désigner un genre d'ouvrages différent de celui de l'ouvrage sur lequel porte le contrat.

Les spécialistes du droit d'auteur s'interrogent toujours sur deux points, non précisés dans la loi, que la jurisprudence n'a pas encore tranchés de façon satisfaisante.

En premier lieu se pose le problème de savoir si un seul pacte est possible entre un éditeur et un auteur ou s'il leur est permis de conclure, dans plusieurs contrats parallèles, pour cinq romans, cinq recueils de poèmes, cinq essais, etc. Interprétée littéralement, la loi semble admettre la multiplication des droits de préférence. C'est l'avis qu'a suivi, en 1979, la cour d'appel de Paris, dans un arrêt fortement critiqué, aux termes duquel les juges ont admis la coexistence de trois droits de préférence portant chacun sur cinq ouvrages. Les praticiens et la doctrine restent cependant sceptiques sur la validité d'une telle pratique[6].

La seconde interrogation porte sur le nombre d'ouvrages englobés par le droit de préférence. Pour certains, en effet, le droit de préférence comprend l'œuvre faisant l'objet du contrat où est incluse la clause du droit de préférence : si l'œuvre objet du contrat est déjà créée, le droit portera alors au maximum sur quatre autres ouvrages (cinq ouvrages en tout, y compris celui qui fait l'objet du contrat). D'autres estiment au contraire que, dans une semblable situation, le droit englobe les cinq œuvres prochaines (ce qui donne un total de six en comptant celle qui fait l'objet du contrat[7]). La prudence incite à s'en tenir à cinq ouvrages, y compris celui objet du contrat.

Tous – et les tribunaux en tête – s'accordent, en revanche, à juger qu'il n'est pas possible d'insérer une clause de droit de préférence à chaque nouveau contrat[8], ni d'insérer, dans le premier contrat, une clause renouvelant automati-

1. Tribunal de grande instance de Paris, 23 avril 1971, *Revue trimestrielle de droit commercial*, 1971, 1017, observations Henri Desbois.

2. Cour d'appel de Paris, 8 juillet 1972, *Dalloz*, 1972, 64, conclusions Cabanne.

3. Tribunal de grande instance de Paris, 1er juillet 1971, *Gazette du Palais*, 1971, I, 203.

4. Tribunal de grande instance de Paris, 7 mars 1986, *Dalloz*, 1988, Sommaires, 208, observations Claude Colombet.

5. Première chambre civile de la Cour de cassation, 5 février 1980, *Gazette du Palais*, 1980, 2, Sommaires, 357.

6. Cour d'appel de Paris, 5 juillet 1979, *Dalloz*, 1980, 550, conclusions Lévy.

7. Cour d'appel de Paris, 30 juin 1975, *Revue trimestrielle de droit commercial*, 1976, 511, observations Henri Desbois.

8. Cour d'appel de Paris, 29 janvier 1991, *Revue internationale du droit d'auteur*, juillet 1991, n° CXXXXI, p. 219, note Pierre-Yves Gautier.

quement, sauf dénonciation, le droit de préférence. Dans de pareils cas de figure, l'auteur ne pourrait jamais véritablement se séparer de son éditeur[1].

De même, il est nécessaire de négocier un nouveau contrat à chaque nouvel ouvrage visé par le droit de préférence. Ce droit n'est, en réalité, qu'une sorte d'option détenue par l'éditeur, il n'oblige pas l'auteur à conclure aux mêmes conditions que celles du contrat comportant la clause de droit de préférence.

De son côté, l'auteur ne peut se libérer du pacte en envoyant des manuscrits impubliables[2] – notamment trop provocateurs –, ni même se contenter de proposer une simple refonte d'un de ses livres précédents[3]. Si l'auteur ne respecte pas le droit de préférence, l'éditeur lésé peut obtenir des dommages et intérêts. Il est à noter que l'éditeur ne peut s'octroyer contractuellement le droit de refuser plus de deux manuscrits[4].

Quant à la maison d'édition concurrente à laquelle l'auteur s'adresserait, elle n'a bien entendu aucun droit sur l'ouvrage en question[5] et pourra être poursuivie à ce titre. De plus, si elle avait connaissance du droit de préférence que l'auteur a violé, elle pourra être tenue également pour responsable et avoir à verser elle aussi des dommages et intérêts.

Par ailleurs, tout éditeur doit savoir que la résiliation d'un contrat d'édition entraîne celle du droit de préférence qu'il contient[6].

L'affaire Shan Sa, en 2003, où deux contrats portaient sur le même livre et ont entraîné une interdiction en référé suivie d'une transaction entre les deux éditeurs concernés, n'est pas une première[7]. Mais rien n'est jamais vraiment neuf à Saint-Germain-des-Prés. « L'affaire du double contrat » a déjà eu lieu, de façon quasi caricaturale des imbroglios possibles… en 1931, avec pour acteurs Jean Giono, Gallimard et Grasset.

Henry Muller a travaillé longtemps aux côtés de Bernard Grasset. Il évoque dans *Trois pas en arrière* (paru à La Table ronde en 1952 et réédité dans la collection La Petite Vermillon[8]) l'affaire du double contrat de Jean Giono. Le biographe du romancier de Manosque, Pierre Citron (*Giono 1895-1970*, Le Seuil, 1990), a relaté le litige en détail.

En 1928, Jean Giono passe accord avec Grasset pour trois romans à paraître. Il se lie, quatre mois plus tard, avec Gallimard : cette fois pour cinq romans, en plus de ceux destinés à Grasset.

Mais en 1930, il signe à nouveau avec Grasset pour trois livres ! Et dix jours plus tard avec Gallimard pour trois romans qui sont supposés remplacer les cinq

1. Tribunal de grande instance de Paris, 3 janvier 1979, *Revue internationale du droit d'auteur*, juillet 1979, n° CI, p. 153.
2. Cour d'appel de Paris, 22 janvier 1992, *Dalloz*, 1993, Sommaires, 93, observations Claude Colombet.
3. Cour d'appel de Paris, 22 janvier 1992, *Dalloz*, 1995, jurisprudence, 128, note Hélène Gaumont-Prat.
4. Première chambre civile de la Cour de cassation, 15 décembre 1975, *Revue internationale du droit d'auteur*, juillet 1976, n° LXXXIX p. 129.
5. Cour d'appel d'Angers, 3 mai 1950, *Dalloz*, 1950, 585.
6. Cour d'appel de Paris, 24 novembre 1987, *Revue internationale du droit d'auteur*, janvier 1988, n° CXXXV, p. 96.
7. Alain Salles, « Albin Michel et Grasset font la paix au sujet de Shan Sa », *Le Monde*, 21-22 septembre 2003, p. 22.
8. Henry Muller, *Trois pas en arrière*, La Table Ronde, 1952, p. 87-88.

promis deux ans plus tôt. Et, bien sûr, les à-valoir sont très comparables, puisque chaque maison lui verse 1500 francs par mois. Toutes les conditions d'un beau capharnaüm juridico-littéraire sont réunies.

En 1931, l'orage s'annonce avec *Le Grand Troupeau*. *Europe* en publie les bonnes feuilles. Les hostilités commencent lorsqu'il faut indiquer dans la revue quel éditeur détient le copyright du roman. Henry Poulaille, qui est alors chef du service de presse chez Grasset, avertit Giono: « C'est un procès en perspective où il n'y a que toi qui perdras. »

Giono lui écrit pour se dédouaner: « J'ai signé sans lire chez Grasset, en confiance, et ils ont ajouté: "prochains livres". Au moment de la signature, j'avais demandé à Brun *(directeur littéraire de Grasset)* de supprimer "prochains". Il m'a dit: ça n'a pas d'importance, on s'arrangera toujours. C'est sur cette affirmation de Brun que j'ai signé ailleurs. »

Giono s'adresse ensuite au fameux Brun: « Je vous ai dit – très timidement j'en conviens – "laissez-moi la liberté de donner un livre ailleurs chaque année". Vous m'avez dit oui. Je sais, Brun, j'aurais dû insister et tout vous dire et tout vous expliquer et ne rien laisser dans l'ombre. »

Le tableau se complique. Lorsqu'il vient à Paris, Giono évite Bernard Grasset, affirme n'être passé qu'en coup de vent, ne lui répond plus, etc. Bien plus tard, Pierre Citron démontrera les petits accommodements de Giono avec son agenda tout comme ses dates réelles de voyage ou d'indisponibilité.

L'auteur finit par rétorquer à Poulaille: « Ça y est, il n'y a plus de Giono si c'est cela que vous voulez! Ça va être beau de bouger vos forces d'éléphant pour écraser une puce. J'ai écrit à Brun hier: Vous avez trop l'habitude de vivre au milieu des rusés et des malins. Il y a des imbéciles aussi. J'en suis. Voilà tout. Mais qu'on ne m'accuse ni de ruse ni de politique, ni de diplomatie. » Et il avoue à demi-mot: « Je n'écris pas. Je fais le mort, je suis invisible. »

Poulaille répond à son tour, en tançant et en réconfortant Giono: « Et tu penses bien que même les mots d'*escroquerie* – vente de marchandise à *deux marchands* à la fois – ça ne m'impressionne pas. »

Car Brun persévère. Il tente à plusieurs reprises de convaincre Giono de lui adresser copie des contrats signés avec Gallimard: « Vous vous êtes mis dans une situation très grave tant au point de vue civil que correctionnel. Je vais essayer d'arrêter la plainte en escroquerie que veut déposer Grasset. »

Assailli, Giono « menace » d'arrêter l'écriture et de retourner travailler comme employé de banque.

Un accord est trouvé, au terme de longues semaines de négociations. Les deux maisons finissent par s'entendre, Giono refusant, selon Pierre Citron, « de venir discuter le problème ».

Il n'y aura pas de coédition, mais un singulier partage « pair-impair »: Gallimard remporte le livre litigieux, les nouvelles ainsi que les premier, troisième, cinquième, septième et neuvième romans à paraître, tandis que Grasset éditera les opus 2, 4 et 6, en sus des essais. Giono finit par accepter et doit s'engager en outre à ne publier chez aucun autre concurrent. Chez ses éditeurs, la paranoïa est de rigueur.

Les amis de Giono lui conseillent de ne pas ratifier l'accord négocié entre les sociétés d'édition. Mais Brun reprend la plume: « Je m'excuse d'avoir observé le plus grand silence depuis deux ou trois mois que dure notre conflit. [...] Je ne me serais pas attendu à un tel acte, car, mon cher Giono, tu es allé un peu fort. [...] Je vais t'envoyer un compte définitif dès que nous aurons les contrats signés. Je t'enverrai également un chèque de 7 000 francs, au lieu des 5 000 que tu demandais. Te voilà donc fixé maintenant sur ton sort, que beaucoup d'écrivains envieraient, et reconnais, entre nous, que nous avons été de chics types. »

Le protocole se révélera difficilement applicable, surtout à la Libération : l'attitude des éditeurs comme de l'auteur pendant l'Occupation a encore ajouté à l'imbroglio. L'écrivain consulte les avocats Jacques Isorni puis Maurice Garçon pour faire tomber ses contrats. En parallèle, il annonce à Gallimard et à Grasset de nombreux inédits, qui sont en réalité de simples projets très virtuels.

En 1948, Gallimard publie *Un roi sans divertissement*. La maison en profite pour annoncer *Noé,* à venir « du même auteur ». Las, on découvre que *Noé* sort simultanément à La Table ronde. La sarabande recommence.

Les obligations de l'auteur

Bien que largement favorables à l'auteur, la législation et la jurisprudence relatives au contrat d'édition se sont efforcées de lui imposer certaines obligations. Les commentateurs estiment cependant que les tribunaux ont tendance à ne pas se montrer trop sévères envers les auteurs en admettant aisément à leur profit les excuses juridiques légales (force majeure, fait d'un tiers et cas fortuit) que sont en pratique la maladie, le vol du manuscrit, etc.

La délivrance du manuscrit demandé dans les délais constitue bien entendu l'obligation essentielle de l'auteur. L'article L. 132-9, en ses alinéas un et deux, est clair sur ce point :

« L'auteur doit mettre l'éditeur en mesure de fabriquer et de diffuser les exemplaires de l'œuvre.

« Il doit remettre à l'éditeur, dans le délai prévu au contrat, l'objet de l'édition en une forme qui permette la fabrication normale. »

Si aucune condition particulière de présentation (dactylographie, disquette informatique, etc.) n'est prévue au contrat[1], l'auteur est tenu, au minimum, de remettre un manuscrit lisible[2]. L'éditeur aura tout intérêt à faire indiquer contractuellement les caractéristiques du manuscrit qu'il attend : nombre de feuillets (en indiquant bien entendu le nombre de signes par feuillet), éléments divers (préface, notes, tableaux, cartes, etc.). Si l'ouvrage doit comporter des illustrations ou des documents, l'auteur doit généralement les remettre avec son manuscrit en indiquant leur emplacement. Il est aussi fortement conseillé à l'éditeur d'apporter au contrat, dans la mesure du possible, le plus grand nombre de précisions sur la qualité de l'ouvrage attendu : esprit du texte, public visé, etc. Il pourra ainsi exiger de l'auteur de procéder aux modifications nécessaires pour rendre son manuscrit conforme au contrat qui les lie. En effet, l'impossibilité de modi-

1. Voir article 6 du contrat type.
2. Cour d'appel de Paris, 14 mars 1985, inédit.

fier un manuscrit sans l'autorisation de son auteur pourra placer l'éditeur dans une situation des plus fâcheuses si le manuscrit ne répond pas à son attente[1].

Il est possible de prévoir dans le contrat qu'un nègre déterminé travaillera de concert avec l'auteur. Celui-ci ne peut alors substituer son propre nègre à celui désigné contractuellement[2].

Le délai de remise du manuscrit, qu'il vaut mieux prévoir dans le contrat, n'est que très rarement considéré comme impératif par les juridictions. Elles se réfugient en effet derrière les usages de la profession, pour lesquels les retards des auteurs sont partie intégrante des aléas du métier d'éditeur. Si neuf mois de retard sont, par exemple, considérés comme suffisants par les juges pour prononcer une résiliation du contrat aux torts de l'auteur[3], en revanche, un retard de quelques semaines ne sera admis au titre de cause légitime de rupture que si l'ouvrage est lié à l'actualité ou, mieux encore, si la concurrence est active sur le même sujet. Fayard a ainsi obtenu la résiliation du contrat d'édition d'un document sur la révolution portugaise prévu pour l'été 1974 en raison d'un retard d'un mois de la part de l'auteur.

Un retard peut néanmoins être justifié et exonère en ce cas l'auteur de toute responsabilité vis-à-vis de l'éditeur: maladie, circonstances nouvelles et imprévues dans le sujet traité, etc. La cour d'appel de Paris a pu également considérer qu'un retard d'une année n'était pas un motif de résolution eu égard au délai précédemment obtenu par l'auteur, à l'ancienneté des relations entre les parties et à l'absence de mise en demeure de l'auteur de la part de l'éditeur[4]. Il en est de même lorsque l'éditeur réaménage de lui-même le calendrier de livraison et d'impression[5].

Il est possible d'insérer dans le contrat une clause pénale, par laquelle l'auteur s'engage à verser une certaine somme à l'éditeur en cas de retard dans la remise du manuscrit. Cette pratique peut toutefois être soumise, conformément au droit commun des contrats, à une révision par le juge du montant prévu si celui-ci est considéré comme excessif (ou insuffisant). C'est le cas notamment si le retard ne change rien aux perspectives de vente de l'ouvrage.

Si aucune date de remise du manuscrit n'est prévue au contrat, les juges ont alors recours à la notion très fluctuante de « délais raisonnables », qui repose là encore sur les seuls usages de la profession[6].

Enfin, le décès de l'auteur avant la remise de son manuscrit entraîne la résolution du contrat pour la partie de l'œuvre qui reste inachevée, sauf accord conclu avec ses ayants droit (article L. 132-17 alinéa 4 du CPI). Ce qui signifie, *a contrario,* que tout manuscrit terminé doit être livré par ceux-ci à l'éditeur. En pratique, si le manuscrit est presque complet, l'éditeur, avec l'accord des ayants droit, le fait terminer par un tiers.

1. Voir *infra*.
2. Cour d'appel de Paris, 17 juin 1977, *Gazette du Palais*, 1977, I, Sommaires, 211.
3. Cour d'appel de Paris, 25 février 1987, *Dalloz*, 1988, Sommaires commentés, 208, observations Claude Colombet. Cour d'appel de Toulouse, 2 mars 1987, *Juris-Data*, n° 043321.
4. Cour d'appel de Paris, 30 octobre 1996, *Revue internationale du droit d'auteur*, avril 1997, p. 209.
5. Cour d'appel de Paris, 13 février 1995, *Dalloz*, 1995, Sommaires commentés, 288.
6. Cour d'appel d'Alger, 2 juin 1951, *Annales de la propriété industrielle, artistique et littéraire*, 1951, 312.

Les contrats d'édition contiennent généralement une clause obligeant l'auteur à relire les épreuves, à les corriger et à signer le bon à tirer[1].

Les tribunaux admettent que, si l'auteur se refuse de façon totalement injustifiée à signer le bon à tirer, l'éditeur peut se dispenser de sa signature; le défaut par l'auteur de remise des épreuves corrigées peut d'ailleurs être sanctionné[2]. L'éditeur peut de même s'affranchir du bon à tirer s'il prouve par un autre moyen le consentement de l'auteur à l'impression[3]. Une juridiction a même été jusqu'à admettre qu'en l'absence de préjudice subi par l'auteur, l'éditeur pouvait se passer aisément de son bon à tirer et ce, dans la mesure où des relations de confiance existaient depuis de nombreuses années entre l'éditeur et l'auteur[4].

Mais en principe, même lorsqu'il n'est pas fait mention des épreuves dans le contrat, la loi ne l'imposant pas expressément, les tribunaux considèrent que l'éditeur est tenu de les soumettre à l'auteur[5]. L'éditeur doit mettre l'auteur en mesure de corriger les épreuves et de délivrer un véritable « bon à tirer »: à défaut, il s'expose à ce que les tribunaux y décèlent une grave atteinte aux droits moraux de l'auteur[6].

L'auteur peut toujours procéder à des modifications sur épreuves, sous réserve que celles-ci restent raisonnables[7]. L'auteur ne peut, en revanche, venir chercher la responsabilité de son éditeur pour les malfaçons contenues dans son ouvrage qu'il a lui-même été mis en mesure de corriger[8]. Et la jurisprudence a parfois considéré que l'auteur y était véritablement tenu, le considérant responsable des frais de correction et d'actualisation effectuées sans son concours[9].

En outre, l'auteur d'un ouvrage scientifique et technique est souvent tenu par contrat d'effectuer une mise à jour régulière. Les clauses prévoient d'ordinaire que, si l'auteur s'y refuse, sa rémunération sera diminuée[10].

Procéder à de telles modifications sans l'avoir anticipé au contrat d'édition initial peut être un véritable casse-tête juridique.

L'article L. 132-11 du CPI dispose que « l'éditeur ne peut, sans l'autorisation écrite de l'auteur, apporter à l'œuvre aucune modification[11] ».

Or, ce principe est entendu très strictement par les juridictions. Le 10 octobre 1997, la cour d'appel de Paris a, conformément à une jurisprudence constante, condamné un éditeur qui avait fait procéder à la mise à jour d'un ouvrage, sans demander l'autorisation expresse et écrite de l'auteur.

1. Voir article 7 du contrat type.

2. Première chambre civile de la Cour de cassation, 12 octobre 1977, *Bulletin civil*, I, n° 363. Première chambre civile de la Cour de cassation, 4 octobre 1961, *Bulletin civil*, I, n° 341.

3. Cour d'appel de Paris, 6 mars 1959, *Dalloz*, 1959, 109.

4. Tribunal de grande instance de Paris, 10 octobre 1971, *La Semaine juridique (JCP)*, IV, 182.

5. Première chambre civile de la Cour de cassation, 4 octobre 1961, *Bulletin civil*, I, n° 341.

6. Cour d'appel de Paris, 13 février 1995, *Dalloz*, 1995, Sommaires commentés, 288. Cour d'appel d'Angers, 22 octobre 1938, *Gazette du Palais*, 1939, I, 144.

7. Tribunal civil de la Seine, 15 juillet 1874, *Annales de la propriété industrielle, artistique et littéraire*, 1875, 184.

8. Première chambre civile de la Cour de cassation, 12 octobre 1977, *Bulletin civil*, I, n° 363.

9. Cour d'appel d'Aix-en-Provence, 24 avril 1984, *Bulletin arrêts Aix*, 1984, I, n° 1, p. 4.

10. Voir annexes au contrat type.

11. Voir « Les droits moraux ».

Néanmoins, les juges admettent traditionnellement que l'éditeur puisse prendre l'initiative de corriger les fautes d'orthographe et de syntaxe, ainsi que les erreurs manifestes…

En outre, comme l'a relevé, à juste titre, la doctrine la plus autorisée, les œuvres scientifiques ou scolaires ont un statut particulier, car elles sont destinées à être mises à jour régulièrement et ce, même s'il en résulte une atteinte à l'intégrité du texte initial. Ainsi, et pour les œuvres dont la mise à jour conditionne le succès, l'auteur manquerait à sa bonne foi contractuelle s'il prétendait s'opposer à ce type de modifications.

De plus, il ne faut pas oublier que l'éditeur a, selon les termes mêmes du CPI, une obligation d'exploitation permanente et suivie des ouvrages qu'il édite. C'est cette obligation d'assurer la pérennité de l'ouvrage qui justifie qu'il puisse faire procéder à sa mise à jour.

Se pose ensuite la question de savoir si, la nécessité de la mise à jour étant admise, l'auteur est tenu d'y procéder lui-même. Mais certains spécialistes considèrent qu'en l'absence de stipulation contractuelle expresse dans le contrat d'édition, tel n'est pas le cas. Selon eux, ce type de prestation ne fait pas partie de l'économie du contrat d'édition conclu initialement.

Quoi qu'il en soit, l'auteur doit être averti et mis en mesure, s'il le souhaite, de procéder lui-même à l'actualisation de son livre. C'est seulement s'il décline cette offre que l'éditeur pourra faire appel à un tiers.

Bref, plutôt que de laisser les magistrats répondre à cet épineux débat, le plus prudent est bien évidemment de régler le problème en amont par l'insertion au contrat d'un article organisant une procédure particulière aux mises à jour. La clause peut ainsi prévoir que « l'auteur s'engage à apporter, à la demande de l'éditeur, les modifications nécessaires à l'œuvre pour que celle-ci conserve son actualité ou la convenance à son objet et ce, sans augmentation des droits. Ces modifications devront être faites en respectant, autant que possible, l'économie de la mise en page. Si l'auteur n'était pas en mesure d'effectuer lui-même cette mise à jour, l'éditeur pourrait, en accord avec l'auteur ou avec ses ayants droit, la faire exécuter par un tiers dont la rémunération viendrait en déduction des droits dus à l'auteur ou à ses ayants droit en vertu du présent contrat ».

Reste, en cas d'intervention d'un tiers, à régler son statut. Il faut alors distinguer entre l'intervention bénigne et la refonte. Le premier cas, comme le rappelait le professeur Desbois, est celui où « à une virgule près, c'est dans l'état antérieur que [le livre] continue d'être publié, les adjonctions étant isolées du texte initial, et l'auteur de la mise à jour se contentant de réunir des informations, sans exprimer ses propres opinions[1] ».

À l'inverse, un arrêt rendu par la Cour de cassation en date du 24 octobre 1995[2] a reconnu la qualité d'auteur à « une personne seule qui ne s'était pas limitée à une simple mise à jour, mais avait constitué un effort de refonte portant sur la présentation générale et l'expression, les informations étant regroupées en rubriques nouvelles avec des textes de présentation nourris portant l'empreinte

1. Voir Bibliographie générale.
2. Première chambre civile de la Cour de cassation, 24 octobre 1995, *Dalloz*, Informations rapides, p. 243.

personnelle de leur auteur ». Les juges ont ainsi qualifié l'ouvrage d'œuvre composite, car il « se présente comme une œuvre nouvelle dont l'auteur est la personne qui a assuré la mise à jour à laquelle est incorporée l'œuvre préexistante du fondateur, sans collaboration de ce dernier ».

L'auteur de cette œuvre composite doit être considéré comme un créateur à part entière, qui jouit donc également de droits moraux et patrimoniaux sur son œuvre. Ainsi, la refonte sera mise en évidence par la présentation : l'ouvrage continuera d'être placé sous le patronage de l'ancien auteur, mais, sur la couverture, le nom du nouveau contributeur figurera en bonne place.

Bien évidemment, il convient de conclure avec ce second auteur un contrat en bonne et due forme, qui prévoira le cas d'une nouvelle mise à jour...

Le CPI dispose en son article L. 132-8 :

> « L'auteur doit garantir à l'éditeur l'exercice paisible et, sauf convention contraire, exclusif du droit cédé.
> « Il est tenu de faire respecter ce droit et de le défendre contre toutes atteintes qui lui seraient portées. »

L'auteur cède donc toujours ses droits, à moins que le contrat n'en dispose autrement, à titre exclusif. Quelle que soit la forme d'exploitation qu'il a cédée, il ne peut, sauf clause contraire, procéder ou faire procéder à une édition dans la même forme[1]. Ainsi, un auteur qui a déjà cédé le droit de publication en édition courante, en se réservant celui d'une parution en épisodes, ne peut céder à un tiers le droit de publier son œuvre en deux épisodes seulement. Il faut cependant rappeler la vieille jurisprudence (1847 et 1871...) qui a permis à Balzac d'autoriser un éditeur à publier ses « œuvres complètes » avec, pour seule condition, d'intéresser financièrement le premier éditeur[2]. En théorie, le second éditeur qui signe pour le même livre avec un auteur distrait s'expose à être accusé de contrefaçon[3].

Les auteurs spécialistes d'un sujet ont parfois tendance à signer des contrats avec différentes maisons. Les tribunaux estiment qu'il s'agit de trouver un juste milieu entre le traitement du sujet spécifique de l'auteur et la publication pure et simple du même livre chez plusieurs éditeurs[4]. Un auteur de manuels d'anglais a été condamné à juste titre pour avoir publié deux ouvrages fortement proches (se permettant, par surcroît, de critiquer le premier dans le second !)[5]. De même, un auteur ne peut anticiper l'épuisement de son livre et faire procéder à une réédition chez un autre éditeur. La loi ne l'y autorise qu'en cas de réel épuisement de l'ouvrage[6]. Mais l'auteur conserve toujours le droit de refaire, si ce n'est le même

1. Cour d'appel d'Angers, 3 mai 1950, *Dalloz*, 1950, 585.
2. Tribunal de commerce de la Seine, 24 février 1847, *Dalloz périodique*, 47, 3, 69.
3. Cour d'Angers, 3 mai 1950, *Dalloz*, 1950, 584. Tribunal de grande instance de la Seine, 7 mai 1963, *Gazette du Palais*, 1963, 2, 298.
4. Première chambre civile de la Cour de cassation, 3 mars 1982, *Dalloz*, 1983, Informations rapides, 98, observations Claude Colombet.
5. Cour d'appel de Paris, 26 septembre 1978, *Dalloz*, 1980, 147, note Plaisant.
6. Voir *infra*.

ouvrage, tout au moins le même type d'ouvrage, sous réserve du droit de préférence de son éditeur.

Il est néanmoins possible d'insérer une clause de non-concurrence dans le contrat[1].

Selon l'article L. 132-8 du CPI, outre l'exclusivité, l'auteur accorde également une garantie d'éviction et une garantie des vices cachés à son éditeur. Ces garanties sont généralement précisées et améliorées dans les contrats d'édition[2].

La garantie d'éviction protège en premier lieu l'éditeur contre les agissements propres à son auteur: contrefaçon d'une œuvre existante[3], délits de presse, informations erronées et dangereuses[4], etc. Celui-ci endossera la responsabilité de ses actes et devra indemniser son éditeur en cas de faute. L'éditeur, quant à lui, s'il est de bonne foi – c'est-à-dire, par exemple, s'il ignorait l'existence d'une contrefaçon –, pourra voir sa propre responsabilité écartée[5]. Le contrat ne peut cependant comporter de clause faisant expressément endosser à l'auteur l'ensemble des poursuites pénales.

La garantie d'éviction permet aussi à l'éditeur de se prémunir quelque peu contre les faits de tiers qui contreferaient l'ouvrage. L'auteur est alors tenu d'agir lui-même contre les contrefacteurs.

L'auteur doit garantir l'éditeur contre tout vice caché. C'est ainsi qu'un auteur a déjà été condamné pour n'avoir pas averti son éditeur d'une transaction conclue avec des tiers, aux termes de laquelle il s'engageait à ne pas publier certaines informations[6].

Enfin, la jurisprudence a mis en relief certaines obligations de bonne foi, non comprises dans le CPI mais auxquelles le droit commun des contrats soumet l'auteur: l'auteur doit notamment, même en l'absence de clause au contrat, participer à la promotion de son ouvrage et soutenir son éditeur contre des attaques éventuelles.

Les obligations de l'éditeur

La législation et la jurisprudence concernant les contrats d'édition sont particulièrement contraignantes pour les éditeurs. Quand bien même le contrat d'édition utilisé ne mentionnerait pas toutes les obligations de l'éditeur, celui-ci ne doit pas les ignorer. Le régime légal du contrat d'édition étant tout particulièrement destiné à protéger l'auteur, tout manquement de l'éditeur à ses obligations risque d'être lourdement sanctionné en justice.

1. Voir annexes au contrat type.
2. Voir article 5 du contrat type.
3. Tribunal de grande instance de Paris, 8 mai 1969, *Revue internationale du droit d'auteur*, juillet 1969, n° LXI, 120.
4. Tribunal de grande instance de Paris, 28 mai 1986, *Revue trimestrielle de droit civil*, 1987, 552, observations Huet.
5. Tribunal de grande instance de Paris, 22 décembre 1972, *Revue internationale du droit d'auteur*, avril 1973, n° LXXVI, 197.
6. Cour d'appel de Paris, 21 janvier 1988, *Cahiers du droit d'auteur*, juin 1988, p. 19.

La première des obligations de l'éditeur est contenue dans la définition que la loi elle-même donne du contrat d'édition : « Fabriquer ou faire fabriquer, à charge [...] d'en assurer la publication et la diffusion[1]. »

L'article L. 132-11 du CPI, pris en son alinéa premier, précise les conditions de la fabrication : « L'éditeur est tenu d'effectuer ou de faire effectuer la fabrication selon les conditions, dans la forme et suivant les modes d'expression prévus au contrat. [...] » Les contrats d'édition restent généralement assez succincts et se contentent de parler d'édition courante.

D'ordinaire, ils comportent également une clause qui s'assure que l'auteur connaît l'aspect habituel des productions de l'éditeur et laisse à ce dernier la liberté de décider du format, de la présentation, du prix de vente, etc[2]. Et quand bien même rien ne serait prévu contractuellement, c'est-à-dire qu'aucune clause ne laisserait expressément à l'éditeur le choix du prix, du format ou de la présentation, il serait en mesure d'en décider seul. Cependant, si le prix de vente est fixé de manière manifestement excessive, l'auteur peut obtenir la résiliation du contrat[3].

L'éditeur doit respecter la forme prévue et ne peut, par exemple, fractionner en plusieurs volumes un ouvrage prévu en un seul[4].

Par contrat, l'éditeur est souvent tenu de publier dans un certain délai, même s'il est prévu qu'il reste maître de la date de sortie du livre, d'autant plus si une clause spécifique vise les difficultés de publication liées aux particularités de l'ouvrage[5]. Il a été jugé qu'un désaccord entre les coauteurs dispense l'éditeur de publier dans les délais prévus au contrat. Mais si le contrat n'impose aucun délai de publication, il convient de se référer au quatrième alinéa de l'article L. 132-11 du CPI qui dispose qu'« à défaut de convention spéciale, l'éditeur doit réaliser l'édition dans un délai fixé par les usages de la profession[6] ». La sortie d'une « histoire de l'art » en deux volumes prendra plus de temps que celle d'un court roman (pour lequel un délai de huit mois à compter de la remise du manuscrit semble communément admis en justice comme raisonnable[7]). Les juges, en vertu de cet article, ont également tendance à estimer que le délai doit être relativement bref s'il s'agit d'un livre d'actualité qui risque d'être rapidement dépassé ou démodé[8].

L'alinéa deuxième de l'article L. 132-17 du CPI ajoute que « la résiliation [du contrat] a lieu de plein droit lorsque, sur mise en demeure de l'auteur lui impartissant un délai convenable, l'éditeur n'a pas procédé à la publication de l'œuvre ».

1. Voir *supra* « Définition du contrat d'édition ».

2. Voir article 8 du contrat type. Cour d'appel de Paris, 9 août 1871, *Annales de la propriété industrielle, artistique et littéraire*, 1871, 93.

3. Cour de Paris, 27 novembre 1976, *Dalloz*, 1977, Informations rapides, 280.

4. Tribunal de grande instance de Paris, 5 juin 1987, *Cahiers du droit d'auteur*, janvier 1988, p. 14.

5. Tribunal de grande instance de Paris, 14 novembre 1973, *Revue internationale du droit d'auteur*, avril 1974, n° LXXX, p. 111.

6. Cour d'appel de Paris, 12 février 2003, *Revue internationale du droit d'auteur*, juillet 2003, p. 307, observations André Kerever.

7. Cour d'appel de Paris, 15 juin 1983, *Dalloz*, 1983, Informations rapides, 513, observations Claude Colombet.

8. Tribunal civil de la Seine, 4 décembre 1911, *Annales de la propriété industrielle, artistique et littéraire*, 1912, 981.

Il est souvent préférable que le délai qui suit la mise en demeure soit prévu au contrat d'édition[1]. À cette résiliation de plein droit peuvent évidemment s'ajouter des dommages et intérêts. Un tribunal a d'ailleurs considéré le préjudice comme accru quand l'auteur pouvait espérer un prix littéraire. Il est souvent préférable pour l'éditeur de prévoir au contrat une indemnité forfaitaire qui évite une condamnation, parfois lourde, et les frais de justice qu'entraîne immanquablement une résiliation fautive[2]. Quand bien même aucun contrat d'édition n'aurait été signé, l'éditeur pourra être condamné à dédommager l'auteur s'il entretient, pendant plusieurs années, ses illusions d'être publié à plus ou moins long terme[3]. L'éditeur peut néanmoins s'abstenir de publier s'il est patent que l'ouvrage, à coup sûr, va tomber sous le coup d'une interdiction pour cause de diffamation, atteinte à la vie privée, ou encore atteinte aux bonnes mœurs[4]. Mais l'éditeur ne peut refuser de publier pour défaut de versement d'une subvention attendue mais qui n'était pas visée contractuellement comme une condition de l'édition de l'ouvrage[5].

De même, l'éditeur qui s'est engagé sur plusieurs volumes d'une même œuvre ne peut décider unilatéralement d'arrêter de publier à la suite de l'échec du premier volume[6].

Après la publication proprement dite, et selon les termes mêmes de l'article L. 132-12 du CPI, « l'éditeur est tenu d'assurer à l'œuvre une exploitation permanente et suivie et une diffusion commerciale, conformément aux usages de la profession ». À défaut de cette exploitation permanente, l'éditeur s'expose à une résiliation à ses torts, que l'auteur pourra obtenir en justice[7]. Une juridiction a ainsi considéré qu'aucune réelle commercialisation n'avait lieu dès lors que l'ouvrage n'était disponible que par commande et n'avait connu comme diffusion que des encarts dans les propres revues de l'éditeur. La jurisprudence reste dans tous les cas assez sévère pour ce qui concerne la diffusion et la promotion de l'ouvrage, et a tendance, contrairement à ce que la loi lui indique, à ne pas se référer à la pratique de la profession[8]. Une célèbre affaire, ayant opposé dans les années 1950 Montherlant à Grasset, permet de mesurer ce qu'attendent les tribunaux des éditeurs : en l'occurrence, ils s'étaient penchés sur les tirages de départ, les réimpressions, l'état des stocks et des ventes, les avaient comparés avec ceux pratiqués par d'autres éditeurs, et avaient étendu ces comparaisons à la publicité et à la promotion auprès des libraires et de la presse[9]. Selon la jurisprudence la plus récente, si aucune forme de publicité n'est prévue dans le contrat, l'éditeur doit procéder à une publicité conforme au type de l'ouvrage, c'est-à-dire, au

1. Voir article 13 du contrat type.
2. Voir pour l'ensemble de ces points l'article 8 du contrat type.
3. Cour d'appel de Paris, 3 juillet 1956, *Revue internationale du droit d'auteur*, juillet 1957, n° XIV, 210.
4. Voir *infra* sur l'interdiction pour l'éditeur de modifier le texte et *Le Droit du livre*. Chambre de requêtes de la Cour de cassation, 25 octobre 1909, *Dalloz périodique*, 1911, I, 423.
5. Cour d'appel de Paris, 25 septembre 1987, *Juris-Data*, n° 025680.
6. Cour d'appel de Paris, 18 novembre 1986, *Juris-Data*, n° 28717.
7. Cour d'appel de Paris, 7 mai 1985, *Revue internationale du droit d'auteur*, juillet 1985, n° CXXV, p. 166.
8. Cour d'appel de Paris, 12 septembre 1990, *Dalloz*, 1991, Sommaires commentés, 97, observations Claude Colombet.
9. Cour d'appel de Paris, 8 juillet 1953, *Dalloz*, 197.

minimum, à l'envoi de services de presse et à l'insertion du titre dans son catalogue[1]. L'éditeur peut cependant arrêter une campagne de publicité inutile et trop coûteuse[2].

Outre qu'il doit diffuser l'ouvrage, l'éditeur doit veiller à ce qu'il reste disponible. L'article L. 132-17 du CPI, pris en ses alinéas deux et trois, envisage la résiliation automatique du contrat d'édition de l'ouvrage, si l'éditeur ne procède pas, « en cas d'épuisement, à sa réédition ».

> « L'édition est considérée comme épuisée si deux demandes de livraisons d'exemplaires adressées à l'éditeur ne sont pas satisfaites dans les trois mois. »

L'éditeur peut aménager cette disposition par une clause lui accordant certains délais de réimpression[3] et prévoyant une procédure à respecter par l'auteur insatisfait ou impatient (par exemple, l'envoi d'une mise en demeure par lettre recommandée avec accusé de réception). Il est donc toujours bon de garder, en cas de pilonnage, un nombre suffisant d'exemplaires qui permettront de répondre aux épisodiques commandes et, par là, de conserver le bénéfice du contrat d'édition en prévision d'éventuelles nouvelles exploitations parfois inattendues (cession pour une adaptation audiovisuelle, une traduction, etc.). Il est en revanche *a priori* illicite qu'un éditeur prévoie une clause lui permettant de retirer un titre de son catalogue avec la faculté de l'y réintroduire ultérieurement[4]. L'éditeur ne peut arguer d'une éventuelle nouvelle législation concernant le sujet traité pour refuser une réédition alors que le livre était épuisé depuis plus d'un an[5].

Quant au nombre d'exemplaires du tirage, l'article L. 132-10 du CPI précise:

« Le contrat d'édition doit indiquer le nombre minimum d'exemplaires constituant le premier tirage. Toutefois, cette obligation ne s'applique pas aux contrats prévoyant un minimum de droits d'auteur garantis par l'éditeur[6]. »

L'éditeur reste habituellement maître de procéder à tout tirage supplémentaire, et l'auteur ne peut l'y contraindre[7]. Un tribunal a cependant considéré comme fautif un éditeur qui s'y refusait dans le seul but de nuire à son auteur[8]. Si l'édition est limitée à un certain nombre d'exemplaires, les exemplaires supplémentaires seront cependant des exemplaires contrefaits[9]. Selon Robert Plaisant, il

1. Tribunal civil de la Seine, 31 mars 1952, *Dalloz*, 1952, 429. Cour d'appel de Paris, 15 juin 1983, *Dalloz*, 1983, Informations rapides, 513, observations Claude Colombet. Cour d'appel de Paris, 14 mai 1997, *Dalloz*, 1998, p. 194.

2. Cour d'appel de Paris, 17 novembre 1986, *Juris-Data*, n° 28716.

3. Voir article 13 du contrat type.

4. Voir Claude Colombet commentant: tribunal de grande instance de Paris, 3 janvier 1968, *Revue trimestrielle de droit commercial*, 1970, 130, observations Henri Desbois.

5. Cour d'appel de Paris, 11 juin 1997, *Dalloz*, Sommaires commentés, 193, observations Claude Colombet.

6. Voir article 9 du contrat type.

7. Voir cependant *supra* le cas de l'épuisement.

8. Tribunal de grande instance de Paris, 10 novembre 1983, *Dalloz*, 1985, Sommaires commentés, 316, observations Claude Colombet. Cour d'appel de Paris, 12 février 1980, *Dalloz*, 1982, Informations rapides, 47, observations Claude Colombet.

9. Cour d'appel de Paris, 15 janvier 1839, *Gazette des tribunaux*, 16 janvier 1839.

n'y a qu'en cas de destruction dans un incendie que le nombre maximal d'exemplaires à tirer peut être dépassé[1].

L'éditeur doit naturellement, en vertu des principes essentiels contenus dans le CPI, veiller à respecter le droit moral de l'auteur[2]. Le CPI, dans sa section portant sur le contrat d'édition, et la jurisprudence qui lui est consacrée apportent certaines précisions à cette exigence fondamentale.

Selon l'article L. 132-11, alinéa 2, « [l'éditeur] ne peut, sans autorisation écrite de l'auteur, apporter à l'œuvre aucune modification[3] ». L'éditeur devra garder les titres des chapitres, ne pas ajouter de préface (et encore moins si elle s'avère défavorable à l'auteur – critiquant, par exemple, son attitude politique[4]), ni publier en trois volumes au lieu de deux. Si le titre mentionné au contrat n'y est pas désigné comme « provisoire », l'éditeur, sauf autorisation de l'auteur, devra s'y conformer[5]. Il est également interdit à l'éditeur, sans avoir consulté l'auteur, de réutiliser une préface pour en faire la partie substantielle d'un nouvel ouvrage. Il ne pourra même pas modifier l'œuvre de lui-même dans le but d'éviter une condamnation pour racisme (il pourra en revanche, dans ce cas précis, refuser de la publier[6]). Aucune raison, même la meilleure du monde, ne justifie la modification d'une œuvre sans le consentement écrit de son auteur. Et de nombreux praticiens du droit d'auteur, en conformité avec la jurisprudence, s'accordent sur le fait qu'une clause générale par laquelle l'auteur accepte à l'avance toute modification de son œuvre est annulable. Une telle clause, contenue dans un contrat liant L'Herne à Pierre Guyotat, a ainsi entraîné l'annulation du contrat dans son ensemble. En revanche, l'éditeur devient fautif quand il ne procède pas à la correction des nombreuses erreurs orthographiques laissées par l'auteur[7]. Il s'agit là en effet d'une obligation qui s'inscrit naturellement dans son rôle d'éditeur.

Le droit de la coquille n'est pas encore codifié en tant que tel, même si, en la matière, textes de loi et jurisprudences abondent déjà.

Les contrats d'édition contiennent généralement une clause obligeant l'auteur à relire les épreuves, à les corriger et à signer le bon à tirer[8].

En principe, même lorsqu'il n'est pas fait mention des épreuves dans le contrat – la loi ne l'imposant pas expressément – les tribunaux considèrent que l'éditeur est tenu de les soumettre à l'auteur.

Les magistrats admettent cependant que, si l'auteur se refuse de façon totalement injustifiée à signer le bon à tirer, l'éditeur peut se dispenser de sa signature. Il a même déjà été jugé par la Cour de cassation, le 12 octobre 1977[9], que le

1. Voir Bibliographie générale.
2. Voir « Les droits moraux ».
3. Cour de Paris, 14 juin 1950, *Gazette du Palais*, 1950, 2, 78. Première chambre civile de la Cour de cassation, 28 mai 1963, *Dalloz*, 1963, 677.
4. Cour d'appel de Paris, 7 juin 1982, *Dalloz*, 1983, Informations rapides, 97, observations Claude Colombet.
5. Tribunal de commerce de la Seine, 16 septembre 1858, *Annales de la propriété industrielle, artistique et littéraire*, 1858, 464.
6. Voir *supra*. Cour d'appel de Paris, 7 juin 1982, inédit.
7. Cour d'appel de Paris, 4 février 1988, *Dalloz*, 1989, Sommaires commentés, 49, observations Claude Colombet.
8. Voir « Les obligations de l'auteur ».
9. Première chambre civile de la Cour de cassation, 12 octobre 1977, *Dalloz*, 1978, Informations rapides, p. 68.

défaut par l'auteur de remise des épreuves corrigées peut être sanctionné. Le 24 avril 1984[1], la cour d'appel d'Aix-en-Provence a considéré l'auteur comme responsable des frais de correction et d'actualisation effectuées sans son concours.

L'éditeur peut de même s'affranchir du bon à tirer s'il prouve par un autre moyen le consentement de l'auteur à l'impression. Le 10 octobre 1971[2], le tribunal de grande instance de Paris a été jusqu'à admettre qu'en l'absence de préjudice subi par l'auteur, l'éditeur pouvait se passer aisément de son bon à tirer et ce, dans la mesure où des relations de confiance existaient depuis de nombreuses années entre l'éditeur et l'auteur.

L'auteur peut toujours procéder à des changements sur épreuves, sous réserve que ceux-ci restent raisonnables. Il ne peut, en revanche, venir chercher la responsabilité de son éditeur pour les malfaçons contenues dans son ouvrage qu'il a lui-même été mis en mesure de corriger, comme l'a encore souligné l'arrêt du 12 octobre 1977.

D'ailleurs, une clause générale par laquelle l'auteur accepte à l'avance toute modification de son œuvre est annulable[3].

En revanche, la cour d'appel de Paris a estimé, le 4 février 1988[4], que l'éditeur devient fautif quand il ne procède pas à la correction des nombreuses erreurs orthographiques laissées par l'auteur. Il s'agit là en effet d'une obligation qui s'inscrit naturellement dans le rôle de la maison d'édition. L'éditeur – qui publiait, en l'espèce, à compte d'auteur – reste toujours tenu à un devoir de conseil. À ce titre, il doit notamment indiquer à l'auteur la nécessité de travailler encore son manuscrit, ainsi que lui suggérer fortement de corriger les fautes d'orthographe.

A fortiori, le 9 mars 1994, le tribunal de grande instance de Paris[5] a condamné un éditeur pour avoir déformé sur son ouvrage le nom de l'auteur. Les tiers – c'est-à-dire ceux qui ne sont ni l'éditeur ni l'auteur – ne peuvent faire condamner les coquilles, même énormes, et autres erreurs ou oublis. Le 19 avril 1989, le tribunal de grande instance de Paris[6] s'est ainsi penché sur une biographie d'écrivain : « Attendu que si les demanderesses [veuve et fille] se sont plaintes d'un nombre important d'erreurs qu'aurait commises [le biographe] dans son ouvrage, elles ont à ce titre surtout incriminé le fait d'avoir situé de 1927 à 1929 la liaison amoureuse [...] et d'avoir considéré pour l'étude de son thème astral que [le sujet] était né à 4 heures du matin ; qu'elles n'établissent cependant ni que ces dates ou heures sont inexactes, ni en tout état de cause quel préjudice auraient entraîné pour elles les erreurs alléguées. »

La responsabilité de l'éditeur peut toutefois être engagée dans le cas des omissions ou fausses informations que peut contenir un annuaire ou un guide, qui

1. Cour d'appel d'Aix-en-Provence, 24 avril 1984, *Arrêts civils et commerciaux de la cour d'appel d'Aix-en-Provence*, 1984, n° 1, p. 4.
2. Tribunal de grande instance de Paris, 10 octobre 1971, *La Semaine juridique (JCP)*, 1971, IV, 182.
3. Voir « Les droits moraux ».
4. Cour d'appel de Paris, 4 février 1988, *Dalloz*, 1989, Sommaires commentés, p. 49.
5. Tribunal de grande instance de Paris, 9 mars 1994, inédit.
6. Tribunal de grande instance de Paris, 19 avril 1989, inédit.

seraient dommageables à des tiers, harcelés, par exemple, par des demandes incessantes de réservation.

Enfin, certaines coquilles peuvent être soit bénéfiques, soit fatales. En effet, les erreurs communes à deux ouvrages permettent aux juges de fustiger, preuves à l'appui, les éditeurs peu scrupuleux qui empruntent le travail de leurs confrères. C'est ainsi que la cour d'appel de Douai a donné gain de cause, le 22 octobre 1998, aux éditions Encyclopédie Douanière, qui exploitent le *Tarif douanier français utilitaire.* Les copieurs avaient été notamment incapables d'expliquer aux magistrats par quel hasard extraordinaire ils avaient repris dans leur édition les mêmes erreurs typographiques.

Les tribunaux rejettent également les clauses qui laissent à l'éditeur le pouvoir d'apprécier si le manuscrit est publiable. Là encore, c'est tout le contrat qui s'avérera nul et pas seulement la clause litigieuse. La jurisprudence reste intraitable sur ce point, et bon nombre d'éditeurs utilisent encore des contrats très facilement annulables à leurs torts exclusifs car considérés comme « potestatifs[1] ». L'éditeur d'une collection de poche prestigieuse a ainsi été condamné pour avoir refusé de publier une préface et un apparat critique commandés à un universitaire : le contrat laissait toute liberté à l'éditeur de refuser le manuscrit, sans qu'aucune clause ne prévoie le détail du travail à effectuer[2]. L'éditeur aura donc tout intérêt à rédiger une clause décrivant précisément ce qui est attendu de l'auteur. Cette clause, qui peut aisément être détaillée dans une annexe au contrat, mentionnera tout ce qu'il est aisé de prévoir : illustrations, nombre minimal et maximal de feuillets, public visé, esprit du texte, etc. Ces mentions précises lui permettront de résilier le contrat aux torts de l'auteur en cas de défaillance. Si le manuscrit se révèle véritablement impubliable – pas assez travaillé, non « écrit », sans structure, etc. –, l'éditeur pourra obtenir résiliation du contrat en justice[3]. Il en sera de même, en matière scolaire, si le manuel ne correspond pas au programme ou, en matière scientifique, si le traité ne répond pas aux exigences attendues. L'appréciation de la carence de l'auteur sera dans tous les cas laissée aux juges.

Le contrat de commande d'un manuscrit doit être rédigé avec beaucoup de précision pour être juridiquement valable.

Le régime du contrat d'édition est particulièrement strict. Les éditeurs savent tous qu'il doit être constaté par écrit et, en théorie, signé avant la sortie de l'ouvrage. À défaut, l'auteur peut notamment s'envoler ailleurs.

Toute la difficulté se noue lorsque l'éditeur veut s'assurer de la remise d'un manuscrit, qu'il entend cependant pouvoir refuser.

Le contrat de commande, tel qu'il est entendu par certains professionnels de l'édition, peut désigner deux types bien distincts de contrats :

1. Première chambre civile de la Cour de cassation, 29 juin 1971, *Bulletin civil*, I, n° 219.
2. Tribunal de grande instance de Paris, 8 avril 1987, *Revue internationale du droit d'auteur*, juillet 1987, n° CXXXIII, p. 202.
3. Tribunal de grande instance de Paris, 8 octobre 1976, *Revue internationale du droit d'auteur*, juillet 1977, n° LXXXXIII, p. 171.

– une simple option sur la cession du droit de reproduction, consentie par l'auteur à un éditeur, suivie d'un contrat d'édition qui entrerait en vigueur à la levée de l'option;

– un véritable contrat d'édition, signé avant la rédaction du manuscrit et comportant certaines exigences de la part de l'éditeur quant au texte attendu.

Mais la jurisprudence sanctionne les clauses qui, quelle que soit leur forme, laissent à l'éditeur le pouvoir d'apprécier unilatéralement si le manuscrit est publiable.

À défaut de précisions suffisantes au contrat, celui-ci sera considéré comme potestatif.

Ainsi, l'article 1170 du Code civil dispose que « la condition potestative est celle qui fait dépendre l'exécution de la convention d'un événement qu'il est au pouvoir de l'une ou de l'autre des parties contractantes de faire arriver ou d'empêcher ». Et l'article 1174 du même code précise que « toute obligation est nulle lorsqu'elle a été contractée sous une condition potestative de la part de celui qui s'oblige ».

S'ajoutent à ce dispositif juridique, valable pour tous les contrats, les particularités légales qui encadrent le contrat d'édition et rendent les options et autres mécanismes de commande très périlleux.

La cour d'appel de Paris a ainsi fustigé, le 25 avril 1989[1], l'éditeur qui avait commandé un livre sur Oshima. Le contrat d'édition contenait une clause selon laquelle l'éditeur se réservait le droit d'apprécier si le manuscrit « convient bien au public et aux buts visés ». Pour la cour, « l'engagement [...] se trouvait soumis à une condition purement potestative et devait en conséquence être tenu pour nul »: « Il apparaît en effet que la nature et l'étendue des prérogatives abandonnées à l'éditeur livraient à son entière discrétion l'œuvre. »

Le tribunal de grande instance de Paris a, le 20 décembre 1989, été très éloquent à propos des clauses potestatives. L'éditeur d'une collection de poche plaidait, à propos de son refus d'une édition critique de Marivaux, que « la clause insérée dans le contrat de commande [...] aux termes de laquelle "un droit d'auteur forfaitaire [...] couvrant la cession du droit de publication vous sera versé dès l'acceptation du manuscrit" lui permettait de refuser ce manuscrit, la validité définitive de la commande étant subordonnée à l'agrément de l'œuvre par la société l'ayant passée ».

Or, les juges relèvent qu'« en dehors de la seule indication des éléments devant être contenus dans le manuscrit commandé », l'éditeur « ne justifie pas avoir donné » à l'auteur « – ni dans le contrat de commande ni dans un écrit postérieur – des directives précises de travail et des indications explicites quant à ce qu'[il] souhaitait exactement pour que la présentation et la teneur du manuscrit commandé correspondent à l'esprit de la collection [...] tant dans le fond que dans la forme, et ce d'autant plus que cette société n'était pas sans savoir que [l'auteur] n'avait encore jamais effectué un tel travail et collaborait pour la première fois à cette collection, ce qui n'a pas empêché [l'éditeur] d'annoncer avant toute lecture du manuscrit dans son catalogue [...] à la rubrique "À

1. Cour d'appel de Paris, 25 avril 1989, *Dalloz*, 1990, Sommaires, p. 58, observations Claude Colombet.

paraître" l'ouvrage en cause de Marivaux avec la mention "préface de Mme X", continuant en cela à agir avec la plus grande légèreté ». (Ouf et) pan !

Selon les magistrats, « le terme "maladroit", employé par une société d'édition littéraire qui n'est pas sans connaître le sens des mots, prouve bien en l'espèce la légèreté des griefs formulés à l'encontre de l'introduction rédigée [...] et établit pour le moins leur caractère non rédhibitoire auxquels de simples remaniements pouvaient remédier. [...] Le refus du manuscrit qui lui a été régulièrement remis [...] apparaît donc de la part de la société [...], qui en sa qualité d'éditeur professionnel ne saurait imputer à l'auteur les conséquences de ses propres manquements et de l'extrême légèreté avec laquelle elle a agi à son égard, comme un refus purement arbitraire et manifestement abusif ».

Enfin, « [l'éditeur] doit, sauf convention contraire, faire figurer sur chacun des exemplaires le nom, le pseudonyme ou la marque de l'auteur » (article L. 132-11 du CPI)[1]. Et il ne doit pas révéler le véritable nom de l'auteur quand le contrat prévoit l'emploi d'un pseudonyme[2].

L'article L. 132-9 *in fine* fixe le sort du manuscrit en tant qu'objet matériel : « [...] Sauf convention contraire ou impossibilités d'ordre technique, l'objet de l'édition fournie par l'auteur reste la propriété de celui-ci. L'éditeur en sera responsable pendant le délai d'un an après l'achèvement de la fabrication. » Et l'éditeur peut bien évidemment conserver le manuscrit pendant tout le temps nécessaire à la fabrication de l'ouvrage[3].

L'éditeur reste en tout état de cause propriétaire de la composition qu'il a faite de l'ouvrage, et les juges estiment que l'auteur ne peut la réclamer pour une nouvelle édition chez un autre éditeur[4]. Il en est bien évidemment de même avec les films des illustrations.

L'éditeur doit rendre les manuscrits non retenus, sauf existence d'une clause contraire, insérée par exemple dans une correspondance précontractuelle entre l'éditeur et l'auteur[5]. Cette clause ne peut consister en une simple annonce dans la presse[6], et l'éditeur qui tarderait trop à rendre un manuscrit non retenu peut voir sa responsabilité retenue en justice[7].

L'évolution du numérique rend peu à peu obsolète la notion de support matériel original des œuvres, qu'il s'agisse de textes comme d'illustrations.

Mais le droit, et les auteurs recalés, en font toujours un enjeu financier parfois lourd de conséquences pour les maisons d'édition.

L'article L. 111-3 du CPI dispose que « la propriété incorporelle [...] est indépendante de la propriété de l'objet matériel. L'acquéreur de cet objet n'est investi, du fait de cette acquisition, d'aucun des droits prévus par le présent code [...][8] ».

1. Cour de cassation, 11 janvier 1905, *Dalloz périodique*, 1905, I, 300.
2. Cour d'appel de Paris, 5 juillet 1979, *Dalloz*, Informations rapides, 84, observations Claude Colombet.
3. Cour d'appel de Paris, 12 février 1980, *Revue internationale du droit d'auteur*, janvier 1981, n° CVII, 152.
4. Cour d'appel de Paris, 9 novembre 1988, *Dalloz*, 1990, Sommaires commentés, 57, observations Claude Colombet.
5. Tribunal civil de la Seine, 21 février 1923, *Annales de la propriété industrielle, artistique et littéraire*, 1923, 328.
6. Cour d'appel de Paris, 15 juin 1971, *Revue internationale du droit d'auteur*, octobre 1971, n° LXX, 143.
7. Première chambre civile de la Cour de cassation, 20 juin 1961, *Annales de la propriété industrielle, artistique et littéraire*, 1964, 294.
8. Voir « L'indépendance des propriétés matérielle et incorporelle ».

Le texte prévoit encore que « ces droits subsistent en la personne de l'auteur ou de ses ayants droit qui, pourtant, ne pourront exiger du propriétaire de l'objet matériel la mise à leur disposition de cet objet pour l'exercice desdits droits. Néanmoins, en cas d'abus notoire du propriétaire empêchant l'exercice du droit de divulgation, le tribunal de grande instance peut prendre toute mesure appropriée [...] ».

Le principe est clair : la propriété matérielle du support d'une œuvre (manuscrit, Ektachrome, toile, etc.) n'emporte en rien la propriété des droits d'auteur. À l'inverse, la cession de droits n'entraîne pas, sauf disposition contractuelle expresse, la cession du support matériel.

La cour d'appel de Paris a rappelé, en 1980[1], que l'éditeur peut bien évidemment conserver le manuscrit pendant tout le temps nécessaire à la fabrication de l'ouvrage.

En 1997, la Cour de cassation a attribué au seul dessinateur la propriété matérielle des planches originales d'une bande dessinée[2].

En cas de perte d'un manuscrit, l'éditeur peut voir sa responsabilité retenue en justice. Mais la propagation des techniques, aussi bien informatiques que de reprographie, a mis un frein au montant des dommages-intérêts accordé aux « would-be writers », surtout mécontents du refus infligé.

Le régime des originaux est prévu avec force détails dans le Code des usages en matière d'illustration photographique signé, le 5 mai 1993, entre le Syndicat national de l'édition et les principales organisations de photographes. Il est ainsi envisagé que « le photographe ou son mandataire communique pour choix à l'éditeur les documents photographiques pendant un délai de trois mois, porté à six mois pour les documents utilisés, sauf accord particulier. Au-delà de ces délais, le photographe ou son mandataire facturera des droits de garde. [...] Le photographe ou son mandataire devra avoir réclamé par écrit le retour des documents avant toute facturation des droits de garde[3] ».

De même, le texte dispose que « lorsque les documents de base auront été soit perdus, soit détériorés, c'est-à-dire restitués par l'éditeur mais inutilisables, ils feront l'objet d'une indemnité de dédommagement. Pour les documents originaux [...], cette indemnité correspondra à la valeur indiquée sur le bordereau-contrat. À défaut d'une telle précision sur le bordereau-contrat, cette indemnité sera fixée à cinq fois le droit de base ».

Pour ce qui est des détériorations, « le photographe ou son mandataire s'interdit toute réclamation ou demande d'indemnité passé un délai de deux semaines après réception des documents retournés par l'éditeur ».

Enfin, « le photographe ou son mandataire aura un délai de six mois à compter de l'envoi des justificatifs pour réclamer à l'éditeur le retour de documents qui ne lui auraient pas été restitués, faute de quoi il ne pourrait revendiquer par la suite auprès de l'éditeur l'indemnité pour perte ».

1. Cour d'appel de Paris, 12 février 1980, *Revue internationale du droit d'auteur*, janvier 1981, p. 152.
2. Première chambre civile de la Cour de cassation, 6 mai 1997, *Dalloz*, 1998, p. 80.
3. Voir « Codes des usages », en fin d'ouvrage.

Les délais de réclamation ne sont donc pas les mêmes que ceux prévus par le CPI. L'éditeur qui fait référence au Code des usages devra y prendre garde. D'autant plus qu'il concerne une catégorie d'auteurs, s'il en est, encore plus attachée à ses droits.

Enfin, l'éditeur n'est tenu à aucune exclusivité envers un de ses auteurs et peut, sauf clause contraire, publier parallèlement l'ouvrage d'un autre auteur sur un sujet identique. En 1970, l'éditeur Ides et calendes a publié, sur la période bleue de Picasso, l'ouvrage d'un auteur autre que celui avec lequel cette maison avait signé précédemment. Les juges n'ont pas sanctionné cette publication portant sur le même sujet, mais bien l'absence de publication de l'ouvrage prévu initialement[1].

Cependant, un éditeur ne peut impunément éditer un livre très critique sur l'un de ses propres auteurs[2].

Le contrat à plusieurs auteurs

Au-delà de la sempiternelle distinction entre l'œuvre de collaboration et l'œuvre collective, la pluralité d'auteurs nécessite pour l'éditeur de méditer la formulation du ou des contrat(s) à proposer.

Rappelons que le CPI distingue trois catégories de créations qui peuvent être le fruit de plusieurs auteurs : les œuvres de collaboration, les œuvres collectives et les œuvres composites[3]. Cette dernière situation recouvre les œuvres dites dérivées ou secondaires, élaborées à partir d'une œuvre première préexistante (telles que, par exemple, les adaptations, les traductions, les anthologies, etc.). Lorsqu'il est directement fait appel à plusieurs auteurs et qu'il leur est demandé une contribution inédite, la véritable dichotomie s'opère donc entre œuvre de collaboration et œuvre collective.

L'article L. 113-2 du CPI se contente d'énoncer qu'« est dite de collaboration l'œuvre à la création de laquelle ont concouru plusieurs personnes physiques ». Les apports respectifs des collaborateurs peuvent être de même nature (un roman écrit à quatre mains comme *Fantômas*), bien distincts (un livre d'entretien) ou totalement différents (un ouvrage unissant un poète et un illustrateur). Il n'est même pas besoin que les auteurs aient travaillé de concert pour que le résultat de leur réunion soit qualifié d'œuvre de collaboration.

L'article L. 113-2 du CPI définit l'œuvre collective comme « l'œuvre créée sur l'initiative d'une personne physique ou morale qui l'édite, la publie et la divulgue sous sa direction et son nom et dans laquelle la contribution personnelle des divers auteurs participant à son élaboration se fond dans l'ensemble en vue duquel elle est conçue, sans qu'il soit possible d'attribuer à chacun d'eux un droit distinct sur l'ensemble réalisé ». Il est classique, mais parfois trompeur, de considérer qu'un dictionnaire ou une encyclopédie sont *a priori* des œuvres collectives.

1. Première chambre civile de la Cour de cassation, 5 janvier 1970, *Dalloz*, 1970, p. 1981, note Breton.
2. Tribunal de grande instance de Paris, 15 février 1984, *Revue internationale du droit d'auteur*, avril 1984, n° CXX p. 178.
3. Voir le chapitre IV « La titularité des droits ».

La qualification d'œuvre collective ou d'œuvre de collaboration ne coïncide pas automatiquement avec tel ou tel genre de livre. La preuve contraire est toujours possible.

Alain Girardet, en sa qualité, à l'époque, de président de la troisième chambre du tribunal de grande instance de Paris (celle qui juge la plupart des affaires d'édition), a d'ailleurs rappelé dans un numéro de *Légicom*[1] que « le juge doit éviter, sous couvert d'une réalité économique, d'accepter trop facilement la qualification d'œuvre collective chaque fois qu'une personne morale se contente d'affirmer qu'il est impossible de détailler la participation des contributeurs à la réalisation de l'œuvre. La notion d'œuvre collective est donc difficile à manier car on ne peut raisonner par catégorie d'œuvre, par genre d'œuvre ».

Les critères retenus par la jurisprudence sont cependant parfois peu aisés à cerner. Car la définition législative de l'œuvre collective est, en effet, pour le moins ésotérique. Traditionnellement, deux conditions essentielles présidaient à cette qualification : l'existence d'un coordinateur et l'impossibilité, contrairement à l'œuvre de collaboration, de partager la qualité d'auteur de l'ensemble de l'œuvre entre tous les participants.

Ce sont de plus en plus les dictionnaires et autres lexiques qui amènent la jurisprudence à trancher entre les deux statuts.

Le tribunal de grande instance de Paris a ainsi qualifié, le 15 mars 2002, d'œuvre de collaboration un *Lexique des relations internationales*[2].

Dans cette affaire, cinq doctorants ont élaboré l'ouvrage sous la houlette de leur professeur. Les juges ont relevé avec fermeté que « s'il apparaît difficilement concevable qu'une telle œuvre de type para-universitaire ait pu être préparée et réalisée d'une manière parfaitement égalitaire entre un spécialiste de la matière, expérimenté et exerçant des responsabilités d'enseignement, et une équipe de jeunes enseignants chercheurs dont le *Lexique des relations internationales* était une des premières publications, il ne peut davantage être envisagé, précisément parce qu'il s'agit d'un travail pédagogique et universitaire, que cette création ait été “pyramidale” et “hiérarchisée”, ce mode de collaboration n'étant pas compatible avec les usages les plus élémentaires et les pratiques universitaires communément admises ». Et les magistrats d'ajouter : « Les demandeurs, chercheurs et doctorants de haut niveau, ne peuvent être assimilés à de simples sous-traitants qui auraient réalisé à la commande une prestation à caractère intellectuel pour le compte d'un professeur ou d'un éditeur... »

La qualification d'œuvre de collaboration ou d'œuvre collective se détermine aujourd'hui en jurisprudence au fil des « affaires de dictionnaires ». Mais quel que soit le statut qui l'emporte, le contrat à plusieurs auteurs nécessite la plus grande vigilance.

Le *Super-Major* a connu de longues péripéties judiciaires, qui ont conduit la Cour de cassation à se pencher définitivement sur son cas, le 3 avril 2002[3]. Les juges ont considéré que le dictionnaire litigieux était bel et bien une œuvre collec-

1. Alain Girardet, « La notion d'œuvre collective dans la jurisprudence », *Légicom*, n° 29, 2003/1, p. 35.
2. Tribunal de grande instance de Paris, 15 mars 2002, *Communication commerce électronique*, commentaire n° 68, observations Christophe Caron.
3. Première chambre civile de la Cour de cassation, 3 avril 2002, *Dalloz*, p. 1551, observations Jeanne Daleau.

tive, dans la mesure où « divulgué sous le nom de la société, (il) est ainsi présumé lui appartenir. [...] la contribution de Madame K. aux conceptions et direction de l'ouvrage, inhérente aux attributions de son contrat de travail [...] se fond dans l'ensemble de l'activité des nombreux auteurs ou collaborateurs réunis au sein de l'équipe animée par elle, sans qu'il soit possible d'attribuer à chacun un droit distinct sur la création réalisée ».

De même, la cour d'appel de Paris a examiné le statut des différents *Robert*, dans un arrêt rendu le 21 mai 2002[1]. Les magistrats en ont conclu que « c'est en tant que président de la société du Nouveau Littré que Paul Robert a eu l'initiative de l'œuvre dont il s'agit; [...] cette société a permis l'élaboration, puis la diffusion des ouvrages; [...] en conséquence, quand bien même le dictionnaire a été diffusé sous le nom de Paul Robert, ces éléments conduisent à donner au *Petit Robert* la qualification d'œuvre collective [...] puisque Paul Robert a collaboré à la fois à cet ouvrage et au *Grand Robert* à partir duquel le second dictionnaire a été réalisé ».

La cour rappelle que « la détermination de la qualité d'auteur d'une œuvre protégée relève exclusivement de la loi ». Et elle précise qu'« au regard de la qualification d'œuvre collective, les droits d'auteur afférents au *Petit Robert* doivent être déclarés nés sur la tête de la société Dictionnaires Le Robert qui l'a réalisée et divulguée ».

Quel que soit le statut de l'œuvre, il est préférable de réunir les auteurs dans un seul et même document contractuel. Ils sont ainsi placés, psychosomatiquement tout au moins, dans une sorte de solidarité envers leur éditeur. Il s'agit, par exemple dans le cas d'un livre où les deux auteurs œuvrent à des parties bien distinctes, d'éviter que l'un ne rendant pas sa contribution en temps et en heure, l'autre puisse arguer avoir rendu sa copie et ne pas comprendre le retard dans la parution, etc.

Il en sera de même dans l'hypothèse où l'un des coauteurs serait en réalité le nègre de l'autre.

Toutefois, il arrive fréquemment que l'on ne souhaite pas divulguer à l'un la rémunération de l'autre. Il n'y a alors pas d'autre solution que d'établir des contrats séparés.

Par ailleurs, une décision rendue le 3 avril 2001 par la Cour de cassation considère que la résiliation du contrat de l'un des coauteurs emporte la résiliation du contrat de l'autre au motif de l'interdépendance des contrats[2].

Cependant, quand bien même dans le cas de l'œuvre de collaboration la propriété de l'ensemble de l'œuvre échoit à tous les auteurs, chacun reste maître de son propre apport si celui-ci est individualisable. Selon l'article L. 113-3 du CPI, « lorsque la participation de chacun des coauteurs relève de genres différents, chacun peut, sauf convention contraire, exploiter séparément sa contribution personnelle, sans toutefois porter préjudice à l'exploitation de l'œuvre commune ». Si donc, aucune clause du contrat n'interdit à chacun des coauteurs une exploitation séparée ultérieure, ils pourront librement y procéder, sous la

1. Cour d'appel de Paris, 21 mai 2002, *Revue internationale du droit d'auteur*, 2003, p. 358); suivi d'un arrêt en même sens de la Cour de cassation: première chambre civile de la Cour de cassation, 16 novembre 2004, *Revue Lamy Droit de l'immatériel*, 2005/3, p. 8, note Agnès Maffre-Baugé.

2. Première chambre civile de la Cour de cassation, 3 avril 2001, *La Semaine juridique (JCP)*, 2001, IV, 2021.

seule réserve que concurrence ne soit pas portée à l'œuvre principale. En pratique, un travail d'écriture conjoint ne permettra que rarement une exploitation séparée. Il a déjà été jugé, le 2 décembre 1997, par la Cour de cassation, qu'un dessinateur de bandes dessinées ne pouvait exploiter séparément son apport.

Dans le cadre d'un ouvrage scientifique ou technique, écrit par une seule personne, une clause de mise à jour est souvent nécessaire[1]. Elle est souvent complexe à rédiger et le devient d'autant plus quand il faut envisager la présence de plusieurs coauteurs initiaux.

Les auteurs sont *a priori* tenus de procéder eux-mêmes et ensemble à la mise à jour, même si cette position est parfois contestée par les spécialistes du droit d'auteur quand cela n'est pas prévu expressément au contrat de départ.

Quoi qu'il en soit, les auteurs doivent être avertis et mis en mesure, s'ils le souhaitent, de procéder eux-mêmes à l'actualisation de leur livre. C'est seulement si l'un des deux décline, que l'éditeur pourra demander à son ex-comparse d'accomplir toute la tâche ou de faire appel à un tiers.

Le plus prudent est bien évidemment de régler le problème en amont par l'insertion au contrat d'un article organisant une procédure particulière aux mises à jour, aux défaillances et, surtout, aux conséquences sur la répartition des rémunérations à venir.

La rémunération de l'auteur et la reddition des comptes

La rémunération de l'auteur reste un point sensible du contrat d'édition. Le défaut de rémunération peut en effet en entraîner la nullité[2]. Et ce n'est pas parce qu'un écrit n'est pas protégé par le droit d'auteur que son créateur n'a pas droit à rémunération[3]. Robert Plaisant signale à cet égard une décision selon laquelle le manuscrit dépourvu d'originalité doit donner lieu à un versement d'honoraires à défaut de droits d'auteur proprement dits[4]. Il a même déjà été jugé que l'éditeur doit continuer à verser les avances promises à son auteur, quand bien même les deux seraient en procès[5].

Deux éléments essentiels sont à considérer en matière de rémunération de l'auteur. D'une part, le principe de la rémunération proportionnelle doit s'appliquer dans la grande majorité des cas. D'autre part, la jurisprudence la plus récente précise la notion d'assiette de la rémunération proportionnelle, et sanctionne sévèrement certaines clauses qu'on trouve actuellement dans beaucoup des contrats utilisés par les éditeurs.

1. Voir « Mises à jour ».
2. Tribunal de grande instance de Paris, 25 février 1988, *Cahiers du droit d'auteur*, 1988, n° 9, p. 19.
3. Première chambre civile de la Cour de cassation, 24 janvier 1978, *Bulletin civil*, I, n° 34.
4. *Juris-Classeur*, fascicule 330, p. 24.
5. Cour d'appel de Paris, 20 mai 1981, *Gazette du Palais*, 1982, I, Sommaires, 99.

Le principe de la rémunération proportionnelle

La proportionnalité, c'est-à-dire le fait d'être payé au pourcentage et non au forfait, demeure le principe dominant de la rémunération des auteurs. L'article 132-5 du CPI énonce :

> « Le contrat peut prévoir soit une rémunération proportionnelle aux produits d'exploitation, soit, dans les cas prévus aux articles L. 131-4 et L. 132-6, une rémunération forfaitaire. »

L'article L. 131-4, qui concerne plusieurs types de contrats, dont le contrat d'édition, dispose :

> « La cession par l'auteur de ses droits sur une œuvre [...] doit comporter au profit de l'auteur la participation proportionnelle aux recettes provenant de la vente ou de l'exploitation.
> « Toutefois la rémunération de l'auteur peut être évaluée forfaitairement dans les cas suivants :
> « 1° La base de calcul de la participation proportionnelle ne peut être pratiquement déterminée ;
> « 2° Les moyens de contrôler l'application de la participation font défaut ;
> « 3° Les frais des opérations de calcul et de contrôle seraient hors de proportion avec les résultats à atteindre ;
> « 4° La nature ou les conditions de l'exploitation rendent impossible l'application de la règle de la rémunération proportionnelle, soit que la contribution de l'auteur ne constitue pas l'un des éléments essentiels de la création intellectuelle de l'œuvre, soit que l'utilisation de l'œuvre ne présente qu'un caractère accessoire par rapport à l'objet exploité ;
> « 5° En cas de cession des droits sur un logiciel ;
> « 6° Dans les autres cas prévus au présent code [...]. »

D'une rédaction sinon obscure du moins maladroite, cet article commence par poser le principe de la rémunération proportionnelle aux recettes de la vente, qui désigne ici le droit de reproduction, et de l'exploitation, qui vise le droit de représentation. L'auteur aura donc vocation à recueillir un pourcentage sur chacun des modes d'exploitation de son œuvre. L'éditeur doit garder en mémoire que l'ensemble du contrat sera déclaré nul en l'absence d'une rémunération proportionnelle.

Ce principe d'une rémunération proportionnelle, introduit par la loi de 1957 dont le CPI est l'héritier, n'est pas rétroactif. Il n'affecte pas les contrats conclus avant le 11 mars 1958 (date d'entrée en vigueur de la loi). L'auteur qui, avant cette date, a conclu sur la base d'une rémunération forfaitaire ne peut donc prétendre aujourd'hui recevoir un pourcentage sur les ventes ou autres exploitations de son livre.

Quant aux cas de possible rémunération forfaitaire énumérés par l'article 131-4, seul le 4° intéresse directement les éditeurs. En effet, par « base de calcul » indéterminable (1°), il faut entendre les situations où l'on ne peut mesurer l'audience de l'œuvre. Cela ne concerne *a priori* pas l'édition. Il en va de même pour le « défaut de moyens de contrôler l'application de la participation » (2°), dont l'exemple classique reste le juke-box. Le coût trop onéreux des « opérations de calcul » (3°) n'intéresse pas non plus les éditeurs. En revanche, l'impossibilité d'application de la règle en raison de la « nature » ou des « conditions de l'exploitation » (4°) répond bien à des situations communément rencontrées par les éditeurs. Il s'agit là des œuvres collectives, des préfaces ou encore des articles d'une revue.

L'article L. 132-6 concerne uniquement le contrat d'édition:

> « En ce qui concerne l'édition de librairie, la rémunération de l'auteur peut faire l'objet d'une rémunération forfaitaire pour la première édition, avec l'accord formellement exprimé de l'auteur, dans les cas suivants:
> « 1° Ouvrages scientifiques ou techniques;
> « 2° Anthologies et encyclopédies;
> « 3° Préfaces, annotations, introductions, présentations;
> « 4° Illustrations d'un ouvrage;
> « 5° Éditions de luxe à tirage limité;
> « 6° Livres de prières;
> « 7° À la demande du traducteur pour les traductions;
> « 8° Éditions populaires à bon marché;
> « 9° Albums bon marché pour enfants.
> « Peuvent également faire l'objet d'une rémunération forfaitaire les cessions de droits à ou par une personne ou une entreprise établie à l'étranger.
> « En ce qui concerne les œuvres de l'esprit publiées dans les journaux et recueils périodiques de tout ordre et par les agences de presse, la rémunération de l'auteur, lié à l'entreprise d'information par un contrat de louage d'ouvrage ou de services, peut également être fixée forfaitairement. »

On le voit à sa simple lecture, le manque de précisions de cet article laisse aux juridictions une importante marge d'interprétation. Ainsi, la définition du terme « bon marché », mentionné deux fois dans cet article du CPI, ne semble pas aisée à estimer. Il reste toujours plus facile de concevoir sans coup férir une rémunération au forfait dans des cas tels que celui d'une encyclopédie[1], si tant est qu'elle n'ait pas été rédigée par un seul auteur… Même l'auteur d'une œuvre préexistante intégrée dans une œuvre collective[2] peut avoir vocation à percevoir une rémunération proportionnelle[3].

Il est surtout à noter que ces possibilités de rémunérer l'auteur au forfait ne valent que pour la première édition.

L'article L. 131-4 *in fine* prévoit par surcroît la possibilité de convertir une rémunération proportionnelle en rémunération forfaitaire et ce, pour tous les contrats:

1. Cour d'appel de Paris, 10 juillet 1974, *Revue internationale du droit d'auteur*, juillet 1975, n° LXXXV, p. 187.
2. Voir « Les œuvres créées à plusieurs ».
3. Cour d'appel de Paris, 10 mars 1970, *Dalloz*, 1971, 114.

> « Est également licite la conversion entre les parties, à la demande de l'auteur, des droits provenant des contrats en vigueur en annuités forfaitaires pour des durées à déterminer entre les parties. »

Cette conversion forfaitaire ne concerne que des contrats déjà en vigueur. Elle ne peut donc intervenir qu'après un temps suffisant pour que l'auteur puisse juger de l'importance de ses revenus. Il sera alors à même d'accepter ou non un tel changement dans sa rémunération. Il faut enfin remarquer que cette conversion ne peut être permanente, sa durée d'application devant être « déterminée ».

Quelle que soit la raison d'une rémunération forfaitaire, une action en révision de la somme versée est toujours possible. L'article L. 131-5 du CPI dispose en effet :

> « En cas de cession du droit d'exploitation, lorsque l'auteur aura subi un préjudice de plus de sept douzièmes dû à une lésion ou à une prévision insuffisante des produits de l'œuvre, il pourra provoquer la révision des conditions de prix du contrat.
> « Cette demande ne pourra être formée que dans le cas où l'œuvre aura été cédée moyennant une rémunération forfaitaire.
> « La lésion sera appréciée en considération de l'ensemble de l'exploitation par le cessionnaire des œuvres de l'auteur qui se prétend lésé. »

La lésion et l'imprévision, notions classiques du droit français, sont applicables au contrat d'édition[1]. Il faut pour cela que l'auteur démontre qu'il a été lésé d'au moins sept douzièmes (c'est là le chiffre traditionnellement retenu par le Code civil) de la rémunération qu'il aurait pu légitimement attendre[2]. Les usages de la profession font bien entendu référence en la matière. Il peut également revendiquer *a posteriori* une autre rémunération si les ventes ont été bien supérieures à ce qui était originellement envisagé (cas de l'imprévision)[3].

La jurisprudence considère que cette disposition, qui réduit considérablement pour l'éditeur les avantages de la rémunération forfaitaire, concerne tous les types de forfaits. Elle est applicable aussi bien à un contrat qui prévoit une somme déterminée, pour tout ouvrage vendu, sans référence au prix de vente, qu'à celui qui mentionne une somme globale à verser.

Il semble par ailleurs possible de prévoir le versement de droits seulement à partir d'un certain seuil à atteindre[4], sauf si celui-ci est illusoire (par exemple, au-delà du premier tirage) ou très hypothétique[5]. Quant au pourcentage lui-même, il ne doit pas être ridicule, les juges pouvant y déceler une fraude à la loi[6].

1. I. Mathyssens, « Sanction de la lésion dans les contrats relatifs au droit d'auteur », *Revue internationale du droit d'auteur*, octobre 1959, n° XXIII, p. 73. Pierre-Yves Gautier, « Le contrat bouleversé : de l'imprévisibilité en droit des propriétés artistiques », *Dalloz*, 1990, Chronique, p. 130.
2. Cour d'appel de Versailles, 9 juin 1986, *Dalloz*, 1987, Informations rapides, 156, observations Claude Colombet.
3. Chambre civile de la Cour de cassation, 30 octobre 1967, *Revue internationale du droit d'auteur*, avril 1968, n° LVII, 109.
4. Cour d'appel de Paris, 6 décembre 1969, *La Semaine juridique (JCP)*, 1971, II, 16796.
5. Cour d'appel de Paris, 19 juin 1991, *Revue internationale du droit d'auteur*, janvier 1992, n° CLI, p. 209.
6. Tribunal de grande instance de Paris, 16 mai 1969, *Dalloz*, 1969, 630.

Il faut toutefois relever que les actions portant sur le fondement de la proportionnalité des redevances de l'auteur sont dites de nullité relative : la prescription est donc de cinq années, ainsi qu'il a été jugé par la Cour de cassation dans un litige opposant Françoise Sagan aux éditions Flammarion[1]. Ce principe est toutefois contesté tant par les spécialistes du droit d'auteur que par d'autres juridictions.

Enfin, il est assez fréquent de prévoir dans le contrat d'édition une indemnité forfaitaire au bénéfice de l'auteur en cas de résiliation aux torts de l'éditeur. Cette pratique évite de subir les aléas de juges parfois peu au fait de la faiblesse des sommes en jeu dans l'édition[2] et qui peuvent avoir tendance à condamner lourdement l'éditeur. Cette indemnité forfaitaire peut aisément consister en la somme versée à titre d'à-valoir.

La gratuité

Internet a remis au goût du jour la notion de gratuité. Les logiciels que chacun peut utiliser sans verser de droits en sont le plus bel exemple. La cession à titre gratuit est aussi une vieille habitude éditoriale. Mais les auteurs ne peuvent renoncer à leurs droits patrimoniaux que sous de draconiennes conditions juridiques.

L'édition est toujours friande d'auteurs qui abandonnent toute prétention à rémunération. Ce sont parfois des ouvrages réputés très difficiles qui voient ainsi le jour. Dans d'autres cas, une « bonne cause » est mise en avant. Parfois encore, aucun versement de droits ne compense des contributions modestes ou des apports de documents.

L'article L. 122-7 du CPI précise bien que « le droit de représentation et le droit de reproduction sont cessibles à titre gratuit ou à titre onéreux ». Mais l'article L. 131-4 du même CPI dispose que « la cession par l'auteur de ses droits sur son œuvre [...] doit comporter au profit de l'auteur la participation proportionnelle aux recettes provenant de la vente ou de l'exploitation ».

Bref, forts de ces imprécisions légales, les juristes n'admettent les cessions gratuites qu'au prix de grandes précautions juridiques...

Les plus intransigeants estiment que seule l'intervention d'un notaire peut valider un acte de gratuité. En 1987, la cour d'appel de Versailles[3] a, par exemple, considéré que la renonciation à un droit d'auteur au profit d'une société s'analyse juridiquement en une donation. Or, cet « acte sous seing privé constitue une libéralité pure et simple, nulle faute de forme authentique ».

En général, le droit n'apprécie guère les engagements qui n'entraînent pas de contrepartie. En clair, la cession peut être gracieuse, si les raisons de cette gratuité sont expressément indiquées sur le contrat. L'éditeur précisera donc que l'auteur cède ses droits dans le but d'aider une cause humanitaire, de promouvoir l'image d'une discipline, etc.

1. Cour de cassation, 11 février 1997, *Revue internationale du droit d'auteur*, juillet 1997, n° CLXXIII, p. 279.
2. Voir les articles 8, 11 et 13 du contrat type.
3. Cour d'appel de Versailles, 20 janvier 1987, *Dalloz*, 1988, Sommaires commentés, p. 208, observations C. Colombet.

C'est ainsi que le statut du contrat de cession des droits d'adaptation audiovisuelle a été soumis aux magistrats. La pratique a en effet rendu quasi systématique la conclusion de cet accord avec l'écrivain, sans qu'une contrepartie financière immédiate y soit attachée. Le 12 septembre 1990, la cour d'appel de Paris[1] a estimé que la cause – au sens juridique du terme – de la signature par l'auteur réside dans la publicité procurée par l'édition du livre.

Les cessions à titre gratuit n'échappent pas aux règles de la propriété littéraire et artistique sur la nécessité de tout détailler.

Le 23 janvier 2001, la Cour de cassation a invalidé une cession de droits d'auteur consentie par Picasso aux éditions du Cercle d'art[2]. L'artiste avait en effet rédigé un document précisant: « Je soussigné, Pablo Picasso [...], déclare léguer mes droits aux éditions du Cercle d'art [...] pour la reproduction des dessins de l'ouvrage Toros. » La Haute Juridiction a souligné « la nullité de l'acte litigieux qualifié de cession de droits d'auteur, sur le fondement des dispositions impératives de l'article L. 131-3 du Code de la propriété intellectuelle [...] qui ne stipulait aucune clause quant à la durée et à l'étendue des droits cédés ».

Le 29 avril 1998, la cour d'appel de Paris en a jugé de même à propos du créateur Kenzo, qui avait publiquement annoncé qu'il « offrait aux Parisiens sa création ». La cour a invalidé une telle « déclaration signée », soulevée en défense par une société.

Enfin, le « 0 % » de droits est aussi régulièrement pratiqué que condamné. Car si la loi et la jurisprudence admettent la possibilité de céder une œuvre à titre gratuit, elles encadrent cette dérogation au principe de la rémunération des auteurs de grandes précautions.

En premier lieu, le taux de 0 % est bel et bien prohibé. Car il déguise souvent une édition à compte d'auteur qui ne dit pas son nom.

Le 30 novembre 1999, le tribunal de grande instance de Paris[3] a examiné attentivement le fameux 0 %, versé par L'Harmattan jusqu'à 1 000 exemplaires vendus. Les magistrats ont relevé que « certes, l'auteur est autorisé à céder ses droits à titre gratuit sur son œuvre mais qu'il convient que cette disposition contractuelle soit consentie sans ambiguïté par celui-ci, ce qui n'est pas le cas en l'espèce où la cession est stipulée dans un contrat préétabli par les éditions L'Harmattan avec un prix, ce qui s'entend d'un montant non nul alors qu'il est de "0 % pour le premier mille" et ce, sans aucune référence à aucune disposition légale ». Ils précisent que « s'il n'est pas contestable que l'édition d'ouvrages en sciences humaines est "risquée" à l'heure actuelle, ce risque ne saurait être supporté dans le cadre d'un contrat d'édition par l'auteur, la loi ayant prévu d'autres formes de contrats (contrat à compte d'auteur; contrat de compte à demi) pour le partage des risques entre l'auteur et l'éditeur lorsque ce dernier estime que la commercialisation de l'ouvrage sollicité est problématique ». Le contrat litigieux a en conséquence été entièrement annulé.

1. Cour d'appel de Paris, 12 septembre 1990, *Dalloz*, 1991, Sommaires commentés, n° 97.
2. Première chambre civile de la Cour de cassation, 23 janvier 2001, *Communication commerce électronique*, 2001, commentaire n° 34, observations Christophe Caron.
3. Tribunal de grande instance de Paris, 30 novembre 1999, *Communication commerce électronique*, 2001, commentaire n° 87, observations Christophe Caron.

Le même éditeur s'est à nouveau fait vertement épinglé par le tribunal de grande instance de Paris, le 7 mai 2002, à propos d'un traducteur. Et la cour d'appel de Paris a confirmé cette décision de condamnation, par un arrêt en date du 25 juin 2003[1], en relevant qu'un pourcentage commençait d'être versé, en toute théorie, à partir du millième exemplaire vendu et ce, alors que le tirage était limité à 500 exemplaires...

Les magistrats ont rappelé que si « le droit de reproduction est cessible à titre gratuit, cette cession sans contrepartie financière doit être dépourvue de toute ambiguïté et expressément consentie, ce qui n'est pas le cas en l'espèce. [...] en effet, la rémunération de l'auteur contractuellement prévue au-delà des 1000 exemplaires vendus exclut la gratuité de la cession ». Enfin, les juges ont relevé que « si le souhait (du traducteur) était de voir éditer la traduction d'une œuvre qu'il considère comme un chef-d'œuvre de la littérature allemande du siècle des Lumières, il apparaît indéniable que la rémunération de son travail d'adaptation en français moderne, auquel il s'est consacré pendant plus de deux années, constitue un élément déterminant de son consentement ». Ajoutons que l'ouvrage n'avait en réalité été tiré qu'à 400 exemplaires, au lieu des 500 prévus contractuellement, et que les obligations de promotion et d'exploitation qui découlent du CPI n'avaient pas été respectées (service de presse et commercialisation quasi inexistants, etc.).

L'arrêt de la cour d'appel de Paris s'inscrit dans la droite ligne de la jurisprudence actuelle en matière d'assiette de calcul des droits d'auteur. Ces dernières années, les juges ont en effet mis à mal nombre de pratiques jusque-là presque immuables chez les éditeurs.

L'assiette de la rémunération

Désormais, l'éditeur doit être prudent pour ce qui concerne l'assiette de la rémunération – assiette généralement prévue au contrat d'édition[2]. Le terme « recettes », tel qu'il faut l'entendre à l'article L. 131-4 du CPI (« participation proportionnelle aux recettes provenant de la vente ou de l'exploitation »), ne peut désigner que le seul produit brut d'exploitation calculé sur la base du prix de vente au public. En aucun cas il ne peut être assimilé au bénéfice de l'éditeur, « aux recettes nettes de tous frais ». Toute clause contraire est annulable. L'éditeur ne peut donc exclure de l'assiette ni ses propres charges, ni les remises commerciales, ni même la remise de 5 % autorisée par la loi Lang. Il lui faut prendre, pour base de calcul du pourcentage dû à l'auteur, le prix public qu'il a lui-même défini et fait apposer sur la couverture de l'ouvrage. La jurisprudence l'a rappelé à l'occasion d'une série de décisions de principe[3]. De même, la Cour

1. Cour d'appel de Paris, 25 juin 2003, *Revue internationale du droit d'auteur*, janvier 2004, p. 181, observations André Kerever.

2. A. Lucas, « L'assiette de la rémunération proportionnelle due par l'éditeur », *Dalloz*, 1992, Chronique, p. 269.

3. Première chambre civile de la Cour de cassation, 9 octobre 1984, *Bulletin civil*, I, n° 252. Première chambre civile de la Cour de cassation, 9 janvier 1996, *Légipresse*, n° 130, avril 1996, p. 36.

de cassation a annulé la clause par laquelle la rémunération était calculée en fonction du prix de vente des ouvrages à un club et non sur le prix public[1].

Par ailleurs, il n'est plus permis depuis quelques années de retirer de l'assiette certains éléments tels que la passe[2]. La Cour de cassation en a notamment décidé à l'occasion d'un litige ayant opposé un auteur de bandes dessinées à succès à son éditeur[3]. Dans la même affaire, la Haute Juridiction a estimé que l'éditeur ne pouvait valablement déduire 20 % des droits dus à l'auteur pour cause de frais de prospection et d'agent littéraire en cas de cession à l'étranger. L'éditeur ne peut donc ôter de la base de calcul de la rémunération de l'auteur les commissions qu'il aurait versées à des tiers[4].

Une incertitude a concerné un temps la TVA[5]. La jurisprudence, après avoir donné des indications perturbantes, a tranché pour le prix de vente public hors taxes.

La compensation

Il est souvent tentant pour une maison d'édition de compenser les différents comptes d'un auteur dont plusieurs ouvrages sont à son catalogue. Mais cela n'est légalement possible que dans des cas bien précis et toujours sur la base de contrats adéquats.

Les éditeurs ont d'autant plus tendance à vouloir compenser les comptes de leur auteur qu'ils le mensualisent parfois ou lui attribuent un à-valoir global pour l'ensemble de sa future production, sans distinguer si telle somme se rapporte à tel livre ou à tel autre.

L'attrait de la compensation peut donc tenir à des raisons purement économiques – dans le but de rattraper une avance un peu trop généreuse – ou résulter d'un « souci » de simplification administrative. En pratique, la compensation s'applique entre les comptes négatifs et positifs issus de différents contrats d'édition, mais aussi parfois entre les comptes de droits d'édition et ceux des droits d'adaptation audiovisuelle.

Certes, le Code civil dispose en son article 1290 que « la compensation s'opère de plein droit par la seule force de la loi, même à l'insu des débiteurs; les deux dettes s'éteignent réciproquement à l'instant même où elles se trouvent exister à la fois, jusqu'à concurrence de leurs quotités respectives ». Quant à l'article 1291, il précise que « la compensation n'a lieu qu'entre deux dettes qui ont également pour objet une somme d'argent ou une certaine quantité de choses fongibles de la même espèce et qui sont également liquides et exigibles », ce qui signifie en particulier que l'existence des dettes doit être certaine (et non éventuelle) et leur montant déterminé.

1. Première chambre civile de la Cour de cassation, 26 janvier 1994, *Bulletin civil*, I, n° 34.
2. Voir article 15 du contrat type. Première chambre civile de la Cour de cassation, 7 juin 1995, *La Semaine juridique (JCP)*, 1996, II, 22581, note André Françon.
3. Cour de cassation, 7 juin 1995, *Dalloz*, 1995, I, p. 494.
4. Cour d'appel de Paris, 5 avril 1993, *Dalloz*, 1993, Informations rapides, 157. Cour d'appel de Paris, 1er juin 1994, *Dalloz*, 1994, n° 32, Informations rapides, p. 210.
5. Cour d'appel de Paris, 13 octobre 1995, *Dalloz*, 1996, Sommaires commentés, 76, observations Théo Hassler.

Il est cependant illicite de compenser directement dans le compte de l'auteur les ventes d'un titre et les retours d'un autre. Les comptes de chaque livre doivent en effet être tenus de façon autonome. En revanche, une fois ceux-ci établis ouvrage par ouvrage, les dettes croisées pourront être compensées. Mais ne seront considérées comme des dettes de l'auteur auprès de l'éditeur que les véritables à-valoir (c'est-à-dire des sommes contractuellement « remboursables ») et qui ne peuvent donc s'analyser comme des « minima garantis », acquis définitivement.

De plus, un jugement rendu le 30 mai 2001 par le tribunal de grande instance de Paris dans une affaire opposant l'auteur de trois livres et son éditeur a mis un frein sérieux aux compensations entre méventes de livres et cessions miraculeuses de droits d'adaptation audiovisuelle.

L'écrivain reprochait à sa maison d'édition d'avoir opéré une compensation globale entre les droits qui lui étaient dus au titre de l'exploitation de l'adaptation audiovisuelle d'un de ses ouvrages et les comptes de tous ses autres livres.

L'éditeur arguait notamment du mutisme du CPI sur la notion d'à-valoir. Il soutenait également que le contrat de cession des droits d'adaptation audiovisuelle n'a pas de cause autonome au contrat d'édition: en clair, que l'un étant attaché à l'autre, leurs économies étaient donc perméables.

Mais les magistrats ont retenu en défaveur de l'éditeur que l'article L. 131-3 du CPI exige un écrit distinct pour le contrat de cession des droits d'adaptation audiovisuelle, qui ne peut plus être signé sur le même document que le contrat d'édition. Cette règle a été imposée par la loi du 3 juillet 1985, pour lui conférer un aspect autonome, dans le but de faire prendre conscience aux auteurs de l'enjeu financier représenté par ces droits dérivés.

Les contrats litigieux contenaient tous une clause en vertu de laquelle « les sommes revenant à l'auteur en cas d'exploitation des droits d'adaptation audiovisuelle de l'œuvre, dont la cession fait par ailleurs l'objet d'un contrat signé entre les mêmes parties, viendront en amortissement de l'à-valoir prévu au présent acte ».

Les juges n'en ont eu cure: « La compensation contractuellement prévue en l'espèce est de nature à favoriser une confusion entre droits d'édition et droits d'adaptation audiovisuelle que les dispositions » légales « ont entendu empêcher ».

De plus, la rédaction de ces clauses était très imparfaite puisque, « par ailleurs, il n'a été prévu par aucun des contrats de cession des droits audiovisuels que les droits d'auteur y afférents pouvaient compenser l'ensemble des à-valoir versés au titre de tous les contrats d'édition et de cession des droits d'adaptation audiovisuelle propres à chaque roman. [...] en conséquence, il apparaît que l'éditeur a entendu s'affranchir, en dépit des dispositions légales et contractuelles, de l'économie distincte de chaque contrat en opérant la compensation globale entre à-valoir et droits perçus en exécution de l'ensemble des contrats ».

La compensation ne peut donc, pour l'heure, être envisagée sereinement que si les sommes versées par avance constituent bel et bien des dettes de l'auteur, que chaque contrat d'édition prévoit une balance générale des comptes avec ceux des autres livres, et ce, à l'exclusion de toute imputation sur les recettes tirées de la cession des droits d'adaptation audiovisuelle.

Les frais

La mention des « frais » peut se nicher dans plusieurs clauses des contrats.

Il est parfois stipulé que « l'éditeur remboursera à l'auteur, contre remise des justificatifs correspondants, les frais qu'il aura été amené à engager pour écrire l'œuvre ». Il peut ainsi être prévu que ces dépenses correspondent à de la documentation ou, par exemple, au coût des photocopies commandées à la Bibliothèque nationale (pour des ouvrages sur lesquels le CFC ne collecte rien...). Il est alors vivement préférable de fixer un plafond contractuel à ce montant.

Pour un guide gastronomique ou de voyage, la clause relative au remboursement des frais nécessite une attention particulière : par exemple, on indiquera par écrit qui en fait l'avance ou dans quel délai ils seront remboursés. À défaut, l'écrivain-voyageur apprendra vite que l'écriture est une activité très déficitaire ou l'éditeur que sa maison dépense plus en nourritures terrestres qu'intellectuelles.

Bien évidemment, l'administration fiscale est susceptible de remettre en cause la qualification de « frais », si les sommes versées par l'éditeur à l'auteur prennent des allures de rémunération déguisée.

Mais les frais qui sont mentionnés au contrat de l'auteur ne sont pas obligatoirement promesses de nuits d'ivresse et de tourisme sur le compte des maisons d'édition. En matière de livres illustrés, il arrive que l'éditeur puisse valablement imputer sur les droits de son auteur ceux qui seront versés aux détenteurs de l'iconographie (« images d'époque » en provenance d'agences, œuvres d'art gérées par des musées, cartes géographiques en direct de l'Institut géographique national, etc.).

De même, il est souvent disposé que, « dans le cas où les corrections sur épreuves dépasseraient dix pour cent des frais de composition, le surplus serait à la charge de l'auteur et son montant serait déduit des droits dus à l'auteur ». Cette clause est non seulement d'usage, mais légale.

La cour d'appel d'Aix-en-Provence a même considéré, le 24 avril 1984, que l'auteur est responsable des frais de correction et d'actualisation effectuées sans son concours[1].

Toutefois, depuis de nombreuses années, la jurisprudence interdit fermement de retirer de l'assiette de la rémunération de l'auteur certains supposés frais que supporterait l'éditeur. Il en est ainsi de la « passe », forme ancienne de pneumopathie encore signalée dans certaines artères de Saint-Germain-des-Prés[2].

Quant aux honoraires de l'avocat chargé de relire un manuscrit explosif, ils sont à la charge de l'éditeur. Cependant, l'auteur peut être tenu de régler les frais de justice (amendes, dommages-intérêts et autres factures d'avocat) engagés pour défendre le livre d'une accusation de plagiat, d'atteinte à la vie privée, ou encore de diffamation.

1. Cour d'appel d'Aix-en-Provence, 24 avril 1984, *Arrêts civils et commerciaux de la cour d'appel d'Aix-en-Provence*, 1984, n° 1, p. 4.
2. Voir « L'assiette de la rémunération ».

La reddition des comptes

La reddition des comptes constitue une obligation importante de l'éditeur[1]. L'article L. 132-13 du CPI dispose à cet effet:

> « L'éditeur est tenu de rendre compte.
> « L'auteur pourra, à défaut de modalités spéciales prévues au contrat, exiger au moins une fois l'an la production par l'éditeur d'un état mentionnant le nombre d'exemplaires fabriqués en cours d'exercice et précisant la date et l'importance des tirages et le nombre des exemplaires en stock.
> « Sauf usage ou conventions contraires, cet état mentionnera également le nombre des exemplaires vendus par l'éditeur, celui des exemplaires inutilisables ou détruits par cas fortuit ou force majeure, ainsi que le montant des redevances dues ou versées à l'auteur. »

Et l'article L. 132-14 d'ajouter:

> « L'éditeur est tenu de fournir à l'auteur toutes justifications propres à établir l'exactitude de ses comptes.
> « Faute par l'éditeur de fournir les justifications nécessaires, il y sera contraint par le juge. »

Il est courant d'aménager ces obligations dans le contrat d'édition, comme la loi l'autorise expressément[2] (« sauf convention contraire », dit-elle). En l'absence de jurisprudence, il est prudent d'éviter les clauses, à la légalité douteuse, selon lesquelles la reddition de comptes ne se ferait qu'à partir d'un certain seuil de ventes. L'obligation de rendre les comptes s'applique en effet à tous les contrats d'édition, que la rémunération prévue soit forfaitaire ou proportionnelle[3], car elle constituerait une prérogative morale. Elle semble s'imposer également même si l'auteur ne la demande pas expressément[4].

Le défaut de reddition des comptes peut être sanctionné par la résiliation du contrat aux torts de l'éditeur[5]. Et il va de soi qu'une reddition des comptes frauduleuse aura de graves conséquences, non seulement civiles – telles que, là encore, la résiliation du contrat aux torts de l'éditeur[6] – mais également pénales.

Il a même déjà été jugé que, si les comptes ne sont pas suffisamment détaillés, c'est l'éditeur qui doit régler à terme les honoraires de l'expert chargé de les vérifier[7]. La reddition des comptes doit, par exemple, viser les sous-éditions en faveur d'éditeurs étrangers[8]. Les comptes s'étendent en effet aux exploitations à l'étranger, l'éditeur français étant tenu d'informer pleinement l'auteur.

1. Chambre commerciale de la Cour de cassation, 27 avril 1968, cité par Plaisant dans *Juris-Classeur*, fascicule 330, p. 26. (voir Bibliographie générale).
2. Voir l'article 16 du contrat type.
3. Cour d'appel de Paris, 5 mars 1920, *Annales de la propriété industrielle, artistique et littéraire*, 1920, 184. Tribunal civil de la Seine, 18 mai 1920, *Gazette du Palais*, 1920, 2, 63.
4. Cour d'appel de Paris, 23 septembre 1993, *Gazette du Palais*, 5-7 juin 1994, p. 20.
5. Tribunal de grande instance de Paris, 22 mai 1992, inédit.
6. Cour d'appel de Paris, 1er juin 1994, *Dalloz*, 1994, Informations rapides, 210.
7. Cour d'appel de Paris, 28 septembre 1988, *Cahiers du droit d'auteur*, 1988, n° 10, p. 20.
8. Première chambre civile de la Cour de cassation, 9 février 1994, *Gazette du Palais*, 27 et 28 janvier 1995, p. 14. Première chambre civile de la Cour de cassation, 24 novembre 1993, *Revue internationale du droit d'auteur*, juillet 1994, p. 293.

En vertu des obligations prévues à l'article L. 132-13 précité, la feuille de relevé de comptes devra donc peu ou prou s'approcher du modèle suivant :
– exemplaires fabriqués : ***date et importance des tirages***
– exemplaires en stock : ***nombre***
– exemplaires vendus : ***nombre***
– exemplaires inutilisables ou détruits : ***nombre***
– droits dus : ***montant brut*** euros
– précompte AGESSA : ***taux % montant*** euros
– CSG : ***taux %/assiette montant*** euros
– CRDS : ***taux %/assiette montant*** euros
– TVA : ***taux % montant*** euros
– total dû : ***montant*** euros

La sécurité sociale des auteurs (l'AGESSA)[1]

Depuis 1977, il existe une obligation d'affiliation des auteurs au régime général de la Sécurité sociale dans la catégorie des salariés[2]. Deux associations s'en occupent plus particulièrement. Il s'agit d'une part de la Maison des artistes, qui assure la gestion des droits des auteurs des arts graphiques et plastiques. Les autres (écrivains et photographes notamment) dépendent de l'Association pour la gestion de la sécurité sociale des auteurs (AGESSA)[3].

Tous les auteurs résidant fiscalement en France et qui ont perçu des redevances au moins égales à neuf cents fois la valeur horaire moyenne du SMIC au cours de la dernière année civile de référence y sont affiliés. En deçà, il est nécessaire à l'auteur de prouver à une commission qu'il a exercé néanmoins une telle activité artistique au cours des deux dernières années. La situation de chaque auteur est revue chaque année et des radiations restent toujours possibles lorsque les redevances perçues par l'auteur sont inférieures durant cinq années de suite à neuf cents fois la valeur horaire moyenne du SMIC.

Les écrivains sont concernés au premier chef par ces dispositions, mais également les préfaciers et annotateurs tout comme les rédacteurs d'articles de fond publiés dans les œuvres collectives (encyclopédies...), les traducteurs d'œuvres littéraires et scientifiques, les auteurs d'anthologies (et non de simples compilations). Mais peuvent aussi y être soumis les *rewriters* ainsi que les directeurs de collection « qui, par le niveau de participation intellectuelle à la création des œuvres, peuvent être regardés comme des coauteurs et sont titulaires d'un contrat d'édition ».

En revanche, sont expressément exclus du régime : les directeurs littéraires, les conseillers littéraires, les « rédacteurs de travaux ou d'études [...] dont les travaux ne sont pas édités ou sont destinés à une diffusion limitée à un public présélectionné », « les personnes bénéficiaires d'une bourse d'étude, d'une subvention, d'une aide à l'écriture, d'une rémunération perçue dans le cadre

1. Pour plus de développements sur le statut d'auteur et d'écrivain, voir *Le Droit du livre*.
2. Titre VIII du Livre III du Code de la Sécurité sociale (articles L. 382-1 et R. 382-1 et suivants).
3. Voir « Adresses utiles ».

d'une convention de séjour d'écrivain résident », les documentalistes, les lecteurs, les *rewriters* lorsque leur « apport créatif » se limite à la « mise en forme des textes » et qu'ils ne justifient pas bénéficier du statut de corédacteur, les correcteurs, les consultants, les écrivains participant régulièrement à des activités d'enseignement, des ateliers d'écriture, des conférences et des débats, hormis le cas où ces conférences et ces débats ont fait l'objet d'une préparation et donnent lieu à une publication (par exemple, des actes de colloque). Il est à noter que la sécurité sociale des photographes reste un cas très particulier.

Les cotisations maladie, maternité, décès et veuvage ainsi que la CSG (contribution sociale généralisée) et la CRDS (contribution pour le remboursement de la dette sociale) sont retenues à la source chez l'éditeur. Elles s'appliquent à tous les auteurs, professionnels ou non.

Les auteurs peuvent, sur présentation d'une attestation établie par l'AGESSA, ne pas être soumis à ce précompte, l'AGESSA se chargeant de percevoir directement les cotisations auprès des auteurs concernés.

Quant à la cotisation d'assurance vieillesse, elle s'impose à tout auteur « professionnel », c'est-à-dire ne cotisant pas à hauteur du plafond de la sécurité sociale au titre d'une autre activité.

Enfin, il faut rappeler que les éditeurs sont tenus de verser une contribution dite de « diffuseurs » d'œuvres, assise sur l'ensemble des droits qu'ils versent. Une part de cette contribution sert d'ailleurs à l'action sociale que l'AGESSA est tenue d'assurer en faveur de ses adhérents les plus défavorisés.

La TVA sur les droits d'auteur[1]

En vertu de l'harmonisation fiscale européenne, les auteurs sont soumis à la TVA, au taux réduit de 5,5 % (ce taux est de 2,10 % pour la Guadeloupe, la Martinique et la Réunion)[2].

Il existe cependant une franchise quand l'auteur perçoit moins de trente-sept mille quatre cents euros au cours de l'année. De même, la TVA ne concerne pas les auteurs salariés pour la part de leur salaire qui leur revient au titre du contrat de travail. Mais s'ils perçoivent en sus des droits d'auteur proprement dits, ceux-ci rentrent dans le champ d'application de la TVA. Quant aux ayants droit d'auteurs, ils sont également assujettis.

La soumission à la TVA concerne tant les contreparties d'une cession de droits que la vente directe d'exemplaires d'ouvrages par l'auteur lui-même (ce qui désigne aussi bien les « auteurs-éditeurs » que l'édition dite à compte d'auteur).

Les auteurs étrangers doivent désigner un représentant fiscal sur le territoire français. En l'absence de l'accomplissement de telles formalités, l'éditeur est lui-même redevable de la TVA.

Un dispositif de retenue à la charge des éditeurs a été mis en place, qui les oblige à déclarer pour le compte de leurs auteurs, avec une déduction forfaitaire

1. Pour la fiscalité du secteur du livre, voir *Le Droit du livre*.
2. Voir sur ce point précis Frédéric Morant, « Le régime fiscal des droits d'auteur », *Légicom*, n° 14, 1997/2, p. 55. Emmanuel Pierrat, « Le point sur la TVA », *Show magazine*, n° 281, 18 mai 1992, p. 31.

de 0,8 % pour la France métropolitaine et de 0,4 % pour la Guadeloupe, la Martinique et la Réunion. Les taux de TVA à appliquer sont donc en réalité de 4,7 % et de 1,7 %. L'auteur peut cependant toujours renoncer au dispositif de retenue.

Un contrat type

Il reste bien évidemment possible à l'éditeur de modifier grandement le contrat d'édition à partir des bases que la loi et la jurisprudence lui ont imposées. Le contrat type ci-après, élaboré pour répondre le mieux aux attentes d'un éditeur de littérature générale, peut ainsi varier en fonction des objectifs visés. Le contrat d'édition portant sur un ouvrage illustré devra, entre autres, désigner celui, de l'auteur ou de l'éditeur, qui doit choisir les illustrations, en négocier les droits, etc. Il faudra aussi apporter un soin particulier au nombre, au format, etc., des illustrations. De même, dans le cas d'ouvrage de collaboration, l'éditeur prendra soin de prévoir une clause indiquant la répartition de la rémunération entre les auteurs (qui seront dans le reste du contrat désignés de façon générique comme « l'auteur »). Dans le cadre d'un ouvrage scientifique ou technique, une clause de mise à jour est souvent nécessaire[1].

Le contrat dit en pratique d'« achat de texte pour un ouvrage collectif » doit malgré tout respecter les exigences d'un contrat d'édition classique. L'éditeur ne peut donc se contenter d'un contrat sibyllin qui ne respecterait pas les exigences légales.

Certaines des clauses contenues dans les contrats sont parfois de simples redites des obligations de l'éditeur vis-à-vis de la loi – par exemple celles concernant le respect du droit moral. Il ne faut toutefois pas ignorer leur importance psychologique dans la négociation, qui permet à l'éditeur de rassurer son cocontractant et de lui faire accepter plus facilement certaines autres dispositions.

Rappelons encore une fois que la meilleure conduite à suivre reste d'être le plus détaillé possible dans la description du manuscrit attendu de l'auteur[2].

Plusieurs codes des usages ont été élaborés par le Syndicat national de l'édition (SNE) et des instances représentatives des auteurs[3]. Tout comme les barèmes professionnels, ces codes des usages ne peuvent être qu'indicatifs et n'ont pas de véritable force obligatoire[4]; mais ils constituent souvent de bonnes bases pour rédiger un contrat équilibré et conforme à la législation[5].

1. Voir annexe au contrat type.
2. Voir « Codes des usages », en fin d'ouvrage.
3. On trouvera en annexe du présent ouvrage le texte des cinq principaux codes des usages concernant l'édition. Reste à mentionner également le Code de pratiques loyales en matière d'édition cartographique proposé par le SNE et conclu le 23 novembre 1993 avec le Centre français de la cartographie.
4. Cour d'appel de Paris, 8 septembre 1993, *Gazette du Palais*, 5-7 juin 1994, p. 19. Christophe Caron, « Les usages et pratiques professionnels en droit d'auteur », *Propriétés intellectuelles*, n° 7, avril 2003, p. 127.
5. Cour d'appel de Paris, 9 décembre 1992, *Revue internationale du droit d'auteur*, avril 1994, n° CLX, p. 228.

Le « Code des usages entre écrivains et éditeurs de littérature générale du 15 décembre 1980 » a été ratifié le 5 juin 1981 par le Conseil permanent des écrivains, le Groupe des éditeurs de littérature et le SNE. Il est destiné à gérer « l'ensemble des problèmes posés par les relations contractuelles entre auteurs et éditeurs de littérature générale ». Il aborde notamment la notion d'édition seconde, ainsi que la promotion et la publicité des ouvrages[1].

Le SNE a conclu, le 17 mars 1993, un nouveau code des usages relatif à la traduction de littérature générale, avec la Société des gens de lettres de France, l'Association des traducteurs littéraires de France et la Société française des traducteurs.

Il existe également une « Convention en matière de reproduction d'œuvre d'art », négociée entre l'ADAGP et le SNE, et un « Code des usages en matière d'illustration par dessin », appliqué par le SNE et le Syndicat national des peintres-illustrateurs. Ces deux codes ont été respectivement conclus les 1er mars 1983 et 20 juin 1978.

Enfin, un « Code des usages en matière d'illustration photographique » a été rédigé par les principaux syndicats de photographes et d'agences de presse photographiques. Son dernier état remonte au 5 mai 1993. Il aborde des sources de conflit désormais récurrentes, telles que le droit des personnes photographiées ou encore les cas de perte et de détérioration du matériel. L'Union des photographes créateurs (UPC), qui figure au premier rang des signataires de ce code, publie par ailleurs chaque année des barèmes, à valeur purement indicative, mais extrêmement détaillés.

1. Georges-Olivier Chateaureynaud, « Pour un nouveau modèle de contrat, c'est-à-dire pour un nouveau Code des usages », *Le Feuilleton de la Société des gens de lettres*, n° 1, 1998, p. 6.

CONTRAT D'ÉDITION[1]

Entre les soussignés

– nom et prénom
– adresse

ci-dessous dénommé « l'auteur », d'une part, et

les éditions ***nom***
– dénomination sociale
– forme sociale et montant du capital
– immatriculation au Registre du commerce et des sociétés
– adresse du siège social
– nom et prénom du représentant légal

ci-dessous dénommées « l'éditeur », d'autre part,

IL A ÉTÉ CONVENU CE QUI SUIT :

Article 1 – Apport de l'auteur
L'auteur cède à l'éditeur, qui accepte pour lui-même et ses ayants droit, dans les termes des dispositions ci-après énoncées, le droit exclusif d'exploiter ses droits patrimoniaux, sous toutes formes, en toutes langues et en tous pays, sur l'ouvrage de sa composition, ci-après dénommé l'œuvre, qui a pour titre provisoire :

Titre

Article 2 – Apport de l'éditeur
De son côté, l'éditeur s'engage à assurer à ses frais l'impression et la publication de cet ouvrage en librairie en édition courante et s'emploiera à lui procurer, par une diffusion dans le public et auprès des tiers susceptibles d'être intéressés, les conditions favorables à son exploitation sous toutes ses formes.

Article 3 – Durée de la cession
La présente cession est consentie pour avoir effet en tous lieux, pour tous les pays et toutes les langues, et pour tout le temps que durera la propriété littéraire de l'auteur et de ses ayants droit, d'après les législations tant française qu'étrangères et les conventions internationales, actuelles ou futures, y compris les prolongations éventuelles qui pourraient être apportées à cette durée.

Article 4 – Étendue de la cession
En considération du risque pris par l'éditeur en assurant, ainsi qu'il s'y engage, la publication de l'ouvrage en édition courante dans les conditions prévues au présent contrat, estimant

1. Les pourcentages qui sont parfois indiqués dans le modèle suivant ne le sont qu'à titre indicatif. Ils peuvent donc être modifiés sous réserve de ne pas être diminués au détriment de l'auteur d'une façon qui pourrait être considérée comme abusive. Voir *supra*.

qu'une telle publication est susceptible d'apporter à l'ouvrage un champ d'exploitation plus étendu, et en vue des avantages que peut offrir l'unité de gestion, l'auteur cède expressément à l'éditeur, outre le droit d'édition, tous les droits patrimoniaux d'adaptation, de reproduction et de représentation afférents à l'œuvre décrits au présent article, à l'exception toutefois des droits d'adaptation audiovisuelle qui font l'objet d'un contrat écrit sur un document distinct.

La présente cession comporte pour l'éditeur le droit d'exploiter directement ou de céder notamment les droits de reproduction et de représentation suivants :

– le droit de reproduire l'œuvre en langue française sous toutes formes d'édition : ordinaire, de luxe (à tirage limité ou non), de demi-luxe, reliée, illustrée, populaire, de poche (dite aussi de grande diffusion), en clubs, en gros caractères, scolaire, critique ou dans une anthologie ;

– le droit de traduire l'œuvre en toutes langues, en tous pays et de reproduire sous toutes formes d'édition les traductions qui en seront ainsi faites ;

– le droit de reproduire l'œuvre en tout ou en partie, avant ou après l'édition en volume, dans les journaux et périodiques, en épisodes ou fascicules, de l'adapter et de la reproduire en digests ou en condensés ;

– le droit d'adapter l'œuvre et de la reproduire par dessins ou photos, et en particulier sous forme de bande dessinée ou de roman-photo ;

– le droit d'adapter l'œuvre pour tout enregistrement sonore et de la reproduire ainsi que les adaptations qui en seront faites, au moyen de tous procédés de reproduction sonore analogique ou numérique, et en particulier par disque vinyle ou compact et en bandes magnétiques ;

– le droit d'adapter l'œuvre pour le théâtre (dramatique ou lyrique) ou pour la danse, la radiodiffusion et la musique, et de reproduire, sous toutes formes et par tous moyens, les adaptations qui en seront ainsi faites ;

– le droit de reproduire l'œuvre par photocopie, microcarte, microfiche ou microfilm ou tout autre procédé analogue existant ou à venir qu'il soit électronique, analogique, magnétique ou numérique ;

– le droit de reproduire l'œuvre et de l'adapter sous forme d'édition électronique, en particulier en cédérom, CD-photo, CD-I, DVD et sur les réseaux numériques, et en particulier Internet, réseaux de téléphonie fixe ou mobile ou par tout autre procédé analogue existant ou à venir ;

– le droit de reproduire tout ou partie de l'œuvre et de ses éléments (titre, illustrations, nom de personnage, texte) sous forme de vêtements, bibelots, matériel de papeterie et sous toute autre forme dérivée venant ou à venir ;

– le droit de faire lire ou réciter l'œuvre en public ;

– le droit de communiquer au public l'œuvre ou ses adaptations, en toutes langues et en tous pays, par voie de représentation théâtrale, chorégraphique ou musicale, d'exécution lyrique ou par tous procédés de diffusion des paroles, des sons et des images, en particulier par

réseau numérique, à l'exception toutefois des droits d'adaptation audiovisuelle qui font l'objet d'un contrat écrit sur un document distinct;
– le droit de percevoir et de faire percevoir en tous pays les rémunérations dues à l'occasion de toute reproduction par reprographie de tout ou partie de la traduction et de ses adaptations; ce droit comporte tous les types de reproduction visés à l'article L. 122-10 du Code de la propriété intellectuelle, que la publication de la traduction en emporte cession à une société de gestion collective agréée ou que l'exploitation se fasse dans les conditions de l'alinéa 3 de l'article L. 122-10 précité;

– le droit de percevoir ou de faire percevoir en tous pays les droits dus à l'occasion du prêt ou de la location des exemplaires de l'ouvrage, de sa traduction et de ses adaptations, sur tous les supports prévus au présent article.

Les articles L. 311-1 à L. 311-8 du Code de la propriété intellectuelle prévoyant une rémunération pour copie privée des œuvres fixées sur phonogrammes ou sur tout autre support numérique, les parties conviennent pour la durée du présent contrat de partager cette rémunération par moitié. L'éditeur représentera le traducteur dans toutes les négociations relatives au droit de rémunération pour copie privée et lui versera la rémunération convenue.

À condition d'assurer lui-même la publication de l'ouvrage en édition courante, l'éditeur cessionnaire des droits ci-dessus énumérés s'emploiera, dans toute la mesure de ses moyens et au mieux de l'intérêt réciproque des parties, à les exploiter, soit directement, soit en confiant à des tiers la charge de les exploiter sous son contrôle. Il aura seul pouvoir de consentir les autorisations et cessions nécessaires sous réserve de l'exercice du droit moral de l'auteur et du droit de citation.

Dans le cas où l'éditeur jugerait opportun d'exploiter personnellement certains des droits mentionnés ci-dessus, et à l'exclusion des cas d'exploitation directe pour lesquels la rémunération est prévue à l'article 14 du présent contrat, l'éditeur verserait à l'auteur une rémunération à déterminer d'un commun accord entre l'éditeur et l'auteur; en cas de désaccord, les parties s'en remettraient à l'arbitrage d'un expert désigné par elles, dont la mission serait de déterminer une rémunération en fonction des usages commerciaux et de l'état du marché.

Dans le cas de cessions ou d'autorisations sur les droits mentionnés ci-dessus consenties par l'éditeur à des tiers, l'éditeur devra verser cinquante pour cent (50 %) des sommes encaissées en contrepartie de ces cessions ou autorisations.

Il est convenu que la non-exploitation de l'un ou de plusieurs des droits cédés ne peut en aucun cas être une cause de résiliation du présent contrat, lesdits droits étant cédés irrévocablement à l'éditeur en contrepartie non seulement de la rémunération prévue à l'article 14 du présent contrat mais aussi de l'engagement pris par lui de publier l'œuvre en librairie en édition courante.

L'auteur s'engage à communiquer à l'éditeur toutes demandes qui lui seraient adressées par un tiers en vue de l'acquisition des droits sur l'œuvre pour toute adaptation, reproduction ou représentation. De son côté, l'éditeur s'engage à informer l'auteur de toute cession qu'il serait amené à consentir en exécution du présent article.

Au cas où le présent contrat se trouverait résilié pour quelque motif que ce soit, cette résiliation serait sans influence sur la validité des cessions ou autorisations sur les droits de reproduction, d'adaptation et de représentation antérieurement consenties par l'éditeur à des tiers et dont l'auteur aura été informé conformément à ce qui est prévu à l'alinéa ci-dessus.

Article 5 – Garanties données par l'auteur
L'auteur garantit à l'éditeur la jouissance entière et libre de toute servitude des droits cédés, contre tous troubles, revendications et évictions quelconques.
Il déclare expressément disposer des droits cédés par le présent contrat et que l'œuvre n'a fait l'objet d'aucun contrat d'édition encore valable et n'entre pas dans le cadre d'un droit de préférence, tel qu'il est désigné à l'article L. 132-4 du Code de la propriété intellectuelle que l'auteur déclare parfaitement connaître, accordé antérieurement par lui à un autre éditeur.

Il garantit également que son manuscrit ne contient rien qui puisse tomber sous le coup des lois et autres dispositions relatives à la diffamation et l'injure, à la vie privée et au droit à l'image, à l'atteinte aux bonnes mœurs ou à la contrefaçon. Il garantit en particulier que son manuscrit ne comporte aucun emprunt à une autre œuvre, emprunt qui serait de nature à engager la responsabilité de l'éditeur, cette garantie étant une condition essentielle et déterminante du contrat.

Article 6 – Remise du manuscrit
L'auteur s'engage à remettre à l'éditeur au plus tard le ***date*** son manuscrit, définitif et complet, c'est-à-dire revu et prêt pour l'impression, parfaitement lisible, dactylographié au recto seulement, avec s'il y a lieu toutes annexes et tous documents d'illustration. En conséquence, la redactylographie de tout ou partie du manuscrit, si nécessaire, sera à la charge de l'auteur.

Ce manuscrit comprendra environ ***nombre*** pages de vingt-cinq lignes de soixante signes.

Description du contenu du manuscrit

Si le manuscrit remis ne correspond pas aux caractéristiques précisées ci-dessus, l'éditeur pourra demander à l'auteur d'y apporter, dans le mois de réception du manuscrit, toutes modifications utiles, et au besoin de procéder à une nouvelle rédaction.

À défaut de recevoir à la date ci-dessus indiquée le manuscrit achevé et conforme aux caractéristiques précisées ci-dessus, et après mise en demeure adressée à l'auteur par lettre recommandée avec accusé de réception demeurée sans effet dans un délai d'un mois, l'éditeur pourra résilier le présent contrat par simple lettre recommandée avec accusé de réception et se verra restituer par l'auteur toutes les sommes afférentes à ce contrat qui lui auront été versées à quelque titre que ce soit.

Le manuscrit et les documents pour l'impression remis à l'éditeur resteront sa propriété. L'auteur déclare en conserver un double par devers lui et dégage l'éditeur de toute responsabilité en cas de perte, de vol ou destruction du manuscrit remis. Toutefois, les documents originaux fournis par l'auteur lui seront restitués sur sa demande après la parution de l'ouvrage, les clichés réalisés par l'éditeur restant seuls sa propriété. Si dans un délai d'un an à compter de la publication de l'ouvrage l'auteur n'a pas réclamé les documents fournis, l'éditeur ne pourra être tenu responsable de leur perte ou de leur destruction.

Article 7 – Épreuves et corrections
L'éditeur s'engage à communiquer à l'auteur les épreuves d'imprimerie de l'ouvrage.
De son côté, l'auteur s'engage à les lire, les corriger et les retourner à l'éditeur, revêtues de son « bon à tirer » et accompagnées des tables et index que l'auteur aura établis s'il y a lieu, dans le délai maximum de dix jours suivant la réception qu'il en aura faite. Passé ce délai, l'éditeur pourra confier les épreuves à un correcteur de son choix et, après corrections, procéder au tirage. La réfection demandée par l'auteur de toute figure déjà revêtue par lui de

son « bon à tirer » ou « à graver » sera à la charge de l'auteur. L'auteur pourra également procéder à des corrections dites « corrections d'auteur ». Dans le cas où ces corrections dépasseraient dix pour cent des frais de composition, le surplus serait à la charge de l'auteur et son montant serait déduit des droits dus à l'auteur en application de l'article 14 du présent contrat.

Article 8 – Prérogatives de l'éditeur
Les décisions suivantes seront prises par l'éditeur seul en tenant compte de l'intérêt commun des parties, étant entendu que l'auteur déclare expressément bien connaître les formes habituelles des ouvrages publiés par l'éditeur :

– format, présentation et couverture ;

– prix de vente ; le prix de vente des exemplaires, choisi initialement par l'éditeur, pourra être modifié par lui en fonction de la conjoncture économique, l'éditeur devant alors informer l'auteur de tout changement de prix ;

– date de mise en vente, étant entendu toutefois que cette date ne saurait en aucun cas excéder de dix-huit mois l'acceptation définitive du manuscrit complet, sauf cas de force majeure. Passé ce délai, le présent contrat sera résilié de plein droit si l'éditeur ne procède pas à la publication de l'ouvrage dans les six mois d'une mise en demeure par lettre recommandée avec accusé de réception de l'auteur, et les sommes éventuellement versées à l'auteur en avance à valoir sur sa rémunération lui resteront définitivement acquises à titre d'indemnité forfaitaire. Dans le cas où l'auteur n'aurait pas reçu d'avance à valoir sur sa rémunération, c'est une somme de ***montant*** qui lui serait versée à titre d'indemnité ;

– édition sous d'autres formes que l'édition courante ;

– cession des droits énumérés à l'article 4 du présent contrat ;

– rédaction et diffusion d'un prière d'insérer, et plus généralement de toutes annonces publicitaires par tous supports.

L'éditeur informera l'auteur de l'ensemble des décisions mentionnées ci-dessus. Les textes de présentation et de couverture seront adressés à l'auteur sur sa demande. L'éditeur adressera également à l'auteur, sur sa demande, la photocopie des déclarations de dépôt légal.

L'éditeur fera figurer sur chacun des exemplaires le nom de l'auteur ou son pseudonyme, ou la marque que celui-ci lui indiquera, et il n'apportera aucune modification à l'ouvrage sans l'autorisation de l'auteur. De même, toute modification de titre, l'incorporation dans un ouvrage de tout ou partie des textes régis par le présent contrat, et les publications de toute autre version ne pourront être entreprises par l'auteur qu'en plein accord avec l'éditeur. Au cas où l'auteur apporterait des modifications aux textes déjà publiés, l'éditeur ne pourrait s'y opposer, mais la publication de la nouvelle version acceptée par l'éditeur serait régie par les présentes, l'auteur devant de toute façon indemniser l'éditeur du préjudice causé par l'exercice de son droit de repentir.

Article 9 – Tirage
Le tirage de la première édition sera au minimum de ***nombre*** exemplaires.

Les réimpressions seront décidées par l'éditeur seul, en fonction des possibilités commerciales. L'éditeur informera l'auteur, dans le délai maximum d'un mois, de chaque réimpression à laquelle il aura procédé.

Article 10 – Exemplaires d'auteur

L'auteur disposera gratuitement, sur le premier tirage de l'édition courante de ***nombre*** exemplaires, destinés à son usage personnel, ne pouvant donner lieu à des opérations commerciales. Les exemplaires qu'il désirerait en plus de ceux-ci lui seront facturés avec 40 % de remise sur le prix de vente au public. Ces exemplaires sont incessibles et ne pourront être mis en vente par l'auteur dans le commerce.

Article 11 – Cas de destruction, détérioration ou disparition des exemplaires

L'éditeur ne pourra être tenu pour responsable, en cas d'incendie, d'inondation ou de tout autre cas accidentel ou de force majeure ayant pour conséquence la destruction, la détérioration ou la disparition de tout ou partie des exemplaires en stock. L'auteur ne pourra prétendre à aucun droit ou indemnité relatifs à ces exemplaires détruits, détériorés ou disparus. L'éditeur aura toutefois l'obligation, au cas où la totalité du stock se trouverait impropre à la vente, de procéder à une réimpression dans un délai d'un an. Si l'éditeur ne procédait pas à cette réimpression à l'issue de ce délai d'un an, l'auteur serait en droit de mettre en demeure, par lettre recommandée avec accusé de réception, de procéder à une réimpression dans les six mois, sauf circonstance exceptionnelle motivant une expansion de ce délai. Faute de réimpression de l'ouvrage par l'éditeur à l'issue de ce délai de six mois, le contrat serait résilié de plein droit et les sommes versées éventuellement à l'auteur lui seraient définitivement acquises à titre d'indemnité forfaitaire. Dans le cas où l'auteur n'aurait pas perçu d'avance à valoir sur sa rémunération, c'est une somme de ***montant*** qui lui serait versée à titre d'indemnité. Les cessions ou autorisations portant sur les droits de reproduction, d'adaptation et de représentation qui auraient été consenties par l'éditeur à des tiers en vertu de l'article 4 du présent contrat avant la destruction, détérioration ou disparition resteraient opposables à l'auteur.

Article 12 – Solde et pilon

À partir de deux ans après la mise en vente de l'ouvrage, s'il juge que son stock dépasse le nombre d'exemplaires nécessaires pour répondre aux demandes courantes d'achat, l'éditeur pourra à tout moment se défaire des exemplaires en excédent soit par leur mise au pilon, soit par leur vente en solde au prix qu'il pourra en obtenir. Le présent contrat n'en sera pas résilié pour autant. En cas de pilonnage d'exemplaires à l'état neuf ou de mise en solde, l'éditeur devra aviser l'auteur de ses intentions par lettre recommandée avec accusé de réception un mois à l'avance. L'auteur devra, dans les vingt jours suivant l'avis qui lui aura été donné de la vente en solde, faire connaître à l'éditeur par lettre recommandée avec accusé de réception, s'il préfère racheter lui-même les exemplaires à un prix qui ne sera pas inférieur au prix de vente au soldeur. L'auteur pourra également poursuivre l'exploitation de l'œuvre à ses risques et profits exclusifs, étant entendu qu'il devra, avant toute commercialisation, faire disparaître de la couverture et des pages de titre et de copyright de tous les exemplaires toutes les mentions existantes de l'éditeur.

Le produit de la vente en solde restera acquis à l'éditeur si les exemplaires sont soldés à moins de vingt-cinq pour cent (25 %) du prix de vente au public hors TVA. Dans le cas contraire, l'auteur percevra ses droits calculés, au taux minimum prévu à l'article 14 du présent contrat, sur le montant de la vente au soldeur.

L'éditeur tiendra à la disposition de l'auteur un certificat de pilon ou de vente indiquant le nombre d'exemplaires effectivement détruits ou mis en solde.

À tout moment, l'éditeur pourra faire détruire les exemplaires défectueux ou défraîchis sans en aviser l'auteur, à seule charge pour l'éditeur d'en tenir un état justificatif.

En cas de liquidation totale du stock, par pilon ou par vente en solde, l'éditeur devra aviser l'auteur de ses intentions par lettre recommandée avec accusé de réception un mois à l'avance. L'auteur devra dans les vingt jours suivant l'avis qui lui aura été donné de l'un ou l'autre mode de liquidation, faire connaître à l'éditeur par lettre recommandée avec accusé de réception, s'il préfère racheter lui-même les exemplaires à un prix qui ne sera pas inférieur en cas de vente en solde au prix de vente au soldeur et en cas de pilon au prix de revient des exemplaires. L'auteur pourra également poursuivre l'exploitation de l'œuvre à ses risques et profits exclusifs, étant entendu qu'il devra, avant toute commercialisation, faire disparaître de la couverture et des pages de titre et de copyright de tous les exemplaires toutes les mentions existantes de l'éditeur.

En cas de liquidation totale, l'éditeur devra remettre à l'auteur un certificat.

Le produit de la vente en solde restera acquis à l'éditeur si les exemplaires sont soldés à moins de vingt-cinq pour cent (25 %) du prix de vente au public hors TVA. Dans le cas contraire, l'auteur percevra ses droits calculés, au taux minimum prévu à l'article 14 du présent contrat, sur le montant de la vente au soldeur.

Si l'éditeur ne procédait pas à une réimpression dans le délai d'un an suivant la liquidation totale du stock, l'auteur serait en droit de le mettre en demeure par lettre recommandée avec accusé de réception de procéder à une réimpression dans les six mois, sauf circonstance exceptionnelle motivant l'expansion de ce délai. Faute de réimpression dans ce délai de six mois, le présent contrat serait résilié de plein droit. Les cessions qui auraient été consenties par l'éditeur à des tiers en vertu de l'article 4 du présent contrat avant la liquidation resteraient opposables à l'auteur.

L'éditeur tiendra à la disposition de l'auteur un certificat de pilon ou de vente.

Article 13 – Déchéance du droit d'exploitation

Outre les cas prévus aux articles 11 et 12 du présent contrat, l'éditeur perdrait le bénéfice du droit d'exploitation des droits patrimoniaux de l'auteur qui lui est cédé par le présent contrat dans les deux cas suivants:

– En cas de non-publication dans un délai de dix-huit mois à compter de l'acceptation définitive du manuscrit, sauf cas de force majeure justifiant un délai supplémentaire. Dans le cas où la carence de l'éditeur est injustifiée, le présent contrat sera résilié de plein droit. En outre, à titre de dédommagement forfaitaire et définitif et à l'exclusion de toute autre indemnité, l'auteur conservera les sommes déjà perçues sous forme d'à-valoir prévu à l'article 14 du présent contrat. Dans le cas où l'auteur n'aurait pas perçu d'avance à valoir sur sa rémunération, c'est une somme de ***montant*** qui lui serait versée à titre d'indemnité.

– Au cas où l'éditeur renonce à assurer à l'ouvrage une exploitation permanente et suivie. Cette hypothèse est considérée comme réalisée si toutes les éditions auxquelles l'éditeur a procédé se trouvent épuisées et si, après constat et mise en demeure de l'auteur par lettre recommandée avec accusé de réception, l'éditeur laisse passer le délai d'un an sans procéder à la réimpression. Dans cette hypothèse, le présent contrat sera résilié de plein droit. Les cessions qui auront été consenties par l'éditeur à des tiers en vertu de l'article 4 du présent contrat avant la mise en demeure de l'auteur de procéder à une exploitation permanente et suivie resteront opposables à l'auteur. L'éditeur sera dégagé du versement de toute indemnité à l'auteur.

Article 14 – Rémunération de l'auteur
Pour prix de la cession d'édition consentie ci-dessus, l'auteur recevra les droits suivants calculés sur le prix de vente au public des exemplaires vendus :

– ***taux*** % sur les exemplaires brochés de l'édition courante ;
– ***pourcentage progressif éventuel;***
– ***autres éditions dont l'exploitation est envisagée directement par l'éditeur.***

Toute autre exploitation de l'œuvre effectuée par l'éditeur sera rémunérée à l'auteur en vertu des dispositions prévues à l'article 4 du présent contrat. Il en sera de même pour toute exploitation de l'œuvre effectuée par un autre que l'éditeur.

Par ailleurs, le Code de la propriété intellectuelle prévoyant une rémunération pour reprographie, les parties conviennent expressément, pour la durée du présent contrat, de partager cette rémunération pour moitié, en raison du préjudice commun qui leur est causé par l'utilisation privée des techniques de reprographie. L'éditeur représentera l'auteur dans toutes les négociations relatives au droit à rémunération pour copie privée et au droit de prêt et lui versera la rémunération convenue.

Article 15 – Assiette de la rémunération de l'auteur
La rémunération stipulée à l'article 14 du présent contrat ne porte que sur les exemplaires vendus. Elle ne peut porter :

– ni sur les exemplaires d'auteur mentionnés à l'article 10 du présent contrat ;

– ni sur les exemplaires distribués gratuitement ou à prix réduit (50 % du prix de vente ou au-dessous) dans l'intérêt de la promotion de l'ouvrage : service de presse, dont le nombre ne sera pas inférieur à ***nombre***, envois à des personnalités ;

– ni sur les exemplaires destinés au dépôt légal ou à l'envoi de justificatifs ;

– ni sur les exemplaires mis au pilon ;

– ni sur les exemplaires détruits, détériorés ou disparus mentionnés à l'article 11 du présent contrat.

Les libraires ayant la faculté de retourner les exemplaires mis en office, les droits correspondant à la vente des exemplaires de l'office n'ayant pas fait l'objet d'un retour seront intégrés au compte de l'auteur dans le délai de dix-huit mois suivant la date de publication de l'ouvrage ou de toute nouvelle remise en office ultérieure.

Article 16 – Comptes
L'ensemble de la rémunération due à l'auteur en vertu de l'article 14 du présent contrat ainsi que les sommes dues au titre de l'article 4 du présent contrat feront l'objet d'un arrêté de comptes annuels au 31 décembre de chaque année. Au cours des trois mois qui suivent la date de l'arrêté des comptes, l'éditeur remettra à l'auteur, en même temps que les relevés de comptes, un état mentionnant le nombre d'exemplaires en stock. Cet état mentionnera également le nombre d'exemplaires vendus par l'éditeur, celui des exemplaires inutilisables et retirés du circuit commercial et des exemplaires détruits, détériorés ou disparus tel qu'il est envisagé à l'article 11 du présent contrat.

Le solde sera payable à l'auteur à partir du 1er avril suivant. Cependant, l'éditeur ne sera tenu d'adresser ni de relevé de comptes, ni d'état des exemplaires à l'auteur si l'ouvrage a été publié depuis moins de six mois. Toutefois, un ouvrage paru entre le 1er juillet et le 31 décembre fera l'objet d'un premier arrêté de comptes exceptionnel au 30 juin de l'année suivante.

Article 17 – Ayants droit
Le présent contrat, dans son intégralité, notamment pour ce qui concerne l'éventuel droit de préférence mentionné à l'article ***numéro***, engage les héritiers et tous ayants droit de l'auteur qui devront, dans la mesure du possible, se faire représenter auprès de l'éditeur par un mandataire commun.

Article 18 – Résiliation et résolution du contrat d'édition
La résiliation judiciaire ou de plein droit ou la résolution du contrat de cession des droits d'adaptation audiovisuelle signé le ***date*** entre l'auteur et l'éditeur n'entraînera en rien celle du présent contrat.

Article 19 – Attribution de compétence et loi applicable
Pour tout litige né de l'interprétation ou de l'exécution du présent contrat, il est fait application de la loi française et attribution expresse de juridiction aux tribunaux compétents de ***lieu***.

Fait à ***lieu*** en double exemplaire, le ***date***.

L'auteur L'éditeur

Articles facultatifs :

Article *numéro* – Droit de préférence
L'auteur accorde à l'éditeur un droit de préférence pour les œuvres qu'il se proposerait de publier dans l'avenir, soit sous son nom, soit sous son pseudonyme, seul ou en collaboration. Ce droit de préférence s'applique aux œuvres du genre déterminé suivant : ***genre***.

Ce droit est limité à ***nombre (quatre au maximum)*** ouvrages nouveaux à compter de la date de la signature du présent contrat et non compris celui faisant l'objet du présent contrat.

Chacune des œuvres couvertes par ce droit de préférence fera l'objet d'un contrat qui mentionnera le nombre d'œuvres futures pour lequel l'auteur reste lié à l'éditeur. La cession de chaque ouvrage que l'éditeur aura accepté d'éditer sera régie par l'ensemble des clauses, charges et conditions du présent contrat et sera valable également pour toutes les formes d'exploitation prévues par le présent contrat.

L'éditeur disposera d'un délai de trois mois à compter de la remise d'un manuscrit aisément lisible d'un ouvrage dans sa forme achevée et publiable pour faire connaître sa décision. Il est formellement stipulé que, par « ouvrage », les parties entendent des textes originaux d'au moins deux cents pages dactylographiées de mille huit cents signes chacune ; des articles, des plaquettes et des œuvres provisoires ou sujettes à révision soumises à l'éditeur ne pouvant être comptés dans les ouvrages prévus ci-dessus. Il est, par ailleurs, précisé qu'en cas de présentation simultanée ou multiple d'ouvrages du même auteur, l'éditeur fixera lui-même le délai de réalisation de chacune des éditions selon les usages de la profession et l'intérêt commun des parties.

Lorsque l'éditeur bénéficiant du droit de préférence aura refusé successivement deux ouvrages nouveaux présentés par l'auteur dans les genres déterminés au contrat et sous la même signature, l'auteur pourra immédiatement et de plein droit reprendre sa liberté. Toutefois il devra, lorsqu'il aura reçu des avances de l'éditeur à valoir sur sa rémunération, avoir préalablement effectué le remboursement de celles-ci.
Une copie des manuscrits, même refusés, restera entre les mains de l'éditeur pour tout éventuel constat.

Article *numéro* – Œuvres antérieures
Au cas où l'auteur viendrait à disposer des droits de certaines de ses œuvres publiées chez d'autres éditeurs antérieurement à la signature du présent contrat, l'auteur s'engage à en proposer la cession à l'éditeur par priorité et préférence.

Article *numéro* – À-valoir
Sur l'ensemble des sommes dues à l'auteur, au titre des articles 4 et 14, il sera versé par l'éditeur un à-valoir de: ***montant***.

Le dit à-valoir sera porté au débit du compte de l'auteur. Il est précisé toutefois que cet à-valoir s'analyse également comme un minimum garanti à l'auteur. De ce fait, il lui reste définitivement acquis sauf défaillance de l'auteur à remettre son manuscrit définitif dans les formes et délais stipulés à l'article 6 du présent contrat.

Article *numéro* – Frais engagés par l'auteur
L'éditeur remboursera à l'auteur, à concurrence de ***montant*** et contre remise des justificatifs correspondants, les frais qu'il aura été amené à engager pour écrire l'œuvre.

Article *numéro* – Concurrence
L'auteur s'engage, à compter de la signature du présent contrat, à ne pas participer à la rédaction d'œuvres similaires ***définition*** chez d'autres éditeurs, ainsi qu'à ne pas assurer auprès de ceux-ci des fonctions de conseiller pour des livres similaires, sur le territoire français et pendant ***nombre*** ans. Il prend les mêmes engagements relativement à un livre directement concurrent à l'œuvre pendant la durée d'exploitation de celui-ci.

Article *numéro* – Mises à jour des nouvelles éditions
L'auteur s'engage à apporter, à la demande de l'éditeur, les modifications nécessaires à l'œuvre pour que celle-ci conserve son actualité ou la convenance à son objet, et ce sans augmentation des droits.

Ces modifications devront être faites en respectant, autant que possible, l'économie de la mise en page.

Si l'auteur n'était pas en mesure d'effectuer lui-même cette mise à jour, l'éditeur pourrait, d'accord avec l'auteur ou avec ses ayants droit, la faire exécuter par un tiers dont la rémunération viendrait en déduction des droits dus à l'auteur ou à ses ayants droit en vertu du présent contrat.

La cession du contrat d'édition

La cession du contrat d'édition, tout comme le contrat lui-même, doit répondre à certaines exigences posées par la loi et la jurisprudence. De même que l'auteur ne peut céder librement son contrat à un autre auteur qui viendrait à le remplacer, un autre éditeur ne peut être substitué à l'éditeur signataire du contrat sans le consentement de l'auteur[1].

Selon l'alinéa premier de l'article L. 132-16 du CPI:

« L'éditeur ne peut transmettre, à titre gratuit ou onéreux, ou par voie d'apport en société, le bénéfice du contrat d'édition à des tiers, indépendamment de son fonds de commerce, sans avoir préalablement obtenu l'autorisation de l'auteur. »

Le contrat d'édition, comme celui de cession des droits d'adaptation audiovisuelle, reste en effet un contrat conclu *intuitu personae*, c'est-à-dire en raison de l'identité, des qualités spécifiques des contractants. En théorie, chaque écrivain, chaque photographe doit par conséquent donner son consentement personnel et éclairé à la cession des contrats qui les lient à leur éditeur.

Un contrat d'édition signé avec une société ne peut être transféré à une maison du même groupe sans l'accord formel de l'auteur. De même, il a été jugé que le contrat d'édition ne pouvait être signé par « le groupe d'édition »: une telle mention reviendrait à contourner la règle de la nécessité du consentement de l'auteur à la cession de son contrat à l'une ou l'autre des maisons du groupe[2].

L'éditeur peut encore moins inclure dans le contrat d'édition une clause par laquelle l'auteur renonce à exercer toute opposition à cette cession[3], hormis le cas très particulier où l'œuvre est anonyme[4].

La seule possibilité de cession du contrat par l'éditeur, sans qu'il ait à en référer à l'auteur, reste la cession de son fonds de commerce[5]. Cette cession peut intervenir ou non dans le cadre d'une faillite[6].

Le législateur a cependant prévu, aux alinéas 2 et 3 de l'article L. 132-16 du CPI:

> « En cas d'aliénation du fonds de commerce, si celle-ci est de nature à compromettre gravement les intérêts matériels ou moraux de l'auteur, celui-ci est fondé à obtenir réparation même par voie de résiliation de contrat.

1. Tribunal de grande instance de Paris, 22 mai 1987, *Cahiers du droit d'auteur*, janvier 1988, p. 13. Christophe Jamin, « Cession du contrat et consentement du cédé », *Dalloz*, 1995, Chronique, p. 131. Tribunal de grande instance de Paris, 22 mai 1987, *Cahiers du droit d'auteur*, janvier 1988, p. 13. Emmanuel Pierrat, « Que deviennent les contrats d'auteur en cas de cession d'une maison d'édition? », *Livres Hebdo*, n° 295, 29 mai 1998, p. 38.

2. Tribunal de grande instance de Paris, 7 mai 1986, *Revue internationale du droit d'auteur*, janvier 1987, n° CXXXI, p. 252.

3. Tribunal de grande instance de Paris, 7 novembre 1988, *Cahiers du droit d'auteur*, n° 13, 1989, p. 9.

4. Tribunal de grande instance de Paris, 14 mars 1975, *Revue internationale du droit d'auteur*, octobre 1975, n° LXXXV, p. 191.

5. Tribunal de grande instance de la Seine, 27 octobre 1969, *Revue internationale du droit d'auteur*, 1970, n° LXIII, 231. Cour d'appel de Paris, 28 octobre 1982, *Dalloz*, 1983, Informations rapides, 514, observations Claude Colombet.

6. Voir *infra*.

> « Lorsque le fonds de commerce d'édition était exploité en société ou dépendait d'une indivision, l'attribution du fonds à l'un des ex-associés ou à l'un des co-indivisaires en conséquence de la liquidation ou du partage ne sera, en aucun cas, considérée comme une cession. »

L'auteur peut donc toujours tenter de s'opposer à la cession de son contrat même à l'occasion d'une cession par son éditeur d'origine de toute une « écurie ». Les juges examinent cependant très sévèrement les contestations soulevées par les auteurs et leur demandent une véritable démonstration du grave préjudice qu'ils subiraient en cas de « transfert[1] ».

Mais il reste toutefois possible pour l'auteur de faire simplement figurer dans le contrat une clause aux termes de laquelle celui-ci ne sera pas cédé avec le fonds de commerce.

La faillite de l'éditeur

Le redressement ou la liquidation de l'éditeur – sa faillite selon l'ancienne terminologie – sont particulièrement détaillés dans le CPI et appellent donc peu de commentaires. L'article L. 132-15 dispose :

> « Le redressement judiciaire de l'éditeur n'entraîne pas la résiliation du contrat.
> « Lorsque l'activité est poursuivie en application des articles 31 et suivants de la loi n° 85-98 du 25 janvier 1985 relative au redressement et à la liquidation judiciaires des entreprises, toutes les obligations de l'éditeur à l'égard de l'auteur doivent être respectées.
> « En cas de cession de l'entreprise d'édition en application des articles 81 et suivants de la loi n° 85-98 du 25 janvier 1985 précitée, l'acquéreur est tenu des obligations du cédant.
> « Lorsque l'activité de l'entreprise a cessé depuis plus de trois mois ou lorsque la liquidation judiciaire est prononcée, l'auteur peut demander la résiliation du contrat.
> « Le liquidateur ne peut procéder à la vente en solde des exemplaires fabriqués ni à leur réalisation dans les conditions prévues aux articles 155 et 156 de la loi n° 85-98 du 25 janvier 1985 précitée que quinze jours après avoir averti l'auteur de son intention, par lettre recommandée avec demande d'accusé de réception.
> « L'auteur possède, sur tout ou partie des exemplaires, un droit de préemption. À défaut d'accord, le prix de rachat sera fixé à dire d'expert. »

En cas de faillite d'un éditeur et de cession subséquente de son catalogue, l'auteur pourra cependant toujours s'opposer à la cession de son contrat si, là encore, il apporte la démonstration que l'opération lésera gravement ses intérêts[2].

1. Cour d'appel de Paris, 28 octobre 1982, *Revue internationale du droit d'auteur*, janvier 1983, n° CXV, p. 142.
2. Voir « La cession du contrat d'édition ».

Il faut enfin relever que le tribunal de grande instance de Paris a accordé la résiliation à un auteur même si la société n'était pas officiellement en redressement judiciaire; elle avait néanmoins cessé toute activité depuis plus de trois mois et ne rendait plus de comptes[1].

Quant aux exemplaires des ouvrages, ils peuvent donc être vendus dans le cadre d'une faillite, comme ils peuvent apparemment l'être en cas de saisie par de simples créanciers en dehors de toute procédure collective[2].

Aux termes de l'article L. 131-8, les auteurs disposent cependant, comme les salariés, d'une créance privilégiée sur l'éditeur failli[3]. Celle-ci peut s'exercer pour les trois dernières années de rémunérations dues.

Quant au redressement judiciaire de l'éditeur, il n'entraîne pas la résiliation du contrat. C'est donc seulement « lorsque l'activité de l'entreprise a cessé depuis plus de trois mois ou lorsque la liquidation judiciaire est prononcée » que l'auteur pourra demander la résiliation de son contrat d'édition et de son contrat de cession des droits d'adaptation audiovisuelle.

La fin du contrat d'édition

Le contrat d'édition peut prendre fin de plusieurs façons.

Il peut bien entendu être résolu ou résilié, comme l'indiquent nombre d'articles du CPI et des dispositions particulières du contrat. Dans certains cas, cette résiliation sera automatique du fait de clauses particulières sanctionnant les agissements de l'éditeur ou de l'auteur[4]. Ces clauses de résiliation de plein droit peuvent prévoir que tous les contrats portant sur l'ouvrage conclus par l'éditeur avec des tiers continueront à avoir plein effet. Dans d'autres cas, elle devra être demandée en justice par l'une ou l'autre des parties. L'éditeur n'est alors plus en mesure de procéder à l'exploitation du titre, ne fût-ce qu'en écoulant le stock disponible.

L'auteur peut aussi tomber dans le domaine public. Le contrat prend alors fin de lui-même. Il peut également avoir été conclu à durée déterminée. Le CPI examine cette possibilité dans son article L. 132-11 *in fine*:

> « En cas de contrat à durée déterminée, les droits du cessionnaire s'éteignent de plein droit à l'expiration du délai sans qu'il soit besoin de mise en demeure.
>
> « L'éditeur pourra toutefois procéder, pendant trois ans après cette expiration, à l'écoulement, au prix normal, des exemplaires restant en stock, à moins que l'auteur ne préfère acheter ces exemplaires moyennant un prix qui sera fixé à dire d'experts à défaut d'accord amiable, sans que cette

1. Tribunal de grande instance de Paris, 3 septembre 1997, *Revue internationale du droit d'auteur*, janvier 1998, n° CLXXIV, p. 255.
2. Cour de cassation, 25 mars 1901, cité par Plaisant dans *Juris-Classeur*, fascicule 330, p. 25.
3. P. Frémond, « Le privilège légal des auteurs et de leurs ayants droit », *Cahiers du droit d'auteur*, n° 6, 1988, p. 11.
4. Cour d'appel de Paris, 16 février 1912, *Gazette des tribunaux*, 1912, II, 13.

> faculté reconnue au premier éditeur interdise à l'auteur de faire procéder à une nouvelle édition dans un délai de trente mois. »

Et il a été jugé que si l'éditeur poursuit l'exploitation en dépit de la demande de rachat formulée par l'auteur, les bénéfices doivent être intégralement reversés à ce dernier[1].

Le contrat prend également fin, selon l'alinéa premier de l'article L. 132-17 du CPI, en cas de pilonnage de la totalité du stock :

> « Le contrat d'édition prend fin, indépendamment des cas prévus par le droit commun ou par les articles précédents, lorsque l'éditeur procède à la destruction totale des exemplaires. »

La date d'échéance du contrat, qui devrait correspondre en l'occurrence à celle du pilonnage, peut cependant être retardée par une clause particulière[2]. L'éditeur ne doit toutefois pas se leurrer : aucune tacite reconduction du contrat n'est possible en matière de contrat d'édition lorsque celui-ci est arrivé à terme[3].

1. Cour de cassation, 26 février 1919, *Sirey*, 1920, I, 203.
2. Voir article 12 du contrat type.
3. Tribunal de commerce de la Seine, 19 janvier 1921, *Gazette des tribunaux*, 1er et 2 juin 1921.

IX

Le contrat à compte d'auteur et le contrat de compte à demi

Deux types de contrats, parfois voisins du contrat d'édition dans le flou de la pratique, s'en distinguent nettement en droit et échappent aux règles décrites au chapitre précédent. Ce sont le contrat à compte d'auteur et le contrat de compte à demi, dont certains organismes se sont faits les dénonciateurs les plus virulents, notamment lorsque les éditeurs tentent d'en masquer la vraie nature[1].

Le contrat à compte d'auteur

Selon l'article L. 132-2 du CPI :

> « Ne constitue pas un contrat d'édition, au sens de l'article L. 132-1, le contrat dit à compte d'auteur.
> « Par un tel contrat, l'auteur ou ses ayants droit versent à l'éditeur une rémunération convenue, à charge par ce dernier de fabriquer en nombre, dans la forme et suivant les modes d'expression déterminés au contrat, des exemplaires de l'œuvre et d'en assurer la publication et la diffusion.
> « Ce contrat constitue un louage d'ouvrage régi par la convention, les usages et les dispositions des articles 1787 et suivants du Code civil. »

La loi est donc claire : contrat d'édition et contrat à compte d'auteur ne sauraient être confondus[2]. Ce dernier n'est en aucun cas une cession de droits, mais bien un simple louage d'ouvrage, mettant aux prises un entrepreneur (l'éditeur) et un maître d'ouvrage (l'auteur), à la suite duquel l'auteur reste propriétaire des exemplaires édités[3].

1. Par exemple, le Comité des auteurs en lutte contre le racket de l'édition (Calcre), auquel a succédé le Cose-Calcre.
2. Cour d'appel de Paris, 18 novembre 1966, *Annales de la propriété industrielle, artistique et littéraire*, 1967, 93. G. Bertaux, « Le compte d'auteur et… l'édition », *Gazette du Palais*, 1984, I, Doctrine, 55.
3. Cour d'appel de Paris, 14 avril 1977, *Gazette du Palais*, 1977, 2, 706. Cour d'appel de Paris, 15 juin 1983, *Dalloz*, 1983, Informations rapides, 513, observations Claude Colombet.

La mention de l'article L. 132-2 du CPI suffit à emporter la qualification de contrat à compte d'auteur en cas de contestation de la part d'un auteur, voire à la requalification complète en contrat à compte d'éditeur[1]. La jurisprudence abonde, initiée notamment par le Calcre et son successeur, le Cose-Calcre[2], qui a condamné fermement les éditeurs peu scrupuleux cherchant à berner les auteurs en quête de publication, en leur faisant miroiter par des publicités trompeuses ou des contrats biaisés la promesse d'un contrat à compte d'éditeur[3].

L'éditeur, même à compte d'auteur, reste cependant tenu à un devoir de conseil. Il a déjà été jugé qu'il devait, par exemple, indiquer à l'auteur la nécessité de travailler encore son manuscrit, en lui faisant ajouter une indispensable table des matières[4] ou en lui suggérant fortement de corriger les fautes d'orthographe[5].

Quant aux supposés contrats d'édition qui seraient proposés avec une rémunération au taux de 0 %, ils sont considérés comme des contrats à compte d'auteur déguisés et strictement sanctionnés en justice[6].

Enfin, l'éditeur à compte d'auteur peut voir sa responsabilité engagée, en cas de contrefaçon notamment, même s'il peut toujours appeler l'auteur en garantie[7].

Le contrat de compte à demi

Le CPI définit également le contrat de compte à demi, en son article L. 132-3 :

> « Ne constitue pas un contrat d'édition, au sens de l'article L. 132-1, le contrat dit de compte à demi.
> « Par un tel contrat, l'auteur ou ses ayants droit chargent un éditeur de fabriquer, à ses frais et en nombre, des exemplaires de l'œuvre, dans la forme et suivant les modes d'expression déterminés au contrat, et d'en assurer la publication et la diffusion, moyennant l'engagement réciproquement contracté de partager les bénéfices et les pertes d'exploitation, dans la proportion prévue.
> « Ce contrat constitue une société en participation. Il est régi, sous réserve des dispositions prévues aux articles 1871 et suivants du Code civil, par la convention et les usages. »

L'édition en compte à demi est donc juridiquement une société en participation, du même type que celle qui naît à l'occasion d'une coédition[8]. Cette société

1. Cour d'appel de Paris, 15 juin 1983, *Revue trimestrielle de droit commercial*, 1984, 679, observations Françon.
2. Voir « Adresses utiles ».
3. Tribunal de grande instance de Paris, 1re chambre, 24 mai 2000, N° RG 99/11042 (inédit).
4. Tribunal de grande instance de Paris, 21 mai 1980, *Gazette du Palais*, 1981, I, Sommaires, 100.
5. Cour d'appel de Paris, 4 février 1988, *Dalloz*, 1989, Sommaires commentés, 49, observations Claude Colombet.
6. Voir « La rémunération de l'auteur ».
7. Cour d'appel de Paris, 18 novembre 1966, *Gazette du Palais*, 1967, I, 225.
8. Tribunal civil de la Seine, 26 juin 1912, *Gazette des tribunaux*, 1912, 2, 267. Cour de cassation, 25 mars 1901, *Annales de la propriété industrielle, artistique et littéraire*, 1901, 228.

n'a pas de personnalité morale et chaque associé se contente d'y faire un apport, financier, matériel ou en travail.

À ce titre, il n'y a pas d'exigence d'un contrat écrit[1], même si celui-ci est fortement conseillé dans tous les cas de figure, ne serait-ce que parce qu'il a le mérite de prouver les engagements de chacun[2].

1. Voir le chapitre VIII « Le contrat d'édition ».

2. Cour d'appel de Paris, 12 juillet 1984, inédit, cité dans le *Code de la propriété intellectuelle*, Dalloz, 2005, p. 147, note 8 sous l'article L. 131-2.

X

Les contrats et l'audiovisuel

Le contrat entre l'auteur et l'éditeur

Depuis 1957, la loi exige que la cession des droits d'adaptation audiovisuelle, signée entre l'auteur et son éditeur, fasse l'objet d'un contrat séparé du contrat d'édition proprement dit. Le législateur n'a pas pour autant estimé nécessaire de limiter la liberté des cocontractants avec autant de contraintes que pour le contrat d'édition. Seul l'article L. 131-3 du CPI dispose, en ses alinéas 3 et 4:

> « Les cessions portant sur les droits d'adaptation audiovisuelle doivent faire l'objet d'un contrat écrit sur un document distinct du contrat relatif à l'édition proprement dite de l'œuvre imprimée.
> « Le bénéficiaire de la cession s'engage par ce contrat à rechercher une exploitation du droit cédé conformément aux usages de la profession et à verser à l'auteur, en cas d'adaptation, une rémunération proportionnelle aux recettes perçues. »

En séparant adaptation audiovisuelle et édition proprement dite, il s'agissait, dans l'esprit du législateur, de faire prendre conscience à l'auteur de l'importance croissante des droits d'adaptation audiovisuelle. Deux contrats écrits distincts sont donc nécessaires et il semblerait qu'*a priori* rien ne doive les relier: si l'un des contrats est résolu ou résilié, l'autre ne le sera pas.

L'éditeur doit « rechercher une exploitation ». Cela ne signifie pas qu'il s'engage à en trouver une – il s'agit là de ce que les juristes nomment une obligation de moyens, par opposition à l'obligation de résultat qui imposerait à l'éditeur de trouver un producteur[1].

Nombre de principes énoncés dans le CPI et examinés dans le chapitre sur le contrat d'édition restent valables pour le contrat de cession des droits d'adaptation audiovisuelle: prohibition d'une cession globale des œuvres futures (article L. 131-1 du CPI), nécessité d'une mention distincte des droits cédés et de leur champ d'exploitation (étendue, destination, lieu et durée, article L. 131-3), rémunération proportionnelle (L. 131-4), cas de lésion et d'imprévision (L. 131-5), possibilité de prévoir des modes d'exploitation encore inconnus (L. 131-6), privi-

1. Cour d'appel de Paris, 18 avril 1991, *Revue internationale du droit d'auteur*, juillet 1991, n° CLXXI.

lèges de l'auteur pour être payé (L.131-8)[1]. Il convient, après les décisions judiciaires précisant l'assiette de la rémunération proportionnelle dans le contrat d'édition[2], de rester prudent et de rendre les contrats de cession des droits d'adaptation audiovisuelle conformes à cette jurisprudence. C'est ainsi qu'il est préférable, là encore, de mentionner, à titre de rémunération de l'auteur, un pourcentage portant sur un montant TTC, quitte à réduire ce pourcentage.

En matière d'adaptation audiovisuelle, l'éditeur doit surtout prendre garde aux atteintes au droit moral de l'auteur. Le droit de l'auteur au respect de son œuvre peut en effet être facilement bafoué par une adaptation. Toute clause du contrat de cession des droits d'adaptation audiovisuelle par laquelle l'auteur laisse entière liberté d'action à l'adaptateur est illégale car elle équivaudrait pour l'auteur à une renonciation à son droit moral[3].

1. Pour l'ensemble de ces points, voir le chapitre VIII « Le contrat d'édition ».
2. Voir « L'assiette de la rémunération ».
3. Voir « Les droits moraux ».

CONTRAT DE CESSION DES DROITS D'ADAPTATION AUDIOVISUELLE[1]

Entre les soussignés :

– ***nom et prénom***
– ***adresse***

ci-dessous dénommé « l'auteur », d'une part, et

les éditions ***nom***
– ***dénomination sociale***
– ***forme sociale et montant du capital***
– ***numéro d'immatriculation au Registre du commerce et des sociétés***
– ***adresse du siège social***
– ***nom et prénom du représentant légal***

ci-dessous dénommées « l'éditeur », d'autre part,

IL A ÉTÉ CONVENU CE QUI SUIT :

Article 1 – Apport de l'auteur
L'auteur cède à titre exclusif à l'éditeur, qui accepte pour lui-même et ses ayants droit, dans les termes des dispositions ci-après énoncées, les droits d'adaptation audiovisuelle, en toutes langues et en tous pays, du livre, ci-après dénommé « l'œuvre », intitulé provisoirement :

titre

qui a fait l'objet d'un contrat d'édition avec l'éditeur.

Article 2 – Durée de la cession
La présente cession est consentie pour avoir effet en tous lieux, pour tous les pays et toutes les langues et pour tout le temps que durera la propriété littéraire de l'auteur et de ses ayants droit, d'après les législations tant française qu'étrangères et les conventions internationales actuelles ou futures, y compris les prolongations éventuelles qui pourraient être apportées à cette durée.

Article 3 – Étendue de la cession
L'auteur cède expressément à l'éditeur tous les droits d'adaptation de tout ou partie de l'œuvre sous forme d'œuvres audiovisuelles de toutes natures consistant en des séquences animées d'images, sonorisées ou non, et sur l'ensemble des droits de reproduction et de représentation afférents à ces adaptations.

La présente cession comporte pour l'éditeur le droit d'exploiter directement ou de céder notamment les droits suivants :

1. Là encore, les pourcentages mentionnés ne le sont qu'à titre indicatif. Ils peuvent donc être modifiés sous réserve de ne pas être diminués au détriment de l'auteur d'une façon qui pourrait être considérée comme abusive. Voir *supra*.

– le droit d'adapter tout ou partie de l'œuvre en toutes langues pour le cinéma, la télévision et, en général, tout mode d'exploitation existant ou à venir des œuvres audiovisuelles ;

– le droit de reproduire tout ou partie de ces adaptations sur tous supports existants ou à venir, films, bandes magnétiques, vidéodisques, DVD, cédérom, CD-I ou par tout autre procédé de reproduction audiovisuelle existant ou à venir ;

– le droit de communiquer les reproductions visées ci-dessus au public par tous moyens, vente, location, prêt ou autres procédés de communication au public existants ou à venir ;

– le droit de représenter tout ou partie de ces adaptations par tous procédés de représentation existants ou à venir et notamment réseau numérique (notamment Internet, téléphonie fixe et mobile), projection publique et télédiffusion, par tous moyens existants ou à venir et notamment par câble, voie hertzienne, satellite, télédiffusion numérique et transmissions dans un lieu public ou privé de l'œuvre télédiffusée ;

– le droit d'exploiter séparément par voie d'adaptation, de reproduction et de représentation tout élément de l'œuvre et notamment ses personnages (dans leurs caractéristiques physiques, traits de caractères, noms, etc.) et son titre, sous réserve du droit moral de l'auteur.

L'éditeur cessionnaire des droits ci-dessus énumérés s'emploiera, dans toute la mesure de ses moyens et au mieux de l'intérêt réciproque des parties, et ce, conformément aux usages de la profession, à les exploiter, soit directement, soit en confiant à des tiers, par tout contrat, et notamment de mandat, de cession ou de production audiovisuelle, la charge de les exploiter sous son contrôle. Il aura seul pouvoir de consentir les autorisations et cessions nécessaires sous réserve de l'exercice du droit moral de l'auteur et du droit de citation. Dans le cas où l'éditeur jugerait opportun d'exploiter personnellement certains des droits mentionnés ci-dessus, l'éditeur verserait à l'auteur une rémunération, proportionnelle aux recettes encaissées, à déterminer d'un commun accord entre l'éditeur et l'auteur ; en cas de désaccord, les parties s'en remettraient à l'arbitrage d'un expert désigné par elles, dont la mission serait de déterminer une rémunération en fonction des usages commerciaux et de l'état du marché. Dans le cas de cessions ou d'autorisations sur les droits mentionnés ci-dessus consenties par l'éditeur à des tiers, l'éditeur devra verser une rémunération prévue à l'article 5 du présent contrat en contrepartie de ces cessions ou autorisations.

Il est convenu que la non-exploitation de l'un, de plusieurs ou de l'ensemble des droits cédés ne peut en aucun cas être une cause de résiliation du présent contrat, lesdits droits étant cédés irrévocablement à l'éditeur en contrepartie de la rémunération prévue à l'article 5 du présent contrat.

L'auteur s'engage à communiquer à l'éditeur toutes demandes qui lui seraient adressées par un tiers en vue de l'acquisition des droits sur l'œuvre pour toute adaptation, reproduction ou représentation. De son côté, l'éditeur s'engage à informer l'auteur de toute cession qu'il serait amené à consentir en exécution du présent article. L'éditeur informera également l'auteur de toute négociation engagée avec des tiers.

Au cas où le présent contrat se trouverait résilié pour quelque motif que ce soit, cette résiliation serait sans influence sur la validité des cessions ou autorisations sur les droits de reproduction, d'adaptation et de représentation antérieurement consenties par l'éditeur à des tiers et dont l'auteur aura été informé conformément à ce qui est prévu ci-dessus.

Article 4 – Garanties données par l'auteur
L'auteur garantit à l'éditeur la jouissance entière et libre de toute servitude des droits cédés, contre tous troubles, revendications et évictions quelconques.

Il déclare expressément disposer des droits cédés par le présent contrat et que l'œuvre n'a fait l'objet d'aucun contrat de cession des droits d'adaptation audiovisuelle encore valable.

Article 5 – Rémunération
En cas de conclusion d'un contrat avec un tiers, l'éditeur devra reverser à l'auteur cinquante pour cent (50 %) de toutes les recettes encaissées par l'éditeur au titre de l'exploitation de l'adaptation audiovisuelle.

Toutefois, les sommes dues en exécution du présent contrat ne seront effectivement versées qu'après remboursement de l'à-valoir versé à l'auteur en application des stipulations du contrat d'édition signé entre les mêmes parties le ***date*** et relatif à la même œuvre.

Le Code de la propriété intellectuelle ayant prévu, en ses articles L. 311-1 à L. 311-8, une rémunération pour copie privée des vidéogrammes ou sur tout autre support numérique, les parties conviennent, pour la durée du présent contrat, de partager cette rémunération par moitié, en raison du préjudice commun qui leur est causé par l'utilisation privée des techniques de reproduction des œuvres audiovisuelles. L'éditeur représentera l'auteur dans toutes les négociations relatives au droit à rémunération pour copie privée et lui versera la rémunération convenue.

Article 6 – Comptes
L'ensemble de la rémunération due à l'auteur en vertu de l'article 5 du présent contrat ainsi que les sommes dues au titre de l'article 3 du présent contrat feront l'objet d'un arrêté de comptes annuels au 31 décembre de chaque année. Au cours des trois mois qui suivent la date de l'arrêté des comptes, l'éditeur remettra à l'auteur en même temps la liste des cessions et autorisations éventuellement consenties par l'éditeur à des tiers.

Il est toutefois précisé que l'éditeur ne versera à l'auteur les sommes qui lui sont dues à titre de rémunération qu'après les avoir lui-même reçues.

Article 7 – Résiliation et résolution du contrat d'édition
La résiliation judiciaire ou de plein droit ou la résolution du contrat d'édition de l'œuvre signé le ***date*** entre l'auteur et l'éditeur n'entraînera en rien celle du présent contrat. Seul l'alinéa deuxième de l'article 5 du présent contrat sera affecté par une telle résiliation ou résolution et sera considéré comme nul et non avenu.

Article 8 – Ayants droit
Le présent contrat, dans son intégralité, engage les héritiers et tous ayants droit de l'auteur qui devront, dans la mesure du possible, se faire représenter auprès de l'éditeur par un mandataire commun.

Article 9 – Attribution de compétence et loi applicable
Pour tout litige né de l'interprétation ou de l'exécution du présent contrat, il est fait application de la loi française et attribution expresse de juridiction aux tribunaux compétents de ***lieu***.

Fait à ***lieu*** en double exemplaire, le ***date***

L'auteur L'éditeur

Le contrat entre l'éditeur et le producteur

Une fois titulaire des droits d'adaptation audiovisuelle, l'éditeur sera éventuellement confronté au producteur de l'adaptation avec qui il devra conclure un contrat de production audiovisuelle. Ce contrat peut être très variable en raison de l'adaptation envisagée (téléfilm, long-métrage cinématographique, etc.) mais est généralement précédé d'une option. On trouvera ci-après un modèle d'option et un modèle de contrat d'adaptation audiovisuelle, en l'occurrence pour un long-métrage cinématographique.

L'abondance de nouvelles chaînes de télévision et leur soif de nouveaux programmes, l'émergence de produits multimédias, la relative bonne santé du cinéma français, incitent les producteurs à se tourner vers les catalogues d'éditeurs. Qu'il s'agisse de l'adaptation d'une œuvre littéraire ou de la déclinaison de livres pratiques, l'importance des sommes en jeu dans une économie de l'audiovisuel bien différente de celle du livre – les budgets y sont notamment démultipliés – rende d'autant plus nécessaire une vigilance accrue pour l'éditeur dans la négociation des contrats avec les producteurs.

Avant de se lancer dans une négociation avec un producteur, l'éditeur s'assurera bien entendu qu'il a valablement acquis auprès de l'auteur du livre les droits d'adaptation audiovisuelle pour le mode d'exploitation envisagé (téléfilm, vidéo, etc.).

De plus, l'éditeur prendra garde aux droits préalablement cédés sur le même livre. S'il a repris le fonds d'un confrère, il s'assurera qu'une exclusivité, même une simple option, n'a pas été précédemment conclue. Malheur à celui qui vendrait à un producteur des droits dont il ne dispose plus. Il existe à cet effet un Registre public de la cinématographie et de l'audiovisuel (RPCA[1]), dépendant du Centre national de la cinématographie[2], où sont consultables tous les contrats liés aux films de long-métrage et à beaucoup d'autres œuvres audiovisuelles.

Le contrat entre éditeur et producteur peut être très variable en raison de l'adaptation envisagée (téléfilm, long-métrage cinématographique, etc.). Il est généralement précédé d'une option exclusive payante d'une durée souvent renouvelable. Ce temps de réflexion permettra au producteur de rechercher le financement nécessaire à la production du film.

Ce premier contrat doit être accompagné de précisions suffisantes sur les modalités précises du contrat de production qui entrera en vigueur à la levée de l'option.

La question laisse souvent sans voix les gens de lettres, qui doivent négocier la cession de droits qui ne représentent qu'un des éléments d'un budget moyen par film de long-métrage de plusieurs millions d'euros.

Les montants dépendent en réalité aussi bien du type du livre (best-seller international ou premier roman resté dans l'ombre), de la part qui en est conservée par les adaptateurs et scénaristes (transposition fidèle ou filiation à une simple idée de départ), de l'importance du budget et de la nature du projet (de quelques

1. Le RPCA est accessible en ligne sur : <http://www.cnc.fr/RPCAInternet>.
2. Voir « Adresses utiles ».

dizaines de milliers d'euros pour un documentaire à parfois plus d'un million d'euros pour des films à grand spectacle), etc.

Des instances professionnelles, telles que la SCELF (Société civile de l'édition littéraire française), société de gestion collective, qui gère essentiellement les droits des éditeurs littéraires en cas d'adaptation audiovisuelle, peuvent aiguiller utilement leurs adhérents. La lecture de quelques revues spécialisées qui publient parfois des plans de financement ou encore la consultation du RPCA donnent aussi une idée plus précise à l'éditeur désarmé.

L'éditeur devra négocier, d'une part, un « pourcentage sur les recettes nettes part producteur » (dites plus simplement RNPP) et, d'autre part, un minimum garanti sur ce même pourcentage. Le pourcentage sera calculé dès le premier euro de recettes, mais son taux variera contractuellement à la hausse après « amortissement du coût du film ». RNPP et coût du film devront donc être définis dans de longues annexes au contrat.

La part producteur nette est généralement « égale à l'ensemble des recettes provenant de l'exploitation du film [...] sous déduction des charges d'exploitation » qui seront énumérées de façon exhaustive : on y trouvera, notamment, aussi bien « la commission de distribution », « le montant de la publicité de lancement faite au moment de la première sortie du film en exclusivité à Paris », le « prix des copies du film et du film annonce et de leur entretien », etc.

La part des recettes du film que reverse le producteur à l'éditeur augmente souvent sensiblement une fois le « coût du film » amorti.

Ce coût est d'ordinaire égal au total de toutes les dépenses relatives à la préparation, au tournage et à la post-production. Une longue liste détaillée de l'ensemble des frais sera donc annexée au contrat entre producteur et éditeur. Elle s'étendra, par exemple, jusqu'à des frais aussi divers que les salaires des producteurs, le budget alloué à la musique du film, la publicité faite en cours de production, le doublage et/ou sous-titrage, la taxe de vision pour l'obtention du visa d'exploitation, les agios entrant dans le cadre du financement de la production ou encore les dépenses relatives à la « copie standard », à la « copie échantillon », aux « copies de sécurité », aux « contretypes positifs et négatifs »... Les frais généraux y sont habituellement visés, mais sont expressément et forfaitairement évalués à environ 7 % des dépenses.

Quant aux exploitations particulières que le producteur pourrait envisager, telles que la cession des droits de *remake*, elles donneront lieu, au profit de l'éditeur, à des taux encore différents de ceux afférents à une exploitation normale du film.

Il est d'usage de prévoir que le producteur déléguera à l'éditeur « les recettes du film à provenir de son exploitation dans le monde entier, à concurrence des pourcentages alloués, par préférence et antériorité au producteur et à tous autres ». En vertu de cette délégation, et conformément aux dispositions du Code de l'industrie cinématographique, l'éditeur pourra donc encaisser directement auprès des tiers les recettes dites déléguées.

La publication au Registre public de la cinématographie et de l'audiovisuel du contrat liant le producteur à l'éditeur est à ce titre fondamentale. Seule cette publication, généralement à la charge du producteur, permet en effet de rendre le contrat opposable aux tiers et de leur faire verser des royalties directement à l'éditeur.

L'éditeur prendra garde à négocier au sein du contrat avec le producteur les droits d'utilisation d'images du film ou de son affiche et ce, dans le but d'illustrer la couverture d'une éventuelle réédition. Il veillera de même à se réserver la possibilité d'utiliser le nouveau titre éventuellement choisi par le producteur en remplacement de celui de l'œuvre d'origine. Le producteur devra alors garantir l'éditeur pour ces utilisations spécifiques contre toute revendication de la part tant des photographes de plateau que des dessinateurs, des acteurs, etc.

L'éditeur s'attachera à limiter la faculté pour le producteur de céder les droits de publication d'ouvrages de librairie tirés du film, qu'il s'agisse de novélisations du scénario comme d'albums richement illustrés de photographies de plateau.

Éditeur et producteur concluront donc une clause qui peut s'inspirer du modèle suivant : « La présente cession ne comporte pas le droit d'édition du roman ***titre de l'ouvrage***, le droit de représentation dans tous les autres genres non cinématographiques, et notamment représentations théâtrales, éditions imprimées, produits multimédias, sauf un récit illustré d'après le film, genre dit film complet mais qui ne devra pas excéder 8 000 mots. »

Enfin, l'éditeur ne devra pas oublier que l'auteur est aussi partie prenante à l'adaptation de son livre en œuvre audiovisuelle.

Quand bien même en droit pur l'éditeur serait-il seul habilité à signer avec le producteur audiovisuel, il aura tout avantage à informer l'écrivain des négociations. Celui-ci dispose en effet toujours de son droit moral, et en particulier du droit au respect de son œuvre, qui lui permet de s'opposer aux adaptations trop audacieuses. Il est donc souvent opportun de ménager les intérêts financiers de toutes les parties, en prévoyant pour l'auteur, dans le contrat à conclure avec le producteur, une porte de sortie qui n'empêche pas le tournage du film. C'est ainsi qu'il est fréquent de prévoir que « dans le cas où ces modifications, additions ou suppressions ne recevraient pas l'accord de l'auteur, ce dernier aurait la faculté d'interdire au producteur ou ses ayants droit de mentionner le nom de M. ***nom de l'auteur*** et des éditions ***nom de l'éditeur*** dans la publicité et sur le générique, mais il ne pourra en aucun cas entraver la sortie et l'exploitation du film ».

Par ailleurs, les clauses prévoyant la mention du livre et de son éditeur au générique du film et sur les affiches devront être soigneusement examinées. Il faudra notamment s'attarder sur la taille des caractères par rapport aux noms des autres intervenants (metteur en scène, producteur, etc.). C'est à ce prix que l'éditeur tirera pleinement profit d'une adaptation audiovisuelle.

CONTRAT D'OPTION POUR LA CESSION DES DROITS D'ADAPTATION D'UN ROMAN EN FILM

Entre les soussignés :

les éditions ***nom***
– dénomination sociale
– forme sociale et montant du capital
– numéro d'immatriculation au Registre du commerce et des sociétés
– adresse du siège social
– nom et prénom du représentant légal

ci-dessous dénommées « l'éditeur », d'une part, et

les productions ***nom***
– dénomination sociale
– forme sociale et montant du capital
– numéro d'immatriculation au Registre du commerce et des sociétés
– adresse du siège social
– nom et prénom du représentant légal

ci-dessous dénommées « le producteur », d'autre part,

IL A ÉTÉ CONVENU CE QUI SUIT :

1 – M. ***nom de l'auteur*** est l'auteur d'un ouvrage intitulé ***titre***, ci-après dénommé « l'ouvrage », publié par les éditions ***nom de l'éditeur***. L'éditeur garantit être cessionnaire des droits d'adaptation et d'exploitation audiovisuelles mondiaux de l'ouvrage et, à ce titre, pleinement habilité à disposer des droits faisant l'objet des présentes conventions.

2 – Le producteur étant intéressé par la réalisation d'une adaptation sous forme d'œuvre audiovisuelle (cinématographique ou télévisuelle) de cet ouvrage, l'éditeur lui accorde une option exclusive pour une période de ***durée*** à compter de la signature des présentes, afin d'acquérir les droits d'adaptation et d'exploitation audiovisuelles de ladite œuvre moyennant le versement d'une somme de ***montant*** payable à la signature des présentes.

En cas de levée d'option, cette somme sera déduite du montant de l'à-valoir prévu par le contrat de production audiovisuelle ci-joint.

3 – Si à la date du ***date***, le producteur n'a pas déclaré vouloir lever cette option, l'éditeur reprendra, automatiquement et sans formalités ni réserves, la pleine et entière disposition des droits visés aux présentes, la somme versée au titre de l'option lui restant définitivement acquise.

S'il désire lever l'option, le producteur devra notifier sa décision à l'éditeur avant l'expiration de la durée de l'option, par lettre recommandée, et devra accompagner cette notification du règlement de la somme prévue au titre de première échéance d'à-valoir fixée par le contrat de production audiovisuelle, qui prendra aussitôt son plein effet, étant précisé que ladite convention est signée ce jour par les parties à seule fin de marquer leur acceptation sur ses termes en cas de levée d'option.

4 – Le producteur aura la faculté de renouveler l'option pour une nouvelle période de ***durée*** moyennant le versement d'une somme de ***montant***. Il devra le notifier à l'éditeur par lettre recommandée avec accusé de réception, accompagnée du règlement prévu, quinze jours avant l'expiration de la première option. Cette deuxième somme sera également déduite du montant de l'à-valoir prévu par le contrat de cession ci-joint.

5 – Faute de notification par le producteur de sa décision de lever l'option dans le délai imparti, la présente convention sera résolue de plein droit, sans qu'il soit besoin d'une mise en demeure ou formalité judiciaire quelconque, l'éditeur recouvrant alors l'entière propriété de tous ses droits sur l'ouvrage mentionné ci-dessus, la somme déjà reçue par lui au titre de la présente option lui restant définitivement acquise à titre de dédit.

Fait à ***lieu*** en deux exemplaires, le ***date***.

Le producteur

L'éditeur

CONTRAT DE CESSION DE DROITS D'ADAPTATION D'UN ROMAN EN FILM

Entre les soussignés :

les éditions ***nom***
– dénomination sociale
– forme sociale et montant du capital
– numéro d'immatriculation au Registre du commerce et des sociétés
– adresse du siège social
– nom et prénom du représentant légal

ci-dessous dénommées « l'éditeur », d'une part, et

les productions ***nom***
– dénomination sociale
– forme sociale et montant du capital
– numéro d'immatriculation au Registre du commerce et des sociétés
– adresse du siège social
– nom et prénom du représentant légal

ci-dessous dénommées « le producteur », d'autre part,

IL EST PRÉALABLEMENT EXPOSÉ QUE :

M. ***nom de l'auteur*** est l'auteur d'un ouvrage intitulé ***titre de l'ouvrage***, ci-après dénommé « l'ouvrage », publié par les éditions ***nom de l'éditeur***.

L'éditeur, seul propriétaire des droits d'adaptation et d'exploitation cinématographiques de l'ouvrage, ayant accepté, par contrat en date du ***date***, d'accorder au producteur un droit d'option pour la cession des droits d'adaptation de l'ouvrage en film, les parties sont convenues de déterminer les conditions de la cession de ces droits d'adaptation par les présentes.

EN CONSÉQUENCE DE QUOI, IL A ÉTÉ CONVENU CE QUI SUIT :

Le producteur ayant levé en date du ***date de levée de l'option*** l'option accordée par l'éditeur par acte en date du ***date du contrat d'option***, sur la cession des droits d'adaptation et d'exploitation cinématographiques de l'ouvrage, moyennant le versement d'une somme de ***montant*** TVA incluse.

Article 1 – Objet du contrat
L'éditeur cède au producteur qui accepte, et ce pour la durée légale en vigueur à compter de la signature des présentes, le droit exclusif de réaliser et d'exploiter dans le monde entier, par tous les moyens cinématographiques connus ou inconnus à ce jour, un film qui pourra être sous-titré et doublé en toutes langues, d'après l'ouvrage de M. ***nom de l'auteur***, libre de tout engagement concernant la cession des droits d'adaptation et d'exploitation cinématographiques à ce jour.

Article 2 – Droits cédés
Sous réserve de l'exécution intégrale des conventions énoncées dans les présentes, et le parfait paiement des sommes énoncées, le producteur devient cessionnaire de la totalité des droits d'auteur détenus par l'éditeur découlant du roman de M. ***nom de l'auteur***, à savoir le droit de reproduction, de représentation et les droits d'utilisation secondaire du film, comme indiqué ci-dessous.

D'une manière générale, la présente cession aura pour effet de conférer au producteur tous les droits cinématographiques d'auteur, tels que ces droits sont protégés par la législation internationale actuelle ou future, et notamment en passant tous les contrats d'édition et de représentation cinématographiques utiles à l'exploitation du film.

La présente cession ne comporte pas le droit d'édition du roman ***titre de l'ouvrage***, le droit de représentation dans tous les autres genres non cinématographiques, et notamment représentations théâtrales, éditions imprimées, sauf un récit illustré d'après le film, genre dit film complet mais qui ne devra pas excéder huit mille mots.

La part des droits à revenir à l'ensemble des auteurs et coauteurs provenant de la SACD et/ou toutes autres sociétés françaises et étrangères est répartie comme suit : ***taux %***.

Il est bien entendu que par les présentes l'éditeur ne cède au producteur que les droits qu'il possède lui-même, c'est-à-dire dans la mesure et les limites où la propriété artistique et littéraire de l'œuvre dont il s'agit lui est assurée et garantie par la législation et la jurisprudence de chaque pays.

Le droit de reproduction comporte notamment :

– le droit d'enregistrer ou de faire enregistrer en utilisant tous rapports de cadrage, les images en noir et blanc et en couleurs, les sons originaux et de doublage, les titres ou sous-titres, ainsi que les photographies fixes représentant des scènes du film ;

– le droit d'établir ou de faire établir en tel nombre qu'il plaira au producteur ou plaira à ses ayants droit, tous originaux, doubles et/ou copies, pour représentation cinématographique publique ou privée, et pour radiodiffusion sonore et visuelle ;

– le droit d'établir ou de faire établir la version française du film, ainsi que cette version doublée et/ou sous-titrée en toutes langues.

Le droit de représentation comporte notamment :

– le droit de représenter ou de faire représenter publiquement le film dans le monde entier, doublé et/ou sous-titré et ce, dans toutes les salles de projection cinématographique payantes ou non payantes, par tout organisme de télévision, par tous procédés audiovisuels connus ou inconnus à ce jour.

Le droit d'utilisation secondaire du film comporte notamment :

– le droit de représenter ou de publier tous extraits ou arrangements destinés exclusivement à la publicité du film ;

– le droit d'exploitation du film par voie de radiodiffusion et de télévision par l'intermédiaire de tout organisme autorisé par le producteur, et aux conditions que le producteur avisera, à seule charge pour lui de faire savoir aux stations de radiodiffusion et de télévision que leurs obligations à l'égard du producteur ne les dégagent pas de celles qu'elles auraient contractées envers la SACD ou la SDRM ou de toutes autres sociétés d'auteurs liées par convention générale avec les organismes de radiodiffusion et de télédiffusion ;

– le droit d'utilisation privée du film ;

– le droit d'exploitation du film par tout procédé non encore connu à ce jour ;

– le droit exclusif d'autoriser la reproduction et la publication de tout ou de fragments du film, ainsi que les photographies et tous les éléments sonores et parlants du film, en vue d'une exploitation par tout procédé cinématographique audiovisuel, et tous autres, et notamment par disques et éditions graphiques ;

– le droit de *remake*, c'est-à-dire le droit de réaliser et d'exploiter un film cinématographique postérieurement au film faisant l'objet des présentes, et reprenant les mêmes thèmes, situations, personnages, etc., en tout ou partie ;

– le droit de suite (ou droit de *sequel*), c'est-à-dire le droit de reproduire, représenter et adapter tout ou partie du film faisant l'objet des présentes en vue de réaliser une œuvre audiovisuelle qui en serait la suite et en reprendrait par conséquent certains éléments (titre, thème, scénario, dialogues, personnages, décors, situations...) ;

– le droit de *prequel*, c'est-à-dire le droit de reproduire, représenter et adapter tout ou partie du film faisant l'objet des présentes en vue de réaliser une œuvre audiovisuelle qui en serait un ou des précédents et en reprendrait par conséquent certains éléments (titre, thème, scénario, dialogues, personnages, décors, situations...) ;

– le droit de *spin-off*, c'est-à-dire le droit de produire, réaliser et exploiter une œuvre audiovisuelle dont l'action ne comporterait pas nécessairement de lien direct avec le film faisant l'objet des présentes, mais qui en reprendrait un ou plusieurs des personnages, pour le(s) placer dans une histoire et des situations entièrement originales ;

– le producteur conservera les droits de *remake*, de *sequel*, de *prequel* et de *spin-off*, et les droits cinématographiques dans le cas de la rétrocession des droits d'auteur à une production pour la réalisation d'un téléfilm.

En conséquence, le producteur acquiert la qualité d'ayant droit pour l'exercice des droits cédés par l'éditeur, que le producteur utilisera comme bon lui semble, notamment en passant tous contrats d'édition et de représentation cinématographiques utiles à l'exploitation du film.

Article 3 – Durée

Par suite de la présente cession mais sous la réserve prévue au premier paragraphe de l'article 2 des présentes, le producteur devient propriétaire de tous les droits d'auteur, généralement, nécessaires à la production et à l'exploitation du film, tels qu'énoncés à l'article 2 ci-dessus, pour la durée légale en vigueur à dater de la signature des présentes, à savoir pour tout le temps que durera la propriété littéraire et artistique de l'auteur et de ses ayants droit, d'après les législations tant française qu'étrangères et conventions internationales actuelles ou futures, y compris les prolongations éventuelles qui pourraient être apportées à cette durée.

Il est bien précisé que, dans le cas où le producteur n'aurait pas réalisé le film, objet des présentes, dans un délai de quatre années à dater de la signature des présentes, l'éditeur reprendrait la pleine et entière propriété de tous ses droits, et ce sans formalité ni réserve.

Dans ce cas, l'éditeur conservera à titre de dédommagement toutes les sommes déjà encaissées. Le producteur ne sera pas redevable des échéances prévues lors de la préparation et du tournage du film.

Article 4 – Modifications
Le producteur aura le droit d'apporter au roman toutes les modifications qu'il jugera utiles pour les besoins de l'adaptation cinématographique.

Dans le cas où ces modifications, additions ou suppressions ne recevraient pas l'accord de l'auteur, ce dernier aurait la faculté d'interdire au producteur ou à ses ayants droit de mentionner le nom de M. ***nom de l'auteur*** et des éditions ***nom de l'éditeur*** dans la publicité et sur le générique, mais il ne pourra en aucun cas entraver la sortie et l'exploitation du film.

Article 5 – Publicité
Le producteur s'engage à ce que sur le générique du film et sur les affiches grand format soit mentionné : ***mentions,*** et ce, dans des caractères qui auront 1/3 de l'importance des caractères utilisés pour la mention du nom du metteur en scène.

Le producteur s'engage à imposer ces clauses de publicité à toutes les firmes qui distribueront ou éditeront le film, mais ne saurait être tenu responsable de leurs manquements.

L'éditeur est autorisé, dès maintenant, à agir vis-à-vis de ses ayants droit.

Article 6 – Rémunération
En contrepartie de la cession des droits d'adaptation cinématographique, telle que prévue ci-dessus, l'éditeur recevra du producteur :

Conformément au Code de la propriété intellectuelle, un pourcentage fixé à ***taux*** % + TVA sur les recettes nettes part producteur provenant de l'exploitation du film dans le monde entier, et ce dès le premier euro de recette (voir définition en annexe A).

Cependant, le producteur versera à l'éditeur un minimum garanti, à valoir sur le pourcentage ci-dessus défini.

A) Dans le cas de la production d'un téléfilm ou d'un film cinématographique d'un budget inférieur à ***montant***, le minimum garanti sera de ***montant***.

Étant rappelé que le producteur a déjà versé à l'éditeur la somme de ***montant*** au titre de l'option conclue en date du ***date***, le solde de la somme visée à l'alinéa précédent sera réglé comme suit :

– ***montant*** TVA incluse à la signature des présentes ;

– ***montant*** TVA incluse à la mise en production du film, et au plus tard ***nombre*** mois après la signature des présentes ;

– ***montant*** TVA incluse pendant la préparation du film en deux échéances de ***montant*** aux troisième et sixième semaines de préparation ;

– ***montant*** TVA incluse le premier jour de tournage.

B) Dans le cas de la production d'un film cinématographique dont le budget serait supérieur à ***montant***, il est convenu de majorer le minimum garanti susvisé en A) de ***montant***.

Le producteur se remboursera des avances susmentionnées en A) et B) sur les sommes revenant à l'éditeur par le jeu du pourcentage ci-dessus. Ces avances ne seront pas productives d'intérêts. Le producteur exercera la compensation jusqu'à remboursement complet sur l'ensemble des produits d'exploitation.

Le montant de l'avance ainsi déterminé constitue un minimum garanti, de telle sorte que si l'ensemble des sommes revenant à l'éditeur était inférieur au montant de l'avance, le producteur ne pourrait pas exercer de recours contre l'éditeur pour la différence.

C) De plus, après amortissement du coût du film tel que défini en annexe B), il est convenu de verser à l'éditeur une rémunération supplémentaire dans les deux cas suivants :

1) Film réalisé pour la télévision qui obtiendrait une dérogation pour une sortie dans les salles de cinéma ou film cinématographique dont le budget serait inférieur à ***montant***:

– ***taux*** % sur les recettes nettes part producteur jusqu'à paiement d'un montant supplémentaire de ***montant***;

– ***taux*** % sur les recettes nettes part producteur au-delà de la somme de ***montant*** sans limitation de somme ;

2) Film cinématographique dont le budget serait supérieur à ***montant***:

– ***taux*** % sur les recettes nettes part producteur jusqu'à paiement d'un montant supplémentaire de ***montant*** ;

– ***taux*** % sur les recettes nettes part producteur au-delà de la somme de ***montant*** sans limitation de somme.

Il est bien entendu que dans le cas d'un film réalisé pour la télévision et exploité uniquement dans le cadre de diffusion télévisuelle, aucun supplément au minimum garanti de ***montant*** ne sera dû.

D) Dans le cas de cession des droits de *remake, sequel, prequel* ou *spin-off*, l'éditeur percevra un pourcentage de 20 % du montant de la vente desdits droits.

En conséquence, le producteur déclare formellement, ainsi qu'il est dit ci-dessus, que les droits qui sont consentis à l'éditeur, concernant les pourcentages ci-dessus, ne sont primés par aucun privilège primitivement accordé, et s'interdit de consentir, à tous tiers quelconques, nantissements, délégations, cessions, etc., pouvant faire obstacle aux droits privilégiés résultant des présentes.

Le producteur délègue dès à présent à l'éditeur, ce qu'il accepte, dans le cadre des dispositions du Code de l'industrie cinématographique, les recettes du film à provenir de son exploitation totale et sans réserve dans le monde entier, à concurrence des pourcentages alloués dans les conditions exposées ci-dessus, par préférence et antériorité au producteur et à tous autres.

En vertu de cette délégation, et conformément aux dispositions du Code de l'industrie cinématographique, l'éditeur encaissera seul directement et sur simple quittance de tous débiteurs et de toutes personnes qu'il appartiendra les recettes déléguées.

Le producteur tiendra dans ses livres une comptabilité de production et d'exploitation qui devra être tenue à la disposition de l'éditeur. Les comptes seront envoyés tous les six mois pendant la première année accompagnés des bordereaux justificatifs, et éventuellement des chèques correspondants. Les comptes seront envoyés annuellement à compter du début de la deuxième année.

Le producteur reconnaît d'ores et déjà à l'éditeur et à tout mandataire choisi par l'éditeur le droit de contrôler à quelque moment que ce soit ladite comptabilité.

Article 7 – Défaut de versement de la rémunération
À défaut du versement d'une des sommes dues à quelque titre que ce soit à la date fixée et sur simple sommation par lettre recommandée avec accusé de réception restée sans effet dans les huit jours de sa réception, la totalité des présentes sera, si bon semble à l'éditeur, résolue de plein droit, sans qu'il soit besoin de constater cette résolution par une formalité judiciaire quelconque, et l'éditeur redeviendrait propriétaire de tous les droits d'auteur cédés par les présentes, et ce sans formalités ni réserves, toutes les sommes versées par le producteur à l'éditeur restant acquises, et toutes les sommes dues figurant aux présentes conventions devenant immédiatement exigibles, le présent accord se survivant sur ce point.

Article 8 – Registre public de la cinématographie et de l'audiovisuel
Pour satisfaire aux exigences du décret n° 55-661 du 20 mai 1955, le producteur prend l'engagement formel d'inscrire l'action résolutoire prévue aux présentes, en même temps qu'il procédera à l'immatriculation du film au Registre public de la cinématographie et de l'audiovisuel.

Article 9 – Frais
Les frais de timbres et d'enregistrement, y compris les amendes à la perception desquelles pourraient donner lieu les présentes, seront à la charge de la partie qui les aura rendus nécessaires.

Article 10 – Résolution
Faute de l'exécution de l'une quelconque des stipulations des présentes, à l'exception de celles relatives aux engagements financiers du producteur, et dont l'inexécution est sanctionnée par l'article 8 ci-dessus, après une mise en demeure par lettre recommandée avec accusé de réception restée sans effet dans les huit jours qui en suivront l'envoi, celles-ci seront résolues de plein droit aux torts et griefs de la partie défaillante, si bon semble à l'autre partie, sous réserve de tous dommages et intérêts.

Pour constater le jeu de la présente clause et pour connaître de toute difficulté que son interprétation ou son application pourraient soulever, les parties conviennent expressément de donner attribution de compétence à Monsieur le président du tribunal de grande instance de ***lieu***, statuant en référé.

Article 11 – Utilisation par l'éditeur des photographies, affiche et titre du film
Nombre photographies choisies et l'affiche du film seront remises gracieusement par le producteur à l'éditeur pour figurer en couverture de l'ouvrage. L'éditeur aura également la faculté d'exploiter librement le titre donné par le producteur au film. Le producteur garantit expressément l'éditeur contre tous troubles et revendications du fait de la présente clause.

Article 12 – Annexes
Les annexes A et B font partie intégrante du présent contrat.

Article 13 – Cession du contrat
Le producteur se réserve la faculté de céder les bénéfices, droits et obligations résultant des présentes à toute société sans être tenu à aucune indemnité à l'égard de l'éditeur, et à charge par le producteur d'en aviser l'éditeur par lettre recommandée le jour même de la cession.

Toutefois, si le producteur, ou tout nouveau bénéficiaire subséquent revendait les droits acquis par le présent contrat à une personne morale ou physique pour une somme supérieure à celle du présent contrat, l'excédent serait partagé par moitié entre le producteur et l'éditeur.

Article 14 – Attribution de compétence et loi applicable
En tant que de besoin, les parties sont convenues de faire application de la loi française et attribution de compétence aux juridictions de ***lieu***. Toutefois, sur proposition de la partie se jugeant lésée, les parties pourront se mettre d'accord pour recourir à un arbitrage.

Article 15 – Élection de domicile
Élection de domicile est faite aux adresses mentionnées en tête des présentes.

L'éditeur | Le producteur

Fait à ***lieu*** le ***date*** en autant d'exemplaires que nécessaire.

ANNEXE A — AU CONTRAT DU *date* CONCERNANT L'ADAPTATION AUDIOVISUELLE DE *titre du livre*

La part nette du producteur est égale à l'ensemble des recettes provenant de l'exploitation du film, y compris le court-métrage, en tous formats, en toutes langues, à n'importe quel titre, par n'importe quel moyen, y compris la télévision et tous les moyens de diffusion existants ou à venir, en France et à l'étranger, sous déduction des charges d'exploitation énumérées ci-dessous.

Elle représente en conséquence :

a) Pour la France
La recette distribution sous déduction :

– de la part attribuée aux courts-métrages dont le prix ou le pourcentage lui sera attribué selon les prix ou pourcentages en usage dans la profession et à la condition que ce court-métrage ne soit pas fourni par le producteur, auquel cas les recettes seraient celles du programme complet ;

– de la commission de distribution aux taux effectivement appliqués par le distributeur ;

– du montant de la publicité de lancement faite au moment de la première sortie du film en exclusivité à Paris ;

– du prix des copies du film et du film-annonce et de leur entretien, ainsi que du montant de la TVA sur les copies dans la mesure où ce montant ne sera pas récupérable ;

– du montant des taxes sur le chiffre d'affaires à la charge du producteur, calculées sur la recette distributeur attribuée au grand film ou éventuellement au programme complet ;

– du montant de la cotisation due par le producteur au Centre national de la cinématographie au titre de l'exploitation dans les territoires dont il est question.

Dans le cas où le distributeur aura effectivement versé un minimum garanti, la part producteur nette sera réputée égale au minimum de garantie complété, le cas échéant, par les recettes acquises en supplément par le producteur, déterminées dans les conditions ci-dessus exposées.

b) Pour l'étranger
Les sommes encaissées par le producteur des acheteurs ou distributeurs étrangers pour l'exploitation du film sous toutes formes, en toutes langues, par tous procédés connus ou inconnus à ce jour, sous déduction :

– de la commission de vente réservée à l'exportateur et dont le taux sera négocié au mieux des intérêts communs des parties ;

– des cotisations dues au Centre national de la cinématographie sur les recettes dont il est question, déduction faite de la commission ci-dessus stipulée ;

– du pourcentage à revenir à la SACEM au titre des pays non statutaires.

En cas de distribution à l'étranger de pourcentages, la commission attribuée au distributeur et les modalités contractuelles seront fixées d'un commun accord.

Il est ici précisé que si le film est produit en coproduction franco-étrangère, le montant de la participation du coproducteur étranger sera considéré comme recette forfaitaire pour l'ensemble des pays qui lui sont cédés ou des pourcentages des recettes du film qui lui sont attribués en application des contrats de coproduction, le producteur étranger restant propriétaire de tous les droits d'exploitation dans les pays qui lui sont réservés.

c) Pour l'exploitation à la télévision et l'exploitation des droits non commerciaux

Les sommes effectivement encaissées par le producteur sous déduction des commissions d'intermédiaires, éventuellement versées, ainsi que des taxes ou cotisations exigibles du producteur sur les recettes dont il est question.

Toutes les recettes du film seront dès leur encaissement affectées au financement afin d'en déduire les charges bancaires.

ANNEXE B — AU CONTRAT DU *date*
CONCERNANT L'ADAPTATION AUDIOVISUELLE DE *titre du livre*

Le coût du film est ainsi déterminé :

Le coût de production est égal au total de toutes les dépenses (hors taxes) relatives à la préparation, au tournage et à la post-production jusqu'à l'établissement de la copie standard et des éléments de sécurité et d'exploitation du film-annonce, y compris :

- la rémunération du ou des salaire(s) des producteurs délégués et associés ;
- le coût de la production et de l'acquisition de la musique du film ;
- la publicité faite en cours de production ;
- le coût de doublage et/ou sous-titrage s'il y a lieu ;
- les frais éventuels d'enregistrement des contrats de coproduction ;
- les frais d'inscription de tous les contrats au Registre public de la cinématographie ;
- les frais inhérents à la souscription d'une garantie de bonne fin auprès d'une compagnie d'assurances spécialisée ;
- la taxe de vision pour l'obtention du visa d'exploitation ;
- les agios entrant dans le cadre du financement de la production ;
- les dépenses relatives à la copie standard, à la copie échantillon, aux copies de sécurité, aux contretypes positifs et négatifs de la version française et des versions étrangères à la charge du producteur ;
- les frais généraux limités à raison de 7 % des dépenses ;
- les taxes exigibles lors de la sortie du film, la TVA non récupérable et toutes autres taxes à la charge du producteur.

XI

Le contrat de traduction

La traduction étant en elle-même une œuvre protégeable par le droit d'auteur, il semblerait qu'en théorie le contrat de traduction doive répondre aux mêmes exigences que le contrat d'édition d'une œuvre originale. Cependant, la pratique ignore cette question et s'accommode apparemment sans mal de contrats qui ne présentent pas de telles exigences[1]. Le modèle de contrat qui suit tient compte du Code des usages élaboré entre le SNE et les instances représentatives des traducteurs[2].

Quel que soit réellement le statut du traducteur, il n'y a pas d'obligation de rémunération proportionnelle en sa faveur : le CPI mentionne en effet expressément les traductions au rang des exceptions au principe de la rémunération proportionnelle[3]. Il faut rappeler, par ailleurs, qu'aucune modification n'est possible sans accord du traducteur et ce, en vertu du droit au respect de l'œuvre[4].

1. E. Janvier, « Vous avez dit auteurs ? La situation des traducteurs littéraires en France », *Revue internationale du droit d'auteur*, janvier 1981, n° CVII, p. 3.

2. Voir « Codes des usages », en fin d'ouvrage.

3. Voir « La rémunération de l'auteur ».

4. Cour d'appel de Paris, 8 décembre 1988, *Dalloz*, 1990, Sommaires commentés, p. 1953, observations Claude Colombet. Voir « Les traductions ».

CONTRAT DE TRADUCTION

Entre les soussignés :

– nom et prénom
– adresse

ci-dessous dénommé « le traducteur », d'une part, et

les éditions ***nom***
– dénomination sociale
– forme sociale et montant du capital
– numéro d'immatriculation au Registre du commerce et des sociétés
– adresse du siège social
– nom et prénom du représentant légal

ci-dessous dénommées « l'éditeur », d'autre part,

IL A ÉTÉ CONVENU CE QUI SUIT :

Article 1 – Apport du traducteur
L'éditeur confie au traducteur, qui accepte, dans les termes des dispositions ci-après énoncées, le soin de traduire personnellement en langue française l'ouvrage de ***auteur*** en langue ***langue*** qui a pour titre original :

titre

En conséquence, le traducteur cède à l'éditeur, qui accepte pour lui et ses ayants droit, le droit exclusif d'exploiter, dans les conditions également ci-après énoncées, ses droits patrimoniaux sur sa traduction, sous toutes formes et en tous pays. La traduction en langue française ici confiée et cédée est appelée « la traduction » dans le présent contrat.

Article 2 – Durée de la cession
La présente cession est consentie pour avoir effet en tous lieux, pour tous les pays, et pour tout le temps que durera la propriété littéraire du traducteur et de ses ayants droit, d'après les législations tant française qu'étrangères et les conventions internationales, actuelles ou futures, y compris les prolongations éventuelles qui pourraient être apportées à cette durée.

Article 3 – Étendue de la cession
Le traducteur cède expressément à l'éditeur, outre le droit d'édition, tous les droits patrimoniaux d'adaptation, de reproduction et de représentation afférents à la traduction.

La présente cession comporte pour l'éditeur le droit de traiter notamment la cession des droits de reproduction et de représentation suivants :

– le droit de reproduire la traduction sous toutes ses formes d'édition ordinaire, de luxe (à tirage limité ou non), de demi-luxe, illustrée, populaire, reliée ou non, de poche (dite aussi de grande diffusion), en clubs, en gros caractères, scolaire, critique ou dans une anthologie ;

– le droit de reproduire la traduction en tout ou en partie, avant ou après l'édition en volume, dans les journaux et périodiques, en épisodes ou fascicules, de l'adapter et de la reproduire en digests ou en condensés ;

– le droit d'adapter la traduction et de la reproduire par dessins ou photos, et en particulier sous forme de bande dessinée ou de roman-photo ;

– le droit d'adapter la traduction pour tout enregistrement sonore et de la reproduire ainsi que les adaptations qui en seront faites, au moyen de tous procédés de reproduction sonore ou visuel magnétique, analogique ou numérique, et en particulier par disque vinyle, compact ou numérique et en bandes magnétiques ;

– le droit d'adapter la traduction pour le théâtre (dramatique ou lyrique) ou pour la danse, la radiodiffusion et la musique, et de reproduire, sous toutes formes et par tous moyens, les adaptations qui en seront ainsi faites ;

– le droit de reproduire la traduction par photocopie, microcarte, microfiche ou microfilm ou tout autre procédé analogue existant ou à venir qu'il soit électronique, magnétique, analogique ou numérique ;

– le droit de reproduire la traduction et de l'adapter sous forme d'édition électronique, en particulier en cédérom, CD-I et DVD, par réseau numérique (notamment Internet, téléphonie fixe et mobile) ou par tout autre procédé analogue existant ou à venir ;

– le droit de reproduire la traduction et de l'adapter pour le cinéma, la télévision, la vidéocassette, le vidéodisque ou tout autre procédé audiovisuel analogue existant ou à venir ;

– le droit de reproduire tout ou partie de la traduction et de ses éléments (titre, nom de personnage, texte, etc.) sous forme de vêtements, bibelots, matériel de papeterie et sous toute autre forme dérivée existante ou à venir ;

– le droit de faire lire ou réciter la traduction en public ;

– le droit de communiquer au public la traduction ou ses adaptations par voie de réseau numérique, de représentation cinématographique, télévisuelle, théâtrale, chorégraphique ou musicale, d'exécution lyrique ou par tous procédés de diffusion des paroles, des sons et des images existants ou à venir ;

– le droit de percevoir et de faire percevoir en tous pays les rémunérations dues à l'occasion de toute reproduction par reprographie de tout ou partie de la traduction et de ses adaptations ; ce droit comporte tous les types de reproduction visés à l'article L. 122-10 du Code de la propriété intellectuelle, que la publication de la traduction en emporte cession à une société de gestion collective agréée ou que l'exploitation se fasse dans les conditions de l'alinéa 3 de l'article L. 122-10 précité ;

– le droit de percevoir ou de faire percevoir en tous pays les droits dus à l'occasion du prêt ou de la location des exemplaires de la traduction et de ses adaptations, sur tous les supports prévus au présent article.

Les articles L. 311-1 à L. 311-8 du Code de la propriété intellectuelle prévoyant une rémunération pour copie privée des œuvres fixées sur phonogrammes ou sur tout autre support numérique, les parties conviennent pour la durée du présent contrat de partager cette rémunération par moitié. L'éditeur représentera le traducteur dans toutes les négociations relatives au droit de rémunération pour copie privée et lui versera la rémunération convenue.

L'éditeur cessionnaire des droits ci-dessus énumérés s'emploiera, dans toute la mesure de ses moyens et au mieux de l'intérêt réciproque des parties, à les exploiter, soit directement, soit en confiant à des tiers la charge de les exploiter sous son contrôle. Il aura seul pouvoir de consentir les autorisations et cessions nécessaires sous réserve de l'exercice du droit moral du traducteur et du droit de citation. Dans le cas où l'éditeur jugerait opportun d'exploiter personnellement certains des droits mentionnés ci-dessus, et à l'exclusion des cas d'exploitation directe prévus à l'article 14 du présent contrat, l'éditeur verserait au traducteur une rémunération à déterminer d'un commun accord entre l'éditeur et le traducteur; en cas de désaccord, les parties s'en remettraient à l'arbitrage d'un expert désigné par elles, dont la mission serait de déterminer une rémunération en fonction des usages commerciaux et de l'état du marché. Dans le cas de cessions ou d'autorisations sur les droits mentionnés ci-dessus consenties par l'éditeur à des tiers, l'éditeur devra verser ***pourcentage*** des sommes encaissées en contrepartie de ces cessions ou autorisations.

Il est convenu que la non-exploitation de l'un ou de plusieurs des droits cédés ne peut en aucun cas être une cause de résiliation du présent contrat, lesdits droits étant cédés irrévocablement à l'éditeur en contrepartie de la rémunération prévue à l'article 14 du présent contrat.

Le traducteur s'engage à communiquer à l'éditeur toutes demandes qui lui seraient adressées par un tiers en vue de l'acquisition des droits sur la traduction pour toute adaptation, reproduction ou représentation. De son côté, l'éditeur s'engage à informer le traducteur de toute cession qu'il serait amené à consentir en exécution du présent article.

Au cas où le présent contrat se trouverait résilié pour quelque motif que ce soit, cette résiliation serait sans influence sur la validité des cessions ou autorisations sur les droits de reproduction, d'adaptation et de représentation antérieurement consenties par l'éditeur à des tiers et dont le traducteur aura été informé conformément à ce qui est prévu ci-dessus.

Article 4 – Garanties données par le traducteur
Le traducteur garantit à l'éditeur que son manuscrit ne contient aucun emprunt à une autre traduction en langue française, emprunt qui serait de nature à engager la responsabilité de l'éditeur, cette garantie étant une condition essentielle et déterminante du contrat.

Article 5 – Remise et acceptation du manuscrit de la traduction
Le traducteur s'engage à remettre à l'éditeur au plus tard le ***date*** le manuscrit de la traduction, définitif et complet, c'est-à-dire revu et prêt pour l'impression, parfaitement lisible, dactylographié au recto seulement, avec s'il y a lieu toutes notes et avertissements. En conséquence, la redactylographie de tout ou partie du manuscrit, si nécessaire, sera à la charge du traducteur.

Description des éléments ajoutés à la traduction (préface, apparat critique, etc.)

Le traducteur s'engage à soumettre la traduction à l'approbation de l'éditeur, qui peut la refuser pour des raisons de qualité. Si la traduction remise ne correspond pas aux caractéristiques précisées ci-dessus (présentation et qualité), l'éditeur pourra demander au traducteur de la réviser, d'y apporter, dans le mois de réception du manuscrit, tout remaniement utile et, au besoin, de procéder à une nouvelle rédaction. Si l'éditeur refuse la traduction ou subordonne son acceptation à une révision, un remaniement ou une nouvelle rédaction du texte, il devra en informer le traducteur par lettre recommandée avec accusé de réception dans le délai d'un mois de la remise du manuscrit de la traduction.

Si le traducteur accepte ou refuse de réviser, remanier ou rédiger à nouveau lui-même sa traduction, il devra informer l'éditeur de sa décision par lettre recommandée avec accusé de réception dans le délai d'un mois de la réception de la demande de révision, remaniement ou nouvelle rédaction formulée par l'éditeur.

En cas d'acceptation de procéder lui-même à la révision, au remaniement ou à la nouvelle rédaction, un nouveau délai de remise du manuscrit révisé sera conclu d'un commun accord entre le traducteur et l'éditeur. Le travail de révision ou de remaniement ou de nouvelle rédaction ne pourra donner lieu à une rémunération supplémentaire.

En cas de refus par le traducteur de procéder lui-même à la révision, au remaniement ou à la nouvelle rédaction, l'éditeur peut alors l'effectuer lui-même ou la confier à un tiers. Un contrat sera conclu entre l'éditeur et le tiers. La rémunération prévue aux articles 3 et 14 du présent contrat sera alors répartie entre le traducteur et le tiers proportionnellement à leur participation respective à la traduction révisée et acceptée.

En revanche, en cas de remaniements importants ou de nouvelle rédaction nécessités pour des raisons étrangères à la qualité de la traduction, il sera dû une indemnité complémentaire au traducteur, qui sera décidée d'un commun accord entre le traducteur et l'éditeur. Si le traducteur refuse de procéder lui-même à ce travail, l'éditeur pourra l'effectuer lui-même ou le confier à un tiers; le traducteur percevra la rémunération prévue aux articles 3 et 14 du présent contrat sans diminution.

Le manuscrit et les documents pour l'impression remis à l'éditeur resteront sa propriété. Le traducteur déclare en conserver un double par devers lui et dégage l'éditeur de toute responsabilité en cas de perte, de vol ou destruction du manuscrit remis.

Article 6 – Épreuves et corrections
L'éditeur s'engage à communiquer au traducteur les épreuves d'imprimerie de l'ouvrage.

De son côté, le traducteur s'engage à les lire, les corriger et les retourner à l'éditeur, revêtues de son bon à tirer et accompagnées des tables et index que le traducteur aura établis s'il y a lieu, dans le délai maximum de dix jours suivant la réception qu'il en aura faite. Passé ce délai, l'éditeur pourra confier les épreuves à un correcteur de son choix et, après corrections, procéder au tirage. La réfection demandée par le traducteur de toute figure déjà revêtue par lui de son « bon à tirer » ou « à graver » sera à la charge du traducteur. Le traducteur pourra également procéder à des corrections dites corrections de traducteur. Dans le cas où ces corrections dépasseraient dix pour cent des frais de composition, le surplus serait à la charge du traducteur et son montant serait déduit de la rémunération due au traducteur en application de l'article 14 du présent contrat.

Article 7 – Prérogatives de l'éditeur
Les décisions suivantes seront prises par l'éditeur seul en tenant compte de l'intérêt commun des parties, étant entendu que le traducteur déclare expressément bien connaître les formes habituelles des ouvrages publiés par l'éditeur:

– format, présentation et couverture;

– prix de vente : le prix de vente des exemplaires choisi initialement par l'éditeur pourra être modifié par lui en fonction de la conjoncture économique, l'éditeur devant alors informer le traducteur de tout changement de prix ;

– date de mise en vente, étant entendu toutefois que cette date ne saurait en aucun cas excéder de dix-huit mois la date d'acceptation définitive du manuscrit complet, sauf cas de force majeure. Passé ce délai, le présent contrat sera résilié de plein droit si l'éditeur ne procède pas à la publication de l'ouvrage dans les six mois d'une mise en demeure par lettre recommandée avec accusé de réception du traducteur, et les sommes versées au traducteur en avance à valoir sur sa rémunération lui resteront définitivement acquises à titre d'indemnité forfaitaire ;

– édition sous d'autres formes que l'édition courante ;

– cession des droits énumérés à l'article 3 du présent contrat ;

– rédaction et diffusion d'un prière d'insérer, et plus généralement de toutes annonces publicitaires par tous supports.

L'éditeur informera le traducteur de l'ensemble des décisions mentionnées ci-dessus. Les textes de présentation et de couverture seront adressés au traducteur sur sa demande. L'éditeur adressera également au traducteur, sur sa demande, la photocopie des déclarations de dépôt légal.

L'éditeur fera figurer sur chacun des exemplaires le nom du traducteur ou son pseudonyme, ou la marque que celui-ci lui indiquera.

Article 8 – Tirage
Le tirage de la première édition sera au minimum de ***nombre*** exemplaires.

Les réimpressions seront décidées par l'éditeur seul, en fonction des possibilités commerciales. L'éditeur informera le traducteur, dans le délai maximum d'un mois, de chaque réimpression à laquelle il aura procédé.

Article 9 – Exemplaires de traducteur
Le traducteur disposera gratuitement, sur le premier tirage de l'édition courante, de ***nombre*** exemplaires, destinés à son usage personnel, ne pouvant donner lieu à des opérations commerciales. Les exemplaires qu'il désirerait en plus de ceux-ci lui seront facturés avec ***taux*** % de remise sur le prix de vente au public. Ces exemplaires sont incessibles et ne pourront être mis en vente par le traducteur dans le commerce.

Article 10 – Cas de destruction, détérioration ou disparition des exemplaires
L'éditeur ne pourra être tenu pour responsable, en cas d'incendie, d'inondation ou de tout autre cas accidentel ou de force majeure ayant pour conséquence la destruction, la détérioration ou la disparition de tout ou partie des exemplaires en stock. Le traducteur ne pourra prétendre à aucun droit ou indemnité relatifs à ces exemplaires détruits, détériorés ou disparus. L'éditeur aura toutefois l'obligation, au cas où la totalité du stock se trouverait impropre à la vente, de procéder à une réimpression dans un délai d'un an. Si l'éditeur ne procédait pas à cette réimpression à l'issue de ce délai d'un an, le traducteur serait en droit de mettre en demeure, par lettre recommandée avec accusé de réception, de procéder à une réimpression dans les six mois, sauf circonstance exceptionnelle motivant une expansion de ce délai. Faute de réimpression de l'ouvrage par l'éditeur à l'issue de ce délai de six mois, le contrat serait résilié de plein droit et les sommes versées éventuellement au traducteur lui seraient définitivement acquises à titre d'indemnité forfaitaire. Les cessions ou autorisations portant

sur les droits de reproduction, d'adaptation et de représentation qui auraient été consenties par l'éditeur à des tiers en vertu de l'article 3 du présent contrat avant la destruction, la détérioration ou la disparition resteraient opposables au traducteur.

Article 11 – Solde et pilon
Deux ans après la mise en vente de l'ouvrage, s'il juge que son stock dépasse le nombre d'exemplaires nécessaires pour répondre aux demandes courantes d'achat, l'éditeur pourra à tout moment se défaire des exemplaires en excédent soit par leur mise au pilon, soit par leur vente en solde au prix qu'il pourra en obtenir. Le présent contrat n'en sera pas résilié pour autant. En cas de pilonnage d'exemplaires à l'état neuf ou de mise en solde, l'éditeur devra aviser le traducteur de ses intentions par lettre recommandée avec accusé de réception un mois à l'avance.

Le produit de la vente en solde restera acquis à l'éditeur si les exemplaires sont soldés à moins de vingt-cinq pour cent (25 %) du prix de vente au public hors TVA. Dans le cas contraire, le traducteur percevra ses droits calculés, au taux minimum prévu à l'article 14 du présent contrat, sur le montant de vente au soldeur.

L'éditeur tiendra à la disposition du traducteur un certificat de pilon ou de vente indiquant le nombre d'exemplaires effectivement détruits ou mis en solde.

À tout moment, l'éditeur pourra faire détruire les exemplaires défectueux ou défraîchis sans en aviser le traducteur, à seule charge pour l'éditeur d'en tenir un état justificatif.

En cas de liquidation totale du stock, par pilon ou par vente en solde, l'éditeur devra aviser le traducteur de ses intentions par lettre recommandée avec accusé de réception un mois à l'avance.

En cas de liquidation totale, l'éditeur devra remettre au traducteur un certificat.

Si l'éditeur ne procédait pas à une réimpression dans le délai d'un an suivant la liquidation totale du stock, le traducteur serait en droit de le mettre en demeure, par lettre recommandée avec accusé de réception, de procéder à une réimpression dans les six mois, sauf circonstance exceptionnelle motivant l'expansion de ce délai. Faute de réimpression dans ce délai de six mois, le présent contrat serait résilié de plein droit. Les cessions qui auraient été consenties par l'éditeur à des tiers en vertu de l'article 3 du présent contrat avant la liquidation resteraient opposables au traducteur.

L'éditeur tiendra à la disposition du traducteur un certificat de pilon ou de vente.

Article 12 – Abandon de la publication
Étant considéré que la traduction est une œuvre dérivée du texte original, l'éditeur peut se voir contraint d'en abandonner la publication et en informera le traducteur par lettre recommandée avec accusé de réception. Le traducteur conservera alors à titre d'indemnité forfaitaire les à-valoir qui lui auraient été versés.

L'éditeur pourra rétrocéder le présent contrat de traduction à un autre éditeur de son choix et en informera le traducteur par lettre recommandée avec accusé de réception.

Article 13 – Déchéance du droit d'exploitation
Outre les cas prévus aux articles 10 et 11 du présent contrat et hormis celui prévu à l'article 12 du présent contrat, l'éditeur perdrait le bénéfice du droit d'exploitation des droits patrimoniaux du traducteur qui lui est cédé par le présent contrat dans les deux cas suivants :

– En cas de non-publication dans un délai de dix-huit mois à compter de l'acceptation définitive du manuscrit, sauf cas de force majeure justifiant un délai supplémentaire. Dans le cas où la carence de l'éditeur est injustifiée, le présent contrat sera résilié de plein droit. En outre, à titre de dédommagement forfaitaire et définitif et à l'exclusion de toute autre indemnité, le traducteur conservera les sommes déjà perçues sous forme d'à-valoir.

– Au cas où l'éditeur renonce à assurer à l'ouvrage une exploitation permanente et suivie. Cette hypothèse est considérée comme réalisée si toutes les éditions auxquelles l'éditeur a procédé se trouvent épuisées et si, après constat et mise en demeure par le traducteur par lettre recommandée avec accusé de réception, l'éditeur laisse passer le délai d'un an sans procéder à la réimpression. Dans cette hypothèse, le présent contrat sera résilié de plein droit. Les cessions qui auront été consenties par l'éditeur à des tiers en vertu de l'article 3 du présent contrat avant la mise en demeure du traducteur de procéder à une exploitation permanente et suivie resteront opposables au traducteur. L'éditeur sera dégagé du versement de toute indemnité au traducteur.

Article 14 – Rémunération du traducteur
Pour prix de la cession d'édition consentie ci-dessus, le traducteur recevra les droits suivants calculés sur le prix de vente au public des exemplaires vendus :

– ***taux*** % sur les exemplaires brochés de l'édition courante ; ***ou rémunération forfaitaire ;***
– autres éditions dont l'exploitation est envisagée directement par l'éditeur.

Toute exploitation de l'œuvre, effectuée par un autre que l'éditeur, sera rémunérée au traducteur en vertu des dispositions prévues à l'article 3 du présent contrat.

Par ailleurs, le Code de la propriété intellectuelle prévoyant une rémunération pour reprographie, les parties conviennent expressément, pour la durée du présent contrat, de partager cette rémunération pour moitié, en raison du préjudice commun qui leur est causé par l'utilisation privée des techniques de reprographie. L'éditeur représentera le traducteur dans toutes les négociations relatives au droit à rémunération pour copie privée et lui versera la rémunération convenue.

Article 15 – Assiette de la rémunération du traducteur
La rémunération stipulée à l'article 14 du présent contrat ne porte que sur les exemplaires vendus. Elle ne peut porter :

– ni sur les exemplaires de traducteur mentionnés à l'article 9 du présent contrat ;

– ni sur les exemplaires distribués gratuitement ou à prix réduit (50 % du prix de vente ou au-dessous) dans l'intérêt de la promotion de l'ouvrage : service de presse, dont le nombre ne sera pas inférieur à ***nombre***, envois à des personnalités ;

– ni sur les exemplaires destinés au dépôt légal ou à l'envoi de justificatifs ;

– ni sur les exemplaires mis au pilon ;

– ni sur les exemplaires détruits, détériorés ou disparus mentionnés à l'article 10 du présent contrat.

Les libraires ayant la faculté de retourner les exemplaires mis en office, les droits correspondant à la vente des exemplaires de l'office n'ayant pas fait l'objet d'un retour seront intégrés au compte du traducteur dans le délai de dix-huit mois suivant la date de publication de l'ouvrage ou de toute nouvelle remise en office ultérieure.

Article 16 – Comptes
L'ensemble de la rémunération due au traducteur en vertu de l'article 14 du présent contrat, ainsi que les sommes dues au titre de l'article 3 du présent contrat, feront l'objet d'un arrêté de comptes annuels au 31 décembre de chaque année. Au cours des trois mois qui suivent la date de l'arrêté des comptes, l'éditeur remettra au traducteur, en même temps que les relevés de comptes, un état mentionnant le nombre d'exemplaires en stock. Cet état mentionnera également le nombre d'exemplaires vendus par l'éditeur, celui des exemplaires inutilisables et retirés du circuit commercial et des exemplaires détruits, détériorés ou disparus tel qu'il est envisagé à l'article 10 du présent contrat.

Le solde sera payable au traducteur à partir du 1er avril suivant. Cependant, l'éditeur ne sera tenu d'adresser ni de relevé de comptes, ni d'état des exemplaires au traducteur si l'ouvrage a été publié depuis moins de six mois. Toutefois, un ouvrage paru entre le 1er juillet et le 31 décembre fera l'objet d'un premier arrêté de comptes exceptionnel au 30 juin de l'année suivante.

Article 17 – Ayants droit
Le présent contrat, dans son intégralité, engage les héritiers et tous ayants droit du traducteur qui devront, dans la mesure du possible, se faire représenter auprès de l'éditeur par un mandataire commun.

Article 18 – Attribution de compétence et loi applicable
Pour tout litige né de l'interprétation ou de l'exécution du présent contrat, il est fait application de la loi française et attribution expresse de juridiction aux tribunaux compétents de ***lieu***.

Fait à ***lieu*** en double exemplaire, le ***date***.

Le traducteur L'éditeur

Article facultatif
Article *numéro* – À-valoir
Sur l'ensemble des sommes dues au traducteur, au titre de l'article 14 du présent contrat, il sera versé par l'éditeur un à-valoir de : ***montant*** par page de 1 500 signes dactylographiée.

Le dit à-valoir sera porté au débit du compte du traducteur. Il est précisé toutefois que cet à-valoir s'analyse également comme un minimum garanti au traducteur. De ce fait, il lui reste définitivement acquis sauf défaillance du traducteur à remettre son manuscrit définitif dans les formes et délais stipulés à l'article 5 du présent contrat.

XII

Le contrat de direction de collection

Le statut juridique du directeur et de sa collection[1]

Il n'existe pas de définition juridique des directeurs de collection, bien que la plupart des maisons d'édition fassent appel à leurs services. Leur statut juridique est aujourd'hui le fruit d'une alchimie où dominent la pratique professionnelle – qui a élaboré ses propres contrats types – et une jurisprudence émanant aussi bien des chambres spécialisées en propriété littéraire et artistique que du tribunal des affaires de la Sécurité sociale.

La fonction de directeur de collection n'est en rien mentionnée par la Convention collective nationale de l'édition. La nomenclature officielle ne cite que le « directeur éditorial » ou encore le « directeur littéraire ».

Dans son incontournable *Traité pratique d'édition*, Philippe Schuwer lui-même ne distingue que peu le directeur littéraire du directeur de collection : « À propos d'une pièce de théâtre ou d'un roman, on privilégie souvent le personnage central, en passant sous silence les seconds rôles qui le subissent, le dominent ou l'influencent. On peut établir un parallèle avec le directeur littéraire qui assume le rôle de premier grand lecteur, qui affronte les auteurs et décide du sort de leur œuvre [...]. Notons que nous avons esquissé les fonctions du directeur littéraire intégré à une maison mais d'assez nombreux responsables de collection opèrent à l'extérieur. Ces cas correspondent soit à un choix personnel, notamment d'universitaires, chercheurs, journalistes pour lesquels l'écriture et la direction de collection sont souvent un second métier[2]. »

Mais le CPI n'évoque pas plus l'existence des directeurs de collection. Seuls quelques documents épars, émanant par exemple de l'Association pour la gestion de la sécurité sociale des auteurs (AGESSA)[3], une jurisprudence clairsemée et les usages de l'édition ont fixé un cadre juridique très empirique du directeur de collection.

1. Emmanuel Pierrat, « Le statut juridique du directeur de collection, entre l'auteur et l'éditeur », *Légipresse*, 2002, n° 192, II, p. 77.

2. Philippe Schuwer, *Traité pratique d'édition*, 3e édition, Éditions du Cercle de la Librairie, 2002.

3. Voir « Adresses utiles ».

Les deux points névralgiques demeurent la nature de la rémunération du directeur de collection et la reconnaissance de ses droits de propriété intellectuelle.

L'AGESSA accepte de considérer que certains directeurs de collection soient rémunérés en droits d'auteur. C'est le cas des directeurs « qui, par le niveau de participation intellectuelle à la création des œuvres, peuvent être regardés comme des coauteurs et sont titulaires d'un contrat d'édition ».

Le tribunal des affaires de la Sécurité sociale a d'ailleurs, à plusieurs reprises au cours de l'année 1996, jugé qu'un directeur de collection pouvait être assimilé à un auteur, si sa mission est axée sur la recherche d'ouvrages se rapportant au thème de la collection, la négociation de contrats pour le compte de la maison d'édition, la commande éventuelle de textes inédits, la faculté de rédiger des avant-propos, le contrôle des manuscrits et la surveillance de leur mise au point, ainsi que le lancement et la promotion des ouvrages de la collection[1].

En revanche, la même juridiction a renvoyé à d'autres qualifications et modes de rémunération (salaire ou honoraires) certains directeurs de collection[2]. Les critères classiques de droit du travail, visant à déterminer s'il existe ou non un lien de subordination, vont être déterminants. Pour la Cour de cassation, l'exercice de la mission à l'extérieur des locaux de la maison d'édition permet de ne pas considérer le directeur de collection comme un salarié[3]. La rémunération, proportionnelle ou forfaitaire, est également prise en compte. Le forfait, par surcroît versé mensuellement, fait vite assimiler le directeur de collection à un salarié de la société d'édition. La mention du nom du directeur de collection sur l'ouvrage est en revanche un indice qui penche en faveur du versement de droits d'auteur.

Il est par ailleurs intéressant que le tribunal de grande instance de Paris ait estimé que « la prise en considération des remises aux libraires pour le calcul de la rémunération, et dès lors d'un prix de vente net, ne se heurte [...] à aucune disposition légale dans la mesure où cette rémunération est improprement qualifiée de "droits d'auteur" et qu'elle est due à Mme X, non pas en sa qualité d'auteur, mais en sa qualité de "responsable de collection[4]" ».

La rémunération du directeur de collection peut être forfaitaire ou proportionnelle. Mais le SNE rappelle à juste titre que toute rémunération autre que proportionnelle pourrait être considérée par les organismes publics comme un salaire et avoir des conséquences gênantes pour l'éditeur (vis-à-vis, par exemple, de l'URSSAF). C'est également la position de l'AGESSA[5]. Celle-ci semble cependant estimer que certains critères, tels que la mention du nom du directeur de collection sur l'ouvrage, ouvriraient la voie à une rémunération en droits d'auteur. Un jugement du tribunal des affaires de la Sécurité sociale a cependant reconnu

1. Tribunal des affaires de la Sécurité sociale, 15 janvier 1996, Payot c/URSSAF, *Légipresse*, 1996, n° 137, I, p. 153 s. Mais aussi: tribunal des affaires de la Sécurité sociale, 16 janvier 1996, Albin Michel c/URSSAF, inédit; ou encore tribunal des affaires de la Sécurité sociale, 15 avril 1996, Le Seuil c/URSSAF, inédit.

2. Tribunal des affaires de la Sécurité sociale, 14 février 1996, Masson c/URSSAF, inédit.

3. Cour de cassation, 13 mars 1996, cité in « Rémunération d'un directeur de collection: salaire ou droit d'auteur », *La Lettre de Nodula*, juin 1996, n° 46, p. 181.

4. Tribunal de grande instance de Paris, 8 mars 2000, inédit.

5. Voir « La sécurité sociale des auteurs ».

que le rôle d'un directeur de collection était axé sur la recherche d'ouvrages, la commande de textes inédits, la négociation de contrats, l'éventuelle rédaction d'avant-propos, le contrôle des manuscrits et la surveillance de leur mise au point ainsi que le lancement et la promotion, et qu'en conséquence la rémunération assise sur les ventes mais mensualisée pouvait être versée en droits d'auteur car elle était aléatoire[1]. Ce point de vue n'est bien évidemment pertinent qu'à la condition qu'il n'existe pas de lien de subordination entre l'éditeur et le directeur de collection, ce lien restant le critère du contrat de travail et donc du salariat.

De nombreux ingrédients de la collection sont sources d'une protection par le droit de la propriété littéraire et artistique. Leur paternité peut parfois être attribuée au directeur de collection.

Chaque ouvrage inscrit dans la collection peut bien évidemment bénéficier d'une protection « autonome » de la collection en elle-même. Reste que le directeur de collection est un personnage parfois schizophrénique. Il est souvent par ailleurs écrivain. Il va donc bénéficier à ce titre d'un contrat d'édition et d'un contrat de cession des droits d'adaptation audiovisuelle, en sus de son contrat de directeur de collection. Quelquefois ce même directeur est aussi salarié d'une maison d'édition, qui, en pratique, n'est pas nécessairement celle au sein de laquelle il dirige une collection…

Il ne fait pas de doute que certains éléments créés par le directeur de collection sont protégeables par le droit d'auteur, par exemple le texte de « quatrième de couverture », des notes de présentation des ouvrages, etc. Le contrat de directeur de collection devra prendre en compte cette dimension par le biais d'une clause de cession de droits.

La protection peut aussi se porter sur la structure même des ouvrages. C'est ce que la cour d'appel de Paris, en 1994, a considéré en retenant l'originalité de « la structure […] caractérisée par une préface des auteurs, un sommaire sur deux ou plusieurs colonnes, un certain nombre de "dossiers" dont la page de garde comporte un titre de travers et un sommaire dans une colonne transversale, une introduction du dossier décalée sur le droit de la page généralement illustrée d'un dessin humoristique, des documents sur deux colonnes et les sources, une rubrique "l'essentiel" sur le côté, une rubrique "termes à retenir", une rubrique "question de synthèse", une rubrique "méthodologie" dont le titre est écrit sur le cadre qui entoure le texte[2] ».

Quant à la maquette de la collection, la jurisprudence admet les actions diligentées sur le terrain de la contrefaçon. Il en a été jugé ainsi, en 1998, par le tribunal de commerce de Paris[3].

Enfin, le titre de la collection peut être protégé par le droit d'auteur. En pratique, il est souvent déposé comme marque, sous réserve de ne pas être trop descriptif. La marque « L'Essentiel », qui désignait une collection de livres, a été

1. Tribunal des affaires de la Sécurité sociale de Paris, 15 janvier 1996, Le Seuil c/URSSAF, inédit.

2. Cour d'appel de Paris, 21 novembre 1994, *Revue internationale du droit d'auteur*, avril 1995, n° 164, p. 381.

3. Voir « La protection des collections » in Emmanuel Pierrat, *Le Droit de l'édition appliqué*, Éditions du Cercle de la Librairie, 2000.

invalidée par le tribunal de grande instance de Paris, en 1993[1]. En revanche, la protection par le droit des marques a été très efficace pour l'éditeur de la collection *Les Usuels*, en litige avec celui des *Usuels de poche*[2].

Il existe cependant une nuance entre l'admission des éléments d'une collection au bénéfice de la protection et la reconnaissance de droits sur la collection en tant qu'œuvre.

Une collection se crée d'abord et avant tout à partir d'une idée de collection, considérée par essence comme étant de libre parcours et donc insusceptible d'appropriation par le droit d'auteur. Tel est le sens du jugement rendu, le 12 juin 2001, par le tribunal de grande instance de Paris : « Il est constant que l'édition d'une collection d'ouvrages ne constitue pas en soi la création d'une œuvre distincte des ouvrages eux-mêmes, les orientations données à une collection, le choix des thèmes, des sujets, des auteurs, relevant du domaine des idées non protégeables par le droit d'auteur[3]. »

La Cour de cassation, statuant à la lumière du CPI, n'est d'ailleurs pas favorable à qualifier les collections d'œuvres. Cela a en tout cas été jugé ainsi, en 1990, à propos de la célèbre collection de livres d'art des éditions Mazenod[4].

Le recours à la concurrence déloyale semble être un pis-aller dans la situation où seul le concept de la collection, et non sa mise en forme, est copié[5].

La solution peut se poser peut-être différemment à l'avenir. En 1997, la cour d'appel de Paris a tranché en faveur de la protection par le droit d'auteur dans une affaire opposant l'association Henri-Langlois et la Cinémathèque française. Dans cet arrêt infirmant la décision précédemment rendue par le tribunal de grande instance, la cour a décidé que « la personne qui a sélectionné les objets et projections composant une exposition et a aussi imaginé la présentation dans un ordre et selon une scénographie originale [...] en est l'auteur. [...] Dès lors, ses ayants droit sont les seuls habilités à autoriser la translation de l'exposition dans un autre musée[6] ». Il est possible d'établir quelques analogies entre cette affaire et le rôle de certains directeurs de collection.

De même, les apports de la loi du 1er juillet 1998 sur le droit des bases de données pourraient jouer encore plus aujourd'hui en faveur de la protection des collections. L'article L. 112-3 dispose en effet désormais que la base de données se définit comme un « recueil d'œuvres, de données ou d'autres éléments indépendants, disposés de manière systématique ou méthodique, et individuellement accessibles par des moyens électroniques ou par tout autre moyen ». La collection de livres semble bel et bien correspondre à une telle acception légale.

1. Tribunal de grande instance de Paris, 16 décembre 1993, *Bulletin de la propriété industrielle*, 1994, III, 218, n° 564.

2. Christine Ferrand, « La plaidoirie comme genre littéraire », *Livres Hebdo*, n° 274, 2 janvier 1998, p. 55. Annie Favier, « Le Robert gagne en appel contre LGF », *Livres Hebdo*, n° 235, 7 février 1997, p. 29.

3. Tribunal de grande instance de Paris, 12 juin 2001, inédit.

4. Chambre commerciale de la Cour de cassation, 27 février 1990, *La Semaine juridique (JCP)*, 1990, II, 21545, observations Frédéric Pollaud-Dulian.

5. Tribunal de grande instance de Paris, 31 octobre 1972, *Gazette du Palais*, 18-20 mars 1973, observations Mouzon.

6. Cour d'appel de Paris, 2 octobre 1997, *Dalloz*, 1998, p. 312.

Le contrat de directeur de collection

L'émergence d'un droit sur les collections, qu'il s'agisse de la protection accrue de certains de ses éléments constitutifs (maquette, titre, choix des ouvrages, etc.), comme de la collection en tant que telle, va forcer les parties à statuer par contrat sur l'étendue des droits du directeur de collection.

Le contrat de directeur de collection n'est pas encadré par le CPI. Ce sont donc les principes généraux du droit d'auteur, mâtinés de clauses directement inspirées des contrats d'édition, qui vont façonner les contrats types de directeur de collection[1].

Se pose en premier lieu la question du sort de la collection en cas de brouille entre la maison et le directeur. Du « concept » à la maquette, en passant par le titre de la collection, de nombreux éléments qui attirent les lecteurs sont en jeu.

Il faut donc commencer par déterminer au sein du contrat qui, de l'éditeur ou du directeur de la collection, sera réputé propriétaire de celle-ci. Dans le cas le plus fréquent, où l'éditeur s'approprie ou a créé la collection, le contrat comporte une formule du type: « Il est expressément convenu entre les parties que la collection elle-même, ainsi que l'ensemble des éléments qui s'y rattachent, son titre, sa présentation et ses éventuels signes distinctifs appartiennent à l'éditeur, sans que le directeur de collection puisse prétendre à des droits autres que ceux prévus au présent contrat. » Par ailleurs, dans cette même hypothèse, il est pris soin de préciser que « les contrats relatifs à la propriété littéraire et artistique des œuvres publiées dans la collection seront directement conclus entre l'éditeur et les auteurs ». Il est de plus en plus pris soin de faire figurer une clause de non-concurrence dans le contrat du directeur de collection.

En considération des développements qui précèdent, il est en tout état de cause indispensable de prévoir une clause de cession de droits. En dehors des formules consacrées, celle-ci précisera, en outre, que « conformément aux usages de la profession, il est expressément convenu que cette rémunération inclut les droits d'auteur dus à la création des œuvres publiées dans la collection en vertu du travail d'écriture effectué par le directeur de collection ».

Le contrat doit ensuite définir avec précision ce qui est attendu du directeur de collection. Les contours « intellectuels » de la collection doivent être dessinés: par la mention des thèmes visés, du public pressenti, etc.

Il s'agit de plus de fixer le nombre d'ouvrages qui vont être publiés dans la collection, leur rythme de parution, leur mode de sélection... Il peut ainsi être envisagé: « Le directeur de collection présentera à l'éditeur des projets de livres susceptibles d'être publiés dans la collection. Il s'engage à proposer chaque année au moins ***nombre*** ouvrages parmi lesquels l'éditeur choisira seul les livres à publier, l'objectif étant de publier ***nombre*** ouvrages par an environ. Cet objectif pourra être revu par l'éditeur, si nécessaire, en fonction des résultats. »

Les détails de la mission du directeur de collection doivent également être anticipés contractuellement:

« Le directeur de collection s'engage notamment:

1. Pour des modèles de contrat type, voir l'ouvrage de Philippe Schuwer (voir Bibliographie générale).

– à assurer, en liaison avec l'éditeur, l'application des contrats conclus avec les auteurs des œuvres publiées dans la collection ;

– à effectuer ou faire effectuer toute modification nécessaire à la publication ainsi que toute mise à jour du texte ou de l'illustration ;

– à examiner de manière approfondie tous les manuscrits qui lui seront transmis ;

– à participer aux opérations de promotion ;

– à participer, en liaison avec l'auteur et l'éditeur, à l'établissement, au contrôle et au choix des illustrations et en particulier, le cas échéant, à la négociation de leurs droits de reproduction.

L'éditeur se réserve le droit de demander au directeur de collection, chaque fois que cela sera nécessaire, son bon à tirer. »

Par prudence, il est de plus en plus courant de prévoir au contrat initial un véritable « plan de production » :

« a) Le directeur de collection s'engage, dans un premier temps, à soumettre à l'éditeur un plan global de la collection, détaillant celle-ci titre par titre.

Après acceptation de l'éditeur sur ce projet, le directeur de collection devra rechercher les auteurs, ou l'équipe d'auteurs, susceptibles de rédiger des ouvrages.

b) Les auteurs sélectionnés par le directeur de collection devront être des ***qualités professionnelles*** (experts agréés, professeurs agrégés, etc.).

Le directeur de collection présentera les auteurs ou les équipes d'auteurs à l'éditeur.

c) Après acceptation, le directeur de collection devra notamment s'engager :

– à présenter le plan ou la table des matières de chaque ouvrage ;

– à s'assurer que les ouvrages sont bien originaux ;

– à faire préfacer chaque ouvrage de la collection par une sommité ;

– à se charger de récupérer les manuscrits auprès des auteurs ;

– à assurer la relecture, la préparation de copie et le suivi jusqu'au bon à tirer des manuscrits ;

– à se charger de la liaison entre les éditions et l'auteur concerné pour tout ce qui a trait aux corrections et modifications à apporter à l'ouvrage ;

– à examiner de manière approfondie tous les manuscrits qui lui seront transmis ;

– à participer aux opérations de promotion ;

– à participer, en liaison avec l'auteur et l'éditeur, à l'établissement, au contrôle et au choix des illustrations et en particulier, le cas échéant, à la négociation de leurs droits de reproduction ;

– à effectuer ou faire effectuer toute modification nécessaire à la publication, ainsi que toute mise à jour du texte ou de l'illustration ;

– et à effectuer toute opération visant à assurer à la collection le développement le plus satisfaisant.

d) En outre, le directeur de collection devra notamment, dans le cadre de l'exercice de sa mission, se tenir informé de la parution des ouvrages relatifs aux domaines visés dans la collection, de façon à ce que l'information des éditions et la cohérence de la collection sur ces points soient aussi complètes que possible. Il devra en outre donner un avis motivé sur les qualités de tout manuscrit, présenté ou non à l'éditeur, relatif aux domaines traités par la collection. »

Se trouvent ensuite les clauses proches de celles que contiennent les contrats d'édition, aux termes desquelles l'éditeur reste maître des orientations futures de la collection, du choix des titres et des auteurs à publier, ainsi que de la présentation des ouvrages.

Sont également d'usage une clause de garantie, une autre sur le nombre d'exemplaires attribués gratuitement au directeur pour son usage personnel, le solde et le pilon, l'état dans lequel les manuscrits doivent être remis, etc.

Là encore, les clauses sur l'arrêté et la reddition des comptes ne posent pas de difficulté majeure et sont souvent les mêmes que pour les auteurs proprement dits. Le remboursement des frais du directeur de collection peut être prévu au contrat.

La durée du contrat fait l'objet de soins particuliers: « Le présent contrat est établi pour une durée de ***nombre*** ans. Il sera renouvelé par tacite reconduction pour une durée indéterminée à l'issue de cette période, faute pour l'une des parties d'avoir informé l'autre par lettre recommandée avec accusé de réception trois mois avant l'échéance, de sa décision de mettre fin aux relations contractuelles. Il pourra être mis fin à tout moment par lettre recommandée avec accusé de réception avec préavis de trois mois au contrat renouvelé par tacite reconduction.

La rupture du contrat dans les conditions définies ci-dessus ne donnera lieu à aucune indemnité de part et d'autre. Le directeur de collection percevra, après l'expiration du présent contrat, les droits visés au présent contrat pendant une période de ***nombre*** ans. Cependant, le directeur de collection ne pourra prétendre à aucun droit sur les livres publiés après son départ, sauf pour ce qui concerne les livres préparés par ses soins au cours de la période précédant l'échéance du contrat et publiés postérieurement. »

Pour le cas où la collection aurait été apportée par le directeur, et dont il aurait conservé la propriété, il est alors prévu: « Le directeur de collection reprendra, lors de la rupture du présent contrat, l'ensemble de ses droits sur la collection qu'il sera seul à pouvoir exploiter en tant que telle et qu'il pourra proposer à un autre éditeur. L'éditeur s'engage expressément à ne pas utiliser le titre de la collection pour une autre collection du même genre. L'éditeur s'engage également à ne pas publier d'autres ouvrages dans la collection. Cependant, l'éditeur pourra continuer d'exploiter les ouvrages dont les droits de propriété littéraire et artistique lui ont été cédés par les auteurs. »

Enfin, la mention du nom du directeur peut prendre une grande importance, surtout après son départ de la maison. Si le directeur fait œuvre de créateur, le droit de la propriété littéraire et artistique impose la mention de son nom, comme cela est également préférable vis-à-vis des organismes sociaux, en cas de rémunération sous forme de droits.

Cela ne se fait pas non plus, sans l'avoir anticipé avec soin par contrat. La Cour de Paris a ainsi déjà relevé que « dès lors que le nom de Mme X est porté avec celui des autres auteurs sur la couverture des ouvrages diffusés, à l'élaboration desquels elle a participé, elle est, jusqu'à preuve contraire, présumée en être coauteur, étant observé que les ouvrages, et plus particulièrement les contrats d'édition dont [l'éditeur] est le rédacteur, ce qui lui permettait eu égard à son poids économique d'imposer le contenu de ces derniers, ne contiennent aucune mention ou clause privant Mme X de la qualité de coauteur qu'elle revendique[1] ».

La fonction de directeur de collection est en réalité assez protéiforme et chaque maison, chaque directeur, chaque collection a créé des rapports et un statut qui lui sont propres. Mais tous les directeurs de collection conservent l'avantage d'être, parfois au gré de leurs intérêts, à la fois des éditeurs et des créateurs.

Le modèle proposé ici traite d'une collection appartenant à l'éditeur. Une variante est proposée en annexe pour le cas d'une collection apportée par le directeur de collection. Rappelons à ce titre que la maquette de la collection et son titre même peuvent être protégés par le droit d'auteur comme par le biais de la concurrence déloyale[2]. Le titre peut même avoir été déposé comme marque[3].

Si le directeur de collection participe en tant qu'auteur à sa collection, il est nécessaire d'élaborer un contrat d'édition ainsi qu'un contrat de cession des droits d'adaptation audiovisuelle distincts de son contrat de directeur de collection. Il est fréquent, en pratique, d'insérer les menus travaux qu'il doit effectuer en tant qu'auteur dans le contrat même de directeur de collection; mais, de façon générale, un contrat d'édition séparé semble préférable et plus sûr, car il répond à toutes les exigences légales que peut opposer le directeur de collection en cas de contentieux.

1. Cour d'appel de Paris, 21 novembre 1994, *Revue internationale du droit d'auteur*, avril 1995, n° 164, p. 381.

2. Voir « La contrefaçon et l'action en contrefaçon » et « L'action en concurrence déloyale ». Tribunal de grande instance de Paris, 31 octobre 1972, *Gazette du Palais*, 18-20 mars 1973, observations Mouzon.

3. Voir « Les créations des éditeurs ».

CONTRAT DE DIRECTEUR DE COLLECTION

Entre les soussignés

- nom et prénom
- adresse

ci-dessous dénommé « le directeur de collection », d'une part, et

les éditions ***nom***
- dénomination sociale
- forme sociale et montant du capital
- numéro d'immatriculation au Registre du commerce et des sociétés
- adresse du siège social
- nom et prénom du représentant légal

ci-dessous dénommées « l'éditeur », d'autre part,

IL A ÉTÉ CONVENU CE QUI SUIT :

Article 1 – Objet du contrat
L'éditeur a décidé la création d'une collection portant le titre provisoire de ***titre*** et dont les caractéristiques sont les suivantes :

caractéristiques de la collection

Il en confie la direction à ***nom***, qui l'accepte.

Il est expressément convenu entre les parties que la collection elle-même, ainsi que l'ensemble des éléments qui s'y rattachent, son titre, sa présentation et ses éventuels signes distinctifs appartiennent à l'éditeur, sans que le directeur de collection puisse prétendre à des droits autres que ceux prévus au présent contrat.

Les contrats relatifs à la propriété littéraire et artistique des œuvres publiées dans la collection seront directement conclus entre l'éditeur et les auteurs.

En contrepartie des idées qu'il apportera, de son activité au bénéfice de la collection et de son rôle général en tant que directeur de collection tel que défini aux conditions ci-après, le directeur de collection bénéficiera d'un intéressement proportionnel aux recettes provenant de l'exploitation des ouvrages de la collection.

Article 2 – Apport du directeur de collection
Le directeur de collection présentera à l'éditeur des projets de livres susceptibles d'être publiés dans la collection ***nom de la collection***, ci-après dénommée la collection.

Il s'engage à proposer chaque année au moins ***nombre*** ouvrages parmi lesquels l'éditeur choisira seul les livres à publier, l'objectif étant ***nombre*** ouvrages par an environ.

Cet objectif pourra être revu par l'éditeur, si nécessaire, en fonction des résultats.

De plus, le directeur de collection s'engage notamment :

– à assurer, en liaison avec l'éditeur, l'application des contrats conclus avec les auteurs des œuvres publiées dans la collection ;

– à effectuer ou faire effectuer toute modification nécessaire à la publication, ainsi que toute mise à jour du texte ou de l'illustration ;

– à examiner de manière approfondie tous les manuscrits qui lui seront transmis ;

– à participer aux opérations de promotion ;

– à participer, en liaison avec l'auteur et l'éditeur, à l'établissement, au contrôle et au choix des illustrations et en particulier, le cas échéant, à la négociation de leurs droits de reproduction.

L'éditeur se réserve le droit de demander au directeur de collection, chaque fois que cela sera nécessaire, son bon à tirer.

Le nom du directeur de collection figurera sur chaque livre de la collection publié en application du présent contrat, excepté les cas de réimpression prévus à l'article 8 du présent contrat.

Article 3 – Apport de l'éditeur
De son côté, l'éditeur s'engage à assurer à ses frais l'impression et la publication des ouvrages de la collection choisis par lui en vertu des dispositions prévues à l'article 2 du présent contrat, en librairie en édition courante, et s'emploiera à lui procurer, par une diffusion dans le public et auprès des tiers susceptibles d'être intéressés, les conditions favorables à son exploitation sous toutes ses formes.

Article 4 – Attributions respectives du directeur de collection et de l'éditeur
Les orientations futures de la collection, le choix des titres et des auteurs à publier et la présentation des ouvrages seront déterminés par l'éditeur seul.

Les décisions suivantes relatives aux ouvrages de la collection seront prises par l'éditeur seul en tenant compte de l'intérêt commun des parties :

– format, présentation et couverture ;

– prix de vente ; le prix de vente des exemplaires choisi initialement par l'éditeur pourra être modifié par lui en fonction de la conjoncture économique ;

– date de mise en vente et fréquences des publications ;

– édition sous d'autres formes que l'édition courante ;

– chiffres des tirages ;

– cession des droits ;

– opérations de promotion et service de presse.

Article 5 – Garanties données par le directeur de collection
Le directeur de collection garantit à l'éditeur la jouissance entière et libre de tout trouble, revendication, et éviction quelconques relatifs aux ouvrages dont il propose la publication.

Il garantit également que les ouvrages ne contiennent rien qui puisse tomber sous le coup des lois relatives à la diffamation, à l'atteinte aux bonnes mœurs ou à la contrefaçon. Il garantit en particulier que les ouvrages ne comportent aucun emprunt à une autre œuvre, emprunt qui serait de nature à engager la responsabilité de l'éditeur, cette garantie étant une condition essentielle et déterminante du contrat.

Article 6 – Exemplaires de directeur de collection
Le directeur de collection disposera gratuitement, sur le premier tirage de l'édition courante, de ***nombre*** exemplaires, destinés à son usage personnel, ne pouvant donner lieu à des opérations commerciales. Les exemplaires qu'il désirerait en plus de ceux-ci lui seront facturés avec ***taux*** % de remise sur le prix de vente au public. Ces exemplaires sont incessibles et ne pourront être mis en vente par l'auteur dans le commerce.

Article 7 – Solde, pilon, cas de destruction, détérioration ou disparition d'exemplaires des ouvrages de la collection
Il est expressément convenu que l'éditeur aura le droit de solder ou de pilonner à tout moment tout ou partie des ouvrages de la collection. Dans ce cas, aucun droit ne sera dû au directeur de collection.

De même, en cas de destruction, détérioration ou disparition d'exemplaires d'ouvrages de la collection, en tout ou en partie, aucun droit ne sera dû au directeur de collection.

Article 8 – Durée du contrat et rupture éventuelle
Le présent contrat est établi pour une durée de ***nombre*** ans.

Il sera renouvelé par tacite reconduction pour une durée indéterminée à l'issue de cette période, faute pour l'une des parties d'avoir informé l'autre par lettre recommandée avec accusé de réception trois mois avant l'échéance de sa décision de mettre fin aux relations contractuelles.

Il pourra être mis fin à tout moment par lettre recommandée avec accusé de réception avec préavis de trois mois au contrat renouvelé par tacite reconduction.

La rupture du contrat dans les conditions définies ci-dessus ne donnera lieu à aucune indemnité de part et d'autre. Le directeur de collection percevra, après l'expiration du présent contrat, les droits visés à l'article 9 du présent contrat pendant une période de ***nombre*** ans.

Cependant, le directeur de collection ne pourra prétendre à aucun droit sur les livres publiés après son départ, sauf pour ce qui concerne les livres préparés par ses soins au cours de la période précédant l'échéance du contrat et publiés postérieurement.

L'éditeur ne sera pas tenu de faire figurer le nom du directeur de collection sur les ouvrages réimprimés après son départ.

Article 9 – Rémunération du directeur de collection
L'éditeur versera au directeur de collection, en rémunération de son activité, ***taux*** % du prix public de vente HT pour chaque exemplaire définitivement vendu des ouvrages publiés dans la collection dans le cadre du présent contrat en édition courante.

Une rémunération de ***taux*** % des recettes HT sera versée au directeur de collection en cas d'autre exploitation des ouvrages, par l'éditeur lui-même ou par des tiers à la suite de cessions consenties par l'éditeur.

Il est expressément convenu que le directeur de collection ne pourra revendiquer aucun droit sur les livres publiés en dehors de la période d'application du présent contrat.

Article 10 – Assiette de la rémunération du directeur de collection
La rémunération stipulée à l'article 9 du présent contrat ne porte que sur les exemplaires vendus. Elle ne peut porter :
– ni sur les exemplaires de directeur de collection mentionnés à l'article 6 du présent contrat ;
– ni sur les exemplaires distribués gratuitement ou à prix réduit (50 % du prix de vente ou au-dessous) dans l'intérêt de la promotion de l'ouvrage : service de presse, dont le nombre ne sera pas inférieur à ***nombre***, envois à des personnalités ;
– ni sur les exemplaires destinés au dépôt légal ou à l'envoi de justificatifs ;
– ni sur les exemplaires soldés ou pilonnés ;
– ni sur les exemplaires détruits, détériorés ou disparus.

Les libraires ayant la faculté de retourner les exemplaires mis en office, les droits correspondant à la vente des exemplaires de l'office n'ayant pas fait l'objet d'un retour seront intégrés au compte du directeur dans le délai de dix-huit mois suivant la date de publication de l'ouvrage ou de toute nouvelle remise en office ultérieure.

Article 11 – Comptes
L'ensemble de la rémunération due au directeur en vertu de l'article 9 du présent contrat fera l'objet d'un arrêté de comptes annuels au 31 décembre de chaque année. Au cours des trois mois qui suivent la date de l'arrêté des comptes, l'éditeur remettra au directeur, en même temps que les relevés de comptes, un état mentionnant le nombre d'exemplaires en stock. Cet état mentionnera également le nombre d'exemplaires vendus par l'éditeur, celui des exemplaires inutilisables et retirés du circuit commercial et des exemplaires détruits, détériorés ou disparus tel qu'il est envisagé à l'article 7 du présent contrat.

Le solde sera payable à l'auteur à partir du 1er avril suivant. Toutefois, l'éditeur ne sera tenu d'adresser ni de relevé de comptes, ni d'état des exemplaires à l'auteur si l'ouvrage a été publié depuis moins de six mois. Toutefois, un ouvrage paru entre le 1er juillet et le 31 décembre fera l'objet d'un premier arrêté de comptes exceptionnel au 30 juin de l'année suivante.

Le directeur de collection percevra des avances sur droits ainsi réparties :
montant le ***date***.

Ces avances seront intégralement imputées sur les droits dus.

Article 12 – Concurrence
Pendant la période d'application du présent contrat, le directeur de collection s'abstiendra de créer ou de diriger chez un autre éditeur une collection susceptible de concurrencer directement ou indirectement celle qui fait l'objet du présent contrat.

Article 13 – Attribution de compétence et loi applicable
Pour tout litige né de l'interprétation ou de l'exécution du présent contrat, il est fait application de la loi française et attribution expresse de juridiction aux tribunaux compétents de lieu.

Fait à ***lieu*** en double exemplaire, le ***date***.

Le directeur de collection L'éditeur

Annexe – Articles facultatifs et variantes :

Article *numéro* – Frais engagés par le directeur de collection
L'éditeur remboursera au directeur de collection, à concurrence de ***montant*** euros et contre remise des justificatifs correspondants, les frais qu'il aura été amené à engager pour écrire l'œuvre.

Article *numéro* – Travail d'écriture du directeur de collection
Le directeur de collection s'engage à effectuer rédaction de préfaces, de notes, réécriture, etc., pour les ouvrages de la collection.

***Reprendre ici une clause s'inspirant de celle proposée pour les salariés*[1].**

Ajouter alors également à l'article 9 sur la rémunération du directeur de collection :

Conformément aux usages de la profession, il est expressément convenu que cette rémunération inclut les droits d'auteur dus pour la création des œuvres publiées dans la collection en vertu du travail d'écriture effectué par le directeur de collection.

Cas d'une collection apportée par le directeur de collection :

– Supprimer le troisième alinéa de l'article 1 et modifier l'article 4.

– Ajouter à l'article 8 : Le directeur de collection reprendra, lors de la rupture du présent contrat, l'ensemble de ses droits sur la collection qu'il sera seul à pouvoir exploiter en tant que telle et qu'il pourra proposer à un autre éditeur.

L'éditeur s'engage expressément à ne pas utiliser le titre de la collection pour une autre collection du même genre.

L'éditeur s'engage également à ne pas publier d'autres ouvrages dans la collection.

Cependant, l'éditeur pourra continuer d'exploiter les ouvrages dont les droits de propriété littéraire et artistique lui ont été cédés par les auteurs conformément à l'article 1 du présent contrat.

Il retirera, en cas de réimpression ou de réédition de ces livres, le nom du directeur de collection et le titre de la collection des ouvrages en cause.

Le directeur de collection continuera de percevoir pendant une période de ***nombre d'années*** les droits prévus au contrat sur les ouvrages de la collection que l'éditeur continuera d'exploiter.

1. Voir « Le contrat de travail ».

XIII

Les contrats de coédition, de packaging, de droits « poche » et relatifs au multimédia

L'éditeur est régulièrement amené à conclure des contrats de nature très diverse, dont bon nombre ne touchent qu'incidemment à la propriété littéraire et artistique (contrat de diffusion...). Seuls certains d'entre eux appellent ici quelques commentaires[1].

Le contrat de coédition

Au premier rang se situe le contrat de coédition. Pour ce qui concerne les coéditions internationales, il convient de se reporter à l'ouvrage essentiel de Philippe Schuwer[2], qui comporte commentaires et modèles de contrats. Un simple contrat suffit juridiquement à lancer une coédition. C'est pourquoi la rédaction de ce PACS éditorial nécessite une vigilance accrue.

La coédition est un genre très pratiqué pour les ouvrages coûteux ou illustrés. Le marché de l'édition internationale en est donc très friand. Mais une institution (ville, musée, entreprise, bibliothèque, etc.) peut aussi vouloir solliciter, par le biais d'une coédition, l'aide d'un partenaire de même nationalité, mais plus familier des subtilités de l'édition.

En règle générale, quelle que soit leur nature, les coéditions entre plusieurs éditeurs sont, en droit, des sociétés en participation – même si des clauses du contrat se contentent de proclamer parfois candidement le contraire.

Ce sont donc des créations juridiques qui n'ont ni personnalité morale, ni capital, mais destinées à gérer certaines opérations communes aux associés. Un simple accord écrit met sur pied une société de ce type, dont le régime général est prévu aux articles 1871 et suivants du Code civil.

1. Le détail de ces contrats, ainsi que celui des contrats de diffusion et de distribution sont traités dans Emmanuel Pierrat, *Le Droit du livre*, *op. cit.*
2. Voir Bibliographie générale.

Les points vitaux se traduisent aisément en quelques clauses précises. Des modèles pertinents sont fournis tant par le SNE (Syndicat national de l'édition) que par la « Bible » de la coédition que reste l'ouvrage de Philippe Schuwer[1]. Leur adaptation est souvent nécessaire à chaque nouvelle coédition. On parfumera donc utilement la confiance et l'amitié d'un zeste de paranoïa.

Le lancement d'un nouveau titre en coédition peut soudain donner lieu à des idées de collection. Les parties envisageront donc cet heureux (mais conflictuel) cas de figure en prévoyant la propriété du titre, de la maquette, etc.

La conclusion des contrats avec les auteurs – et la coordination des différents intervenants – sera détaillée avec soin. Celui qui laisse à son partenaire la charge de cette ingrate besogne sera avisé de jeter un œil aux accords conclus, pour vérifier, par exemple, s'il y figure un droit de préférence et au profit de qui…

Les livres illustrés (jeunesse, beaux livres, guides, etc.) appelleront des clauses affinées, en particulier pour la détermination des responsabilités vis-à-vis des tiers… L'utilisation sur le territoire français d'images inattaquables à l'étranger peut se révéler périlleuse à l'aune de la jurisprudence française sur les personnes photographiées, les propriétaires d'immeubles, etc. La propriété et la conservation du matériel de fabrication (films...) seront clairement précisées.

Bien entendu, les apports de chacun au pot commun seront listés en détail. De la conception à la fabrication, en passant par la conclusion des contrats desdits auteurs, la propriété des droits de propriété littéraire et artistique, l'accès au réseau de commercialisation ou encore l'identité de l'attaché de presse, tout doit être visé. Ne serait-ce que parce que tout doit être valorisé aux yeux des comptables et donc du fisc…

De même, les paramètres essentiels de l'ouvrage (format, prix de vente, tirage initial, calendrier...) seront prévus au contrat. Les initiatives laissées à l'un des partenaires dans l'intérêt commun de tous seront délimitées : ce sera le cas, par exemple, pour le choix des fournisseurs. Un administrateur, chargé de représenter les coéditeurs dans la gestion courante de l'affaire, sera désigné à cet effet.

En revanche, il faut prévoir expressément que certaines décisions, d'importance, mais impossibles à prendre par avance, seront prises d'un commun accord. Il en est ainsi de la fin prématurée de la coédition (en cas de pilon ou d'opération de solde) puisque, comme c'est souvent l'usage, le « contrat est conclu pour toute la durée de l'exploitation de l'ouvrage ». Les quantités des réimpressions et les cessions de droits relèveront ainsi de la codécision.

Les questions financières sont d'ordinaire l'objet d'une attention spontanée de la part de chacun des partenaires. Rappelons néanmoins que doivent être prévus le budget, les appels de fonds, la gestion des comptes courants, les redditions de comptes, etc. La répartition du financement et celle des profits peuvent ne pas coïncider.

Enfin, hormis les cas où les deux coéditeurs, de nationalité différente, pensent directement en euros, l'incidence de la variation des taux de change doit être neutralisée contractuellement par des clauses *ad hoc*.

1. Voir Bibliographie générale.

CONTRAT DE COÉDITION

Entre les soussignés :

nom
– dénomination sociale
– forme sociale et montant du capital
– numéro d'immatriculation au Registre du commerce et des sociétés
– adresse du siège social
– nom et prénom du représentant légal

ci-dessous dénommé « l'Éditeur », d'une part, et

nom
– dénomination sociale
– forme sociale et montant du capital
– numéro d'immatriculation au Registre du commerce et des sociétés
– adresse du siège social
– nom et prénom du représentant légal

ci-dessous dénommé « le Coéditeur », d'autre part,

IL A ÉTÉ PRÉALABLEMENT EXPOSÉ QUE :

Les parties ont eu l'idée de publier un ouvrage ***description***.

L'Éditeur possède un savoir-faire éditorial et un accès aux réseaux de distribution/diffusion en librairie.

Le Coéditeur dispose de contributions d'auteurs afférentes à l'édition et au commerce du livre.

En conséquence de quoi, il a été convenu, ainsi qu'il suit, les statuts d'une société en participation que les parties sont convenues de constituer entre elles.

EN CONSÉQUENCE DE QUOI, LES PARTIES ONT CONVENU CE QUI SUIT :

Article 1 – Objet
La société en participation a pour objet la publication et l'exploitation d'un ouvrage composé de ***description***, dont le titre provisoire est :

Titre

Article 2 – Apports
Les parties apportent :

– pour l'Éditeur, outre sa participation financière telle que précisée à l'article 11 des présentes, l'idée, la correction des textes, le démarchage auprès des partenaires commerciaux ;

– pour le Coéditeur, outre sa participation financière telle que définie à l'article 11 des présentes, le choix des auteurs et les contrats afférents.

Article 3 – Garanties données par l'Éditeur
L'Éditeur garantit au Coéditeur la jouissance entière et libre de toute servitude des droits apportés, contre tous troubles, revendications et évictions quelconques.

Il déclare expressément disposer des droits apportés par le présent contrat – et ce à titre exclusif pour exploiter l'ouvrage, sous toutes formes, en toutes langues et en tous pays. En conséquence de quoi, l'Éditeur déclare expressément avoir rémunéré, ou s'engager à rémunérer à sa charge exclusive, l'auteur et les participants dont les droits pourraient être exploités pour l'ouvrage objet des présentes.

Article 4 – Présentation de l'ouvrage
L'ouvrage paraîtra sous la marque ***marque.***

La mention d'éditeur et de copyright figurant sur l'ouvrage sera rédigée sous la forme :

© ***dénominations sociales***

Il est expressément entendu entre les parties que l'ouvrage objet des présentes sera constitué d'un volume d'environ ***nombre*** pages. Son prix de vente au public toutes taxes comprises sera compris entre ***chiffre*** et ***chiffre*** euros.

Article 5 – Tirage
Le tirage de la première édition sera de ***nombre*** exemplaires.

Article 6 – Exemplaires d'auteurs
L'Éditeur s'engage à fournir aux auteurs de l'ouvrage les cinq exemplaires qui leur sont dus, par contrat ou par usage, que l'Éditeur prélèvera sur les exemplaires, qui lui sont destinés, prévus au titre de l'article 5 des présentes.

Article 7 – Propriété du titre
Le titre qui sera définitivement retenu appartiendra en commun à l'Éditeur et au Coéditeur, chacune des deux parties ne pouvant l'exploiter séparément, sauf accord exprès de l'autre et ce, à des conditions qui seront déterminées cas par cas.

Article 8 – Durée
Le présent contrat est conclu pour toute la durée de l'exploitation de l'ouvrage. Toutefois, les deux parties pourront, d'un commun accord, y mettre fin à tout moment.

Article 9 – Administration
La société en participation a pour gérant l'Éditeur, qui agira en son nom personnel, avec les pouvoirs les plus étendus et sera représentée par ***dénomination sociale.***

Dénomination sociale choisira ses fournisseurs en fonction des critères de meilleure qualité, de délai et de prix, à charge pour lui de fournir à l'autre partie toute pièce justificative.

Nonobstant les dispositions de l'alinéa précédent, toutes les décisions importantes sortant du cadre de la gestion courante seront arrêtées en commun accord par les deux parties.

Article 10 – Règlement et financement
L'Éditeur s'engage à rembourser au Coéditeur les frais de réalisation technique de l'objet des présentes, à hauteur de ***montant*** euros.

Article 11 – Établissement des comptes
Il sera par ailleurs tenu par l'Éditeur une comptabilité spéciale de la société en participation.

Les comptes seront dressés à la fin de chaque année et remis au Coéditeur dans le trimestre suivant, c'est-à-dire au plus tard au 31 mars.

Article 12 – Attribution de compétence et loi applicable
Pour tout litige né de l'interprétation ou de l'exécution du présent contrat, il est fait application du droit français et attribution expresse de juridiction aux tribunaux compétents de Paris.

Fait à ***lieu,*** en double exemplaire et de bonne foi, le ***date***.

L'Éditeur Le Coéditeur

Le contrat de packaging

Là encore, le SNE fournit un modèle. Il est possible de s'inspirer de celui qui suit.

CONVENTION DE PACKAGING

Entre les soussignés :

nom
– dénomination sociale
– forme sociale et montant du capital
– numéro d'immatriculation au Registre du commerce et des sociétés
– adresse du siège social
– nom et prénom du représentant légal

ci-après dénommé « l'Éditeur », d'une part, et

nom
– dénomination sociale
– forme sociale et montant du capital
– numéro d'immatriculation au Registre du commerce et des sociétés
– adresse du siège social
– nom et prénom du représentant légal

ci-après dénommé « le Packager », d'autre part

IL A ÉTÉ PRÉALABLEMENT EXPOSÉ CE QUI SUIT :

L'Éditeur est une société qui possède une expérience notoire dans la conception et l'édition sous toutes formes de méthodes linguistiques.

Le Packager est une société spécialisée dans la création et l'édition d'ouvrages sur les villes et pays étrangers.

L'Éditeur et le Packager ont décidé de réaliser une collection de ***description*** selon les termes des dispositions ci-après énoncées.

EN CONSÉQUENCE DE QUOI, IL A ÉTÉ CONVENU CE QUI SUIT :

Article 1 – Objet
L'Éditeur confie exclusivement au Packager la conception et la fabrication d'une collection intitulée :

nom

ci-après dénommée « la Collection ».

La présente convention a pour objet de définir les conditions auxquelles les parties participent à la conception, à la fabrication et à l'exploitation de cette collection.

Il est expressément convenu entre les parties qu'elles n'entendent pas créer une société en participation.

Article 2 – Définition de la Collection
La Collection est composée d'ouvrages présentant les caractéristiques suivantes :

– ***Caractéristiques de la collection***
– ***Description du contenu***
– ***Description du format, etc.***

Ces ouvrages se présentent principalement sous forme de livres d'un format de ***format***, de ***nombre*** pages, seront tirés à ***nombre*** exemplaires, et dont le prix de vente au public sera fixé dans un premier temps à ***prix***.

Il est expressément convenu entre les parties que la Collection, ainsi que son titre, sa mise en page, sa composition et sa maquette appartiennent conjointement au Packager ainsi qu'à l'Éditeur.

Chacune des parties ne peut exploiter séparément ces éléments pendant la durée du contrat et pendant ***nombre*** années après son extinction, sauf accord exprès de l'autre partie et ce, à des conditions qui seront déterminées cas par cas.

Il est cependant d'ores et déjà expressément convenu que le Packager aura la faculté de réaliser des éditions spéciales à tirage limité de guides touristiques destinés à des entreprises (client *corporate*).

La Collection est composée de ***nombre*** titres pour l'année ***année***.

En cas de résultat positif constaté en octobre ***année*** sur la vente des ***nombre*** premiers titres, ***nombre*** titres nouveaux seront produits par année.

En cas de désistement de la part de l'Éditeur après la publication des ***nombre*** premiers ouvrages de la collection, la somme forfaitaire de ***montant*** euros restera acquise au Packager au titre de la conception.

Article 3 – Apport de l'Éditeur
L'Éditeur organise et gère sous sa marque la distribution des titres de la Collection.

L'Éditeur s'engage ainsi à assurer à la Collection une exploitation permanente et suivie, et une diffusion commerciale conforme aux usages de la profession tant en France qu'à l'étranger.

L'Éditeur assurera ainsi seul la promotion des titres de la Collection dans le but de lui procurer, par une diffusion dans le public et auprès des tiers susceptibles d'être intéressés, les conditions favorables à son exploitation sous toutes ses formes.

Article 4 – Coûts de fabrication
L'Éditeur s'engage à verser directement au Packager la totalité du coût de fabrication du premier volume de la Collection intitulé ***titre***.

Pour les ouvrages et produits suivants, le Packager présentera à l'Éditeur un devis relatif aux frais de fabrication des titres de la Collection.

Après acceptation de ces devis, l'Éditeur s'engage à les honorer directement auprès des prestataires concernés et, dans la limite du budget fixé en annexe, les factures liées aux frais de fabrication.

Les sommes avancées par l'Éditeur au Packager au titre de la conception et de la fabrication de chaque titre s'imputeront sur la rémunération proportionnelle prévue à l'article 9 du présent contrat.

Article 5 – Apports du Packager
Le Packager apporte le concept, la mise en page, la maquette, la composition des ouvrages de la Collection.

Le Packager s'engage à produire les titres de la Collection recensés en annexe en accord avec le comité éditorial de l'Éditeur.

Les contrats relatifs à la propriété littéraire et artistique des œuvres publiées dans la Collection seront directement conclus entre le Packager et les auteurs.

Le choix des auteurs participant à l'élaboration des titres de la Collection appartient uniquement au Packager.

Le Packager s'engage à apporter, à la demande de l'Éditeur, les modifications nécessaires aux ouvrages de la Collection pour que celle-ci conserve son actualité. Ces modifications devront être faites en respectant, autant que possible, l'économie de la mise en page. Ces mises à jour interviendront tous les ***fréquence***.

Le Packager se réserve la faculté de réaliser des éditions spéciales à tirage limité de guides touristiques destinées à des entreprises (client *corporate*).

Le programme éditorial déterminé conjointement par les parties comprend notamment les décisions relatives aux caractéristiques des titres de la Collection telles que définies à l'article 2 du présent contrat et vise ainsi toute modification de la forme, du contenu ou du prix des ouvrages de la Collection.

Les parties détermineront également d'un commun accord les décisions afférentes aux mises à jour, aux traductions en toutes langues, aux reproductions, représentations et adaptations sous toutes formes et sous tous supports des ouvrages de la Collection, par exemple sous forme de vidéogramme, CD-Rom, DVD, CD-I, CD-Photo, réseau numérique (notamment Internet, téléphonie fixe et mobile) ou par tout procédé autre existant ou à venir.

Les traductions, représentations, reproductions et adaptations de la Collection feront l'objet de contrats distincts de la présente convention.

Ces contrats seront négociés et conclus de bonne foi entre les parties et selon les usages de la profession.

Les rémunérations versées en contrepartie du travail effectué pour réaliser les adaptations de la Collection visées au présent article seront établies d'un commun accord entre les parties. Dans l'hypothèse où elles n'arriveraient pas à s'entendre, un expert sera désigné conformément aux usages de la profession afin de déterminer la rémunération adéquate.

Article 6 – Exclusivité
La présente convention est conclue à titre exclusif.

Pendant la période d'application du présent contrat, l'Éditeur et le Packager s'abstiendront de créer seuls ou avec le concours d'un autre éditeur une collection susceptible de concurrencer directement ou indirectement celle qui fait l'objet du présent contrat.

Si d'aventure l'Éditeur souhaitait publier un produit similaire à la Collection dans sa forme, dans son contenu ou dans sa destination, l'Éditeur devrait proposer par priorité au Packager la réalisation et la coordination desdits produits.

L'obligation de non-concurrence et le droit de préférence prévus au présent article seront maintenus à l'expiration du présent contrat pour une durée de ***nombre*** années.

Article 7 – Garanties du Packager
Le Packager garantit à l'Éditeur la jouissance libre et entière de toute servitude des droits cédés, contre tous troubles, revendications et évictions quelconques.

Le Packager garantit également que les ouvrages de la Collection ne contiennent rien qui puisse tomber sous le coup des lois relatives à la diffamation, à l'atteinte aux bonnes mœurs ou à la contrefaçon.

Article 8 – Publicité
L'espace consacré à la publicité à l'intérieur de chaque titre de la Collection sera d'un maximum de huit pages.

Le Packager prendra en charge la vente de cet espace publicitaire.

L'Éditeur et le Packager disposeront chacun de cinquante pour cent (50 %) des bénéfices retirés de l'exploitation publicitaire susvisée ***(définir précisément les coûts et bénéfices visés)***.

En outre, chaque partie dispose gratuitement d'un espace de ***nombre*** pages pour la promotion des activités de sa société.

Article 9 – Rémunération
En contrepartie de l'activité éditoriale que le Packager accomplit en vertu du présent contrat et nonobstant les rémunérations éventuelles perçues dans le cadre de l'article 5, celle-ci bénéficie d'un intéressement proportionnel aux recettes provenant de l'exploitation des ouvrages et des produits issus de la Collection.

L'Éditeur versera au Packager en rémunération de ses apports 12 % du prix public de vente HT pour chaque exemplaire définitivement vendu des ouvrages publiés dans la Collection.

L'Éditeur avancera au Packager, lors de la publication de chaque titre de la Collection, les frais de conception engagés par cette dernière. Ces avances, non remboursables, s'imputeront sur la rémunération proportionnelle précédemment prévue. Ces sommes constituent un minimum garanti versé ouvrage par ouvrage à hauteur de ***montant*** euros.

Article 10 – Assiette de la rémunération
La rémunération stipulée à l'article 9 du présent contrat ne porte que sur les exemplaires vendus.

Elle ne pourra donc porter :
– ni sur les exemplaires distribués gratuitement ou à prix réduit (50 % du prix de vente ou au-dessous) dans l'intérêt de la promotion de l'ouvrage : service de presse ou envoi à des personnalités ;
– ni sur les exemplaires destinés au dépôt légal ou aux envois de justificatifs ;

– ni sur les exemplaires soldés ou pilonnés ;
– ni sur les exemplaires détruits, détériorés ou disparus.

La rémunération précédemment prévue sera versée deux mois suivant les arrêtés de vente semestriels au ***préciser la date***. Ces arrêtés de vente mentionneront l'état des stocks en début et fin d'exercice, le nombre d'exemplaires donnés ou pilonnés ainsi que le nombre des exemplaires vendus et le prix de vente (hors TVA) de ceux-ci.

Article 11 – Durée et rupture éventuelle
La présente convention prendra effet à compter de sa signature, pour se poursuivre pendant trois années.

À l'expiration de la durée prévue au présent article, le contrat sera renouvelé par tacite reconduction pour des durées d'un an, faute pour l'une des parties d'avoir informé l'autre par lettre recommandée avec accusé de réception trois mois avant l'échéance, de mettre fin aux relations contractuelles.

Un éventuel désistement de la part de l'Éditeur après la publication des ***nombre*** premiers ouvrages de la Collection donnerait lieu au versement au Packager d'une somme forfaitaire de ***montant*** euros au titre de la conception, conformément à l'article 2 du présent contrat.

En cas d'expiration ou de résiliation du présent contrat, le Packager continuera à percevoir la rémunération visée à l'article 9 pendant une période de ***nombre*** années.

La présente convention ne pourra être résiliée qu'à la suite d'une décision de justice.

La rupture de contrat dans les conditions définies ci-dessus ne donnera lieu à aucune indemnité, à l'exception d'un éventuel désistement de l'Éditeur.

Toute résiliation sera sans incidence sur les cessions, transferts de droits et autres contrats d'exploitation des droits cédés que le Packager aura valablement conclus avant son intervention.

Article 12 – Bonne foi
Les parties s'engagent à exécuter les présentes de bonne foi et feront les meilleurs efforts dans le cadre de l'exécution des termes de la présente convention et des termes des éventuels contrats qui en formeront les suites et compléments.

Article 13 – Élection de domicile
Pour l'exécution des présentes, et notamment pour le paiement des rémunération et/ou toute notification, les parties font élection de domicile en leur siège social.

Chaque partie s'engage à notifier sans délai à l'autre partie tout changement de domicile susceptible d'intervenir au cours de l'exécution des présentes.

Article 14 – Clause attributive de compétence et loi applicable
Pour tout litige né de l'interprétation ou de l'exécution du présent contrat, il est fait application du droit français et attribution expresse de juridiction aux tribunaux compétents de Paris.

Fait à ***lieu*** en double exemplaire, le ***date***.

L'Éditeur

Le Packager

ANNEXE I – Titres composant la Collection
ANNEXE II – Budget consacré à la publication de la Collection

Le contrat de cession de droits « poche »

CONTRAT DE CESSION DE DROITS « POCHE »

Entre les soussignés :

nom
– dénomination sociale
– forme sociale et montant du capital
– numéro d'immatriculation au Registre du commerce et des sociétés
– adresse du siège social
– nom et prénom du représentant légal

ci-dessous dénommé « l'Éditeur », d'une part, et

nom
– dénomination sociale
– forme sociale et montant du capital
– numéro d'immatriculation au Registre du commerce et des sociétés
– adresse du siège social
– nom et prénom du représentant légal

ci-dessous dénommé « le Cessionnaire », d'autre part,

IL A ÉTÉ PRÉALABLEMENT EXPOSÉ QUE :

L'Éditeur a conclu avec ***nom***, auteur de l'ouvrage intitulé ***titre***, un contrat d'édition principal en date du ***date***, aux termes duquel l'Éditeur est titulaire à titre exclusif des droits de publication dudit ouvrage.

L'Éditeur souhaite confier la publication de cet ouvrage en format poche au Cessionnaire.

IL A ÉTÉ CONVENU CE QUI SUIT :

Article 1 – Apport de l'Éditeur
L'Éditeur cède au Cessionnaire, qui l'accepte, dans les termes des dispositions ci-après énoncées, le droit exclusif d'imprimer, publier, reproduire, et vendre sous la forme d'édition de poche (dite aussi de grande diffusion), l'ouvrage :

Titre

ci-après désigné « l'ouvrage ».

Article 2 – Apport du Cessionnaire
Le Cessionnaire s'engage à assurer à ses frais la publication en format poche en librairie de cet ouvrage et s'emploiera à lui procurer, par une diffusion dans le public et auprès des tiers susceptibles d'être intéressés, les conditions favorables à son exploitation.

Article 3 – Durée de la cession
La présente cession est consentie pour avoir effet pour le monde entier et en langue française, pour une durée de ***nombre*** années à compter de la signature du présent contrat.

Article 4 – Étendue de la cession
L'Éditeur cède expressément au Cessionnaire le droit d'édition graphique en format poche (ou grande diffusion) afférent à l'ouvrage.

Tous les droits non cédés expressément au présent contrat sont réservés exclusivement à l'Éditeur. Ainsi, l'Éditeur se réserve notamment le droit, pendant la durée du présent contrat, de poursuivre l'exploitation de l'ouvrage dans son édition originale.

Article 5 – Garanties du Cessionnaire
L'Éditeur garantit qu'il est le seul détenteur des droits de propriété littéraire relatifs à l'ouvrage cédé et seul habilité à conclure ce contrat.

L'Éditeur garantit que l'ouvrage cédé ne contient à sa connaissance rien de diffamatoire, ni contrefaisant, ni susceptible d'engager la responsabilité civile ou pénale de l'auteur de l'ouvrage, ou celle de l'Éditeur.

Article 6 – Obligations respectives des parties
a/ L'Éditeur s'engage notamment à fournir, au Cessionnaire, ses compétences en matière littéraire et par conséquent ses conseils.

b/ Le Cessionnaire s'engage à informer préalablement l'Éditeur, ainsi qu'à recueillir les conseils littéraires de l'Éditeur concernant les points suivants:
– établissement du service de presse, qui ne saurait toutefois être inférieur à ***nombre*** exemplaires par ouvrage cédé;
– fixation des quantités des réimpressions;
– fixation du prix public de vente hors taxes.

c/ Le Cessionnaire s'engage à utiliser ses services techniques et commerciaux, sous la direction de l'Éditeur, notamment pour assurer:
– la réalisation de la maquette;
– le choix de critères présentant les meilleures qualités, de délai et de prix;
– la fabrication et la commercialisation.

Article 7 – Rémunération
Pour prix de la cession du droit d'édition graphique en format poche ci-dessus prévue, le Cessionnaire versera à l'Éditeur sur le prix de vente au public HT de chaque exemplaire vendu, un droit proportionnel progressif de:
– ***montant*** % ouvrage par ouvrage, jusqu'au ***nombre***ème exemplaire vendu;
– ***montant*** % ouvrage par ouvrage, jusqu'au ***nombre***ème exemplaire vendu;
– ***montant*** % ouvrage par ouvrage, au-delà de ***nombre*** exemplaires vendus.

Toutes sommes dues en vertu du présent contrat s'entendent payables par chèque ou virement bancaire en devises, libres de toutes taxes, retenues ou frais de quelque nature que ce soit.

Aucune provision ne pourra être retenue par le Cessionnaire sur les droits dus à l'Éditeur.

Article 8 – Assiette de la rémunération
Les droits d'auteur ne portent:
– ni sur les exemplaires d'auteur;

– ni sur les exemplaires réservés au service de presse ou à la promotion des ventes, et dont le nombre sera déterminé par l'Éditeur;
– ni sur les exemplaires destinés au dépôt légal ou à l'envoi de justificatifs;
– ni sur les exemplaires détruits, détériorés, disparus ou mis au pilon.

Article 9 – Rémunération pour reprographie et copie privée numérique
Le Code de la propriété intellectuelle prévoyant une rémunération pour reprographie, les parties conviennent, pour la durée du présent contrat, de partager cette rémunération pour moitié, en raison du préjudice commun qui leur est causé par l'utilisation privée des techniques de reprographie. Le Cessionnaire représentera l'Éditeur dans toutes les négociations relatives au droit à rémunération pour copie privée et lui versera la rémunération convenue.

Les articles L. 311-1 à L. 311-8 du Code de la propriété intellectuelle prévoyant notamment une rémunération pour copie privée des œuvres fixées sur tout support numérique, les parties conviennent pour la durée du présent contrat de partager cette rémunération par moitié. L'Éditeur représentera le Cessionnaire dans toutes les négociations relatives au droit de rémunération pour copie privée et droit de prêt et lui versera la rémunération convenue.

Article 10 – À-valoir
Sur l'ensemble des sommes dues à l'Éditeur, au titre de l'article 7 du présent contrat, il sera versé par le Cessionnaire un à-valoir d'un montant net de ***montant*** euros qui lui sera acquitté de la façon suivante:

– ***montant*** euros à la signature des présentes,
– ***montant*** euros à la publication de l'ouvrage.

Le dit à-valoir sera porté au débit du compte de l'Éditeur.

Article 11 – Exemplaires gratuits
Nombre exemplaires de l'édition de l'ouvrage seront envoyés gratuitement à l'Éditeur, au moment de l'achèvement de la fabrication, et ***nombre*** exemplaires lors de chaque réimpression. L'Éditeur aura la faculté d'acheter autant d'exemplaires qu'il le désirera, avec une remise de ***taux*** sur le prix de vente HT.

Ces exemplaires seront cessibles à des consommateurs et non à des professionnels.

Article 12 – Arrêté et remise des comptes
Le Cessionnaire enverra à l'Éditeur des relevés de comptes arrêtés semestriellement au ***date.*** Le Cessionnaire devra alors adresser un relevé de comptes à l'Éditeur dans les deux mois à compter de la date de l'arrêté des comptes, qui lui adressera une facture dans les ***nombre*** jours. Le Cessionnaire réglera ces comptes dans le mois qui suivra la réception de la facture envoyée par l'Éditeur.

L'Éditeur se réserve le droit de faire vérifier par toute personne qu'il choisira la situation comptable des exemplaires chez le Cessionnaire. Si une telle vérification fait apparaître des erreurs de compte au préjudice de l'Éditeur, les frais de cet examen seront à la charge du Cessionnaire. Dans le cas contraire, les frais seront supportés par l'Éditeur. Les erreurs décelées seront réparées par un règlement dans les trente jours de la vérification.

Article 13 – Qualité des exemplaires
Le Cessionnaire s'engage à faire établir des exemplaires fidèles, sans coupure, ni modification, ni adjonction, conformément à l'édition originale. Notamment, le Cessionnaire

s'engage à reproduire et publier l'ouvrage, dans son intégralité et en un seul volume, tel que présenté dans l'édition originale, sans procéder à une division par tomaison.

Article facultatif: Le Cessionnaire s'engage à reproduire la page de couverture de l'édition originale sur l'édition de poche.

L'Éditeur sera informé de l'achèvement de la fabrication des exemplaires et, s'il en fait la demande, conformément au souhait exprimé par l'auteur de l'ouvrage, l'un de ces exemplaires devra lui être communiqué avant composition.

Aucune modification ou adjonction sous forme de préface ou de note ne devra être apportée au texte sans le consentement écrit de l'Éditeur.

Le Cessionnaire s'engage à faire apparaître le nom de l'auteur, ainsi que le nom de l'Éditeur, très lisiblement sur la quatrième page de couverture et sur la page de titre, de même que dans les textes annonçant la publication des exemplaires des ouvrages cédés.

Le Cessionnaire s'engage à accomplir dans les formes légales et en temps voulu, à ses frais, toutes formalités et démarches nécessaires en vue de la publication des ouvrages qui seront cédés.

Article 14 – Exploitation des ouvrages cédés
Le Cessionnaire s'engage à assurer à l'ouvrage une exploitation permanente et suivie, et une diffusion commerciale conforme aux usages de la profession. Le Cessionnaire s'engage également à vendre un minimum de ***nombre*** exemplaires, durant la durée du présent contrat.

Le Cessionnaire s'engage à mettre ***nombre*** exemplaires des ouvrages en vente, dans un délai de ***nombre*** mois à compter de la signature du présent contrat. Au cas où le Cessionnaire ne publierait pas les ouvrages dans ce délai, les droits cédés par les présentes reviendraient automatiquement à l'Éditeur, sauf convention contraire ultérieure.

Les parties détermineront d'un commun accord, au moment de la mise en vente, l'importance du tirage et le montant du prix de vente au public.

Le Cessionnaire s'engage à faire un premier tirage minimum de ***nombre*** exemplaires de l'ouvrage cédé et à informer l'Éditeur des tirages successifs qui seront réalisés.

Article 15 – Réimpressions
Dans le cas où l'édition de l'ouvrage à laquelle le Cessionnaire aura procédé viendrait à être épuisée, le présent contrat serait résilié de plein droit si le Cessionnaire ne procédait pas, par lui-même, à une réimpression dans le délai de six mois à compter de la mise en demeure, par lettre recommandée avec accusé de réception, qui lui serait faite par l'Éditeur, sauf circonstance exceptionnelle motivant une prorogation de ce délai. L'Éditeur recouvrerait alors purement et simplement la libre disposition des droits sur l'ouvrage, et le Cessionnaire serait dégagé de toute obligation ou indemnité vis-à-vis de l'Éditeur.

L'ouvrage est considéré comme épuisé si deux demandes d'exemplaires adressées par écrit au Cessionnaire ne sont pas satisfaites dans les trois mois et si cette carence n'est pas due à la force majeure ou à toute autre cause légitime.

Article 16 – Mise au pilon et vente en solde

Si, à quelque époque que ce soit, deux ans après la mise en vente de l'ouvrage, le Cessionnaire a en magasin un stock plus important qu'il ne le juge nécessaire pour assurer les demandes courantes pour la vente de l'ouvrage, il aura le droit de détruire ou de vendre ce stock en surplus au prix qu'il pourra obtenir, sans que le contrat soit pour autant résilié.

Il est précisé toutefois que le Cessionnaire s'oblige à conserver en stock un nombre suffisant d'ouvrages pour permettre de satisfaire aux demandes.

Le produit de la vente en solde restera acquis au Cessionnaire si les exemplaires sont soldés à moins de 50 % du prix de vente TTC. Dans le cas contraire, l'Éditeur touchera ses droits, calculés, au taux minimum prévu à l'article 7 des présentes, sur le montant de vente prévu au soldeur.

En cas de pilonnage important d'exemplaires à l'état neuf, le Cessionnaire devra en aviser l'Éditeur et tiendra à sa disposition un certificat de pilonnage indiquant le nombre d'exemplaires effectivement détruits. À tout moment, le Cessionnaire pourra faire détruire les exemplaires défectueux ou défraîchis sans en aviser l'Éditeur.

L'Éditeur devra, dans les trente jours suivant l'avis qui lui aura été donné de l'un ou de l'autre mode de liquidation, faire connaître au Cessionnaire, par lettre recommandée avec accusé de réception, s'il préfère racheter lui-même les volumes à un prix qui ne sera pas supérieur au prix de vente au soldeur ou au prix de revient tel qu'il ressort de la comptabilité.

L'Éditeur sera alors tenu d'en effectuer le règlement comptant, sous réserve du solde créditeur de son compte. À défaut pour l'Éditeur de satisfaire à ces deux conditions ci-dessus énoncées, le Cessionnaire disposera des ouvrages comme il l'entendra.

S'il rachète ce stock, l'Éditeur pourra procéder à la vente de ces exemplaires et ce, jusqu'à épuisement du stock. En cas de pilon total, le Cessionnaire devra remettre à l'Éditeur un certificat précisant la date de l'opération et le nombre d'exemplaires détruits.

En cas de liquidation totale du stock, si les conditions prévues à l'article 15 alinéa 1 sont réunies, le compte de l'Éditeur devra être liquidé et le droit d'exploitation restitué à l'Éditeur pour l'édition en format poche avant la mise en solde totale ou la mise au pilon totale.

À n'importe quel moment, le Cessionnaire aura le droit de faire pilonner, sans droits pour l'Éditeur, les volumes défraîchis et inutilisables pour la vente, provenant de retours en librairie.

Article 17 – Cas malheureux

En cas d'incendie, inondation ou tout autre cas accidentel ou de force majeure ayant pour conséquence la détérioration, la destruction ou la disparition de tout ou partie des exemplaires en stock, le Cessionnaire ne pourra en être tenu pour responsable et il ne sera dû par lui à l'Éditeur aucun droit ni aucune indemnité relatifs à ces exemplaires.

Si le stock restant ne permettait plus au Cessionnaire de répondre à la demande, l'édition serait considérée comme épuisée et l'Éditeur serait en droit de mettre le Cessionnaire en demeure de procéder à une réimpression suivant les modalités et sanctions prévues à l'article 15 alinéa 1 du présent contrat. Au cas où un sinistre atteindrait des exemplaires dont les droits auraient été payés d'avance, lesdits droits seraient reportés sur les exemplaires de remplacement.

Article 18 – Résiliation
a/ La résiliation judiciaire ou de plein droit du contrat d'édition principal conclu entre l'auteur et l'Éditeur en date du ***date*** n'entraînera en rien celle du présent contrat.

b/ Tout manquement grave ou répété à l'occasion de l'exécution du présent contrat sera de nature à affecter la validité de celui-ci. Ce contrat pourra alors être résilié automatiquement et de plein droit, sauf convention contraire. Cette résiliation prendra effet ***nombre*** jours après l'envoi d'une mise en demeure par lettre recommandée avec accusé de réception restée sans effet.

Toutes les sommes dues par le Cessionnaire seraient, dans cette hypothèse, immédiatement exigibles.

Toutes sommes déjà versées, à quelque titre que ce soit, à l'Éditeur lui resteraient acquises sans préjudice de toute demande de dommages et intérêts.

c/ Dans le cas où le Cessionnaire viendrait à faire faillite, cesserait son activité, subirait une modification substantielle de son actionnariat ayant une influence directe sur la politique éditoriale de l'édition en format poche, ou manquerait à l'une quelconque des ses obligations prévues au présent contrat, celui-ci serait résilié automatiquement et de plein droit, sauf convention ultérieure, l'Éditeur reprendrait immédiatement possession des droits cédés au Cessionnaire.

Toutes les sommes dues par le Cessionnaire seraient immédiatement exigibles. Toutes sommes déjà versées, à quelque titre que ce soit, à l'Éditeur lui resteraient acquises sans préjudice de toute demande de dommages et intérêts.

d/ Le présent contrat serait résilié automatiquement et de plein droit après mise en demeure par lettre recommandée avec accusé de réception sans indemnité de part et d'autre si le contrat n'était pas renvoyé signé par le Cessionnaire dans un délai de ***nombre*** jours à compter du ***date.***

Article 19 – Droit moral
Le présent contrat sera conclu et exécuté dans le plus parfait respect du droit moral des auteurs, conformément aux règles du droit de la propriété littéraire et artistique.

Article 20 – Contrefaçon
Le Cessionnaire pourra agir en contrefaçon contre toutes les exploitations concurrentes, susceptibles de porter atteinte au droit qui lui est cédé.

Le Cessionnaire aura, par le fait des présentes, le droit de poursuivre toute contrefaçon, imitation ou exploitation, sous quelque forme que ce soit de l'ouvrage qui est cédé, dans la limite des termes des présentes, mais à ses frais, risques et périls et à sa propre requête.

À cet effet, l'Éditeur accepte de se prêter à fournir toute attestation qui pourrait être demandée par le Cessionnaire, et qui serait nécessaire à la poursuite de l'action envisagée par le Cessionnaire.

Article 21 – Bonne foi
Les parties s'engagent à interpréter et à exécuter les présentes de bonne foi et feront les meilleurs efforts dans le cadre de l'exécution des présentes et des termes des éventuels contrats qui en formeront les suites et compléments.

Article 22 – Notification
Toute notification en vertu des présentes sera faite par lettre recommandée avec accusé de réception, aux adresses figurant en tête des présentes.

Article 23 – Litiges et loi applicable
En cas de difficulté ou de litige portant sur l'interprétation ou l'exécution des présentes, les parties ont décidé d'un commun accord de faire attribution de compétence et de juridiction aux tribunaux de Paris.

Le présent contrat est régi par la loi française.

Article 24 – Élection de domicile
Les parties, pour l'exécution des présentes, font élection de domicile à l'adresse portée en tête des présentes.

Fait à ***lieu***, en deux exemplaires, le ***date***.

L'Éditeur — Le Cessionnaire

Les contrats relatifs au multimédia

Il est aujourd'hui difficile de présenter un seul modèle de contrat propre au domaine du multimédia, qu'il s'agisse d'exploitations « hors ligne » comme « en ligne » : les intervenants sont en effet multiples. L'éditeur fera notamment appel à des œuvres préexistantes – qu'il exploite déjà en support papier ou qu'il devra entièrement acquérir auprès d'un confrère –, à des œuvres spécifiquement créées pour le multimédia, à de véritables auteurs multimédias (auteur du scénario interactif...), à des prestataires propres aux nouvelles technologies, etc. Lorsque l'éditeur déjà titulaire sur une œuvre de droits d'exploitation sous une forme plus classique envisage de transposer celle-ci sur un support multimédia, il pourra bien souvent procéder par simple avenant.

En ce qui concerne la nature même du contrat d'édition multimédia, les professionnels sont encore dans l'expectative. Celui-ci semble à mi-chemin entre le contrat d'édition et le contrat de production audiovisuelle[1]. Or ces deux types de contrats sont entourés de conditions légales et d'effets juridiques parfois bien dissemblables. Faut-il suivre celles qui sont imposées pour le contrat d'édition ou celles relatives au contrat de production audiovisuelle ? Un cédérom a été cependant qualifié d'œuvre collective par le tribunal de grande instance de Nanterre, fin 1997, ce qui exclurait *a priori* le rattachement à l'œuvre audiovisuelle qui ne peut être selon la loi qu'une œuvre de collaboration[2]. Chacun s'efforce en réalité à l'heure actuelle de tracer une voie plus ou moins médiane selon le produit multimédia envisagé, mais tant que la jurisprudence ne se sera pas prononcée, le danger de voir des contrats invalidés reste réel.

L'article L. 132-1 du CPI dispose en effet que « le contrat d'édition est le contrat par lequel l'auteur d'une œuvre de l'esprit ou ses ayants droit cèdent à des conditions déterminées à une personne appelée éditeur le droit de fabriquer ou de faire fabriquer en nombre des exemplaires de l'œuvre, à charge pour elle d'en assurer la publication et la diffusion ». Fabriquer, publier ou diffuser sont des notions qu'il est possible de déceler dans le processus propre à l'édition en ligne. Mais, comme le souligne Étienne de La Boulaye[3], c'est le terme « exemplaires » qui perturbe toute tentative de transposition trop abrupte. En cas de téléchargement de fichiers, l'existence de plusieurs exemplaires est réelle ; mais ce n'est pas le cas pour la simple consultation en ligne.

La tentation est donc grande de passer outre et de proposer un contrat autre qu'un contrat d'édition.

Mais le juge a le pouvoir de requalifier en contrat d'édition tout accord passé avec un auteur et d'en tirer des conséquences juridiques graves si, au-delà du nom du contrat, la forme spécifique que la loi prescrit n'a pas été respectée.

1. Agnès Freche, « Œuvre interactive et droit d'auteur, œuvre logicielle ou audiovisuelle », *Expertises*, janvier 1996, p. 26. Éric Barbry, « La qualification des œuvres multimédias, fausses polémiques et vraie réponse », *Les Annonces de la Seine*, 25 mars 1996, n° 24, p. 8. Jean-Jacques Raynel, « Multimédia, logiciel, base de données ou audiovisuel ? », *Expertises*, novembre 1996, p. 394.

2. Tribunal de grande instance de Nanterre, 26 novembre 1997, *Gazette du Palais*, 19-21 avril 1998, n° 109, p. 46. Pour un autre exemple récent : cour d'appel de Versailles, 25 mars 2004, *Communication commerce électronique*, 2004, n° 104, observations Christophe Caron.

3. Étienne de La Boulaye, « Le contrat d'édition en ligne », *Légicom*, n° 24, 2001/1, p. 13.

En clair, la justice peut décider que telle ou telle opération d'exploitation d'une œuvre s'inscrit dans le cadre légal du contrat d'édition, n'en déplaise à l'éditeur et aux incompatibilités juridico-technologiques. La propriété littéraire et artistique est ainsi faite qu'en cas de requalification judiciaire la maison d'édition sera désignée à coup sûr comme fautive et sera condamnée.

Dans l'attente d'un éventuel changement de législation ou de l'émergence d'une jurisprudence de référence, la prudence consiste donc à s'efforcer de rédiger un contrat qui, quel que soit son intitulé, réponde aux prescriptions légales du contrat d'édition. Il n'est jamais très heureux de devoir essuyer les plâtres qui tombent des plafonds – pourtant dorés – des palais de justice.

Reste, une fois posé le cadre, à pouvoir élaborer un modèle de contrat d'édition qui coïncide avec les exigences précises du CPI.

Par exemple, aux termes de l'article L. 132-10, « le contrat d'édition doit indiquer le nombre minimum d'exemplaires constituant le premier tirage ». Cette obligation est en l'espèce difficile à remplir. Mais il est précisé que « toutefois, cette obligation ne s'applique pas aux contrats prévoyant un minimum de droits d'auteur garantis par l'éditeur ». Bref, pour être valable, le contrat d'édition en ligne doit s'accompagner d'un à-valoir…

Les mentions habituelles du contrat d'édition seront intégralement revues. S'y ajouteront quelques alinéas spécifiques aux nouvelles technologies. C'est ainsi que l'éditeur prendra soin de préciser que la propriété matérielle du fichier lui appartient et ce, en raison du coût que représente encore la mise aux normes spécifiques à la publication en ligne.

Des clauses relatives à « l'électrocopillage » (tatouage numérique, dispositif anti-piraterie, affichage d'un avertissement dissuasif, etc.) seront les bienvenues.

Il existe un (contre-)modèle très détaillé, élaboré par le Calcre (le fameux Comité des auteurs en lutte contre le racket de l'édition)[1] et commenté dans un numéro de sa revue *Écrire & éditer*[2]. Il y est proposé, par exemple, que l'auteur cède notamment à l'éditeur « le droit de convertir l'œuvre dans les formats numériques suivants : PDF, RTF, HTML, […], ainsi que dans tout format numérique isomorphe ou compressé, sous réserve du respect du droit moral de l'auteur »… Le texte du Calcre aborde aussi bien l'impression à la demande que le référencement de l'œuvre.

Les clauses en elles-mêmes de tout contrat multimédia, qu'il soit de coproduction comme d'achat de droits, ne posent pas d'autre difficulté inédite en droit.

Certes, des *starts-up* en tout genre sont en faillite, voire en fuite. Mais l'édition en ligne semble s'inscrire comme un schéma durable d'exploitation des manuscrits. Le temps de l'établissement de contrats fiables est donc venu.

Enfin, et paradoxalement, rappelons que tant que les systèmes de signature électronique n'auront pas été entièrement consacrés, en pratique[3], le contrat d'édition en ligne devra, pour être incontestable, être paraphé par l'auteur dans une version papier…

1. Auquel a succédé le Cose-Calcre. Voir « Adresses utiles ».
2. *Écrire & éditer*, n° 34.
3. Voir Emmanuel Pierrat, *Le Droit du livre*, *op. cit.*

Le véritable problème est constitué par celui des droits sur les œuvres préexistantes à la technique « numérique[1] ». Si les droits ont été cédés de façon claire (« exploitation télévisuelle » ou « édition phonographique », par exemple), l'auteur reste *a priori* titulaire de ses droits multimédias[2]. Mais les clauses sont souvent imprécises et envisagent l'avenir dans le plus grand flou (par exemple: « exploitation audiovisuelle et par tout procédé analogue existant ou à venir »). Le principe général est que sont réservés à l'auteur tous les droits qu'il n'a pas expressément cédés. La jurisprudence viendra sans doute clarifier les choses et décidera si les droits multimédias doivent avoir été mentionnés expressément pour qu'on puisse considérer qu'ils ont été cédés. Rappelons qu'il existe cependant une disposition expresse du CPI pour les modes d'exploitation qui n'avaient pas été précisément envisagés dans le contrat initial[3].

Il est nécessaire de reprendre les contrats pour traquer toute cession de droits « multimédias », d'« édition électronique », de « numérisation », etc. Par surcroît, il faut vérifier dans ces mêmes contrats que les droits cédés ne vont pas interférer avec une exploitation dérivée du produit multimédia.

L'ensemble de ces règles impose donc souvent à l'éditeur ou au producteur multimédia de s'assurer de l'autorisation d'une multitude d'intervenants avant de pouvoir exploiter une image. Une photographie du public dans une salle de musée peut constituer un véritable casse-tête juridique, puisque l'architecte des lieux, les auteurs des tableaux, les personnes représentées et le photographe devront tous avoir donné leur accord. Les œuvres audiovisuelles, par exemple, possèdent, selon certains droits nationaux, plusieurs auteurs et sont qualifiées d'œuvres de collaboration. Leur exploitation nécessite donc bien souvent, elle aussi, l'autorisation des différents protagonistes.

L'identification des titulaires de droits se révèle très difficile. Les droits sur les images peuvent être entre les mains d'un graphiste, d'un éditeur de livres, d'un organe de presse, d'un producteur de télévision, d'une agence photographique ou encore des héritiers d'un peintre.

Des contrats de cession (contrat d'édition, contrat de production audiovisuelle, etc.) peuvent avoir été conclus et avoir influé sur le parcours juridique d'une œuvre. Aux termes de certaines législations nationales, le titulaire des droits peut être quasi automatiquement le producteur ou l'éditeur et, selon d'autres, les modalités de transmission des droits de l'auteur à son commanditaire doivent être précisément définies. Par ailleurs, beaucoup d'œuvres audiovisuelles, notamment les programmes sportifs, sont produites directement par les chaînes de télévision. C'est donc à celles-ci qu'il faudra s'adresser. Les œuvres réalisées par un journa-

1. Arnaud Boudier, « Le multimédia et le droit », *Utile*, avril 1996, p. 68. Frédérique Olivier, « Les aspects juridiques relatifs à la création de l'œuvre multimédia », *Les Annonces de la Seine*, 25 mars 1996, n° 24, p. 4. Dominique Lahary, « Les droits liés à la fourniture électronique de documents », *Bulletin d'informations de l'Association des bibliothécaires français*, n° 168, 3e trimestre 1995, p. 76. *Livre blanc du groupe audiovisuel et multimédia de l'édition, questions juridiques relatives aux œuvres multimédias*, Syndicat national de l'édition, 1993. Emmanuel Dreyer, « Multimédia, les ayants droit de l'œuvre préexistante », *Expertises*, octobre 1996, p. 356. Hubert Bitan, « La problématique de la réalisation d'une œuvre multimédia », *Gazette du Palais*, 25-26 octobre 1996, n° 299-300, p. 11.

2. Voir « Interprétation restrictive ».

3. Article L. 131-6 du CPI.

liste ou dans le cadre d'un contrat de travail classique peuvent également connaître des sorts variés selon le type d'engagement, et appartenir soit à l'employeur, soit au salarié[1].

Pour faciliter la procédure d'identification, certaines de ces sociétés de gestion se groupent et proposent désormais des services communs – on parle de « guichet commun » – orientés vers le secteur du multimédia[2].

Nombre de droits d'exploitation sur des œuvres même connues demeurent cependant entre les mains de personnes parfois difficilement identifiables. Face aux difficultés rencontrées, certains éditeurs proposent des cédéroms d'images ou de musiques qui sont annoncés comme « libres de droits ». Ce sont en général des DVD qui contiennent une sélection thématique d'illustrations (couchers de soleil, animaux, etc.) ou de sons librement utilisables, c'est-à-dire sans autorisation particulière et sans versement de rémunération. Or, si une telle pratique peut être licite en droit américain, la conception continentale du droit d'auteur s'y oppose : l'utilisation de telles images peut donc se révéler à terme juridiquement problématique[3].

Si l'on ne trouve pas le titulaire des droits, mieux vaut s'abstenir d'exploiter et ne pas croire que la publication d'une mention « D.R. » (droits réservés) met à l'abri d'une action en justice (contrefaçon ou autre).

Il faut de même faire attention aux collaborateurs propres à une œuvre multimédia. Sans être tous *a priori* des auteurs, il se peut que la jurisprudence leur accorde dans le futur certaines prérogatives. Il est donc bon de rédiger leurs contrats en y incluant des clauses de cession des éventuels droits de propriété intellectuelle. Ce sont notamment l'ingénieur du son, le numériseur, l'ergonome, le metteur en pages, l'indexeur, le documentaliste, le sonorisateur, le responsable du montage, les cameramen, le responsable de l'interactivité, le scanneur, l'infographiste, le créateur d'hypertexte, le localiseur, le réalisateur de l'interface spécifique, le réalisateur, le scénariste, le directeur du programme, le médiatiseur, le coordinateur (assimilable à un directeur de collection), etc.

Quant au contrat avec le développeur et autres sociétés qui se chargeront de la conception du produit et de l'hébergement du site, il faudra s'assurer notamment qu'il mentionne le logiciel de base et son exploitation. De même, il convient de ne pas oublier la propriété des sources, de façon à pouvoir décliner l'œuvre dans plusieurs versions ou langues, etc[4].

Enfin, lors de toute opération juridique liée à l'édition multimédia, l'éditeur devra prendre garde à bien cerner le champ d'exploitation des droits cédés et en particulier à veiller qu'il acquiert, par exemple, les droits d'un scénario interactif pour tous les supports d'édition multimédia envisageables[5].

Il est donc proposé ci-après trois modèles à titre indicatif. Le premier peut être assimilé à un véritable contrat d'édition en ligne. Le deuxième concerne l'exploitation directe en ligne d'une contribution. Le troisième est propre aux éditeurs de livres ou de revues sollicités pour une mise en ligne d'une revue.

1. Voir chapitre II « Typologie des œuvres protégeables » et chapitre IV « La titularité des droits ».
2. Voir « Le rôle de la gestion collective : les sociétés de perception et de répartition ».
3. Voir « Le leurre des œuvres dites "libres de droit" ».
4. Ces questions sont traitées plus en détail dans *Le Droit du livre, op. cit.*
5. Voir « Interprétation restrictive ».

CONTRAT D'ÉDITION EN LIGNE

Entre les soussignés :

nom
– dénomination sociale
– forme sociale et montant du capital
– numéro d'immatriculation au Registre du commerce et des sociétés
– adresse du siège social
– nom et prénom du représentant légal

Ci-après dénommé « l'Éditeur », d'une part, et

– Nom et prénom
– adresse

Ci-après dénommé « l'Auteur », d'autre part

IL A ÉTÉ PRÉALABLEMENT EXPOSÉ CE QUI SUIT :

L'Éditeur, par le biais de son site Internet, vise à attirer l'attention des éditeurs sur le texte, ci-après « le Texte », que l'Auteur lui a confié en assurant sa promotion, sans travail éditorial particulier, dans les conditions détaillées ci-après.

Par ailleurs, l'Éditeur propose à l'Auteur qui le désire de commercialiser son Texte sous forme de livre imprimé à la demande et de fichier électronique, dans les conditions prévues ci-après pour l'édition numérique, sans travail systématique de correction.

Enfin, en tout état de cause, l'Auteur consent à l'Éditeur une option exclusive en vue de l'acquisition du droit d'éditer et de publier ou faire publier en version papier le Texte, sous un de ses labels et/ou par un éditeur tiers ayant manifesté son désir de publier l'ouvrage, la liste des éditeurs partenaires étant annexée aux présentes et pouvant faire l'objet de modifications dont l'Auteur sera tenu informé.

Les présentes ont donc pour objet de prévoir et d'organiser :

– la promotion du Texte de l'Auteur par l'Éditeur ;
– le cas échéant, les conditions de l'édition numérique du Texte ;
– les options consenties à l'Éditeur sur l'acquisition des droits de reproduction, de représentation et d'adaptation audiovisuelle du texte de l'auteur et, le cas échéant, les modalités de la cession par l'Auteur à l'Éditeur desdits droits et les conditions d'exploitation qui en serait issue.

EN CONSÉQUENCE DE QUOI, IL A ÉTÉ CONVENU CE QUI SUIT :

TITRE I – PROMOTION DU TEXTE

Article 1 – Engagements de l'Éditeur
Afin de donner à l'ouvrage toutes ses chances de publication, l'Éditeur s'engage à faire la promotion du Texte sur son site, pendant une durée de ***durée***, dans les conditions détaillées ci-après :

– en déposant le Texte auprès d'un organisme spécialisé qui date le Texte et constitue ainsi une preuve d'antériorité en cas de litige ;

– en présentant aux internautes qui visitent son site un extrait du Texte, et en proposant à ces derniers de voter pour le dévoilement d'un second extrait ; les textes ayant recueilli le plus grand nombre de votes seront mis en avant sur le site ;

– en faisant appel à un réseau de lecteurs (constitué notamment de libraires) pour lire les textes retenus à l'issue d'une première lecture en interne. Leurs recommandations pourront être communiquées au public et aux éditeurs-partenaires. Cependant, l'Éditeur reste libre de décider de soumettre ou non le Texte à son réseau de lecteurs et de communiquer ou non à l'Auteur les avis ainsi recueillis ;

– en faisant régulièrement intervenir des critiques sur le site (journalistes, auteurs, rédacteurs de revues ou toute autre personnalité). Ils choisiront les textes qui leur paraissent les plus prometteurs parmi l'ensemble des textes présents sur le site, et notamment ceux appartenant à leur genre de prédilection. Les recommandations pourront être communiquées au public et aux éditeurs tiers. Cependant, l'Éditeur ne peut s'engager à ce que le Texte soit retenu par un critique.

En cas de publication par son intermédiaire, l'Éditeur s'engage également :

– à assurer sa promotion sur le site (présentation de la couverture, de la quatrième de couverture) ;

– à assurer un service de presse numérique auprès de ses partenaires presse et de son réseau de libraires ;

– à tenir informés de la parution de l'ouvrage les internautes ayant exprimé leur intérêt pour le Texte.

Article 2 – Modalités de la publication gratuite à des fins de promotion
Afin que le Texte puisse être présenté aux internautes et aux différents partenaires de l'Éditeur, l'Auteur autorise la publication gratuite sur le site de deux extraits de son ouvrage, consultables par tous, et choisis par l'Éditeur. Le premier extrait (dans la limite de (cinq pour cent) 5 % du manuscrit, soit dix pages maximum) est mis en ligne systématiquement, le second (dans la limite de (cinq pour cent) 5 % du manuscrit, soit dix pages maximum) le sera seulement à la demande des internautes.

D'autre part, l'intégralité du Texte pourra être envoyée (sous forme de fichier numérique et de tirage papier) :

– à certains membres du réseau de lecteurs de l'Éditeur afin d'obtenir un rapport de lecture exploitable pour la promotion de l'ouvrage ;

– aux éditeurs tiers avec lesquels l'Éditeur aura établi des partenariats.

Ces exemplaires du Texte serviront à des fins de promotion et ne pourront donc pas donner lieu au versement de droits d'auteur. L'Éditeur s'engage à en faire un usage raisonnable, dans l'intérêt des deux parties.

Article 3 – Engagements de l'Auteur
En contrepartie notamment des efforts détaillés aux articles 1 et 2 des présentes, et en cas de levée de l'option telle que prévue au titre III des présentes, l'Auteur s'engage à céder à l'Éditeur les droits d'exploitation énumérés à l'article 12 des présentes.

D'autre part, l'Auteur s'engage à prévenir l'Éditeur de tout intérêt qu'un éditeur aurait manifesté pour le Texte.

Article 4 – Prérogatives accordées à l'Éditeur
Compte tenu de la volonté de l'Éditeur de donner leur chance au plus grand nombre, le travail éditorial se limitera dans un premier temps aux vérifications basiques en matière d'orthographe et de syntaxe. Seuls les textes ayant émergé au point d'obtenir une édition en librairie bénéficieront d'un véritable travail éditorial, dans tous les cas entrepris en collaboration étroite avec l'Auteur.

Comme le Texte est protégé numériquement, l'Auteur ne pourra pas apporter de modifications à la version de son Texte qu'il a envoyé à l'Éditeur sous forme de fichier. Cette clef numérique apporte la preuve sécurisée de l'antériorité de l'écriture de l'œuvre par l'Auteur en cas de poursuite pour plagiat ou contrefaçon.

L'Éditeur se réserve le droit de refuser de prendre en charge un Texte, et notamment dans les cas suivants :

– en raison de contraintes techniques (schémas ou illustrations non reproductibles numériquement, typographies particulières...) ;

– si l'Auteur ne s'est pas conformé aux procédures indiquées sur le site ;

– si l'Auteur ne respecte pas les garanties mentionnées à l'article 3 des présentes.

TITRE II – ÉDITION NUMÉRIQUE

La version numérique facilite la promotion du manuscrit et permet à l'Auteur de percevoir ses premiers droits d'auteur. S'appliqueront alors les conditions prévues ci-après.

Article 5 – Objet de l'édition numérique
L'Éditeur s'engage à commercialiser le Texte sous forme :

– de fichiers numériques téléchargeables via des réseaux informatiques et de télécommunications, et notamment par l'Internet ;

– de livres pouvant être imprimés à la demande et bénéficiant d'un service de vente à distance.

L'Éditeur propose donc au public d'acquérir le Texte soit sous forme numérique, soit sur support papier, à deux prix différents, de manière à assurer les conditions de diffusion les plus larges. Cependant, la responsabilité de l'Éditeur ne pourra être engagée en cas de défaillance du système informatique ou de saturation du réseau Internet.

L'Auteur déclare être correctement informé des caractéristiques de ce système d'édition en ligne, et notamment de la double forme dans laquelle son Texte connaîtra son exploitation première. Il déclare aussi comprendre et accepter que sa rémunération sera calculée selon deux taux de droits différents, étant donné que l'exploitation du livre fait l'objet de deux prix de vente au public.

Article 6 – Réalisation de l'édition numérique
L'Éditeur s'engage à commercialiser la version numérique de l'ouvrage dès qu'il retourne à l'Auteur son contrat signé. Cependant, certains éléments peuvent retarder la mise en ligne, notamment si des corrections sont nécessaires. L'Auteur s'engage à effectuer les corrections demandées par l'Éditeur, qui se réserve le droit de refuser la publication en ligne du Texte si les corrections n'ont pas été effectuées.

Il est rappelé que, compte tenu de la volonté de l'Éditeur de donner leur chance au plus grand nombre, le travail éditorial se limitera dans un premier temps aux vérifications basiques en matière d'orthographe et de syntaxe. Seuls les textes ayant émergé au point d'obtenir une édition en librairie bénéficieront d'un véritable travail éditorial : celui-ci sera dans tous les cas entrepris en collaboration étroite avec l'Auteur, dans les conditions décrites aux présentes.

Sous réserve qu'il ne porte pas atteinte au droit moral de l'Auteur, l'Éditeur seul déterminera les formats, les présentations, les prix de vente au public des exemplaires de l'édition. Le prix public de l'édition numérique devrait être de ***montant*** euros pour le fichier et de ***montant*** euros pour l'exemplaire imprimé à la demande.

Article 7 – Étendue de la cession
Il est d'ores et déjà conclu que les droits consentis sont les mêmes que ceux énoncés ci-après en cas d'édition classique au titre III des présentes. La seule différence consiste en l'exploitation immédiate des droits numériques du Texte, en sachant qu'en cas d'édition papier ultérieure, la version numérique intégrera toutes les corrections effectuées dans le cadre du travail d'édition.

Article 8 – Protection des droits de l'Auteur
Comme prévu dans le titre I des présentes pour la promotion du Texte, une clef numérique est attribuée au Texte par l'intermédiaire du système ***nom*** qui donne à l'auteur un certificat d'antériorité sur le Texte.

L'Éditeur s'engage par ailleurs à assurer l'exploitation des droits numériques de l'œuvre dans des conditions telles que le droit moral de l'Auteur soit protégé.

Article 9 – Rémunération
Concernant les ventes de fichiers numériques, l'Éditeur s'engage à verser à l'Auteur ***taux*** % du prix TTC pour chaque fichier numérique vendu de 0 à ***nombre*** fichiers vendus, puis de ***taux*** % au-delà de ***nombre***. S'il s'agit d'une vente effectuée par l'intermédiaire d'une autre librairie virtuelle, les taux seront alors de ***taux*** % du prix TTC pour chaque fichier numérique vendu de 0 à ***nombre*** fichiers vendus, puis ***taux*** % au-delà de ***nombre***.

Concernant les tirages papier de l'œuvre imprimés à la demande, et vendus sur le site de l'Éditeur, l'Éditeur s'engage à verser à l'Auteur ***taux*** % du prix TTC. S'il s'agit d'une vente effectuée par l'intermédiaire d'une autre librairie virtuelle, ou d'impression à la demande effectuée chez un libraire off-line, les droits seront alors de ***taux*** %.

Ces droits ne concernent pas les exemplaires achetés par l'Auteur à un prix préférentiel. Une remise de 30 % (trente pour cent) lui sera en effet accordée à partir d'une commande de cinq exemplaires et pour tout exemplaire commandé en plus.

Les comptes de l'ensemble des droits dus à l'Auteur sont arrêtés au 31 décembre de chaque année. Ils lui sont adressés dans les trois mois suivant cette date par l'Éditeur, en même temps qu'un chèque ou un virement bancaire correspondant au montant des droits revenant à l'Auteur, sauf pour le cas où ceux-ci seraient d'un montant inférieur à quinze euros. Dans ce dernier cas, l'Auteur devra faire la demande expresse de versement de ses droits qui, en tout état de cause, lui seront réservés.

Article 10 – Résiliation des dispositions relatives à l'édition numérique
Les dispositions afférentes à l'édition numérique sont renouvelables chaque année par tacite reconduction, sauf dénonciation de l'Auteur qui devra en informer l'Éditeur par lettre recommandée avec accusé de réception.

L'Éditeur se réserve le droit de mettre fin à tout moment à cette édition numérique.

Cela n'aura aucun effet sur l'option d'un an accordée à l'Éditeur pour une édition classique.

La rupture des présentes dispositions afférentes à l'édition numérique serait également sans influence sur la validité des cessions ou des autorisations consenties antérieurement par l'Éditeur à des tiers qui continueraient à produire tous leurs effets à l'égard de l'ensemble des parties.

TITRE III – ÉDITION CLASSIQUE

L'Auteur consent à l'Éditeur, pendant une durée de ***durée***, une option exclusive sur l'acquisition des droits d'exploitation classique du Texte.

Si l'Éditeur décide de publier le Texte, lui-même, en coédition ou par voie de cession à un éditeur partenaire, les conditions ci-après énoncées prendront leur plein et entier effet.

Article 11 – Étendue de la cession
L'Auteur cède à l'Éditeur, qui accepte pour lui et ses ayants droit, dans les termes des dispositions ci-après énoncées, le droit exclusif d'exploiter sa propriété littéraire sur le Texte.

La présente cession est faite pour avoir effet en tous lieux et pour tout le temps que durera la propriété littéraire de l'Auteur, de ses ayants droit ou représentants, fixée par les législations tant française qu'étrangères et les conventions internationales actuelles ou futures, y compris les prorogations à intervenir.

De son côté, l'Éditeur s'engage à assurer, seul ou via un éditeur tiers partenaire, la publication en librairie du Texte et il s'emploiera à lui procurer, par une diffusion dans le public et auprès des tiers susceptibles d'être intéressés, les conditions favorables à son exploitation.

L'Auteur, considérant les obligations mises à la charge de l'Éditeur par le présent contrat et notamment l'engagement qu'il souscrit de publier le Texte sous forme de livre et de lui assurer une exploitation permanente et suivie, et les possibilités d'autres exploitations que la publication sous forme de livre assure au Texte, cède également à l'Éditeur, à titre exclusif, le droit de reproduire, de représenter, de publier et d'exploiter l'œuvre ainsi que suit :

– le droit de reproduire le Texte en langue française sous d'autres présentations que l'édition principale et notamment en édition club, illustrée, populaire, au format de poche, en gros caractères ou dans d'autres collections ;

– le droit de reproduire tout ou partie du Texte sur support graphique et notamment par voie de presse (y compris en prépublication ou en postpublication), de micro-reproduction ou de reprographie aux fins de vente (sous réserve des dispositions de l'article L. 122-10 du Code de la propriété intellectuelle);

– le droit d'adapter tout ou partie du Texte pour tous publics et sous toutes formes modifiées, abrégées ou étendues, et notamment édition condensée ou destinée à un public particulier, roman-photo, bande dessinée, prépublication ou postpublication, et de reproduire ces adaptations sur support graphique;

– le droit de traduire le Texte en toutes langues, en tous pays et de reproduire ces traductions sur tout support graphique, actuel ou futur;

– le droit de reproduire tout ou partie du Texte et de ses adaptations et traductions visées ci-dessus, sur tout support d'enregistrement phonographique, magnétique, optique et/ou numérique;

– le droit d'adapter et de traduire, en toutes langues, tout ou partie du Texte en vue de son exploitation sonore, visuelle, radiophonique à l'exception toutefois des adaptations audiovisuelles, et de reproduire ces adaptations sur un support d'enregistrement phonographique, magnétique, optique et/ou numérique;

– le droit de publier en ligne le Texte sous tous formats numériques, sur tous réseaux de télécommunications (Internet, câble, satellite, téléphonie fixe et mobile...), ainsi que le droit de reproduction sous forme numérique et le droit de représentation par diffusion par réseaux de ce même ouvrage;

– le droit d'adapter le Texte pour le théâtre (dramatique et lyrique) ou pour la danse, la radiodiffusion et la musique, et de reproduire sous toutes formes et par tous les moyens, les adaptations qui en seront ainsi faites;

– le droit de représenter tout ou partie du Texte et de ses adaptations et traductions, à l'exception des adaptations audiovisuelles, par tout procédé de communication au public, notamment par récitation publique, représentation dramatique, exécution lyrique, transmission radiophonique ou télévisuelle;

– le droit d'intégration dans une œuvre multimédia ou d'adaptation sous forme d'œuvre multimédia : on entend par œuvre multimédia une œuvre regroupant sur un même support, en général optique ou numérique, des œuvres de nature différente, telles que des photographies, des reproductions d'œuvres d'art, des textes, des séquences musicales, des prestations d'artistes-interprètes, dont la structure et l'accès sont régis par un logiciel permettant l'interactivité de la consultation;

– l'adaptation du Texte sous forme d'œuvre multimédia est susceptible d'entraîner des modifications dans la présentation, les modalités d'accès et de consultation de l'œuvre. L'Éditeur est seul juge de ces modifications, sous réserve de l'accord de l'Auteur chaque fois qu'elles sont susceptibles de modifier d'une manière substantielle le contenu ou l'esprit du Texte;

– le droit de communiquer au public le Texte et son adaptation dans le monde entier, en version française, doublée et/ou sous-titrée en toutes langues, ou multilingue par tous procédés audiovisuels connus ou inconnus à ce jour, notamment télédiffusion (en particulier par ondes, câble, satellite; télédiffusion numérique, télédiffusion en Haute Définition), vidéo, réseau multimédia, sur tous supports et en tous formats connus et inconnus, soit directement, soit par l'intermédiaire de tous tiers ou organismes autorisés par l'Éditeur et ce, tant dans les secteurs commercial que non commercial, public que privé.

L'Auteur s'engage à communiquer à l'Éditeur toute demande qui lui serait adressée en vue d'une acquisition des droits sur le Texte pour toute adaptation, reproduction ou représentation.

L'Éditeur est habilité à exploiter ces droits dérivés, soit directement, soit par voie de cession à des tiers.

Il devra informer régulièrement l'Auteur, dans les trois mois, de toute cession à un tiers.

Article 12 – Remise du Texte et corrections
Trois cas sont possibles :

– l'Éditeur décide de publier lui-même le Texte ;

– la publication se fait sous la forme d'une coédition entre l'Éditeur et un éditeur tiers partenaire. Le travail éditorial sera alors attribué à l'un des éditeurs au moment de l'établissement du contrat de coédition ;

– un éditeur tiers partenaire achète les droits d'exploitation du Texte et l'acquiert en son état premier. Il est alors seul habilité à entreprendre un travail d'édition sur le Texte.

Dans tous les cas, l'Auteur s'engage à remettre à l'éditeur concerné, au plus tard à une date qui sera précisée après la levée de l'option, un manuscrit définitif et complet soigneusement revu et mis au point pour l'impression, de façon à réduire au minimum les frais de correction. Si l'Auteur ne remet pas le manuscrit à la date prévue, l'éditeur pourra lui accorder un délai supplémentaire à l'issue duquel le contrat sera résilié de plein droit aux torts de l'Auteur.

L'Auteur déclare conserver un double complet de son manuscrit.

Les fautes de composition et de saisie sont toutes à la charge de l'Éditeur.

L'Éditeur remettra à l'Auteur en double exemplaire deux épreuves successives dont la première pourra être en placards. L'Auteur s'engage à les lire, à corriger chacune d'entre elles dans un délai maximum qui sera défini, et à retourner la dernière revêtue de son bon à tirer.

Au cas où il ne s'acquitterait pas de ses obligations, l'Éditeur pourrait confier les épreuves, aux frais de l'Auteur, à un correcteur de son choix et procéder au tirage après en avoir averti l'Auteur par lettre recommandée avec accusé de réception.

Les corrections apportées par l'Auteur aux épreuves du texte définitif et complet sont à sa propre charge au-dessus de 10 % (dix pour cent) des frais de composition de saisie.

Article 13 – Garanties données à l'Auteur
L'Auteur pourra demander à l'Éditeur d'utiliser un pseudonyme pour le présenter sur le site. L'Éditeur s'engage à respecter le droit moral de l'Auteur dans toutes les démarches offertes par le site pour la promotion de l'Auteur.

Article 14 – Rémunération prévisionnelle
L'Éditeur s'engage à verser à l'Auteur :

a) Concernant l'exploitation principale de l'œuvre :

1/ Un à-valoir minimal est prévu :
– s'il s'agit pour l'Auteur d'une première publication, l'à-valoir garanti est de ***montant*** euros ;

– s'il s'agit d'un Auteur ayant déjà publié, l'à-valoir garanti sera égal à celui qu'il avait obtenu pour son précédent ouvrage ;

– s'il s'agit de réédition d'un ouvrage dont l'Auteur aurait récupéré les droits, l'à-valoir sera négocié avec l'éditeur intéressé sur la base de ce qui se pratique dans le genre concerné.

En cas de cession des droits premiers à un éditeur tiers, toute somme supplémentaire obtenue par l'Éditeur au titre des droits d'auteur sera intégralement reversée à l'Auteur.

2/Pour tous les exemplaires vendus en librairie de l'édition première, un minimum de :

– ***taux*** % du prix public de vente HT de 0 à 5 000 (cinq mille) exemplaires ;

– ***taux*** % de 5 001 (cinq mille un) à 10 000 (dix mille) exemplaires ;

– ***taux*** % au-delà.

En cas de cession des droits premiers à un éditeur tiers, toute somme supplémentaire obtenue par l'Éditeur au titre des droits d'auteur sera intégralement reversée à l'Auteur.

Ces conditions sont valables dans tous les cas de figure de première édition, qu'il s'agisse d'une édition ordinaire, d'une publication inédite en poche, club ou sous forme d'édition étrangère.

Des exemplaires d'hommage seront remis à l'auteur qui ne donneront pas lieu au versement de droits d'auteur.

b) Exploitation par l'Éditeur lui-même des droits dérivés et annexes :

Pour toute exploitation par lui-même des droits dérivés et annexes visés aux présentes, l'Éditeur devra verser à l'Auteur les rémunérations suivantes :

– Droit de reproduction et d'adaptation graphique :

1) Édition cartonnée et de luxe
L'Auteur percevra ***taux*** % du prix de vente public HT sur chaque exemplaire vendu.

2) Édition de grande diffusion (poche, club)
L'Auteur percevra ***taux*** % du prix de vente public HT sur chaque exemplaire vendu.

3) Autres droits de reproduction et d'adaptation graphique (anthologie, digest)
L'Auteur percevra ***taux*** % du prix de vente au public HT de chaque exemplaire vendu si la reproduction ou l'adaptation concerne l'ensemble du Texte.
Si la reproduction ou l'adaptation ne concerne qu'une partie de l'œuvre, un droit sera fixé d'un commun accord entre l'Auteur et l'éditeur.

– Droit de traduction :

L'Auteur percevra ***taux*** % du prix de vente public HT sur chaque exemplaire vendu lorsque la traduction concerne l'ensemble du Texte.

Si la reproduction ou l'adaptation ne concerne qu'une partie du Texte, une rémunération sera fixée d'un commun accord entre l'Auteur et l'éditeur.

– Droit de reproduction, d'adaptation et de traduction autre que graphique (adaptation théâtrale, etc.) :

L'Auteur percevra ***taux*** % du prix de vente public HT sur chaque exemplaire vendu.

Si la reproduction ou l'adaptation ne concerne qu'une partie de l'œuvre, une rémunération sera fixée d'un commun accord entre l'Auteur et l'Éditeur.

L'Éditeur se réserve le droit de reproduire le Texte, de le représenter et de l'adapter sous forme d'édition électronique, en particulier de cédérom, CD-photo, CD-I, DVD, en livre électronique, et sur les réseaux numériques, en particulier Internet et téléphonie fixe et mobile ou par tout autre procédé à venir, sur lequel l'Auteur percevra un pourcentage qui n'excédera pas 40 (quarante) % du prix de vente au public, lui-même étant compris entre ***taux*** % et ***taux*** % du coût de fabrication. Ce pourcentage dû à l'Auteur sera déterminé dans ce cadre conformément aux usages de la profession et à l'état du marché.

– Droit de représentation :

L'Auteur percevra ***taux*** % des recettes à provenir de la représentation du Texte, de ses adaptations ou traductions.

Lorsqu'une reproduction, une adaptation ou une traduction sont réalisées par l'éditeur dans le seul but de permettre l'exercice du droit de représentation, il est entendu que seuls les droits prévus pour la représentation sont dus.

– Droit de prêt, droit de copie privée numérique : gestion collective par la SOFIA

Pour le droit de prêt et le droit de copie privée numérique, les parties sont convenues, pour la durée du présent contrat, de partager cette rémunération par moitié. L'Éditeur représentera l'Auteur dans toutes les négociations relatives à ces droits de rémunération et reversera la rémunération convenue.

À cet effet, l'Éditeur procédera à toutes formalités nécessaires pour donner mandat à la SOFIA, société de perception et de répartition des droits agréée, pour la gestion de ces rémunérations.

c) Exploitation par un tiers des droits cédés :

En cas de cession à un tiers, le produit de la cession sera partagé comme suit : l'Auteur percevra ***taux*** % du produit de la cession et ***taux*** % seront reversés à l'Éditeur.

Les comptes de l'ensemble des droits dus à l'Auteur sont arrêtés au 31 décembre de chaque année. Ils seront adressés par l'Éditeur à l'Auteur dans les six mois suivants, en même temps qu'un chèque ou un virement bancaire correspondant au montant des droits revenant à l'Auteur, sauf pour le cas où ceux-ci seraient d'un montant inférieur à quinze euros. Dans ce dernier cas, l'Auteur devra faire la demande expresse de versement de ses droits qui, en tout état de cause, lui seront réservés.

Article 15 – Exploitation de l'ouvrage

A – Délai de publication

L'éditeur s'engage à publier l'œuvre dans un délai de ***mois*** à compter de la remise du texte définitif et complet, sauf retard imputable à l'Auteur.

Le présent contrat serait résilié de plein droit et sans formalité judiciaire si l'éditeur ne procédait pas à la publication de l'œuvre dans un délai de 6 mois à compter de la mise en demeure par lettre recommandée qui lui serait faite par l'Auteur.

B – Exploitation permanente et suivie

L'éditeur s'engage à assurer au Texte une exploitation permanente et suivie et une diffusion commerciale conforme aux usages de la profession.

Il est notamment tenu d'assurer toutes les demandes de livraison et s'engage à avoir en permanence en stock un nombre d'exemplaires suffisant à cette fin.

Si, l'ouvrage étant épuisé, l'Éditeur ne procédait pas à un nouveau tirage dans les six mois suivant une mise en demeure de l'Auteur par lettre recommandée avec avis de réception, le présent contrat serait résilié de plein droit et sans formalité judiciaire.

L'Auteur recouvrerait alors l'intégralité de ses droits d'exploitation tant pour l'édition en librairie que pour les autres droits qui n'auraient pas été exploités par l'éditeur ou cédés par lui à un tiers, à condition que ces cessions aient été portées à sa connaissance dans les trois mois de leur signature et que l'Éditeur en confirme l'état dans les trois mois suivant la résiliation du présent contrat.

Article 16 – Droit de préférence

A – Définition

L'Auteur accorde à l'Éditeur un droit de préférence dans le genre du Texte visé par les présentes pour les œuvres qu'il se proposerait de publier dans l'avenir soit sous son nom, soit sous son pseudonyme.

Ce droit est limité à un maximum de ***quatre maximum*** ouvrages y compris la première œuvre, objet du contrat initial.

B – Application

L'Auteur recouvre immédiatement et de plein droit sa liberté à la suite de deux refus (successifs ou non) d'ouvrages nouveaux présentés dans le cadre de ce pacte de préférence.

Chacune des œuvres couvertes par le pacte de préférence doit faire l'objet d'un contrat distinct. Ce contrat précisera les modalités d'application du pacte de préférence qui fait l'objet du contrat initial, et notamment le nombre d'œuvres futures pour lesquelles l'Auteur reste encore lié à l'Éditeur.

Aucune nouvelle clause de préférence ne pourra intervenir avant expiration des effets de celle stipulée au premier contrat même si les conditions ont été modifiées. Cette interdiction ne vise que les clauses portant sur les genres prévus au contrat initial.

Article 17 – Clause particulière
En cas d'incendie, d'inondation, de panne informatique, de cas fortuit ou de force majeure, l'Éditeur ne pourra être tenu pour responsable des fichiers détériorés, détruits ou disparus et il ne sera dû aucun droit ni aucune indemnité à l'Auteur.

TITRE IV – CONDITIONS GÉNÉRALES

Article 18 – Sécurité sociale
Les stipulations du présent contrat rendent applicable la loi n° 75-1348 du 31 décembre 1975 relative à la sécurité sociale des artistes-auteurs: ce régime fonctionne sous l'égide de l'Association pour la gestion de la sécurité sociale des auteurs (AGESSA).

Article 19 – Éléments de fabrication
L'Éditeur reste seul propriétaire de tous les éléments de fabrication qu'il aura établis ou fait établir notamment pour la promotion du Texte ainsi que pour la réalisation de l'édition numérique, et notamment des fichiers numériques sous quelque format qu'ils soient, ainsi que de tous les éléments logiciels et informatiques acquis par lui ou conçus spécifiquement. Il reste également seul propriétaire de tous éléments artistiques, sonores, visuels ou audiovisuels, dont il aurait acquis les droits.

Article 20 – Garanties
L'Auteur garantit à l'Éditeur la jouissance entière et libre de toute servitude des droits cédés, contre tous troubles, revendications et évictions quelconques. Il déclare expressément disposer des droits cédés par le présent contrat et que le Texte n'a fait l'objet d'aucun contrat d'édition encore valable et n'entre pas dans le cadre d'un droit de préférence accordé antérieurement par lui à un autre éditeur, tel qu'il est désigné à l'article L. 132-4 du Code de la propriété intellectuelle que l'Auteur déclare parfaitement connaître.

Il garantit également que son manuscrit ne contient rien qui puisse tomber sous le coup des lois et autres dispositions relatives à la diffamation et l'injure, à la vie privée et au droit à l'image ou à l'atteinte aux bonnes mœurs.

L'Auteur garantit à l'Éditeur que son Texte ne constitue pas de plagiat. Il s'engage à obtenir et à tenir à la disposition de l'Éditeur, si le cas s'en avère nécessaire, les autorisations des auteurs et des éditeurs ou de leurs ayants droit, pour la reproduction des œuvres écrites et graphiques, non tombées dans le domaine public dont il utilise les éléments et ce, impérativement avant la signature par l'Auteur du présent contrat d'édition, sous peine d'annulation immédiate du présent contrat et sous réserve de poursuites éventuelles liées à une action en contrefaçon ou toutes actions en justice exercées à l'encontre de l'Éditeur.

Article 21 – Espace publicitaire
Aucune rémunération ne sera due à l'Auteur sur les sommes encaissées par l'Éditeur au titre de l'achat d'espace publicitaire, de partenariat ou de toute autre source de revenus de l'Éditeur autre que la vente du Texte.

Article 22 – Ayants droit
Les présentes lient l'Auteur et tous ses ayants droit et ayants cause.

Article 23 – Harmonisation légale
Pour le cas où des dispositions légales ou réglementaires sur le multimédia seraient adoptées et mises en vigueur, les parties s'engagent à appliquer ces nouvelles dispositions en fonction de leur commune intention au moment de la signature des présentes.

Article 24 – Nullités
Au cas où l'une des clauses des présentes serait nulle et non avenue, cette nullité n'aurait en aucun cas pour conséquence d'entacher de nullité les autres dispositions dudit contrat qui conserveraient leur plein et entier effet.

Les parties devront se concerter afin, tout en gardant le même esprit que celui des présentes, de remplacer par une autre clause la clause entachée de nullité.

Article 25 – Élection de domicile
Les parties, pour l'exécution des présentes, font élection de domicile à l'adresse portée en tête des présentes.

Article 26 – Tribunal compétent et loi applicable
Pour toute contestation pouvant naître à l'occasion de l'interprétation, de l'exécution ou de la résiliation du présent contrat, attribution de juridiction est faite aux tribunaux compétents de Paris.

Le présent contrat est soumis à la loi française.

Fait à ***lieu***, le ***date***, en deux exemplaires originaux.

L'Éditeur L'Auteur

LETTRE-ACCORD
CONTRIBUTION EN LIGNE

Monsieur ***nom et prénom***
adresse

Cher Monsieur,

Nous avons le plaisir de vous préciser les termes de votre autorisation afférente à l'exploitation, par le biais notamment du réseau Internet, de vos textes, ci-après désignés « les Textes », publiés dans la revue ***nom***.

1. Il est expressément convenu que cette autorisation est consentie par vous en considération de la contrepartie morale que représente votre promotion par la diffusion de vos Textes.
Vous reconnaissez ainsi être entièrement rempli de vos droits et vous ne pourrez prétendre à aucune rémunération en contrepartie de la présente autorisation.

2. En conséquence de quoi et conformément aux dispositions relatives au droit de la propriété intellectuelle, vous nous autorisez, par les présentes, à reproduire et représenter vos Textes par le biais, notamment, du réseau Internet.

Vos Textes pourront être exploités et utilisés directement par la rédaction de la revue ou par des tiers autorisés par cette dernière, dans le monde entier, pour toute la durée des droits de propriété intellectuelle y compris les prolongations éventuelles qui pourraient être apportées à cette durée, intégralement ou par extraits, sous toute forme et tout support connu et inconnu, notamment :

– par représentation et reproduction sous toute forme d'édition électronique et notamment CD-Rom, CD-I, DVD et sur tout réseau numérique notamment Internet (notamment sur le site de la revue), Intranet, Extranet, téléphonie fixe et mobile ou par tout autre procédé analogue existant ou à venir ;
– par représentation et reproduction sous toutes formes d'édition de livre, et notamment ordinaire, de luxe (à tirage limité ou non), de demi-luxe, reliée, illustrée (et notamment sous forme de bande dessinée), populaire, de poche (dite aussi de grande diffusion), en clubs, scolaire, critique ou dans une anthologie ;
– par représentation et reproduction, en tout ou en partie, dans les journaux et périodiques, en catalogues ou sous toute forme analogue existante ou à venir ;
– par communication au public de l'ensemble des reproductions, représentations et adaptations visées ci-dessus par tout moyen, vente, location, prêt ou autres procédés de communication au public existants ou à venir.

La rédaction de la revue pourra transformer et adapter la mise en page de vos Textes pour les besoins notamment de la mise en réseau et de l'exploitation sous forme d'édition électronique.

La rédaction de la revue pourra utiliser et représenter vos Textes pour ses besoins promotionnels.

3. Vous nous garantissez expressément que vous avez pleins pouvoir et qualité pour accorder cette autorisation et que les droits, qui font l'objet des présentes, n'ont été en aucune manière cédés, hypothéqués, grevés, ni d'une façon quelconque dévolus en faveur d'un tiers.

4. En tant que de besoin, les présentes sont soumises au droit français et à la compétence des tribunaux de Paris.

Vous voudrez bien nous confirmer votre accord sur les présentes, en portant votre signature précédée de la mention « lu et approuvé ».

Nous vous prions de croire en l'expression de nos sentiments les meilleurs.

Fait à ***lieu***, en deux exemplaires, le ***date***.

La rédaction de la revue | Monsieur ***nom***

CONVENTION DE MISE EN LIGNE D'UNE REVUE

Entre :

nom
– dénomination sociale
– forme sociale et montant du capital
– numéro d'immatriculation au Registre du commerce et des sociétés
– adresse du siège social
– nom et prénom du représentant légal

ci-après dénommé « l'Éditeur en ligne », d'une part, et

nom
– dénomination sociale
– forme sociale et montant du capital
– numéro d'immatriculation au Registre du commerce et des sociétés
– adresse du siège social
– nom et prénom du représentant légal

ci-après dénommé « l'Éditeur », d'autre part

IL A ÉTÉ PRÉALABLEMENT EXPOSÉ CE QUI SUIT :

L'Éditeur en ligne possède une expérience éditoriale dans le domaine du multimédia.

L'Éditeur publie sur support papier la revue ***nom***, depuis ***date.***

Les présentes ont pour objet de prévoir et d'organiser la participation de l'Éditeur à l'exploitation multimédia de la revue de l'Éditeur, organisée par l'Éditeur en ligne.

EN CONSÉQUENCE DE QUOI, IL A ÉTÉ CONVENU CE QUI SUIT :

Article 1 – Objet
La présente convention a pour objet de définir les conditions auxquelles les parties participent de façon exclusive à l'exploitation d'une version multimédia de l'ensemble des livraisons publiées de la revue à la date du ***date***.

L'Éditeur en ligne a la responsabilité d'assurer directement ou indirectement l'exploitation notamment sur DVD, par réseau numérique et sous toute autre forme d'édition électronique qu'il lui plaira.

La participation de l'Éditeur consiste en l'apport des éventuels droits qui auraient pu être développés par lui antérieurement aux présentes et afférents à une exploitation sous quelque forme que ce soit, ainsi que l'ensemble des prestations techniques prévues ci-après et en particulier les tâches de fourniture de deux collections complètes de la revue.

D'ores et déjà, les parties ont arrêté les projets suivants :

Décrire les modes d'exploitation (CD-Rom, DVD, en ligne et sous quelle adresse de site – prévoir le cas échéant la propriété du nom de domaine), le calendrier, le contenu exact des versions multimédias, etc.

Chaque nouveau projet qui sera décidé d'un commun accord entre les parties, et en particulier l'exploitation sur un des supports envisagés à l'article 6 des présentes ainsi que l'exploitation des livraisons à venir de la revue, sera précisé en annexe aux présentes et soumis aux mêmes modalités contractuelles.

Article 2 – Durée
Les présentes prendront effet à compter de leur signature, pour se poursuivre aussi longtemps que la revue pourra être exploitée en version multimédia pour le compte commun, dans une quelconque de ses présentations ou versions et ce, au plus tard jusqu'au ***prévoir une date butoir***.

Leur durée sera prolongée du temps nécessaire à la liquidation de tous comptes et règlements se rapportant à l'exploitation d'une version multimédia de la revue.

Les présentes pourront également être résiliées par anticipation, soit d'un commun accord entre les parties.

À l'expiration de la durée prévue au présent article, les parties se rencontreront pour déterminer les conditions de leurs éventuels futurs partenariats, dans le prolongement de leurs relations organisées par les présentes.

Article 3 – Obligations et prérogatives de l'Éditeur en ligne
a) L'Éditeur en ligne s'engage à prendre à sa charge :

– l'élaboration de la version multimédia de la revue ;

– l'établissement de la logique des interfaces ;

– la recherche et le choix des documents et des informations éventuellement nécessaires, autres que le contenu proprement dit de l'ensemble des livraisons de la revue ;

– la préparation, l'élaboration des séquences, et d'une manière générale, tous les travaux permettant d'aboutir à l'établissement du produit multimédia définitif par l'association, le montage, l'assemblage de l'ensemble des médias concernés ;

– compléter.

b) L'Éditeur en ligne devra assurer une exploitation permanente et suivie de la version multimédia selon les modalités suivantes :

Type de support/date de commercialisation

c) Par ailleurs, l'Éditeur en ligne conserve la totale maîtrise d'œuvre de l'exploitation de la version multimédia de la revue et à ce titre :

– conclura et exécutera toutes les conventions nécessaires à l'exploitation de la version multimédia ;

– assurera la gestion technique quotidienne et exercera son autorité sur le personnel appelé dans le cadre des présentes à participer à la réalisation de la version multimédia de la revue;

– assurera la gestion comptable administrative et financière de l'exploitation;

– veillera à l'établissement des comptes et à la tenue des documents, contrats, justificatifs de dépenses;

– représentera les parties auprès des tiers et établira les conditions d'exploitation de la version multimédia par le client final;

– compléter éventuellement.

L'Éditeur en ligne choisira ses fournisseurs en fonction des critères de meilleure qualité, de délai et de prix, à charge pour lui de fournir à l'autre partie toute pièce justificative.

L'Éditeur en ligne assumera donc seul la gestion de l'exploitation au mieux des intérêts communs, sauf cas de force majeure ou événement totalement indépendant de sa volonté.

d) Nonobstant les dispositions de l'alinéa précédent, toutes les décisions importantes sortant du cadre de la gestion courante seront arrêtées en commun accord par les deux parties et, en particulier:

– la fixation des tirages éventuels;

– le prix de vente hors taxes au public et celui des abonnements éventuels;

– le prix des éventuelles publicités qui pourront figurer dans les ouvrages;

– les cessions aux tiers des droits annexes;

– les opérations éventuelles de solde et de pilon.

Article 4 – Obligations de l'Éditeur
L'Éditeur s'engage à participer de façon étroite à l'élaboration et à l'exécution des présentes, afin de respecter la date limite pour la remise de la totalité des éléments médias à assembler.

L'Éditeur devra notamment fournir à l'Éditeur en ligne les moyens et les documents nécessaires à la réalisation de la version multimédia de la revue définie en commun lors du travail de préparation et en particulier deux collections complètes de la revue, qui pourront être détruites par l'Éditeur en ligne.

L'Éditeur devra également fournir avant le ***date*** à l'Éditeur en ligne un fichier comprenant la liste (et notamment nom, adresse, date des premières relations contractuelles) des abonnés de la revue, ainsi que des points de vente recevant régulièrement des exemplaires de ladite revue. L'Éditeur en ligne conservant, même au terme des présentes, la possibilité d'exploiter ledit fichier.

L'Éditeur s'engage à mettre à disposition ***nombre*** membres de son personnel pendant une période prévue entre le ***date*** et le ***date***, le programme prévisionnel étant susceptible de modification unilatérale par l'Éditeur en ligne.

Ces membres du personnel de l'Éditeur seront désignés d'un commun accord entre les parties et la liste en sera annexée aux présentes.

Ces membres du personnel devront être prêts à faire bénéficier l'Éditeur en ligne et ses partenaires de leur assistance dans l'établissement de la version multimédia de la revue.

Ils devront notamment être aptes à ***préciser.***

Article 5 – Coordination
Par les présentes, les parties désignent respectivement une seule personne responsable de la coordination et de l'exécution du présent contrat. Ce responsable sera respectivement, pour l'Éditeur en ligne, M. ***nom*** et, pour l'Éditeur, M. ***nom.***

Les parties pourront leur substituer toute personne de leur choix sous réserve d'en informer préalablement l'autre partie.

Article 6 – Propriété intellectuelle
L'Éditeur a acquis des ayants droit, et notamment de l'ensemble des auteurs de la revue et de ses éventuels précédents éditeurs, tous droits d'adaptation et d'exploitation éventuellement nécessaires à l'exploitation de la version multimédia.

Par les présentes, l'Éditeur apporte donc les bénéfices desdites acquisitions et la propriété des éventuels droits à l'Éditeur en ligne dans la perspective de la version multimédia.

a) La cession des droits est consentie à titre exclusif, pour toutes les langues, pour le monde entier et pour la durée de la propriété littéraire et artistique telle qu'elle résulte des lois nationales et conventions internationales en vigueur et de ses éventuelles prorogations et prolongations.

b) Les droits de reproduction et de représentation cédés comprennent notamment :
– la fixation sur un support matériel de la version définitive multimédia et la création de fichiers numériques ;

– le droit d'exploiter sous forme d'édition électronique, en particulier en CD-Rom, CD-I, CD-Photo, DVD, réseau numérique (notamment Internet, téléphonie fixe et mobile...) ou par tout autre procédé analogue existant ou à venir ;

– l'établissement de toutes versions complètes ou partielles, françaises, étrangères ou multilingues, ainsi que tous doublages et sous-titrages en toutes langues ;

– l'établissement sans modification de toutes copies et exemplaires nécessaires à l'exploitation ;

– l'établissement, en tel nombre qu'il plaira à l'Éditeur en ligne ou à ses ayants droit, de tous originaux, doubles ou copies sur tous supports, notamment analogiques, numériques ou optonumériques, ou tout autre connu ou inconnu à ce jour, à partir des fixations ci-avant évoquées ;

– la mise en circulation de ces exemplaires pour les besoins de l'exploitation de la version multimédia, notamment par voie de commercialisation de supports destinés à la vente, à la location, à l'abonnement, au prêt pour l'usage privé du public ainsi que pour l'usage public, et par tous autres procédés connus ou inconnus à ce jour ;

– la communication au public dans le monde entier, en version française, doublée et/ou sous-titrée en toutes langues, ou multilingue par tous procédés numériques connus ou inconnus à ce jour, notamment par réseau multimédia, sur tous supports et en tous formats connus et inconnus, soit directement, soit par l'intermédiaire de tous tiers ou organismes autorisés par l'Éditeur en ligne, et ce tant dans les secteurs commercial que non commercial, public que privé ;

– l'exploitation sur un système télématique interactif ;

– la représentation du contenu du support sur écran en vue de sa communication au public dans le cadre d'un usage collectif ;

– la reproduction, la représentation et l'adaptation, en tout ou partie, de la version multimédia de la revue, de ses éléments visuels, sonores, textuels, audiovisuels, aux fins d'une exploitation par tous procédés audiovisuels non interactifs, à toute destination ;

– la reproduction, la représentation et l'adaptation, en tout ou en partie, de la version multimédia de la revue, de ses éléments visuels, sonores, textuels, audiovisuels, sous formes exclusivement visuelles, notamment graphiques (en particulier ouvrages de librairie, revues, magazines) et exclusivement sonores (phonogrammes, radiodiffusion), à toute destination ;

– la représentation de la version multimédia de la revue en tout ou partie dans toute manifestation publique, notamment marché, festival ou salon, manifestation culturelle ou professionnelle afin de démonstration, information ou promotion ;

– le montage et la représentation de tous extraits destinés exclusivement à l'information, la promotion, la publicité de la version multimédia ;

– le droit de communiquer les représentations, reproductions et adaptations visées ci-dessus au public par tous moyens, vente, location, prêt ou autres procédés de communication au public existants ou à venir.

c) L'Éditeur en ligne acquiert donc la qualité d'ayant droit de l'Éditeur pour l'exercice des droits cédés – et en particulier de propriété littéraire et artistique et afférents aux bases de données – qu'il utilisera comme bon lui semble, notamment en passant tous contrats de cession, mandat, licence, ou d'autorisation de reproduction, de représentation et diffusion par quelque mode que ce soit, utiles à l'exploitation des droits cédés.

Il est ainsi expressément entendu que les droits cédés aux présentes pourront notamment être librement exploités par l'Éditeur en ligne ou tout tiers désigné par lui.

d) Tous les droits cédés par l'Éditeur à l'Éditeur en ligne permettront à celui-ci de procéder à toute protection desdits droits et de leurs adaptations par le biais de droits de propriété industrielle et notamment par le droit des brevets, le droit des marques, le droit des dessins et modèles.

À cet égard, l'Éditeur garantit à l'Éditeur en ligne n'avoir procédé à aucune formalité de protection de son apport par le biais des droits de propriété intellectuelle.

e) L'Éditeur en ligne reste seul propriétaire de tous les éléments de fabrication qu'il aura établis ou fait établir pour la réalisation de la version multimédia, et notamment de tous les éléments logiciels et informatiques acquis par lui ou conçus spécifiquement pour la réalisation de ladite version. Il reste également seul propriétaire de tous les éléments artistiques, sonores, visuels ou audiovisuels, dont il aurait acquis les droits pour la réalisation et l'exploitation de la version multimédia à d'autres titulaires de droits que l'Éditeur, et libre de leur exploitation.

Tous les droits de propriété intellectuelle, et notamment les brevets, marques, dessins et modèles, droits d'auteur et droits voisins, acquis ou développés antérieurement aux présentes par l'Éditeur en ligne resteront sa propriété.

Il est expressément rappelé à cet égard que le terme « ***marque*** » est une marque déposée par l'Éditeur en ligne.

Tous les droits de propriété intellectuelle, et notamment les brevets, marques, dessins et modèles, droits d'auteur et droits voisins ainsi que les signes distinctifs (notamment le nom commercial et l'enseigne) développés dans le cadre des présentes par l'Éditeur, deviendront la seule propriété de l'Éditeur en ligne, qui disposera de l'ensemble des droits patrimoniaux afférents pour toute la durée prévue au présent article, nonobstant les dispositions prévues à l'article 2 des présentes.

Article 7 – Utilisation du terme et du logo « *marque* »
Il est précisé que la cession de droits prévue aux présentes s'applique également au terme et aux logos afférents qui ont été exploités ou le sont encore.

Leur utilisation restera circonscrite aux exploitations prévues à l'article 6 des présentes et l'Éditeur en ligne ne pourra en disposer au terme des présentes tel que prévu à l'article 2.

Article 8 – Mention de copyright
Dans toute la publicité de la version multimédia, de quelque nature qu'elle soit, et plus généralement sur tout le matériel publicitaire et informatif de ladite version, effectuée ou commandée par les parties, leurs cessionnaires, mandataires et ayants droit quelconques, dans le monde entier, la mention de copyright sera la suivante :

© ***dénominations***

Les parties s'engagent à communiquer ces obligations publicitaires à toutes les personnes physiques ou morales qui pourront être amenées à mentionner la version multimédia.

Article 9 – Actions en justice
L'Éditeur en ligne aura, par l'effet des présentes, le droit de poursuivre toute contrefaçon ou toute exploitation illicite sous quelque forme que ce soit, dans la limite des droits cédés en vertu des présentes, mais à ses frais, risques et périls et à sa propre requête mais dont le fruit lui sera entièrement réservé.

L'Éditeur s'engage à fournir, le cas échéant, toute attestation nécessaire à de telles poursuites.

Article 10 – Garanties
a) L'Éditeur garantit expressément à l'Éditeur en ligne :

– qu'il a pleins pouvoir et qualité pour accorder les droits cédés par les présentes, notamment à l'égard de l'ensemble des auteurs comme des éditeurs précédents de la revue, et que ces droits n'ont été en aucune manière cédés, hypothéqués, grevés, ni d'une façon quelconque dévolus en faveur d'un tiers ;

– qu'il n'a fait et ne fera, par le fait d'une cession à un tiers ou par tout autre moyen, aucun acte susceptible de compromettre les droits cédés par les présentes, ou susceptible d'empêcher ou de gêner la pleine jouissance par l'Éditeur en ligne des droits acquis par les présentes ;

– qu'il n'a introduit dans son apport aucune reproduction, réminiscence ou élément quelconque susceptible de violer les droits quelconques des tiers et de donner lieu à des actions fondées notamment sur le plagiat, la contrefaçon, la concurrence déloyale, la responsabilité civile ou d'apporter un trouble quelconque à l'exercice ou l'exploitation des droits cédés ;

– qu'il s'est munie ou se munira, le cas échéant, de toutes autorisations nécessaires de la part des tiers évoqués, cités ou représentés empêchant ceux-ci de troubler l'exercice des droits cédés à l'Éditeur en ligne, notamment sur le fondement de la diffamation, de l'injure, de l'atteinte à la vie privée, du droit à l'image ou du droit au nom ;

– qu'il a pris à sa charge exclusive l'entière rémunération de tout tiers (et notamment auteurs des œuvres contenues dans la revue et éditeurs précédents de ladite revue), l'exploitation de la version multimédia, sous quelque forme et sous quelque moyen que ce soit et notamment tels que prévus aux présentes, ne donnera donc lieu à paiement d'aucune rémunération complémentaire de quelque nature que ce soit à des tiers.

b) L'Éditeur est personnellement responsable tant vis-à-vis des tiers que de l'Éditeur en ligne en cas de non-observation de la présente clause et devrait réparation à celui-ci de l'entier préjudice qui résulterait pour lui du non-respect de l'un quelconque des engagements pris.

c) En conséquence, l'Éditeur garantit l'Éditeur en ligne contre tout recours ou action que pourrait former à un titre quelconque toute personne physique ou morale qui estimerait avoir à faire valoir des droits quelconques à l'encontre de la cession consentie aux présentes ou de l'une quelconque de ses dispositions.

d) À la garantie du principal de toute condamnation éventuelle donnée ici par l'Éditeur, s'ajoute la garantie de tous intérêts et frais accessoires exposés par L'Éditeur en ligne, et ce compris tous frais judiciaires, parajudiciaires et honoraires d'avocat.

e) Les garanties ci-avant énoncées sont des conditions essentielles et déterminantes du présent contrat.

Article 11 – Financement et rémunérations
a) Le coût de l'établissement et de l'exploitation de la version multimédia de la revue, à l'exception des apports prévus par ailleurs aux présentes, sera entièrement à la charge de l'Éditeur en ligne.

b) En contrepartie de l'assistance technique assurée par son personnel, de ses prestations techniques et de la cession de ses droits de propriété intellectuelle sur la revue, l'Éditeur percevra, pour toute exploitation par mise à la disposition du public de la version multimédia de la revue l'Éditeur par vente, location et prêt, un pourcentage de ***chiffre*** % du prix hors taxes de vente, de location ou de prêt perçu du public.

c) Ce pourcentage sera réduit de moitié sur toutes les exploitations promotionnelles, à prix réduit, en solde, de luxe, exceptionnelles.

Le compte des exemplaires vendus sera établi en prenant en considération le nombre d'exemplaires retournés par les détaillants ou susceptibles de l'être.

Aucun pourcentage ne sera dû sur les supports remis gratuitement à l'Éditeur et les exemplaires destinés au service de presse.

De même, aucune rémunération ne sera due à l'Éditeur sur les sommes encaissées par l'Éditeur en ligne au titre de la participation de coproducteurs et de l'achat d'espace publicitaire.

d) L'intervention, pendant l'exécution des présentes, d'une perception directe de redevances par l'Éditeur, et notamment par une société de perception et de répartition de droits, dégagerait immédiatement l'Éditeur en ligne de l'obligation de verser à l'Éditeur la rémunération prévue ci-dessus, cette rémunération devenant sans cause, ce que les parties reconnaissent expressément.

e) Il sera par ailleurs tenu par l'Éditeur en ligne une comptabilité spéciale pour l'application des présentes.

Les comptes de l'ensemble des droits dus à l'Éditeur seront arrêtés une fois par an, le 31 décembre de chaque année. Ils seront transmis à l'Éditeur dans les trois mois suivant la date d'arrêté des comptes et réglés le même jour.

Toute la comptabilité d'exploitation et les justificatifs de recettes et frais seront tenus à la disposition de l'Éditeur ou de son ou ses représentant(s) dans les bureaux de l'Éditeur en ligne aux heures d'ouverture, pendant les jours ouvrables, sous réserve de l'observation d'un préavis de ***jours***.

Article 12 – Mécénat – Sponsoring – Parrainage apporté par l'Éditeur
En cas d'apport éventuel par l'Éditeur d'un mécène, sponsor ou parrain qui répondrait aux critères financiers propres à l'Éditeur en ligne, et qui devrait en tout état de cause s'engager pour un montant minimum de ***montant*** euros en dotations et en redevances publicitaires d'achat d'espace au sein de la version multimédia aux tarifs actuellement en vigueur, l'Éditeur en ligne s'engage à reverser à l'Éditeur une rémunération correspondant à ***taux*** % de la somme nette apportée par ledit mécène, sponsor ou parrain.

Article 13 – Exemplaires de l'Éditeur
Il est remis à l'Éditeur ***nombre*** exemplaires de chaque version multimédia sur support offline, dont il pourra disposer librement sans en rendre compte.

Article 14 – Confidentialité
a) Avant la première présentation publique de la version multimédia, l'Éditeur s'interdit d'effectuer une quelconque déclaration à un média quelconque sans l'autorisation ou la collaboration de l'Éditeur en ligne.

b) L'Éditeur s'interdit formellement de faire publiquement état de quelque manière que ce soit d'une quelconque qualité et/ou qualification ayant un rapport avec l'Éditeur en ligne et/ou d'utiliser une marque et/ou un signe distinctif dont l'Éditeur en ligne serait titulaire, sauf dans le cadre de publicités qui resteraient à la charge de l'Éditeur à paraître d'un commun accord dans la version papier de la revue.

c) L'Éditeur s'engage à conserver secrètes toutes les informations sur l'Éditeur en ligne qui auraient pu lui être transmises ou dont il aurait pu avoir connaissance à l'occasion des présentes.

d) Les parties s'engagent également à ne divulguer aucune information concernant les termes des présentes.

e) En outre, l'Éditeur fera respecter cette obligation par toutes personnes travaillant directement ou indirectement avec lui.

Article 15 – Cession des présentes
Les présentes lient l'Éditeur et ses ayants droit et ayants cause et ne pourront être cédées sans autorisation préalable de l'Éditeur en ligne.

En revanche, l'Éditeur en ligne demeure entièrement libre de céder ou rétrocéder en tout ou partie les bénéfices et charges des présentes, ensemble ou séparément, ou de céder les présentes, à toutes personnes physiques ou morales, à charge de notifier à l'Éditeur la cession intervenue dans les quinze jours de sa réalisation, et d'imposer au cessionnaire le respect des obligations contenues dans les présentes au profit de l'Éditeur.

Article 16 – Clause de non-concurrence
Compte tenu de l'étendue et de l'exclusivité de la cession, l'Éditeur reconnaît, dès l'entrée en vigueur des présentes et pour leur durée, qu'il lui est interdit d'exploiter séparément, directement ou par l'intermédiaire d'un tiers, sous quelque forme et dans quelque genre que ce soit, une quelconque version multimédia de la revue.

Cette obligation de non-concurrence sera maintenue à l'expiration du présent contrat pour une durée de ***nombre*** années pour toute version multimédia.

Article 17 – Droit de préférence
L'Éditeur accorde à l'Éditeur en ligne un droit de préférence sur les œuvres qu'il se proposerait d'exploiter en version multimédia dans l'avenir.

La cession de chaque œuvre que l'Éditeur en ligne aura accepté d'exploiter sera régie par l'ensemble des clauses, charges et conditions du présent contrat et sera valable également pour toutes les formes d'exploitation prévues par le présent contrat.

L'Éditeur en ligne disposera d'un délai de trois mois à compter de la remise d'un projet aisément lisible d'une œuvre dans sa forme achevée et exploitable pour faire connaître sa décision.

Il est, par ailleurs, précisé qu'en cas de présentation simultanée ou multiple d'œuvres de la part de l'Éditeur, l'Éditeur en ligne fixera lui-même le délai de réalisation de chacune des exploitations selon les usages de la profession et l'intérêt commun des parties.

Article 18 – Résiliation
En cas d'inexécution par l'Éditeur de l'une quelconque des obligations prévues aux présentes, et quinze jours après la première présentation d'une lettre recommandée avec accusé de réception de mise en demeure de s'exécuter, demeurée infructueuse, les présentes seraient, si bon semble à l'Éditeur en ligne, résiliées de plein droit sans formalité judiciaire, aux torts de la partie défaillante et ce, sans préjudice de tous dommages et intérêts.

Toute résiliation sera sans incidence sur les cessions, transferts de droits et autres contrats d'exploitation des droits cédés que l'Éditeur en ligne aura valablement conclus avant son intervention.

De même, au terme des présentes, comme en cas de résiliation ou de résolution, amiable ou judiciaire, des présentes, l'Éditeur en ligne pourrait seul continuer à exploiter non seulement le terme « ***marque*** », mais également tous droits éventuels, notamment de propriété intellectuelle, afférents à l'objet des présentes et ce, sans versement d'une quelconque indemnité à l'Éditeur à quelque titre que ce soit.

Article 19 – Conventions antérieures
La signature des présentes rend nulle et non avenue toute convention précédemment conclue entre les parties.

Article 20 – Harmonisation légale
Pour le cas où des dispositions légales ou réglementaires sur les œuvres multimédias seraient adoptées et mises en vigueur, les parties s'engagent à appliquer ces nouvelles dispositions en fonction de leur commune intention au moment de la signature des présentes.

Article 21 – Nullités
Au cas où l'une des clauses des présentes serait nulle et non avenue, cette nullité n'aurait en aucun cas pour conséquence d'entacher de nullité les autres dispositions dudit contrat qui conserveraient leur plein et entier effet.

Les parties devront se concerter afin, tout en gardant le même esprit que celui des présentes, de remplacer par une autre clause la clause entachée de nullité.

Article 22 – Bonne foi
Les parties s'engagent à interpréter et à exécuter les présentes de bonne foi.

Article 23 – Dépôt légal et CNIL
L'Éditeur s'engage à fournir pendant toute la durée des présentes à l'Éditeur en ligne l'ensemble des informations nécessaires aux formalités afférentes au dépôt légal des œuvres multimédias ainsi qu'aux formalités éventuelles à effectuer du fait du fichier auprès de la Commission nationale informatique et libertés (CNIL).

Article 24 – Loi applicable et tribunal compétent
Les présentes sont soumises au droit français et à la compétence des tribunaux de ***lieu.***

Article 25 – Élection de domicile
Les parties, pour l'exécution des présentes, font élection de domicile à l'adresse portée en tête des présentes.

Fait à ***lieu***, en deux exemplaires de bonne foi, le ***date***.

Pour l'Éditeur en ligne | Pour l'Éditeur

XIV

Le droit international

La France est liée, en matière de droits d'auteur, par de nombreuses conventions internationales qui lui permettent d'assurer, pour les œuvres issues de son territoire, une protection tout au moins théorique dans la plupart des marchés de l'édition en librairie existant dans le monde[1].

En pratique, une de ces conventions prime sur toutes les autres. Il s'agit de la convention de Berne, qui assure le plus haut degré de protection aux œuvres et compte le plus grand nombre de pays adhérents.

Ainsi, un éditeur français qui s'interroge sur l'étendue de ses droits dans un pays étranger (protection des œuvres dont il détient les droits...) ou sur la protection dont bénéficie en France une œuvre étrangère (appartenance ou non au domaine public...) doit-il en premier lieu vérifier si l'État étranger en question est adhérent à la convention de Berne. Si ce n'est pas le cas, il cherchera alors son éventuelle adhésion à d'autres conventions internationales : Convention universelle de Genève[2] ou traité bilatéral avec la France. À défaut de convention applicable, la loi de 1964 sur la réciprocité s'imposera. D'autres accords internationaux, auxquels la France est liée, existent (traité de Montevideo, arrangement de Vienne, etc.), qui, pour des raisons différentes, ne s'appliquent actuellement pas. Seul le cas du traité de Rome reste particulier.

Quant aux contrats établis entre un éditeur français et un ou des éditeurs étrangers[3], ils ne sont aucunement considérés en tant que tels dans les conventions internationales. Pour ce qui concerne les contrats de cession de droits, il est d'usage, sauf exception[4], d'utiliser le modèle du vendeur. Il est toujours possible, par exemple pour une coédition internationale, de choisir la loi applicable au contrat. Il peut s'agir notamment de celle du lieu d'exploitation de l'ouvrage ou du lieu de résidence de l'auteur. Dans tous les cas, il est impératif de s'assurer de la conformité du contrat avec la loi choisie.

1. Henri Desbois, André Françon et André Kerever, *Les Conventions internationales du droit d'auteur et des droits voisins*, Dalloz, 1976.
2. Signée le 6 septembre 1952 et révisée à Paris le 24 juillet 1971 ; publiée par décret n° 74-842 du 4 octobre 1974 (*Journal officiel*, 10 octobre 1974), entrée en vigueur le 10 juillet 1974.
3. Voir « Le contrat de coédition » et « La cession des droits ».
4. Les éditeurs américains semblent particulièrement réticents à l'utilisation de contrats étrangers, voir Anne-Solange Noble, « The Joy of Selling Rights to America », *Publishers Weekly*, 4 janvier 1991.

La convention de Berne

Avec plus de cent cinquante États membres aujourd'hui, dont les États-Unis qui n'y ont adhéré qu'en 1989, la convention de Berne du 12 septembre 1886 pour la protection des œuvres littéraires et artistiques domine largement les relations transnationales en matière de droit d'auteur[1]. Elle a toutefois été révisée à maintes reprises, et tous les États adhérents à cette convention n'en ont pas nécessairement ratifié la même version. Il est donc indispensable de vérifier à quel état de la convention est soumis un éditeur étranger. L'Organisation mondiale de la propriété intellectuelle (OMPI), sise à Genève et qui gère la convention de Berne, publie chaque année la liste détaillée des adhésions.

Les États adhérents sont néanmoins tous tenus à un niveau commun de protection minimale, dont le principe fondamental reste ce que les spécialistes nomment « l'assimilation de l'unioniste au national ».

Le principe d'assimilation de l'unioniste au national

Le principe d'assimilation de l'unioniste au national signifie que toute œuvre provenant d'un pays adhérent à la convention doit recevoir dans un autre pays adhérent la même protection que celle accordée aux œuvres originaires de celui-ci (en sus des droits particuliers contenus dans la convention). L'étendue de la protection et les moyens de recours sont donc ceux de l'État où la protection est demandée. Cela vaut tant pour les lois actuelles que futures. De plus, aucune formalité n'est exigée pour jouir de ces droits dans un pays adhérent.

Mais nombre d'autres principes émaillent la convention de Berne, qui permettent, tout autant que celui de l'assimilation de l'unioniste au national, une protection décente des œuvres et de leurs titulaires.

Les œuvres protégeables

La France est adhérente de la convention de Berne en son dernier état (révision du 24 juillet 1971, dite acte de Paris).

Il y est tout d'abord donné une liste indicative des œuvres protégeables. L'examen de cette liste donne un résultat sensiblement semblable à celui qui existe en droit français interne. Il est précisé que les États peuvent exclure du champ de la protection les textes officiels, les débats judiciaires, les discours à titre d'information, etc.

L'article 3 de la convention est d'une importance capitale, car il énumère les auteurs protégés par la convention :

> « 1. Sont protégés en vertu de la présente convention :
> « a) Les auteurs ressortissant à l'un des pays de l'Union[2], pour leurs œuvres, publiées ou non ;

1. *Journal officiel*, 28 août 1974.
2. L'Union désigne l'ensemble des pays qui ont adhéré à la convention de Berne.

> « b) Les auteurs ne ressortissant pas à l'un des pays de l'Union, pour les œuvres qu'ils publient pour la première fois dans l'un de ces pays ou simultanément dans un pays étranger à l'Union et dans un pays de l'Union.
> « 2. Les auteurs ne ressortissant pas à l'un des pays de l'Union mais ayant leur résidence habituelle dans l'un de ceux-ci sont, pour l'application de la présente convention, assimilés aux auteurs ressortissant audit pays.
> « 3. Par "œuvres publiées", il faut entendre les œuvres éditées avec le consentement de leurs auteurs, quel que soit le mode de fabrication des exemplaires, pourvu que la mise à disposition de ces derniers ait été telle qu'elle satisfasse les besoins raisonnables du public, compte tenu de la nature de l'œuvre. Ne constituent pas une publication la représentation d'une œuvre dramatique, dramatico-musicale ou cinématographique, l'exécution d'une œuvre musicale, la récitation publique d'une œuvre littéraire, la transmission ou la radiodiffusion des œuvres littéraires ou artistiques, l'exposition d'une œuvre d'art et la construction d'une œuvre d'architecture.
> « 4. Est considérée comme publiée simultanément dans plusieurs pays toute œuvre qui a paru dans deux ou plusieurs pays dans les trente jours de sa première publication[1]. »

Il est également indiqué dans la convention que le pays d'origine de l'œuvre n'est pas celui de la nationalité de l'auteur mais bien celui de la première publication (qu'il ne faut pas confondre avec le premier contact avec le public, qui peut consister en une simple lecture publique)[2]. Et l'article 5 de disposer en son alinéa 4 qu'« est considéré comme pays d'origine :

> « a) Pour les œuvres publiées pour la première fois dans l'un des pays de l'Union, ce dernier pays ; toutefois, s'il s'agit d'œuvres publiées simultanément dans plusieurs pays de l'Union admettant des durées de protection différentes, celui d'entre eux dont la législation accorde la durée de protection la moins longue ;
> « b) Pour les œuvres publiées simultanément dans un pays étranger à l'Union et dans un pays de l'Union, ce dernier pays ;
> « c) Pour les œuvres non publiées ou pour les œuvres publiées pour la première fois dans un pays étranger à l'Union, sans publication simultanée dans un pays de l'Union, le pays de l'Union dont l'auteur est ressortissant [...] »

Il est permis aux États adhérents de réduire la protection des œuvres originaires d'un pays étranger à l'Union protégeant insuffisamment les œuvres originaires de l'Union. C'est là une simple application du principe de réciprocité déjà en vigueur en droit français[3].

1. Sylviane Durrande, « La notion de publication dans les conventions internationales », *Revue internationale du droit d'auteur*, janvier 1982, n° CXI, p. 73.
2. W. Nordemann, « De la détermination du pays d'origine selon la convention de Berne », *Revue internationale du droit d'auteur*, juillet 1984, n° CXXI, p. 3.
3. Voir « Les traités bilatéraux ou multilatéraux et la condition de réciprocité ».

Les droits protégés

La convention réaffirme les droits moraux de l'auteur. Il est cependant possible pour certains pays de ne pas assurer la protection des droits moraux de l'auteur après son décès, si leur législation, au temps de leur adhésion à la convention, ne reconnaissait pas le caractère perpétuel des droits moraux.

La durée des droits patrimoniaux doit être au minimum de cinquante années après la mort de l'auteur et de vingt-cinq ans dans le cas des photographies.

Les œuvres anonymes et pseudonymes ainsi que les œuvres de collaboration suivent un régime proche du régime français[1]. Toutes ces durées sont à calculer à partir du 1er janvier qui suit le décès (ou la publication, selon les cas de figure). Aucune durée inférieure n'est admise, sauf pour les États liés par le seul acte de Rome (révision du 2 juin 1928) de la convention.

La durée est réglée par la loi du pays où la protection est réclamée. Mais cette durée de protection ne peut dépasser la durée de protection du pays d'origine, sauf si la loi du pays où la protection est réclamée en décide autrement (c'est-à-dire généralement si un traité bilatéral en dispose différemment). C'est le principe dit « de la comparaison des délais[2] ». Il est cependant mis à mal en Europe communautaire depuis les jurisprudences relatives à l'harmonisation de la durée des droits[3].

Des exceptions au droit de reproduction sont permises dans certains cas (la copie privée, par exemple), si aucun préjudice n'en résulte pour les titulaires de droits. Le droit de citation est expressément assuré par la convention.

Non seulement les droits patrimoniaux de l'auteur sont protégés, mais ils comportent le droit de traduction pendant toute la durée de la propriété littéraire et artistique. Cette disposition est importante car certains États, tels que l'Inde, connaissent un régime interne très peu favorable à la protection du droit de traduction.

Un droit de suite – droit qui permet à l'auteur seul de toucher un pourcentage sur chaque vente publique d'une de ses œuvres – est mentionné, y compris pour les manuscrits originaux. Mais la convention ne l'impose pas aux États adhérents. C'est ainsi que la France semble toujours dénier aux écrivains un droit de suite sur leurs manuscrits, droit qui existe pourtant au profit des peintres et sculpteurs.

La saisie-contrefaçon est désignée comme l'instrument adéquat de sanction.

La convention de Berne laisse les autorités de chaque État aptes à décider librement de l'interdiction d'un livre pour des raisons de police, etc.

Enfin, le texte adopté le 20 décembre 1996 par la conférence diplomatique de l'OMPI[4] constitue un additif à la convention de Berne propre au multimédia[5].

1. Voir le chapitre VI « La durée des droits ».

2. Première chambre civile de la Cour de cassation, 15 décembre 1975, *La Semaine juridique (JCP)*, 1976, II, 18394, note André Françon.

3. Voir le chapitre VI « la durée des droits ».

4. *Journal officiel des Communautés européennes*, 30 mai 1998, C 165/9, p. 23. « Traité de l'OMPI sur le droit d'auteur, reconnaissance de l'importance de l'information sur le régime des droits », *Expertises*, janvier 1997, p. 11.

5. Voir « La protection sur Internet ».

L'Annexe de l'acte de Paris de la convention de Berne

L'Annexe de l'acte de Paris est relative aux pays en voie de développement[1]. Certaines dispositions ont retenu nombre d'États d'adhérer à l'acte de Paris. Son annexe laisse la possibilité aux pays en voie de développement d'accorder à leurs ressortissants une licence de traduction, qui permet à ceux-ci de se dispenser d'acheter les droits au titulaire. De même peuvent-ils mettre en place un système de licences qui tient lieu de droit de reproduction. Il s'agit là d'une disposition qui concerne essentiellement les pays à régime dit socialiste.

La Convention universelle

Lorsque deux États sont membres de la convention de Berne et de la Convention universelle, seule la première s'applique. La Convention universelle de 1952, administrée par l'Unesco et à laquelle la France a adhéré, reste donc d'une portée limitée[2]. Elle fut toutefois, jusqu'à l'adhésion des États-Unis à la convention de Berne, en 1989, un instrument privilégié dans les relations avec ce pays pour ce qui concerne le droit d'auteur.

La Convention universelle repose elle aussi sur le principe de l'assimilation de l'unioniste au national. Elle est cependant bien moins exigeante que la convention de Berne. Ainsi, elle autorise ses adhérents à lier la protection des droits d'auteur à l'accomplissement de formalités. Cette mesure est adoucie pour les œuvres d'origine étrangère, dans la mesure où les formalités peuvent être remplacées par la mention du signe de copyright (©) dûment accompagné du nom du titulaire des droits et de l'année de publication. Les œuvres publiées depuis le 1er mars 1989 (date d'entrée en vigueur de la convention de Berne pour les États-Unis) n'en ont plus réellement besoin. Un enregistrement au *Copyright Office* du Congrès américain n'est pas non plus indispensable.

La durée minimale des droits est de vingt-cinq ans après la mort de l'auteur et de seulement dix ans pour les photographies, quand la protection de celles-ci est prévue par la loi nationale (protection qui s'avère donc facultative !). Enfin, des licences de traduction peuvent être également octroyées par les États adhérents.

Les traités bilatéraux ou multilatéraux et la condition de réciprocité

La France est signataire de près de trente traités bilatéraux ou multilatéraux relatifs au droit d'auteur. Ceux-ci peuvent s'ajouter aux conventions internationales la liant déjà à ces États, et conférer un degré de protection supplémentaire aux œuvres des pays concernés. Quand bien même un État étranger serait adhé-

1. Acte de Paris du 24 juillet 1971, décret n° 74-743 du 21 août 1974, *Journal officiel*, 23 août 1974.
2. *Journal officiel*, 10 octobre 1974.

rent à l'acte de Paris de la convention de Berne, il est toujours bon de vérifier si un traité bilatéral ne le lie pas à la France de façon encore plus favorable.

Mais ces traités peuvent aussi se révéler utiles quand l'État étranger n'est adhérent à aucune des deux grandes conventions auxquelles la France a adhéré.

Dans le cas où aucun lien juridique international concernant le droit d'auteur n'existerait entre la France et un État étranger, la condition dite de réciprocité doit s'appliquer.

L'article L. 111-4 du CPI dispose en effet :

> « Sous réserve des dispositions des conventions internationales auxquelles la France est partie, dans le cas où, après consultation du ministre des Affaires étrangères, il est constaté qu'un État n'assure pas aux œuvres divulguées pour la première fois en France sous quelque forme que ce soit une protection suffisante et efficace, les œuvres divulguées pour la première fois sur le territoire de cet État ne bénéficient pas de la protection reconnue en matière de droit d'auteur par la législation française. »
> « Toutefois, aucune atteinte ne peut être portée à l'intégrité ni à la paternité de ces œuvres. »
> « Dans l'hypothèse prévue à l'alinéa 1er ci-dessus, les droits d'auteur sont versés à des organismes d'intérêt général désignés par décret. »

Pour le cas où les œuvres françaises ne seraient pas protégées dans ledit pays, les éditeurs français désireux de publier des œuvres qui en sont originaires devront simplement reverser les redevances normalement destinées à l'éditeur étranger à des organismes d'intérêt général désignés par décret (ce sont actuellement, selon le décret du 6 mars 1967, le Centre national du livre et les cinq principales sociétés de gestion collective des droits d'auteur). De plus, les droits moraux des auteurs devront être respectés. Cette disposition permet de se passer de toute autorisation des titulaires des droits, mais ne dispense pas de verser des redevances.

Quant aux œuvres publiées pour la première fois en France, elles suivent le droit français quelle que soit la nationalité de leur auteur.

Le traité de Montevideo, l'arrangement de Vienne, l'Union européenne, le GATT, la Convention européenne des droits de l'homme et le Document du colloque de Cracovie

Le traité de Montevideo

Le traité de Montevideo du 11 janvier 1889, en revanche, est lui utilisable, mais ne concerne que quatre pays européens (dont la France) et cinq d'Amérique du Sud. Tous ces États sont, par ailleurs, adhérents de conventions internationales plus favorables. Le traité de Montevideo ne trouve donc aucune application pratique. Toutefois, il faut relever que, sous son régime, l'œuvre suit le seul droit de son pays d'origine.

L'arrangement de Vienne

L'arrangement de Vienne sur la protection des caractères typographiques, de 1973, n'est toujours pas entré en vigueur faute de ratifications suffisantes de la part des États qui en sont les initiateurs[1]. La France l'a ratifié dès 1975[2]. Ce traité crée un véritable droit transnational en faveur de l'auteur d'une nouvelle police de caractères.

L'Union européenne

Le traité de Rome, constitutif de la Communauté économique européenne (CEE), comporte en lui-même peu d'éléments relatifs au droit d'auteur[3]. Cependant, nombre de directives communautaires sont entrées en vigueur ces dernières années, qui visent à harmoniser les législations des États membres tant pour ce qui concerne la durée des droits que la protection des bases de données ou encore le droit de prêt[4].

Une proposition de directive a été présentée par la Commission en 1998 visant à harmoniser « certains aspects du droit d'auteur et des droits voisins dans la société de l'information » et dont le but est plus précisément de suivre l'évolution des nouvelles technologies. Le texte définitif de la directive a été adopté le 22 mai 2001. Avant même que sa transposition ne soit débattue au Parlement, une nouvelle directive a été votée le 29 avril 2004, relative « au respect des droits de propriété intellectuelle[5] », qui tend à harmoniser les moyens judiciaires de lutter contre la contrefaçon.

Il existe aussi désormais une jurisprudence consistante émanant de la Cour de justice des Communautés européennes en matière de propriété intellectuelle[6].

Les spécialistes du droit de la propriété intellectuelle évoquent parfois une très nébuleuse « théorie de l'épuisement ». Cette notion, issue du principe communautaire de libre circulation des marchandises, intervient dans des dossiers aussi sensibles que ceux du droit de prêt ou des bases de données.

Les textes constitutifs de l'Union européenne ont posé le principe de la libre circulation des biens au sein de l'Europe communautaire, tout en proclamant la protection des droits de propriété intellectuelle. L'épuisement est une théorie directement née de ce paradoxe. L'épuisement signifie que des détenteurs de

1. André Françon, « L'arrangement de Vienne concernant la protection des caractères typographiques et leur dépôt international », *Le Droit d'auteur*, 1976, p. 134.

2. Loi n° 75-1133 du 10 décembre 1975, *Journal officiel*, 12 décembre 1975.

3. André Françon, « Le droit d'auteur et le traité de Rome instituant la CEE », *Revue internationale du droit d'auteur*, avril 1979, n° C, p. 129.

4. Voir le chapitre VI « La durée des droits » et « Les bases de données ».

5. *Journal officiel des Communautés européennes*, n° L 195, 2 juin 2004, p. 16.

6. R. Joliet et P. Delsaux, « Le droit d'auteur dans la jurisprudence de la Cour de justice des Communautés européennes », *Cahiers du droit européen*, n° 4, 1985, p. 381. Emmanuel Pierrat, « La CEE et le droit d'auteur », *Show magazine*, n° 281, 18 mai 1992, p. 31.

droits de propriété intellectuelle ne peuvent opposer un monopole territorial à ceux qui ont licitement acquis des produits culturels et entendent les faire voyager au sein du marché communautaire.

Certaines branches de la propriété intellectuelle, en particulier le droit de la propriété industrielle, sont familières de cette théorie. C'est ainsi que le Règlement de 1993 sur la marque communautaire précise que « le droit conféré par la marque communautaire ne permet pas à son titulaire d'interdire l'usage de celle-ci pour des produits qui ont été mis dans le commerce dans la Communauté sous cette marque ou avec son consentement ». Il en est de même dans la directive du 13 octobre 1998 sur les dessins et modèles, transposée en droit interne français.

En droit d'auteur, l'épuisement reste néanmoins une théorie moins répandue qu'en droit de la propriété industrielle. En pratique, elle ne permet que la revente d'un produit culturel déjà licitement mis sur le marché. L'ensemble des autres modes d'exploitation d'une œuvre reste soumis au contrôle du titulaire des droits de propriété littéraire et artistique.

Mais il est fait référence à l'épuisement dans la désormais fameuse directive du 22 mai 2001 sur le droit d'auteur et les droits voisins dans la société de l'information. L'article 4 de cette directive dispose que le droit de distribution « relatif à l'original ou à des copies d'une œuvre n'est épuisé qu'en cas de première vente ou de premier transfert de propriété dans la Communauté de cet objet par le titulaire du droit ou avec son consentement ».

La théorie de l'épuisement a été en revanche expressément écartée par la directive de 1992 sur le droit de prêt et de location. Depuis, plusieurs décisions de la Cour de justice des Communautés européennes, rendues en matière de droit de location, ont assuré les détenteurs de droits du contrôle qu'ils conservent sur de tels modes d'exploitation des œuvres[1].

Ce n'est pas le cas du droit des bases de données, lui aussi issu d'une directive européenne et incorporé au droit national en 1998[2]. L'article L. 342-4 du Code de la propriété intellectuelle prévoit désormais que « la première vente d'une copie matérielle d'une base de données dans le territoire d'un État membre de la Communauté européenne ou d'un État partie à l'accord sur l'Espace économique européen, par le titulaire du droit ou avec son consentement, épuise le droit de contrôler la revente de cette copie matérielle dans tous les États membres ».

Quant aux lois sur le prix unique du livre, rappelons qu'elles ne sont plus considérées en tant que telles comme des entraves au principe de libre circulation. La Cour de justice des Communautés européennes a tranché en ce sens, le 3 octobre 2000, à propos de la loi française du 10 août 1981[3]. Cela n'a cependant été acquis qu'après plusieurs aménagements des textes initiaux, les ultimes retouches ayant été opérées jusqu'en 1990…

1. Cour de justice des Communautés européennes, 28 avril 1998, *RIDA*, octobre 1998, 211); Cour de justice des Communautés européennes, 22 septembre 1998, *Dalloz*, 1999, 239.

2. Voir « Les bases de données ».

3. Cour de justice des Communautés européennes, 3 octobre 2000, *Dalloz* 2000, IR, 266. Voir *Le Droit du livre, op. cit.*

Plus récemment, les accords interrégionaux transfrontaliers entre l'Allemagne et l'Autriche sur le prix des livres n'ont survécu aux foudres de certains commissaires de Bruxelles que sous réserve de modifications.

La Convention européenne des droits de l'homme

La Cour européenne des droits de l'homme est de plus en plus fréquemment saisie par des maisons d'édition françaises. Sa jurisprudence perturbe ainsi le droit de l'information, mais commence aussi à ébranler le droit d'auteur.

La Convention européenne de sauvegarde des droits de l'homme et des libertés fondamentales, adoptée en 1950 et que la France a ratifiée en 1974, a repris à son compte le principe de la liberté d'expression.

Son article 10.1 dispose en effet que « toute personne a droit à la liberté d'expression. Ce droit comprend la liberté d'opinion et la liberté de recevoir ou de communiquer des informations et des idées sans qu'il puisse y avoir ingérence d'autorités publiques et sans considération de frontière ». La Convention européenne a donné naissance à une véritable juridiction, dont la saisine constitue aujourd'hui une sorte d'ultime voie de recours.

L'article 34 de la Convention européenne des droits de l'homme dispose qu'il est possible d'exercer un recours individuel devant la Cour qui siège à Strasbourg. Mais cela n'est possible que lorsque trois conditions sont remplies cumulativement. Il est d'abord nécessaire de pouvoir se prévaloir de l'un des articles de la Convention européenne des droits de l'homme. L'article 10.1 est, à ce titre, suffisamment large pour être invoqué dans nombre de « délits d'édition ».

Cependant, deuxième condition, la saisine de la Cour européenne des droits de l'homme n'est possible qu'après épuisement de toutes les voies de recours en droit interne. Enfin, elle doit être effectuée dans un délai de six mois à compter de la dernière décision de justice intervenue et ce, sous peine de forclusion.

En quelques années, la France a vu son dispositif répressif largement écorné par la jurisprudence de la Cour européenne.

Même le droit de la propriété littéraire et artistique est désormais sous l'influence de la Cour européenne des droits de l'homme. L'article 10.1 de la Convention européenne a déjà été invoqué à plusieurs reprises pour combattre un droit d'auteur considéré comme attentatoire à la liberté d'expression.

Certains spécialistes se sont surtout émus d'une décision du tribunal de grande instance de Paris rendue le 23 février 1999, dans une affaire où s'opposaient France 2 et un héritier d'Utrillo[1]. Les magistrats ont retenu le raisonnement de la chaîne de télévision, qui invoquait la Convention européenne, en concluant qu'« un reportage représentant une œuvre d'un artiste uniquement diffusé dans un journal télévisé, de courte durée, ne porte pas atteinte aux droits de propriété intellectuelle d'autrui puisqu'il sera justifié par le droit du téléspectateur à être informé rapidement et de manière appropriée d'un événement culturel constituant

1. Tribunal de grande instance de Paris, 23 février 1999, *Dalloz*, 2000, Chronique 455.

une actualité immédiate en relation avec l'œuvre de son auteur ». En appel, puis en cassation[1], les juges sont revenus à une appréciation plus orthodoxe, faisant primer le droit d'auteur, inclus dans le « droit au respect de ses biens » figurant à l'article 1er du premier protocole additionnel de la Convention européenne des droits de l'homme, sur le droit du public à l'information, invoqué sous le visa de l'article 10.1.

Le GATT

Le GATT (Accord général sur les tarifs douaniers et le commerce ou *General Agreement on Tariffs and Trade*) concerne notamment, depuis 1993, les droits de propriété intellectuelle. Les « aspects des droits de propriété intellectuelle qui touchent au commerce » (dits aussi ADPIC ou, en « anglais », TRIPs) ont en effet été inscrits en septembre 1986 dans les négociations de l'Uruguay Round visant à modifier le GATT[2].

Le Document de Cracovie

Enfin, le Document du colloque de Cracovie[3] a été rédigé, en 1991, sous l'égide de la Conférence sur la sécurité et la coopération en Europe. En vertu de ce texte, les États participants doivent s'efforcer de ne pas entraver la liberté de création, notamment la « publication d'œuvres écrites » ainsi que le droit de posséder des livres, sous réserve des droits de propriété intellectuelle.

La protection sur Internet

Les récentes initiatives de la communauté internationale témoignent de l'émoi suscité par l'émergence des réseaux numériques, au premier rang desquels figure Internet. Les inquiétudes se font encore jour, notamment chez les auteurs, du fait de la dichotomie qui continue de régner sur le droit international de la propriété littéraire et artistique : d'un côté, un système de copyright, dont les États-Unis sont le fer de lance et qui tend à rendre les producteurs et les éditeurs seuls maîtres des œuvres qu'ils financent ; de l'autre, une conception continentale – et essentiellement française – du droit d'auteur qui, comme son nom l'indique, fait la part belle aux auteurs. Si les divergences sont encore sensibles entre ces deux écoles et si les enjeux économiques sont de taille, le « numérique » aura eu en réalité pour mérite de mettre en relief nombre de points communs entre les droits nationaux, points communs qui favorisent aujourd'hui pleinement l'internationalisation des échanges de créations en toute sécurité.

1. Première chambre civile de la Cour de cassation, 13 novembre 2003, *Dalloz*, 2004, p. 200, note Nicolas Bouche.
2. Emmanuel Pierrat, « E.-U./CEE : ça se Gatt… », *Show magazine*, 26 octobre 1992, p. 21.
3. Voir Jacques Bourdon, Jean-Marie Pontier et Jean-Claude Ricci, *Le Droit de la culture*, Dalloz, 1996.

La Commission des Communautés européennes a néanmoins adopté une « communication », en date du 20 novembre 1996, qui prend acte de la nécessité d'adopter des mesures complémentaires pour veiller à l'application pleine et entière du droit d'auteur au domaine des nouvelles technologies.

Le seul point véritablement novateur reste la mention, dans cette communication, de la nécessité d'établir des normes minimales de protection internationale. On sous-entend par là des normes d'identification des œuvres[1].

Un nouveau traité a également été élaboré, le 20 décembre 1996, par la conférence diplomatique de l'OMPI[2]. Ce traité est un additif à la convention de Berne, qui étend expressément la portée du droit international au domaine du multimédia. Les dispositions adoptées ne sont pas particulièrement inédites. Aux termes de ce texte, la simple numérisation comme le balayage optique seraient cependant considérés comme des actes de reproduction.

Quant à la Charte de coopération internationale sur l'Internet, proposée un temps par la France aux pays membres de l'OCDE, elle semble restée lettre morte.

Une des questions majeures du droit international des réseaux concerne la détermination de la loi applicable aux actes de contrefaçon : loi du lieu de la communication selon la conception française, loi du lieu du téléchargement selon la conception américaine, loi du lieu de la transmission selon la conception japonaise, etc. Certains avancent la notion de droit de location, d'autres de droit de visualisation ou de survol légitime d'œuvres protégées[3].

D'autres difficultés surgissent à l'occasion de la qualification des agissements litigieux : ce seront, par exemple, dans certains pays, des contrefaçons et, dans d'autres, des actes de concurrence déloyale. En réalité, la question du droit applicable n'est pas la plus gênante, car les pays à forte protection font tous appel à des définitions de la contrefaçon qui en font des infractions de débit et qui permettent d'appréhender aussi bien l'émission que le chargement ou la visualisation[4].

Le véritable obstacle aux poursuites de contrefacteurs sur Internet reste celui de la mise en œuvre de poursuites transnationales et éventuellement celui de la détermination des responsabilités, c'est-à-dire la possibilité de poursuivre tous les opérateurs de la chaîne (fournisseur d'accès, hébergeur, etc.).

La cession des droits

Le contrat de cession des droits étrangers, même s'il répond aujourd'hui à de véritables usages internationaux, nécessite toujours une certaine prudence.

1. Voir « La contrefaçon et le multimédia ».
2. *Journal officiel des Communautés européennes*, 30 mai 1998, C 165/9, p. 23.
3. Tanguy Van Overstraeten, « Droit applicable et juridiction compétente sur Internet », *Revue de droit des affaires internationales*, n° 3, 1998, p. 373.
4. Voir « Infraction de débit ».

En matière de contrat de cession de droits entre un éditeur français et un éditeur étranger, les législations restent globalement muettes[1]. Le contrat de cession de droits étrangers est donc laissé, en théorie, à la libre négociation des parties. Quelques points méritent une vigilance accrue.

L'achat par un éditeur est régi, selon les usages, par le modèle de contrat du vendeur. Les éditeurs américains sont cependant très frileux à l'idée de se soumettre à un droit peu ou prou étranger au leur, comme le martèle Anne-Solange Noble, de Gallimard, depuis son légendaire article intitulé « The Joys of Selling Rights to America », publié par *Publishers Weekly*, en 1991[2].

La qualité de la traduction peut être source de contentieux. En théorie, par contrat, « l'éditeur cessionnaire s'engage à faire établir une traduction fidèle, sans coupure ni modification ni adjonction, conformément aux usages de la profession. Le propriétaire sera informé de l'achèvement de la traduction et, s'il en fait la demande conformément au souhait exprimé par l'auteur, celle-ci devra lui être communiquée avant composition ». Il a également été valablement admis que soit prévue par contrat l'obligation de soumettre la traduction à l'auteur d'origine: toute défaillance pourra être analysée comme une atteinte au droit moral[3]. Et ce d'autant plus que, le traducteur étant au service d'une œuvre dite « première », il reste soumis à un certain contrôle de la part de l'écrivain et de ses représentants que sont les éditeurs ou les agents. C'est ainsi qu'il a déjà été jugé que la publication d'une mauvaise traduction viole le droit moral de l'auteur d'origine et peut à ce titre être sanctionnée.

Précisons cependant que le droit moral de l'auteur que l'éditeur français représente ne peut pas être opposé à un partenaire, américain par exemple, à moins que le contrat de cession ne comporte des clauses spécifiques. En revanche, l'éditeur français reste responsable envers son auteur d'un non-respect éventuel de ce droit. Le droit moral étant d'ordre public international, comme l'a jugé la Cour de cassation à propos de la « colorisation » des films de John Huston, un auteur peut venir revendiquer un droit moral devant une juridiction française même si le contrat relève d'un droit étranger[4].

Il est également prudent de mentionner qu'« aucune modification ou adjonction sous forme de préface ou de note ne devra être apportée au texte sans le consentement écrit du propriétaire »; et que « l'éditeur cessionnaire sera tenu d'utiliser et de faire paraître au fur et à mesure des réimpressions toutes les modifications apportées à l'ouvrage dans les éditions françaises ultérieures ».

Il est aussi nécessaire de prévoir que l'éditeur étranger s'engage à faire apparaître très lisiblement la mention de copyright désirée, ainsi que le titre français de l'ouvrage et toute autre mention utile pour la protection de la traduction. De même, l'acheteur doit être tenu, le cas échéant, d'accomplir dans les formes

1. Pierre-Yves Gautier, « Invitation au voyage: les cessions de droits d'auteur à l'étranger, créatrices de groupes de contrats », *Dalloz*, 1995, Chronique, p. 262.

2. Anne-Solange Noble, « The Joys of Selling Rights to America », *Publishers Weekly*, 4 janvier 1991.

3. Voir « Les droits moraux ».

4. Première chambre civile de la Cour de cassation, 28 mai 1991, *La Semaine juridique (JCP) édition Entreprise*, 1991, II, 220, note Jane C. Ginsburg et Pierre Sirinelli.

légales et en temps voulu, à ses frais, toute formalité et démarche nécessaires pour assurer la protection de la traduction.

Le délai de mise en vente, le tirage minimum et la nécessité de maintenir en vente sont des points à négocier. Par exemple, « la traduction sera dite "maintenue en vente" si elle est effectivement en vente dans une édition de l'éditeur ou une édition dite de reproduction et si le stock de l'une ou l'autre édition comprend un minimum de cent exemplaires ».

Pour tout ouvrage avec quelques illustrations, il faut indiquer que les droits mentionnés dans le contrat ne portent que sur le texte de l'ouvrage. Quant aux illustrations, « l'éditeur devra informer le propriétaire de son intention de les utiliser. Le propriétaire indiquera à l'éditeur le montant des droits de reproduction qu'il détient ainsi que le coût du matériel (films, fichiers ou tirages photo) et l'éditeur devra effectuer le règlement de ces sommes avant toute fourniture du matériel par le propriétaire. Les frais de port de ce matériel seront à la charge de l'éditeur ».

Pour les responsables de droits étrangers et annexes, la question essentielle reste celle de l'étendue de la cession.

Il était, il y a encore peu, impossible d'anticiper dans les contrats le passage au numérique. En matière d'exploitation sous forme multimédia des œuvres du catalogue, il y a donc un vrai problème que le recours à la signature d'avenants ne permet pas toujours de régler aisément. Car, avec Internet, les limitations territoriales ne tiennent plus. Il faut donc soit retenir les droits de diffusion en ligne, soit renoncer aux clauses d'exclusivité territoriale... Cela peut être aménagé contractuellement, et il y a intérêt à le faire si l'on craint un conflit avec des cessions antérieures.

De même, les autres droits dérivés prennent une importance économique accrue : photocopie, prêt public, copie privée numérique. Ces droits faisant l'objet de mécanismes proches des « licences obligatoires » et donnant lieu à une remontée de droits par le biais des sociétés de gestion collective, les éditeurs doivent les viser dans les accords de cession.

En général, le cédant garantit que l'ouvrage ne contient à sa connaissance rien de diffamatoire, étant entendu, toutefois, qu'il ne peut procéder avec certitude à une telle estimation que dans le cadre des lois françaises en vigueur lors de la publication de l'ouvrage en France et à propos de l'édition de l'ouvrage en France. Il faut, par paranoïa vitale, faire ajouter qu'« il appartient à l'éditeur de faire de son côté une semblable estimation dans le cadre des lois des pays visés par la cession du présent contrat et d'en assumer la responsabilité ».

Il est encore précieux de faire acter que « si la propriété littéraire de la traduction est violée dans l'un des droits auxquels l'éditeur cessionnaire est financièrement intéressé en vertu du présent contrat, l'éditeur pourra faire état du propriétaire en tant que plaignant. Les sommes obtenues en réparation, après déduction des frais normaux de procès supportés par l'éditeur, seront partagées par moitié entre l'éditeur et le propriétaire ».

Il est impératif d'envisager que « le présent contrat liera les successeurs des deux parties, mais aucun transfert, volontaire ou par voie judiciaire, ne liera aucune des parties sans le consentement écrit de l'autre partie, envoyé par lettre recommandée ».

Par surcroît, il est indispensable de faire préciser que « dans le cas où l'éditeur viendrait à faire faillite, cesserait son activité ou manquerait à l'une quelconque de ses obligations prévues au présent contrat, celui-ci serait résilié automatiquement et de plein droit, sauf convention ultérieure, et le propriétaire reprendrait immédiatement possession des droits cédés à l'éditeur ». De plus, « toutes les sommes dues alors par l'éditeur seraient immédiatement exigibles. Toutes sommes déjà versées, à quelque titre que ce soit, au propriétaire lui seraient acquises sans préjudice de toute demande de dommages et intérêts ».

De même, il est bon de stipuler que « le présent contrat serait résilié automatiquement et de plein droit après mise en demeure par lettre recommandée avec accusé de réception sans indemnité de part et d'autre si le contrat n'était pas renvoyé signé par l'éditeur dans un délai de [...] ».

La devise choisie pour le règlement ainsi que la prise en charge des éventuelles taxes ou retenues doivent être envisagées avec soin. Les surprises liées aux dévaluations, à la chute de certaines monnaies ou aux mesures protectionnistes sont encore légion.

Le cas des soldes pourra figurer au contrat. Il en sera de même avec le nombre d'exemplaires gratuits à adresser à son partenaire à titre de justificatifs, pour que les rayonnages de l'auteur et de son éditeur soient décorés avec chic et exotisme.

La durée des cessions tend à diminuer (quelques années au mieux désormais, avec faculté de reconduction). Il est cependant toujours loisible d'accorder une option pendant une durée limitée sur le prochain ouvrage du même auteur.

La clause de contestation, même si elle est rarement mise en jeu, n'est pas à négliger, tant pour ce qui concerne le droit applicable que la juridiction compétente. Car il est possible, en théorie, de plaider pour un livre polonais en droit anglais devant une juridiction française...

Le modèle de contrat proposé ci-après correspond à une vente de droits par un éditeur français à un éditeur étranger. Rappelons que l'achat par un éditeur français est en effet régi, selon les usages, par le contrat du vendeur.

CONTRAT DE CESSION DE DROITS DE PUBLICATION EN LANGUE ÉTRANGÈRE[1]

Entre les soussignés :

Les éditions ***nom***
– dénomination sociale
– forme sociale et montant du capital
– numéro d'immatriculation au Registre du commerce et des sociétés
– adresse du siège social
– nom et prénom du représentant légal

ci-dessous dénommées « le Propriétaire », et agissant comme concessionnaire du droit exclusif de publier le livre qui est l'objet du présent contrat, ce dont il se porte garant, d'une part, et

les éditions ***nom***
– dénomination sociale
– forme sociale et montant du capital
– numéro d'immatriculation au Registre du commerce et des sociétés
– adresse du siège social
– nom et prénom du représentant légal

ci-dessous dénommées « l'Éditeur », d'autre part

IL A ÉTÉ CONVENU CE QUI SUIT :

Article 1 – Objet
Le Propriétaire – dans la mesure où le lui permettent les lois actuelles ou futures sur la propriété littéraire, tant française qu'étrangères, et les conventions internationales actuelles ou futures, y compris les prolongations qui pourraient être apportées à cette durée – cède à l'Éditeur, qui accepte, le droit exclusif de publier, sous forme de livre en édition courante, la Traduction en langue ***langue*** dans les pays suivants : ***pays*** de l'ouvrage intitulé : ***titre*** dont ***nom*** est l'auteur. Ladite Traduction sera désignée ci-dessous « la Traduction ».

Le Propriétaire se réserve toutefois le droit de vendre dans les pays visés ci-dessus, sans limitation de nombre et de prix, l'édition française de l'ouvrage visé par le présent contrat.

L'Éditeur s'engage à supporter toutes les dépenses afférentes à la publication de la Traduction, y compris les frais de Traduction et éventuellement ceux des illustrations, tel que prévu à l'article 14 du présent contrat.

Article 2 – Rémunération
Pour prix de la cession, l'Éditeur versera au Propriétaire, sur le prix de catalogue TTC de chaque exemplaire vendu, un droit proportionnel de ***taux*** %.

1. La cession à un autre éditeur français, en vue d'une seconde édition (poche, club, etc.) ne comporte que peu de variantes par rapport à ce modèle.

Il est convenu que ces droits ne porteront :

– ni sur les exemplaires d'auteur ;

– ni sur les exemplaires distribués gratuitement ou à prix réduit (50 % du prix de vente ou au-dessous) dans l'intérêt de la promotion de l'ouvrage (service de presse, envois à des personnalités) dans les limites fixées par les usages à ***taux*** % du tirage ;

– ni sur les exemplaires destinés au dépôt légal ou à l'envoi de justificatifs ;

– ni sur les exemplaires mis au pilon ;

– ni sur les exemplaires détruits, détériorés ou disparus.

À valoir sur ces droits, l'Éditeur versera au Propriétaire une somme, libre de toutes taxes, d'un montant de ***nombre*** euros, payables à la signature du contrat. Le droit proportionnel ne sera versé au Propriétaire que lorsque l'à-valoir aura été entièrement couvert.

L'à-valoir prévu ci-dessus restera définitivement acquis au Propriétaire, quels que soient les résultats de vente de la Traduction.

Toutes sommes dues en vertu du présent contrat s'entendent payables à ***localité de l'Éditeur*** par chèque ou virement bancaire en ***devise***, libres de toutes taxes, retenues ou frais de quelque nature que ce soit.

Article 3 – Exemplaires gratuits
Nombre exemplaires de l'édition de la Traduction seront envoyés gratuitement au Propriétaire, au moment de l'achèvement de la fabrication, et ***nombre*** exemplaires lors de chaque réimpression. Le Propriétaire aura la faculté d'acheter autant d'exemplaires qu'il le désirera, avec une remise de ***taux*** % sur le prix de vente public TTC. Ces exemplaires seront incessibles.

Article 4 – Comptes
L'Éditeur informera le Propriétaire, au moment de la mise en vente, de l'importance du tirage et du montant du prix de vente au public. L'Éditeur enverra au Propriétaire des relevés de compte arrêtés annuellement au ***date***, et réglera ces comptes dans le courant du trimestre suivant.

Le Propriétaire se réserve le droit de faire vérifier par toute personne qu'il choisira la situation comptable de la Traduction chez l'Éditeur. Si une telle vérification fait apparaître des erreurs de comptes au préjudice du Propriétaire, les frais de cet examen seront à la charge de l'Éditeur ; dans le cas contraire les frais seront supportés par le Propriétaire. Les erreurs décelées seront réparées par un règlement dans les trente jours de la vérification.

Article 5 – Qualité de la Traduction
L'Éditeur s'engage à faire établir une Traduction fidèle, sans coupure, ni modification, ni adjonction, conformément aux usages de la profession.

Le Propriétaire sera informé de l'achèvement de la Traduction et, s'il en fait la demande, conformément au souhait exprimé par l'auteur, celle-ci devra lui être communiquée avant composition.

Aucune modification ou adjonction sous forme de préface ou de note ne devra être apportée au texte sans le consentement écrit du Propriétaire.

L'Éditeur sera tenu d'utiliser et de faire paraître au fur et à mesure des réimpressions toutes les modifications apportées à l'ouvrage dans les éditions françaises ultérieures.

L'Éditeur s'engage à faire apparaître le nom de l'auteur très lisiblement sur la première page de couverture et sur la page de titre, de même que dans les textes annonçant la publication de la Traduction. De plus, il s'engage à ce que tous les exemplaires imprimés portent dans le cahier de tête, à la place en usage dans son pays, la mention de copyright suivante : ***nom du titulaire*** ainsi que le titre français de l'ouvrage et toute autre mention utile pour la protection de la Traduction.

L'Éditeur s'engage à accomplir dans les formes légales et en temps voulu, à ses frais, toutes formalités et démarches nécessaires pour assurer la protection de la Traduction dans les pays visés à l'article 1 du présent contrat.

Article 6 – Exploitation de la Traduction
L'Éditeur s'engage à mettre la Traduction en vente dans un délai de ***nombre*** mois à dater de la signature du présent contrat.

Au cas où l'Éditeur ne publierait pas l'ouvrage dans ce délai, les droits cédés par les présentes reviendraient automatiquement au Propriétaire, sauf convention contraire ultérieure, et les à-valoir prévus à l'article 2 du présent contrat resteraient sa propriété. L'Éditeur s'engage à faire un premier tirage minimum de ***nombre*** exemplaires.

Si l'Éditeur néglige de maintenir la Traduction en vente, le présent contrat sera résilié automatiquement et de plein droit, sauf convention contraire ultérieure. La Traduction sera dite « maintenue en vente » si elle est effectivement en vente dans une édition de l'Éditeur ou une édition dite de reproduction, et si le stock de l'une ou l'autre édition comprend un minimum de cent exemplaires.

Article 7 – Exploitation des droits
Tous les droits non cédés expressément au présent contrat sont exclusivement réservés au Propriétaire.

Aucun transfert à des tiers des droits cédés ne pourra être effectué par l'Éditeur sans l'accord écrit et préalable du Propriétaire.

Toutefois, après avoir consulté le Propriétaire et obtenu par avenant au présent contrat l'accord de celui-ci, l'Éditeur pourra céder les droits ci-après dans les pays et la langue concernés visés à l'article 2 du présent contrat : ceux de reproduction en format de poche, pour lesquels l'Éditeur paiera au Propriétaire, dans les mêmes conditions que celles prévues à l'article 2 du présent contrat, ***nombre*** % des sommes reçues.

Article 8 – Résiliation
Dans le cas où l'Éditeur viendrait à faire faillite, cesserait son activité ou manquerait à l'une quelconque de ses obligations prévues au présent contrat, celui-ci serait résilié automatiquement et de plein droit, sauf convention ultérieure, et le Propriétaire reprendrait immédiatement possession des droits cédés à l'Éditeur.

Toutes les sommes dues alors par l'Éditeur seraient immédiatement exigibles. Toutes sommes déjà versées, à quelque titre que ce soit, au Propriétaire lui seraient acquises sans préjudice de toute demande de dommages et intérêts.

Le présent contrat serait résilié automatiquement et de plein droit après mise en demeure par lettre recommandée avec accusé de réception sans indemnité de part et d'autre si le contrat n'était pas renvoyé signé par l'Éditeur dans un délai de ***nombre*** jours à compter du ***date.***

Article 9 – Garanties

Le Propriétaire garantit qu'il est le seul détenteur des droits visés par l'article 1er du présent contrat et seul habilité à conclure ce contrat. Il garantit que l'ouvrage ne contient à sa connaissance rien de diffamatoire, étant entendu toutefois qu'il ne peut procéder avec certitude à une telle estimation que dans le cadre des lois françaises en vigueur lors de la publication de l'ouvrage en France et à propos de l'édition de l'ouvrage en France. Il appartient à l'Éditeur de faire de son côté une semblable estimation dans le cadre des lois des pays visés par l'alinéa 2 du présent contrat et d'en assumer la responsabilité.

Article 10 – Utilisation de la Traduction par le Propriétaire

Le Propriétaire acquiert et conservera définitivement, pour toute la durée de la propriété littéraire, le droit d'emploi du titre en langue ***langue*** et de dix mille mots de la Traduction visée par le présent contrat, pour toute utilisation qu'il serait amené à en faire, en vertu des droits réservés au Propriétaire, et notamment pour les besoins d'une éventuelle adaptation audiovisuelle.

Article 11 – Contrefaçon

Si la propriété littéraire de la Traduction est violée dans l'un des droits auxquels l'Éditeur est financièrement intéressé en vertu du présent contrat, l'Éditeur pourra faire état du Propriétaire en tant que plaignant. Les sommes obtenues en réparation, après déduction des frais normaux de procès supportés par l'Éditeur, seront partagées par moitié entre l'Éditeur et le Propriétaire.

Article 12 – Transfert du contrat

Le présent contrat liera les successeurs des deux parties, mais aucun transfert, volontaire ou par voie judiciaire, ne liera aucune des parties sans le consentement écrit de l'autre partie, envoyé par lettre recommandée.

Article 13 – Solde

Au cas où l'Éditeur, deux ans au moins après la publication, estimerait que son stock ne peut être écoulé dans un délai raisonnable, il pourra, après avoir offert ce stock au Propriétaire, et sans réponse positive à son offre dans les trente jours, vendre les exemplaires restants au meilleur prix qu'il pourra en obtenir. Il versera au Propriétaire 10 % des sommes reçues pour cette vente si celles-ci sont supérieures au prix de fabrication, et le Propriétaire reprendra tous ses droits sur la Traduction.

Article 14 – Illustrations

Pour tout ouvrage illustré, il est entendu que les droits mentionnés dans le présent contrat ne portent que sur le texte de l'ouvrage. Pour ce qui concerne les illustrations, l'Éditeur devra informer le Propriétaire de son intention de les utiliser. Le Propriétaire indiquera à l'Éditeur le montant des droits de reproduction qu'il détient ainsi que le coût du matériel (films offset ou tirages photo) et l'Éditeur devra effectuer le règlement de ces sommes avant toute fourniture du matériel par le Propriétaire. Les frais de port de ce matériel seront à la charge de l'Éditeur.

Cette autorisation ne sera pas consentie à titre exclusif, et l'Éditeur se réserve toutefois le droit de céder l'autorisation de reproduction des mêmes illustrations, même dans un ouvrage à paraître dans les pays et dans les langues visés à l'article 2 du présent contrat.

Article 15 – Contestation
Les présentes sont soumises au droit français.

Pour toute contestation, attribution de juridiction est faite aux juridictions compétentes de la ville de ***lieu***.

Fait à ***lieu***, en double exemplaire, le ***date***.

L'Éditeur Le Propriétaire

Articles facultatifs

Article *numéro* – Option de l'Éditeur
Le Propriétaire réserve à l'Éditeur, autant toutefois qu'il en aura le droit à l'époque de la levée, une première option d'une durée de deux mois sur le prochain ouvrage du même auteur publié par lui.

Article *numéro* – Différends
Tout différend pouvant naître à l'occasion du présent contrat sera soumis à une conciliation préalablement à tout recours devant les juridictions. À cet effet, chaque partie désignera un arbitre, les deux arbitres ainsi désignés devant se mettre d'accord pour en désigner un troisième.

Copyright et droit d'auteur

Certains se plaisent à répéter, sans beaucoup de précisions, que le système de copyright à l'américaine mettrait en péril un sacro-saint droit d'auteur à la française, qui aurait jusqu'ici régné, peu ou prou, en Europe continentale.

De façon nettement plus nuancée, les observateurs attentifs auront relevé que, ces dernières années, la dichotomie entre ces deux conceptions de la propriété littéraire et artistique s'estompe. Ce rapprochement se traduit aussi bien par les récentes modifications du droit positif – tel qu'il est élaboré par les diverses autorités législatives et gouvernementales des États-Unis – que dans les pratiques des professionnels.

Le droit français de la propriété littéraire et artistique est désigné sous l'appellation de droit… d'auteur. Selon cette conception, le créateur est donc le titulaire initial des droits de propriété littéraire et artistique portant sur son œuvre ; et ces droits comprennent en particulier des attributs moraux qui sont réputés incessibles. En clair, l'auteur resterait le pivot de toute exploitation de sa création.

En revanche, selon le système de copyright, les droits naissent *ab initio* sur la tête de celui qui commande et finance l'œuvre. De plus, le droit moral est quasi inexistant[1].

De telles approches sont désormais considérées par les spécialistes comme plus philosophiques que véritablement concrètes : de chaque côté de l'Atlantique, la donne est en effet en train de changer.

En premier lieu, les Américains sont de plus en plus friands d'une protection accrue de leurs droits de propriété intellectuelle dans les pays étrangers.

C'est ainsi que, dès 1986, les « aspects des droits de propriété intellectuelle qui touchent au commerce » ont été abordés dans le cadre du GATT, dont les dernières négociations ont abouti en 1993 et dont l'Organisation mondiale du commerce a pris la suite[2]. À cette occasion, les États-Unis ont clairement dénoncé la Chine et son industrie de la contrefaçon[3].

Parallèlement, en 1989, les États-Unis ont adhéré à la convention de Berne[4]. C'est, de tous les grands traités internationaux sur la propriété littéraire et artistique, celui qui présente le plus haut niveau de protection. Depuis ce ralliement, par exemple, l'enregistrement au *Copyright Office* de Washington n'est plus une formalité indispensable à l'obtention d'une protection des droits.

De plus, une loi américaine sur la propriété littéraire et artistique (*Sonny Bono Copyright Term Extension Act*) a instauré, fin 1998, une durée de protection sensiblement proche de celle qu'ont déjà adoptée les Européens. Désormais, les États-Unis accordent un monopole d'exploitation pendant une période qui court, en principe, jusqu'à soixante-dix ans après la mort de l'auteur, tout comme c'est le cas en France depuis mars 1997[5]. Concomitamment, le Congrès a adopté le

1. Voir « Les droits moraux »
2. Voir « Adresses utiles ».
3. Voir « Le GATT ».
4. Voir « La convention de Berne ».
5. Voir le chapitre VI « La durée des droits ».

Digital Millennium Copyright Act, qui renforce encore les moyens de lutter contre la piraterie.

Les pratiques contractuelles elles-mêmes se sont rapprochées: tout éditeur lucide, parisien ou new-yorkais, énumère dans ses contrats avec les auteurs l'ensemble des droits qu'il entend contrôler, support par support... L'importance croissante du numérique et de l'internationalisation nécessite toujours plus de sécurité juridique et, ce faisant, favorise encore l'harmonisation des mécanismes d'autorisation et d'interdiction.

Les auteurs américains (les scénaristes hollywoodiens notamment) commencent à revendiquer un système proche du modèle « continental ». Certains États nord-américains et, dans une moindre mesure, le droit fédéral, prennent désormais en compte la notion de droit à la paternité, qui n'est autre qu'un élément de droit moral.

Enfin, il ne faut pas oublier qu'à l'inverse les Européens tendent à privilégier la logique industrielle. En témoigne l'effacement dans le CPI du droit moral des auteurs de logiciels et ce, en faveur des entreprises qui les salarient. Il en est de même de l'apparition, en 1998, d'un nouveau droit des bases de données[1]. Ces dispositions apparemment techniques sont autant de signes concrets de l'inéluctable effacement de certaines spécificités.

L'opposition copyright/droit d'auteur survit désormais plus dans les esprits que dans les mœurs...

L'espace francophone

La Belgique

Tous les pays où existe une édition francophone ont longtemps suivi le même régime juridique, inspiré, « histoire oblige », des lois françaises sur la propriété littéraire et artistique.

Certains États ont peu à peu changé leur législation. C'est particulièrement le cas de la Belgique depuis 1994.

Alain Berenboom, avocat au barreau de Bruxelles et auteur de l'indispensable ouvrage *Le Nouveau Droit d'auteur et les droits voisins*[2], a mis en exergue les changements intervenus, notamment pour ce qui concerne le droit de l'édition.

Il faut dire que la loi du 30 juin 1994 a fortement dépoussiéré nombre des préceptes fixés par la loi du 22 mars 1886, jusque-là en vigueur. Notons d'ailleurs que l'ancienne loi continue de s'appliquer aux contrats conclus sous son empire.

Contrairement à la loi française, la loi belge ne se préoccupait guère des contrats d'exploitation des œuvres.

Désormais, la cession pour des supports inconnus est impossible, alors qu'en France elle l'est, mais sous d'importantes réserves.

1. Voir « Les bases de données ».
2. Voir Bibliographie générale.

Le régime du pacte de préférence est moins strict qu'en France puisque la loi belge se contente d'exiger « un temps limité » et des genres déterminés. La pratique permet ainsi, dans des cas exceptionnels, de viser jusqu'à dix ans au profit de l'éditeur. Rappelons que l'article L. 132-4 du CPI applicable en France indique que « ce droit est limité pour chaque genre à cinq ouvrages nouveaux à compter du jour de la signature du contrat d'édition conclu pour la première œuvre ou à la production de l'auteur réalisée dans un délai de cinq années à compter du même jour ».

Un cadre spécifique est défini pour l'établissement du contrat d'édition.

Un certain nombre d'articles rappelle les prescriptions du droit français. C'est ainsi que le nombre minimum du tirage doit être mentionné.

De même, les délais de fabrication sont fixés par le contrat ou, à défaut, « conformément aux usages de la profession ». Une mise en demeure restée sans effet pendant six mois suffit pour que l'auteur puisse se désengager, ce qui est plus rigoureux que sous le régime hexagonal.

Le contrat d'édition est conclu *intuitu personae* et ne peut donc être cédé. La reddition des comptes est annuelle, sauf après cinq années de non-exploitation…

La fin du contrat est envisagée avec force détails, qu'il s'agisse d'un manquement de l'éditeur ou de sa faillite. L'article 30 de la loi de 1994 dispose que dans ce dernier cas « l'auteur peut dénoncer immédiatement le contrat original ». Là encore, soulignons qu'en droit français, « le redressement judiciaire de l'éditeur n'entraîne pas la résiliation du contrat », mais que c'est seulement « lorsque l'activité de l'entreprise a cessé depuis plus de trois mois ou lorsque la liquidation judiciaire est prononcée » que « l'auteur peut demander la résiliation du contrat ».

Le principe, comme en France, est celui du pourcentage. Il existe même une sorte de « clause de succès » qui permet à l'auteur de revenir sur la rémunération forfaitaire perçue et acceptée lorsque l'ouvrage devient un best-seller… Aux termes de l'article 26, pris en son deuxième paragraphe, « si l'auteur a cédé à l'éditeur les droits d'édition à de telles conditions que, compte tenu du succès de l'œuvre, la rémunération forfaitaire se trouve manifestement disproportionnée par rapport au profit tiré de l'exploitation de celle-ci, l'éditeur est tenu, à la demande de l'auteur, de consentir une modification de la rémunération pour accorder à l'auteur une participation équitable. L'auteur ne peut renoncer anticipativement au bénéfice de ce droit ». De l'avis de tous les observateurs patentés, cette faculté est considérée comme exorbitante du droit commun belge des contrats.

En France, les auteurs ont plus de difficultés à aboutir à un tel résultat, même si des mécanismes similaires figurent expressément dans le Code de la propriété intellectuelle.

Bref, la loi belge sur le droit d'auteur flirte toujours avec les législations de ses pays voisins mais, en matière d'édition, se singularise aujourd'hui suffisamment pour que l'éditeur installé outre-Quiévrain soit encore plus vigilant que par le passé.

La Suisse

La Suisse occupe une place centrale chez les spécialistes du droit d'auteur puisque c'est à Genève qu'est administrée la fameuse convention de Berne[1], qui sert désormais de référence au monde entier. Quant au droit interne de nos voisins helvètes, il est très proche du droit français, mais présente quelques intéressantes particularités, assez coercitives pour les éditeurs.

Avec plus d'une centaine d'États membres aujourd'hui, dont les États-Unis qui n'y ont adhéré qu'en 1989, la convention de Berne du 12 septembre 1886 pour la protection des œuvres littéraires et artistiques domine largement les relations transnationales en matière de droit d'auteur.

De même, les juridictions de Genève sont souvent visées dans les importants contrats internationaux, notamment par des sociétés européennes avec les entreprises d'Amérique du Nord de façon à ce que chacun des contractants ne soit pas privilégié. Il est alors possible de choisir néanmoins que le litige sera réglé en Suisse mais sur la base du droit américain, anglais, néerlandais, etc.

La plupart des règles applicables aux éditeurs helvétiques sont contenues dans le Code des obligations.

La loi fédérale y a incorporé les dispositions relatives au contrat d'édition sous les articles 380 et suivants. Ce contrat y est défini comme celui « par lequel l'auteur d'une œuvre littéraire ou artistique ou ses ayants cause s'engagent à la céder à un éditeur, qui s'oblige à la reproduire en un nombre plus ou moins considérable d'exemplaires et à la répandre dans le public », se rapprochant ainsi grandement de l'acception française contenue dans notre Code de la propriété intellectuelle. Signalons qu'il existe un contrat type d'édition élaboré par la Société suisse des écrivaines et des écrivains.

Le Code des obligations a le mérite de la clarté… et de la rigueur: c'est ainsi que « si le contrat ne précise pas le nombre des éditions à faire, l'éditeur n'a le droit d'en publier qu'une seule ».

Pour le cas où la cession comporte expressément le droit de rééditer, c'est au juge de fixer un délai pour rééditer, et non aux stipulations contenues dans le contrat d'édition de trancher en cas d'épuisement de la dernière édition.

De plus, si l'éditeur « fixe le prix de vente », c'est « sans pouvoir l'élever de façon à entraver l'écoulement de l'ouvrage ».

L'auteur perçoit des « honoraires » qui sont « exigibles dès que l'œuvre entière ou, si elle paraît par parties détachées (volumes, fascicules, feuilles), dès que chaque partie est imprimée et prête pour la vente ». Et ceux-ci sont dus même quand l'exemplaire de l'œuvre remis à l'éditeur « périt par cas fortuit ». L'écrivain se doit cependant – au cas où il aurait conservé un double… – de le remettre à sa maison d'édition ou est tenu de tout « refaire, lorsque ce travail est relativement facile ». Mais surtout, « il a droit à une indemnité dans les deux cas »…

De même, « l'éditeur est tenu de remplacer les exemplaires détruits » du livre imprimé, par exemple par le feu, « s'il peut le faire sans frais excessifs ».

1. Voir « La convention de Berne ».

Il est à noter que, lorsqu'un auteur a publié préalablement son texte dans une revue ou une œuvre collective, sans céder ses droits pour d'autres publications par l'éditeur d'origine, il se doit d'attendre « l'expiration d'un délai de trois mois à partir du moment où la publication en a été achevée ». Cet article est donc bien plus précis que son homologue propre au droit français, qui ne fixe pas de délai, mais autorise la réexploitation « pourvu que cette reproduction ou cette exploitation ne soit pas de nature à faire concurrence à ce journal ou à ce recueil périodique ».

La francophonie existe bel et bien, même en matière de droit d'auteur. Une des affaires fréquemment citées par les commentateurs français concerne *Tintin en Suisse*, parodiant avec férocité les aventures du célèbre reporter belge et, par voie de conséquence, interdit pour avoir outrepassé les limites du genre[1].

Le Québec

Après les voisins, les cousins : le Québec apparaît, en effet, aux côtés de la Belgique et de la Suisse, comme l'un des marchés économiquement substantiels du livre francophone. Le droit de l'édition qui y est applicable cousine avec le droit français tout en lorgnant parfois du côté anglo-saxon.

Le Droit de l'édition et du commerce du livre de Jean-Philippe Mikus[2] reste la référence incontournable pour ce qui concerne la législation et la jurisprudence québécoises. Par surcroît, il dresse un intéressant tableau de l'économie du livre dans la Belle Province, en particulier pour ce qui concerne le nombre de maisons d'édition nationales et leur implantation face aux livres importés de France.

Le régime juridique est issu de la « loi sur le statut professionnel des artistes des arts visuels, des métiers d'art et de littérature et sur les contrats avec les diffuseurs », datant de la fin des années 1980. Auparavant, seul le Code civil du Québec consacrait quelques dispositions aux usages commerciaux dans le secteur de l'édition.

Là aussi, comme partout ou presque dans la francophonie, les rapports entre auteur et éditeur sont strictement encadrés. Et c'est bien évidemment l'éditeur qui est le plus contraint, dans la mesure où, à tort ou à raison, il est considéré par le législateur comme un usurier tirant le maximum du créateur vivant dans une chambre de bonne, au mieux avec un peu d'eau, du pain rassis et une muse…

La loi québécoise évoque la notion de « contrat de diffusion » pour désigner « la vente, le prêt, la location, l'échange, le dépôt, l'exposition, l'édition, la représentation en public, la publication ou toute autre utilisation de l'œuvre d'un artiste ».

Les implications de ce type de contrat sont bien connues dans d'autres législations, dont la française. Le contrat doit être écrit « et ce en double exemplaire », le législateur québécois ayant de plus insisté sur la nécessité pour l'auteur d'en conserver un exemplaire…

1. Cour d'appel de Paris, 20 décembre 1990, *Dalloz*, 1991, 532.
2. Voir Bibliographie générale.

Clarté et précision sont de rigueur dans l'ensemble du contrat, notamment quant à l'étendue des droits cédés, les délais de remise et de publication, etc.

En revanche, il est beaucoup plus aisé de transférer le contrat conclu avec l'auteur qu'en droit français. Cela dépend du statut choisi par l'éditeur, qui tient beaucoup à la sémantique: « licence » (qui peut être exclusive) ou «cession». Dans le premier cas, le transfert est possible, sous réserve d'être spécifié et le contrat n'est alors plus conclu *intuitu personae.*

La loi est quasi muette sur les questions de rémunération et de reddition des comptes, à la différence des lois d'autres pays francophones.

En raison de « l'étroitesse » du nombre de maisons d'édition québécoises, la jurisprudence est plutôt éparse... et les commentateurs spécialisés se rabattent souvent sur les décisions des juridictions françaises, que ce soit sur ce point comme sur beaucoup d'autres...

Certaines conditions sont, là encore, la clé de la validité d'une clause de préférence. Elles sont le fruit des commentateurs plus que du texte de la loi lui-même. La « nature » de l'œuvre sur laquelle porte ce droit de priorité doit ainsi être mentionnée. Et un délai doit permettre à l'auteur de résilier cette obligation si l'éditeur ne réagit pas promptement.

Le sort des droits d'auteur, comme celui du manuscrit et des exemplaires en stock, est prévu hors de la loi propre aux auteurs. La loi sur les faillites envisage cette difficulté et distingue selon le stade d'avancement du processus de publication: manuscrit accepté, manuscrit en cours de publication, livre édité. Selon Jean-Philippe Mikus, « le législateur canadien s'est approprié une solution anglaise qui permet à l'auteur d'obtenir des redevances sur les exemplaires vendus sous l'autorité du syndic de faillite ».

Enfin, des problèmes inédits surgissent parfois en vertu des « conflits » de compétence entre la législation fédérale et celle de chaque État fédéré.

L'Afrique[1]

Le droit de l'édition en Afrique francophone est le fruit de l'« héritage » colonial, de l'accession à l'indépendance ainsi que de la prise de conscience de l'existence d'un patrimoine culturel africain spécifique.

À l'époque coloniale, le droit d'auteur n'est pas encore consacré. À part la Tunisie et le Liberia (signataires de la convention de Berne du 9 septembre 1886), les autres États africains n'ont élaboré une législation protectrice des créateurs que vers les années 1970 et 1980. Cette situation s'explique, d'une part, parce que les États donnaient la priorité à l'économie et, d'autre part, parce que les acteurs du secteur culturel, confrontés à de nombreuses autres difficultés, ne se souciaient guère de la notion de droit d'auteur.

La législation des pays nouvellement indépendants était donc celle du colon. Les sociétés d'auteur de l'époque comme la SACEM ou le BADA (Bureau africain du droit d'auteur institué par l'ordonnance du 14 avril 1943) favorisèrent des adhésions de plus en plus nombreuses de créateurs qui venaient des endroits les

1. Voir Laurier Yvon Ngombe, *Le Droit d'auteur en Afrique,* L'Harmattan, 2004.

plus reculés du continent pour enregistrer leurs œuvres. Trois entités françaises (SACD, SACEM et SGDL) exerçaient leur activité en Afrique de l'Ouest francophone par l'intermédiaire de leurs agences regroupées autour du BADA.

En 1962, les pays africains décidèrent de s'unir au sein d'une organisation commune, afin de promouvoir le développement du droit d'auteur et l'harmonisation de leurs législations. Accompagnés par certains organismes internationaux comme l'OMPI ou l'Unesco, douze États africains francophones, réunis au sein de l'OCAM (Organisation commune africaine et malgache), ont adopté un régime commun en matière de propriété littéraire et artistique le 13 septembre 1962, dénommé accord de Libreville. C'est à partir de cet accord qu'a été institué l'OAMPI (Office africain et malgache de la propriété industrielle). Les pays signataires étaient alors le Cameroun, la République centrafricaine, le Congo, la Côte-d'Ivoire, le Dahomey (devenu Bénin), la Haute-Volta (aujourd'hui Burkina-Faso), le Gabon, la Mauritanie, le Sénégal, le Tchad, Madagascar et le Niger.

Les États fondateurs, sauf la République malgache qui s'est retirée de l'OAMPI, ont révisé l'accord de Libreville et créé l'OAPI (Organisation africaine de la propriété intellectuelle) par l'adoption d'une nouvelle convention signée à Bangui le 2 mars 1977. L'OAPI regroupe une quinzaine de membres (dont la Guinée-Bissau, la Guinée et le Mali).

En 1976, le gouvernement tunisien, avec l'assistance de l'OMPI et de l'Unesco, a adopté une loi type sur le droit d'auteur à l'usage des pays en voie de développement. Mais l'action de ces organismes internationaux sera surtout d'aménager des conditions plus avantageuses pour l'application des conventions internationales. Ainsi, l'annexe adoptée en 1971 de la convention de Berne contient des dispositions qui permettent à certains pays de s'écarter, sous certaines conditions, des minimas de protection prévus en matière de droit de traduction et de reproduction.

Si la convention de Berne énumère les œuvres protégeables, définit les droits de l'auteur ou encore impose une durée de protection minimale, elle est muette sur le formalisme contractuel relatif à la cession de droits, ainsi qu'à la validité de certaines clauses communes à tous les contrats d'édition. Elle n'a donc pu, sur ce point, servir de cadre aux législations nationales qui se singularisent par leurs dispositions en matière contractuelle.

Dans de nombreux pays, les législations sur le droit d'auteur sont, si ce n'est muettes, du moins très discrètes sur les contrats d'édition.

Souvent, la loi sur le droit d'auteur, dans les pays africains, institue en même temps un organisme de gestion collective chargé de la mise en application effective de cette loi.

De nombreux États africains sont actuellement dotés d'organismes de droit d'auteur (Sociétés d'auteurs). D'après les propos de Monsieur Ndiaye, ancien président du comité exécutif de l'union de Berne, les Sociétés africaines, créées à l'initiative de l'État ou, conjointement des auteurs et de l'État, sont en majorité des organismes publics ou semi-publics. Pluridisciplinaires pour la plupart, elles gèrent toutes les catégories d'œuvres susceptibles d'être protégées au titre du droit d'auteur. Il est à noter que ces sociétés sont investies d'un monopole de gestion sur toute l'étendue de leur territoire d'exercice.

Les Sociétés d'auteurs africaines, exerçant dans le cadre de pays francophones ou anglophones, disposent d'un mode de gestion fortement influencé par le contexte historique du pays dans lequel elles exercent. Ainsi, la plupart des Sociétés d'auteurs des pays francophones (Afrique de l'Ouest en particulier) ont hérité des structures anciennement mises en place par les Sociétés françaises qui exerçaient leurs activités sur ces territoires avant leur accession à l'indépendance. « Ces pays avaient donc une "tradition de droit d'auteur" : la radio, les établissements qui diffusent de la musique, les théâtres, tous payaient les droits d'auteur à la SACEM et à la SACD. Ayant accédé à la souveraineté internationale, ces pays ont bénéficié de la coopération des Sociétés d'auteurs françaises, de la SACEM notamment, qui a mis à la disposition de certains d'entre eux, ses installations, la documentation et a assuré la formation des agents appelés à travailler dans le futur organisme national de droits d'auteur. » L'organisme national de gestion collective des droits d'auteur est considéré, dans ces pays, comme un opérateur à part entière de la politique culturelle définie par l'État (il se voit attribuer des fonctions sociales et culturelles en plus des fonctions traditionnelles d'une Société d'auteurs). À cet égard, le Sénégal a servi d'exemple à la plupart des pays de l'Afrique de l'Ouest. Quant aux pays arabophones d'Afrique, ils sont dotés de structures similaires.

Il existe également des organismes privés, notamment la SONECA en République démocratique du Congo. Bien qu'étant des sociétés civiles, elles bénéficient d'un monopole légal et peuvent avoir le soutien de l'État dans certaines circonstances.

Un courant très fort, issu du tiers-monde comme de pays anglo-saxons, commence toutefois à s'exprimer en faveur d'une véritable protection du folklore par la propriété intellectuelle[1].

Les spécialistes africains du droit d'auteur déplorent en effet, à l'instar du professeur Folarin Shyllon que, récemment, « presque toutes les anciennes colonies [...] devenues indépendantes sans que leur culture traditionnelle et populaire ait jamais été protégée par la loi, ont vu avec un sentiment d'amertume croissant les compositeurs étrangers arriver sur leur sol, étudier minutieusement et, parfois, enregistrer leur musique traditionnelle et populaire, puis rentrer vite chez eux en utiliser les rythmes et les harmonies dans des chansons à succès ou des symphonies dûment protégées au titre du droit d'auteur ».

De telles revendications visent aujourd'hui aussi bien ceux qui entreprennent un commerce avoué sur fond de dessins animés ou de recueil de contes et légendes, que les publications scientifiques d'ethnologues et anthropologues qui exploitent *in extenso* le fruit de leurs collectes.

De plus en plus de textes internationaux font désormais référence à ce nouvel aspect du droit d'auteur, dont la convention de Bangui de 1977, les « dispositions Unesco-Organisation mondiale de la propriété intellectuelle » de 1985 sur la protection des expressions du folklore, la déclaration de Mataatua sur les droits de propriété intellectuelle des peuples autochtones de 1993, etc. Et ces intentions affichées commencent à prendre forme dans plusieurs droits internes. Seule

1. Voir « Le folklore ».

l'Afrique anglophone semble pour l'heure avoir nettement emprunté cette voie, imitant en cela ce qui se produit déjà dans certains États américains, canadiens ou en Australie. C'est ainsi qu'au Nigeria la loi protège désormais « le folklore » notamment sous la forme « de contes populaires, poésie populaire et énigmes ». En conséquence, seule l'utilisation privée, « accidentelle » ou à des fins éducatives y est aujourd'hui autorisée. La loi togolaise y fait cependant expressément référence.

Cette nouvelle rhétorique ne manque pas de susciter des difficultés majeures, notamment pour ce qui concerne la titularité des droits sur des œuvres qui ne sont pas toujours dues à un seul créateur mais sont inspirées « par la tradition et le milieu social où s'inscrit l'auteur ».

Certains n'hésitent cependant plus à proclamer qu'« il existe, en matière de droit de propriété intellectuelle, une zone intermédiaire entre les droits individuels et le domaine public, national ou international », zone qui pourrait, prochainement, s'avérer être de turbulence pour les éditeurs. Pour l'heure, l'Afrique francophone en reste à une conception plus classique du droit d'auteur.

Il faut relever que certains États sont dépourvus d'instruments juridiques en matière de droit d'auteur. C'était le cas des Comores, qui n'étaient pas membre, avant 2005, de la convention de Berne et ne disposaient d'aucune loi nationale sur le droit d'auteur.

Par ailleurs, plusieurs pays sont adhérents à la convention de Berne, mais n'ont voté aucune législation en la matière. Telle est la situation en Mauritanie, au Niger ou encore au Tchad.

Djibouti est un adhérent récent à la convention de Berne, mais était déjà régi par la loi n° 114/AN/96/3e L relative à la protection du droit d'auteur.

D'autres États, tout en adoptant leur propre dispositif législatif, n'ont pas choisi de bouleverser l'ordre juridique préétabli en la matière, en tout cas pour ce qui concerne l'édition.

Il en est ainsi du Bénin (loi n° 84-008 du 15 mars 1984 relative à la protection du droit d'auteur), du Burkina Faso (ordonnance n° 83-016 CNR-PRES du 29 septembre 1983 portant protection du droit d'auteur, telle que rectifiée par l'ordonnance n° 84-12 CNR-PRES du 29 février 1984), du Congo (loi n° 24/82 du 7 juillet 1982 sur le droit d'auteur et les droits voisins), de la Côte-d'Ivoire (loi portant protection des œuvres de l'esprit n° 78-634 du 28 juillet 1978 et loi n° 96-564 du 25 juillet 1996 relative à la protection des œuvres de l'esprit et aux droits des auteurs, des artistes-interprètes et des producteurs de phonogrammes et vidéogrammes), du Gabon (loi n° 1/87 du 29 juillet 1987 instituant la protection du droit d'auteur et des droits voisins), de la République centrafricaine (ordonnance n° 85-002 du 5 janvier 1985 sur le droit d'auteur), du Sénégal (existence du Bureau sénégalais du droit d'auteur créé par l'article 2 de la loi du 26 mai 1972, et de la loi n° 73-52 du 4 décembre 1973 relative à la protection du droit d'auteur telle que modifiée par la loi n° 86-05 du 24 janvier 1986 abrogeant et remplaçant les articles 22, 46, 47 et 50 de la loi n° 73-52 du 4 décembre 1973), du Togo (loi n° 91-12 du 10 juin 1991 portant protection du droit d'auteur, du folklore et des droits voisins), de la Tunisie (loi relative à la propriété littéraire et artistique n° 66-12 du 4 janvier 1967 et loi n° 94-36 du 24 février 1994 sur la propriété littéraire et artistique).

Quant à Madagascar, le texte de référence reste la loi française du 11 mars 1957 relative à la propriété littéraire et artistique telle qu'amendée par l'ordonnance n° 82-031 du 6 novembre 1982…

Il existe enfin nombre d'États africains qui, tout en s'inspirant du « modèle » colonial, ont adopté des législations comportant de véritables particularités.

En Guinée (dite aussi « Guinée Conakry » pour la distinguer de ses homonymes que sont la Guinée-Bissau et la Guinée-Équatoriale), la loi n° 043/APN/CP du 9 août 1980 portant adoption des dispositions relatives aux droits d'auteur et aux droits voisins en République populaire révolutionnaire de Guinée indique en son article 33 : « L'éditeur peut transmettre à un tiers, à titre gratuit ou onéreux, ou par voie d'apport en société, le bénéfice du contrat d'édition, indépendamment de son fonds de commerce, sans avoir préalablement obtenu l'autorisation de l'auteur », marquant ainsi une nette rupture avec la sacro-sainte règle française du contrat conclu *intuitu personae* entre un auteur et un éditeur précis.

Le Burundi n'est pas membre de la convention de Berne et s'appuie sur le décret-loi n° 1/9 portant réglementation des droits d'auteur et de la propriété intellectuelle du 4 mai 1978.

Contrairement aux autres lois nationales africaines, aucune section n'est spécifiquement dédiée aux contrats d'édition. Cependant, l'article 30 dispose que « si l'auteur d'œuvre littéraire ou scientifique n'a pas autorisé ou entrepris sa traduction en kirundi ou en français, après un délai de trois ans à compter de la publication originale, ou si toutes les éditions en français ou kirundi sont épuisées, une licence de traduction ou de publication pourra être accordée, par le ministre ayant la culture dans ses attributions, à un éditeur du Burundi, aux seuls usages scolaire, universitaire ou de la recherche. De même, une licence pourra être accordée à tout organisme de radiodiffusion au Burundi, au seul usage des émissions destinées à l'enseignement ou à l'information scientifique et technique. Cette licence peut aussi concerner tout texte incorporé dans une fixation audiovisuelle faite et publiée aux seules fins scolaire et universitaire ». Un système de licence existe également concernant les œuvres publiées en dehors du Burundi mais non mises en vente dans ce pays.

Au Cameroun, la loi n° 2000/011 du 19 décembre 2000 relative au droit d'auteur précise que les contrats à compte d'auteur et les contrats à compte à demi ne sont réputés conclus qu'après avoir été approuvés par l'organisme national du droit d'auteur. À défaut de cette approbation, les parties ne pourront passer qu'un contrat d'édition.

Quant au Mali, l'ordonnance n° 77-46 CMLN du 12 juillet 1977 fixant le régime de la propriété littéraire et artistique s'écarte elle aussi sensiblement du droit français. À ce titre, son article 38 dispose : « L'éditeur ne jouira des droits que lui confère la présente ordonnance qu'après inscription dudit contrat respectif au registre de la propriété littéraire et artistique. La non-exécution de cette formalité ne prive pas l'auteur des droits qui lui appartiennent conformément à cette ordonnance ou au contrat. » De plus, la législation malienne considère notamment les droits d'auteur comme des meubles aliénables et la rémunération est impérativement forfaitaire.

La loi n° 2-00 relative aux droits d'auteur et droits voisins du 15 février 2000, abrogeant le Dahir n° 1-69-135 du 25 joumada I 1390 (29 juillet 1970) relatif à la protection des œuvres littéraires et artistiques laisse au Maroc le libre choix entre rémunération proportionnelle ou forfaitaire. Pour ce qui concerne l'édition de librairie, la rémunération forfaitaire est possible dans les cas suivants: ouvrages scientifiques ou techniques, anthologies et encyclopédies, préfaces, annotations, introductions, présentations, illustrations d'un ouvrage, éditions de luxe à tirage limité. Pour les œuvres publiées dans les journaux et recueils de périodiques de tout ordre et par les agences de presse, la rémunération de l'auteur lié à l'entreprise d'information par un contrat de louage d'ouvrages ou de services peut être fixée forfaitairement.

La République démocratique du Congo (ex-Zaïre) ne prévoit, en sa loi n° 86-033 du 5 avril 1986 portant protection des droits d'auteur et des droits voisins, que la rémunération proportionnelle. Il n'est pas fait mention d'une possibilité de rémunération forfaitaire

Au Rwanda, la loi n° 27/1983 du 15 novembre 1983 régissant le droit d'auteur indique, à propos de la rémunération de l'auteur, que le pourcentage ne peut être inférieur à 10 % du prix public.

Il faut enfin relever que la majorité des lois africaines relatives au droit d'auteur accordent une durée de protection limitée à cinquante ans après la mort de l'auteur et non de soixante-dix années *post mortem auctoris.*

XV

Atteinte et protection des droits

Les éditeurs ont à leur disposition deux moyens bien distincts pour répondre aux atteintes portées à leurs droits. Le plus sûr de ces modes de défense reste l'action en contrefaçon, qui permet de contrer toute atteinte portée à un élément d'une œuvre, à condition que cet élément soit protégé par le droit d'auteur. Par ailleurs, pour répondre aux attaques que subissent les éléments non protégés par le droit d'auteur, l'éditeur peut intenter une action en concurrence déloyale.

Il ne faut pas ignorer pour autant que d'autres types de problèmes rencontrés par l'éditeur ne relèvent ni de la contrefaçon ni de la concurrence déloyale. Ainsi la rupture abusive d'un contrat par un auteur sera-t-elle traitée en tant que telle devant la justice.

La contrefaçon et l'action en contrefaçon

La notion de contrefaçon

C'est l'article L. 122-4 du CPI qui définit la contrefaçon, sans toutefois la nommer :

> « Toute représentation ou reproduction intégrale ou partielle faite sans le consentement de l'auteur ou de ses ayants droit ou ayants cause est illicite. Il en est de même pour la traduction, l'adaptation ou la transformation, l'arrangement ou la reproduction par un art ou un procédé quelconque. »

Quant à l'article L. 335-2 du CPI, il énonce :

> « Toute édition d'écrits, de composition musicale, de dessin, de peinture ou de toute autre production, imprimée ou gravée en entier ou en partie, au mépris des lois et règlements relatifs à la propriété des auteurs, est une contrefaçon ; et toute contrefaçon est un délit. »

La contrefaçon, c'est donc l'utilisation illicite, qui peut prendre des formes très diverses, d'une œuvre protégée par la propriété littéraire et artistique ou, plus exactement, d'un élément protégé par le droit d'auteur d'une œuvre qui n'est peut-être pas elle-même protégée en tous ses éléments[1].

1. Xavier Daverat, « Libres propos sur les critères de la contrefaçon des œuvres littéraires et artistiques », *La Semaine juridique (JCP)*, 1995, I, 3827.

Composition et expression

Aux yeux des juridictions, la contrefaçon repose sur la conjugaison de deux éléments indispensables : un élément matériel et un élément moral.

L'élément matériel, c'est l'acte en lui-même. Il peut être des plus divers et adopter les formes les plus inattendues. La contrefaçon peut porter sur n'importe quel élément protégé par le droit d'auteur : titre, texte, composition typographique, illustrations, couverture, etc.

L'édition pirate à quelques centaines d'exemplaires d'un texte protégé – comme cela se pratique encore dans le milieu de la bibliophilie – relève de la contrefaçon. Un auteur qui vend deux fois ses droits sur une même œuvre commet une contrefaçon, à laquelle est, par surcroît, associé l'éditeur ayant signé en second[1]. L'éditeur qui publie sous une forme non prévue dans le contrat d'édition commet également une contrefaçon. Il en est de même lorsqu'il fait imprimer un nombre d'exemplaires supérieur à la quantité agréée par l'auteur. Un seul exemplaire litigieux suffit à caractériser une contrefaçon[2]. Si l'éditeur recède des droits qu'il ne possède pas, il devient contrefacteur[3]. La publication de cours de Roland Barthes au Collège de France sans l'autorisation des ayants droit constitue aussi une contrefaçon, dans la mesure où celui-ci a exprimé le souhait que ses œuvres orales ne soient pas éditées[4].

La contrefaçon peut bien entendu se produire d'un genre à un autre : contrefaçon d'un roman par un film[5], d'une œuvre architecturale dans un livre, etc.

La notion de contrefaçon recouvre également les atteintes au droit moral[6].

La contrefaçon existe aussi pour d'autres droits de la propriété intellectuelle que le droit d'auteur. L'atteinte à une marque – qui sert, par exemple, à protéger certains titres de collection[7] – peut être constitutive d'une contrefaçon.

Mais un des cas de contrefaçon qui défraie le plus la chronique reste ce qu'il est communément convenu d'appeler le plagiat littéraire[8].

Les juristes s'accordent, à la suite de Desbois, à dire qu'une œuvre littéraire est formée de trois éléments : l'idée, la composition et l'expression[9]. L'idée seule n'étant pas protégeable par le droit d'auteur[10], la contrefaçon littéraire ne peut porter que sur la composition ou sur l'expression, ou sur les deux à la fois.

1. Tribunal de grande instance de la Seine, 7 mai 1963, *Gazette du Palais*, 1963, 2, 298.
2. Cour d'appel de Paris, 21 janvier 1963, *La Semaine juridique (JCP)*, 1963, 13235, note Delpech.
3. Cour d'appel de Paris, 10 mai 1993, *Gazette du Palais*, 31 décembre 1993/1er janvier 1994, p. 14.
4. Cour d'appel de Paris, 24 novembre 1992, *Revue internationale du droit d'auteur*, janvier 1993, n° CLVI, p. 191.
5. Cour d'appel de Paris, 1er décembre 1913, *Annales de la propriété industrielle, artistique et littéraire*, 1914, 209.
6. Cour d'appel de Paris, 19 février 1964, *Revue internationale du droit d'auteur*, octobre 1964, n° XXXXIII, p. 161. Cour d'appel de Paris, 23 novembre 1982, *Dalloz*, 1983, Informations rapides, 512, observations Claude Colombet.
7. Voir « Les créations des éditeurs ».
8. Pour les puristes, le plagiat n'est pas techniquement une contrefaçon. Il n'est en réalité qu'une reproduction suffisamment habile pour échapper à une condamnation, car restant à la frontière de ce qui est toléré. Alexis Libaert, « Nous sommes tous des plagiaires », *L'Événement du jeudi*, 20 février 1997, p. 64. Florence Noiville, « Ces nègres qui plagient mal », *Le Monde*, 10 mars 1998, p. 26.
9. Voir Bibliographie générale.
10. Voir « La création de forme et l'exclusion des idées ».

La composition désigne l'essence, la trame, l'« histoire » en quelque sorte, et l'ensemble des éléments qui la forment: péripéties, enchaînement des événements, scènes, caractéristiques des personnages, etc[1].

Pour déterminer s'il y a ou non contrefaçon de la composition d'une œuvre, il convient de découper le scénario du livre en un nombre de scènes clés et de comparer. L'affaire *Autant en emporte le vent* qui a opposé Régine Deforges aux héritiers et à l'éditeur de Margaret Mitchell fournit un assez bon exemple de cette méthode, fréquemment employée en justice. Les diverses juridictions qui sont intervenues dans cette affaire ont analysé notamment les caractères des personnages, la toile de fond, le contexte, les situations et les scènes des deux romans. La cour d'appel de Versailles, à la fin de 1993, a estimé en dernier lieu que l'ensemble des éléments du roman de Régine Deforges était imposé par le contexte librement choisi de la Seconde Guerre mondiale[2]. Quant à certains éléments communs, les juges les ont considérés tout au plus comme des idées de libre parcours, par conséquent non appropriables et ne pouvant être revendiquées par les héritiers Mitchell.

Les tribunaux doivent donc faire le compte des éléments communs et déterminer si leur présence relève du pillage ou est imposée par le sujet choisi[3]. On ne peut par exemple interdire à un romancier situant l'action de son livre en Afrique du Nord d'y incorporer une scène dans un souk.

De même existe-t-il des exceptions dues au fonds commun de la littérature, des éléments devenus si banals qu'il ne peuvent plus présenter d'originalité que dans leur expression. Ainsi, dès le début du XXe siècle, un tribunal a justement rappelé que Courteline ne pouvait s'approprier le thème du mari qui fait preuve de faiblesse vis-à-vis de sa femme adultère[4]. C'est un processus semblable à celui qui frappe, par exemple, les livres historiques[5] dont l'auteur a décidé de suivre, le plus simplement qui soit, un plan chronologique. Un guide de la chasse en France a, en revanche, été considéré comme contrefait par un article qui reprenait, selon le même ordonnancement, les « différents types de chasse à la journée sur l'ensemble des territoires français[6] ».

Les adaptations de quelque sorte que ce soit (d'un livre en un film ou un autre type d'œuvre ou, inversement, d'une pièce en un roman[7]) sont bien évidemment susceptibles d'être poursuivies pour contrefaçon[8]. La publication en bande dessi-

1. A. Bertrand, « La protection de la composition en matière d'œuvres littéraires et audiovisuelles », *Cahiers du droit d'auteur*, n° 27, 1990, p. 17. Isabelle Bureau, « L'intrigue: le passage de l'idée à son expression », *Les Cahiers de propriété intellectuelle*, octobre 1994, volume 7, n° 1, p. 51 (article sur le droit canadien).

2. Cour d'appel de Versailles, 15 décembre 1993, *Dalloz*, 1994, jurisprudence, 132, note Pierre-Yves Gautier.

3. Première chambre civile de la Cour de cassation, 20 mai 1980, *Gazette du Palais*, 1980, 2, Sommaires, 563. Voir également les affaires des films *Léon* (cour d'appel de Paris, 27 juin 2001, *Revue internationale du droit d'auteur*, avril 2002, n° 192, p. 367, observations André Kerever et p. 426) et *La Totale* (cour d'appel de Paris, 4 juin 2004, *Propriétés intellectuelles*, octobre 2004, n° 13, p. 921, observations Pierre Sirinelli).

4. Chambre des requêtes de la Cour de cassation, 27 juin 1910, *Dalloz*, 1910, I, 296.

5. Tribunal de grande instance de Paris, 30 mars 1979, *Revue internationale du droit d'auteur*, octobre 1979, n° CII, p. 169. Cour d'appel de Paris, 19 février 1987, *Dalloz*, 1987, Informations rapides, 69.

6. Tribunal de grande instance de Paris, 19 février 1997, *Légipresse*, décembre 1997, n° 147, I, 149.

7. Cour d'appel de Paris, 25 janvier 1900, *Annales de la propriété industrielle, artistique et littéraire*, 1900, 118.

8. Cour d'appel de Paris, 23 mars 1978, *Gazette du Palais*, 1978, II, Sommaires, 398.

née et en cassette audio, sans autorisation, d'un roman d'Agatha Christie en constitue, par exemple, une contrefaçon[1].

Quant à l'expression, seconde cible possible d'une contrefaçon littéraire, il s'agit tout simplement du choix des mots, de la façon d'écrire...

Il est bien évident qu'il convient de faire là aussi la part entre les termes obligés, imposés par le sujet[2], et ceux qui relèvent d'un véritable choix original de la part de l'auteur. On ne peut reprocher l'emploi de termes usuels[3].

Dans un livre technique ou scientifique, il est impossible d'éviter le recours à un vocabulaire spécifique[4]. De même, dans ce type d'ouvrages, est-il inévitable de rappeler des évidences propres au domaine traité et de procéder par des exemples appartenant au fonds commun de la matière. Tout au plus faudra-t-il donner des références, citer l'auteur des travaux auxquels on fait allusion[5]. Cela ne signifie nullement que l'utilisation des mêmes exemples soit autorisée, ni que le piratage des phrases et des expressions originales élaborées par d'autres soit libre[6]. En effet, quand bien même ces formulations ou le choix des exemples ne seraient pas suffisamment originaux pour être protégés par le droit d'auteur, l'action en concurrence déloyale reste un excellent moyen de sanctionner le piratage sans vergogne[7].

Les mêmes difficultés affectent les cartes géographiques ou encore les illustrations de type planches de dictionnaires, dont le but est de se conformer autant que faire se peut à la réalité, et qui présentent *de facto* entre elles de nombreuses ressemblances[8].

Il est donc normal que la jurisprudence se montre plus sévère vis-à-vis de publications où rien ne justifie de fortes similitudes entre les ouvrages : roman, poésie, théâtre...

Enfin, André Bertrand souligne à juste titre que si les mots courants peuvent être repris par tous sans difficultés particulières, il n'en est pas de même pour l'utilisation de noms de personnages ou de titres qui peuvent présenter en eux-mêmes une véritable originalité[9]. Ainsi l'adjonction du sous-titre *L'Impossible Histoire* ne permet-elle pas d'écarter la contrefaçon du titre principal, *Paris sur crime*[10].

1. Tribunal de grande instance de Paris, 21 mars 1997, *Légipresse*, juillet-août 1997, n° 143, I, 83.
2. Cour d'appel de Paris, 15 janvier 1990, *Dalloz*, 1990, Informations rapides, 68.
3. Cour d'appel de Paris, 21 février 1978, *Gazette du Palais*, tables 1977-1979, n° 91.
4. Cour d'appel de Paris, 22 janvier 1982, *Revue internationale du droit d'auteur*, juillet 1982, n° CXIII, p. 164. Cour d'appel de Paris, 4e chambre, 10 mars 2004 et 12 mars 2004, *Propriétés intellectuelles*, n° 12, juillet 2004, p. 778, observations André Lucas.
5. Voir « Les citations et analyses ». Cour d'appel de Paris, 14 février 1990, *Dalloz*, 1990, Informations rapides, 72.
6. Cour d'appel de Paris, 17 mai 1977, *Gazette du Palais*, 1977, I, 15.
7. Voir « L'action en concurrence déloyale ».
8. Cour d'appel d'Angers, 19 janvier 1904, *Annales de la propriété industrielle, artistique et littéraire*, 1904, 66.
9. Voir « Les titres ».
10. Cour d'appel de Paris, 27 septembre 1996, *Gazette du Palais*, 7-8 janvier 1998, p. 29.

Les biographies

Les biographies sont également souvent sujettes, pour les mêmes raisons, à contrefaçon[1].

La tentation est forte lorsqu'un biographe précédent a déjà effectué un important travail de recherches de se dispenser des mêmes efforts, voire de littéralement paraphraser des paragraphes entiers. Plusieurs affaires récentes, et parfois cocasses, en attestent.

Il est parfois difficile de distinguer entre ce qui relève inéluctablement des faits historiques, ce qui appartient au « fonds commun du genre » exigé par le personnage traité, et ce qu'un passionné saura dénicher et mettre en valeur dans un véritable processus d'auteur.

La Chambre criminelle de la Cour de cassation a posé clairement les termes du débat, dès le 16 juin 1955, à propos d'une biographie du ténor Caruso[2]. À cette occasion, les magistrats ont délimité ce qui ne pouvait faire l'objet d'une appropriation ou de la constitution d'un monopole scientifico-littéraire de la part d'un chercheur... cherchant surtout à interdire toute autre biographie sur « son » sujet.

Pour bénéficier d'une protection, la biographie doit être originale, au sens où l'entend le droit d'auteur: c'est-à-dire présenter une composition ou un style propres à celui qui l'écrit.

Les Plagiaires, le nouveau dictionnaire de Roland de Chaudenay[3] narre les mésaventures de Paul Guth qui publia *Moi, Ninon de Lenclos, courtisane en 1991*. Le livre fut promptement retiré de la vente après quelques échanges entre son éditeur et celui de Ninon de Lenclos, courtisane du Grand Siècle, paru en 1984, sous la plume de Roger Duchêne...

Quant aux informations brutes, même inédites, elles ne sont pas protégeables par le biais de la propriété littéraire et artistique. Mais il reste possible d'agir sur le terrain de la concurrence déloyale, et plus particulièrement en invoquant la notion de « parasitisme », celui-ci consistant à se dispenser d'un travail parfois très fastidieux et à s'inscrire dans le sillage d'un pionnier sans défricher le sentier par soi-même.

Les affaires les plus emblématiques de ces dernières années ne manquent pas d'ironie. Il en est ainsi du conflit ayant opposé Patrick Rödel à Alain Minc à propos de la vie de Spinoza. Le 28 novembre 2001, le tribunal de grande instance de Paris a plus qu'épinglé l'essayiste au profit de l'universitaire qui le poursuivait pour contrefaçon[4].

Les juges ont d'abord pris soin de souligner que, traditionnellement, « les idées sont de libre parcours » et qu'à ce titre nul ne pouvait reprocher à Alain Minc d'avoir rappelé, chronologiquement, les épisodes de la vie de l'illustre philosophe.

1. Tribunal civil de la Seine, 5 février 1954, *Gazette du Palais*, 1954, I, 182. Chambre criminelle de la Cour de cassation, 16 juin 1955, *Dalloz*, 1955, 554.
2. Chambre criminelle de la Cour de cassation, 16 juin 1955, précité.
3. Voir Bibliographie générale.
4. Tribunal de grande instance de Paris, 8 novembre 2000, *Propriétés intellectuelles*, n° 5, octobre 2002, p. 51, observations André Lucas.

Cependant, ils ont aussi détecté nombre d'anecdotes, recopiées avec les mêmes détails et surtout dans les mêmes termes qu'au sein de l'ouvrage de Patrick Rödel. Ce dernier avait en effet imaginé une correspondance mettant au jour un goût prononcé de Spinoza pour la confiture de rose, agrémenté d'une recette. Or cette facétie – qui s'inscrivait dans une biographie revendiquée clairement comme imaginaire – avait été reproduite, sans source idoine, dans l'ouvrage litigieux...

Relevons que la société éditrice a été condamnée avec sévérité ; car, selon le tribunal, « en tant que professionnel averti de l'édition, (elle) ne pouvait manquer sinon de vérifier, du moins de s'inquiéter auprès de son auteur de l'importance des emprunts faits, sans guillemets, à la biographie contrefaite, citée dans l'ouvrage incriminé. De plus, elle aurait dû tenir compte du fait que l'auteur de l'ouvrage litigieux, connu comme économiste, ne se posait nullement en philosophe spécialiste de Spinoza dont il entendait faire la biographie »...

Certains biographes à la chaîne finissent par confondre la vie de leur sujet et leur fourmillante documentation. Henry Troyat l'a appris à ses dépens après avoir été blanchi, au premier *round,* par le tribunal de grande instance de Paris, le 9 février 2000. La cour d'appel n'a pas lu son œuvre du même œil, et a sanctionné la contrefaçon, le 19 février 2003[1]. En l'occurrence, ce sont les choix identiques de citations d'extraits de lettres, de journaux identiques ainsi que de... citations inédites qui ont entraîné la condamnation du second biographe.

L'élément moral

La contrefaçon s'apprécie par les ressemblances et non par les différences[2]. Il faut donc trouver un nombre de points communs suffisamment important pour être en présence d'une contrefaçon. À ce titre, la contrefaçon peut donc être seulement très partielle[3].

L'éditeur doit cependant garder en mémoire les cas d'exceptions légales et jurisprudentielles qui permettent impunément certaines reproductions d'œuvres protégées[4].

La contrefaçon est un délit et requiert, à ce titre, la conscience du méfait. Il s'agit du fameux « élément moral » cher aux pénalistes. Ce serait, en l'occurrence, la conscience de commettre un acte répréhensible. Mais une véritable présomption de mauvaise foi semble exister dans les prétoires[5]. C'est à celui qui est accusé de démontrer qu'il n'avait pas l'intention de reproduire illicitement une œuvre protégée. Cette démonstration reste très difficile à faire[6]. Par exemple,

1. Cour d'appel de Paris, 19 février 2003, *Légipresse*, 2003, n° 202, I, p. 79.

2. Tribunal de grande instance de Paris, 25 janvier 1988, *Cahiers du droit d'auteur*, n° 9, 1988, p. 15. Tribunal de commerce de Paris, 9 juin 1993, *Revue du droit de la propriété intellectuelle*, décembre 1993. Cour d'appel de Paris, 14 avril 1992, *Gazette du Palais*, 19-20 octobre 1994, p. 11.

3. Première chambre civile de la Cour de cassation, 20 mai 1980, *Bulletin civil*, I, n° 154.

4. Voir « Les exceptions ».

5. Chambre criminelle de la Cour de cassation, 1er mai 1940, *Dalloz*, 1941, 1, 116. Chambre criminelle de la Cour de cassation, 25 mars 1957, *Revue internationale du droit d'auteur*, juillet 1958, n° XVIII, p. 189. Chambre criminelle de la Cour de cassation, 1er février 1912, *Gazette du Palais*, 1912, I, 438.

6. P. Bouzat, « La présomption de mauvaise foi en matière de contrefaçon de propriété littéraire et artistique », *Revue internationale du droit d'auteur*, juillet 1972, n° LXXIII, p. 171. Tribunal de grande instance de Paris, 21 mars 1986, *Dalloz*, 1987, Sommaires commentés, 157, observations Claude Colombet. « Présomption de titularité de droit d'auteur et présomption de mauvaise foi », *Dalloz affaires*, 7 mai 1998, n° 116, p. 806.

il a été jugé que l'éditeur, contractant innocemment avec un auteur pour un roman que celui-ci avait déjà cédé à un autre éditeur, ne pouvait prouver sa bonne foi qu'en produisant un contrat antérieur.

Contrairement aux juridictions pénales, les tribunaux civils ne s'attachent paradoxalement qu'à l'élément matériel de la contrefaçon. Ainsi, pour faciliter la preuve des actes contrefaisants, les magistrats considèrent que la bonne foi du contrefacteur est indifférente dans le procès civil[1].

Les juges considèrent en effet que les éditeurs sont des professionnels et qu'à ce titre ils sont tenus de veiller à tout: il leur faut donc établir des contrats en bonne et due forme, vérifier que le manuscrit n'est en rien diffamatoire, mais encore qu'il ne contient aucun plagiat... C'est sur ce dernier point que cette « logique » judiciaire entre en contradiction flagrante avec les limites du travail d'éditeur. Comme le relèvent les commentateurs spécialisés, il est facile de clamer que l'on ne savait pas; il est beaucoup plus difficile de prouver que l'on ne pouvait pas savoir...

Concrètement, la preuve de la mauvaise foi de l'éditeur n'est pas toujours nécessaire aux yeux des juges. Une telle preuve peut néanmoins alourdir le montant des dommages-intérêts... Les adversaires de l'éditeur peuvent, par exemple, arguer de la notoriété particulière de l'œuvre plagiée, des mises en garde adressées en vain, etc.

En matière de contrefaçon, les autres professionnels du livre peuvent être également poursuivis. À charge pour eux de se retourner en garantie contre leurs cocontractants qui ont commis l'impair... c'est-à-dire contre les éditeurs. Les magistrats sont cependant un peu plus enclins à admettre la bonne foi des libraires ou des imprimeurs que celle des éditeurs. En réalité, les juges se montrent d'autant plus sévères qu'ils ont affaire, la plupart du temps, à des professionnels de l'édition qui devraient s'avérer des plus avertis[2].

L'éditeur se retrouvera responsable des fautes de son auteur, à charge pour lui de se retourner en faisant jouer la clause de garantie[3].

Enfin, un éditeur ne pourra arguer que le public visé par sa contrefaçon n'était pas le même que celui de l'œuvre contrefaite; ce point importe peu en la matière, contrairement aux cas de concurrence déloyale[4].

La rhétorique judiciaire des plagiaires et des plagiés

Toutes catégories confondues, les rhétoriques juridiques que développent plagiaires et plagiés devant les tribunaux sont désormais bien rodées.

En pratique, les professionnels du droit – avocats et magistrats – s'aident tous d'un véritable tableau comparatif des deux œuvres en cause. C'est alors une fastidieuse quête des « points de contact », pour rendre hommage à la jolie formule du

1. Sur l'incohérence de cette ligne jurisprudentielle, voir: Pierre-Yves Gautier, « L'indifférence de la bonne foi dans le procès civil en contrefaçon », *Propriétés intellectuelles*, n° 3, avril 2002, p. 28.

2. Tribunal de grande instance de Paris, 19 mai 1987, *Cahiers du droit d'auteur*, 1988, n° 1, p. 15.

3. Voir «Modèle de contrat d'édition».

4. Voir «L'action en concurrence déloyale». Cour d'appel de Paris, 24 février 1949, *Gazette du Palais*, 1949, 2, 83.

professeur Pierre-Yves Gautier[1]. Les juges vont en effet chercher si le sujet choisi nécessite le recours à des situations ou des expressions communes. Il faudra également faire la part de ce qui appartient au fonds commun de la littérature. Le plagiaire va s'efforcer de souligner les différences fondamentales entre les deux traitements du sujet. Pour le reste – c'est-à-dire les ressemblances – il va d'abord recourir à la notion de fonds commun. Cette rhétorique conduit souvent à se réfugier sous la bienheureuse notion de hasard (la faute à pas de chance), qui défie les lois sur la propriété intellectuelle comme de la statistique, en vertu de laquelle les chances se mesurent à l'aune de plusieurs millions de probabilités.

Les armes du plagié sont alors simples. Si le sujet des ouvrages litigieux est assez convenu, le plagié va s'acharner à démontrer l'extrême originalité de sa vision.

Rabaisser littérairement le plagié reste encore une ruse qui n'a pas fait ses preuves. Calixthe Beyala a eu plusieurs fois l'occasion de resservir la même interrogation: est-ce que quelques lignes suffisent à faire une œuvre?

Plus élégante est la formule de Patrice Delbourg selon laquelle l'emprunt est forcément un hommage.

C'est encore la reprise inconsciente de souvenirs littéraires que va d'ailleurs invoquer le plagiaire. Il s'agit cependant là d'un exercice périlleux puisqu'il consiste implicitement à glorifier aux yeux des juges ce même plagié qui vous poursuit en justice...

L'appel à l'erreur légitime (oubli, bibliographie avalée par l'ordinateur, etc.) reste néanmoins une technique de défense sobre, mais souvent réductrice du montant des dommages-intérêts.

Le plagiat est aussi parfois évoqué comme un genre incontournable. Le plaideur citera alors opportunément Giraudoux, qui a déclaré que le plagiat est à la base de toute littérature.

Il est même apparu utile à certains – dont la main fut malencontreusement prise dans le sac – de hisser le plagiat au rang des beaux-arts. La référence aux grands écrivains plagiaires – tels que recensés dans l'indispensable dictionnaire des plagiaires de Roland de Chaudenay[2] – va contribuer non seulement à la défense du plagiaire mais également à sa thérapie et à son exercice d'autopromotion.

Le plagiaire va parfois en arriver à démontrer que le plagié a lui-même été plagiaire...

D'ailleurs, apparaissent enfin d'intéressantes mises en abîme lorsque le plagiaire ou le plagié vont intenter tous azimuts des procès en diffamation, dont l'enjeu va porter sur le bien-fondé ou l'issue du procès pour plagiat. Le plagiaire devient alors à son tour un redoutable procédurier. C'est ainsi que celui qui est accusé de « plagiat » en appelle parfois à la précision juridique. Les spécialistes du droit d'auteur lui préfèrent le terme de « contrefaçon ». Ils considèrent en effet

1. Voir Pierre-Yves Gautier, *Propriété littéraire et artistique,* 5e éd., PUF, 2004, n° 423 s.
2. Voir Bibliographie générale.

que le terme de « plagiat » *stricto sensu* devrait être réservé à l'exploitation suffisamment habile d'une œuvre pour ne pas être juridiquement répréhensible...

La contrefaçon et le multimédia

Le support multimédia n'altère en rien l'application des ressorts juridiques de la contrefaçon.

Encyclopædia Universalis a obtenu la condamnation de contrefacteurs qui reproduisaient ses cédéroms de façon quasi industrielle[1]. De même, la contrefaçon de photographies ou de logiciels sur un cédérom est inéluctablement sanctionnée[2].

Il existe également désormais une jurisprudence française bien établie portant sur Internet[3]. Il faut faire ici mention de la première décision française rendue en matière de contrefaçon de droit d'auteur sur Internet: il s'agit d'une désormais célèbre ordonnance de référé, en date du 14 août 1996, rendue par le tribunal de grande instance de Paris à propos de la « mise en ligne » de chansons de Jacques Brel et de Michel Sardou par l'École nationale supérieure des télécommunications[4]. Le président saisi de cette affaire a ainsi considéré que « toute reproduction, par numérisation, d'œuvres musicales protégées par le droit d'auteur et susceptibles d'êtres mises à disposition de personnes connectées au réseau Internet, doit être expressément autorisée par le titulaire ou le concessionnaire des droits ».

Cette précision a permis notamment de réfuter les arguments du défendeur qui plaidait n'avoir fait qu'une sorte de copie privée, entreposée sur cette partie de son domicile privé qu'est son « web » et qu'il n'était en rien responsable des visites que tout un chacun pouvait y faire[5]... Il est également intéressant de noter que le problème de la preuve de l'infraction commence à être réglé, cette dernière pouvant désormais être constatée par un huissier comme par un agent assermenté d'une organisation professionnelle dûment habilitée.

Le tribunal de grande instance de Paris a, par la suite, interdit la diffusion sur l'Internet de *Cent mille milliards de poèmes* de Queneau[6].

La contrefaçon de logiciels sur l'Internet, qui pouvaient y être téléchargés, a également été sanctionnée[7].

Des procès retentissants ont porté sur la cession des droits d'auteur de journalistes salariés et la « mise en ligne » de leurs œuvres[8].

1. Laurence Santantonios, « Universalis traque un pirate », *Livres Hebdo*, 3 juillet 1998, n° 300, p. 45.

2. Tribunal de grande instance de Paris, 29 avril 1998, inédit. Jugement du tribunal de grande instance d'Arras cité *in Expertises*, n° 210, décembre 1997, p. 375.

3. Tribunal de commerce de Nanterre, 27 janvier 1998, *Revue Lamy Droit des affaires*, mai 1998, n° 5, p. 27; « Contrefaçon d'une œuvre sur un site Internet », *Dalloz*, Informations rapides, p. 102.

4. Tribunal de grande instance de Paris, 14 août 1996, *Dalloz*, 1996, jurisprudence, p. 490, note Pierre-Yves Gautier.

5. Voir «Les copies privées».

6. Tribunal de grande instance de Paris, 5 mai 1997, *Expertises*, juin/juillet 1997, p. 242.

7. Tribunal de commerce de Paris, 3 mars 1997, cité par Hervé Mortin, « Un jugement "pédagogique" sanctionne une contrefaçon sur la Toile », *Le Monde*, 21 avril 1997, p. 24 et dans *Expertises*, mars 1997, p. 87. Lionel Thoumyre, « Le trouble des affaires Queneau », *Planète Internet*, septembre 1997, p. 34.

8. Tribunal de première instance de Bruxelles, 16 octobre 1996, *Légicom*, n° 14, 1997/2, p. 91.

En revanche, si Plon a choisi de ne pas attaquer la diffusion « en ligne » du *Grand Secret* du docteur Gubler, affaire qui n'est d'ailleurs pas liée à l'Internet, c'est parce que cela revenait à nier la liberté d'expression si fort proclamée face à la famille Mitterrand[1].

La loi du 21 juin 2004 sur la confiance dans l'économie numérique est venue expressément mentionner les cas de violation en ligne des droits de propriété littéraire et artistique[2].

Les jurisprudences étrangères, essentiellement américaines, confirment pleinement l'application des règles classiques de la contrefaçon au domaine du multimédia. Un juge de Virginie a ainsi considéré que la mise en ligne sur l'Internet, par un ancien adepte, de documents provenant de l'Église de scientologie, relevait non pas du *Fair Use*[3] mais bel et bien de la contrefaçon[4]. Dans « l'affaire *Playboy* », un kiosque électronique a été condamné pour avoir contrefait près de deux cents photographies issues du célèbre magazine[5]. Quelques rares décisions paraissent aller en sens inverse, mais relèvent en réalité d'erreurs de qualification de la part des poursuivants : par exemple, la qualification de vol n'a pas été retenue contre la « mise en ligne » de programmes de jeux[6], alors que des condamnations ont déjà été prononcées dans le même cas de figure mais sur le fondement de la contrefaçon[7].

La numérisation[8]

Le stockage sur un support numérique permet de pallier les difficultés classiques rencontrées dans la bonne conservation des documents. À ce titre, des bibliothèques et de nombreux centres de recherche et d'archivage ont entrepris de numériser leurs collections, indépendamment pour l'heure de toute diffusion auprès du public. En général, les établissements sont en effet conscients des obstacles juridiques à toute communication à partir d'un support numérique, qu'elle se fasse en ligne ou même sur une borne interactive installée sur place. Mais la jurisprudence semble par surcroît considérer que la simple numérisation est en elle-même un acte de contrefaçon.

Le premier argument en faveur de cette conception résulte des traités adoptés, le 20 décembre 1996, par la conférence diplomatique de l'Organisation mondiale de la propriété intellectuelle.

La grande innovation de ce texte ne consiste pas à rappeler que le droit international de la propriété littéraire et artistique s'applique au domaine du multimédia :

1. Voir les déclarations d'Olivier Orban, directeur de Plon, à *Livres Hebdo*, 2 février 1996, n° 190. Cour européenne des droits de l'homme, 18 mai 2004, *Légipresse*, 2004, n° 215, III, p. 173, note Emmanuel Derieux.
2. Voir « La saisie-contrefaçon ».
3. Voir « Les citations et analyses ».
4. *Religious Technology Center v. Arnaldo Pagliarina Lerna*, n° 95-1107-A E.D., *Virginia, Mealey's IP report* 1996, vol. 4, n° 9, p. 3.
5. *Playboy Enterprises Inc. v. George Frena*, 839 F. Supp. 1552, M.D., Florida, 1993.
6. *US v. La Macchia*, n° 94-10092-RGS, D Massachusetts, *Mealey's IP*, jan. 13, 1995, p. 8.
7. *Sega Enterprises Ltd. v. Maphia*, 857 F. Supp. 679, N.D., California, 1994.
8. Voir Emmanuel Pierrat, *Le Droit du livre, op. cit.*

il précise également que la simple numérisation comme le balayage optique sont considérés comme des actes de reproduction des œuvres.

Aucun autre texte international ou national ayant dépassé l'état de projet n'a pour l'heure adopté un tel point de vue.

Quant aux juridictions françaises, elles étaient restées assez imprécises sur la qualification juridique de la numérisation en tant que telle.

Il en était ainsi, par exemple, de la première décision française rendue en matière de contrefaçon de droits d'auteur sur Internet et précitée qu'était l'ordonnance de référé, rendue le 14 août 1996 par le président du tribunal de grande instance de Paris[1] et interdisant la mise en ligne de chansons de Jacques Brel et de Michel Sardou par l'École nationale supérieure des télécommunications. Cette décision sanctionnait la numérisation parce que celle-ci était directement liée à la diffusion, dont tous les observateurs attentifs reconnaissaient l'illégalité.

Tel n'est pas vraiment le cas de l'arrêt qu'a rendu, le 29 septembre 1999, la cour d'appel de Paris[2]. Les magistrats ont en effet estimé expressément que le simple stockage sous forme numérique d'une œuvre protégée constitue une reproduction qui nécessite l'autorisation des titulaires de droits.

Un tel avis, qui a été rendu par des magistrats habitués à traiter des questions de propriété littéraire et artistique, s'il était répété, pourrait mettre à mal la pratique déjà fort répandue de nombre d'acteurs de la conservation du patrimoine culturel.

Liens et métatags

Sur Internet, les « liens », qui permettent de glisser d'un site à un autre, constituent un formidable outil. Leur mise en place est cependant soumise à un régime juridique particulier.

Nombreuses sont les astuces technologiques qui permettent d'accroître, si ce n'est l'intérêt d'un contenu, tout au moins sa valeur. Les concepteurs de sites sont ainsi férus d'hypertextes, d'hyperliens, de « framing », d'« inling », de métatags et autres métabalises. L'édition, comme la librairie en ligne, n'échappent pas à cette surenchère. Mais toutes ces techniques sont désormais considérées, en droit, comme des actes nécessitant l'obtention d'autorisations.

Plusieurs fondements juridiques permettent d'agir contre la création de liens non autorisés.

La jurisprudence en appelle, en premier lieu, aux règles classiques de la propriété intellectuelle. Dès 1996, le *Shetland Times* a obtenu la condamnation pour contrefaçon du *Shetland News*, dont le site proposait, sans autorisation, de nombreux liens vers les articles en ligne de son concurrent[3]. Moins d'un an plus

1. Tribunal de grande instance de Paris, 14 août 1996, *Dalloz*, 1996, jurisprudence, p. 490, note Pierre-Yves Gautier.

2. Cour d'appel de Paris, 29 septembre 1999, *Dalloz*, 1999, p. 37.

3. *Shetland Times Ltd v. Dr. Jonathan Wills*, Court of Session: Outer House (1996) Outer House Cases, 24 oct. 1996, GRUR Int. 1998, p. 723-724, cité *in* Alain Strowel et Nicolas Ide, « La responsabilité des intermédiaires sur Internet: actualités et question des hyperliens », *Revue internationale du droit d'auteur*, octobre 2000, n° 186, p. 53.

tard, un autre procès retentissant a été lancé par *The Washington Post*[1]. Il s'est conclu par la signature d'un protocole d'accord très draconien pour le site Total News, qui s'était constitué, là encore, à coups de liens non autorisés.

La concurrence déloyale peut également être invoquée pour faire cesser un lien inopportun, parce qu'il se révélerait générateur de confusion ou révélateur de parasitisme. Il en sera jugé ainsi, par exemple, lorsqu'un site crée un lien avec les pages d'un organisme officiel ou d'une société, dont le parrainage est alors implicitement revendiqué aux yeux du public. La notion de publicité trompeuse peut aussi étayer des poursuites.

Quant à la publicité comparative que certains pourraient être tentés de mettre en œuvre à coups de liens, rappelons simplement que son régime juridique est aujourd'hui très encadré.

Les juges n'opèrent pas de distinction entre le lien simple, qui aboutit à la page d'accueil du site cité, et le lien en profondeur, qui mène directement aux pages visées.

Or, la création de liens en profondeur engendre des réclamations encore plus légitimes. Le créateur du site ciblé peut en effet invoquer cet attribut du droit moral qu'est le droit au respect de l'œuvre. Et ce, sans compter que les bandeaux publicitaires, qui sont encore pour beaucoup dans l'économie de la plupart des sites, figurent en général sur la page d'accueil et sont donc contournés par les liens en profondeur…

Le recours à des autorisations reste donc la politique la plus sûre. D'autant plus que la courtoisie d'une telle démarche entraîne souvent un réflexe de réciprocité de la part du site visé, qui proposera un lien en sens inverse.

De façon préventive, certains sites indiquent, à l'aide de logos explicites, s'ils autorisent ou non la création de liens.

Reste la forme que doivent prendre les demandes d'autorisations et les réponses qu'elles suscitent. En théorie, et dans l'attente d'une meilleure reconnaissance juridique de la signature électronique, l'envoi d'un courrier papier, doublé d'une signature manuscrite, est le procédé le moins contestable… Mais, en pratique, les liens les moins problématiques peuvent donner lieu à de simples échanges de courriers électroniques.

Ceux qui s'indignent de cette « judiciarisation » d'Internet et de ses possibilités sont les premiers à vouloir soudainement s'opposer à la création de liens non autorisés vers leurs sites, quand ils s'aperçoivent être la cible de sectes ou d'extrémistes…

Le « framing », qui consiste à apposer un nouveau cadre sur un site appartenant à un tiers, est déjà considéré comme illicite. Il en est de même du « inling », par lequel un contenu se retrouve inséré dans les pages d'un autre site. Et le vocabulaire des juges devrait continuer de s'enrichir au gré de l'imagination des concepteurs de sites.

Les propriétaires de sites Internet sont à peu près aguerris contre les risques judiciaires liés à l'utilisation d'un nom de domaine litigieux, en particulier s'il empiète trop sur une marque protégée. En revanche, ils se moquent ou ignorent

1. Voir Alain Strowel et Nicolas Ide, *ibid.*, p. 95.

purement et simplement le cas des « métatags » ou autres « balises méta », dont la jurisprudence française a commencé à se préoccuper dès 1997.

Le rythme des contentieux portant sur des «balises méta» plus que problématiques semble s'accélérer. Dans une décision rendue le 9 janvier 2000, le Conseil de la concurrence a défini les métatags comme « des codes informatiques » visant à « conférer à certains termes contenus dans les sites une marque distinctive permettant aux utilisateurs de retrouver ces sites en fonction des mots-clés sélectionnés pour leur recherche ». Or, le choix de ces balises cachées dans les pages du site est souvent laissé par le propriétaire dudit site à son responsable informatique, à son développeur, etc., qui ne se prive pas ou ne se soucie pas de faire référence à des termes protégés… par la concurrence.

Le 9 juillet 2002, le tribunal de grande instance de Paris donnait raison à la société AXA qui poursuivait la société Mesqual y Tequila pour avoir contrefait la marque AXA en guide de «balise méta» destinée à faciliter l'accès des internautes au site *croisières-libertines.com*… Selon les contrefacteurs, le terme AXA était supposé désigner les « Amateurs de films X Amateurs » et ne cherchait en rien à exploiter la notoriété de la marque AXA. Les magistrats se sont montrés plus sensibles au monde des assurances qu'à celui de la cinéphilie par tous et pour tous.

Le 20 octobre 2002, les mêmes juges ont examiné le conflit opposant deux sociétés qui commercialisent notamment des livrets pour orgues de barbarie. Ils ont relevé que « cet usage a incontestablement pour objet de conduire les internautes qui portent un intérêt aux orgues de barbarie et à leurs accessoires à consulter un site qu'ils n'auraient pas trouvé d'initiative, faute d'avoir connu la société Le Ludion. Ainsi cette dernière profite-t-elle de la renommée de la marque Odin pour se faire connaître et élargir sa clientèle. Un tel procédé est de nature à nuire aux titulaires de la marque en ce qu'il engendre un risque de confusion entre les deux entreprises. En effet, un consommateur normalement vigilant et informé est fondé à penser que le signe Odin, utilisé par une société qui commercialise des orgues de barbarie, l'est avec le consentement de son titulaire du fait d'accords commerciaux alors que tel n'est pas le cas ».

Et les magistrats de préciser que « la circonstance que le marché ne comporte qu'un faible nombre d'intervenants qui se connaissent ne permet pas d'exclure ce risque, même s'il peut être admis qu'il le réduise, car l'objectif publicitaire du site, bien que non exclusif, tend précisément à attirer une clientèle nouvelle, moins avertie que les acteurs habituels ».

Les attendus relatifs aux moyens de preuve et à l'évaluation du préjudice ne manquent pas d'enseignements: « M. Odin sollicite à titre de dommages-intérêts la somme de 16000 euros. Il fait valoir que les atteintes à la marque "Orgues Odin" ont duré pendant plus d'une année, que son site Internet est très visité et que les orgues de cette marque sont d'une valeur sensiblement supérieure à ceux de la défenderesse. Il doit être relevé que la société Le Ludion n'a pas, comme elle le soutient, fait supprimer totalement les références "Odin" sur les moteurs de recherche et sur son site dès la mise en demeure qui lui a été adressée par M. Odin. […] le demandeur verse en effet aux débats plusieurs résultats de recherche effectués sur les moteurs de recherche Alta Vista […], sur Francite, […] sur Google […], desquels il résulte que le nom de Odin renvoie prioritairement sur le site www.leludion.com ou même au journal *Le Canard de Barbarie* édité par la défenderesse, journal dont la brève présentation mentionne le signe Odin pour renvoyer sur le site de la société Le Ludion. Ces éléments sont confortés par un constat dressé [...] par l'Agence pour la protection des programmes qui met en évidence l'insertion de balises méta sur le site de la défenderesse. L'importance du préjudice doit néanmoins être relativisée au regard tout d'abord du fait que M. Odin, comme il le souligne lui-même, dispose d'un site qui est très consulté, sans doute en raison de sa notoriété dans son domaine de spécialité mais également parce qu'il lui a donné un nom générique "orgues de barbarie.com" qui, d'une manière parfaitement régulière lui permet d'attirer un plus large public que le site de son concurrent et en second lieu en raison de l'absence d'éléments démontrant une baisse de consultation ou une baisse de chiffre d'affaires pendant la période considérée. » En conséquence de quoi, ledit Odin s'est vu attribuer la somme de 8 000 euros ainsi que deux publications judiciaires.

Le 11 février 2003, le même tribunal dans une autre affaire, a estimé cette fois que la balise (et quelques autres agissements similaires) justifiait la condamnation au versement d'une somme de 600 000 euros de dommages-intérêts...

Les parades techniques

Il existe des parades techniques à la contrefaçon des œuvres quand elles sont numérisées : codage, tatouage et autres systèmes d'identification...

Les autorités internationales sont elles-mêmes extrêmement conscientes de la nécessité de coupler les interdictions toutes théoriques avec des dispositifs techniques. C'est ainsi que le traité de l'OMPI du 20 décembre 1996 sur le droit d'auteur dispose en son article 12 que les États doivent sanctionner les atteintes portées aux « informations relatives aux régimes des droits se présentant sous forme électronique[1] ». Et le texte du traité précise : « Dans le présent article, l'expression "information sur le régime des droits" s'entend des informations permettant d'identifier l'œuvre, l'auteur de l'œuvre, le titulaire de tout droit sur l'œuvre ou des informations sur les conditions et modalités d'utilisation. »

La CISAC (Confédération internationale des sociétés d'auteurs et compositeurs), qui compte 161 membres dans 87 pays, a également mis en place un programme début 1995 dont le but est le tatouage numérique des œuvres[2].

Ces possibilités de créer, par exemple, des numéros d'enregistrement sont déjà mises en œuvre : l'IDDN *(Inter Deposit Digital Number),* SPIDER ou encore DOI[3] sont des systèmes qui reposent sur un scellé virtuel, prenant la forme d'un fichier nanti d'une clé électronique avec numéro d'identification, nom de l'auteur, nom du titulaire des droits, conditions d'utilisation, etc. Il suffit de cliquer en un point précis indiqué pour faire apparaître ces données qui sont en théorie infalsifiables[4].

1. Voir le chapitre XIV « Le droit international ».
2. Louis Laborelli, « Tatouage des images et des sons », *Expertises*, décembre 1995, p. 428.
3. « *Expertises* a testé le référencement virtuel », *Expertises*, octobre 1997, p. 288. Daniel Garcia, « DOI : la norme électronique pour le commerce en ligne de demain », *Livres Hebdo*, n° 268, 7 novembre 1997.
4. Caroline Collard, « Vers l'empreinte digitale », *Écran total*, n° 175, 30 avril 1997, p. 20.

Enfin, certains prônent la « mise en ligne » d'images en basse définition, c'est-à-dire de très faible qualité. Un tel parti pris permet de donner un aperçu des images tout en dissuadant les pirates, rebutés par la médiocrité des reproductions. C'est oublier, pour l'éditeur responsable de cette déformation, qu'il attente ce faisant au droit au respect de l'œuvre[1].

L'action en contrefaçon

L'action en contrefaçon peut être intentée par les titulaires des droits sur l'œuvre contrefaite. Il s'agit généralement de l'éditeur[2], auquel l'auteur peut s'associer si son contrat prévoit une rémunération proportionnelle aux recettes. L'auteur pourra agir seul en justice si son droit moral est atteint par la contrefaçon[3]. Mais il devra se contenter de laisser son éditeur aller seul devant les tribunaux s'il a choisi d'être publié sous un pseudonyme ou anonymement. Quant à l'œuvre de collaboration[4], il est nécessaire que tous les coauteurs agissent de concert pour défendre leurs droits patrimoniaux, à moins que leurs contributions puissent être exploitées séparément; en revanche, il est possible à chacun d'agir sans les autres pour la défense des droits moraux[5].

L'importateur ne peut agir seul en contrefaçon[6]. Mais le licencié de droits dérivés peut apparemment assigner sans le concours de l'éditeur d'origine[7].

Les pouvoirs publics comme les syndicats autorisés ou les sociétés de gestion collective peuvent également intervenir sur la base de l'article L. 331-1 alinéa 2 du CPI, qui dispose que « les organismes de défense professionnelle régulièrement constitués ont qualité pour ester en justice pour la défense des intérêts dont ils ont statutairement la charge ». La SGDL intervient ainsi de façon sporadique.

La contrefaçon, à l'instar des délits de presse, peut être poursuivie devant les juridictions civiles comme devant les juridictions pénales (qui peuvent prononcer en l'occurrence des amendes mais aussi des peines de prison). L'article L. 335-2 alinéa 2 du CPI dispose que « la contrefaçon en France d'ouvrages publiés en France ou à l'étranger est punie de trois ans d'emprisonnement et de 300 000 euros d'amende ». Les peines encourues sont portées au double en cas de récidive et aggravées si l'infraction est commise en bande organisée.

1. Voir « Les droits moraux ».
2. Première chambre civile de la Cour de cassation, 17 mars 1982, *Revue trimestrielle de droit commercial*, 1982, 428, observations André Françon.
3. Cour d'appel de Paris, 19 février 1964, *Revue internationale du droit d'auteur*, octobre 1964, n° XXXXIII, p. 161. Cour d'appel de Paris, 23 novembre 1982, *Dalloz*, 1983, Informations rapides, 512, observations Claude Colombet.
4. Voir « Les œuvres de collaboration ».
5. Première chambre civile de la Cour de cassation, 4 octobre 1988, *Dalloz*, 1989, Sommaires commentés, 50, observations Claude Colombet.
6. Cour d'appel de Paris, 13 juillet 1982, *Dalloz*, 1985, Sommaires commentés, 11, observations Jean-Jacques Burst.
7. Tribunal de grande instance de Paris, 14 mai 1984, *Propriété industrielle – Bulletin documentaire*, 1984, III, 266. Cour d'appel de Paris, 23 mai 1995, *Gazette du Palais*, 15-16 mars 1996, p. 16. Première chambre civile de la Cour de cassation, 9 janvier 1996, *Annales de la propriété industrielle, artistique et littéraire*, n° 2, 1996, p. 108.

Les sanctions

Les articles L. 335-5 à L. 335-7 du CPI prévoient des sanctions particulières qui vont de « la fermeture totale ou partielle, définitive ou temporaire, pour une durée au plus de cinq ans, de l'établissement ayant servi à commettre l'infraction » à « la confiscation de tout ou partie des recettes procurées par l'infraction ainsi que celle de tous les phonogrammes, vidéogrammes, objets et exemplaires contrefaisants ou reproduits illicitement et du matériel spécialement installé en vue de la réalisation du délit ». Le tribunal « peut également ordonner, aux frais du condamné, l'affichage du jugement prononçant la condamnation dans les conditions et sous les peines prévues à l'article 131-35 du Nouveau Code pénal, ainsi que sa publication intégrale ou par extraits dans les journaux ou le service de communication au public en ligne qu'il désigne, sans que les frais de cette publication puissent excéder le montant maximal de l'amende encourue ».

Enfin, l'article L. 335-7 stipule que « dans les cas prévus aux cinq articles précédents, le matériel, les objets contrefaisants et les recettes ayant donné lieu à confiscation seront remis à la victime ou à ses ayants droit pour les indemniser de leur préjudice; le surplus de leur indemnité ou l'entière indemnité s'il n'y a eu aucune confiscation de matériel, d'objets contrefaisants ou de recettes, sera réglé par les voies ordinaires[1] ».

Les industries culturelles sont désormais affectées durement par l'expansion de la contrefaçon, qu'il s'agisse de la piraterie industrielle ou de l'échange « amical » de fichiers numériques. Plusieurs mesures ont été adoptées en 2004 notamment pour renforcer le régime de la contrefaçon et en particulier pour alourdir les sanctions applicables. Ces nouvelles dispositions sont issues d'une série de rencontres.

Le 27 mai 2004, le Comité national anti-contrefaçon, relancé par Nicole Fontaine, la ministre déléguée à l'Industrie de l'époque, rendait publiques ses recommandations législatives. Lesquelles étaient soulignées, dès le 6 juin, par le ministère de la Culture. Celui-ci organisait, avec la participation de Nicole Fontaine, une table ronde sur la contrefaçon en matière littéraire et artistique.

Cette rencontre interprofessionnelle s'inscrivait dans les engagements pris par le ministre de la Culture, Jean-Jacques Aillagon, auprès du Conseil supérieur de la propriété littéraire et artistique. L'alourdissement des sanctions répond notamment à la demande pressante de l'industrie musicale, qui attribue la chute des ventes de CD aux pirates en ligne. Au rang suivant des secteurs les plus touchés viennent les producteurs de films et les éditeurs de logiciels de loisirs. La contrefaçon, tous genres confondus, coûterait chaque année en France 30000 emplois. Elle pèserait, mondialement, 450 milliards d'euros. Les ministres ont par ailleurs annoncé qu'ils entendaient lancer des « campagnes d'information et de sensibilisation du public, notamment des jeunes ».

1. Chambre criminelle de la Cour de cassation, 19 avril 2005, *Dalloz*, 2005, p. 1416; observations Jeanne Daleau.

Une infraction de débit

Il existe, en matière de contrefaçon, une infraction de débit (autrement dit de vente ou de distribution), d'importation et d'exportation d'œuvres contrefaites. De même, quiconque est pris dans la chaîne d'exploitation sera susceptible d'être poursuivi, de l'imprimeur au libraire, à charge pour eux de se retourner contre les véritables coupables[1]. La bonne foi de tels « contrefacteurs » peut cependant être alors plus facilement démontrée[2].

Quant à l'action civile, elle permet d'obtenir des dommages-intérêts qui peuvent venir réparer aussi bien le trouble dû à la piètre qualité de la contrefaçon que les ventes manquées en tant que telles. Quand les chiffres exacts de la contrefaçon restent méconnus ou difficilement quantifiables (par exemple, dans un cas de plagiat ou d'une atteinte au droit moral), l'évaluation des indemnités se fait de façon forfaitaire.

L'action en référé

Une action en référé, c'est-à-dire une procédure très rapide, peut bien évidemment être intentée contre toute contrefaçon. Elle devra par la suite être prolongée par une action dite au fond. En réalité, les magistrats n'osent reconnaître une contrefaçon au stade du référé que dans les cas de reproduction pure et simple[3].

Saisi dans les situations d'urgence, le juge des référés, dont les pouvoirs sont extrêmement larges, est en théorie un juge « de l'évidence ». Il peut en effet ordonner « toutes les mesures qui ne se heurtent à aucune contestation sérieuse ou que justifie l'existence d'un différend ». Il a par surcroît la faculté, « même en présence d'une contestation sérieuse », de prescrire les « mesures conservatoires ou de remise en état qui s'imposent, soit pour prévenir un dommage imminent, soit pour faire cesser un trouble manifestement illicite ».

Les sanctions possibles vont alors de l'insertion de rectificatifs[4] jusqu'à l'interdiction pure et simple de l'ouvrage, en passant par l'arrachage de pages. Une condamnation imposant qu'un panonceau fût disposé sur tous les lieux de vente a même déjà été prononcée en référé[5].

En pratique, tout éditeur prendra également soin de répondre rapidement et point par point aux mises en demeure suffisamment argumentées, qui précèdent parfois une attaque en référé. L'existence d'un courrier adressé préventivement en recommandé par l'éditeur au demandeur permettra au juge des référés de constater plus aisément une « contestation sérieuse », ne pouvant être valablement examinée qu'au fond. La qualité d'auteur relève par exemple du juge du fond[6]. Le juge du référé se déclarera donc incompétent et renverra les parties à

1. Tribunal de grande instance de Paris, 21 février 1975, *Revue internationale du droit d'auteur*, juillet 1976, n° LXXXIX, p. 144.
2. Chambre commerciale de la Cour de cassation, 13 mai 1969, *Bulletin*, IV, 1969, 165.
3. Emmanuel Pierrat, « Le référé-interdiction : prévention et suspension de l'exécution », *Livres Hebdo*, n° 293, 15 mai 1998, p. 48.
4. Tribunal de grande instance de Paris, 14 juin 1993, inédit.
5. Tribunal de grande instance de Paris, 9 septembre 1996, *Légipresse*, n° 137, I, décembre 1996, p. 152.
6. Cour d'appel de Paris, 19 octobre 1987, *Cahiers du droit d'auteur*, n° 4, 1988, p. 19.

mieux se pourvoir, par le biais d'une procédure beaucoup plus longue, qui laissera à l'éditeur le temps d'exploiter pleinement sa nouveauté.

Enfin, il ne faut pas oublier que pénalement la contrefaçon est prescrite en trois ans et civilement en dix ans. Le délai de prescription commence à courir à la fin de la commercialisation du dernier exemplaire contrefait[1]. Le droit moral est lui, rappelons-le, imprescriptible[2].

La saisie-contrefaçon

Il existe divers moyens d'apporter la preuve d'une contrefaçon. Il est possible de faire simplement constater l'infraction. Entre autres, l'article L. 331-2 du CPI prévoit :

> « Outre les procès-verbaux des officiers ou agents de police judiciaire, la preuve de la matérialité de toute infraction aux dispositions des livres Ier, II et III [...] peut résulter des constatations d'agents assermentés, désignés selon les cas par le Centre national de la cinématographie, par les organismes professionnels d'auteurs et par les sociétés mentionnées au titre II du présent livre. Ces agents sont agréés par le ministre chargé de la Culture dans les conditions prévues par un décret en Conseil d'État. »

Le décret en question est celui du 22 mars 1958, qui désigne notamment la SGDL comme apte à intervenir.

Mais la meilleure preuve reste un exemplaire contrefait. Pour ce faire, une procédure particulière appelée saisie-contrefaçon a été mise en place dans la loi[3]. Cette technique permet également de faire cesser rapidement des activités de contrefaçon. Son utilisation demeure cependant controversée dans certains cas, tels que ceux où sont en cause les atteintes au seul droit moral de l'auteur[4]. La jurisprudence semble cependant admettre de plus en plus la notion de contrefaçon pour des atteintes au respect du nom ou de l'œuvre[5].

L'article L. 332-1 du CPI dispose :

> « Les commissaires de police et, dans les lieux où il n'y a pas de commissaire de police, les juges d'instance, sont tenus, à la demande de tout auteur d'une œuvre protégée par le livre Ier, de ses ayants droit ou de ses ayants cause, de saisir les exemplaires constituant une reproduction illicite de cette œuvre.

1. Chambre criminelle de la Cour de cassation, 5 décembre 1895, *Annales de la propriété industrielle, artistique et littéraire*, 1896.
2. Voir « Caractères des droits moraux ».
3. E. F. Rocchicioli, « La saisie-contrefaçon, institution juridique autonome », *Revue internationale du droit d'auteur*, octobre 1965, n° XXXXVII, p. 79 et janvier 1966, n° XXXXVIII, p. 53. Benoît Nicod, « La saisie de certains titres de propriété intellectuelle », *Les Annonces de la Seine*, n° 39, 2 juin 1997, p. 1.
4. Cour d'appel de Paris, 19 février 1964, *Revue internationale du droit d'auteur*, octobre 1964, n° XXXXIII, p. 161. Cour d'appel de Paris, 23 novembre 1982, *Dalloz*, 1983, Informations rapides, 512, observations Claude Colombet.
5. Chambre criminelle de la Cour de cassation, 6 juin 1991, *Bulletin criminel*, n° 240. Cour d'appel de Paris, 19 février 1964, *Revue internationale du droit d'auteur*, octobre 1964, n° XXXXIII, p. 161. Cour d'appel de Paris, 23 novembre 1982, *Dalloz*, 1983, Informations rapides, 512, observations Claude Colombet.

« Si la saisie doit avoir pour effet de retarder ou de suspendre des représentations ou des exécutions publiques en cours ou déjà annoncées, une autorisation spéciale doit être obtenue du président du tribunal de grande instance, par ordonnance rendue sur requête. Le président du tribunal de grande instance peut également, dans la même forme, ordonner :

« 1° La suspension de toute fabrication en cours tendant à la reproduction illicite d'une œuvre ;

« 2° La saisie, quels que soient le jour et l'heure, des exemplaires constituant une reproduction illicite de l'œuvre, déjà fabriqués ou en cours de fabrication, des recettes réalisées, ainsi que des exemplaires illicitement utilisés ;

« 3° La saisie des recettes provenant de toute reproduction, représentation ou diffusion, par quelque moyen que ce soit, d'une œuvre de l'esprit, effectuée en violation des droits de l'auteur.

« 4° La suspension par tout moyen du contenu d'un service de communication au public en ligne portant atteinte à l'un des droits de l'auteur, y compris en ordonnant de cesser de stocker le contenu ou, à défaut, de cesser d'en permettre l'accès. Dans ce cas, le délai prévu à l'article L. 332-2 est réduit à quinze jours. [...]

« Le président du tribunal de grande instance peut, dans les ordonnances prévues ci-dessus, ordonner la constitution préalable par le saisissant d'un cautionnement convenable. »

Par la suite, le poursuivant a l'obligation légale d'agir « au fond » ; à défaut, la mainlevée de la saisie peut être ordonnée.

L'article L. 332-2 prévoit à son tour que le saisi peut demander la reprise de la fabrication dans les trente jours suivant la saisie-contrefaçon ainsi que la levée de celle-ci. Le président peut alors également lui demander de consigner une certaine somme et même d'apporter une caution bancaire[1].

Une loi du 5 février 1994[2] a ajouté trois nouveaux articles au CPI, qui portent les numéros L. 335-10 (droit d'auteur), L. 521-7 (dessins et modèles) et L. 716-8 (marques). Ils étendent les moyens d'action des douanes en matière de contrefaçon, en leur permettant de retenir les marchandises contrefaisantes sur la base d'une simple demande écrite du titulaire des droits en France.

1. Cour d'appel de Paris, 23 mars 1978, *Revue internationale du droit d'auteur*, juillet 1979, n° LXXXXVII, p. 127.

2. Cette loi a été suivie d'un décret n° 94-836 en date du 27 septembre 1994, *Dalloz*, 1994, p. 516. Emmanuel Arnaud, « Sur l'application en France de la réglementation CEE visant à retenir aux frontières du territoire européen les marchandises contrefaisantes », *Gazette du Palais*, 13-14 juillet 1994, p. 5. Christine Vilmart, « La répression de la contrefaçon, les nouveaux moyens juridiques de protection des droits de propriété intellectuelle en France et dans la Communauté européenne », *Gazette du Palais*, 16-17 septembre 1994, p. 2. Maurice Joubert, « Contrefaçon : les pouvoirs de douanes », *Le MOCI*, n° 1273, 20 février 1997.

L'action en concurrence déloyale

L'action en concurrence déloyale permet dans certains cas, et de plus en plus fréquemment, de pallier l'absence de protection par la propriété littéraire et artistique[1].

Elle est souvent intentée quand le manque d'originalité et donc de protection par le droit d'auteur empêche une action en contrefaçon. Une telle action peut être, par exemple, envisagée pour défendre des apports intellectuels souvent plus proches d'une simple idée ou d'un long travail de recherche et de compilation que d'une œuvre littéraire et artistique en bonne et due forme[2].

La concurrence déloyale est une notion élaborée par les juridictions sur le fondement des articles 1382 et 1383 du Code civil. Trois éléments sont nécessaires pour qu'une juridiction retienne la qualification de concurrence déloyale: une faute, un préjudice et un lien entre cette faute et ce préjudice.

En matière d'édition, la faute peut consister en deux types bien distincts d'agissements: le risque de confusion et le parasitisme.

Il y a risque de confusion lorsqu'on s'efforce de copier un concurrent afin de tromper le public non averti. Ainsi, celui qui imite une couverture de collection peut-il être poursuivi pour confusion dans l'esprit de la clientèle. Et le risque de confusion s'apprécie toujours par rapport à un consommateur moyen. Il ne faut donc pas considérer que des différences grossières aux yeux de spécialistes puissent exclure une condamnation.

Mais certaines similitudes sont imposées par le type de produit et les techniques utilisées. Elles dépendent aussi parfois de la mode. Par exemple, la vogue des guides touristiques d'un genre nouveau ne doit pas permettre à un éditeur de se réserver un marché par le biais du droit. Il en est de même pour ce qui concerne la présentation des cahiers de vacances, qui peut être imposée par les programmes scolaires; en particulier lorsque l'éditeur prend soin de ne pas entretenir de confusion avec ses concurrents en faisant distinctement apparaître son nom[3].

Les agissements parasitaires sont des cas de pillage dont les instigateurs ne cherchent pas, pour autant, à entretenir de confusion aux yeux du public. Il s'agit en réalité pour le pilleur de faire économie de temps ou d'argent. Ce pillage peut s'exercer aussi bien sur des illustrations que sur une composition typographique (par le biais du *reprint*) ou encore sur une série d'exemples servant à soutenir une argumentation[4]. Le « parasite » cherche à se dispenser d'un effort et à s'inscrire dans le sillage d'un concurrent. On a ainsi coutume de dire qu'il moissonne là où il n'a pas semé.

1. Voir « Les créations des éditeurs ».
2. Première chambre civile de la Cour de cassation, 13 avril 1988, *Bulletin civil,* I, n° 96. Sandrine Roubin-Devriendt, « Des interactions entre concurrence déloyale et contrefaçon: cumul et points de jonction », *Les Petites Affiches*, n° 3, 6 janvier 1997, p. 4.
3. Cour d'appel de Paris, 9 novembre 1988, *Dalloz*, 1989, Informations rapides, 294.
4. Cour d'appel de Paris, 11 février 1987, *Dalloz*, 1987, Informations rapides, 55.

Dans « l'affaire *Maxidico* », les juges du tribunal de commerce de Paris ont ainsi estimé qu'« en vendant l'édition 1997 du *Maxidico* au prix de 99 francs affiché sur la première de couverture, les défenderesses ont délibérément voulu tirer un avantage commercial de la contrefaçon du *Petit Larousse illustré*, qu'elles ont frauduleusement détourné des parts de marché à leur profit, qu'elles se sont ainsi rendues coupables de parasitisme[1] ».

Pour ce qui concerne deux répertoires de cartes postales, il a été jugé que les informations contenues étaient du domaine public, et que la méthode de classement utilisée relevait des idées (qui ne sont jamais protégées en tant que telles par le droit d'auteur[2]). En revanche, la reproduction d'une sélection de cartes avec les mêmes erreurs relevait de la concurrence déloyale. La sélection en elle-même n'était pas visée, mais les erreurs communes prouvaient que le second auteur avait fait peu d'efforts et s'était contenté de parasiter le travail de son prédécesseur.

Les juges se montrent de plus en plus sévères pour ce qui concerne les recueils d'informations, car ils sont conscients des investissements économiques réalisés. La transposition en droit français de la directive sur les bases de données ne peut que leur donner raison[3].

La frontière est souvent difficile à établir entre utilisation d'une œuvre appartenant au domaine public et concurrence déloyale. « L'affaire Didot-Bottin[4] » a permis, il y a déjà longtemps, de juger que « les noms, les adresses et les divers renseignements dont se compose un annuaire tel que celui de la société Didot-Bottin sont de notoriété courante et appartiennent [...] au domaine public ». Nathalie Mallet-Poujol[5] cite parmi les domaines considérés comme appartenant au domaine public « les adresses de laboratoires, l'indication du nombre de population au début du siècle, la composition d'équipes de football, des renseignements administratifs (listes d'établissements publics ou formalités) ».

La concurrence déloyale ne peut être invoquée, en plus de la contrefaçon, que si des actes spécifiques et distincts de la contrefaçon existent. Ainsi, il est possible d'attaquer pour contrefaçon du titre et, parallèlement, pour parasitisme des informations contenues. En revanche, l'absence de référence à un ouvrage contrefait dans la bibliographie est un acte de concurrence déloyale en tant que tel[6].

1. Tribunal de commerce de Paris, 5 janvier 1997, inédit. Christine Ferrand, « Le dictionnaire *Maxidico* est une contrefaçon », *Livres Hebdo*, n° 275, 9 janvier 1998, p. 47.
2. Voir « La création de forme et l'exclusion des idées ».
3. Voir « Les bases de données ».
4. Cour d'appel de Paris, 18 décembre 1924, *Dalloz*, 1925, Jurisprudence, p. 30.
5. Nathalie Mallet-Poujol, « Appropriation de l'information : l'éternelle chimère », *Dalloz*, 1997, Chronique, p. 330.
6. Tribunal de grande instance de Paris, 25 janvier 1988, *Cahiers du droit d'auteur*, 1988, n° 9, p. 15.

Adresses utiles

ADAGP (Société des auteurs dans les arts graphiques et plastiques)
11, rue Berryer, 75008 Paris
Tél. : 01 43 59 09 79 ; Fax : 01 45 63 44 89 ; www.adagp.fr

AGESSA (Association pour la gestion de la sécurité sociale des auteurs)
21 *bis*, rue de Bruxelles, 75009 Paris
Tél. : 01 48 78 25 00 ; Fax : 01 48 78 60 00 ; www.agessa.org

BnF (Bibliothèque nationale de France), Bibliographie nationale française, Département du dépôt légal
Quai François-Mauriac, 75706 Paris Cedex 13
Tél. : 01 53 79 59 28 ; Fax : 01 53 79 45 60 ; www.bnf.fr

CADA (Commission d'accès aux documents administratifs)
35, rue Saint-Dominique, 75700 Paris 07 SP
Tél. : 01 42 75 79 99 ; Fax : 01 42 75 80 70 ; www.cada.fr

CFC (Centre français d'exploitation du droit de copie)
20, rue des Grands-Augustins, 75006 Paris
Tél. : 01 44 07 47 70 ; Fax : 01 46 34 67 19 ; www.cfcopies.com

CISAC (Confédération internationale des sociétés d'auteurs et compositeurs)
20-26, boulevard du Parc, 92200 Neuilly-sur-Seine
Tél. : 01 55 62 08 50 ; Fax : 01 55 62 08 60 ; www.cisac.org

CNC (Centre national de la cinématographie)
12, rue de Lübeck, 75784 Paris Cedex 16
Tél. : 01 44 34 34 40 ; Fax : 01 44 34 34 55 ; www.cnc.fr
www.cnc.fr/RPCAInternet (Registre public de la cinématographie et de l'audio-visuel accessible en ligne)

CNL (Centre national du livre)
53, rue de Verneuil, 75343 Paris Cedex 07
Tél. : 01 49 54 68 68 ; Fax : 01 45 49 10 21 ; www.centrenationaldulivre.fr

COSE-CALCRE
BP 10016
94404 Vitry Cedex
www.cosecalcre.com ; www.calcre.com

DAF (Direction des Archives de France)
56, rue des Francs-Bourgeois, 75141 Paris Cedex 03
Tél. : 01 40 27 60 00 ; Fax : 01 40 27 66 06 ; www.archivesdefrance.culture.gouv.fr

INPI (Institut national de la propriété industrielle)
26 *bis*, rue de Saint-Pétersbourg, 75800 Paris Cedex 08
Tél. : 01 53 04 53 04 ; Fax : 01 42 93 59 30 ; www.inpi.fr

La Maison des artistes
11, rue Berryer, 75008 Paris
Tél. : 01 45 63 28 99 ; Fax : 01 42 25 10 93 ; www.maisondesartistes.fr

Livres Hebdo
35, rue Grégoire-de-Tours, 75006 Paris
Tél. : 01 44 41 28 00 ; Fax : 01 43 29 77 85 ; 3615 ELECTRE ; www.electre.com

OMC (Organisation mondiale du commerce)
Centre William-Rappard, rue de Lausanne
CH-1211, Genève 21, SUISSE
Tél. : +41 22 739 51 11 ; Fax : + 41 22 731 42 06 ; www.wto.int

OMPI (Organisation mondiale de la propriété intellectuelle)
34, chemin des Colombettes
P.O. bos 18, CH-1211, Genève, SUISSE
Tél. : + 41 22 338 91 11 ; Fax : + 41 22 733 54 28 ; www.ompi.int

SACD (Société des auteurs et compositeurs dramatiques)
11 *bis*, rue Ballu, 75442 Paris Cedex 09
Tél. : 01 40 23 44 44 ; Fax : 01 45 26 74 28 ; www.sacd.fr

SACEM (Société des auteurs compositeurs et éditeurs de musique)
225, avenue Charles-de-Gaulle
92528 Neuilly-sur-Seine Cedex
Tél. : 01 47 15 47 15 ; Fax : 01 47 15 47 16 ; www.sacem.fr

SCAM (Société civile des auteurs multimédia)
5, avenue Vélasquez, 75008 Paris
Tél. : 01 56 69 58 58 ; Fax : 01 56 69 58 59 ; www.scam.fr

SCELF (Société civile de l'édition littéraire française)
9, rue Bleue, 75009 Paris
Tél. : 01 53 34 97 10 ; Fax : 01 53 34 90 12 ; E-mail : scelf@wanadoo.fr

SGDL (Société des gens de lettres)
Hôtel de Massa, 38, rue du Faubourg-Saint-Jacques, 75014 Paris
Tél. : 01 53 10 12 00 ; Fax : 01 53 10 12 12 ; www.sgdl.org

SNADI (Syndicat national des auteurs et diffuseurs d'images)
55, rue Vaugirard, 75006 Paris
E-mail : snadi@wanadoo.fr ; www.prefigurations.com/snadi.htm

SNE (Syndicat national de l'édition)
115, boulevard Saint-Germain, 75006 Paris
Tél. : 01 44 41 40 50 ; Fax : 01 44 41 40 77 ; www.sne.fr

SOFIA (Société française des intérêts des auteurs de l'écrit)
Hôtel de Massa, 38, rue du Faubourg-Saint-Jacques, 75014 Paris
Tél. : 01 44 07 15 65 ; Fax : 01 44 07 17 88 ; www.la-sofia.org

Bibliographie générale

Certains ouvrages spécialisés dans un domaine précis sont mentionnés en notes de bas de page au fil de l'ouvrage.

L'ABC du droit d'auteur, Unesco, 1985.

Jean-Marie Auby, Robert Ducos-Ader, *Droit de l'information*, Dalloz, 1982.

Hervé Bastien, *Droit des archives*, La Documentation française, 1996.

Gilles Bauche, *Tout savoir sur Internet*, Arléa, 1996.

Alain Berenboom, *Le Nouveau Droit d'auteur et les droits voisins*, Larcier, 3e édition, 2005.

Jean-Louis Bernelas, Sylvie Buchalet, *Les Droits d'auteur – Approche juridique et étude fiscale*, Economica, 1986.

André Bertrand, *Le Droit d'auteur et les droits voisins*, Dalloz, 1999, 2e édition.

André Bertrand, *Droit des marques 2005-2006,* Dalloz, coll. Dalloz Action, 2005.

Henri Blin, Jean Boinet, Albert Chavanne et Roland Drago, *Droit de la presse*, Litec, 1997.

Lionel Bochurberg, *Le Droit de citation*, Masson, 1994.

Georges Bonet (sous la direction de), annotations de jurisprudence et de bibliographie par Pierre Sirinelli, Frédéric Pollaud-Dulian et Sylviane Durrande, et avec le concours de Jeanne Daleau, *Code de la propriété intellectuelle*, Dalloz, 2005, 5e édition.

Jacques Bourdon, Jean-Marie Pontier et Jean-Claude Ricci, *Le Droit de la culture*, Dalloz, 2e édition, 1996.

Christophe Caron, *Abus de droit et droit d'auteur*, IRPI-Litec, 1998.

Jean Chatelain, Françoise Chatelain, *Œuvres d'art et objets de collection en droit français*, Berger-Levrault, 1990.

Jean Chatelain, *Droit et administration des musées*, La Documentation française, 1993.

Roland de Chaudenay, *Les Plagiaires, le nouveau dictionnaire*, Perrin, 2001.

Albert Chavanne, Jean-Jacques Burst, *Droit de la propriété industrielle*, Dalloz, coll. Précis, 1998, 5e édition.

Stéphanie Choisy, *Le Domaine public en droit d'auteur*, IRPI-Litec, 2002.

Pierre Citron, *Giono 1895-1970*, Le Seuil, 1990.

Code de la propriété intellectuelle, Partie législative, *Journal officiel*, 1992.

Denis Cohen, *Le Droit des dessins et modèles*, Economica, 2004, 2e édition.

Claude Colombet, *Propriété littéraire et artistique et droits voisins*, Dalloz, coll. Précis, 1999, 9e édition.

Commission de coordination de la documentation administrative, *Éditer une publication*, La Documentation française, 1994.

Emmanuel Derieux, *Droit de la communication*, LGDJ, 1999, 3e édition.

Emmanuel Derieux, *Droit des médias*, Dalloz, coll. Connaissance du droit, 2005, 3e édition.

Henri Desbois, *Le Droit d'auteur en France*, Dalloz, 1978, 3e édition.

Henri Desbois, André Françon et André Kerever, *Les Conventions internationales du droit d'auteur et des droits voisins*, Dalloz, 1976.

Droit d'auteur et bande dessinée, colloque organisé par le Centre belge de la bande dessinée avec la collaboration de Me Benoît Van Asbroeck, Bruylant/LGDJ, 1997.

Roland Dumas, *La Propriété littéraire et artistique*, PUF, 1987.

Pierre-Yves Gautier, *Propriété littéraire et artistique*, PUF, coll. Droit fondamental, 2004, 5e édition.

Christian Gavalda, Nathalie Piaskowski et Gaëlle Simon, *Droit de l'audiovisuel (cinéma; télévision; vidéo; multimédia)*, Lamy, 1995.

Ysolde Gendreau, *La Protection des photographies en droit d'auteur français, américain, britannique et canadien*, LGDJ, 1994.

Pierre Greffe, François Greffe, *La Publicité et la loi*, Litec, 2004, 10e édition.

Olivier Hance, Suzan Dionne-Balz, *Business et droit*, Best Of Éditions, 1996.

Pierre Huet (sous la direction de), H. Maisl, J. Huet, A. Lucas, *Le Droit du multimédia (de la télématique à Internet)*, Les éditions du Téléphone, 1996.

Christine Hugon, *Le Régime juridique de l'œuvre audiovisuelle*, Litec, 1993.

IRPI, *La Fiscalité de la propriété industrielle*, Librairies techniques, 1989.

IRPI, *L'Avenir de la propriété intellectuelle*, Librairies techniques, 1993.

Xavier Linant de Bellefonds, *Droits d'auteur et droits voisins*, Dalloz, coll. Cours, 2004, 2e édition.

Monique Linglet (sous la direction de), *Expertises pour l'an 2000*, Éditions des Parques, 1996.

André et Henri-Jacques Lucas, *Traité de la propriété littéraire et artistique*, Litec, 2e éd., 2001.

Jean-Philippe Mikus, *Droit de l'édition et du commerce du livre*, Les éditions Thémis/Université de Montréal, Faculté de droit, Centre de recherche en droit public, 1996.

Mission interministérielle sur l'Internet présidée par Isabelle Falque-Pierrotin, *Internet enjeux juridiques*, La Documentation française, 1996.

Henry Muller, *Trois pas en arrière*, La Table Ronde, coll. Petite Vermillon, 2002.

Laurier Yvon Ngombe, *Le Droit d'auteur en Afrique*, L'Harmattan, 2004.

Emmanuel Pierrat, *Le Droit du livre*, Éditions du Cercle de la Librairie, 2001 et 2005.

Emmanuel Pierrat, *Le Droit de l'édition appliqué I*, Éditions du Cercle de la Librairie-Cecofop, 2000.

Emmanuel Pierrat, *Le Droit de l'édition appliqué II*, Éditions du Cercle de la Librairie-Cecofop, 2003.

Florence-Marie Piriou, *Vous écrivez ? Quels sont vos droits ?*, Dixit, 2003.

Frédéric Pollaud-Dulian, *Le Droit d'auteur*, Economica, 2004.

Frédéric Proal, *La Responsabilité du fournisseur d'information en réseau*, Presses universitaires d'Aix-Marseille, 1998.

Pierre Reboul, Dominique Xardel, *Le Commerce électronique*, Eyrolles, 1997.

Frédérique de Ridder, *Droits d'auteur, droits voisins dans l'audiovisuel (les sociétés de perception et de répartition)*, Dixit, 1994.

Philippe Schuwer, *L'Édition internationale, coéditions et coproductions, nouvelles pratiques et stratégies*, Éditions du Cercle de la Librairie, 1991.

Philippe Schuwer, *Traité pratique d'édition*, Éditions du Cercle de la Librairie, 3e édition, 2002.

Marie Serna, *L'Image des personnes physiques et des biens*, Economica, 1997.

Pierre Sirinelli, *Propriété littéraire et artistique et droits voisins*, Dalloz, coll. Mémentos, 2004, 2e édition.

Pierre Sirinelli (rapport de la commission présidée par), *Industries culturelles et nouvelles techniques*, ministère de la Culture et de la Francophonie, 1994.

Xavier Strubel, *La Protection des œuvres scientifiques en droit d'auteur français*, CNRS Droit, 1997.

Dorothy Viljoen, *Les Clés de la négociation des contrats de coproduction audiovisuelle*, Les éditions du Conseil de l'Europe, 1994.

Michel Vivant et Jean-Louis Bilon, *Code de la propriété intellectuelle*, LexisNexis Litec, 2004, 8e édition.

Extraits du Code de la propriété intellectuelle

Depuis le 1er juillet 1992 la France s'est dotée d'un Code de la propriété intellectuelle. Issu des travaux de la Commission supérieure de la codification, ce nouveau code constitue essentiellement une compilation des textes préexistants, et en particulier de la loi du 11 mars 1957 et de la loi du 3 juillet 1985 sur la propriété littéraire et artistique (seuls l'ordonnancement des articles et certains intitulés ont été modifiés). Depuis son entrée en vigueur, il a été modifié à plusieurs reprises.

On trouvera donc ici tous et seulement les articles des parties législative et réglementaire du code, qui peuvent concerner, directement ou indirectement, les professionnels du livre.

Partie législative

Livre premier: Le droit d'auteur

Titre premier: Objet du droit d'auteur

Chapitre premier: Nature du droit d'auteur

Article L. 111-1:

L'auteur d'une œuvre de l'esprit jouit sur cette œuvre, du seul fait de sa création, d'un droit de propriété incorporelle, exclusif et opposable à tous.

Ce droit comporte des attributs d'ordre intellectuel et moral ainsi que des attributs d'ordre patrimonial, qui sont déterminés par les livres I et III du présent code.

L'existence ou la conclusion d'un contrat de louage d'ouvrage ou de service par l'auteur d'une œuvre de l'esprit n'emporte aucune dérogation à la jouissance du droit reconnu par l'alinéa 1er.

Article L. 111-2:

L'œuvre est réputée créée, indépendamment de toute divulgation publique, du seul fait de la réalisation, même inachevée, de la conception de l'auteur.

Article L. 111-3:

La propriété incorporelle définie à l'article L. 111-1 est indépendante de la propriété de l'objet matériel.

L'acquéreur de cet objet n'est investi, du fait de cette acquisition, d'aucun des droits prévus par le présent code, sauf dans les cas prévus par les dispositions des deuxième et troisième alinéas de l'article L. 123-4. Ces droits subsistent en la personne de l'auteur ou de ses ayants droit qui, pourtant, ne pourront exiger du propriétaire de l'objet matériel la mise à leur disposition de cet objet pour l'exercice desdits droits. Néanmoins, en cas d'abus notoire du propriétaire empêchant l'exercice du droit de divulgation, le tribunal de grande instance peut prendre toute mesure appropriée, conformément aux dispositions de l'article L. 121-3.

Article L. 111-4:

Sous réserve des dispositions des conventions internationales auxquelles la France est partie, dans le cas où, après consultation du ministre des Affaires étrangères, il est constaté qu'un État n'assure pas aux œuvres divulguées pour la première fois en France sous quelque forme que ce soit une protection suffisante et efficace, les œuvres divulguées pour la première fois sur le territoire de cet État ne bénéficient pas de la protection reconnue en matière de droit d'auteur par la législation française.

Toutefois, aucune atteinte ne peut être portée à l'intégrité ni à la paternité de ces œuvres.

Dans l'hypothèse prévue à l'alinéa 1er ci-dessus, les droits d'auteur sont versés à des organismes d'intérêt général désignés par décret.

Chapitre II: Œuvres protégées

Article L. 112-1:

Les dispositions du présent code protègent les droits des auteurs sur toutes les œuvres de l'esprit, quels que soient le genre, la forme d'expression, le mérite ou la destination.

Article L. 112-2:

Sont considérés notamment comme œuvres de l'esprit au sens du présent code:

1° Les livres, brochures et autres écrits littéraires, artistiques et scientifiques;

2° Les conférences, allocutions, sermons, plaidoiries et autres œuvres de même nature;

3° Les œuvres dramatiques ou dramatico-musicales;

4° Les œuvres chorégraphiques, les numéros et tours de cirque, les pantomimes, dont la mise en œuvre est fixée par écrit ou autrement;

5° Les compositions musicales avec ou sans paroles;

6° Les œuvres cinématographiques et autres œuvres consistant dans les séquences animées d'images, sonorisées ou non, dénommées ensemble œuvres audiovisuelles;

7° Les œuvres de dessin, de peinture, d'architecture, de sculpture, de gravure, de lithographie;

8° Les œuvres graphiques et typographiques;

9° Les œuvres photographiques et celles réalisées à l'aide de techniques analogues à la photographie;

10° Les œuvres des arts appliqués;

11° Les illustrations, les cartes géographiques;

12° Les plans, croquis et ouvrages relatifs à la géographie, à la topographie, à l'architecture et aux sciences;

13° Les logiciels, y compris le matériel de conception préparatoire;

14° Les créations des industries saisonnières de l'habillement et de la parure. Sont réputées industries saisonnières de l'habillement et de la parure les industries qui, en raison des exigences de la mode, renouvellent fréquemment la forme de leurs produits, et notamment la couture, la fourrure, la lingerie, la broderie, la mode, la chaussure, la ganterie, la maroquinerie, la fabrique de tissus de haute nouveauté ou spéciaux à la haute couture, les productions des paruriers et des bottiers et les fabriques de tissus d'ameublement.

Article L. 112-3 :

Les auteurs de traductions, d'adaptations, transformations ou arrangements des œuvres de l'esprit jouissent de la protection instituée par le présent code sans préjudice des droits de l'auteur de l'œuvre originale. Il en est de même des auteurs d'anthologies ou recueils d'œuvres ou de données diverses qui, par le choix et la disposition des matières, constituent des créations intellectuelles.

On entend par base de données un recueil d'œuvres, de données ou d'autres éléments indépendants, disposés de manière systématique ou méthodique, et individuellement accessibles par des moyens électroniques ou par tout autre moyen.

Article L. 112-4 :

Le titre d'une œuvre de l'esprit, dès lors qu'il présente un caractère original, est protégé comme l'œuvre elle-même.

Nul ne peut, même si l'œuvre n'est plus protégée dans le terme des articles L. 123-1 à L. 123-3, utiliser ce titre pour individualiser une œuvre du même genre, dans des conditions susceptibles de provoquer une confusion.

Chapitre III : Titulaires du droit d'auteur

Article L. 113-1 :

La qualité d'auteur appartient, sauf preuve contraire, à celui ou ceux sous le nom de qui l'œuvre est divulguée.

Article L. 113-2 :

Est dite de collaboration l'œuvre à la création de laquelle ont concouru plusieurs personnes physiques.

Est dite composite l'œuvre nouvelle à laquelle est incorporée une œuvre préexistante sans la collaboration de l'auteur de cette dernière.

Est dite collective l'œuvre créée sur l'initiative d'une personne physique ou morale qui l'édite, la publie et la divulgue sous sa direction et son nom et dans laquelle la contribution personnelle des divers auteurs participant à son élaboration se fond dans l'ensemble en vue duquel elle est conçue, sans qu'il soit possible d'attribuer à chacun d'eux un droit distinct sur l'ensemble réalisé.

Article L. 113-3 :

L'œuvre de collaboration est la propriété commune des coauteurs.

Les coauteurs doivent exercer leurs droits d'un commun accord.

En cas de désaccord, il appartient à la juridiction civile de statuer.

Lorsque la participation de chacun des coauteurs relève de genres différents, chacun peut, sauf convention contraire, exploiter séparément sa contribution personnelle, sans toutefois porter préjudice à l'exploitation de l'œuvre commune.

Article L. 113-4 :

L'œuvre composite est la propriété de l'auteur qui l'a réalisée, sous réserve des droits de l'auteur de l'œuvre préexistante.

Article L. 113-5 :

L'œuvre collective est, sauf preuve contraire, la propriété de la personne physique ou morale sous le nom de laquelle elle est divulguée.

Cette personne est investie des droits de l'auteur.

Article L. 113-6:

Les auteurs des œuvres pseudonymes et anonymes jouissent sur celles-ci des droits reconnus par l'article L. 111-1.

Ils sont représentés dans l'exercice de ces droits par l'éditeur ou le publicateur originaire, tant qu'ils n'ont pas fait connaître leur identité civile et justifié de leur qualité.

La déclaration prévue à l'alinéa précédent peut être faite par testament; toutefois, sont maintenus les droits qui auraient pu être acquis par des tiers antérieurement.

Les dispositions des deuxième et troisième alinéas ne sont pas applicables lorsque le pseudonyme adopté par l'auteur ne laisse aucun doute sur son identité civile.

Article L. 113-7:

Ont la qualité d'auteur d'une œuvre audiovisuelle la ou les personnes physiques qui réalisent la création intellectuelle de cette œuvre.

Sont présumés, sauf preuve contraire, coauteurs d'une œuvre audiovisuelle réalisée en collaboration:

1° L'auteur du scénario;

2° L'auteur de l'adaptation;

3° L'auteur du texte parlé;

4° L'auteur des compositions musicales avec ou sans paroles spécialement réalisées pour l'œuvre;

5° Le réalisateur.

Lorsque l'œuvre audiovisuelle est tirée d'une œuvre ou d'un scénario préexistants encore protégés, les auteurs de l'œuvre originaire sont assimilés aux auteurs de l'œuvre nouvelle.

Titre II: Droits des auteurs

Chapitre premier: Droits moraux

Article L. 121-1:

L'auteur jouit du droit au respect de son nom, de sa qualité et de son œuvre.

Ce droit est attaché à sa personne.

Il est perpétuel, inaliénable et imprescriptible.

Il est transmissible à cause de mort aux héritiers de l'auteur.

L'exercice peut être conféré à un tiers en vertu de dispositions testamentaires.

Article L. 121-2:

L'auteur a seul le droit de divulguer son œuvre. Sous réserve des dispositions de l'article L. 132-24, il détermine le procédé de divulgation et fixe les conditions de celle-ci.

Après sa mort, le droit de divulgation de ses œuvres posthumes est exercé leur vie durant par le ou les exécuteurs testamentaires désignés par l'auteur. À leur défaut, ou après leur décès, et sauf volonté contraire de l'auteur, ce droit est exercé dans l'ordre suivant: par les descendants, par le conjoint contre lequel n'existe pas un jugement passé en force de chose jugée de séparation de corps ou qui n'a pas contracté un nouveau mariage, par les héritiers autres que les descendants qui recueillent tout ou partie de la succession, et par les légataires universels ou donataires de l'universalité des biens à venir.

Ce droit peut s'exercer même après l'expiration du droit exclusif d'exploitation déterminé à l'article L. 123-1.

Article L. 121-3:

En cas d'abus notoire dans l'usage ou le non-usage du droit de divulgation de la part des représentants de l'auteur décédé visés à l'article L. 121-2, le tribunal de grande instance peut ordonner toute mesure appropriée. Il en est de même s'il y a conflit entre lesdits représentants, s'il n'y a pas d'ayant droit connu ou en cas de vacance ou de déshérence.

Le tribunal peut être saisi notamment par le ministre chargé de la Culture.

Article L. 121-4:

Nonobstant la cession de son droit d'exploitation, l'auteur, même postérieurement à la publication de son œuvre, jouit d'un droit de repentir ou de retrait vis-à-vis du cessionnaire. Il ne peut toutefois exercer ce droit qu'à charge d'indemniser préalablement le cessionnaire du préjudice que ce repentir ou ce retrait peut lui causer. Lorsque, postérieurement à l'exercice de son droit de repentir ou de retrait, l'auteur décide de faire publier son œuvre, il est tenu d'offrir par priorité ses droits d'exploitation au cessionnaire qu'il avait originairement choisi et aux conditions originairement déterminées.

Article L. 121-8:

L'auteur a seul le droit de réunir ses articles et ses discours en recueil et de les publier ou d'en autoriser la publication sous cette forme.

Pour toutes les œuvres publiées ainsi dans un journal ou recueil périodique, l'auteur conserve, sauf stipulation contraire, le droit de les faire reproduire et de les exploiter, sous quelque forme que ce soit, pourvu que cette reproduction ou cette exploitation ne soit pas de nature à faire concurrence à ce journal ou à ce recueil périodique.

Article L. 121-9:

Sous tous les régimes matrimoniaux et à peine de nullité de toutes clauses contraires portées au contrat de mariage, le droit de divulguer l'œuvre, de fixer les conditions de son exploitation et d'en défendre l'intégrité reste propre à l'époux auteur ou à celui des époux à qui de tels droits ont été transmis. Ce droit ne peut être apporté en dot, ni acquis par la communauté ou par une société d'acquêts.

Les produits pécuniaires provenant de l'exploitation d'une œuvre de l'esprit ou de la cession totale ou partielle du droit d'exploitation sont soumis au droit commun des régimes matrimoniaux, uniquement lorsqu'ils ont été acquis pendant le mariage; il en est de même des économies réalisées de ces chefs.

Les dispositions prévues à l'alinéa précédent ne s'appliquent pas alors que le mariage a été célébré antérieurement au 12 mars 1958.

Les dispositions relatives à la contribution des époux aux charges du ménage sont applicables aux produits pécuniaires visés au deuxième alinéa du présent article.

Chapitre II: Droits patrimoniaux

Article L. 122-1:

Le droit d'exploitation appartenant à l'auteur comprend le droit de représentation et le droit de reproduction.

Article L. 122-2:

La représentation consiste dans la communication de l'œuvre au public par un procédé quelconque, et notamment:

1° Par récitation publique, exécution lyrique, représentation dramatique, présentation publique, projection publique et transmission dans un lieu public de l'œuvre télédiffusée;

2° Par télédiffusion.

La télédiffusion s'entend de la diffusion par tout procédé de télécommunication de sons, d'images, de documents, de données et de messages de toute nature.

Est assimilée à une représentation l'émission d'une œuvre vers un satellite.

Article L. 122-3 :

La reproduction consiste dans la fixation matérielle de l'œuvre par tous procédés qui permettent de la communiquer au public d'une manière indirecte.

Elle peut s'effectuer notamment par imprimerie, dessin, gravure, photographie, moulage et tout procédé des arts graphiques et plastiques, enregistrement mécanique, cinématographique ou magnétique.

Pour les œuvres d'architecture, la reproduction consiste également dans l'exécution répétée d'un plan ou d'un projet type.

Article L. 122-4 :

Toute représentation ou reproduction intégrale ou partielle faite sans consentement de l'auteur ou de ses ayants droit ou ayants cause est illicite. Il en est de même pour la traduction, l'adaptation ou la transformation, l'arrangement ou la reproduction par un art ou un procédé quelconque.

Article L. 122-5 :

Lorsque l'œuvre a été divulguée, l'auteur ne peut interdire :

1° Les représentations privées et gratuites effectuées exclusivement dans un cercle de famille ;

2° Les copies ou reproductions strictement réservées à l'usage privé du copiste et non destinées à une utilisation collective, à l'exception des copies des œuvres d'art destinées à être utilisées pour des fins identiques à celles pour lesquelles l'œuvre originale a été créée et des copies d'un logiciel autres que la copie de sauvegarde établie dans les conditions prévues au II de l'article L. 122-6-1 ainsi que des copies ou des reproductions d'une base de données électronique ;

3° Sous réserve que soient indiqués clairement le nom de l'auteur et la source :

a) Les analyses et courtes citations justifiées par le caractère critique, polémique, pédagogique, scientifique ou d'information de l'œuvre à laquelle elles sont incorporées ;

b) Les revues de presse ;

c) La diffusion, même intégrale, par la voie de presse ou de télédiffusion, à titre d'information d'actualité, des discours destinés au public prononcés dans les assemblées politiques, administratives, judiciaires ou académiques, ainsi que dans les réunions publiques d'ordre politique et les cérémonies officielles ;

d) Les reproductions, intégrales ou partielles d'œuvres d'art graphiques ou plastiques destinées à figurer dans le catalogue d'une vente judiciaire effectuée en France pour les exemplaires mis à la disposition du public avant la vente dans le seul but de décrire les œuvres d'art mises en vente.

Un décret en Conseil d'État fixe les caractéristiques des documents et les conditions de leur distribution.

4° La parodie, le pastiche et la caricature, compte tenu des lois du genre ;

5° Les actes nécessaires à l'accès au contenu d'une base de données électronique pour les besoins et dans les limites de l'utilisation prévue par contrat.

Article L. 122-7 :

Le droit de représentation et le droit de reproduction sont cessibles à titre gratuit ou à titre onéreux.

La cession du droit de représentation n'entraîne pas celle du droit de reproduction.

La cession du droit de reproduction n'entraîne pas celle du droit de représentation.

Lorsqu'un contrat comporte cession totale de l'un des deux droits visés au présent article, la portée en est limitée aux modes d'exploitation prévus au contrat.

Article L. 122-9:

En cas d'abus notoire dans l'usage ou le non-usage des droits d'exploitation de la part des représentants de l'auteur décédé visés à l'article L. 121-2, le tribunal de grande instance peut ordonner toute mesure appropriée. Il en est de même s'il y a conflit entre lesdits représentants, s'il n'y a pas d'ayant droit connu ou en cas de vacance ou de déshérence.

Le tribunal peut être saisi notamment par le ministre chargé de la Culture.

Article L. 122-10:

La publication d'une œuvre emporte cession du droit de reproduction par reprographie à une société régie par le titre II du livre III et agréée à cet effet par le ministre chargé de la Culture.

Les sociétés agréées peuvent seules conclure toute convention avec les utilisateurs aux fins de gestion du droit ainsi cédé, sous réserve, pour les stipulations autorisant les copies aux fins de vente, de location, de publicité ou de promotion, de l'accord de l'auteur ou de ses ayants droit. À défaut de désignation par l'auteur ou son ayant droit à la date de la publication de l'œuvre, une des sociétés agréées est réputée cessionnaire de ce droit.

La reprographie s'entend de la reproduction sous forme de copie sur papier ou support assimilé par une technique photographique ou d'effet équivalent permettant une lecture directe.

Les dispositions du premier alinéa ne font pas obstacle au droit de l'auteur ou de ses ayants droit de réaliser des copies aux fins de vente, de location, de publicité ou de promotion.

Nonobstant toute stipulation contraire, les dispositions du présent article s'appliquent à toutes les œuvres protégées quelle que soit la date de leur publication.

Article L. 122-11:

Les conventions mentionnées à l'article L. 122-10 peuvent prévoir une rémunération forfaitaire dans les cas définis aux 1° et 3° de l'article L. 131-4.

Article L. 122-12:

L'agrément des sociétés mentionnées au premier alinéa de l'article L. 122-10 est délivré en considération:

– de la diversité des associés;

– de la qualification professionnelle des dirigeants;

– des moyens humains et matériels qu'ils proposent de mettre en œuvre pour assurer la gestion du droit de reproduction par reprographie;

– du caractère équitable des modalités prévues pour la répartition des sommes perçues.

Un décret en Conseil d'État fixe les modalités de la délivrance et du retrait de cet agrément ainsi que du choix des sociétés cessionnaires en application de la dernière phrase du premier alinéa de l'article L. 122-10.

Chapitre III : Durée de la protection

Article L. 123-1 :

L'auteur jouit, sa vie durant, du droit exclusif d'exploiter son œuvre sous quelque forme que ce soit et d'en tirer un profit pécuniaire.

Au décès de l'auteur, ce droit persiste au bénéfice de ses ayants droit pendant l'année civile en cours et les soixante-dix années qui suivent.

Article L. 123-2 :

Pour les œuvres de collaboration, l'année civile prise en considération est celle de la mort du dernier vivant des collaborateurs.

Pour les œuvres audiovisuelles, l'année civile prise en considération est celle de la mort du dernier vivant des collaborateurs suivants : l'auteur du scénario, l'auteur du texte parlé, l'auteur des compositions musicales, avec ou sans paroles spécialement réalisées pour l'œuvre, le réalisateur principal.

Article L. 123-3 :

Pour les œuvres pseudonymes, anonymes ou collectives, la durée du droit exclusif est de soixante-dix années à compter du 1er janvier de l'année civile suivant celle où l'œuvre a été publiée. La date de publication est déterminée par tout mode de preuve de droit commun, et notamment par le dépôt légal.

Au cas où une œuvre pseudonyme, anonyme ou collective est publiée de manière échelonnée, le délai court à compter du 1er janvier de l'année civile qui suit la date à laquelle chaque élément a été publié.

Lorsque le ou les auteurs d'œuvres anonymes ou pseudonymes se sont fait connaître, la durée du droit exclusif est celle prévue aux articles L. 123-1 ou L. 123-2.

Les dispositions du premier et du deuxième alinéa ne sont applicables qu'aux œuvres pseudonymes, anonymes ou collectives publiées pendant les soixante-dix années suivant l'année de leur création.

Toutefois, lorsqu'une œuvre pseudonyme, anonyme ou collective est divulguée à l'expiration de la période mentionnée à l'alinéa précédent, son propriétaire par succession ou à d'autres titres, qui en effectue ou fait effectuer la publication, jouit d'un droit exclusif de vingt-cinq années à compter du 1er janvier de l'année civile suivant celle de la publication.

Article L. 123-4 :

Pour les œuvres posthumes, la durée du droit exclusif est celle prévue à l'article L. 123-1. Pour les œuvres posthumes divulguées après l'expiration de cette période, la durée du droit exclusif est de vingt-cinq années à compter du 1er janvier de l'année civile suivant celle de la publication.

Le droit d'exploitation des œuvres posthumes appartient aux ayants droit de l'auteur si l'œuvre est divulguée au cours de la période prévue à l'article L. 123-1.

Si la divulgation est effectuée à l'expiration de cette période, il appartient aux propriétaires, par succession ou à d'autres titres, de l'œuvre, qui effectuent ou font effectuer la publication.

Les œuvres posthumes doivent faire l'objet d'une publication séparée, sauf dans le cas où elles ne constituent qu'un fragment d'une œuvre précédemment publiée. Elles ne peuvent être jointes à des œuvres du même auteur précédemment publiées que si les ayants droit de l'auteur jouissent encore sur celles-ci du droit d'exploitation.

Article L. 123-6:

Pendant la période prévue à l'article L. 123-1, le conjoint survivant, contre lequel n'existe pas un jugement passé en force de chose jugée de séparation de corps, bénéficie, quel que soit le régime matrimonial et indépendamment des droits qu'il tient des articles 756 à 757-3 et 764 à 766 du Code civil sur les autres biens de la succession, de l'usufruit du droit d'exploitation dont l'auteur n'aura pas disposé. Toutefois, si l'auteur laisse des héritiers à réserve, cet usufruit est réduit au profit des héritiers, suivant les proportions et distinctions établies par les articles 913 et 914 du Code civil.

Ce droit s'éteint au cas où le conjoint contracte un nouveau mariage.

Article L. 123-8:

Les droits accordés par la loi du 14 juillet 1866 sur les droits des héritiers et des ayants cause des auteurs aux héritiers et autres ayants cause des auteurs, compositeurs ou artistes sont prorogés d'un temps égal à celui qui s'est écoulé entre le 2 août 1914 et la fin de l'année suivant le jour de la signature du traité de paix pour toutes les œuvres publiées avant cette dernière date et non tombées dans le domaine public le 3 février 1919.

Article L. 123-9:

Les droits accordés par la loi du 14 juillet 1866 précitée et l'article L. 123-8 aux héritiers et ayants cause des auteurs, compositeurs ou artistes sont prorogés d'un temps égal à celui qui s'est écoulé entre le 3 septembre 1939 et le 1er janvier 1948, pour toutes les œuvres publiées avant cette date et non tombées dans le domaine public à la date du 13 août 1941.

Article L. 123-10:

Les droits mentionnés à l'article précédent sont prorogés, en outre, d'une durée de trente ans lorsque l'auteur, le compositeur ou l'artiste est mort pour la France, ainsi qu'il résulte de l'acte de décès.

Au cas où l'acte de décès ne doit être ni dressé ni transcrit en France, un arrêté du ministre chargé de la Culture peut étendre aux héritiers ou autres ayants cause du défunt le bénéfice de la prorogation supplémentaire de trente ans; cet arrêté, pris après avis des autorités visées à l'article 1er de l'ordonnance n° 45-2717 du 2 novembre 1945 ne pourra intervenir que dans les cas où la mention « mort pour la France » aurait dû figurer sur l'acte de décès si celui-ci avait été dressé en France.

Article L. 132-11:

Lorsque les droits prorogés par l'effet de l'article L. 123-10 ont été cédés à titre onéreux, les cédants ou leurs ayants droit pourront, dans un délai de trois ans à compter du 25 septembre 1951, demander au cessionnaire ou à ses ayants droit une révision des conditions de la cession en compensation des avantages résultant de la prorogation.

Article L. 123-12:

Lorsque le pays d'origine de l'œuvre, au sens de l'acte de Paris de la convention de Rome, est un pays tiers à la Communauté européenne et que l'auteur n'est pas un ressortissant d'un État membre de la Communauté, la durée de protection est celle accordée dans le pays d'origine de l'œuvre sans que cette durée puisse excéder celle prévue à l'article L. 123-1.

Titre III : Exploitation des droits

Chapitre premier : Dispositions générales

Article L. 131-1 :

La cession globale des œuvres futures est nulle.

Article L. 131-2 :

Les contrats de représentation, d'édition et de production audiovisuelle définis au présent titre doivent être constatés par écrit. Il en est de même des autorisations gratuites d'exécution. Dans tous les autres cas, les dispositions des articles 1341 à 1348 du Code civil sont applicables.

Article L. 131-3 :

La transmission des droits de l'auteur est subordonnée à la condition que chacun des droits cédés fasse l'objet d'une mention distincte dans l'acte de cession et que le domaine d'exploitation des droits cédés soit délimité quant à son étendue et à sa destination, quant au lieu et quant à la durée.

Lorsque des circonstances spéciales l'exigent, le contrat peut être valablement conclu par échange de télégrammes, à condition que le domaine d'exploitation des droits cédés soit délimité conformément aux termes du premier alinéa du présent article.

Les cessions portant sur les droits d'adaptation audiovisuelle doivent faire l'objet d'un contrat écrit sur un document distinct du contrat relatif à l'édition proprement dite de l'œuvre imprimée.

Le bénéficiaire de la cession s'engage par ce contrat à rechercher une exploitation du droit cédé conformément aux usages de la profession et à verser à l'auteur, en cas d'adaptation, une rémunération proportionnelle aux recettes perçues.

Article L. 131-4 :

La cession par l'auteur de ses droits sur son œuvre peut être totale ou partielle. Elle doit comporter au profit de l'auteur la participation proportionnelle aux recettes provenant de la vente ou de l'exploitation.

Toutefois la rémunération de l'auteur peut être évaluée forfaitairement dans les cas suivants :

1° La base de calcul de la participation proportionnelle ne peut être pratiquement déterminée ;

2° Les moyens de contrôler l'application de la participation font défaut ;

3° Les frais des opérations de calcul et de contrôle seraient hors de proportion avec les résultats à atteindre ;

4° La nature ou les conditions de l'exploitation rendent impossible l'application de la règle de la rémunération proportionnelle, soit que la contribution de l'auteur ne constitue pas l'un des éléments essentiels de la création intellectuelle de l'œuvre, soit que l'utilisation de l'œuvre ne présente qu'un caractère accessoire par rapport à l'objet exploité ;

5° En cas de cession des droits sur un logiciel ;

6° Dans les autres cas prévus au présent code.

Est également licite la conversion entre les parties, à la demande de l'auteur, des droits provenant des contrats en vigueur en annuités forfaitaires pour des durées à déterminer entre les parties.

Article L. 131-5 :

En cas de cession du droit d'exploitation, lorsque l'auteur aura subi un préjudice de plus de sept douzièmes dû à une lésion ou à une prévision insuffisante des produits de l'œuvre, il pourra provoquer la révision des conditions de prix du contrat.

Cette demande ne pourra être formée que dans le cas où l'œuvre aura été cédée moyennant une rémunération forfaitaire.

La lésion sera appréciée en considération de l'ensemble de l'exploitation par le cessionnaire des œuvres de l'auteur qui se prétend lésé.

Article L. 131-6 :

La clause de cession qui tend à conférer le droit d'exploiter sous une forme non prévisible ou non prévue à la date du contrat doit être expresse et stipuler une participation corrélative aux profits d'exploitation.

Article L. 131-7 :

En cas de cession partielle, l'ayant cause est substitué à l'auteur dans l'exercice des droits cédés, dans les conditions, les limites et pour la durée prévues au contrat, et à charge de rendre compte.

Article L. 131-8 :

En vue du paiement des redevances et rémunérations qui leur sont dues pour les trois dernières années à l'occasion de la cession, de l'exploitation ou de l'utilisation de leurs œuvres, telles qu'elles sont définies à l'article L. 112-2 du présent code, les auteurs, compositeurs et artistes bénéficient du privilège prévu au 4° de l'article 2101 et à l'article 2104 du Code civil.

Chapitre II : Dispositions particulières à certains contrats

Section I : Contrat d'édition

Article L. 132-1 :

Le contrat d'édition est le contrat par lequel l'auteur d'une œuvre de l'esprit ou ses ayants droit cèdent à des conditions déterminées à une personne appelée éditeur le droit de fabriquer ou de faire fabriquer en nombre des exemplaires de l'œuvre, à charge pour elle d'en assurer la publication et la diffusion.

Article L. 132-2 :

Ne constitue pas un contrat d'édition, au sens de l'article L. 132-1, le contrat dit à compte d'auteur.

Par un tel contrat, l'auteur ou ses ayants droit versent à l'éditeur une rémunération convenue, à charge par ce dernier de fabriquer en nombre, dans la forme et suivant les modes d'expression déterminés au contrat, des exemplaires de l'œuvre et d'en assurer la publication et la diffusion.

Ce contrat constitue un louage d'ouvrage régi par la convention, les usages et les dispositions des articles 1787 et suivants du Code civil.

Article L. 132-3 :

Ne constitue pas un contrat d'édition, au sens de l'article L. 132-1, le contrat dit de compte à demi.

Par un tel contrat, l'auteur ou ses ayants droit chargent un éditeur de fabriquer, à ses frais et en nombre, des exemplaires de l'œuvre, dans la forme et suivant les modes d'expression déterminés au contrat, et d'en assurer la publication et la diffusion, moyennant l'engagement réciproquement contracté de partager les bénéfices et les pertes d'exploitation, dans la proportion prévue.

Ce contrat constitue une société en participation. Il est régi, sous réserve des dispositions prévues aux articles 1871 et suivants du Code civil, par la convention et les usages.

Article L. 132-4:

Est licite la stipulation par laquelle l'auteur s'engage à accorder un droit de préférence à un éditeur pour l'édition de ses œuvres futures de genres nettement déterminés.

Ce droit est limité pour chaque genre à cinq ouvrages nouveaux à compter du jour de la signature du contrat d'édition conclu pour la première œuvre ou à la production de l'auteur réalisée dans un délai de cinq ans à compter du même jour.

L'éditeur doit exercer le droit qui lui est reconnu en faisant connaître par écrit sa décision à l'auteur, dans le délai de trois mois à dater de la remise par celui-ci de chaque manuscrit définitif.

Lorsque l'éditeur bénéficiant du droit de préférence aura refusé successivement deux ouvrages nouveaux présentés par l'auteur dans le genre déterminé au contrat, l'auteur pourra reprendre immédiatement et de plein droit sa liberté quant aux œuvres futures qu'il produira dans ce genre. Il devra toutefois, au cas où il aurait reçu sur ses œuvres futures des avances du premier éditeur, effectuer préalablement le remboursement de celles-ci.

Article L. 132-5:

Le contrat peut prévoir soit une rémunération proportionnelle aux produits d'exploitation, soit, dans les cas prévus aux articles L. 131-4 et L. 132-6, une rémunération forfaitaire.

Article L. 132-6:

En ce qui concerne l'édition de librairie, la rémunération de l'auteur peut faire l'objet d'une rémunération forfaitaire pour la première édition, avec l'accord formellement exprimé de l'auteur, dans les cas suivants:

1° Ouvrages scientifiques ou techniques;
2° Anthologies et encyclopédies;
3° Préfaces, annotations, introductions, présentations;
4° Illustrations d'un ouvrage;
5° Éditions de luxe à tirage limité;
6° Livres de prières;
7° À la demande du traducteur pour les traductions;
8° Éditions populaires à bon marché;
9° Albums bon marché pour enfants.

Peuvent également faire l'objet d'une rémunération forfaitaire les cessions de droits à ou par une personne ou une entreprise établie à l'étranger.

En ce qui concerne les œuvres de l'esprit publiées dans les journaux et recueils périodiques de tout ordre et par les agences de presse, la rémunération de l'auteur, lié à l'entreprise d'information par un contrat de louage d'ouvrages ou de services, peut également être fixée forfaitairement.

Article L. 132-7:

Le consentement personnel et donné par écrit de l'auteur est obligatoire.

Sans préjudice des dispositions qui régissent les contrats passés par les mineurs et les majeurs en curatelle, le consentement est même exigé lorsqu'il s'agit d'un auteur légalement incapable, sauf si celui-ci est dans l'impossibilité physique de donner son consentement.

Les dispositions de l'alinéa précédent ne sont pas applicables lorsque le contrat d'édition est souscrit par les ayants droit de l'auteur.

Article L. 132-8:

L'auteur doit garantir à l'éditeur l'exercice paisible et, sauf convention contraire, exclusif du droit cédé.

Il est tenu de faire respecter ce droit et de le défendre contre toutes atteintes qui lui seraient portées.

Article L. 132-9:

L'auteur doit mettre l'éditeur en mesure de fabriquer et de diffuser les exemplaires de l'œuvre.

Il doit remettre à l'éditeur, dans le délai prévu au contrat, l'objet de l'édition en une forme qui permette la fabrication normale.

Sauf convention contraire ou impossibilités d'ordre technique, l'objet de l'édition fournie par l'auteur reste la propriété de celui-ci. L'éditeur en sera responsable pendant le délai d'un an après l'achèvement de la fabrication.

Article L. 132-10:

Le contrat d'édition doit indiquer le nombre minimum d'exemplaires constituant le premier tirage. Toutefois, cette obligation ne s'applique pas aux contrats prévoyant un minimum de droits d'auteur garantis par l'éditeur.

Article L. 132-11:

L'éditeur est tenu d'effectuer ou de faire effectuer la fabrication selon les conditions, dans la forme et suivant les modes d'expression prévus au contrat.

Il ne peut, sans autorisation écrite de l'auteur, apporter à l'œuvre aucune modification.

Il doit, sauf convention contraire, faire figurer sur chacun des exemplaires le nom, le pseudonyme ou la marque de l'auteur.

À défaut de convention spéciale, l'éditeur doit réaliser l'édition dans un délai fixé par les usages de la profession.

En cas de contrat à durée déterminée, les droits du cessionnaire s'éteignent de plein droit à l'expiration du délai sans qu'il soit besoin de mise en demeure.

L'éditeur pourra toutefois procéder, pendant trois ans après cette expiration, à l'écoulement, au prix normal, des exemplaires restant en stock, à moins que l'auteur ne préfère acheter ces exemplaires moyennant un prix qui sera fixé à dire d'experts à défaut d'accord amiable, sans que cette faculté reconnue au premier éditeur interdise à l'auteur de faire procéder à une nouvelle édition dans un délai de trente mois.

Article L. 132-12:

L'éditeur est tenu d'assurer à l'œuvre une exploitation permanente et suivie et une diffusion commerciale, conformément aux usages de la profession.

Article L. 132-13:

L'éditeur est tenu de rendre compte.

L'auteur pourra, à défaut de modalités spéciales prévues au contrat, exiger au moins une fois l'an la production par l'éditeur d'un état mentionnant le nombre d'exemplaires fabriqués en cours d'exercice et précisant la date et l'importance des tirages et le nombre des exemplaires en stock.

Sauf usage ou conventions contraires, cet état mentionnera le nombre des exemplaires vendus par l'éditeur, celui des exemplaires inutilisables ou détruits par cas fortuit ou force majeure, ainsi que le montant des redevances dues ou versées à l'auteur.

Article L. 132-14:

L'éditeur est tenu de fournir à l'auteur toutes justifications propres à établir l'exactitude de ses comptes.

Faute par l'éditeur de fournir les justifications nécessaires, il y sera contraint par le juge.

Article L. 132-15:

Le redressement judiciaire de l'éditeur n'entraîne pas la résiliation du contrat.

Lorsque l'activité est poursuivie en application des articles 31 et suivants de la loi n° 85-98 du 25 janvier 1985 relative au redressement et à la liquidation judiciaires des entreprises, toutes les obligations de l'éditeur à l'égard de l'auteur doivent être respectées.

En cas de cession de l'entreprise d'édition en application des articles 81 et suivants de la loi n° 85-98 du 25 janvier 1985 précitée, l'acquéreur est tenu des obligations du cédant.

Lorsque l'activité de l'entreprise a cessé depuis plus de trois mois ou lorsque la liquidation judiciaire est prononcée, l'auteur peut demander la résiliation du contrat.

Le liquidateur ne peut procéder à la vente en solde des exemplaires fabriqués ni à leur réalisation dans les conditions prévues aux articles 155 et 156 de la loi n° 85-98 du 25 janvier 1985 précitée que quinze jours après avoir averti l'auteur de son intention, par lettre recommandée avec demande d'accusé de réception.

L'auteur possède, sur tout ou partie des exemplaires, un droit de préemption. À défaut d'accord, le prix de rachat sera fixé à dire d'expert.

Article L. 132-16:

L'éditeur ne peut transmettre, à titre gratuit ou onéreux, ou par voie d'apport en société, le bénéfice du contrat d'édition à des tiers, indépendamment de son fonds de commerce, sans avoir préalablement obtenu l'autorisation de l'auteur.

En cas d'aliénation du fonds de commerce, si celle-ci est de nature à compromettre les intérêts matériels ou moraux de l'auteur, celui-ci est fondé à obtenir réparation même par voie de résiliation de contrat.

Lorsque le fonds de commerce d'édition était exploité en société ou dépendait d'une indivision, l'attribution du fonds à l'un des ex-associés ou à l'un des co-indivisaires en conséquence de la liquidation ou du partage ne sera, en aucun cas, considérée comme une cession.

Article L. 132-17:

Le contrat d'édition prend fin, indépendamment des cas prévus par le droit commun ou par les articles précédents, lorsque l'éditeur procède à la destruction totale des exemplaires.

La résiliation a lieu de plein droit lorsque, sur mise en demeure de l'auteur lui impartissant un délai convenable, l'éditeur n'a pas procédé à la publication de l'œuvre ou, en cas d'épuisement, à sa réédition.

L'édition est considérée comme épuisée si deux demandes de livraisons d'exemplaires adressées à l'éditeur ne sont pas satisfaites dans les trois mois.

En cas de mort de l'auteur, si l'œuvre est inachevée, le contrat est résolu en ce qui concerne la partie de l'œuvre non terminée, sauf accord entre l'éditeur et les ayants droit de l'auteur.

Chapitre III : Rémunération au titre du prêt en bibliothèque

Article L. 133-1 :

Lorsqu'une œuvre a fait l'objet d'un contrat d'édition en vue de sa publication et de sa diffusion sous forme de livre, l'auteur ne peut s'opposer au prêt d'exemplaires de cette édition par une bibliothèque accueillant du public.

Ce prêt ouvre droit à rémunération au profit de l'auteur selon les modalités prévues à l'article L. 133-4.

Article L. 133-2 :

La rémunération prévue par l'article L. 133-1 est perçue par une ou plusieurs des sociétés de perception et de répartition des droits régies par le titre II du livre III et agréées à cet effet par le ministre chargé de la Culture.

L'agrément prévu au premier alinéa est délivré en considération :

– de la diversité des associés ;

– de la qualification professionnelle des dirigeants ;

– des moyens que la société propose de mettre en œuvre pour assurer la perception et la répartition de la rémunération au titre du prêt en bibliothèque ;

– de la représentation équitable des auteurs et des éditeurs parmi ses associés et au sein de ses organes dirigeants.

Un décret en Conseil d'État fixe les conditions de délivrance et de retrait de cet agrément.

Article L. 133-3 :

La rémunération prévue au second alinéa de l'article L. 133-1 comprend deux parts.

La première part, à la charge de l'État, est assise sur une contribution forfaitaire par usager inscrit dans les bibliothèques accueillant du public pour le prêt, à l'exception des bibliothèques scolaires. Un décret fixe le montant de cette contribution, qui peut être différent pour les bibliothèques des établissements d'enseignement supérieur, ainsi que les modalités de détermination du nombre d'usagers inscrits à prendre en compte pour le calcul de cette part.

La seconde part est assise sur le prix public de vente hors taxes des livres achetés, pour leurs bibliothèques accueillant du public pour le prêt, par les personnes morales mentionnées au troisième alinéa (2°) de l'article 3 de la loi n° 81-766 du 10 août 1981 relative au prix du livre ; elle est versée par les fournisseurs qui réalisent ces ventes. Le taux de cette rémunération est de 6 % du prix public de vente.

Aticle L. 133-4 :

La rémunération au titre du prêt en bibliothèque est répartie dans les conditions suivantes :

1° Une première part est répartie à parts égales entre les auteurs et leurs éditeurs à raison du nombre d'exemplaires des livres achetés chaque année, pour leurs bibliothèques accueillant du public pour le prêt, par les personnes morales mentionnées au troisième alinéa (2°) de l'article 3 de la loi n° 81-766 du 10 août 1981 précitée, déterminé sur la base des informations que ces personnes et leurs fournisseurs communiquent à la ou aux sociétés mentionnées à l'article L. 133-2 ;

2° Une seconde part, qui ne peut excéder la moitié du total, est affectée à la prise en charge d'une fraction des cotisations dues au titre de la retraite complémentaire par les personnes visées au second alinéa de l'article L. 382-12 du Code de la sécurité sociale.

Livre III: Dispositions générales relatives au droit d'auteur, aux droits voisins et droits des producteurs de bases de données

Titre premier: Rémunération pour copie privée

Chapitre unique

Article L. 311-1:

Les auteurs et les artistes-interprètes des œuvres fixées sur phonogrammes ou vidéogrammes, ainsi que les producteurs de ces phonogrammes ou vidéogrammes, ont droit à une rémunération au titre de la reproduction desdites œuvres, réalisées dans les conditions mentionnées au 2° de l'article L. 122-5 et au 2° de l'article L. 211-3.

Cette rémunération est également due aux auteurs et aux éditeurs des œuvres fixées sur tout autre support, au titre de leur reproduction réalisée, dans les conditions prévues au 2° de l'article L. 122-5, sur un support d'enregistrement numérique.

Article L. 311-2:

Sous réserve des conventions internationales, le droit à rémunération mentionné à l'article L. 214-1 et au premier alinéa de l'article L. 311-1 est réparti entre les auteurs, les artistes-interprètes, producteurs de phonogrammes ou de vidéogrammes pour les phonogrammes et vidéogrammes fixés pour la première fois en France.

Article L. 311-3:

La rémunération pour copie privée est, dans les conditions ci-après définies, évaluée selon le mode forfaitaire prévu au deuxième alinéa de l'article L. 131-4.

Article L. 311-4:

La rémunération prévue à l'article L. 311-3 est versée par le fabricant, l'importateur ou la personne qui réalise des acquisitions intracommunautaires, au sens du 3° du I de l'article 256 bis du Code général des impôts, de supports d'enregistrement utilisables pour la reproduction à usage privé d'œuvres, lors de la mise en circulation en France de ces supports.

Le montant de la rémunération est fonction du type de support et de la durée d'enregistrement qu'il permet.

Article L. 311-5:

Les types de support, les taux de rémunération et les modalités de versement de celle-ci sont déterminés par une commission présidée par un représentant de l'État et composée, en outre, pour moitié, de personnes désignées par les organisations représentant les bénéficiaires du droit à rémunération, pour un quart, de personnes désignées par les organisations représentant les fabricants ou importateurs des supports mentionnés au premier alinéa du précédent article et, pour un quart, de personnes désignées par les organisations représentant les consommateurs.

Les organisations appelées à désigner les membres de la commission ainsi que le nombre de personnes que chacune est appelée à désigner sont déterminées par arrêté du ministre chargé de la Culture.

La commission se détermine à la majorité de ses membres présents. En cas de partage des voix, le président a voix prépondérante.

Les délibérations de la commission sont exécutoires si, dans un délai d'un mois, son président n'a pas demandé une seconde délibération.

Les décisions de la commission sont publiées au *Journal officiel* de la République française.

Article L. 311-6:

La rémunération prévue à l'article L. 311-1 est perçue pour le compte des ayants droit par un ou plusieurs organismes mentionnés au titre II du présent livre.

Elle est répartie entre les ayants droit par les organismes mentionnés à l'alinéa précédent, à raison des reproductions privées dont chaque œuvre fait l'objet.

Article L. 311-7:

La rémunération pour copie privée des phonogrammes bénéficie, pour moitié, aux auteurs au sens du présent code, pour un quart, aux artistes-interprètes et, pour un quart, aux producteurs.

La rémunération pour copie privée des vidéogrammes bénéficie à parts égales aux auteurs au sens du présent code, aux artistes-interprètes et aux producteurs.

La rémunération pour copie privée des œuvres visées au second alinéa de l'article L. 311-1 bénéficie à parts égales aux auteurs et aux éditeurs.

Titre II: Sociétés de perception et de répartition des droits

Chapitre unique

Article L. 321-1:

Les sociétés de perception et de répartition des droits d'auteur et des droits des artistes-interprètes et des producteurs de phonogrammes et de vidéogrammes sont constituées sous forme de sociétés civiles.

Les associés doivent être des auteurs, des artistes-interprètes, des producteurs de phonogrammes ou de vidéogrammes, des éditeurs, ou leurs ayants droit. Ces sociétés civiles régulièrement constituées ont qualité pour ester en justice pour la défense des droits dont elles ont statutairement la charge.

Les actions en paiement des droits perçus par ces sociétés civiles se prescrivent par dix ans à compter de la date de leur perception, ce délai étant suspendu jusqu'à la date de leur mise en répartition.

Article L. 321-2:

Les contrats conclus par les sociétés civiles d'auteurs ou de titulaires de droits voisins, en exécution de leur objet, avec les utilisateurs de tout ou partie de leur répertoire sont des actes civils.

Article L. 321-3:

Les projets de statuts et de règlements généraux des sociétés de perception et de répartition des droits sont adressés au ministre chargé de la Culture.

Dans le mois de leur réception, le ministre peut saisir le tribunal de grande instance au cas où des motifs réels et sérieux s'opposeraient à la constitution d'une de ces sociétés.

Le tribunal apprécie la qualification professionnelle des fondateurs de ces sociétés, les moyens humains et matériels qu'ils proposent de mettre en œuvre pour assurer le recouvrement des droits et l'exploitation de leur répertoire.

Article L. 321-4:

Les sociétés de perception et de répartition des droits sont tenues de nommer au moins un commissaire aux comptes et un suppléant, choisis sur la liste mentionnée à l'article L. 225-219 du Code de commerce et qui exercent leurs fonctions dans les conditions prévues par ladite loi, sous réserve des règles qui leur sont propres. Les dispositions de l'article L. 242-27 du Code de commerce précité sont applicables.

Les dispositions de l'article 29 de la loi n° 84-148 du 1er mars 1984 relative à la prévention et au règlement amiable des difficultés des entreprises sont applicables.

Article L. 321-5:

Le droit à la communication prévu par l'article 1855 du Code civil s'applique aux sociétés civiles de répartition des droits, sans pour autant qu'un associé puisse obtenir communication du montant des droits répartis individuellement à tout autre ayant droit que lui-même. Un décret en Conseil d'État détermine les modalités d'exercice de ce droit.

Article L. 321-6:

Tout groupement d'associés représentant au moins un dixième du nombre de ceux-ci peut demander en justice la désignation d'un ou de plusieurs experts chargés de présenter un rapport sur une ou plusieurs opérations de gestion.

Le ministère public et le comité d'entreprise sont habilités à agir aux mêmes fins.

Le rapport est adressé au demandeur, au ministère public, au comité d'entreprise, aux commissaires aux comptes et au conseil d'administration. Ce rapport est annexé à celui établi par les commissaires aux comptes en vue de la première assemblée générale; il reçoit la même publicité.

Article L. 321-7:

Les sociétés de perception et de répartition des droits doivent tenir à la disposition des utilisateurs éventuels le répertoire complet des auteurs et compositeurs français et étrangers qu'elles représentent.

Article L. 321-8:

Les statuts des sociétés de perception et de répartition des droits doivent prévoir les conditions dans lesquelles les associations ayant un but d'intérêt général bénéficieront, pour leurs manifestations ne donnant pas lieu à entrée payante, d'une réduction sur le montant des droits d'auteur et des droits des artistes-interprètes et des producteurs de phonogrammes qu'elles auraient à verser.

Article L. 321-9:

Ces sociétés utilisent à des actions d'aide à la création, à la diffusion du spectacle vivant et à des actions de formation des artistes:

1° 25 % des sommes provenant de la rémunération pour copie privée;

2° La totalité des sommes perçues en application des articles L. 122-10, L. 132-20-1, L. 214-1, L. 217-2 et L. 311-1 et qui n'ont pu être réparties soit en application des conventions internationales auxquelles la France est partie, soit parce que leurs destinataires n'ont pas pu être identifiés ou retrouvés avant l'expiration du délai prévu au dernier alinéa de l'article L. 321-1.

Elles peuvent utiliser à ces actions tout ou partie des sommes visées au 2° à compter de la fin de la cinquième année suivant la date de leur mise en répartition, sans préjudice des demandes de paiement des droits non prescrits. La répartition des sommes correspondantes, qui ne peut bénéficier à un organisme unique, est soumise à un vote de l'assemblée générale de la société, qui se prononce à la majorité des deux tiers. À défaut d'une telle majorité, une nouvelle assemblée générale, convoquée spécialement à cet effet, statue à la majorité simple.

Le montant et l'utilisation de ces sommes font l'objet, chaque année, d'un rapport des sociétés de perception et de répartition des droits au ministre chargé de la Culture. Le commissaire aux comptes vérifie la sincérité et la concordance avec les documents comptables de la société des informations contenues dans ce rapport. Il établit à cet effet un rapport spécial.

Article L. 321-11 :

Sans préjudice des dispositions générales applicables aux sociétés civiles, la demande de dissolution d'une société de perception et de répartition des droits peut être présentée au tribunal par le ministre chargé de la Culture.

En cas de violation de la loi, le tribunal peut interdire à une société d'exercer ses activités de recouvrement dans un secteur d'activité ou pour un mode d'exploitation.

Article L. 321-12 :

La société de perception et de répartition des droits communique ses comptes annuels au ministre chargé de la Culture et porte à sa connaissance, deux mois au moins avant son examen par l'assemblée générale, tout projet de modification de ses statuts ou des règles de perception et de répartition des droits.

Elle adresse au ministre chargé de la Culture, à la demande de celui-ci, tout document relatif à la perception et à la répartition des droits ainsi que la copie des conventions passées avec des tiers.

Le ministre chargé de la Culture ou son représentant peut recueillir, sur pièces et sur place, les renseignements mentionnés au présent article.

Article L. 321-13 :

I. – Il est institué une commission permanente de contrôle des sociétés de perception et de répartition des droits composée de cinq membres nommés par décret pour une durée de cinq ans :

– un conseiller maître à la Cour des comptes, président, désigné par le premier président de la Cour des comptes ;

– un conseiller d'État, désigné par le vice-président du Conseil d'État ;

– un conseiller à la Cour de cassation, désigné par le premier président de la Cour de cassation ;

– un membre de l'Inspection générale des finances, désigné par le ministre chargé des Finances ;

– un membre de l'Inspection générale de l'administration des affaires culturelles, désigné par le ministre chargé de la Culture.

La commission peut se faire assister de rapporteurs désignés parmi les membres du Conseil d'État et du corps des conseillers de tribunaux administratifs et cours administratives d'appel, les magistrats de la Cour de cassation et des cours et tribunaux, les magistrats de la Cour des comptes et des chambres régionales des comptes, les membres de l'Inspection générale des finances et les membres du corps des administrateurs civils. Elle peut en outre bénéficier de la mise à disposition de fonctionnaires et faire appel au concours d'experts désignés par son président.

II. – La commission contrôle les comptes et la gestion des sociétés de perception et de répartition des droits ainsi que ceux de leurs filiales et des organismes qu'elles contrôlent.

À cet effet, les dirigeants de ces sociétés, filiales et organismes sont tenus de lui prêter leur concours, de lui communiquer tous documents et de répondre à toute demande d'information nécessaire à l'exercice de sa mission. Pour les opérations faisant appel à l'informatique, le droit de communication implique l'accès aux logiciels et aux données, ainsi que le droit d'en demander la transcription par tout traitement approprié dans des documents directement utilisables pour les besoins du contrôle.

La commission peut demander aux commissaires aux comptes des sociétés de perception et de répartition des droits tous renseignements sur les sociétés qu'ils contrôlent. Les commissaires aux comptes sont alors déliés du secret professionnel à l'égard des membres de la commission.

Elle peut effectuer sur pièces et sur place le contrôle des sociétés et organismes mentionnés au premier alinéa du présent paragraphe.

III. – La commission de contrôle des sociétés de perception et de répartition des droits présente un rapport annuel au Parlement, au Gouvernement et aux assemblées générales des sociétés de perception et de répartition des droits.

IV. – Le fait, pour tout dirigeant d'une société ou d'un organisme soumis au contrôle de la commission de contrôle des sociétés de perception et de répartition des droits, de ne pas répondre aux demandes d'information de la commission, de faire obstacle de quelque manière que ce soit à l'exercice de sa mission ou de lui communiquer sciemment des renseignements inexacts est puni d'un an d'emprisonnement et de 15000 euros d'amende.

V. – La commission siège dans les locaux de la Cour des comptes, qui assure son secrétariat.

VI. – Un décret en Conseil d'État fixe l'organisation et le fonctionnement de la commission, ainsi que les procédures applicables devant elle.

Titre III : Procédures et sanctions

Chapitre premier : Dispositions générales

Article L. 331-1 :

Toutes les contestations relatives à l'application des dispositions de la première partie du présent code qui relèvent des juridictions de l'ordre judiciaire sont portées devant les tribunaux compétents, sans préjudice du droit pour la partie lésée de se pourvoir devant la juridiction répressive dans les termes du droit commun.

Les organismes de défense professionnelle régulièrement constitués ont qualité pour ester en justice pour la défense des intérêts dont ils ont statutairement la charge.

Article L. 331-2 :

Outre les procès-verbaux des officiers ou agents de police judiciaire, la preuve de la matérialité de toute infraction aux dispositions des livres Ier, II et III du présent code et de l'article 52 de la loi n° 85-660 du 3 juillet 1985 relative aux droits d'auteur et aux droits des artistes-interprètes, des producteurs de phonogrammes et de vidéogrammes et des entreprises de communication audiovisuelle peut résulter des constatations d'agents assermentés désignés selon les cas par le Centre national de la cinématographie, par les organismes professionnels d'auteurs et par les sociétés mentionnées au titre II du présent livre. Ces agents sont agréés par le ministre chargé de la Culture dans les conditions prévues par un décret en Conseil d'État.

Article L. 331-4:

Les droits mentionnés dans la première partie du présent code ne peuvent faire échec aux actes nécessaires à l'accomplissement d'une procédure juridictionnelle ou administrative prévue par la loi, ou entrepris à des fins de sécurité publique.

Chapitre II: Saisie-contrefaçon

Article L. 332-1:

Les commissaires de police et, dans les lieux où il n'y a pas de commissaire de police, les juges d'instance, sont tenus, à la demande de tout auteur d'une œuvre protégée par le livre Ier, de ses ayants droit ou de ses ayants cause, de saisir les exemplaires constituant une reproduction illicite de cette œuvre.

Si la saisie doit avoir pour effet de retarder ou de suspendre des représentations ou des exécutions publiques en cours ou déjà annoncées, une autorisation spéciale doit être obtenue du président du tribunal de grande instance, par ordonnance rendue sur requête. Le président du tribunal de grande instance peut également, dans la même forme, ordonner:

1° La suspension de toute fabrication en cours tendant à la reproduction illicite d'une œuvre;

2° La saisie, quels que soient le jour et l'heure, des exemplaires constituant une reproduction illicite de l'œuvre, déjà fabriqués ou en cours de fabrication, des recettes réalisées, ainsi que des exemplaires illicitement utilisés;

3° La saisie des recettes provenant de toute reproduction, représentation ou diffusion, par quelque moyen que ce soit, d'une œuvre de l'esprit, effectuée en violation des droits de l'auteur;

4° La suspension, par tout moyen, du contenu d'un service de communication au public en ligne portant atteinte à l'un des droits de l'auteur, y compris en ordonnant de cesser de stocker ce contenu ou, à défaut, de cesser d'en permettre l'accès. Dans ce cas, le délai prévu à l'article L. 332-2 est réduit à quinze jours.

Le président du tribunal de grande instance peut, dans les mêmes formes, ordonner les mesures prévues aux 1° à 4° à la demande des titulaires de droits voisins définis au livre II.

Le président du tribunal de grande instance peut, dans les ordonnances prévues cidessus, ordonner la constitution préalable par le saisissant d'un cautionnement convenable.

Article L. 332-2:

Dans les trente jours de la date du procès-verbal de la saisie prévue à l'alinéa premier de l'article L. 332-1 ou de la date de l'ordonnance prévue au même article, le saisi ou le tiers saisi peuvent demander au président du tribunal de grande instance de prononcer la mainlevée de la saisie ou d'en cantonner les effets, ou encore d'autoriser la reprise de la fabrication ou celle des représentations ou exécutions publiques, sous l'autorité d'un administrateur constitué séquestre, pour le compte de qui il appartiendra, des produits de cette fabrication ou de cette exploitation.

Le président du tribunal de grande instance statuant en référé peut, s'il fait droit à la demande du saisi ou du tiers saisi, ordonner à la charge du demandeur la consignation d'une somme affectée à la garantie des dommages et intérêts auxquels l'auteur pourrait prétendre.

Article L. 332-3:

Faute par le saisissant de saisir la juridiction compétente dans les trente jours de la saisie, mainlevée de cette saisie pourra être ordonnée à la demande du saisi ou du tiers saisi par le président du tribunal, statuant en référé.

Article L. 332-4:

En matière de logiciels et de bases de données, la saisie-contrefaçon est exécutée en vertu d'une ordonnance rendue sur requête par le président du tribunal de grande instance. Le président autorise, s'il y a lieu, la saisie réelle.

L'huissier instrumentaire ou le commissaire de police peut être assisté d'un expert désigné par le requérant.

À défaut d'assignation ou de citation dans la quinzaine de la saisie, la saisie-contrefaçon est nulle.

En outre, les commissaires de police sont tenus, à la demande de tout titulaire de droits sur un logiciel ou sur une base de données, d'opérer une saisie-description du logiciel ou de la base de données contrefaisants, saisie-description qui peut se concrétiser par une copie.

Chapitre III: Saisie-arrêt

Article L. 333-1:

Lorsque les produits d'exploitation revenant à l'auteur d'une œuvre de l'esprit ont fait l'objet d'une saisie-arrêt, le président du tribunal de grande instance peut ordonner le versement à l'auteur, à titre alimentaire, d'une certaine somme ou d'une quotité déterminée des sommes saisies.

Article L. 333-2:

Sont insaisissables, dans la mesure où elles ont un caractère alimentaire, les sommes dues, en raison de l'exploitation pécuniaire de la cession des droits de propriété littéraire ou artistique, à tous auteurs, compositeurs ou artistes ainsi qu'à leur conjoint survivant contre lequel n'existe pas un jugement de séparation de corps passé force de chose jugée, ou à leurs enfants mineurs pris en leur qualité d'ayants cause.

Article L. 333-3:

La proportion insaisissable de ces sommes ne pourra en aucun cas être inférieure aux quatre cinquièmes, lorsqu'elles sont au plus égales annuellement au palier de ressources le plus élevé prévu en application du chapitre V du titre IV du livre Ier du Code du travail.

Chapitre V: Dispositions pénales

Article L. 335-1:

Les officiers de police judiciaire compétents peuvent procéder à la constatation des infractions prévues à l'article L. 335-4 du présent code, à la saisie de phonogrammes et vidéogrammes reproduits illicitement, des exemplaires et objets fabriqués ou importés illicitement et des matériels spécialement installés en vue de tels agissements.

Article L. 335-2:

Toute édition d'écrits, de composition musicale, de dessin, de peinture ou de toute autre production, imprimée ou gravée en entier ou en partie, au mépris des lois et règlements relatifs à la propriété des auteurs, est une contrefaçon et toute contrefaçon est un délit.

La contrefaçon en France d'ouvrages publiés en France ou à l'étranger est punie de trois ans d'emprisonnement et de 300 000 euros d'amende.

Seront punis des mêmes peines le débit, l'exportation et l'importation des ouvrages contrefaits.

Lorsque les délits prévus par le présent article ont été commis en bande organisée, les peines sont portées à cinq ans d'emprisonnement et à 500 000 euros d'amende.

Article L. 335-3 :

Est également un délit de contrefaçon toute reproduction, représentation ou diffusion, par quelque moyen que ce soit, d'une œuvre de l'esprit en violation des droits de l'auteur, tels qu'ils sont définis et réglementés par la loi.

Est également un délit de contrefaçon la violation de l'un des droits de l'auteur d'un logiciel définis à l'article L. 122-6.

Article L. 335-5 :

Dans le cas de condamnation fondée sur l'une des infractions définies aux trois précédents articles, le tribunal peut ordonner la fermeture totale ou partielle, définitive ou temporaire, pour une durée au plus de cinq ans, de l'établissement ayant servi à commettre l'infraction.

La fermeture temporaire ne peut entraîner ni rupture ni suspension du contrat de travail, ni aucun préjudice pécuniaire à l'encontre des salariés concernés. Lorsque la fermeture définitive entraîne le licenciement du personnel, elle donne lieu, en dehors de l'indemnité de préavis et de l'indemnité de licenciement, aux dommages et intérêts prévus aux articles L. 122-14-4 et L. 122-14-5 du Code du travail en cas de rupture du contrat de travail. Le non-paiement de ces indemnités est puni de six mois d'emprisonnement et de 3 750 euros d'amende.

Article L. 335-6 :

Dans tous les cas prévus par les quatre articles précédents, le tribunal peut prononcer la confiscation de tout ou partie des recettes procurées par l'infraction ainsi que celle de tous les phonogrammes, vidéogrammes, objets et exemplaires contrefaisants ou reproduits illicitement et du matériel spécialement installé en vue de la réalisation du délit.

Il peut également ordonner, aux frais du condamné, l'affichage du jugement prononçant la condamnation dans les conditions et sous les peines prévues à l'article 131-35 du Code pénal, ainsi que sa publication intégrale ou par extraits dans les journaux ou sur les services de communication au public en ligne qu'il désigne, sans que les frais de cette publication puissent excéder le montant maximum de l'amende encourue.

Article L. 335-7 :

Dans les cas prévus aux cinq articles précédents, le matériel, les objets contrefaisants et les recettes ayant donné lieu à confiscation seront remis à la victime ou à ses ayants droit pour les indemniser de leur préjudice ; le surplus de leur indemnité ou l'entière indemnité s'il n'y a eu aucune confiscation de matériel, d'objets contrefaisants ou de recettes, sera réglé par les voies ordinaires.

Article L. 335-8 :

Les personnes morales peuvent être déclarées responsables pénalement dans les conditions prévues à l'article 121-2 du Code pénal des infractions définies aux articles L. 335-2 à L. 335-4 du présent code.

Les peines encourues par les personnes morales sont:
1° L'amende suivant les modalités prévues à l'article 131-38;
2° Les peines mentionnées à l'article 131-39.
L'interdiction mentionnée au 2° de l'article 131-39 porte sur l'activité dans l'exercice ou à l'occasion de l'exercice de laquelle l'infraction a été commise.

Article L. 335-9:

En cas de récidive des infractions définies aux articles L. 335-2 à L. 335-4 ou si le délinquant est ou a été lié par convention avec la partie lésée, les peines encourues sont portées au double.

Article L. 335-10:

L'administration des douanes peut, sur demande écrite du titulaire d'un droit d'auteur ou d'un droit voisin, assortie de justifications de son droit dans les conditions prévues par décret en Conseil d'État, retenir dans le cadre de ses contrôles les marchandises que celui-ci prétend constituer une contrefaçon de ce droit.

Le procureur de la République, le demandeur, ainsi que le déclarant ou le détenteur des marchandises sont informés sans délai, par les services douaniers, de la retenue à laquelle ces derniers ont procédé.

La mesure de retenue est levée de plein droit à défaut pour le demandeur, dans le délai de dix jours ouvrables à compter de la notification de la retenue des marchandises, de justifier auprès des services douaniers:

– soit des mesures conservatoires prévues par l'article L. 332-1;

– soit de s'être pourvu par la voie civile ou la voie correctionnelle et d'avoir constitué les garanties requises pour couvrir sa responsabilité éventuelle au cas où la contrefaçon ne serait pas ultérieurement reconnue.

Aux fins de l'engagement des actions en justice visées à l'alinéa précédent, le demandeur peut obtenir de l'administration des douanes communication des noms et adresses de l'expéditeur, de l'importateur et du destinataire des marchandises retenues, ou de leur détenteur, ainsi que de leur quantité, nonobstant les dispositions de l'article 59 bis du Code des douanes, relatif au secret professionnel auquel sont tenus les agents de l'administration des douanes.

La retenue mentionnée au premier alinéa ne porte pas sur les marchandises de statut communautaire, légalement fabriquées ou mises en libre pratique dans un État membre de la Communauté européenne et destinées, après avoir emprunté le territoire douanier tel que défini à l'article 1er du Code des douanes, à être mises sur le marché d'un autre État membre de la Communauté européenne, pour y être légalement commercialisées.

Titre IV: Droits des producteurs de bases de données

Chapitre premier: Champ d'application

Article L. 341-1:

Le producteur d'une base de données, entendu comme la personne qui prend l'initiative et le risque des investissements correspondants, bénéficie d'une protection du contenu de la base lorsque la constitution, la vérification ou la présentation de celui-ci atteste d'un investissement financier, matériel ou humain substantiel.

Cette protection est indépendante et s'exerce sans préjudice de celles résultant du droit d'auteur ou d'un autre droit sur la base de données ou un de ses éléments constitutifs.

Article L. 341-2:

Sont admis au bénéfice du présent titre:

1° Les producteurs de bases de données, ressortissants d'un État membre de la Communauté européenne ou d'un État partie à l'accord sur l'Espace économique européen, ou qui ont dans un tel État leur résidence habituelle;

2° Les sociétés ou entreprises constituées en conformité avec la législation d'un État membre et ayant leur siège statutaire, leur administration centrale ou leur établissement principal à l'intérieur de la Communauté ou d'un État partie à l'accord sur l'Espace économique européen; néanmoins, si une telle société ou entreprise n'a que son siège statutaire sur le territoire d'un tel État, ses activités doivent avoir un lien réel et continu avec l'économie de l'un d'entre eux.

Les producteurs de bases de données qui ne satisfont pas aux conditions mentionnées ci-dessus sont admis à la protection prévue par le présent titre lorsqu'un accord particulier a été conclu avec l'État dont ils sont ressortissants par le Conseil de la Communauté européenne.

Chapitre II: Étendue de la protection

Article L. 342-1:

Le producteur de bases de données a le droit d'interdire:

1° L'extraction, par transfert permanent ou temporaire de la totalité ou d'une partie qualitativement ou quantitativement substantielle du contenu d'une base de données sur un autre support, par tout moyen et sous toute forme que ce soit;

2° La réutilisation, par la mise à disposition du public de la totalité ou d'une partie qualitativement ou quantitativement substantielle du contenu de la base, quelle qu'en soit la forme.

Ces droits peuvent être transmis ou cédés ou faire l'objet d'une licence.

Le prêt public n'est pas un acte d'extraction ou de réutilisation.

Article L. 342-2:

Le producteur peut également interdire l'extraction ou la réutilisation répétée et systématique de parties qualitativement ou quantitativement non substantielles du contenu de la base lorsque ces opérations excèdent manifestement les conditions d'utilisation normale de la base de données.

Article L. 342-3:

Lorsqu'une base de données est mise à la disposition du public par le titulaire des droits, celui-ci ne peut interdire:

1° L'extraction ou la réutilisation d'une partie non substantielle, appréciée de façon qualitative ou quantitative, du contenu de la base, par la personne qui y a licitement accès;

2° L'extraction à des fins privées d'une partie qualitativement ou quantitativement substantielle du contenu d'une base de données non électronique sous réserve du respect des droits d'auteur ou des droits voisins sur les œuvres ou éléments incorporés dans la base.

Toute clause contraire au 1° ci-dessus est nulle.

Article L. 342-4:

La première vente d'une copie matérielle d'une base de données dans le territoire d'un État membre de la Communauté européenne ou d'un État partie à l'accord sur l'Espace économique européen, par le titulaire du droit ou avec son consentement, épuise le droit de contrôler la revente de cette copie matérielle dans tous les États membres.

Toutefois, la transmission en ligne d'une base de données n'épuise pas le droit du producteur de contrôler la revente dans tous les États membres d'une copie matérielle de cette base ou d'une partie de celle-ci.

Article L. 342-5 :

Les droits prévus à l'article L. 342-1 prennent effet à compter de l'achèvement de la fabrication de la base de données. Ils expirent quinze ans après le 1er janvier de l'année civile qui suit celle de l'achèvement.

Lorsqu'une base de données a fait l'objet d'une mise à la disposition du public avant l'expiration de la période prévue à l'alinéa précédent, les droits expirent quinze ans après le 1er janvier de l'année civile suivant celle de cette première mise à disposition.

Toutefois, dans le cas où une base de données protégée fait l'objet d'un nouvel investissement substantiel, sa protection expire quinze ans après le 1er janvier de l'année civile suivant celle de ce nouvel investissement.

Chapitre III : Sanctions

Article L. 343-1 :

Est puni de trois ans d'emprisonnement et de 300 000 euros d'amende le fait de porter atteinte aux droits du producteur d'une base de données tels que définis à l'article L. 342-1. Lorsque le délit a été commis en bande organisée, les peines sont portées à cinq ans d'emprisonnement et à 500 000 euros d'amende.

Article L. 343-2 :

Les personnes morales peuvent être déclarées responsables pénalement, dans les conditions prévues à l'article 121-2 du Code pénal, des infractions définies à l'article L. 343-1. Les peines encourues par les personnes morales sont :

1° L'amende, suivant les modalités prévues par l'article L. 131-38 du Code pénal ;

2° Les peines mentionnées à l'article L. 131-39 du même code ; l'interdiction mentionnée au 2° de cet article porte sur l'activité dans l'exercice ou à l'occasion de l'exercice de laquelle l'infraction a été commise.

Article L. 343-3 :

En cas de récidive des infractions définies à l'article L. 343-1 ou si le délinquant est ou a été lié à la partie lésée par convention, les peines encourues sont portées au double.

Les coupables peuvent, en outre, être privés pour un temps qui n'excède pas cinq ans du droit d'élection et d'éligibilité pour les tribunaux de commerce, les chambres de commerce et d'industrie et les chambres de métiers, ainsi que pour les conseils de prud'hommes.

Article L. 343-4 :

Outre les procès-verbaux des officiers ou des agents de police judiciaire, la preuve de la matérialité des infractions définies au présent chapitre peut résulter des constatations d'agents assermentés désignés par les organismes professionnels de producteurs. Ces agents sont agréés par le ministre chargé de la Culture dans les mêmes conditions que celles prévues pour les agents visés à l'article L. 331-2.

Partie réglementaire

Livre premier : Le droit d'auteur

Titre premier : Objet du droit d'auteur

Chapitre premier : Nature du droit d'auteur

Article R. 111-1 :

Les redevances visées à l'article L. 111-4 (alinéa 3) du Code de la propriété intellectuelle sont versées à celui des organismes suivants qui est compétent à raison de sa vocation statutaire, de la nature de l'œuvre et du mode d'exploitation envisagé :

– Centre national des lettres ;
– Société nationale des gens de lettres ;
– Société des auteurs et compositeurs dramatiques ;
– Société des auteurs, compositeurs et éditeurs de musique ;
– Société pour l'administration du droit de reproduction mécanique des auteurs, compositeurs et éditeurs de musique ;
– Société des auteurs des arts visuels.

Au cas où l'organisme compétent n'accepte pas de recueillir lesdites redevances ou à défaut d'organisme compétent, ces redevances seront versées à la Caisse des dépôts et consignations.

Article R. 111-2 :

Le montant des sommes dues par l'utilisateur de l'œuvre est établi selon les conditions en usage dans chacune des catégories des créations considérées.

Le versement des fonds et leur utilisation à des fins d'intérêt général ou professionnel seront soumis au contrôle du ministre chargé de la Culture.

Titre III : Exploitation des droits

Chapitre III : Rémunération au titre du prêt en bibliothèque

Article R. 133-1 :

Les bibliothèques accueillant du public pour le prêt mentionnées aux articles L. 133-3 et L. 133-4 sont :

1° Les bibliothèques des collectivités territoriales désignées aux articles L. 310-1 à L. 310-6 et L. 320-1 à L. 320-4 du Code du patrimoine ;

2° Les bibliothèques des établissements publics à caractère scientifique, culturel et professionnel et des autres établissements publics d'enseignement supérieur relevant du ministre chargé de l'Enseignement supérieur ;

3° Les bibliothèques des comités d'entreprise ;

4° Toute autre bibliothèque ou organisme mettant un fonds documentaire à la disposition d'un public, dont plus de la moitié des exemplaires de livres acquis dans l'année est destinée à une activité organisée de prêt au bénéfice d'usagers inscrits individuels ou collectifs.

Article R. 133-2:

Le montant de la première part de la rémunération prévue au deuxième alinéa de l'article L. 133-3 est calculé sur la base d'une contribution forfaitaire par usager inscrit dans les bibliothèques accueillant du public pour le prêt, telles que visées à l'article R. 133-1.

Cette contribution est fixée à 1 euro par usager inscrit dans les bibliothèques des établissements publics à caractère scientifique, culturel et professionnel et des autres établissements publics d'enseignement supérieur relevant du ministre chargé de l'Enseignement supérieur et versée par ce dernier. Elle est fixée à 1,5 euro par usager inscrit dans les autres bibliothèques accueillant du public pour le prêt et versée par le ministère chargé de la Culture.

Pour la première année d'application de la loi, cette contribution est respectivement fixée à 0,5 euro par usager inscrit dans les bibliothèques des établissements d'enseignement supérieur et à 0,75 euro par usager inscrit dans les autres bibliothèques accueillant du public pour le prêt.

Le nombre des usagers inscrits est précisé chaque année par arrêté dans les conditions suivantes:

1° Le nombre des usagers inscrits dans les bibliothèques publiques est évalué chaque année à partir des éléments statistiques fournis par les communes et les départements en application des articles R. 1422-5 et R. 1422-14 du Code général des collectivités territoriales;

2° Le nombre des usagers inscrits dans les bibliothèques des établissements publics à caractère scientifique, culturel et professionnel et des autres établissements publics d'enseignement supérieur relevant du ministre chargé de l'Enseignement supérieur est évalué chaque année à partir des statistiques annuelles établies par le ministre chargé de l'enseignement supérieur;

3° Afin de tenir compte des usagers inscrits dans les autres bibliothèques accueillant du public pour le prêt, le nombre des usagers inscrits dans les bibliothèques publiques est majoré d'un taux exprimé en pourcentage. Ce taux est fixé à 4 % et révisable tous les trois ans à partir d'estimations chiffrées relatives au développement de l'activité de ces bibliothèques.

Livre III: Dispositions générales

Titre II: Sociétés de perception et de répartition des droits

Chapitre premier: Dispositions générales

Article R. 321-1:

Le dossier adressé au ministre chargé de la Culture, en application de l'article L. 321-3, comprend les projets de statuts et de règlements généraux et toutes pièces justifiant la qualité professionnelle des fondateurs ainsi que l'état des moyens humains, matériels ou financiers permettant à la société d'assurer effectivement la perception des droits et l'exploitation de son répertoire.

La transmission du dossier est faite par lettre recommandée avec demande d'avis de réception.

Article R. 321-2:

Tout associé peut, à tout moment, demander à la société de lui adresser:

1° La liste des mandataires sociaux;

2° Un tableau retraçant sur une période de cinq ans le montant annuel des sommes perçues et réparties ainsi que des prélèvements pour frais de gestion et des autres prélèvements ;

3° Un document décrivant les règles de répartition applicables ;

4° Le produit des droits lui revenant au cours des douze derniers mois, résultant des contrats conclus avec les utilisateurs, et la manière dont ce produit est déterminé.

Article R. 321-3 :

Dans les sociétés de perception et de répartition des droits, les associés peuvent être convoqués soit par lettre recommandée, soit par un avis inséré dans deux journaux au moins, de diffusion nationale, habilités à recevoir les annonces légales dans le département du siège social et qui sont déterminés par les statuts. Toute modification de la liste de ces journaux intervenant avant la mise à jour des statuts est portée à la connaissance des associés par tout moyen approprié.

Outre les indications prévues au premier alinéa de l'article 40 du décret n° 78-704 du 3 juillet 1978, l'avis mentionne la date et le lieu de réunion des assemblées ; cet avis est publié quinze jours au moins avant la date de l'assemblée.

Lorsque les statuts prévoient que certaines assemblées doivent être tenues selon des conditions particulières de quorum ou de majorité, il est fait mention de ces conditions dans l'avis de convocation à ces assemblées.

Article R. 321-4 :

La date de l'assemblée au cours de laquelle, conformément à l'article 1856 du Code civil, il est rendu compte de la gestion sociale est déterminée par les statuts.

Lorsque, dans les conditions prévues par les statuts, cette assemblée ne peut être tenue, les associés doivent être prévenus au moins quinze jours avant, soit par lettre recommandée avec demande d'avis de réception, soit par un avis de report publié selon les modalités prévues à l'article R. 321-3. La lettre ou l'avis indique les motifs du report ainsi que la date à laquelle l'assemblée se tiendra.

Article R. 321-5 :

Tout associé peut demander à être convoqué individuellement aux assemblées ou à certaines d'entre elles par lettre recommandée avec demande d'avis de réception.

Lorsque la convocation est faite par avis dans la presse, les frais de l'envoi recommandé sont à la charge de l'intéressé.

Article R. 321-6 :

Avant l'assemblée générale d'approbation des comptes, tout associé a le droit de prendre connaissance des livres et documents mentionnés à l'article 48 du décret n° 78-704 du 3 juillet 1978 relatif à l'application de la loi n° 78-9 du 4 janvier 1978 modifiant le titre IX du livre III du Code civil, et concernant l'exercice en cours. Ce droit s'exerce dans les deux mois précédant la réunion de l'assemblée, sauf durée supérieure fixée par les statuts de la société.

L'associé adresse à la société, au moins quinze jours avant la date fixée pour cette réunion, une demande écrite mentionnant les documents auxquels il souhaite accéder. Dans un délai de dix jours à compter de la réception de la demande, la société propose une date pour l'exercice du droit d'accès qui s'effectue dans des conditions définies par les statuts. Le troisième alinéa de l'article 48 du décret du 3 juillet 1978 précité est applicable.

Le droit d'accès s'exerce au siège social ou au lieu de la direction administrative et, sous réserve des dispositions du dernier alinéa de l'article R. 321-6-1, sans faculté d'obtenir copie des documents.

Article R. 321-6-1:

L'associé peut, en outre, pendant la période définie au premier alinéa de l'article R. 321-6, demander à la société de lui adresser:

1° Les comptes annuels qui seront soumis à l'assemblée générale ainsi que les comptes de l'exercice précédent, accompagnés des documents mentionnés à l'article R. 321-8;

2° Les rapports des organes dirigeants et des commissaires aux comptes qui seront soumis à l'assemblée;

3° Le cas échéant, le texte et l'exposé des motifs des résolutions proposées, ainsi que les renseignements concernant les candidats à un mandat social;

4° Le montant global, certifié exact par les commissaires aux comptes, des rémunérations versées aux personnes les mieux rémunérées, le nombre de ces personnes étant de dix ou de cinq selon que l'effectif de la société excède ou non deux cents salariés;

5° La liste des placements figurant dans les comptes à la clôture de l'exercice ainsi que des taux de rendement moyen au cours de l'exercice pour les placements à court et à moyen terme;

6° Un tableau mentionnant les organismes dans lesquels la société détient une participation ainsi que le compte de résultat et le bilan de chacun de ces organismes;

7° Un état faisant ressortir, pour les principales catégories d'utilisateurs, leur nombre et le montant des droits versés dans l'année;

8° Le tableau de correspondance entre les comptes annuels dans leur présentation ordinaire et les tableaux prévus par l'article R. 321-8.

Les documents mentionnés aux 1° à 8° sont, pendant la même période, tenus à la disposition des associés au siège social ou au lieu de la direction administrative, où ils peuvent en prendre connaissance ou en obtenir copie.

Article R. 321-6-2:

L'information des associés définie à l'article R. 321-6 est assurée dans le respect des limites posées par l'article L. 321-5 et des règles prévues par les statuts en matière de confidentialité, notamment au regard du secret des affaires, vis-à-vis des tiers. En outre, un associé ne peut accéder aux informations nominatives concernant les personnels de la société.

Le cas échéant, les informations nominatives exclues du droit d'accès sont occultées.

Les documents qui ont un caractère préparatoire aux décisions des organes sociaux ou qui se rattachent à une procédure contentieuse en cours ne sont pas accessibles.

La société peut ne pas donner suite aux demandes répétitives ou abusives.

Article R. 321-6-3:

L'associé auquel est opposé un refus de communication peut saisir une commission spéciale composée d'au moins cinq associés élus par l'assemblée générale parmi ceux qui ne détiennent aucun mandat social.

Les avis de cette commission sont motivés. Ils sont notifiés au demandeur et aux organes de direction de la société.

La commission rend compte annuellement de son activité à l'assemblée générale. Son rapport est communiqué au ministre chargé de la Culture ainsi qu'au président de la commission prévue à l'article L. 321-13.

Article R. 321-6-4 :

Le fait, pour un gérant de droit ou de fait, de refuser de communiquer tout ou partie des documents mentionnés aux articles R. 321-2, R. 321-6 et R. 321-6-1 est puni de la peine d'amende prévue pour les contraventions de la 3e classe.

Article R. 321-7 :

Les utilisateurs peuvent prendre connaissance du répertoire mentionné à l'article L. 321-7 au siège de la société ou, le cas échéant, dans ses agences régionales. Sur leur demande, il leur en est délivré copie sans qu'il puisse alors leur être réclamé d'autre somme que celle représentant le coût de la copie.

Chapitre II : Sociétés agréées pour la gestion du droit de reproduction par reprographie

Article R. 322-1 :

Une société régie par le titre II du livre III peut être agréée au titre de l'article L. 122-10, si elle remplit les conditions suivantes :

1° Apporter la preuve de la diversité de ses associés à raison des catégories et du nombre des ayants droit, de l'importance économique exprimée en revenu ou en chiffre d'affaires et de la diversité des genres éditoriaux. Cette diversité doit trouver son expression dans la composition des organes délibérants et dirigeants ;

2° Justifier, par toutes pièces, la qualification de ses gérants et mandataires sociaux appréciée en fonction :

a) De leur qualité d'auteur ;

b) Ou de la nature et du niveau de leurs diplômes ;

c) Ou de leur expérience professionnelle dans le secteur de l'édition ou de la gestion d'organismes professionnels ;

3° Donner toutes informations relatives à son organisation administrative et aux conditions d'installation et d'équipement. Ces informations doivent concerner la collecte des données sur la pratique de la reprographie, la perception des rémunérations, le traitement des données nécessaires pour la répartition des rémunérations perçues, le plan de financement et le budget prévisionnel des trois exercices suivant la demande d'agrément ;

4° Prévoir dans ses statuts, son règlement général et les actes types d'engagement de chacun des associés les règles garantissant le caractère équitable des modalités prévues pour la répartition des rémunérations perçues par les auteurs et les éditeurs.

Article R. 322-2 :

La demande d'agrément, accompagnée d'un dossier établi conformément à l'article R. 322-1, est transmise par lettre recommandée au ministre chargé de la Culture, qui en délivre récépissé. Lorsque le dossier n'est pas en état, le ministre chargé de la Culture demande par lettre recommandée un dossier complémentaire, qui doit être remis dans la même forme dans un délai d'un mois à compter de la réception de cette lettre.

L'agrément est délivré par arrêté du ministre chargé de la Culture, publié au *Journal officiel* de la République française.

L'agrément est accordé pour cinq années. Il est renouvelable dans les mêmes conditions que l'agrément initial.

L'agrément peut être retiré, lorsque la société ne remplit pas l'une des conditions fixées à l'article R. 322-1, après mise en demeure ou notification des griefs. Le bénéficiaire de l'agrément dispose d'un délai d'un mois pour présenter ses observations. Le retrait est prononcé par arrêté du ministre chargé de la Culture, publié au *Journal officiel* de la République française.

Article R. 322-3:

Tout changement de statut, ou de règlement général, toute cessation de fonction d'un membre des organes dirigeants et délibérants d'une société agréée sont communiqués au ministre chargé de la culture dans un délai de quinze jours à compter de la décision correspondante. Le défaut de déclaration peut entraîner retrait de l'agrément.

Article R. 322-4:

Si, à la date de la publication de l'œuvre, l'auteur ou son ayant droit n'a pas désigné une société de perception et de répartition des droits agréée, la société réunissant le plus grand nombre d'œuvres gérées, déterminé conformément aux usages des professions concernées, est réputée cessionnaire du droit de reproduction par reprographie.

Le ministre chargé de la culture désigne chaque année la ou les sociétés répondant à la condition définie à l'alinéa précédent.

Chapitre VI: Sociétés agréées pour la gestion collective de la rémunération au titre du prêt en bibliothèque

Article R. 326-1:

Une société régie par les dispositions des articles L. 321-1 à L. 321-13 est agréée au titre de l'article L. 133-2 si elle:

1° Apporte la preuve, par la composition de ses organes délibérants et dirigeants, de la diversité de ses associés à raison des catégories et du nombre des ayants droit, de l'importance économique exprimée en revenu ou en chiffre d'affaires et de la diversité des genres éditoriaux;

2° Apporte la preuve de la représentation équitable des auteurs et des éditeurs parmi ses associés et au sein de ses organes dirigeants;

3° Justifie, par tout moyen, de la qualification professionnelle de ses gérants et mandataires sociaux en raison:

a) De leur qualité d'auteur;

b) Ou de la nature et du niveau de leurs diplômes;

c) Ou de leur expérience dans le secteur de l'édition ou de la gestion d'organismes professionnels;

4° Donne les informations nécessaires relatives:

a) À l'organisation administrative et aux conditions d'installation et d'équipement de la société;

b) Aux moyens mis en œuvre pour la collecte des données statistiques sur les acquisitions d'ouvrages par les bibliothèques;

c) Aux moyens mis en œuvre pour la perception des rémunérations et le traitement des données nécessaires à la répartition de ces rémunérations;

d) Au plan de financement et au budget prévisionnel des trois exercices suivant la demande d'agrément;

5° Indique les dispositions qu'elle a prises ou qu'elle entend prendre pour garantir le respect des règles de répartition des rémunérations entre les auteurs et les éditeurs, ainsi que le caractère équitable de la répartition au sein de chacune de ces catégories.

Article R. 326-2:

La demande d'agrément, accompagnée d'un dossier établi conformément à l'article R. 326-1, est transmise par lettre recommandée avec demande d'avis de réception au ministre chargé de la Culture, qui en délivre récépissé. Lorsque le dossier n'est pas complet, le ministre chargé de la Culture demande par lettre recommandée avec demande d'avis de réception un dossier complémentaire, qui doit être remis dans la même forme dans un délai d'un mois à compter de la réception de cette lettre.

Article R. 326-3:

L'agrément est délivré par arrêté du ministre chargé de la Culture, publié au *Journal officiel* de la République française.

Article R. 326-4:

L'agrément est accordé pour cinq années. Il est renouvelable dans les mêmes conditions que l'agrément initial.

Article R. 326-5:

Tout changement de règlement général et toute cessation de fonction d'un membre des organes délibérants et dirigeants d'une société agréée sont communiqués au ministre chargé de la Culture dans un délai de quinze jours à compter de l'événement correspondant. Le défaut de déclaration peut entraîner le retrait de l'agrément.

Article R. 326-6:

Si une société agréée cesse de remplir l'une des conditions fixées à l'article R. 326-1, le ministre chargé de la Culture la met, par écrit, en demeure de respecter les conditions de l'agrément. Le bénéficiaire de l'agrément dispose d'un délai d'un mois pour présenter ses observations et, le cas échéant, les mesures de mise en conformité qu'il entend mettre en œuvre.

Le retrait de l'agrément est prononcé par arrêté du ministre chargé de la Culture, publié au *Journal officiel* de la République française.

Article R. 326-7:

Si, à la date de la publication d'une œuvre, l'auteur et l'éditeur n'ont pas désigné une société agréée de perception et de répartition des droits, la gestion de leur droit à rémunération au titre du prêt en bibliothèque est confiée à la société réunissant le plus grand nombre d'œuvres gérées. Ce nombre est déterminé conformément aux usages des professions intéressées.

Le ministre chargé de la Culture désigne chaque année la société répondant à la condition définie à l'alinéa précédent.

Titre III: Procédures et sanctions

Chapitre premier: Dispositions générales

Article R. 331-1:

Les agents désignés par le Centre national de la cinématographie, par les organismes professionnels d'auteurs et par les sociétés mentionnées au titre II du présent livre, après avoir été agréés par le ministre chargé de la Culture, prêtent serment devant le juge du tribunal d'instance de leur résidence. La formule de serment est la suivante: « Je jure de bien et fidèlement remplir mes fonctions et de ne rien révéler ou utiliser de ce qui sera porté à ma connaissance à l'occasion de leur exercice. »

Chapitre V : Dispositions pénales

Article R. 335-1 :

La demande de retenue de marchandises par l'administration des douanes prévue à l'article L. 335-10 comporte :

1° Les noms et prénoms ou la dénomination sociale du demandeur, son domicile ou son siège ;

2° Le cas échéant, le nom et l'adresse du mandataire et la justification de son mandat ;

3° La qualité du demandeur au regard des droits qu'il invoque, attestée par tous moyens ;

4° Tous éléments permettant d'identifier l'œuvre ou la prestation contrefaites ;

5° La description des marchandises arguées de contrefaçon dont la retenue est demandée.

La demande peut être faite préalablement à l'entrée des marchandises arguées de contrefaçon sur le territoire français. Dans ce cas, elle est valable un an et peut être renouvelée.

Les modalités de présentation de la demande sont précisées par arrêté du ministre chargé du Budget.

Codes des usages

Les éditeurs aiment faire appel aux « usages » pour justifier aux auteurs telle ou telle de leurs décisions. Le droit y fait lui aussi référence, mais n'admet leur valeur que dans des cas relativement délimités[1].

Les usages – comme les « coutumes » – sont une des « sources » du droit. Leur place est cependant bien inférieure à la législation et à la réglementation. Ce n'est donc bien souvent que par défaut qu'ils seront discutés pour juger des agissements de l'auteur comme de l'éditeur. Le Code de la propriété intellectuelle est assez précis à propos des règles applicables au contrat d'édition. Il est toutefois fait mention, à plusieurs reprises, des « usages ».

Par exemple, si le contrat ne prévoit aucun délai de publication, l'article L. 132-11 dispose qu'« à défaut de convention spéciale, l'éditeur doit réaliser l'édition dans un délai fixé par les usages de la profession ».

De même, après la publication proprement dite, et selon les termes de l'article L. 132-12 du CPI, « l'éditeur est tenu d'assurer à l'œuvre une exploitation permanente et suivie et une diffusion commerciale, conformément aux usages de la profession ».

Il en est encore ainsi du régime juridique du contrat à compte d'auteur. L'article L. 132-2 précise que « ce contrat constitue un louage d'ouvrage régi par la convention, les usages et les dispositions des articles 1787 et suivants du Code civil ». Quant au contrat de compte à demi, l'article L. 132-3 souligne qu'« il est régi, sous réserve des dispositions prévues aux articles 1871 et suivants du Code civil, par la convention et les usages ».

Par ailleurs, selon l'article L. 131-3 du CPI, l'éditeur « bénéficiaire de la cession » des droits d'adaptation audiovisuelle « s'engage [...] à rechercher une exploitation du droit cédé conformément aux usages de la profession ».

Enfin, l'article R. 322-4 du CPI mentionne, au sujet des sociétés chargées de percevoir les redevances relatives à la reprographie, les « usages des professions concernées ».

Dans certaines situations, la jurisprudence fait elle aussi appel spontanément aux « usages ». C'est ainsi que, pour le délai de remise du manuscrit, les juges n'hésitent pas à laisser les auteurs prendre leur temps. Pour autoriser jusqu'à neuf mois de retard, les magistrats ont alors recours à la notion très fluctuante de

1. Christophe Caron, « Les usages et pratiques professionnels en droit d'auteur », *Propriétés intellectuelles*, n° 7, avril 2003, p. 127. Xavier Près, *Les Sources complémentaires en droit d'auteur français*, PUAM, 2004.

« délais raisonnables », qui repose là encore sur les seuls usages de la profession[1]...

Il en est de même quant aux mentions qui peuvent accompagner le nom de l'auteur, telles que son appartenance à une académie.

Les pourcentages acceptables sont eux aussi déterminés, en justice, à partir des usages. Ainsi, l'article L. 131-5 du CPI vise « un préjudice de plus de sept douzièmes dû à une lésion ou à une prévision insuffisante des produits de l'œuvre », qui ouvre la voie à la révision des conditions de prix du contrat. Il faut pour cela que l'auteur démontre qu'il a été lésé d'au moins sept douzièmes (c'est là le chiffre traditionnellement retenu par le Code civil) de la rémunération qu'il aurait pu légitimement attendre. Et dans ce cas, les usages de la profession font bien entendu référence.

Plusieurs codes des usages ont été élaborés par le Syndicat national de l'édition et des instances représentatives des auteurs. Tout comme les barèmes professionnels, les « codes des usages » ne peuvent être qu'indicatifs et n'ont pas de véritable force obligatoire, ainsi que l'a rappelé la cour d'appel de Paris, le 8 septembre 1993[2]. La jurisprudence semble toutefois de plus en plus hésitante dans certaines situations. La Cour de cassation a, en effet, le 19 février 2002[3], rendu un arrêt qui confère une valeur supplétive au Code des usages en matière d'illustration photographique : les hauts magistrats ont considéré, en l'espèce, que le litige mettait en cause deux professionnels qui certes n'avaient pas fait référence audit code mais le connaissaient bel et bien tous deux.

En tout état de cause, ces codes constituent souvent de bonnes bases pour rédiger un contrat équilibré et conforme à la législation. Et ce, d'autant plus que c'est parfois dans ces mêmes codes qu'il a été d'abord mis clairement fin à des « mauvais » usages, tels que la clause de « passe » dans les contrats d'édition.

Il existe donc un « Code des usages entre écrivains et éditeurs de littérature générale », un « Code des usages relatif à la traduction de littérature générale », une « Convention en matière de reproduction d'œuvre d'art », un « Code des usages en matière d'illustration par dessin » et encore un « Code des usages en matière d'illustration photographique », qu'il vaut mieux avoir au moins une fois consultés...

1. Voir le chapitre VIII « Le contrat d'édition ».

2. Cour d'appel de Paris, 8 septembre 1993, *Gazette du Palais*, 1994, p. 19.

3. Chambre commerciale de la Cour de cassation, 19 février 2002, *Propriétés intellectuelles*, n° 5, octobre 2002, p. 102, observations Jérôme Passa.

CODE DES USAGES EN MATIÈRE DE LITTÉRATURE GÉNÉRALE

Issu du protocole d'accord du 15 décembre 1980, ratifié le 5 juin 1981 par le Syndicat national de l'édition, le Groupe des éditeurs de littérature et le Conseil permanent des écrivains

I. Édition seconde

Préambule

Les délégations du Syndicat national de l'édition et du Conseil permanent des écrivains animées du désir de définir les conditions permettant d'assurer aux œuvres littéraires une exploitation permanente et suivie conforme aux intérêts légitimes des auteurs, arrêtent, dans le respect des dispositions de la loi du 11 mars 1957[1], le principe suivant destiné à permettre une nouvelle exploitation de l'œuvre dans les conditions et selon les modalités ci-après définies.

Principe

Au terme de la cinquième année d'exploitation du dernier tirage de l'œuvre sous sa forme première, si le nombre des exemplaires vendus annuellement s'abaisse à un niveau inférieur à 50 exemplaires, l'auteur dispose alors de la faculté de proposer un nouvel éditeur pour une *édition seconde* en librairie faite dans les conditions conformes aux usages de la profession.

La dénomination « auteur » telle qu'employée ici recouvre l'auteur, ses héritiers et ayants droit, la dénomination « éditeur » recouvrant, quant à elle, la personne physique ou morale cessionnaire des droits d'exploitation de l'œuvre dans les conditions prévues au contrat.

Par *édition seconde,* il faut entendre la remise en vente en librairie d'une édition semblable à l'édition première selon des modalités propres à lui assurer de nouvelles chances de succès, notamment par une modification de la présentation de l'ouvrage, une remise à l'office, une nouvelle campagne de promotion.

Modalités d'application

1. L'auteur doit informer l'éditeur de sa proposition par lettre recommandée avec accusé de réception à laquelle l'éditeur est tenu de répondre dans un délai de 3 mois ; à défaut de réponse de l'éditeur, l'auteur lui adressera une seconde lettre recommandée avec accusé de réception à laquelle l'éditeur sera tenu de répondre dans un délai de 15 jours.

Passé ce délai, à défaut de réponse de l'éditeur, le contrat sera résilié de plein droit, sans que cette résiliation porte atteinte à la validité des cessions de droits dérivés et annexes que l'éditeur aurait pu, antérieurement, consentir à des tiers.

2. Dans sa réponse, l'éditeur doit indiquer son choix pour l'une des trois solutions suivantes :
a) soit traiter dans un délai de 2 mois avec l'éditeur proposé par l'auteur pour l'édition seconde ;

1. Aujourd'hui intégrée au CPI.

b) soit traiter dans un délai de 2 mois avec un autre éditeur de son choix à des conditions au moins équivalentes à celles de l'éditeur proposé par l'auteur;
c) soit procéder personnellement à une nouvelle mise en vente dans un délai de 12 mois selon des conditions et modalités analogues à celles prévues ci-dessus pour l'édition seconde.
À défaut d'accord avec un second éditeur ou d'une nouvelle mise en vente dans les délais prévus ci-dessus, le contrat sera résilié de plein droit, sans que cette résiliation ne porte atteinte à la validité des cessions des droits dérivés et annexes consenties antérieurement par l'éditeur à des tiers.

3. Dans le cas où l'édition seconde est réalisée par un second éditeur proposé par l'auteur ou choisi par le premier éditeur:
a) L'exploitation de l'œuvre par l'un ou l'autre éditeur dans les conditions énoncées aux alinéas a) et b) du paragraphe 2 ci-dessus doit répondre aux exigences légales et plus particulièrement aux dispositions des articles 57 et 63 de la loi du 11 mars 1957[1]. Cette exploitation ne porte pas atteinte à la cession des droits annexes et dérivés consentis par l'auteur à l'éditeur initial; par ailleurs, celui-ci aura le droit de garder le titre à son catalogue mais s'interdira toute forme de promotion pour la vente en librairie de l'édition première.
b) Les conventions passées entre les deux éditeurs doivent être contresignées par l'auteur. Cette exploitation seconde est consentie pour une durée déterminée dont le minimum ne saurait être inférieur à trois années, et ce indépendamment de l'importance des tirages auxquels aura procédé le second éditeur. Au-delà de cette période, la vente des stocks restants ne pourra excéder 12 mois.
Il incombe au premier éditeur d'assurer la gestion de ce contrat, à charge pour lui de rendre compte à l'auteur et de lui régler les sommes perçues.
À compter de la signature de cette convention et pour la durée totale d'exploitation convenue de l'édition seconde, le premier éditeur s'interdit de procéder à une vente en solde totale ou partielle des exemplaires de l'œuvre.

4. Par exception aux autres dispositions de ce protocole, les dispositions relatives à l'édition seconde sont applicables immédiatement à tous les contrats en cours.

II. Droit de préférence

Auteurs et éditeurs conviennent, toujours dans le domaine de la littérature générale, d'aménager ainsi qu'il suit l'exercice du droit de préférence.

a) Ce droit est limité, par contrat et quel que soit le nombre de genres nettement déterminés qui y sont prévus, à la production de l'auteur pendant cinq années à compter de la signature du contrat ou à un maximum de cinq ouvrages y compris la première œuvre objet du contrat initial.

b) L'auteur recouvre immédiatement et de plein droit sa liberté à la suite de deux refus, successifs ou non, d'ouvrages nouveaux présentés par l'auteur dans le cadre du pacte de préférence et sans qu'il soit nécessaire que les refus portent sur des ouvrages du même genre dans le cas où le pacte de préférence porterait sur plusieurs genres.

1. Articles L. 132-12 et L. 132-17 du CPI.

c) Chacune des œuvres couvertes par le pacte de préférence doit faire l'objet d'un contrat distinct. Chacun de ces contrats doit préciser les modalités d'application du pacte de préférence qui fait l'objet du contrat initial et, notamment, d'œuvres futures pour lequel l'auteur reste encore lié à l'éditeur.

d) Aucune nouvelle clause de préférence ne peut intervenir avant expiration des effets de celle stipulée au premier contrat, même si les conditions ont été modifiées. Cette interdiction ne vise que les clauses portant sur les genres prévus au contrat initial.

III. Communication des relevés de comptes

Reddition des comptes
Sauf volonté contraire formellement exprimée par l'auteur, l'éditeur est tenu d'adresser à celui-ci et au moins une fois l'an un relevé des droits d'auteur dans la présentation conforme aux prescriptions de l'article 59 de la loi du 11 mars 1957[1].

Les relevés de comptes créditeurs sont adressés au cours du 4e mois suivant la date de l'arrêté des comptes, les relevés de comptes débiteurs étant, quant à eux, adressés aux auteurs dans les 6 mois de cette même date.

Cette obligation d'envoi systématique des comptes est limitée aux 5 premières années d'exploitation de l'ouvrage ; au-delà, le compte est établi chaque année et tenu à disposition au siège de la société ou communiqué à l'auteur à sa demande.

Assiette des droits
Il est rappelé que le taux des droits d'auteur est appliqué, à défaut d'un prix de vente au public, sur son équivalent, le prix de référence technique hors taxes.

Passe
La passe traditionnelle d'usage dans l'édition est supprimée lorsque les droits sont calculés par référence au nombre des exemplaires réellement vendus en France.

Taux
Le taux des droits prévu au contrat peut faire l'objet d'aménagements déterminés d'un commun accord en fonction des conditions nécessaires à une meilleure commercialisation de l'œuvre.

Droits dérivés et annexes
Par accord entre l'éditeur et l'auteur, il peut être convenu que les droits principaux et les droits dérivés et annexes feront l'objet de comptes séparés.

Dans ce cas, la part revenant à l'auteur à la suite de la cession des droits dérivés et annexes doit être réglée dans le mois suivant l'encaissement par l'éditeur.

Édition seconde
La part des droits revenant à l'auteur pour l'édition seconde doit être réglée dans le mois suivant son encaissement par l'éditeur chargé de la gestion.

1. Article L. 132-13 du CPI.

IV. Obligation d'information

Exploitation

L'éditeur est tenu d'informer l'auteur :

a) – de l'importance du tirage de l'ouvrage, par l'envoi de la photocopie de la fiche du dépôt légal ;
– du prix de cession de base de l'ouvrage ;
– de la date de mise en vente théorique ;
– du prix de référence technique hors taxes et taxes comprises ;

b) – de l'importance des réimpressions par envoi de la photocopie du dépôt légal et des changements du prix de cession de base et du prix de référence technique intervenus ;
– des cessions importantes de droits dérivés et annexes (poche, club, audiovisuels, etc.).

Pilon

L'éditeur est également tenu d'informer l'auteur de tout pilonnage important et de tenir à sa disposition, une fois l'opération réalisée, un certificat de pilonnage attestant de la destruction effective des exemplaires en stock.

Soldes

Il incombe à l'éditeur d'informer l'auteur des soldes partiels auxquels il est procédé et de suivre strictement les prescriptions légales en ce qui concerne la vente en solde totale des stocks de telle façon que l'auteur puisse exercer sa faculté de rachat à des conditions acceptables.

V. Présentation de l'ouvrage

L'éditeur reste maître de la présentation de l'ouvrage sous réserve que cette dernière ne porte pas atteinte au droit moral de l'auteur.

VI. Droits dérivés et annexes

Il n'a pas été possible aux deux délégations de s'entendre sur le principe de la cession des droits dérivés et annexes et sur ses modalités d'application.

Pour ne pas entraver la conclusion du présent protocole les deux délégations sont convenues d'en rester provisoirement, sur ce point, à la situation actuelle.

Toutefois, elles se sont mises d'accord sur les aménagements suivants :

Toute clause du contrat d'édition prévoyant la cession des droits dérivés et annexes doit être présentée de telle façon :

– que chacun des droits cédés fasse l'objet d'une mention distincte permettant à l'auteur d'y apporter les limitations qu'il désire ;

– que ces droits soient clairement répartis en trois catégories distinctes, à savoir :

- droit de reproduction et d'adaptation graphique (livre de poche, édition club, pré- ou post-publication, etc.),

• droit de traduction,

• droit d'adaptation et de représentation dramatique, cinématographique et, d'une façon générale, audiovisuelle ;

– qu'à chacune de ces catégories de droits corresponde un pourcentage de répartition des recettes entre l'auteur et l'éditeur dont le quantum est déterminé à la signature du contrat après accord entre les parties.

VII. Fabrication, promotion et publicité

Dépôt du manuscrit

Un récépissé est remis à l'auteur pour tout manuscrit remis au siège de la maison d'édition.

Délais de fabrication

À défaut de convention spéciale, l'éditeur doit réaliser l'édition dans un délai maximum de 18 mois après la remise enregistrée du manuscrit prêt pour l'impression.

Corrections d'épreuves

En règle générale, les premières épreuves remises à l'auteur pour corrections doivent avoir été préalablement corrigées par un correcteur professionnel.

Les corrections apportées par l'auteur au texte définitif et complet (manuscrits et documents) sont à la charge de l'auteur au-dessus de 10 % des frais de composition.

Exemplaires gratuits

Les exemplaires gratuits sont les exemplaires d'auteur, les exemplaires destinés au service de presse, à la promotion et à la publicité, au dépôt légal et à l'envoi des justificatifs.

Le nombre maximal de chacune de ces catégories d'exemplaires gratuits est fixé au contrat.

Toute autre utilisation d'exemplaires gratuits doit recevoir l'accord de l'auteur.

Promotion

Sauf convention contraire, les textes promotionnels, verso de couverture et rabats, prière d'insérer, doivent être soumis à l'auteur.

VIII. Commission paritaire auteurs-éditeurs

Les délégations du Conseil permanent des écrivains et du Syndicat national de l'édition conviennent de créer une commission paritaire auteurs-éditeurs composée à part égale de représentants désignés par chacune de ces deux délégations.

Cette commission sera tenue informée de toutes difficultés résultant de l'interprétation et de l'exécution de ce protocole et veillera à ce qu'il en soit donné la meilleure application possible.

Elle sera également chargée de formuler toute proposition destinée à en améliorer le contenu et, en outre, elle poursuivra l'étude des points de négociation qui n'ont pu faire l'objet d'un accord.

Elle se saisira de toute question nouvelle concernant la création, l'édition ou la diffusion sur laquelle il serait souhaitable que les éditeurs et les écrivains définissent une position commune.

Cette commission se réunira quatre fois par an et exceptionnellement à la demande de l'une ou l'autre des deux délégations.

CODE DES USAGES POUR LA TRADUCTION D'UNE ŒUVRE DE LITTÉRATURE GÉNÉRALE DU 17 MARS 1993

Signé entre la Société des gens de lettres de France, l'Association des traducteurs littéraires de France, la Société française des traducteurs, d'une part, et le Syndicat national de l'édition, d'autre part

Préambule

Dans le souci de promouvoir la qualité de la traduction des ouvrages étrangers publiés en France et d'améliorer la situation matérielle, morale et juridique des traducteurs, ils sont convenus de consigner dans le présent code, qui annule et remplace celui signé en 1984, les dispositions auxquelles ils entendent se référer pour les relations entre éditeurs et traducteurs de littérature générale, dans le respect du principe de la liberté contractuelle.

Ils rappellent que ces relations sont régies par le Code de la propriété intellectuelle (CPI), par la loi du 31 décembre 1975 sur la sécurité sociale des auteurs et la loi du 26 juillet 1991 sur la TVA applicable aux droits d'auteur.

I. Contrat

Un contrat écrit est établi entre l'éditeur et le traducteur, qui est auteur et investi à ce titre des droits moraux et patrimoniaux sur sa traduction. Le traducteur a donc vocation à percevoir une rémunération dans les conditions définies par les articles L. 131-4 et L. 132-6 du CPI.

Les modalités en sont définies dans les clauses particulières du contrat.

Une fraction de l'à-valoir prévu au contrat est versée à la signature.

La traduction est une œuvre dérivée qui doit respecter l'œuvre d'origine ; l'éditeur informera donc le traducteur des clauses du contrat qui lient l'éditeur à l'auteur ou à son représentant, dans la mesure où celles-ci peuvent avoir une influence sur l'exécution du contrat. C'est le cas notamment quand l'auteur de l'œuvre d'origine souhaite prendre connaissance de la traduction. Dans ce cas, l'éditeur sera juge d'un éventuel conflit entre le traducteur et l'auteur.

Lorsque la traduction doit respecter des critères particuliers, ces critères sont spécifiés au contrat.

Ces critères peuvent être, à titre indicatif :
- l'adaptation du style à un certain public (public jeune, public spécialisé, juriste, financier, etc.) ;
- l'adaptation à un format, une collection (ce qui peut entraîner des coupures) ;
- l'adaptation de l'ouvrage à un contexte français.

II. Remise de la traduction

Le traducteur remet à l'éditeur le texte complet dactylographié au recto seulement (feuillet de 25 lignes x 60 signes) de la traduction sous sa forme achevée, à la date prévue au contrat.

Tout délai supplémentaire doit faire l'objet d'un avenant au contrat. Le traducteur déclare conserver un double de son manuscrit.

L'éditeur accuse réception par écrit de cette remise. L'accusé de réception ne vaut pas acceptation de la traduction.

Si le traducteur ne remet pas le manuscrit dans le délai convenu, et après mise en demeure fixant un délai supplémentaire et raisonnable, le contrat peut être rompu à l'initiative de l'éditeur. Dans ce cas, le traducteur devra, sauf accord particulier, restituer la fraction de l'à-valoir déjà perçue.

III. Qualité et révision de la traduction

Le traducteur remet un texte de qualité littéraire consciencieuse et soignée, conforme aux règles de l'art et aux exigences de la profession, ainsi qu'aux dispositions particulières du contrat.

Il signale à la remise de son texte les points sur lesquels il a effectué des corrections ou des vérifications particulières.

Tout apport critique du traducteur doit être approuvé par l'éditeur, qui assure la direction technique et littéraire de l'ouvrage.
L'éditeur doit, dans un délai fixé au contrat, accepter formellement la traduction, la refuser ou en demander la révision; les parties recommandent que ce délai soit de deux mois. Il court à compter de l'accusé de réception de la traduction. Le solde de l'à-valoir est dû à l'échéance de ce délai, sauf refus de la traduction ou demande de révision.

– En cas d'acceptation de la traduction, l'éditeur verse le solde de l'à-valoir. Toute modification apportée au texte d'une traduction acceptée doit être soumise au traducteur avant la mise en composition.
– Si la traduction remise ne répond pas aux dispositions du contrat, celui-ci pourra être rompu à l'initiative de l'éditeur. Le traducteur ne pourra réclamer le solde de l'à-valoir, mais il conservera la fraction déjà versée.
– Dans le cas où l'éditeur demande la révision de la traduction, celle-ci peut être effectuée par le traducteur ou par un tiers.

Si le traducteur accepte de revoir lui-même sa traduction, il perçoit les droits prévus au contrat sans diminution ni augmentation. Le délai de révision et la date de paiement du solde de l'à-valoir sont fixés d'un commun accord.

Si le traducteur refuse de revoir sa traduction, l'éditeur peut effectuer lui-même la révision ou la confier à un tiers.

Un contrat doit, dans ce dernier cas, être conclu entre l'éditeur et le réviseur. Ce contrat devra notamment prévoir le délai de la révision et les modalités de sa rémunération.

Les droits d'auteur prévus au contrat de traduction sont alors répartis entre le traducteur et le réviseur en fonction de leur participation respective à la traduction achevée et acceptée.

IV. Remaniement ou mise à jour de la traduction

Lorsqu'un éditeur demande au traducteur un remaniement important du texte pour des raisons étrangères à la qualité de sa traduction (coupe, mise à jour, adaptation à un nouveau public, insertion d'un apparat critique) et que cette éventualité n'a pas été prévue au contrat, un droit complémentaire est dû.

Si le traducteur refuse de remanier sa traduction, l'éditeur peut effectuer lui-même le remaniement ou le confier à un tiers.

Dans ce cas, le traducteur perçoit, sans diminution, les droits prévus au contrat.

V. Correction des épreuves

L'éditeur communique au traducteur pour lecture, correction et bon à tirer des épreuves qui ont été préalablement corrigées.

L'éditeur informe le traducteur, aussitôt que possible, de la date à laquelle les épreuves corrigées lui seront remises et du délai qui lui sera imparti.

Dans le cas où le traducteur ne remet pas les épreuves dans les délais fixés, l'éditeur est fondé à considérer que le bon à tirer a été donné.

Le coût des corrections d'auteur apportées par le traducteur de son propre chef à un texte définitif et complet est à sa charge pour la part excédant 10 % des frais de composition.

VI. Rémunération du traducteur

Les parties rappellent que, sauf convention contraire, la rémunération du traducteur doit être calculée et versée ouvrage par ouvrage.

La traduction est une œuvre créée à l'initiative de l'éditeur. Son acceptation emporte la cession du droit d'exploitation de la traduction à l'éditeur dans les conditions définies par les articles L. 131-4 et L. 132-6 du CPI.

Sauf cas particulier d'une rémunération forfaitaire, la rémunération du traducteur est assurée par :

– un à-valoir sur droits d'auteur proportionnels, dont le montant, négocié entre les parties et fixé au contrat, dépend notamment de la longueur et de la difficulté de la traduction, ainsi que de la compétence et de la notoriété du traducteur ;

– un droit d'auteur proportionnel aux recettes provenant de l'exploitation de l'ouvrage.

Les parties recommandent, afin de mieux associer les traducteurs au succès de leur ouvrage, que les modalités d'application du droit proportionnel soient par exemple :

– un à-valoir et deux taux différents de droit d'auteur proportionnel, le premier taux s'appliquant jusqu'à l'amortissement de l'à-valoir, le second après l'amortissement de l'à-valoir.

Le premier de ces taux, plus élevé que le second, permet un amortissement accéléré de l'à-valoir. Il cesse d'être applicable quand l'à-valoir est amorti.

Sauf convention contraire, les droits provenant des exploitations dérivées et annexes ne viennent pas en amortissement de l'à-valoir ;

– un à-valoir et un seul taux qui s'applique au-delà de ***nombre*** exemplaires vendus. Ce nombre est fixé au contrat en fonction notamment de la nature de l'ouvrage, du type de collection dans laquelle il est publié, et de la notoriété de l'auteur de l'œuvre originale. Dans ce cas, les droits provenant d'exploitations dérivées et annexes ne peuvent venir en amortissement de l'à-valoir.

Passe

Les droits étant calculés par référence au nombre des exemplaires réellement vendus, la passe ne s'applique pas.

VII. Publication de la traduction

L'éditeur est tenu de respecter la traduction, et doit demander au traducteur son bon à tirer.

Si, après publication, il apparaît que l'éditeur a procédé à des altérations graves, le traducteur est en droit de demander une indemnité.

– Si l'éditeur ne publie pas, dans le délai fixé au contrat, une traduction acceptée, l'intégralité de l'à-valoir est acquise au traducteur.
– La résiliation du contrat a lieu de plein droit lorsque, sur mise en demeure du traducteur lui impartissant un délai convenable, l'éditeur n'a pas procédé, sauf cas de force majeure, à la publication de l'ouvrage ou, en cas d'épuisement, à sa réédition. Le traducteur reprend tous les droits sur son œuvre sans que cette résiliation du contrat porte atteinte à la validité des cessions de droits dérivés et annexes que l'éditeur aurait pu, antérieurement, consentir à des tiers.
– Si l'éditeur a conservé les droits et publie ultérieurement la traduction, les droits d'auteurs proportionnels s'imputent, dans les conditions prévues au contrat, sur l'à-valoir déjà versé.
– L'éditeur informe le traducteur de la résiliation du contrat d'édition en langue française.

Le traducteur obtient la résiliation du contrat dans les formes visées à l'article L. 132-17 du CPI.

La résiliation du contrat de traduction ne porte pas atteinte à la validité des cessions de droits dérivés et annexes que l'éditeur aurait pu antérieurement consentir à des tiers.

L'éditeur ne peut transmettre, à titre gratuit ou onéreux ou par voie d'apport en société, le bénéfice du contrat de traduction à un tiers, indépendamment de son fonds de commerce, sans avoir préalablement obtenu l'autorisation du traducteur.

Les parties rappellent que les droits du traducteur doivent être préservés.

VIII. Mention du nom du traducteur

1. Les parties rappellent :
– que le traducteur jouit conformément à l'article L. 121-1 du CPI du droit au respect de son nom, de sa qualité et de son œuvre ;
– que le nom du traducteur doit figurer sur chacun des exemplaires, sauf convention contraire, en application de l'article L. 132-11 du CPI.

2. Les parties conviennent que le nom du traducteur, qui figure sur la page du titre, doit apparaître distinctement sur la première page de couverture du livre ou, à défaut, sur la quatrième page de couverture.

3. Les parties recommandent que le nom du traducteur figure également sur les documents de promotion et de publicité.

IX. Information du traducteur

1. Exploitation de l'œuvre

L'éditeur informe le traducteur :

– de la date de mise en vente théorique ;
– des cessions importantes de droits dérivés et annexes.

2. Reddition des comptes

L'éditeur est tenu de rendre compte, conformément à l'article L. 132-13 du CPI.

L'éditeur adresse au traducteur le relevé de son compte dans les six mois de l'arrêté des comptes.

Les relevés de comptes comportent notamment, outre l'indication des sommes dues, l'indication :

– des différents tirages du livre ;
– du prix public hors taxes et de ses éventuelles variations ;
– sauf convention contraire, du nombre d'exemplaires vendus, inutilisables ou détruits.

La date habituelle d'arrêté des comptes est communiquée au traducteur à la signature du contrat.

X. Procédure de conciliation

Tout différend entre un éditeur et un traducteur peut être soumis, d'un commun accord, à la conciliation.

Les demandes de conciliation sont transmises par les parties signataires.

Le Syndicat national de l'édition, d'une part, et, selon le cas, la Société des gens de lettres de France, l'Association des traducteurs littéraires de France et la Société française des traducteurs, d'autre part, confient cette mission à un conciliateur, qui l'accepte.

Le conciliateur propose un compromis aux parties qui demeurent libres de l'accepter ou de le refuser.

Un compromis accepté par l'éditeur et le traducteur met fin à toute action ou revendication.

CODE DES USAGES EN MATIÈRE D'ILLUSTRATION PAR DESSIN DU 20 JUIN 1978

Signé entre le Syndicat national des peintres illustrateurs et le Syndicat national de l'édition

I. Participation principale

Le dessin constitue un élément essentiel de la création intellectuelle de l'œuvre (par exemple, illustration abondante dans un livre, dessins dans un album pour enfants, bandes dessinées, œuvres vidéographiques, etc.).

a) Rémunération au pourcentage

Participation proportionnelle aux recettes provenant de la vente de l'ouvrage sous forme d'un pourcentage librement débattu entre les parties.

En cas de commande par l'éditeur, un à-valoir sur les droits d'auteurs est garanti à ces derniers, dont l'importance et le mode de règlement sont fixés dans le contrat.

b) Rémunération forfaitaire pour une première édition, formellement demandée par le dessinateur, et proportionnelle au-delà

L'article 36 de la loi du 11 mars 1957[1] permet de convenir d'un forfait pour la première édition, à la condition que le dessinateur en fasse la demande expresse.

Pour éviter tout malentendu sur la définition de cette première édition, le contrat devra préciser le nombre d'exemplaires qu'elle comporte tant en langue française qu'en langues étrangères en cas de coédition ou de tirages groupés. Au-delà de la vente de ce nombre d'exemplaires, le contrat déterminera le pourcentage convenu entre les parties.

Il est de règle qu'en raison du risque de mévente pris par l'éditeur, et du refus de ce risque par le dessinateur, le pourcentage ne pourra être que moins important que s'il avait été convenu dès le premier franc de recette.

c) Dans le cas de traduction, de reproduction par tout autre procédé que l'édition, visuel, actuel ou à venir, la participation proportionnelle aux recettes sera fixée sous forme de pourcentage, après entente entre les parties ou, à défaut, à dire d'experts.

II. Participation secondaire

a) Lorsque la participation de l'illustrateur ne constitue pas l'un des éléments essentiels de la création intellectuelle d'une œuvre, la rémunération sera forfaitaire selon les principes énoncés par les exceptions à la participation proportionnelle prévues par l'article 35 de la loi du 11 mars 1957[2].

b) Toutefois, sera versée une rémunération nouvelle égale à la moitié de la rémunération originelle actualisée, lorsque l'éditeur réutilise les illustrations d'une édition originelle pour une édition nouvelle ou dérivée.

1. Article L. 132-6 du CPI.
2. Article L. 131-4 du CPI.

Par édition nouvelle, on entend l'édition notablement modifiée ou complétée d'un livre préexistant.

Par édition dérivée, on entend l'édition d'un même ouvrage, sous une présentation différente, réalisée par le même éditeur, ou un tiers éditeur, et comportant une part notable du texte et des illustrations originelles sous le même titre ou encore d'un titre différent, notamment dans le cas d'une traduction de l'ouvrage.

Si une autre utilisation du dessin était faite sur un support autre que le livre, le dessinateur et l'éditeur se partageraient par moitié le montant de la redevance qui serait payée par le tiers utilisateur. En pareil cas, l'éditeur demanderait l'autorisation préalable du dessinateur avant de traiter avec le tiers exploitant.

III. Propriété des dessins originaux et exclusivité d'exploitation

Sauf convention contraire, expressément précisée dans le contrat, les dessins originaux doivent être restitués à l'auteur. Celui-ci cède à l'éditeur l'exclusivité d'exploitation de ses dessins, dans les termes de l'article 54 de la loi du 11 mars 1957[1].

IV. Avance aux illustrateurs dans le cas d'une participation secondaire ou principale

a) Principe général

Lorsqu'un éditeur commande des dessins à un illustrateur, il est le plus souvent admis une avance d'un tiers sur le prix convenu.

Cet usage sera recommandé par le SNE à ses adhérents.

b) Toute étude ou esquisse demandée par une maison d'édition doit faire l'objet d'une rémunération convenue d'avance entre les parties, que cette étude ou ces esquisses soient ultérieurement utilisées ou non.

L'utilisation sera concrétisée par le contrat de commande.

Le refus aura pour conséquence le règlement immédiat au dessinateur de la somme convenue et la liberté pour lui de disposer à son gré des études ou esquisses.

c) Lorsque l'édition d'un livre est retardée, le dessinateur sera payé au plus tard six mois après la date de remise des dessins.

Lorsque le livre paraît, il est recommandé d'actualiser le prix convenu et de calculer le solde à verser sur ce prix actualisé.

V. Barème

En raison :
- de la diversité des livres édités ;
- de la part plus ou moins grande des illustrations dans un livre ;
- des écarts parfois considérables des droits d'auteurs demandés par les dessinateurs eux-mêmes ;

le SNE n'a pas jugé possible d'admettre l'établissement d'un barème, n'aurait-il été que de référence.

1. Article L. 132-8 du CPI.

Cependant, le SNE, conscient de l'importance de la collaboration ou de la contribution du dessin dans l'édition, et soucieux d'entretenir des rapports confiants et permanents avec le Syndicat national des peintres illustrateurs, appellera la vigilante attention de ses adhérents sur la nécessité d'accorder aux illustrateurs, notamment lorsqu'il y a commande, une rémunération véritablement appropriée aux temps présents.

Le Syndicat national des peintres illustrateurs se propose d'éditer un barème de référence à l'usage interne de ses adhérents.

VI. Promotion du livre

L'accord intervenu entre l'éditeur et l'illustrateur implique l'acceptation par ce dernier, sans rémunération, de l'utilisation par l'éditeur de l'une ou de plusieurs illustrations pour le besoin de la promotion du livre.

VII. Commission paritaire

En cas de différend entre éditeur et illustrateur, une commission paritaire s'efforcera de résoudre dans un esprit de conciliation les problèmes de principe et même tarifaires.

CONVENTION EN MATIÈRE DE REPRODUCTION D'ŒUVRE D'ART

Issue du protocole conclu le 1er mars 1983, ratifié le 1er septembre 1983 et signé le 15 novembre 1983 entre l'Association pour la diffusion des arts graphiques et plastiques et le Syndicat national de l'édition

I – Dispositions générales

A. Accord préalable

1. La reproduction d'une œuvre d'art préexistante de peinture, de sculpture, de gravure ou de dessin d'un auteur membre de l'ADAGP doit faire l'objet d'un accord écrit et préalable entre l'éditeur et cette association.

2. L'ADAGP est investie du mandat de tout adhérent pour traiter au nom de celui-ci avec les éditeurs. Elle engage, dans ces conditions, l'auteur, ses ayants droit et ayants cause, conformément à la loi du 11 mars 1957, relative à la propriété littéraire et artistique[1]. Elle garantit à l'éditeur la jouissance entière et libre de toute servitude du droit de reproduction contre tout trouble, revendication ou éviction quelconque dans les conditions prévues à la présente convention.

3. L'accord confère à l'éditeur, dans les conditions prévues à la présente convention, le droit non exclusif :

– d'imprimer, publier, reproduire et vendre un ouvrage comportant la reproduction de l'œuvre en langue française et en langue étrangère, en tous pays et sous toutes formes d'édition ;
– de reproduire l'œuvre sous tous supports strictement destinés à la promotion de l'ouvrage ;
– de conférer à des tiers tout ou partie de ces droits.

4. L'auteur ou ses ayants droit peuvent demander à signer le bon à tirer sur épreuves de photogravure pour la reproduction d'une de leurs œuvres. L'éditeur est tenu d'accepter cette demande.

Sous réserve du droit moral de l'auteur, ce bon à tirer conserve sa validité pour les différentes éditions du même ouvrage visées à la présente convention ainsi que pour les reproductions lorsque les mêmes éléments de fabrication (typon, film…) sont utilisés.

B. Mentions obligatoires : signature

Chaque reproduction doit être accompagnée de la signature suivante :
– nom et, si possible, prénom de l'auteur ;
– titre de l'œuvre ;
– si possible, date de création de l'œuvre ;
– lieu de conservation ;
– mention © by ADAGP 20...

1. Intégrée aujourd'hui au CPI.

Cette signature doit être portée, soit à proximité de la reproduction, soit dans une table des illustrations comportant l'indication de la page et, si nécessaire, de l'emplacement ou du numéro de référence de la reproduction.

La signature doit permettre l'identification aisée et certaine de l'œuvre par le lecteur. L'ADAGP peut éventuellement demander, avec l'accord de l'auteur, une indemnité égale à :
– 100 % du barème applicable en cas d'indications incomplètes, inidentifiables ou erronées ;
– 200 % du barème applicable en cas d'absence totale d'indications.

C. Droits d'auteur

L'auteur a droit, conformément à la loi du 11 mars 1957 relative à la propriété littéraire et artistique[1], à des droits proportionnels ou à des droits forfaitaires.

1. Droits proportionnels

Lorsque les œuvres sont reproduites dans le cadre d'une monographie consacrée à un auteur, il est recherché, à son bénéfice, une rémunération proportionnelle aux recettes provenant de la vente de l'ouvrage.

– Ces droits sont déterminés par accord particulier entre l'éditeur et l'ADAGP. Les parties doivent notamment tenir compte :
• de l'importance du texte par rapport à l'ensemble des pages, d'une part, et à la surface occupée par l'illustration, d'autre part ;
• de la présentation et du conditionnement de l'ouvrage (reliure, coffret, etc.) qui font l'objet, sur justification, d'une réduction des droits d'auteur.

– Lorsqu'un à-valoir est versé par l'éditeur, il constitue un minimum garanti et reste acquis à l'auteur quelle que soit la fortune de l'ouvrage.

– Ces droits sont payés sur l'état des ventes.

2. Droits forfaitaires

En cas de reproduction isolée d'une ou de plusieurs œuvres, il est versé une rémunération forfaitaire dont le montant est défini par le barème applicable.

Le barème applicable est celui en vigueur le jour de l'envoi des justificatifs à l'ADAGP.

Le barème des droits forfaitaires est modifié chaque année par accord entre le Syndicat national de l'édition et l'ADAGP.

D. Justificatifs

1. Envoi des justificatifs

Lorsqu'un ouvrage en langue française comporte la reproduction d'une ou de plusieurs œuvres d'un auteur membre de l'ADAGP, l'éditeur doit communiquer un exemplaire complet à cette association dans les trois mois qui suivent la mise en vente.

1. Intégrée aujourd'hui au CPI.

Cette communication doit être faite pour l'édition d'origine, l'édition annexe, l'édition nouvelle, l'édition partielle, chacun des cahiers d'une édition par fascicules et chaque support de promotion à l'exception des publications professionnelles de l'édition (*Livres de France, Livres Hebdo*, ouvrages publiés par les Éditions du Cercle de la Librairie, etc.).

Pour les ouvrages traduits en langue étrangère, l'éditeur qui a conclu avec l'ADAGP l'accord préalable doit adresser un relevé justificatif dans les quatre mois qui suivent la mise en vente et tenir un exemplaire de l'ouvrage traduit à la disposition de cette association.

Il est responsable des erreurs et omissions dans le paiement des droits d'auteur pour les œuvres reproduites à la fois dans l'édition en langue française et dans l'édition en langue étrangère.

2. Retard dans l'envoi des justificatifs
L'ADAGP peut demander une indemnité en cas de retard notable.

3. Preuve de l'envoi des justificatifs
L'éditeur doit conserver la preuve de l'envoi des justificatifs.

II – Barèmes de droits forfaitaires livres et fascicules

A. Catégories d'ouvrages et de formats

1. Trois catégories d'ouvrages sont retenues:
– les encyclopédies, les dictionnaires et les livres scolaires;
– les livres illustrés (sauf monographies);
– les livres d'un format inférieur à 13 x 20 cm.

2. Dans chacune de ces catégories, il est tenu compte:
– de la nature de la reproduction: noir et blanc ou couleur;
– du format de la reproduction ou de son support:
- 1/6 de page et inférieur;
- 1/4 de page et inférieur;
- 1/2 page et inférieur;
- 3/4 de page et inférieur;
- double page;
- dépliant de 3 pages;
- couverture ou jaquette.

Le format de la reproduction est défini par le rapport entre la surface de la reproduction et la surface de la page (texte, illustration et marge compris).

Une reproduction unique dans une page qui ne compte aucun texte est considérée, quel que soit son format, comme une reproduction en pleine page.

La signature ou toute autre indication d'ordre technique (format ou nom du propriétaire de l'œuvre originale…) n'est pas considérée comme texte.

3. Pour les livres d'un format inférieur à 13 x 20, une réduction de 25 % sur le barème applicable est accordée lorsque le tirage est inférieur à 20000 exemplaires.

4. Cas particuliers

a) Double page
Droits d'une pleine page majorés de 60 %.

b) Dépliant de trois pages
Droits d'une pleine page majorés de 100 %.

c) Couverture ou jaquette
– Format de la reproduction supérieur au tiers de la page : droits d'une couverture.
– Format de la reproduction inférieur ou égal au tiers d'une page : droits d'une pleine page.
– Assemblage de plusieurs reproductions : droits correspondant au format de chaque reproduction majorés d'un tiers.

Le montant total des droits dus pour cet assemblage ne peut être inférieur aux droits d'une couverture.

d) Double couverture ou double jaquette (plat-recto, dos, plat-verso, rabats)

B. Reproductions multiples d'une œuvre dans le même ouvrage

La seconde reproduction d'une même œuvre dans un ouvrage donne lieu au paiement d'un demi-droit.

Un tiers de droit est dû pour les autres reproductions d'une même œuvre dans cet ouvrage.

C. Différentes éditions d'un même ouvrage

1. Éditions similaires

L'exploitation d'un même ouvrage par des circuits de vente différents sous une présentation semblable ou différente par l'éditeur ou par un tiers éditeur ne donne pas lieu à un nouvel accord entre l'éditeur et l'ADAGP, ni au paiement d'un nouveau droit.

2. Éditions annexes

L'édition annexe est l'édition d'un même ouvrage sous une forme semblable ou différente, réalisée par le même éditeur ou un tiers éditeur et comportant l'essentiel du texte et une part notable des illustrations.

Dans ce cas :
– L'accord conclu entre l'éditeur et l'ADAGP pour la reproduction d'œuvres dans l'édition d'origine vaut pour l'édition annexe.
Un nouveau droit est dû. Son montant est fixé par accord entre l'éditeur et l'ADAGP, mais ne peut être supérieur à 50 % du droit correspondant au barème applicable.

– Des œuvres ne figurant pas dans l'édition d'origine peuvent être reproduites dans l'édition annexe par ajout ou substitution.
Un accord écrit et préalable doit être conclu pour chacune de ces œuvres entre l'éditeur et l'ADAGP et un droit correspondant au barème applicable est dû.

3. Édition nouvelle

L'édition nouvelle est l'édition d'un même ouvrage sous une forme semblable ou différente, par l'éditeur ou un tiers éditeur, avec des modifications considérables dans le texte et l'illustration.

Dans ce cas :
– L'accord entre l'éditeur et l'ADAGP conclu pour la reproduction d'œuvres dans l'édition d'origine vaut pour l'édition nouvelle.
– Un nouveau droit est dû. Son montant est fixé par accord entre l'éditeur et l'ADAGP, mais ne peut être supérieur à 75 % du droit correspondant au barème applicable.
– Des œuvres ne figurant pas dans l'édition d'origine peuvent être reproduites dans l'édition nouvelle par ajout ou substitution.

Un accord écrit et préalable doit être conclu pour chacune de ces œuvres entre l'éditeur et l'ADAGP et un droit correspondant au barème applicable est dû.

4. Édition partielle

L'édition partielle est l'édition d'un même ouvrage, sous une présentation semblable ou différente par l'éditeur ou un tiers éditeur, de même format que l'édition d'origine mais ne comportant qu'une partie de ses cahiers.

Dans ce cas :
– L'accord donné par l'ADAGP pour la reproduction d'œuvres dans l'édition d'origine vaut pour l'édition partielle.
– Un nouveau droit est dû. Son montant est fixé par accord entre l'éditeur et l'ADAGP mais ne peut être supérieur à 25 % du droit correspondant au barème applicable.

5. Livres scolaires – Sous-ensembles vrais

Un sous-ensemble vrai est une partie d'ouvrage scolaire reproduite à l'identique dans plusieurs manuels publiés par le même éditeur et correspondant à des sections différentes d'une même classe.

L'ADAGP donne un seul accord pour la reproduction d'une œuvre dans le sous-ensemble vrai ; un seul droit est dû par l'éditeur.

6. Publications par fascicules

a) Définition
Le barème fascicules est seul applicable aux publications vendues :
– par des circuits de vente multiples : presse, librairies, grandes surfaces, courtage, vente par correspondance, clubs, etc. ;
– sous des présentations différentes et notamment :
• cahiers vendus isolément, périodiquement ou non,
• ensemble de cahiers réunis dans un ordre quelconque et par un procédé quelconque.

b) Conditions d'application
– L'éditeur doit opter pour la vente par circuits multiples dès la mise en fabrication des cahiers et en informer l'ADAGP lors de l'envoi des justificatifs.
– La publication doit, sous ses différentes présentations, comporter pour chacun des cahiers le même texte, les mêmes illustrations et la même mise en page.

L'éditeur peut cependant accompagner chaque présentation de notices, d'introductions, de tables des matières ou d'index particuliers.

c) Collections reliées
Lorsque les fascicules, outre leur vente en l'état, sont vendus sous la seule présentation de collection reliée, un abattement de 10 % est appliqué sur le barème.

d) Tranches de tirage
Le barème fascicules tient compte du nombre d'exemplaires tirés de chaque fascicule :
– moins de 100 000 exemplaires ;
– 100 000 exemplaires et plus ;
– 200 000 exemplaires et plus ;
– 500 000 exemplaires et plus.

7. Les dispositions visées au présent chapitre ne sont pas applicables aux éditions en langue étrangère

D. Traductions
L'accord écrit et préalable conclu entre l'éditeur et l'ADAGP pour la reproduction d'une œuvre dans un ouvrage en langue française confère également à l'éditeur le droit de :
– reproduire l'œuvre dans une édition du même ouvrage en langue étrangère ;
– conférer à un tiers le droit de reproduire l'œuvre dans une édition du même ouvrage en langue étrangère.
Lorsque l'éditeur use de cette faculté, il doit, quel que soit le mode de rémunération choisi pour l'édition en langue française, verser à l'ADAGP un nouveau droit.
Il choisit, pour ce nouveau droit, une des modalités suivantes :
– droits par langue ;
– droits mondiaux.

1. Droits par langue
a) 50 % des droits du barème applicable pour les langues allemande, anglaise (sauf États-Unis), américaine, espagnole, japonaise et portugaise (Brésil compris).

b) 40 % des droits du barème applicable pour les langues néerlandaise, suédoise et italienne.

c) 25 % des droits du barème applicable pour toutes autres traductions, y compris la langue portugaise (sauf Brésil) sous réserve que l'utilisateur étranger utilise au moins 20 % de l'iconographie de l'édition française, faute de quoi l'éditeur français se verrait appliquer les 50 % prévus au paragraphe a).

Les livres scolaires bénéficient d'un abattement de 10 % des droits dus.

2. Droits mondiaux
– L'éditeur dispose d'un délai de quatre ans à compter de la première mise en vente, pour acquérir les droits mondiaux. Leur montant correspond aux droits d'origine multipliés par deux (soit 100 % des droits du barème applicable). Toutefois, en ce qui concerne les dictionnaires et encyclopédies, le délai est porté à cinq ans. Le délai court à compter de la parution du dernier tome de l'ouvrage.
– Lorsque le total des droits dus par l'éditeur au titre de différents droits par langue atteint 100 % du barème applicable, il est réputé avoir acquis les droits mondiaux.

III – Conciliation

En cas de différend concernant l'application ou l'interprétation de la présente convention, les parties ont la faculté de recourir d'un commun accord à la conciliation.
Cette mission est confiée à deux conciliateurs qui l'acceptent, l'un étant désigné par le Syndicat national de l'édition et l'autre par l'ADAGP.

Les conciliateurs proposent un compromis aux parties qui demeurent libres de l'accepter ou de le refuser.
Un compromis accepté par les parties met fin à toute action de revendication.

CODE DES USAGES EN MATIÈRE D'ILLUSTRATION PHOTOGRAPHIQUE DU 5 MAI 1993

Issu de l'accord signé le 5 mai 1993 entre l'Union des photographes créateurs, l'Association française des photographes professionnels indépendants, le Syndicat des agences photographiques d'illustration et de reportage, le Syndicat des agences de presse photographiques, le Syndicat national des agences photographiques d'illustration générale, le Groupe national de la photographie professionnelle, d'une part, et le Syndicat national de l'édition, d'autre part

Chapitre premier. — Principes: reproduction et représentation – Responsabilités – Légendes et références

11. Reproduction et représentation

111. Obligations des photographes et de leurs mandataires

Les photographies sont expressément communiquées par les photographes ou leurs mandataires aux fins de reproduction et de représentation; ceux-ci garantissent donc à l'éditeur, sous réserve d'une utilisation préjudiciable ou diffamatoire à l'égard d'une personne physique ou morale, qu'aucun obstacle ne s'oppose à la reproduction ou à la représentation.

Dans le cadre de la loi du 17 juillet 1970, le photographe, ou son mandataire, est responsable à l'égard des personnes photographiées du document fourni. Il s'engage à signaler tout truquage et photomontage comportant des personnes.

112. Obligations des éditeurs

Les photographies sont communiquées pour reproduction et représentation pour un ouvrage déterminé et ne peuvent être transmises à qui que ce soit sans accord exprès de l'auteur ou de son mandataire.

Il appartient à l'éditeur de s'assurer des droits de propriété intellectuelle sur les œuvres reproduites.

À l'exception des dispositions prévues pour les éditions dérivées, et les traductions réalisées par un tiers éditeur, prévues aux articles 31, 32, 33, 34 et 35, il est interdit de rétrocéder à quiconque, et pour quelque motif que ce soit, des duplicatas, des typons ou des matériaux de reproduction archivés chez l'éditeur sans autorisation préalable des photographes ou de leurs mandataires et accord de règlement de droits.

En cas d'inobservation de cette règle, les éditeurs seront tenus pour responsables de toutes les conséquences pouvant en découler.

12. Droit des personnes photographiées

121. Responsabilité de l'éditeur

L'éditeur, décidant du choix de la mise en pages du texte accompagnant les images, est seul responsable vis-à-vis des personnes photographiées lorsque le texte ou le contexte, ou encore la légende, autre que celle fournie par l'auteur, sont jugés préjudiciables à celles-ci.

De plus, tout truquage ou falsification de documents est interdit.

122. Photographies mentionnées d'emploi restreint

Certains documents ne peuvent être reproduits qu'en regard d'une légende ou d'un texte pour lesquels les photographes ou leurs mandataires sont amenés à prendre des précautions vis-à-vis des personnes photographiées.

Il s'agit notamment des personnalités politiques et artistiques, des photographies montrant des spectacles et des œuvres artistiques.

Les restrictions d'emploi jouant pour chaque reproduction, l'accord préalable du photographe ou de son mandataire est nécessaire pour un autre ouvrage.

13. Légendes – Références

131. Légendes

Les photographes et leurs mandataires sont conscients que les photographies ne peuvent être reproduites sans légende précise et qu'un effort d'information doit être poursuivi à cet égard. C'est pourquoi ils s'engagent à veiller de façon minutieuse à la précision et à l'exactitude de localisation, de date ou d'époque, d'identification des éléments tant humains que géographiques et divers portés sur les photographies.
En outre, il sera veillé à l'identification des personnages principaux et importants dans le cas de photographies prises à l'occasion d'événements publics.
La date de prise de vue elle-même sera communiquée sur demande, étant entendu que les photographes ou leurs mandataires s'efforceront de l'indiquer spontanément pour les photographies d'actualité.
Lorsque l'éditeur fournira la preuve qu'une légende est erronée, il pourra demander à l'auteur ou à son mandataire l'abandon des droits de reproduction.

132. Références

De leur côté les éditeurs s'engagent à veiller de façon tout aussi minutieuse à ce que le nom du photographe, suivi le cas échéant du nom de son mandataire, soit bien porté soit à proximité du document reproduit, soit dans une table des illustrations établie page par page et sans ambiguïté.
En cas de signature incomplète, inidentifiable ou erronée, le photographe ou son mandataire pourra demander une indemnité, sous forme d'une majoration de 50 % des droits.
Pour l'absence totale de signature, cette indemnité sera portée à 100 % des droits sans préjudice de tous autres recours.

Chapitre II. — Bordereau-contrat – Nature des documents – Frais de gestion – Droits de garde – Perte et détérioration

21. Documentalistes

En cas d'emploi par l'éditeur d'un documentaliste indépendant de la maison, une lettre accréditive, auprès du photographe ou de son mandataire, devra être remise à ce documentaliste; cette lettre précisera le nom ou l'objet de l'ouvrage de la maison d'édition pour lequel il recherche des photographies.

22. Bordereau-contrat des photographes ou de leurs mandataires

221. Descriptions des photographies communiquées

Les photographes ou leurs mandataires ne pourront délivrer de photographies aux éditeurs que si celles-ci sont accompagnées d'un bordereau-contrat détaillé.
Sur le bordereau-contrat, il devra être indiqué pour chaque photographie une description telle que chacune d'entre elles soit clairement identifiable (sujet, format, nature, nom du photographe, éventuellement nom interne).

222. Nature des documents communiqués

222.1. Définition du document de base

Le document de base est soit un original, soit un document ayant valeur d'original, soit un document dont la garde abusive est préjudiciable au photographe ou à son mandataire. Le bordereau-contrat doit permettre d'identifier la nature du document.

222.2. Duplicata

Dans le cas où les photographes ou leurs mandataires fournissent des duplicata, ils devront obligatoirement en aviser l'éditeur.
Cette caractéristique devra figurer sur les bordereaux-contrats et sur la photographie elle-même ou son cache.
L'inobservation de cette clause autorise l'éditeur à exiger l'abandon de la moitié du droit de reproduction correspondant.

222.3. Épreuves noir et blanc originales

Les épreuves noir et blanc portant la mention « document original » ou « document de base » obéissent aux règles des documents de base (paragraphes 233-234-251).

223. Documents exceptionnels

Un document exceptionnel, tel que défini par l'auteur ou son mandataire, est une photographie d'une indiscutable rareté. Toute prétention à des conditions de rémunération plus élevées de tels documents n'est possible que si l'éditeur est prévenu par une mention sur le bordereau-contrat et, si possible, sur les photographies elles-mêmes ou sur leur cache.

224. Conditions générales énoncées sur le bordereau-contrat

Les conditions générales du photographe ou de son mandataire énoncées sur le bordereau-contrat de remise des documents n'engagent la responsabilité de l'éditeur que dans la mesure où elles sont conformes aux dispositions du présent protocole.

23. Frais de gestion – Droits de garde des documents de base

231. Les éditeurs reconnaissent aux photographes ou à leurs mandataires le principe d'une facturation au titre des frais de gestion et des droits de garde des documents de base.

232. Le droit de base utilisé pour le calcul des frais de gestion et des droits de garde est égal au droit de reproduction en 1/4 de page couleur dans la première tranche de la catégorie des ouvrages à caractère encyclopédique.

233. Frais de gestion

La communication par un photographe ou son mandataire de documents photographiques donne lieu au calcul d'un minimum garanti par ouvrage. La notion d'ouvrage est limitée à un tome pour les ouvrages à caractère encyclopédique.
Ce minimum garanti est égal à 12 % du droit de base par document communiqué, à partir du seizième document.
Dans le cas d'une recherche limitée à quinze documents, le montant forfaitaire global des frais de gestion est égal à un tiers du montant du droit de base.
Si le minimum garanti est supérieur aux droits de reproduction, 50 % de la différence feront l'objet d'une facturation au titre des frais de gestion.
Dans le cas d'une recherche de documents pour les couvertures, une franchise quantitative, pour laquelle aucuns frais de gestion ne peuvent être facturés, est fixée à vingt documents. Cette franchise est limitée à un mois.

234. Garde des documents de base

Le photographe ou son mandataire communique pour choix à l'éditeur les documents photographiques pendant un délai de trois mois, porté à six mois pour les documents utilisés, sauf accord particulier.
Au-delà de ces délais, le photographe ou son mandataire facturera des droits de garde. Ceux-ci seront calculés selon les modalités prévues aux paragraphes 234.1 et 234.2.
L'éditeur a la possibilité de demander la réalisation d'un duplicata, qui sera effectué à ses frais. Le duplicata ne peut être conservé au-delà de l'envoi des justificatifs.
Le photographe ou son mandataire devra avoir réclamé par écrit le retour des documents avant toute facturation des droits de garde.

234.1. Documents conservés au-delà de trois mois

Les documents inutilisés conservés au-delà de trois mois feront l'objet du calcul d'un minimum garanti correspondant à 20 % du droit de base par document.
Si le minimum garanti est supérieur aux droits de reproduction, la différence fera l'objet d'une facturation au titre des droits de garde.

234.2. Documents conservés au-delà de six mois

Les documents inutilisés et conservés au-delà de six mois feront l'objet du calcul d'un minimum garanti correspondant à 60 % du droit de base par document.
Si le minimum garanti est supérieur aux droits de reproduction, la différence fera l'objet d'une facturation au titre des droits de garde.

234.3. Documents conservés au-delà d'un an

Les documents conservés au-delà d'un an font l'objet d'une facturation de 100 % du droit de base. Toutefois, si l'éditeur ne peut restituer ces documents dans un délai de trois mois, ils sont considérés comme perdus et sont facturés comme prévu au paragraphe 251.

235. Facturation des frais de gestion et des droits de garde

Le photographe ou son mandataire facture le minimum garanti le plus élevé (paragraphes 233 ou 234), si les droits de reproduction lui sont inférieurs.
La facturation des frais de gestion ou des droits de garde intervient lors de la facturation des droits de reproduction. Dans le cas où les documents communiqués n'ont donné lieu à aucune reproduction, la facturation des frais de gestion ou des droits de garde intervient au plus tard un an après la communication des documents.

24. Recommandations aux éditeurs lors du retour des documents

Les documents couleur doivent être rendus dans leurs caches originaux, portant leurs références, ou, à tout le moins, accompagnés de leur cache d'origine joint au nouveau cache de telle manière qu'aucune confusion ne soit possible.
Lors du retour des documents, il est recommandé aux éditeurs de faire référence aux bordereaux-contrats.

25. Détérioration ou perte des documents

251. Documents de base

Lorsque les documents de base auront été soit perdus, soit détériorés, c'est-à-dire restitués par l'éditeur mais inutilisables, ils feront l'objet d'une indemnité de dédommagement.
Pour les documents originaux ou les documents ayant valeur d'originaux, cette indemnité correspondra à la valeur indiquée sur le bordereau-contrat.
À défaut d'une telle précision sur le bordereau-contrat, cette indemnité sera fixée à cinq fois le droit de base.

Toutefois, lorsque d'un commun accord la photographie pourra être refaite par son auteur, elle sera facturée à l'éditeur selon les conditions de reportage commandé.

252. Documents originaux exceptionnels

Cependant, pour les documents originaux exceptionnels, un dédommagement plus élevé peut être déterminé préalablement, par mention spéciale, prévue sur les bordereaux-contrats.

253. Duplicata

En cas de perte ou de détérioration d'un duplicata, si un duplicata de remplacement proposé par l'éditeur n'est pas accepté, l'éditeur devra au photographe ou à son mandataire la moitié du droit de base, à défaut de précision d'une autre indemnité sur le bordereau-contrat.

254. Délai de réclamation

254.1. Détériorations

Le photographe ou son mandataire s'interdit toute réclamation ou demande d'indemnité passé un délai de deux semaines après réception des documents retournés par l'éditeur.

254.2. Perte

Le photographe ou son mandataire aura un délai de six mois à compter de l'envoi des justificatifs pour réclamer à l'éditeur le retour de documents qui ne lui auraient pas été restitués, faute de quoi il ne pourrait revendiquer par la suite auprès de l'éditeur l'indemnité pour perte.

Chapitre III. — Différents types d'édition – Droits nouveaux – Dispense d'information préalable

31. Réimpression – Édition similaire – Édition mise à jour

On distingue, dans le cadre de l'exploitation continue d'un ouvrage, les notions suivantes :

311. Réimpression

La réimpression est la reproduction à l'identique du contenu de l'ouvrage, sous la même présentation et avec le même titre.

312. Édition similaire

L'édition similaire est la reproduction à l'identique du contenu de l'ouvrage, quelle que soit sa présentation, avec le même titre ou un titre différent.

313. Édition mise à jour

L'édition mise à jour est la reproduction du contenu de l'ouvrage, quelle que soit sa présentation, modifiée en fonction de contraintes extérieures, dues notamment à l'actualité, aux modifications législatives et réglementaires et, d'une façon générale, à la nécessité de le maintenir conforme à son objet.

Le total des modifications résultant de la mise à jour ne devra pas affecter plus de 20 % du contenu.

314. Pour les réimpressions, éditions similaires et éditions mises à jour, l'éditeur pourra, sans autorisation ni information préalables, réutiliser les documents photographiques ou les typons ou un autre matériel de reproduction, à l'exception des documents destinés à être nouvellement utilisés en couverture.

315. Les réimpressions, éditions similaires et éditions mises à jour ne donnent pas lieu au paiement d'un nouveau droit mais à l'application des conditions de rémunération en vigueur.

32. Éditions dérivées

321. L'édition dérivée est l'édition d'un même ouvrage, quelle que soit sa présentation extérieure, réalisée par le même éditeur ou un tiers éditeur, comportant le même titre ou un titre différent, et dont le total des modifications affectera 20 à 50 % du texte ou 20 à 50 % du nombre des photographies.
L'éditeur ou le tiers éditeur pourra, sans autorisation ni information préalables, réutiliser les documents photographiques ou les typons ou un autre matériel de reproduction, à l'exception des documents destinés à être nouvellement utilisés en couverture.
Cette réutilisation dans l'édition dérivée doit faire l'objet d'une information par l'envoi de justificatifs dans les conditions prévues au présent code. Cette information est à la charge de l'éditeur qui détient le droit de reproduction sur l'édition dérivée. Cette réutilisation donnera lieu au paiement d'un nouveau droit égal à 50 % du droit d'origine actualisé, à la charge de l'éditeur qui a acquis les droits auprès du photographe ou de son mandataire.

322. La facturation prévue pour les éditions dérivées s'applique à chacun des éléments d'un ensemble ayant le même objet.

33. Éditions partielles

L'édition partielle est l'édition d'une partie des cahiers d'un ouvrage, sans retrait ni ajout, avec le même format et le rappel du titre principal.
L'éditeur pourra, sans autorisation ni information préalables, réutiliser les documents photographiques ou les typons ou un autre matériel de reproduction, à l'exception des documents destinés à être nouvellement utilisés en couverture.
Cette réutilisation dans l'édition partielle doit faire l'objet d'une information par l'envoi de justificatifs dans les conditions prévues au présent code. Cette information est à la charge de l'éditeur qui détient le droit de reproduction sur l'édition partielle. Cette réutilisation donnera lieu au paiement d'un nouveau droit égal à 30 % du droit d'origine actualisé, à la charge de l'éditeur qui a acquis les droits auprès du photographe ou de son mandataire.

34. Édition nouvelle

L'édition nouvelle est l'édition dont le contenu comporte plus de 50 % de modification du texte ou du nombre de photographies.
L'éditeur pourra, après demande au photographe ou à son mandataire, qui devra répondre dans les trente jours, réutiliser les typons ou autres matériels de reproduction. Cette réutilisation dans l'édition nouvelle doit faire l'objet d'une information par l'envoi de justificatifs dans les conditions prévues au présent code. Cette information est à la charge de l'éditeur qui détient le droit de reproduction sur l'édition nouvelle. L'édition nouvelle donnera lieu au paiement d'un nouveau droit égal à 75 % du droit d'origine actualisé.

35. Traduction

Les éditeurs sont dispensés d'autorisation préalable pour toute traduction, dans les mêmes conditions que pour les éditions dérivées ou partielles :

351. Droits européens et mondiaux
Dans le cadre des conditions convenues entre les parties, le montant des droits mondiaux correspondra aux droits français multipliés par 2,2, le montant des droits européens aux droits français multipliés par 1,8.
Les droits mondiaux ou européens incluent les droits français.

Toutefois, en cas d'acquisition simultanée à l'édition originale des droits mondiaux ou européens, l'éditeur pourra bénéficier d'une réduction de 10 % sur les conditions convenues avec le photographe ou son mandataire.

352. Autres traductions
Si l'ouvrage est traduit et édité en langue étrangère, soit par l'éditeur lui-même, soit par un éditeur étranger, il sera dû par l'éditeur français si celui-ci négocie lui-même la cession des droits iconographiques :

a) 60 % du droit convenu actualisé pour la langue anglaise avec les États-Unis.

b) 50 % du droit convenu actualisé pour les langues allemande et japonaise.

c) 40 % du droit convenu actualisé pour la langue anglaise sans les États-Unis, la langue anglaise uniquement pour les États-Unis, la langue portugaise avec le Brésil.

d) 30 % du droit convenu actualisé pour les langues espagnole et italienne.

e) 25 % du droit convenu actualisé pour la langue portugaise sans le Brésil ou la langue portugaise uniquement pour le Brésil, les langues néerlandaise et suédoise.

f) 20 % du droit convenu actualisé pour les autres langues.
Les retenues à la source (accords fiscaux entre la France et certains pays étrangers) seront déduites des droits dus lorsqu'elles n'entraînent pas de double imposition.
Les pourcentages prévus pour chaque langue peuvent faire l'objet d'une renégociation à la demande de l'une des parties signataires du présent code.
Dans le cas où l'éditeur français ne négocie pas lui-même la cession des droits iconographiques, mais fournit à l'éditeur étranger le support matériel des reproductions, il devra en informer le photographe ou son mandataire, et préciser le nom de l'éditeur étranger.
Il sera alors garant du paiement par celui-ci des droits iconographiques.

36. Réutilisation des typons
La réutilisation des typons dans un autre ouvrage de librairie nécessite l'autorisation préalable du photographe ou de son mandataire, qui devra répondre dans les quinze jours suivant la demande qui lui en sera faite.
Cette réutilisation de typons donne lieu, lors de la publication, au paiement d'un droit nouveau égal à 75 % des conditions convenues actualisées.

37. Réutilisation de duplicata
Les dispositions prévues à l'article 36 (sauf la réduction de 25 %) s'appliquent à la réutilisation de duplicata réalisée par l'éditeur conformément à la recommandation figurant au paragraphe 234.

Chapitre IV. — Dispositions diverses

41. Reproduction sur un format supérieur à la page

Lorsque la surface de reproduction est égale à une page plus un quart de page, les droits seront ceux d'une pleine page majorés de 60 % du droit pour le quart de page.
Lorsque la surface de reproduction est égale à une page plus une demi-page, les droits seront ceux d'une pleine page majorés de 60 % du droit pour la demi-page.
Lorsque la surface de reproduction est égale à une page plus un 3/4 de page, les droits seront ceux d'une pleine page majorés de 60 % du droit pour le 3/4 de page.
Lorsque la surface de reproduction est égale à une double page, les droits seront ceux d'une pleine page majorés de 60 %.

42. Dépliant de trois pages

La valeur des droits sera celle d'une pleine page des conditions convenues majorées de 100 %.

43. Couverture

Lorsque la surface de la reproduction sera égale ou inférieure au tiers de la page, les droits correspondront aux conditions convenues pour une pleine page in-texte.
Lorsque plusieurs photographies seront assemblées, le règlement aura lieu au prorata de la dimension de chacune des photographies selon les conditions convenues pour une reproduction in-texte, majorées d'un tiers.

44. Double couverture (plat-recto, dos, plat-verso, rabats)

Les droits seront ceux d'une page de couverture selon les conditions convenues majorées de 60 %.

45. Réemploi dans un même ouvrage

Une photographie déjà publiée en couverture et réutilisée dans le corps de l'ouvrage bénéficie, pour cette seconde utilisation, quel que soit son format, d'un abattement de 50 % sur les conditions convenues entre les parties.
Le réemploi pour la promotion et la publicité de l'ouvrage sera réglé par les conditions à établir, prévues aux paragraphes 472 et 473.

46. Éditions de livres paraissant en fascicules

461. Définition des ouvrages concernés

Il s'agit d'ouvrages qui sont offerts au public :
a) par des circuits de vente multiples : presse, librairies, grandes surfaces, courtage, vente par correspondance, clubs, etc. ;
b) sous des présentations différentes, notamment :
– cahiers vendus isolément (ex. : fascicules périodiques),
– ensembles de cahiers reliés, dans l'ordre de parution ou dans le désordre, par sujets particuliers ou par thèmes plus généraux.

Les conditions suivantes sont exigées pour l'application des conditions de rémunération des reproductions dans les fascicules :

– L'option de l'édition à circuits de vente multiples doit être décidée à la mise en fabrication des cahiers, l'information devant être communiquée au plus tard à l'envoi des justificatifs.

– La publication doit être vendue sous ses différentes formes avec le même titre principal, le même texte, les mêmes illustrations, une mise en pages identique et le même format. L'éditeur pourra, pour chacune des présentations, accompagner les cahiers d'une notice de présentation, d'une table des matières et d'un index propre à la présentation en cause.

Toute modification dans le texte, autre que des corrections et de simples mises à jour (*cf.* réimpressions), ou dans le titre général de la publication, qui ferait de la réunion des fascicules en un volume relié un sous-produit aux caractéristiques nouvelles pour le public, serait une édition dérivée telle que définie à l'article 32 du présent Code des usages.
Dans le cas précité où l'éditeur choisirait d'apporter à la réunion des fascicules en volumes reliés des modifications telles qu'elles entraîneraient le paiement d'un nouveau droit pour chaque réutilisation de fascicules, le barème de base serait celui du barème livre concerné.

462. Conditions
462.1. Les conditions applicables aux livres paraissant en fascicules sont les conditions générales du présent code, à l'exception des conditions particulières définies au paragraphe suivant.

462.2. Droits mondiaux
L'éditeur pourra acquérir les droits mondiaux dans les conditions prévues au paragraphe 351 du présent Code des usages, en prenant pour référence les conditions convenues pour les fascicules, dans la catégorie inférieure à celle du tirage de l'édition française, la première catégorie ne subissant pas de décalage.

463. Montant des droits de reproduction
Les différents montants de droits couvrent la reproduction des photographies pour toutes les présentations commerciales mentionnées à l'article 461, quel qu'en soit le nombre.
Lorsque les fascicules, outre leur vente en l'état, ne sont vendus que sous la seule présentation supplémentaire de la collection reliée, un abattement de 20 % est appliqué sur les conditions convenues.

464. Réimpressions
Si l'exploitation de l'ouvrage réclame des réimpressions pures et simples des cahiers originaux sans modification de la mise en pages et des illustrations, mais faisant changer de catégorie, l'éditeur devra en prévenir le photographe ou son mandataire aux fins de facturation, les textes et les illustrations pouvant faire l'objet de corrections (erreurs, fautes d'impression) et de mises à jour (ex. : statistiques, illustration technique, etc.).

465. Nouvelles éditions et éditions dérivées

En cas de nouvelle édition et d'édition dérivée telles qu'elles sont prévues et définies dans les articles 31, 32, 33 et 34 du présent Code des usages, l'éditeur acquittera, lors de la publication de l'une ou de l'autre, 50 % des droits prévus pour toute photographie réutilisée.

47. Promotion et publicité des livres illustrés
471. Autorisation préalable
L'autorisation préalable du photographe ou de son mandataire est requise pour l'utilisation des photographies à des fins publicitaires ou promotionnelles.

472. Promotion

472.1. Toute utilisation nouvelle d'une photographie ou toute utilisation d'une photographie reproduite dans l'ouvrage à promouvoir, si elle est extraite de son contexte, fait l'objet du paiement d'un droit de reproduction, en fonction du média utilisé, avec une réduction de 10 %.

472.2. La promotion ne donnera lieu au paiement d'aucun droit lorsque la reproduction en fac-similé de l'ouvrage, de la couverture, de la jaquette ou de pages intérieures est d'un format identique ou inférieur au format original.
Quand cette reproduction est d'un format supérieur au format original, il sera dû un droit de 50 % des conditions applicables à la promotion convenues entre l'éditeur et le photographe ou son mandataire.

473. Publicité

La publicité se définit par l'achat d'espace dans la presse ou sur le réseau d'affichage payant.
Les messages reproduits dans les publications professionnelles de l'édition ne donnent lieu au paiement d'aucun droit.
Le message publicitaire ne donnera lieu au paiement d'aucun droit lorsque la reproduction en fac-similé de l'ouvrage, de la couverture, de la jaquette ou de pages intérieures est d'un format identique ou inférieur au format original.
Si le format est supérieur à l'original, il sera dû un droit de 50 % applicable sur les conditions convenues entre l'éditeur et le photographe ou son mandataire applicables à la publicité.
Toute utilisation nouvelle d'une photographie ou toute utilisation d'une photographie reproduite dans l'ouvrage qui fait l'objet d'une publicité, si elle est extraite de son contexte, fait l'objet d'un droit de reproduction, en fonction du média utilisé, avec une réduction de 10 %.

474. Maquettes

– Instrument de travail : toute présentation interne à une entreprise n'est soumise à aucun droit autre que ceux justifiés éventuellement par une garde prolongée ou abusive des documents.
– Instrument de vente : toute présentation à un tiers est soumise au paiement d'un droit correspondant à 50 % du « barème convenu ». Ces droits sont déductibles du droit entier en cas de parution.

Chapitre V. — Justificatifs – Règlement

51. Envoi de justificatifs

511. Définition du justificatif

A valeur de justificatif :
– l'ouvrage entier,
– les feuilles découpées d'un exemplaire original avec une photocopie de l'ensemble du crédit photographique, et de la page de titre.

512. Délai d'envoi des justificatifs

Les justificatifs des ouvrages publiés (première édition, édition nouvelle, édition partielle, édition similaire, édition dérivée, édition mise à jour) doivent obligatoirement être envoyés aux photographes ou à leur mandataire dès la parution et au plus tard dans les deux mois qui suivent la mise en vente.

Si le justificatif est incomplet, l'éditeur devra rappeler dans un courrier qu'il tient à la disposition du photographe ou de son mandataire un exemplaire de l'ouvrage.
La mise à disposition de l'ouvrage vaut, s'il a été consulté, envoi d'un justificatif complet.

513. Traduction

513.1. Dans le cas où l'éditeur assure lui-même le contrôle de l'édition du ou des ouvrages traduits, si les droits étrangers n'ont pas encore été acquis, il dispose d'un délai de deux mois pour informer le photographe ou son mandataire. L'éditeur devra communiquer lui-même l'ouvrage sur demande.

513.2. Dans le cas où l'éditeur français n'assure pas le contrôle de l'édition du ou des ouvrages traduits, si les droits étrangers n'ont pas été acquis, il dispose d'un délai de quatre mois pour en informer le photographe ou son mandataire.

514. Lorsque l'éditeur confie à un tiers la recherche iconographique et la gestion des droits, il garantit l'envoi des justificatifs et le paiement des droits.

52. Responsabilité

L'éditeur sera exonéré de sa responsabilité si le justificatif est adressé dans les délais, et ne comporte pas d'erreurs qui lui soient imputables.
Si une erreur imputable à l'éditeur figure sur le justificatif, sa responsabilité sera engagée sans limite de temps.
Lorsque l'éditeur envoie un justificatif incomplet ou des pages extraites, il est responsable des erreurs ou omissions dans le paiement des droits.
Le cas échéant, il appartient à l'éditeur d'apporter la preuve de sa bonne foi dans l'envoi des justificatifs.

53. Indemnité en cas d'absence de justificatifs

Le photographe ou son mandataire pourra, si le justificatif n'a pas été envoyé dans le délai prévu, facturer une indemnité de 25 % des droits iconographiques.
Au-delà de six mois, une indemnité sera facturée, correspondant à 100 % des droits iconographiques.
Les conditions de rémunération appliquées sont celles de la date de mise en vente de l'ouvrage, qui devra être précisée dans l'envoi du justificatif.

54. Délai de règlement

Sauf convention particulière, la facture de droits d'auteur du photographe ou de son mandataire doit être réglée par l'éditeur dans les trente jours fin de mois.

Chapitre VI. — Commission de conciliation

61. Commission de conciliation

Afin d'assurer à la présente convention entre les organisations professionnelles de photographes et d'agences photographiques signataires du présent code, d'une part, et le Syndicat national de l'édition, d'autre part, une application conforme à l'esprit même dans lequel elle a été conçue entre les parties, il a été convenu la création d'une commission de conciliation.
Cette commission pourra être saisie avant toute instance judiciaire de tout différend relatif à l'interprétation de l'une quelconque des clauses de ce protocole. Cette commission sera composée de deux ou trois membres de chaque partie.

Index

Achevé d'imprimer par l'imprimerie France-Quercy (France)
N° d'imprimeur : 52861/ – Dépôt légal : Décembre 2005.

Le CD-Rom joint à ce livre contient les modèles de contrats suivants :

1. DROIT À L'IMAGE (Modèle de clause détaillant les supports)
2. AUTORISATION DE REPRODUCTION ET DE REPRÉSENTATION DE PHOTOGRAPHIES (personne photographiée)
3. AUTORISATION DE REPRODUCTION ET DE REPRÉSENTATION DE PHOTOGRAPHIES (personne photographiée mineure)
4. AUTORISATION (salarié)
5. LETTRE-ACCORD ARCHITECTE/SCULPTEUR, etc.
6. AUTORISATION DE REPRODUCTION ET DE REPRÉSENTATION DE PHOTOGRAPHIES (bien photographié)
7. AUTORISATION DE REPRODUCTION ET DE REPRÉSENTATION DE PHOTOGRAPHIES (animal photographié)
8. LETTRE-ACCORD D'ENGAGEMENT DE MANNEQUIN
9. CONTRAT DE TRAVAIL (Modèle de clause de cession de droits d'un salarié)
10. MODÈLE DE TESTAMENT NOMMANT EXÉCUTEUR TESTAMENTAIRE
11. CONTRAT D'ÉDITION
12. CONTRAT DE CESSION DE DROITS D'ADAPTATION AUDIOVISUELLE
13. CONTRAT D'OPTION POUR LA CESSION DES DROITS D'ADAPTATION D'UN ROMAN EN FILM
14. CONTRAT DE CESSION DE DROITS D'ADAPTATION D'UN ROMAN EN FILM
15. CONTRAT DE TRADUCTION
16. CONTRAT DE DIRECTEUR DE COLLECTION
17. CONTRAT DE COÉDITION
18. CONVENTION DE PACKAGING
19. CONTRAT DE CESSION DE DROITS « POCHE »
20. CONTRAT D'ÉDITION EN LIGNE
21. LETTRE-ACCORD : CONTRIBUTION EN LIGNE
22. CONVENTION DE MISE EN LIGNE D'UNE REVUE
23. CONTRAT DE CESSION DE DROITS DE PUBLICATION EN LANGUE ÉTRANGÈRE

Ces modèles (établis en conformité avec le Code de la propriété intellectuelle) sont une base pour vous aider dans la préparation de vos contrats.
Le droit d'auteur est en constante évolution, la jurisprudence est changeante.
L'éditeur doit rester vigilant et consulter un juriste face à tout problème quelque peu sérieux.